O FUTURO COMEÇA AGORA

Boaventura de Sousa Santos

O FUTURO COMEÇA AGORA
Da pandemia à utopia

© Boitempo, 2021
© Boaventura de Sousa Santos, 2021

Direção-geral	Ivana Jinkings
Edição e preparação	Tiago Ferro
Coordenação de produção	Livia Campos
Assistência editorial	Carolina Mercês e Pedro Davoglio
Revisão	Carmen T. S. Costa
Adaptação de capa e diagramação	Mika Matsuzake
Arte da capa	Mário Vitória, *Visitação ou a persistência do sonho a partir de Aylan Kurdi*

Equipe de apoio Artur Renzo, Débora Rodrigues, Dharla Soares, Elaine Ramos, Frederico Indiani, Heleni Andrade, Higor Alves, Ivam Oliveira, Kim Doria, Luciana Capelli, Marina Valeriano, Marissol Robles, Marlene Baptista, Maurício Barbosa, Raí Alves, Thais Rimkus, Tulio Candiotto

---

CIP-BRASIL. CATALOGAÇÃO NA PUBLICAÇÃO
SINDICATO NACIONAL DOS EDITORES DE LIVROS, RJ

S233f

Santos, Boaventura de Sousa, 1940-
  O futuro começa agora : da pandemia à utopia / Boaventura de Sousa Santos. - 1. ed. - São Paulo : Boitempo, 2021.

  Inclui bibliografia
  ISBN 978-65-5717-038-0

  1. COVID-19 (Doenças). 2. Infecção por coronavírus. 3. Epidemias - Aspectos sociais. 4. Epidemias - Aspectos políticos. 5. Epidemias - Aspectos econômicos. I. Título.

20-67783   CDD: 303.485
              CDU: 316.4:(616.98:578.834)

Leandra Felix da Cruz Candido - Bibliotecária - CRB-7/6135

É vedada a reprodução de qualquer parte deste livro
sem a expressa autorização da editora.
1ª edição: janeiro de 2021

BOITEMPO
Jinkings Editores Associados Ltda.
Rua Pereira Leite, 373
05442-000 São Paulo SP
Tel.: (11) 3875-7250 / 3875-7285
editor@boitempoeditorial.com.br | www.boitempoeditorial.com.br
www.blogdaboitempo.com.br | www.facebook.com/boitempo
www.twitter.com/editoraboitempo | www.youtube.com/tvboitempo

SUMÁRIO

Apresentação, por Naomar de Almeida-Filho 11

Prefácio 15

Parte I – O século XXI se apresenta 21
   1. Introdução póstuma ao nosso tempo 23
      O fim do presentismo...23
      Tudo o que é sólido se desfaz no ar 24
      A normalidade da exceção 25
      A elasticidade do social 25
      A fragilidade do humano..26
      Os fins não justificam os meios 26
      A guerra de que é feita a paz..27
      A sociologia das ausências 28
      A trágica transparência do vírus...28
      A realidade à solta e a exceção em tempos excepcionais 31
      A escala do planeta visto do vírus...32
      As metáforas em curso 34
      O vírus como inimigo 34
      O vírus como mensageiro...37
      O vírus como pedagogo..38
      Coronavírus, nosso contemporâneo...41

   2. Um fantasma assombra o mundo: a história dos vírus e o colonialismo 47
      Introdução 47

A peste: um fantasma que viaja com os contatos comerciais 49
Varíola: uma arma genocida do colonialismo..53
O caso da *influenza* e os fantasmas epidêmicos 64
Conclusão 73

3. O capitalismo abissal: a pandemia como negócio..79
Ganhar com a pandemia: as empresas em face da Covid-19........................82
O valor da vida e a investigação médico-farmacêutica: investimentos, custo dos testes, vacinas, medicamentos e a Big Pharma......................................83
Ganhar com a pós-pandemia: a indústria advocatícia e os grandes negócios.....95
O capitalismo corsário 99

4. As veias abertas das desigualdades e das discriminações.............................103
Introdução 103
As linhas abissais com predominância econômica 106
Trabalhadores dependentes, precários, informais, ditos autônomos 107
Desempregados 109
Trabalhadores sazonais: "quase quarentena"..110
Trabalhadores de rua 110
Moradores nas periferias pobres das cidades, favelas, barriadas, slums, caniço etc. 111
Os sem-teto ou populações de rua 113
As linhas abissais com predominância racista-colonialista 114
Os povos indígenas..114
Populações da matriz africana/negras e povos quilombolas 117
O povo cigano..121
Palestina, Faixa de Gaza..122
Refugiados e imigrantes. Pessoas internadas em campos de refugiados, imigrantes sem documentos ou populações deslocadas internamente....................122
As linhas abissais com predominância sexista 125
As mulheres..125
Trabalhadoras e trabalhadores do sexo 127
LGBTIs...128
Linhas abissais com predominância religiosa.......................................129
Linhas abissais com predominância capacitista 131
As zonas cinzentas ou intermédias de exclusão 132
Linhas abissais com predominância digital 132

Linhas abissais com predominância senexista 134
Linha abissal do mundo carcerário: presos e presas 136
O grau zero da tragédia humana 138

5. O Estado: exceção e democracia em tempos de pandemia 143
   Estado, globalização e liquidez do sistema mundial 144
   Proteção da vida, exceção e democracia 147
   A definição do inimigo e os regimes de emergência 148
   Estados de emergência democráticos 152
   A direita, a ultradireita e os Estados de exceção antidemocráticos 157
   Boas práticas I: líderes políticas femininas 166
   Boas práticas II: brigadas médicas de Cuba 168
   Conclusão 169

6. Conhecimentos, incertezas e saúde global 171
   Introdução 171
   Conhecimento, informação e notícias falsas 173
   Desenvolvimento, mudanças climáticas e impactos ambientais 176
   Viver com as incertezas científicas 186
   As ciências médicas e outros saberes: diálogos sobre cuidados e saúde 190
   Conclusão 200

7. Resistência e auto-organização comunitárias 203
   Resistências comunitárias 204
   Organizações comunitárias em confrontação com o Estado: casos da Bolívia e da Turquia 204
   Organizações comunitárias em cooperação com o Estado: caso de Moçambique 206
   Organizações populares rurais e urbanas da América Latina perante o abandono do Estado 208
   Brasil 208
   Argentina 212
   Colômbia 213
   Povos indígenas da América Latina 214
   Argentina 215
   Bolívia 215
   Brasil 216

    Colômbia 217

    Peru 218

    Boas práticas de unidades político-administrativas subnacionais ou autônomas 219

    Kerala, Índia 219

    Niterói, Brasil 222

    Rojava 225

    Conclusão 227

Parte II – O futuro começa agora 229

8. Os três cenários: entre a repetição do inferno e o *kairós* 231

    Cenário 1: tudo como antes e pior. Capitalismo abissal e Estado de exceção securitário 233

    Cenário 2: pele capitalista, máscara socialista: o novo neokeynesianismo 236

    Cenário 3: barbárie ou civilização: alternativas ao capitalismo, ao colonialismo e ao patriarcado 242

9. Para uma nova declaração cosmopolita insurgente de direitos e deveres humanos 251

    O desequilíbrio fatal entre o medo e a esperança 255

    O horizonte utópico: a conversa da humanidade sobre uma declaração cosmopolita insurgente dos direitos e dos deveres humanos 260

    Princípios para partilhar 261

    Direitos-deveres para o início da roda de conversa da humanidade 272

    Conclusão 280

10. A transição paradigmática: um mundo em que caibam muitos mundos 281

    Os princípios da transição 287

    As monoculturas 287

    A monocultura do saber e do rigor do saber 287

    A monocultura do tempo linear 288

    A monocultura da classificação social ex natura 288

    A monocultura da escala dominante 289

    A monocultura do produtivismo capitalista 289

    Ecologias 292

    Da monocultura do saber rigoroso às ecologias de saberes 292

    Da monocultura do tempo linear à ecologia das temporalidades 296

    Da monocultura da classificação social ex natura *à ecologia das diferenças e dos reconhecimentos* 299
    Da monocultura da escala dominante à ecologia das trans-escalas 301
    Da monocultura do produtivismo capitalista à ecologia de produtividades 302
    Conclusão 303

  11. Os primeiros passos da transição 307
    Consensos, não unanimidades 307
    Relações internacionais entre Estados 322
    Relações internacionais entre movimentos sociais: um novo Fórum Social Mundial 326
    Conclusão 330

Conclusão 333

Notas 339

Siglas 399

Bibliografia 403

Sobre o autor 425

APRESENTAÇÃO

Naomar de Almeida-Filho*

Wuhan, Centro-Sul da China, 31 de dezembro de 2019. Autoridades sanitárias chinesas anunciaram o primeiro caso de uma nova síndrome respiratória viral aguda. Novos casos surgiram, alguns muito graves, seguidos de óbitos, principalmente entre idosos e pessoas que apresentavam comorbidades. O surto epidêmico rapidamente se espalhou na província de Hubei. Um novo coronavírus, batizado de Sars-CoV-2, foi detectado; a síndrome foi então reconhecida como uma nova doença e ganhou o nome de Covid-19. Essa epidemia rapidamente correu mundo, até que, em março de 2020, a OMS oficialmente reconheceu-a como pandemia. Em poucos meses, em todo o planeta, dezenas de milhões de casos foram confirmados, centenas de milhares de pessoas morreram. O impacto econômico e social da pandemia foi (e tem sido) catastrófico: empresas e empregos desapareceram como resultado das medidas de controle dessa doença grave, para a qual não existe ainda vacina nem tratamento específico.

No começo da pandemia, quando o continente europeu sofria intensamente com uma avalanche de casos e óbitos, caos instalado nos sistemas de saúde e crises econômica e política, muitos intelectuais se alinharam para abordar diferentes aspectos da catástrofe recém anunciada. Com relatos pertinentes, porém às vezes parciais e apressados, grandes nomes do pensamento contemporâneo revisitaram seus respectivos sistemas e modelos conceituais à luz (ou contraluz) da pandemia.

---

* Professor titular de epidemiologia do Instituto de Saúde Coletiva da UFBA; titular da Cátedra de Educação Básica do Instituto de Estudos Avançados da USP.

Houve de tudo – da confusão inicial a um pessimismo inercial, do otimismo midiático ao ceticismo teórico, de denúncia das distopias ao voluntarismo prescritivo, da análise política à especulação metafísica.

Não obstante, por mais politicamente progressistas que sejam algumas dessas análises, devemos manter a vigilância epistemológica, o que para nós compreende a atitude descolonizadora radical em relação a tais discursos. Para entender a pandemia e seus impactos, reais e imaginários, numa perspectiva realista e localizada em nosso próprio contexto, devemos mais que nunca buscar referências conceituais, metodológicas e políticas nas matrizes de pensamento do Sul global. Este é o convite insistente que nos traz Boaventura de Sousa Santos.

Inicialmente convocado pela pandemia e seus pesares, Boaventura escreveu vários artigos de combate, ágeis e cortantes, reunidos num livreto intitulado *A cruel pedagogia do vírus*. Dilemas deste tempo, deste mundo e desta conjuntura nos foram apresentados por meio dessa intrigante alegoria, a de que podemos aprender com essa doença sobre temas fundamentais de nosso passado e sobre questões urgentes de nosso futuro. Naqueles ensaios, Boaventura esboça uma nova articulação política e social a fim de retomar processos civilizatórios possíveis e viáveis, com a esperança de que a humanidade poderá tornar-se menos arrogante em sua relação com este planeta, nossa morada. No capítulo final daquele pequeno livro, intitulado "O futuro pode começar hoje", Boaventura generosamente promete um outro volume, a fim de aprofundar esses temas, pensando novos e muitos caminhos.

Agora, o mestre cumpre sua promessa e nos apresenta *O futuro começa agora: da pandemia à utopia*, monumental ensaio sobre a sociedade pós-pandêmica, sua complexidade, seus antecedentes e seus futuros possíveis. Neste livro, convida-nos a refletir sobre questões ditas ou inadvertidas, de todo modo cruciais para pensar o momento presente e futuros a serem construídos. Será mesmo que o nosso problema mais crucial é a atual pandemia da Covid-19? Ou já estamos, há tempos, numa emergência de escala planetária que agora visibiliza riscos e potencializa perigos, sendo a pandemia apenas mais uma dessas ameaças? Nesta hora, será que passamos também por uma crise do pensamento, aquela matriz intelectual iluminista, agora quase ineficaz para enfrentar a desrazão que rompe pactos políticos históricos? Será que as crises econômicas e políticas decorrentes do impacto das estratégias de controle da pandemia terão algum horizonte de superação neste modo de produção, nesta ordem econômica mundial e nesta conjuntura atual? Essas crises, tais e tantas, realmente aceleram a transformação de um modo de vida datado, prenunciando uma transição paradigmática? Como mobilizar vontades, gerar energias, elaborar projetos, conduzir ações e organizar instituições, mediante atos, declarações e compromissos articuladores de sujeitos humanos e seres não humanos, visando à construção de um mundo mais justo, mais solidário, mais sustentável, mais compartilhado, mais vivo?

Este livro é um texto denso e refletido, carinhosamente concebido e muito bem executado, atingindo rigorosidade analítica, responsabilidade política e sensibilidade pessoal, com profunda preocupação ética. Passo agora a resumir sua estrutura e alguns tópicos, com ênfase na análise dos múltiplos elementos e facetas da pandemia, na prospecção de cenários e nas declarações mobilizadoras, oportunas e necessárias para ativar práticas de resistência, organização e ação capazes de demonstrar que é possível um outro futuro, quando a pandemia tiver passado.

No início, somos agraciados com um apanhado histórico das pandemias, um grande esforço para contextualizar as diferentes mudanças estruturais do modo de produção e respectivas transições paradigmáticas do modo de pensamento sobre a vida, o mundo humano e a saúde. Em seguida, defrontamo-nos com um diagnóstico duro, baseado em relatos detalhados e objetivos de injustiças, iniquidades e absurdos provocados pelo impacto da pandemia nas vidas de pessoas, grupos, nações e lugares. Seguem-se análises sistemáticas e cuidadosas, nas quais Boaventura aplica com competência e consistência sua teoria do Estado capitalista, colonialista e patriarcal, num alentado *rapport* das políticas públicas de enfrentamento da pandemia em diferentes países.

Num capítulo extraordinário, que julgo central nesta obra, Boaventura apresenta três cenários plausíveis para um mundo pós-pandêmico. Em suas palavras, os cenários são: (1) tudo como antes e pior: capitalismo abissal e Estado de exceção securitário; (2) pele capitalista, máscara socialista: o novo neokeynesianismo; (3) barbárie ou civilização: alternativas ao capitalismo, ao colonialismo e ao patriarcado. Sem maior explicação, convidando a leitora a conferir no texto, considero o cenário 1 como indesejável, o cenário 2 como inviável e o cenário 3 no registro dos possíveis sonháveis. O próprio Boaventura identifica esta última hipótese com o *kairós* da Antiguidade grega, "um tempo que se desdobra em duas temporalidades, o tempo utópico de imaginação de novos paradigmas e o tempo histórico da transição paradigmática". Esse cenário implica uma superação dialética da contradição entre civilização e barbárie, necessária para se construir e dialogar sobre uma saída para o futuro do mundo, nas mãos (e nas mentes) daqueles e daquelas que, na história colonial, foram sempre excluídos, segregados, oprimidos, silenciados e negados como bárbaros. Para enfrentar os desafios dessa superação, Boaventura nos propõe denunciar e lutar contra omissões, repressões e intervenções de Estados e governos, no registro do fascismo social, implicados em genocídios e epistemicídios em todo o mundo que se supunha civilizado. Os desdobramentos e possibilidade desse cenário constituem subsídios para um manifesto esperançoso sobre o qual uma humanidade melhor pode emergir do pesadelo da pandemia.

Neste livro, obra de maturidade que não esconde um vigor militante juvenil, sempre inquieto, mas já impaciente, Boaventura de Sousa Santos mostra como a pandemia da Covid-19, evento crítico, episódio crucial, marco histórico que inicia um novo século, propicia uma convergência dos múltiplos focos de sua obra, numa perspectiva panorâmica, totalizante, rigorosa, consistente e ética. De muitas maneiras, portanto, este livro põe à prova, ponto a ponto, pertinência, consistência e validade do pensamento-ação boaventurano, que dele emerge fortalecido e justificado, enriquecendo todo um edifício teórico que segue em construção. Enfim, devo concluir destacando que as reflexões e análises trazidas por esse exercício de retomada da ecologia de saberes retorna com novos elementos à matriz conceitual que o origina e contribui para viabilizar a utopia realista que a todos nós une, reúne e reanima.

PREFÁCIO

A pandemia do novo coronavírus desregulou os tempos individuais e coletivos. Os privilegiados que puderam continuar a trabalhar por meio de teletrabalho fecharam-se em casa, paradoxalmente, para se sentirem menos fechados. E trabalharam ainda mais intensamente. Talvez por isso nunca escrevi um livro tão rapidamente como este. Escrever sobre a pandemia enquanto ela ocorria significou que o livro me foi escrevendo à medida que eu o ia escrevendo. Escrevemo-nos um ao outro, o que não admira, porque os temas que tratei neste livro, além de novos, tocavam os limites das incertezas existenciais que avassalavam tanto o sociólogo como o cidadão.

Não se tratou apenas de um diálogo entre mim e o livro. A cada momento o vírus entrou na conversa. Senti muitas vezes que escrevia na qualidade de tradutor do novo coronavírus. Dava-me conta de que, por meu intermédio, o vírus estava a tentar descrever e avaliar o mundo e as sociedades em que vivemos de uma forma que desafiava as análises, os conceitos e as teorias de que eu, como sociólogo, poderia dispor. Pouco a pouco, percebi que o vírus ia mais longe do que eu jamais fora em minhas análises da sociedade. Seria o vírus melhor sociólogo que eu? Achei por bem não resistir à única conclusão sensata: procurar ser um tradutor "fiel" do vírus. Não foi fácil, porque na língua do vírus a mensagem não se diz, escreve-se com ações, e estas consistem na destruição da vida humana. É uma necrolinguagem que se escreve com sangue, que ganha eloquência na medida em que destrói vidas humanas. Mas, afinal, não será também necrolinguagem a dos políticos que nos procuram convencer de que, para salvar a economia, é preciso correr o risco de sacrificar vidas, as vidas inconfináveis para que o confinamento de outras vidas seja possível? Este livro procura ser a tradução em língua que os humanos entendam do que o vírus nos veio dizer e da convocação que nos faz à ação.

É um livro diferente de quantos tenho escrito porque pretende ser uma memória do futuro. Há nele algo de autópsia social e também de parto inaugural. De uma maneira muito cruel, o coronavírus abriu as veias do mundo, para parafrasear a belíssima expressão de Eduardo Galeano. Permitiu-nos ver as entranhas de muitas monstruosidades que habitam o nosso cotidiano e nos seduzem com os disfarces que, de tão comuns, tomamos por normalidade. O coronavírus fez cair muitos desses disfarces e produziu um efeito de esventramento. Este livro procura identificar e denunciar algumas das dimensões de tal esventramento. Na viagem que empreendi até as últimas estações do sofrimento injusto, do abandono, da exclusão e da invisibilidade, foi possível conhecer resistências comunitárias, iniciativas tão criativas quanto indignadas para minorar o sofrimento. Esse lado indignado e insubmisso da realidade, ao mesmo tempo que cuidava das feridas, convocava a imaginar a possibilidade de um mundo diferente daquele que a pandemia vinha anunciar se nada fosse feito para mudar o curso, um mundo infernal de pandemias intermitentes.

Este livro foi escrito entre o medo e a esperança, tal como um e outra nos confrontam no início do século XXI. O presente acabou sem nos darmos conta. Como nos ensinou Eric Hobsbawm, os séculos nunca começam no dia 1º de janeiro do primeiro ano de cada novo século. Começam quando imprimem a sua marca no mundo, ou seja, quando inscrevem a sua aura ou o seu trauma específico nos corpos de vastas camadas da população em diferentes partes do mundo. Perto de nós, o século XX começou com a Primeira Guerra Mundial e a Revolução Russa[1]. O XXI deu um primeiro sinal de vida em 2008, com a crise financeira global. Foi um falso alarme; o século XX continuou em vigor por mais uns anos. O novo século começa agora, em 2020, com a pandemia, e aconteça o que acontecer. É, no entanto, um começo diferente dos anteriores. Se for apenas o começo de um século de pandemia intermitente, haverá nele algo de fúnebre e crepuscular, o início de um fim. Por outro lado, pode ser também o começo de uma nova época, de um novo modelo civilizacional.

Entre as muitas lições que o vírus parece estar nos dando, talvez a mais radical seja a de que estamos no fim da época que começou no século XVI com a expansão colonial europeia[2]. Uma nova época parece anunciar-se nas margens ou nos interstícios da imensa destruição de vida humana causada pela pandemia. Todos os começos são hesitantes, pouco críveis à luz do senso comum dominante, e, naturalmente, a sua emergência pode ser neutralizada por mais ou menos tempo. No entanto, atrevo-me a pensar que os sinais são demasiado visíveis para serem ignorados. A pandemia nos colocou no limiar de um tempo que da maneira mais sucinta pode ser caracterizado assim: desde o século XVI até hoje vivemos em uma época em que a natureza nos pertencia; a partir de agora, passamos a pertencer à natureza. A dominação moderna teve três pilares principais – capitalismo, colonialismo e patriarcado – e todos eles assentaram na concepção de que a natureza nos pertence. A pandemia não nos dá opção; põe-nos perante um dilema: ou mudamos o modo como vemos a natureza, ou ela começará a redigir o longo e doloroso epitáfio da vida humana no planeta. Para que a mudança ocorra, não bastam óticas distintas ou ideias inaugurais. É necessário começar a cortar as três âncoras pesadas que nos prendem à concepção moderna de natureza: a força de trabalho e a própria vida como mercadoria, o racismo e o sexismo. Terá início, assim, uma longa transição paradigmática. Será longa e difícil, mas no meu entender, irreversível.

As resistências serão enormes. A própria pandemia, que nos força a caminhar, também bloqueia o caminho. Durante a pandemia, os Estados, em geral, e, em particular, os governados por forças políticas de direita, revelaram-se, além de autoritários, muito incompetentes na gestão da crise sanitária e na proteção da vida dos cidadãos. Tornaram-se por vezes cúmplices de massiva e macabra destruição de vida humana. Apesar disso, o fim desses políticos e dessas políticas não parece estar mais próximo depois da pandemia do que antes dela. Pelo contrário. A pandemia mostrou que tais políticos e políticas têm um aliado novo e insuspeito: todos aqueles que, angustiados com as abissais incertezas do futuro, querem que alguém lhes diga que não foi tão grave assim, que tudo já passou e vai voltar ao normal. Este livro procura tornar a vida um pouco mais difícil a esse tipo de políticos e políticas que, infelizmente, são hoje dominantes.

A pandemia mostrou, com uma claridade nunca vista antes, o pior do mundo em que temos vivido desde o século XVI: a pulsão de morte que a dominação moderna acionou impunemente no mundo dos humanos e não humanos a ela submetido. Mas a pandemia também mostrou o que há de mais exaltante na humanidade: a solidariedade de tantos que arriscaram a vida para salvar os mais vulneráveis ou os mais atingidos, que se consolaram e se cuidaram entre si. Para não falar nos milhões de horas de sobretrabalho a que se sujeitaram milhões de trabalhadores para produzir o que era essencial para prevenir ou combater o vírus ou, simplesmente, para a ele sobreviver. Além disso, o mundo afirmou-se enquanto mundo nos noticiários como nunca havia acontecido, como humanidade sujeita a um destino comum, ainda que imprevisível.

Contudo, tragicamente, o que de melhor a humanidade podia revelar trazia em si uma ferida fatal. Só era capaz de revelar-se em momento de catástrofe, na situação-limite da morte só aparentemente indiscriminada. Dizendo de outra forma: a humanidade se afirmava como realidade no momento de morrer. É esta a maior ferida gravada pelo novo vírus no corpo do novo século. Como é uma ferida de época, sua cura implicará uma mudança de época.

Este livro está dividido em duas partes. Na primeira, procuro oferecer uma visão tão panorâmica quanto possível da devastação causada pelo coronavírus, da história longa que o precedeu, das causas que determinaram o modo como escolheu as suas vítimas privilegiadas, das consequências que daí advieram, das atuações dos Estados e das comunidades frente a um perigo de dimensões imprevistas. No capítulo 1, dou algumas pistas para inserir a novidade do vírus na nossa contemporaneidade. No capítulo 2, mostro que essa novidade é mais aparente que real, já que o vírus é um fator importante da época moderna. No capítulo 3, analiso o modo como o capitalismo fez da pandemia o que tem feito da vida humana e da natureza: transformá-la num negócio. No capítulo 4, procuro desmontar a ideia, por muitos avançada, da democraticidade do vírus e analisar, com detalhes que podem exasperar alguns leitores, o modo como o vírus agravou cruelmente as desigualdades e as discriminações de que são feitas as sociedades contemporâneas. No capítulo 5, submeto a uma análise crítica um dos dois protagonistas reconhecidos do processo pandêmico, o Estado. Questiono o modo como o Estado, chamado a proteger a vida dos cidadãos, respondeu à chamada. No capítulo 6, centro a minha atenção no outro protagonista reconhecido do processo pandêmico, o conhecimento na sua imensa diversidade e a ciência muito em especial. Finalmente, no capítulo 7, debruço-me sobre um protagonista não reconhecido, a resistência e a criatividade das comunidades para proteger vidas, muitas vezes perante o abandono do Estado e a inacessibilidade dos benefícios da ciência biomédica.

Na segunda parte, disponho-me a dar credibilidade à ideia de que o século XXI pode ser um começo de época, uma nova época assente na ideia de que a natureza não nos pertence, nós é que pertencemos à natureza. As implicações que daí decorrem são as linhas da longa transição para um novo modelo civilizacional pós-capitalista, pós-colonial e pós-patriarcal. No capítulo 8, identifico os três cenários principais que se desenham no horizonte pós-pandêmico. No capítulo 9, opto por um dos cenários, aquele que aponta para uma mudança de época, para um novo modelo civilizacional baseado no primado da vida digna e numa relação com a natureza radicalmente diferente da que mantivemos na época moderna e nos trouxe à beira da catástrofe ecológica e a um mundo distopicamente viral. No capítulo 10, identifico os princípios que devem presidir ao processo mais ou menos longo de transição paradigmática, do modelo civilizacional atual para o que aponto no capítulo 9. E, finalmente, no capítulo 11, enumero os primeiros passos desse processo de transição. O livro termina com uma conclusão que reflete o caráter especial deste livro, ao ser escrito enquanto a pandemia segue o seu curso e não deixa de surpreender os analistas.

Este livro não seria possível sem a colaboração preciosa e decisiva de um vasto grupo de companheiras e companheiros de jornada que partilharam comigo o seu saber a partir dos seus lugares de ação e de luta, fossem eles a universidade ou os movimentos sociais. Com inexcedível generosidade, Maria Paula Meneses colaborou intensamente na investigação preparatória deste trabalho e muito especialmente no capítulo 2, como fiz questão de assinalar. Margarida Gomes, minha dedicada assistente de investigação há muitos anos, cuidou exemplarmente da preparação das versões finais dos capítulos, além de dar contribuições preciosas em vários temas da investigação. Não mediu esforços para que o manuscrito terminasse no prazo. Lassalete Simões, minha querida amiga, colaboradora e secretária, além de ter ajudado na investigação, cuidou de mim e da gestão das minhas mil atividades on-line para que eu pudesse me concentrar na escrita deste livro. Naomar de Almeida-Filho, epidemiologista internacionalmente conhecido, colega e amigo há muitos anos, leu e comentou minuciosamente todo manuscrito e me proporcionou o privilégio de ler em primeira mão as suas reflexões especializadas sobre a pandemia. Sua colaboração foi uma extraordinária manifestação de espírito acadêmico, além de ter escrito a apresentação da edição brasileira deste livro. E neste agradecimento sentido incluo também, pelas razões que ela sabe, Denise Coutinho. Maria Irene Ramalho nunca faz parte dos agradecimentos porque está muito antes deles e também muito depois, na fonte do que sou e faço. Além de tudo o mais, leu e corrigiu todos os capítulos com o insuperável rigor de que é capaz.

Um grupo numeroso de pessoas amigas e generosas colaborou pontualmente na preparação da investigação. Temendo cometer alguma omissão, de que antecipadamente peço desculpa, refiro-as por ordem alfabética do primeiro nome: Adriana Yanacona, Berenice Celeita, Boaventura Monjane, Bryan Vargas Reyes, Charbel El-Hani, David Morquecho, Elias Gonzalez, Eliete Paraguassu, Felix Ruiz, Flávio Dino, Gustavo Esteva, Helena Silvestre, Ignacio Nacho Levy, Izadora Brito, Katleho Kano Shoro, João Ramalho-Santos, José Geraldo Sousa Júnior, José Manuel Mendes, José Ricardo Robles, Lino João Neves, Miguel Ramalho-Santos, Nicolás Arata, Peter Ronald deSouza, René Ramirez, Rodrigues Neves Nouveau, Scarlett Rocha, Sonia Guajajara, Tarso Genro. A todas e todos o meu veemente agradecimento.

A minha casa-mãe é o CES, Centro de Estudos Sociais da Universidade de Coimbra, e sem ela nada seria possível.

Um agradecimento especial ao meu editor Tiago Ferro, que cuidou com grande interesse e profissionalismo da preparação do manuscrito para publicação. *Last but not least*, um agradecimento muito especial à Boitempo, na pessoa de Ivana Jinkings, pelo entusiasmo com que acolheu esta publicação.

PARTE I
O século XXI se apresenta

1
Introdução póstuma ao nosso tempo

O FIM DO PRESENTISMO

Há quarenta anos que o mundo vive dominado pela ideia de que não há alternativa à sociedade atual, ao modo como está organizada e como organiza as nossas vidas, o nosso trabalho e a falta dele, o nosso consumo e o desejo dele, o nosso tempo e a nossa falta de tempo, a nossa vida social e a ressaca e a solidão que tantas vezes nos causa a insegurança do emprego e do desemprego, a desistência de lutar por uma vida melhor ante a possibilidade sempre iminente de a vida piorar.

Esse bloqueio de alternativas ocorreu de par com a ideia de que isso era a plena realização do progresso. O que estava para trás era muito pior e o que estaria para a frente seria, no melhor dos casos, mais do mesmo ou então pior. O futuro estava aqui e se teimássemos em procurá-lo em outro lugar teríamos uma surpresa muito desagradável. Daí a rigidez de um presente eterno, aparentemente livre do passado e sem outro futuro que a sua eternidade. Ou este presente ou a barbárie. Chamo a esse clima da época o presentismo, a negação radical e simultânea do historicismo e do futurismo.

Mas afinal, que mundo suportava este presente eterno? Era um mundo que quanto mais "progresso" realizava mais intolerável e inabitável se tornava para a grande maioria da população mundial. Era um mundo de possibilidades desfiguradas, que sacrificava todas as potencialidades emancipatórias com ações supostamente em nome delas, mas com o objetivo de anulá-las. Era uma vertigem sacrificial. Vejamos algumas dessas possibilidades desfiguradas. A democracia foi imaginada, pelo menos desde a Antiguidade clássica, como o governo das maiorias para benefício das minorias. Hoje é, um pouco por toda a parte, um governo de minorias para benefício de minorias. O direito e o sistema jurídico foram pensados e desenhados como a garantia dos fracos contra o poder discricionário dos fortes. Em muitos países é hoje instrumento adicional dos poderosos contra os oprimidos, e até mesmo um instrumento de destruição antidemocrática de adversários políticos ou econômicos por meio do que se convencionou chamar, com base nos manuais militares, guerra jurídica (*lawfare*). Os direitos humanos, apesar da sua ambivalente genealogia (tanto serviram aos interesses da Guerra Fria como às lutas contra as ditaduras), emergiram como uma narrativa de dignidade humana e foram elevados à condicionalidade dos tratados internacionais e da mal chamada "assistência ao desenvolvimento". Nos últimos tempos deixaram de ser condicionalidade para serem vistos como um obstáculo impertinente, quando não mesmo como um pária por parte de grupos extremistas de direita. São esses grupos que nas redes sociais apelidam um político de esquerda como "ativista dos direitos humanos" e consideram isso o insulto mais eficaz para abatê-lo. O conceito de desenvolvimento prometeu melhores condições de vida para a maioria da população. Mesmo que a promessa fosse vã, chegou a ter uma enorme credibilidade que, entretanto, perdeu com a crescente desigualdade entre países e a iminente catástrofe ecológica. Por último, as redes sociais e a internet, que se apresentaram credivelmente como a grande promessa de democratização da vida social e política, hoje estão se transformando no instrumento central do capitalismo de vigilância e da destruição da vontade democrática.

Essas e outras possibilidades desfiguradas contribuíram para que o mundo eurocêntrico ou o Norte global fosse invadido por um sentimento de esgotamento político e ideológico, a sensação de se viver entre ruínas. Não se trata de uma experiência estética das ruínas, como a que dominou o romantismo europeu. É antes a experiência existencial de viver perante uma paisagem de fundações em colapso. É uma experiência nova apenas para o Norte global. Desde o século XVI foi essa mesma experiência que as conquistas impuseram aos povos conquistados. Desde então, o Sul global se habituou a viver entre ruínas e a resistir e inovar a partir delas. Talvez essa experiência histórica seja agora mais preciosa do que nunca, e não apenas para o Sul global.

Tudo o que é sólido se desfaz no ar

Existe um debate nas ciências sociais sobre se a verdade e a qualidade das instituições de uma dada sociedade se conhecem melhor em situações de normalidade, de funcionamento corrente, ou em situações excepcionais, de crise. Talvez os dois tipos de situação sejam igualmente indutores de conhecimento, mas certamente nos permitem conhecer ou relevar coisas diferentes. São muitos os potenciais conhecimentos que decorreram da pandemia do coronavírus. Este livro é dedicado a analisar os que me parecem mais importantes. Nesta introdução, apresento um breve sumário.

A normalidade da exceção

A pandemia não é uma situação de crise claramente contraposta a uma situação de normalidade. Desde a década de 1980 – à medida que o neoliberalismo foi se impondo como a versão dominante do capitalismo e este se foi sujeitando mais e mais à lógica do setor financeiro – o mundo tem vivido em permanente estado de crise. Uma situação duplamente anômala. Por um lado, a ideia de crise permanente é um oximoro, já que, no sentido etimológico, a crise é por natureza excepcional e passageira e constitui a oportunidade para ser superada e dar origem a um melhor estado de coisas. Por outro lado, quando a crise é passageira, ela deve ser explicada pelos fatores que a provocam. Mas quando se torna permanente, a crise transforma-se na causa que explica tudo o resto. Por exemplo, a crise financeira permanente é utilizada para explicar os cortes nas políticas sociais (saúde, educação, previdência social) ou a degradação dos salários. E assim impede que se pergunte pelas verdadeiras causas da crise. O objetivo da crise permanente é não ser resolvida. Mas qual é o objetivo deste objetivo? Basicamente, são dois os objetivos: legitimar a escandalosa concentração de riqueza e impedir que sejam tomadas medidas eficazes para evitar a iminente catástrofe ecológica. Assim temos vivido nos últimos quarenta anos. Por isso, a pandemia veio apenas agravar uma situação de crise a que a população mundial tem estado sujeita. Daí a sua específica periculosidade. Em muitos países, o Estado, em geral, e os serviços públicos de saúde, em especial, estavam há dez ou vinte anos mais bem preparados para enfrentar a pandemia do que estão hoje.

A elasticidade do social

Em cada época histórica, os modos dominantes de viver (trabalho, consumo, lazer, convivência) e de antecipar ou adiar a morte são relativamente rígidos e parecem decorrer de regras escritas na pedra da natureza humana. É verdade que eles vão sendo alterados paulatinamente, mas as mudanças passam quase sempre despercebidas. A irrupção de uma pandemia não se compaginava com tal tipo de mudanças. Exigiu mudanças drásticas. E, de repente, elas tornaram-se possíveis como se sempre o tivessem sido. Pelo menos para uma minoria da população mundial tornou-se possível ficar em casa e voltar a ter tempo para ler um livro e passar mais tempo com os filhos, consumir menos, dispensar o vício de passar o tempo nos shopping centers, esquecendo tudo o que nos é necessário na vida, mas só se pode obter por outros meios que não a compra. A ideia conservadora de que não há alternativa ao modo de vida imposto pelo hipercapitalismo em que vivemos caiu por terra. Mostrou-se que só não há alternativas porque o sistema político democrático foi levado a deixar de discuti-las. Como foram expulsas do sistema político, as alternativas irão entrar cada vez com mais frequência na vida dos cidadãos pela porta dos fundos das crises pandêmicas, dos desastres ambientais e dos colapsos financeiros. Ou seja, as alternativas voltarão da pior maneira possível.

A fragilidade do humano

A rigidez aparente das soluções sociais cria nas classes que tiram mais proveito delas um estranho sentimento de segurança. É certo que sobra sempre alguma insegurança, mas há meios e recursos para minimizá-la, sejam eles os cuidados médicos, as apólices de seguro, os serviços de empresas de segurança, a terapia psicológica, as academias de ginástica. Esse sentimento de segurança combina-se com o de arrogância e até de condenação a todos aqueles que se sentem vitimizados pelas mesmas soluções sociais. A catástrofe viral interrompeu esse senso comum e evaporou a segurança de um dia para o outro. Ficamos sabendo, e será demonstrado plenamente neste livro, que a pandemia não é cega nem democrática, e que tem alvos privilegiados. Mas, mesmo assim, criou uma estranha consciência de comunhão planetária. A etimologia do termo pandemia diz isso mesmo: todo o povo. A tragédia é que, nesse caso, a melhor maneira de sermos solidários é nos isolarmos fisicamente uns dos outros e, mais ainda, não nos tocarmos. Aceitaremos que essa seja a única possível comunhão de destinos? Será possível lutar por outras?

Os fins não justificam os meios

O abrandamento da atividade econômica, sobretudo nos países mais industrializados, teve óbvias consequências negativas. Mas teve, por outro lado, algumas consequências positivas. Por exemplo, a diminuição da poluição atmosférica. Um especialista em qualidade do ar da agência espacial dos EUA (NASA) afirmou que nunca havia sido vista uma quebra tão dramática da poluição numa área tão vasta. Poderá isto querer dizer que no início do século XXI a única maneira de evitar a cada vez mais iminente catástrofe ecológica é por via da destruição massiva da vida humana? Teremos perdido a imaginação preventiva e a capacidade política para colocá-la em prática?

É também conhecido que, para controlar eficazmente a pandemia, a China acionou métodos de repressão e vigilância particularmente rigorosos. É cada vez mais evidente que as medidas foram eficazes. Acontece que a China, por muitos méritos que tenha, não tem o de ser um país democrático. É muito questionável que tais medidas pudessem ser acionadas, ou acionadas com igual eficácia, num país democrático. Isso quer dizer que a democracia carece de capacidade política para responder a emergências? Como as democracias estão cada vez mais vulneráveis às *fake news*, teremos de imaginar soluções democráticas assentes na democracia participativa ao nível dos bairros e das comunidades e na educação cívica orientada para a solidariedade e a cooperação, e não para o empreendedorismo e a competitividade a todo custo? A verdade é que países democráticos da Ásia, como Singapura e Coreia do Sul, ou da Oceania, como a Nova Zelândia, tiveram notável êxito no combate à pandemia. Não deveria a cultura cívica ser doravante reconhecida como um recurso crucial de saúde pública?

A guerra de que é feita a paz

O modo como foi inicialmente construída a narrativa da pandemia pela mídia ocidental tornou evidente a vontade de demonizar a China. As más condições higiênicas nos mercados chineses e os estranhos hábitos alimentares dos chineses (primitivismo insinuado) estariam na origem do mal. De forma subliminar, o público mundial era alertado para o perigo de a China, hoje a segunda economia do mundo, vir a se tornar a primeira. Se a China era incapaz de prevenir tamanho dano para a saúde mundial e, além disso, incapaz de o superar eficazmente, como confiar na tecnologia do futuro proposta pela China? Mas terá o vírus nascido na China? A verdade é que, segundo a Organização Mundial de Saúde (OMS), a origem do vírus ainda não está determinada. Foi, por isso, irresponsável que os meios oficiais dos EUA falassem do "vírus estrangeiro" ou mesmo do "coronavírus chinês", principalmente porque só em países com bons sistemas públicos de saúde (os EUA não são um deles) seria possível fazer testes gratuitos e determinar com exatidão os tipos de *influenza* ocorridos nos últimos meses. Uma das grandes revelações da pandemia foi que está se exacerbando perigosamente para a paz do mundo uma guerra comercial entre a China e os EUA, uma guerra sem quartel que, como tudo leva a crer, terá de terminar com um vencedor e um vencido. Para os EUA é urgente neutralizar a liderança da China em quatro áreas: a produção de celulares, as telecomunicações de quinta geração, a inteligência artificial, os automóveis elétricos e as energias renováveis.

A sociologia das ausências

Uma pandemia dessa dimensão causou justificadamente comoção mundial. Apesar de se justificar a dramatização, é bom ter sempre presente as sombras que a visibilidade foi criando. Eis algumas das ausências. Durante algum tempo o poder político conseguiu passar a ideia de que entre a proteção da vida e a saúde da economia havia um *trade-off*, uma troca. Admitiu-se assim que a economia prosperasse em cima de um monte de cadáveres. Os casos patéticos dos EUA, Brasil e Índia vieram revelar cruelmente que tal troca não existia: as mortes não garantem o crescimento econômico. Também se pretendeu vender a ideia de que o coronavírus era democrático. A realidade mostrou tragicamente, como relato neste livro, que a realidade foi bem outra. Doutro modo, como explicar que mais de 61% dos mortos pela Covid-19 nos EUA foram negros e negras? Por outro lado, muitos Estados, apesar de incapazes de proteger de forma eficaz a sua população, usaram a retórica da proteção para concentrar o poder repressivo e de vigilância, criando ou agravando situações de estado de exceção permanente. Por último, a orgia das estatísticas e dos gráficos da progressão da pandemia foi muitas vezes utilizada para impedir ou fazer esquecer a discussão sobre as verdadeiras causas da recorrência das pandemias, para não pôr em dúvida os atuais modelos de desenvolvimento.

A TRÁGICA TRANSPARÊNCIA DO VÍRUS

Os debates culturais, políticos e ideológicos do nosso tempo têm uma opacidade estranha, que decorre da sua distância em relação ao cotidiano vivido pela grande maioria da população, os cidadãos comuns – "*la gente de a pie*" – como dizem os latino-americanos. Em particular, a política, que deveria ser a mediadora entre as ideologias e as necessidades e aspirações dos cidadãos, tem se demitido dessa função. Se mantém algum resíduo de mediação, é com as necessidades e aspirações dos mercados, esse megacidadão informe e monstruoso que nunca ninguém viu, nem tocou, nem cheirou, um cidadão estranho que só tem direitos e nenhum dever. É como se a luz que ele projeta nos cegasse. De repente, a pandemia irrompeu, a luz dos mercados empalideceu e, da escuridão, com que sempre nos ameaçaram se não lhe prestássemos vassalagem, emergiu uma nova claridade. A claridade pandêmica e as aparições em que ela se traduziu. O que ela nos permitiu ver e o modo como for interpretado e avaliado determinarão o futuro da civilização em que vivemos. É desse desafio que trata este livro.

A pandemia é uma alegoria. O sentido literal da pandemia do coronavírus é o medo caótico generalizado e a morte sem fronteiras causados por um inimigo invisível. Mas o que ela exprime está muito além disso. Eis alguns dos sentidos que nela se exprimem. O invisível todo-poderoso tanto pode ser o infinitamente grande (o deus das religiões do livro) como o infinitamente pequeno (o vírus). Em tempos recentes, emergiu um outro ser invisível todo-poderoso, nem grande nem pequeno porque disforme: os mercados. Tal como o vírus, é insidioso e imprevisível nas suas mutações, e, tal como deus (santíssima trindade, encarnações), é uno e múltiplo. Exprime-se no plural, mas é singular. Ao contrário de deus, os mercados são onipresentes neste mundo e não no mundo do além, e, ao contrário do vírus, são uma bendição para os poderosos e uma maldição para todos os outros (a esmagadora maioria dos humanos e a totalidade da vida não humana). Apesar de onipresentes, todos esses seres invisíveis têm espaços específicos de acolhimento: o vírus, nos corpos; deus, nos templos; os mercados, nas bolsas de valores. Fora desses espaços, o ser humano é um ser sem-teto transcendental.

Sujeitos a tantos seres imprevisíveis e todo-poderosos, o ser humano e toda a vida não humana de que depende são iminentemente frágeis. Se todos esses seres invisíveis continuarem ativos, a vida humana será, em breve (se já não é) uma espécie em extinção. Está sujeita a uma ordem escatológica e aproxima-se do fim. A intensa teologia que é tecida à volta dessa escatologia contempla vários níveis de invisibilidade e imprevisibilidade. O deus, o vírus e os mercados são as formulações do último reino, o mais invisível e imprevisível, o reino da glória celestial ou da perdição infernal. Só ascendem a ele os que se salvam, os mais fortes (os mais santos, os mais jovens, os mais ricos). Abaixo desse reino está o reino das causas. É o reino das mediações entre o humano e o não humano. Nesse reino a invisibilidade é menos rarefeita, mas é produzida por luzes intensas que projetam sombras densas sobre esse reino. Este reino é composto por três unicórnios. Sobre o unicórnio escreveu Leonardo da Vinci: "O unicórnio, através da sua intemperança e incapacidade de se dominar, e devido ao deleite que as donzelas lhe proporcionam, esquece a sua ferocidade e selvajaria. Ele põe de parte a desconfiança, aproxima-se da donzela sentada e adormece no seu regaço. Assim os caçadores conseguem caçá-lo"[1]. Ou seja, o unicórnio é um todo-poderoso, feroz e selvagem que, no entanto, tem um ponto fraco, e sucumbe à astúcia de quem souber identificá-lo.

Desde o século XVII, os três unicórnios são o capitalismo, o colonialismo e o patriarcado. São os modos de dominação principais. Para dominarem eficazmente têm de ser, eles próprios, desregulados, ferozes e incapazes de se dominar, como adverte Da Vinci. Apesar de serem onipresentes na vida dos humanos e das sociedades, são invisíveis na sua essência e na essencial articulação entre eles. A invisibilidade decorre de um sentido comum inculcado nos seres humanos pela educação e pela doutrinação permanentes. Esse sentido comum é evidente e é contraditório ao mesmo tempo. Todos os seres humanos são iguais (afirma o capitalismo); mas, como há diferenças naturais entre eles, a igualdade entre inferiores não pode coincidir com a igualdade entre superiores (afirmam o colonialismo e o patriarcado). Esse sentido comum é antigo e foi debatido por Aristóteles, mas só a partir do século XVII entrou na vida das pessoas comuns, primeiro na Europa e depois em todo o mundo.

Ao contrário do que pensa Da Vinci, a ferocidade destes três unicórnios não está baseada apenas na força bruta. Está também na astúcia que lhes permite desaparecer quando continuam vivos, ou parecer fracos quando permanecem fortes. A primeira astúcia revela-se em múltiplas artimanhas. Assim, o capitalismo pareceu ter desaparecido numa parte do mundo com a vitória da Revolução Russa. Afinal, apenas hibernou no interior da União Soviética e continuou a controlá-la a partir de fora (capitalismo financeiro, contrainsurgência). Hoje em dia, o capitalismo consegue a sua maior vitalidade no seio do seu maior inimigo de sempre, o comunismo, num país que em breve será a primeira economia do mundo, a China. Por sua vez, o colonialismo dissimulou desaparecer com as independências das colónias europeias, mas, de fato, continuou metamorfoseado de neocolonialismo, imperialismo, dependência, racismo. Finalmente, o patriarcado induz a ideia de estar moribundo ou enfraquecido em virtude das vitórias significativas dos movimentos feministas nas últimas décadas, mas de fato a violência doméstica, a discriminação sexista e o feminicídio não cessam de aumentar. A segunda astúcia consiste em surgirem capitalismo, colonialismo e patriarcado como entidades separadas que nada têm a ver umas com as outras. A verdade é que nenhum desses unicórnios em separado tem poder para dominar. Só os três em conjunto são todo-poderosos. Ou seja, enquanto houver capitalismo, haverá colonialismo e patriarcado. As combinações podem variar muito de país para país, mas globalmente prevalecem.

O terceiro reino é o reino das consequências. É o reino em que os três poderes todo-poderosos mostram a sua verdadeira face. É essa a camada que a grande maioria da população consegue ver, embora com alguma dificuldade. Esse reino tem hoje duas paisagens principais onde é mais visível e cruel: a escandalosa concentração de riqueza com a consequente extrema desigualdade social; a destruição da vida do planeta com a iminente catástrofe ecológica. É ante essas duas paisagens brutais que os três seres todo-poderosos e suas mediações mostram aquilo a que nos conduzem se continuarmos a considerá-los todo-poderosos. Mas serão eles todo-poderosos? Ou a sua onipotência é apenas o espelho da induzida incapacidade dos humanos de combatê-los? Eis a questão.

A REALIDADE À SOLTA E A EXCEÇÃO EM TEMPOS EXCEPCIONAIS

A pandemia confere à realidade uma liberdade caótica e qualquer tentativa de a aprisionar analiticamente tende a fracassar porque a realidade vai sempre adiante do que pensamos ou sentimos sobre ela. Teorizar ou escrever sobre ela é pôr as nossas categorias e a nossa linguagem à beira do abismo. Como diria André Gide, é conceber a sociedade contemporânea e a sua cultura dominante em modo de *mise en abyme*[2]. Os intelectuais são os que mais deviam temer essa situação. Tal como aconteceu com os políticos, os intelectuais também deixaram, em geral, de fazer a mediação entre as ideologias e as necessidades e as aspirações dos cidadãos comuns. Medeiam entre si, entre as suas pequenas-grandes divergências ideológicas. Escrevem sobre o mundo, mas não com o mundo. São poucos os intelectuais públicos, e também estes não escapam ao abismo destes dias. A geração que nasceu ou cresceu depois da Segunda Guerra Mundial se habituou a ter um pensamento excepcional em tempos normais. Perante a crise pandêmica, têm dificuldades em pensar a exceção em tempos excepcionais. O problema é que a prática caótica e fugidia dos dias foge à teorização e exige ser entendida em modo de subteorização. Ou seja, como se a claridade da pandemia criasse tanta transparência que nos impedisse de ler e muito menos de reescrever o que fôssemos registrando no ecrã ou no papel. Dois exemplos que analisarei mais tarde. Logo no irromper da crise pandêmica, Giorgio Agamben insurgiu-se contra o perigo da emergência de um Estado de exceção, uma emergência que vem de longe e apenas se agrava com a pandemia. O Estado, ao tomar medidas de vigilância e de restrição da mobilidade sob o pretexto de combater a pandemia, adquire poderes excessivos que põem em causa a própria democracia. Essa advertência faz sentido e, como veremos no capítulo 5, foi premonitória em relação a alguns países. Mas foi escrita num momento em que os cidadãos, tomados de pânico, constatavam que os serviços nacionais de saúde não estavam preparados para combater a pandemia e exigiam que o Estado tomasse medidas eficazes para evitar a propagação do vírus. A reação não se fez esperar e Agamben teve de voltar atrás. Ou seja, a excepcionalidade desta exceção não lhe permitiu pensar que há exceções e exceções e que, em face disso, teremos de distinguir, no futuro, não apenas entre Estado democrático e Estado de exceção, mas também entre Estado de exceção (Estado de emergência, de alerta, de calamidade, etc.) democrático e Estado de exceção antidemocrático.

O segundo exemplo diz respeito a Slavoj Žižek que, no mesmo momento, previu que a pandemia apontava para o "comunismo global" como única solução futura. A proposta vinha no seguimento das suas teorias em tempos normais, mas pareceu inteiramente descabida em tempo de exceção excecional. Também ele teve de voltar atrás. Por muitas razões, tenho defendido que o tempo dos intelectuais de vanguarda acabou. Os intelectuais devem aceitar a si mesmos como intelectuais de retaguarda, devem estar atentos às necessidades e às aspirações dos cidadãos comuns e saber partir delas para teorizar. De outro modo, os cidadãos estarão indefesos perante os únicos que sabem falar a sua linguagem e entender as suas inquietações. Em muitos países esses são os pastores evangélicos conservadores ou os imãs do islamismo radical, apologistas da dominação capitalista, colonialista e patriarcal.

A escala do planeta visto do vírus

A pandemia provocou a maior mudança de escala da vida humana e do planeta depois de 1972. Em 7 de dezembro de 1972, astronautas da nave espacial Apollo 17 tiraram as primeiras fotos do planeta Terra a 29 mil quilômetros de altitude durante a sua viagem para a Lua. Foi então que surgiu *The Blue Marble*, uma surpreendente imagem da Terra que rapidamente se transformou na mais reproduzida da história. Essa imagem alterou profundamente a representação dominante da escala do planeta no conjunto do universo. O que até então era infinitamente grande e inabarcável para o comum dos mortais, emergia agora como uma pequena esfera girando num universo, este sim, infinito. Nessa nova escala, o mundo surgia miniaturizado, uma pequena casa comum com o destino comum que a fazia girar regularmente num espaço infinito. Perante essa forte imagem de comunidade, os conflitos, as diferenças e as divergências surgiam necessariamente relativizados.

Por outras vias bem menos exaltantes, o coronavírus produz o mesmo efeito de escala. O mundo parece agora mais global do que alguma vez foi pelas dinâmicas do capitalismo ou do colonialismo. E simultaneamente menor, porque, apesar de todas as desigualdades que a propagação, a prevenção e a mitigação do vírus produziram e agravaram, a expansão do vírus foi surpreendente, imprevisível e caótica. A distância do agente que produz essa mudança de escala não vem agora do espaço sideral, radicalmente exterior. Vem, pelo contrário, do interior mais íntimo da vida no planeta. É um astronauta interno, secreto, que viaja nas profundezas das porosidades entre a vida humana e não humana, uma viagem cada vez mais rápida e agressiva por via das decisões irresponsáveis e arrogantes com que os humanos têm sobreposto a vida humana à vida não humana do planeta.

Há, no entanto, diferenças importantes entre as duas mudanças de escala. A mudança de escala produzida pelos astronautas siderais era auspiciosa, não exigia mudanças de curso, apenas mostrava a leviandade e até a futilidade das rivalidades entre países, e mesmo entre grupos humanos. A mudança de escala produzida pelo astronauta interior é ameaçadora e exige uma mudança de curso, sob pena de continuar e intensificar a sua destruição de vida humana. Se tal mudança ocorrerá ou não, não depende do vírus e é por enquanto uma questão em aberto, mas as consequências não se farão esperar. Enquanto o astronauta sideral mostrava a íntima simbiose da vida humana e da vida não humana, o astronauta interior não se limita a mostrar isso; revela também que, em caso de conflito, a vida não humana continuará no planeta mesmo que a vida humana acabe. Ou seja, a vida humana precisa mais do planeta do que o planeta precisa da vida humana.

Perante essa radical mudança de escala, a ação política terá necessariamente de mudar, sob pena de se tornar globalmente ridícula e irrelevante. Basta pensar em slogans como "*America First*" ou "*Make America Great Again*", proclamados até à saciedade pelo presidente Donald Trump, agora mais risíveis e grotescos do que nunca. O país mais rico do mundo é, de repente, o país mais vulnerável à pandemia; o país que tem poderio militar e nuclear para destruir vários mundos não produz produtos essenciais para proteger os seus cidadãos e, em especial, os prestadores de cuidados médicos e sanitários; manifesta uma tal incompetência e descoordenação para lidar com a pandemia que mais parece um Estado falhado de tipo novo.

A miniaturização da escala do mundo produzida pelo coronavírus é, pois, a segunda dos últimos cinquenta anos. A primeira, a dos astronautas siderais, não produziu os efeitos que se imaginava. Não pôs fim às rivalidades entre Estados, nomeadamente à Guerra Fria. Afinal, a corrida ao espaço sideral era, ela mesma, uma instância da Guerra Fria. A Guerra Fria viria a terminar mais tarde, com a queda do Muro de Berlim em 1989. E tão pouco esse fato deu origem ao "dividendo da paz", como então se dizia, a oportunidade que existiu a partir desse momento de pôr fim à corrida armamentista e usar dinheiro público em políticas de bem-estar dos cidadãos e das comunidades. Pelo contrário, os orçamentos militares, depois de um curto período de refluxo, voltaram a crescer, e assim sucedeu até hoje. A entente com a antiga União Soviética, agora Rússia, menor e plenamente integrada ao mundo capitalista, foi sol de pouca duração. Voltou a emergir a luta por influência geoestratégica na Europa (crise da Ucrânia) no Oriente Médio (guerra da Síria) e, por último, na América Latina (crise da Venezuela). Entretanto, sobretudo a partir do novo milênio, a Guerra Fria começou a se deslocar para o

Oriente, e a China passou a ser o novo eixo da Guerra Fria. De grande parceiro econômico, a China passou a ser vista rapidamente como potência concorrente, até se transformar num inimigo cuja influência global deve ser neutralizada.

É nesse contexto que surge a segunda miniaturização da escala do mundo, agora provocada pela pandemia. Haverá condições para desta vez enfrentarmos tarefas que, sendo planetárias, só em nível planetário podem ser enfrentadas? Ao contrário dos astronautas siderais, o astronauta profundo, de que por enquanto não podemos nos defender senão nos escondendo em nossas casas (covardemente, pensará ele?), é ameaçador, traz más notícias e anuncia outras piores. Saberemos lê-las e interpretá-las, tirar delas as devidas consequências?

Uma coisa parece certa, não devemos esperar por uma terceira miniaturização do mundo para decidir agir conjuntamente no sentido de salvar a vida no planeta. É que nessa altura talvez sejamos demasiado pequenos ou demasiado poucos para valer a pena decidir. Procurar salvar a vida do planeta nos escombros ou entre valas comuns é um exercício, além de fútil, macabro.

As metáforas em curso

O novo coronavírus foi motivo abundante de metáforas. Todas elas representaram um grande deslocamento dos contextos em que tais metáforas são usadas em circunstâncias normais. Isso denota a surpresa e o espanto que a pandemia da Covid-19 suscitou. As metáforas constituem uma tentativa de domesticar esse vírus enquanto fenômeno, tentando enquadrá-lo no domínio do compreensível no plano social, filosófico e cultural. As metáforas, longe de serem arbitrárias, são intencionais, convocam diferentes tipos de ação e imaginam diferentes sociedades pós-pandemia. Distingo três metáforas: o vírus como inimigo, o vírus como mensageiro, o vírus como pedagogo.

O vírus como inimigo

Essa metáfora foi a favorita dos governos. A guerra é e sempre será a tarefa que pertence exclusivamente ao Estado. É também, entre as possíveis tarefas estatais, aquela para a qual o Estado congrega mais consenso. A metáfora do inimigo é uma dupla metáfora, porque concebe a luta contra o vírus como uma guerra, e o vírus, como o inimigo a abater. A metáfora da guerra evoca eficazmente a seriedade da ameaça e a necessidade patriótica da união no combate a essa ameaça. Esse apelo à unidade é particularmente útil aos Estados onde no período anterior havia grandes protestos sociais, como é o caso da França com as manifestações dos "coletes amarelos" (*gilets jaunes*). A guerra implica o uso de medidas extremas de combate. Fomenta uma narrativa política simplista do tipo "ou está conosco ou contra nós". Com o inimigo não se discute nem argumenta, o inimigo elimina-se.

A metáfora do inimigo tem dois vieses principais. Por um lado, centra a ação contra a pandemia exclusivamente no Estado. Ora, como veremos, na luta contra a pandemia estiveram decisivamente implicadas famílias, comunidades, associações e, sobretudo, os profissionais de saúde que atuaram com um espírito de missão que não se reduz ao mero estatuto de funcionário público. Por outro lado, essa metáfora implica que, uma vez vencida a guerra, tudo voltará à normalidade. Ora, o mais provável é que assim não será, não só porque a vitória definitiva é um cenário muito incerto, mas também porque, se ou quando tal vitória ocorrer, o novo normal será muito diferente daquele em que temos vivido até agora. Além de tudo o mais, o vírus, muito provavelmente, não será eliminado, será antes domesticado ou neutralizado pelos anticorpos que produzimos e pelas vacinas. A guerra, afinal, talvez não seja ganha, e o melhor resultado a que poderemos aspirar serão tréguas temporárias e condicionadas.

Nos últimos cinquenta anos, a metáfora da guerra foi fartamente usada no mundo ocidental liderado pelos EUA para nomear a percepção da seriedade das ameaças que o poderiam destruir. Se a história nos serve de lição, essas guerras foram desenhadas como sendo guerras permanentes e talvez até mesmo perpétuas. Assim tem sido a guerra contra o comunismo, apesar de não haver hoje comunismo em nenhuma parte do mundo, nem sequer na China, onde o que domina é um capitalismo de Estado. O mesmo acontece com a guerra contra o terrorismo, com a guerra contra as drogas e, mais recentemente, com a guerra contra a corrupção. Nenhuma dessas guerras terminou até agora, nem é previsível que termine nos tempos mais próximos. Ocorrerá o mesmo com a guerra contra a pandemia? Curiosamente, a guerra contra as pandemias recentes[3] tem em comum com as outras guerras permanentes o fato de ser uma guerra irregular. O inimigo é elusivo, enganoso, não respeita as leis da guerra, não usa táticas convencionais, e o combate contra ele tem de pautar-se pelos mesmos meios para ser eficaz. Será a guerra contra a pandemia da Covid-19 uma nova guerra a acrescentar ao catálogo das guerras permanentes ou eternas? Sabemos que, enquanto não houver vacinas amplamente disponíveis, a guerra não termina. Até lá viveremos num período que caracterizo como de pandemia intermitente. Mas mesmo depois da vacina, e se não se alterar o modelo de desenvolvimento, de consumo e de civilização em que vivemos, é altamente previsível que outras pandemias emerjam. Portanto, podemos estar perante mais uma guerra permanente. Essa possibilidade deve ser motivo de preocupação, e não apenas pelo fato de ela significar a recorrência de vírus potencialmente cada vez mais frequentes e letais. É que as guerras permanentes anteriormente mencionadas têm servido a quem as declara para atingir fins que não têm a ver com os fins declarados. Têm servido, sobretudo, para neutralizar adversários políticos e para controlar zonas de influência geoestratégica. A guerra contra o vírus servirá a tal utilização? Alguns sinais perturbadores estão aí. A guerra contra a pandemia é, ao nível das grandes potências (EUA, China e União Europeia), uma instância da guerra pela hegemonia geoestratégica entre a China e os EUA. E o mesmo se diga da guerra das vacinas.

Além de tudo o mais, a metáfora da guerra tem um impacto negativo na vida democrática da sociedade que combate o vírus. O tempo de guerra é um tempo de estado de exceção, um tempo em que as ordens não se discutem e apenas se obedecem. Não é tempo para discutir razões ou propor alternativas. Afinal, a obediência incondicional é para o nosso bem e, se não obedecermos, pomos a nossa vida e até a dos outros em risco. A guerra coloca um peso esmagador em cima da cidadania. Só não será um peso fatal se for de curta duração. E se não for?

Em suma, a metáfora da guerra e do inimigo não nos ajuda a imaginar uma sociedade melhor, mais diversa nas experiências interculturais, mais democrática, mais equitativa, mais justa e menos propensa a vírus tão letais. Essa metáfora expressa uma pulsão de morte contra a ameaça da morte que o vírus protagoniza. É morte contra morte, e nada nos diz sobre a possibilidade e a desejabilidade de não haver guerra. Em face disso, tal metáfora não me parece muito útil. Poderia, no entanto, ser diferente se a metáfora da guerra e do inimigo fosse desconstruída de modo a nos permitir ver e entender os inimigos nessa guerra. Afinal, se o vírus é o inimigo da sociedade, é justo pensar que a sociedade talvez seja a inimiga do vírus. Para isso, seria bom seguir o exemplo do fotógrafo de guerra Karim Ben Khelifa expresso no seu extraordinário documentário *The Enemy*[4]. Depois de ser fotógrafo de guerra durante quinze anos, Karim Ben Khelifa começou a questionar a utilidade das suas fotos, uma vez que elas não mudavam em nada a atitude das pessoas em relação à guerra, não as fazia desejar a paz. Chegou à conclusão de que uma das razões talvez fosse o fato de os inimigos serem invisíveis. Em face disso, decidiu dar visibilidade aos combatentes, dando-lhes voz, permitindo que se apresentassem e explicassem os seus motivos, os seus sonhos e os seus medos. Ao fazê-lo, recorrendo a altas tecnologias de comunicação, acabou por permitir confrontar as perspectivas dos inimigos com as dos que os combatiam. E os inimigos deixaram de ser inimigos. Seríamos capazes de fazer o mesmo no caso da guerra contra o vírus? Como se poderia dar visibilidade a entes nano ínfimos?

Como poderíamos conhecer as suas razões para nos atacar, as suas perspectivas sobre a sociedade em que vivemos? E, se isso fosse possível, que razões daríamos para tentar eliminá-los ou pelo menos neutralizá-los? Seria possível comparar razões e perspectivas e até sermos convencidos a mudar profundamente os nossos modos de vida? Seria então possível, não apenas uma trégua, mas uma convivência baseada em comportamentos mais civilizados de parte a parte? Infelizmente, pese embora o esforço notável de Karim Ben Khelifa, guerra é guerra, e foi feita para matar e morrer.

O vírus como mensageiro

A segunda metáfora é a que concebe o vírus como um mensageiro. Certamente como um mensageiro da natureza. Para essa metáfora não interessa conhecer o conteúdo específico ou os detalhes da mensagem. A mensagem reside na própria presença do vírus. É uma mensagem performativa. É uma péssima mensagem porque consiste na morte ou na ameaça da morte. Essa mensagem põe a questão do que fazer com o mensageiro. Na tradição oriental chinesa havia um acordo tácito entre as partes em guerra determinando que os mensageiros que fossem enviados por cada uma delas iriam desarmados e não correriam nenhum risco pessoal. Já na tradição ocidental, remontando ao antigo Egito e à antiga Grécia, é longa e recorrente a história de mensageiros que são mortos por levarem más notícias. Tão recorrente que "matar o mensageiro" passou a ser um *topos* cultural e uma tática política. Nas *Vidas paralelas* de Plutarco conta-se que Tigranes, perturbado pela notícia de que as forças de Lucullus se aproximavam ameaçadoramente, matou o mensageiro para acalmar a sua ansiedade. Na peça *Antônio e Cleópatra* de Shakespeare, Cleópatra ameaça arrancar os olhos do mensageiro que lhe traz a notícia de que Antônio se tinha casado com Otávia, irmã de Otávio César. Esse *topos* de "matar o mensageiro" está bem presente em nossos dias. Basta considerar o modo como Julian Assange tem sido tratado (assassinado lentamente, talvez seja mais exato) por ter trazido tantas más mensagens aos poderosos do nosso mundo.

No caso da metáfora do vírus como mensageiro é esse arquétipo cultural de "matar o mensageiro" que é acionado. É certo que uma minoria dos que usam essa metáfora preferem-na à metáfora do inimigo, precisamente porque querem entender a mensagem, por mais dolorosa que seja. Mas no discurso público, mesmo quando se usa a metáfora do vírus como mensageiro, não se perde um minuto em tentar decodificá-la. O pânico ou o terror da mensagem performativa (morte ou ameaça de morte) é tal que não se tenta investigar a causa da morte, como seria próprio de qualquer investigação criminal ou romance policial. A ação que se segue é um *non sequitur* com o significado da mensagem. À sociedade basta não gostar da notícia que o vírus traz. Não tenta confrontar-se com ela e muito menos com as razões que a poderão ter provocado. Em vez disso, concentra todo o seu esforço em matar o mensageiro.

Por essa razão, a metáfora do vírus como mensageiro não me parece uma boa metáfora para nos ajudar a pensar como poderemos impedir no futuro a chegada de novos mensageiros, eventualmente com notícias ainda mais aterradoras. Tal como a metáfora do inimigo, a metáfora do mensageiro está centrada na eliminação desse vírus. Serve para nos defender no presente, mas não para nos defender do futuro.

O vírus como pedagogo

A minha preferência vai para a metáfora do vírus como pedagogo. É a única que nos faz tentar compreender o vírus, as razões da sua ação, e, em função disso, tentar organizar as respostas sociais que, no futuro, poderão diminuir a possibilidade de sermos visitados por novos vírus dessa maneira tão indesejada. Conceber o vírus como pedagogo é dar-lhe uma dignidade muito superior à que lhe é dada pelas metáforas anteriores. Para a metáfora da guerra, o vírus é um inimigo a ser abatido, para a metáfora do mensageiro, o vírus é um portador que não tem qualquer papel significativo nas rivalidades em jogo. Como portador, certamente se limitará a dizer-nos o que o mensageiro disse a Cleópatra na peça de Shakespeare: "Gentil senhora, quem aqui vos traz a mensagem não foi quem os casou"[5]. A metáfora do pedagogo é a única que nos obriga a interagir com o vírus, a convertê-lo num sujeito digno de ter um diálogo conosco. Obviamente, é um pedagogo cruel, que não perde tempo explicando as razões do seu agir e simplesmente age como deve agir. Mas não é um ser irracional. Teve razões para vir agora até nós e para vir do modo como o faz. É, pois, necessário tentar pensar sobre ele, para progressivamente poder pensar com ele, até finalmente pensar a partir da perspectiva dele.

Proponho, assim, uma hermenêutica diatópica de novo tipo, uma hermenêutica entre a racionalidade humana e a racionalidade viral, uma interpretação do mundo entre duas formas de conceber a vida e as relações entre sociedade e natureza na esperança de, por cedências ou transformações recíprocas, chegarmos a pontos de convergência que permitam a convivência entre humanos e não humanos. Essa hermenêutica visa aprender com o vírus, transferindo para a sociedade o que aprendermos com ele. Nesse sentido, constitui uma pedagogia intervital, entre vida humana e não humana. Não será uma pedagogia fácil. São muitas as dificuldades e situam-se em muitos níveis. Poderemos aprender com alguém que nunca vimos nem veremos? Aprendizagem com o vírus será sempre uma teleaprendizagem. Em que medida é isso diferente das revelações da divindade no seio das religiões? E estará a sociedade disposta a aprender? Penso mesmo que a maioria das pessoas vê o vírus como um pesadelo e só deseja acordar dele o mais rápido possível. Esquecer será nesse caso uma pulsão mais forte que aprender. Por outro lado, se partirmos do pressuposto de que devemos aprender com o vírus, tal como defendo[6], são enormes os obstáculos com que se enfrenta a aprendizagem. As melhores teorias pedagógicas nos dizem que toda a aprendizagem deve ser co-aprendizagem, aprendizagem recíproca para uma educação mútua. Estando nós disponíveis para aprender com o vírus, em que medida podemos saber se o vírus quer aprender conosco? Se aplicarmos a essa aprendizagem a teoria de Paulo Freire, a justamente celebrada pedagogia do oprimido, quem é neste caso o oprimido, nós ou o vírus?

Apesar de todas essas dificuldades, penso que a metáfora do vírus como pedagogo nos põe perante uma tarefa não só possível como urgente. Antes de mais nada, é necessário começar por uma escuta profunda do vírus. O conhecimento ocidental dominante nunca nos ensinou a escutar profundamente o que quer que seja[7]. Ensinou-nos apenas a ouvir, e ouvir é a forma mais pobre e superficial de escutar. Ouvir é estar disponível apenas para entender o que consideramos relevante, seja tal coisa agradável ou desagradável. É uma escuta problemática porque sujeita aos nossos interesses de momento. Aliás, como somos a parte dominante na escuta, só ouvimos e valoramos o que nos interessa. Ao fazer entrevistas, o sociólogo ou o jornalista apenas ouvem. Se a entrevistada começar a falar do que verdadeiramente lhe interessa ou a angustia, só será ouvida se isso coincidir com os interesses de quem a entrevista. Todo o resto é irrelevante, por mais vitalmente importante que seja para a entrevistada.

Como fazer a escuta profunda do vírus? É preciso, antes de mais nada, considerar que o vírus pode estar querendo dizer coisas que são ininteligíveis apenas porque não as podemos ou queremos entender. Assumindo, por agora, que o vírus é um ser natural, a dificuldade da escuta profunda é particularmente incapacitante na cultura eurocêntrica. O modo como essa formatou os seres humanos eurocêntricos incapacitou-os para escutar a natureza e condicionou-os a só observá-la quando isso lhes dá prazer (contemplação de paisagem) ou quando lhes traz vantagem (apropriação dos recursos naturais, matérias-primas). A escuta profunda implica o esforço muito maior de ousar decifrar e entender. Mas como se comunicar com o vírus? Qual é a sua língua e a sua linguagem? O vírus parece ser exímio em linguagem factual, infectando e matando. Argumentar com ele, tentando uma linguagem superficialmente semelhante, significará neutralizá-lo ou matá-lo. Mas nesse caso não haverá aprendizagem, e estaremos no domínio da metáfora da guerra e do inimigo. Para aprender com o vírus é necessário ir mais longe; não nos limitarmos ao que ele nos diz e tentar saber o que ele nos quer dizer e por que nos quer dizer. A esse nível torna-se necessário estabelecer uma tradução entre a linguagem humana e a linguagem viral. Não se trata de simples tradução linguística. Trata-se de tradução intercultural, entre a cultura humana dos infectados e mortos, a cultura do pessoal da saúde que deles cuida, a cultura científica dos que estudam os vírus e a cultura natural do agente infeccioso e letal. É uma tarefa muito complexa devido a um vício fatal dos seres humanos: o antropocentrismo. Esse vício consiste em conceber o mundo à nossa imagem e semelhança e, portanto, atribuir ao vírus razões como se ele fosse um de nós. O problema é que, se assim fizermos, só aprenderemos o que já sabemos, ou seja, nada. É, pois, crucial partir do pressuposto de que o vírus não pensa como nós, pensa como um vírus. E apesar de estarmos aterrorizados por ele, devemos confortar-nos que nesse domínio somos superiores a ele. O vírus não pode imaginar que seja possível pensar de maneira diferente da que ele pensa.

Como será possível a tradução intervital se a diferença entre a nossa linguagem e a do vírus é inabarcável? Podemos mesmo imaginar que nós e o vírus vivemos em universos diferentes. Essa hipótese seria cara aos defensores da ideia do pluriverso, a ideia de que, mesmo entre humanos, as diferenças são por vezes de tal magnitude que não são sequer comparáveis, pois pertencem a universos diferentes. O problema dessa concepção é que torna impossível sequer comparar as diferenças, uma vez que estas pertencem a universos incomensuráveis. Se não se pode comparar, muito menos se pode aprender. Mas será correto conceber como pertencendo a um outro universo um ser ou ente que está tão junto ou mesmo dentro de nós e que nos ameaça de um modo tão existencial, ao ponto de nos paralisar e nos obrigar a recolher às cavernas mais profundas da nossa intimidade, aliás, nem elas cem por cento seguras?

Mais produtiva que a ideia do pluriverso é a ideia da co-presença. Por mais insondável que seja o vírus, a sua presença entre nós é assustadoramente inequívoca. Estamos, pois, em co-presença, e é partir daí que deve ocorrer a comunicação. Para além das dificuldades de tradução intervital, é preciso elaborar um código semiótico de comunicação que dê significado à co-presença. Esse código só pode ser o de uma comunicação por sinais. Já vimos que os sinais do vírus são a infecção e a potencial morte. Esses sinais só são opacos quanto às suas razões se o vírus for considerado, como fiz acima, como um ente natural. Mas será? E se houver nele mais de humano do que nós pensamos? Não estou pensando nas teorias da conspiração que atribuem o vírus a uma criação laboratorial. Estou me referindo a algo muito mais substantivo e de consequências muito mais transcendentes. Estou me referindo ao fato de o vírus ser uma co-criação entre humanos e natureza, uma co-criação decorrente do modo como os seres humanos têm interferido nos processos naturais, sobretudo desde o século XVI. Essa longa duração é a mesma do capitalismo, do colonialismo e do patriarcado modernos. A exploração sem limites dos recursos naturais e a apropriação e discriminação contra tudo o que foi considerado mais próximo da natureza, fossem escravos, mulheres ou povos indígenas, interferiram de tal maneira com a natureza que o que hoje consideramos natureza é, em boa parte, produto dessa interferência. Sendo assim, a natureza é tão humana quanto nós, ainda que de modo radicalmente diferente. Nessa concepção, o vírus tanto pode ser visto como um espelho do *Fausto* de Goethe ou como *Los Caprichos* de Goya, para quem "*el sueño de la razón produce monstruos*".

O vírus é, assim, o mais humano que podemos imaginar, uma humanidade radicalmente outra em relação à que atribuímos a nós mesmos. Os sinais que o vírus nos dá deixam de ser opacos para ser transparentes, na medida em que tivermos em mente que o ser humano que é hoje infectado pelo vírus é o mesmo que durante séculos infectou e atentou contra a natureza. E os dois processos estão intimamente interligados. Nesse caso, a comunicação é possível, a tradução e a pedagogia continuam a ser interculturais, mas deixam de ser intervitais para passarem a ser intravitais.

O vírus passa a ser nosso contemporâneo no sentido mais profundo e, nessa medida, a comunicação por sinais torna-se possível pois, como sabemos, a precondição desta comunicação é a partilha do mesmo campo visual. Sendo possível a comunicação, está aberta a possibilidade de aprendizagem.

Coronavírus, nosso contemporâneo

O coronavírus é nosso contemporâneo no sentido mais profundo do termo. Não o é apenas por ocorrer no mesmo tempo linear em que ocorrem as nossas vidas (simultaneidade). É nosso contemporâneo porque partilha conosco as contradições do nosso tempo, os passados que não passaram e os futuros que virão ou não. Isso não significa que viva o tempo presente do mesmo modo que nós. Há diferentes formas de ser contemporâneo. Tenho defendido a contemporaneidade do camponês africano com o executivo do Banco Mundial avaliando as condições de investimento internacional no seu território. Nos últimos cinquenta anos acumulou-se um repertório extremamente diverso de problematizações da noção de contemporaneidade. Muito diferentes entre si, todas essas noções têm questionado as concepções dominantes de progresso e de tempo linear herdadas do Iluminismo europeu dos séculos XVIII e XIX. Essas concepções buscavam reduzir a contemporaneidade ao que coincidia com o modo de pensar e de viver das classes dominantes europeias, todo o resto sendo considerado resíduo ou lixo histórico. O processo histórico que levou a pôr em causa essa concepção estreita de contemporaneidade foi simultaneamente muito dramático e muito esperançoso. Incluiu, por um lado, o colonialismo histórico e a partilha da África, duas guerras mundiais e a bomba atômica e, por outro lado, as lutas de libertação anticolonial, o socialismo como alternativa ao capitalismo, os movimentos sociais, a consolidação dos povos indígenas como sujeito histórico, a expansão do imaginário democrático e as lutas pela diversidade sexual e etnorracial, etc. De tudo isso, resultou uma constelação de concepções de contemporaneidade que, apesar de muito diferentes entre si, convergiam em superar a concepção estreita de contemporaneidade.

Para a construção da concepção ampla de contemporaneidade contribuíram tanto o pensamento norte-cêntrico e ocidental como o pensamento sul-cêntrico e oriental. Um tanto arbitrariamente, saliento, no primeiro, os trabalhos de Rosa Luxemburgo, Walter Benjamin, Antonio Gramsci, Theodor Adorno, Ernst Bloch, Michel Foucault, Reinhart Koselleck, Giacomo Marramao, Bruno Latour, Johannes Fabian, Marc Augé. No segundo grupo, saliento os trabalhos de José Carlos Mariátegui, Léopold Senghor, Mahatma Gandhi, Aimé Césaire, Franz Fanon, Amílcar Cabral, Joseph Ki-Zerbo, Ranajit Guha, Ngũgĩ wa Thiong'o, Dipesh Chakrabarty, Oyèrónkẹ́ Oyěwùmí, Silvia Rivera Cusicanqui, Valentin Mudimbe, Enrique Dussel. Esse segundo grupo tem a virtualidade de incluir conhecimentos orais, anônimos, africanos, indianos, indígenas, camponeses, feministas, populares, etc. É uma constelação imensa de concepções entre as quais ainda está por fazer uma tradução intercultural e diálogos ou ecologias de saberes e de temporalidades.

O que é característico da nova concepção de contemporaneidade é uma visão holista sem ser unitária, diversa sem ser caótica, que aponta em geral para a co--presença do antinômico e do contraditório, do belo e do monstro, do desejado e do indesejado, do imanente e do transcendente, do ameaçador e do auspicioso, do medo e da esperança, do indivíduo e da comunidade, do diferente e do indiferente e da luta constante para procurar novas correlações de força entre os diferentes componentes do todo. Da contemporaneidade passou a fazer parte a reinvenção permanente do passado e a aspiração sempre incompleta do futuro, de que são feitas as tarefas que concebemos como "o presente". Agentes sociais tão diversos como os artistas e os povos indígenas foram mostrando que o presente é um palimpsesto, que o passado nunca passa ou nunca passa totalmente e que olhar para trás e refletir a partir das experiências acumuladas pode ser uma forma eficaz de encarar o futuro. É certo que durante muito tempo as epistemologias do Norte procuraram suprimir, desvalorizar ou invisibilizar essa imensa riqueza, mas progressivamente e à medida que as epistemologias do Sul foram fazendo o seu caminho, foi-se tornando mais fácil adotar uma concepção ampla de contemporaneidade. Como se deduz do anterior, essa concepção está bem consciente das ideologias dominantes que a alimentam e dos modos modernos de dominação econômica, social e política, sobretudo capitalismo, colonialismo e patriarcado. Ser contemporâneo é estar consciente de que grande parte da população do mundo é contemporânea da nossa contemporaneidade pelo modo como tem de sofrê-la ou suportá-la.

Nessa ampla constelação de contemporaneidades, o novo coronavírus assume atualmente um valor hipercontemporâneo. Sermos contemporâneos do vírus significa que não podemos entender o que somos sem entender o vírus. O modo como o vírus emerge, se difunde, nos ameaça e condiciona as nossas vidas é fruto do mesmo tempo que nos faz ser o que somos. São as nossas interações com animais, e sobretudo com animais selvagens, que o tornam possível. O vírus espalha-se no mundo à velocidade da globalização. Sabe monopolizar a atenção da mídia como o melhor perito de comunicação social. Descobriu os nossos hábitos e a proximidade social em que vivemos uns com os outros para melhor nos atingir. Gosta do ar poluído com que fomos infestando as nossas cidades. Aprendeu conosco a técnica dos drones e, tal como estes, é insidioso e imprevisível onde e quando ataca. Comporta-se como o 1% mais rico da população mundial, um senhor todo-poderoso que não depende dos Estados, não conhece fronteiras, nem limites éticos. Deixa as leis e as convenções para os mortais humanos, hoje mais mortais que antes, precisamente devido à sua indesejada presença. É tão pouco democrático quanto a sociedade que permite tal concentração de riqueza. Ao contrário do que quer muito discurso oficial, não ataca indiscriminadamente. Prefere as populações empobrecidas, vítimas de fome, de falta de cuidados médicos, de condições de habitabilidade, de proteção no trabalho, de discriminação sexual ou etnorracial.

Ser indesejado não o torna menos contemporâneo. A monstruosidade do que repudiamos e o medo que ela nos causa é tão nossa contemporânea quanto a utopia com que nos confortamos e a esperança que ela nos dá. A contemporaneidade é uma totalidade heterogênea, internamente desigual e combinada. Considerar o vírus como parte da nossa contemporaneidade implica ter presente que, se quisermos ver-nos livres do vírus, teremos de abandonar parte do que mais nos seduz no modo como vivemos. Teremos de alterar muitas das práticas, dos hábitos, das lealdades e das fruições a que estamos acostumados e que estão diretamente vinculados à recorrente emergência e crescente letalidade do vírus e dos seus descendentes. Ou seja, teremos de alterar a matriz da contemporaneidade, sendo certo que desta fazem parte as populações que mais sofrem com as formas dominantes da contemporaneidade.

A hipercontemporaneidade do novo vírus está baseada em algumas características particularmente instigantes. Primeiro, o novo vírus interpela tão profundamente a nossa contemporaneidade que é legítimo ver nele uma megafratura abissal, um novo Muro de Berlim. Um muro que desta vez não separa dois sistemas sociais e políticos, mas antes dois tempos, o antes e o depois do coronavírus. Saber se as mudanças serão para melhor ou para pior é uma questão em aberto. Mas serão certamente significativas. O curto período do fim da história parece ter chegado ao fim.

Segundo, o vírus converte o presente num alvo móvel, constituído não apenas pelo que podemos fazer ou planejar agora, mas também pelo que de imprevisível nos pode acontecer. O presente-abismo interpela, por exemplo, de modo radical as empresas seguradoras na área da saúde. Se caminhamos para uma sociedade onde haverá cada vez mais riscos inseguráveis, por que é que a proteção contra os riscos seguráveis não está a cargo de quem nos protege quando os riscos inseguráveis se concretizam, isto é, o Estado? Não será mais eficiente e mais justo pagar impostos do que pagar prêmios de seguro?

Terceiro, o novo vírus dramatiza a medida em que o passado arcaico faz parte do nosso presente, tal como defendeu Pier Paolo Pasolini e, na esteira dele, defende Giorgio Agamben. Esse passado presente reside na atração pelos animais selvagens, símbolo do desconhecido, pela apropriação e consumo ou domesticação do que nos é totalmente estranho e, por isso, tão ameaçador quanto sedutor. O presente surge como história anacrônica do tempo em que os animais eram, por definição, selvagens, e constituíam tanto ameaças imprevisíveis, como troféus apetecidos. O vírus é um reciclador que liga o presente a passados remotos.

Finalmente, o coronavírus exacerba a pulsão apocalíptica (o presente como fim dos tempos) que tem vindo a ganhar terreno, nomeadamente com a expansão das religiões fundamentalistas, tanto judaico-cristãs como islâmicas. O apocalipticismo está baseado na ideia de que mais tarde ou mais cedo um acontecimento catastrófico global porá fim à vida terrena tal como a conhecemos. No caso das religiões, o conhecimento esotérico em que tal previsão se baseia é um conhecimento revelado pelos mensageiros da divindade. Em algumas versões haverá uma luta entre o bem e o mal e só os fiéis eleitos se salvarão. Mas o apocalipticismo também tem uma versão secular. Trata-se de um pessimismo histórico, por vezes moralista, por vezes nostálgico, de um passado íntegro, um pessimismo politicamente ambíguo, já que tanto pode ser vertido em registro de extrema-esquerda (algum anarquismo) como em registo de extrema-direita (mais comum nos últimos tempos). Pode ser lido em Dostoiévski, Nietzsche, Artaud ou Pasolini.

O coronavírus presta-se à ideia de um apocalipse latente, que não decorre de um saber revelado, mas de sintomas que fazem prever acontecimentos cada vez mais extremos a que se junta a convicção de que a sociedade, por mais que se proponha corrigir o curso das coisas, acaba sempre por seguir o caminho inelutável da decadência. A devastação causada pelo coronavírus como que aponta para um apocalipse em câmera lenta. O coronavírus alimenta a vertente pessimista da contemporaneidade, e isso deve ser tomado em conta no período imediatamente pós-pandêmico. Muita gente não vai querer pensar em alternativas de um mundo mais livre de vírus. Vai querer o regresso ao normal a todo o custo por estar convencido que qualquer mudança será para pior. À narrativa do medo haverá que contrapor a narrativa da esperança. A disputa entre as duas narrativas será decisiva. Como for decidida determinará se queremos ou não continuar a ter direito a um futuro melhor.

2
Um fantasma assombra o mundo: a história dos vírus e o colonialismo
(Com a colaboração de Maria Paula Meneses)

> *O sentido mais fundo da história [...] implica especulação e a tentativa de chegar à verdade, à subtil explicação das causas e origens de tudo o que existe, e um conhecimento profundo do como e do porquê de tudo o que acontece. A história tem, pois, as suas raízes na filosofia.*
>
> Ibn Khaldun, *The Muqaddimah* (1377).

Introdução

A história deste novo coronavírus do século XXI é também a nossa história. Três perguntas se impõem. Donde vimos? Onde estamos? Para onde vamos? Neste capítulo iniciarei a resposta à primeira pergunta. Onde começa a história que estamos vivendo agora tão intensamente?

O reconhecimento da importância de uma epidemia requer que cada episódio epidêmico seja avaliado numa perspectiva histórica e através do prisma da ecologia de saberes, combinando escalas temporais com escalas espaciais[1]. Essa opção implica combinar, por um lado, a análise do surto a curto prazo com o estudo de implicações e condições predisponentes na longa duração e, por outro lado, a escala do corpo doente individual, infectado, com a escala global.

Proponho que comecemos com o século XV, o início do capitalismo e a reconfiguração de duas formas de dominação, que já existiam antes, mas que foram profundamente reconfiguradas de modo a serem postas a serviço do capitalismo. Refiro-me ao colonialismo e ao patriarcado. O efeito mais característico desse conjunto tríplice de formas de dominação consiste em criar uma linha abissal que separa radicalmente seres considerados plenamente humanos de seres considerados sub-humanos – corpos racializados e sexualizados. Esse sistema de poder está na base da distinção atual entre o Norte global e o Sul global[2].

Detenhamo-nos um pouco sobre a natureza do vírus. Trata-se de um poder insidioso, imprevisível, imensamente superior aos meios que poderíamos acionar para combatê-lo. Não nos resta outra defesa senão a fuga, o confinamento, o distanciamento físico. Fugimos dele por não sermos capazes de confrontá-lo. Em tempos modernos, a primeira vez que alguns grupos humanos foram postos perante uma situação semelhante foi quando os colonizadores europeus chegaram às remotas terras da América e da África. O poder de que eles eram portadores foi provavelmente experienciado pelos povos nativos de uma maneira semelhante ao modo como estamos a experienciar este novo vírus. O poder colonizador era um poder insidioso e surpreendente, e extremamente superior ao poder com que os povos nativos lhe podiam resistir. Claro que, ao contrário do vírus, era um poder bem visível, mas, tal como o vírus, não lhes deixava outra alternativa senão fugir, esconder-se. Houve resistência admirável, como sabemos, mas boa parte dela foi articulada com fuga. Muitos dos povos indígenas das Américas viviam em seus territórios ancestrais, mas muitos outros tiveram de fugir para outros territórios, onde os colonizadores não chegassem. Mais tarde, os escravos encontraram na fuga (*runaway slaves*, quilombos, palenques) a única forma de escapar ao poder do senhor dos escravos. De algum modo, o mundo está hoje finalmente a partilhar esses primeiros movimentos e estratégias dos povos invadidos no início da era moderna. Curiosamente, o Norte global, hoje invadido por este novo coronavírus, revela-se tão impotente quanto os povos do Sul global por ele invadidos em séculos anteriores. Fim de um ciclo? Fechamento de um círculo? Ironia do destino? Como quer que seja, para entendermos a contemporaneidade do vírus precisamos recuar vários séculos. Para surpresa de muitos, os vírus estiveram presentes no processo histórico da colonização, e nem sempre por acidente.

As epidemias são uma parte constituinte da história da humanidade e constituem ciclos de ameaça à humanidade. Aparecem sobretudo associadas a populações que vivem em moradias fixas, em vilas ou cidades. O modo como esses agregados populacionais usam as suas fontes de água faz com que esta se transforme num elemento potencialmente transmissor de várias doenças. Além disso, em geral, a maioria das pessoas que habita os espaços urbanos tem uma alimentação menos cuidada e variada. As grandes epidemias do passado, como a peste no século XIV, ensinaram a necessidade da quarentena e revelaram as origens das guerras biológicas. Importa resgatar essa história a partir da perspectiva de quem não pode esquecê-la, tendo em vista que o projeto da modernidade eurocêntrica procura apagar da memória muitos desastres do passado, o que Veena Das designa por "violência aniquiladora de mundo"[3]. Revisitar essa história é crucial para repensar alternativas à pandemia da Covid-19.

O passado pode ajudar a lidar com as crises epidêmicas contemporâneas, sobretudo na prevenção de doenças futuras. Procurando identificar pistas que contribuam para um conhecimento aprofundado da crise da Covid-19, três pandemias que marcaram a história da humanidade são analisadas em maior detalhe: a peste, a varíola e a *influenza*. Uma análise mais completa teria de incluir a análise da cólera, malária e febre amarela que tiveram grande impacto na economia colonial.

Este capítulo está estruturado em torno de três perguntas fortes. Quais fatores históricos e político-econômicos explicam as origens e as escalas de impacto dos grandes surtos epidêmicos no mundo, com enfoque especial nos últimos cinco séculos? Em face das epidemias, que respostas foram dadas por diferentes formas de organização (instituições), em várias escalas (do individual, passando pela comunidade, até a dimensão nacional e internacional)? Qual a relação dessas epidemias com a memória histórica e quais subjetividades políticas geraram?

A peste: um fantasma que viaja com os contatos comerciais

Uma das primeiras epidemias documentadas é a *Praga de Justiniano*, um episódio de peste bubônica que ocorreu no século VI e matou cerca de 20 milhões de pessoas, afetando sobretudo a região mediterrânea[4]. Peste Negra foi o nome pelo qual ficou conhecida a epidemia que marcou a Europa no século XIV – provavelmente causada pelo mesmo patógeno[5]. Essa epidemia é considerada um dos maiores desastres de saúde pública conhecido e um dos exemplos mais dramáticos já registrados de doenças emergentes ou reemergentes. Esse surto, com origem na Ásia possivelmente na década de 1330, teve efeitos terríveis: estima-se que no total morreram entre 75 milhões e 200 milhões de pessoas na Europa e na Ásia[6]. O impacto tremendo desta pandemia, que atingiu Túnis em 1348-1349, é relatado por Ibn Khaldun no *Muqaddimah* (1377). Escreve o filósofo, cujos pais morreram da peste, que foi como se a civilização tivesse sido engolida e o mundo mudado completamente. Giovanni Boccaccio, cujo pai e madrasta também morreram na peste, escreveu durante esse período o *Decameron* (1448-1452). Na introdução aos dez contos do livro produzidos durante a quarentena nos arredores de Florença, Boccaccio fala igualmente do impacto terrível da epidemia[7].

A Peste Negra trouxe consigo bodes expiatórios, a estigmatização de vários grupos minoritários, como judeus, frades, estrangeiros, mendigos, peregrinos, leprosos e ciganos (roma), acusados de propagar a epidemia. Segundo David Nirenberg[8], que estudou em detalhe os territórios que hoje são a França, Espanha e Portugal, ocorreram episódios de violência contra membros desses grupos, incluindo perseguições e morte. Esses episódios contribuíram para estabelecer os termos e limites da convivência para as minorias, uma lição sobre os riscos da discriminação e episódios de violência associados à erupção de epidemias.

A quarentena, enquanto medida de contenção epidêmica, surge em contexto europeu associada a essa epidemia[9]. A região mediterrânea, um espaço de contatos comerciais intensos, era frequentemente afetada por surtos epidêmicos, resultando em enormes perdas humanas, e pondo em causa a integridade territorial dos Estados. Várias cidades do Sul da Europa procuraram soluções de combate e prevenção das epidemias que ainda hoje são usadas[10]. Quando soava o alarme da "peste" – termo que na Idade Média europeia era usado para fazer referência a várias outras doenças –, as portas da cidade eram fechadas e apenas podia passar a barreira de proteção quem apresentasse prova escrita de que não tivera contato com a moléstia. Quando a doença já grassava na região, várias medidas sanitárias eram rapidamente implementadas para minorar o risco de contágio. Cabe destacar o isolamento da cidade e o uso da desinfecção como métodos eficazes para controlar a expansão das epidemias[11]. Por outro lado, a noção de contágio[12], que se vinha desenvolvendo, está na origem de vários episódios de guerra biológica.

Um dos primeiros episódios de guerra biológica ocorreu durante a pandemia da Peste Negra, no cerco a Caffa, em 1346[13]. Caffa (atualmente Teodosia), situada na Crimeia, na costa norte do mar Negro, no momento encontrava-se sob domínio mongol. Um século antes, os mongóis haviam permitido a um grupo de comerciantes genoveses estabelecer aí um entreposto comercial. Devido ao seu sucesso, Caffa controlava o comércio na região. As crônicas do período dão conta da erupção do conflito após uma briga entre genoveses cristãos e mongóis muçulmanos, tendo o exército tártaro sitiado Caffa. A Peste Negra irrompeu entre os tártaros, devastando os sitiantes. Desesperados, os tártaros fizeram catapultar os cadáveres para dentro da cidade sitiada, causando enormes baixas entre os cristãos. Entre os que escaparam estavam alguns marinheiros infectados que foram deixando a peste e a devastação por todos os portos por onde passavam[14].

A Peste Negra disseminou-se pelas principais rotas comerciais que ligavam a Ásia à Europa, espalhando-se pela Ásia Menor, Norte da África, Sicília e Europa.

Em 1348, os registos de Gênova dão conta de que a epidemia grassava entre os habitantes da cidade, espalhando a pandemia para França e Espanha em 1349, para Inglaterra em 1350, atingindo o Leste da Europa e a Rússia em 1351[15]. Essa epidemia voltou repetidamente a assombrar a Europa e a região mediterrânea até ao século XVIII, acompanhando a circulação de pessoas e bens[16]. Notícias de Argel dão conta de um surto epidêmico em 1620-1621, vitimando entre 30 mil e 50 mil habitantes[17]. Essa pandemia devastou também grande parte do mundo islâmico, fazendo-se sentir até 1850. Bagdá sofreu vários surtos de peste, que mataram cerca de dois terços de sua população[18].

Na sequência dos surtos epidêmicos que marcaram a Europa medieval, as questões de saúde foram objeto de intensa atividade diplomática[19]. Os Estados soberanos previram controles inter-Estados e renunciaram a poderes discricionários em prol da "saúde comum" até parte do século XVII[20], um período assolado por várias epidemias. Um pouco por toda a Europa, várias medidas sanitárias foram tomando corpo procurando evitar a repetição de surtos epidêmicos associados à peste, incluindo melhoria na alimentação; melhorias na habitação, saneamento urbano e higiene pessoal; e melhoria nos métodos de quarentena. Os relatos disponíveis sobre o impacto dessa epidemia revelam clivagens de classe profundas. Quando um novo surto de peste bubônica atingiu Londres em 1665-1666 (a chamada Grande Praga de Londres), a aristocracia refugiou-se no interior; os pobres de Londres, que não conseguiram se isolar, pereceram[21]. Estima-se que nesse episódio tenham morrido cerca de 10 mil pessoas. Alguns autores defendem que a enorme devastação causada pelos vários surtos da Peste Negra, geradora de escassez maciça de mão de obra, está na origem do desenvolvimento de muitas inovações econômicas, sociais e técnicas, sobretudo na região mediterrânea[22].

Os surtos de peste continuaram, nos séculos posteriores, a atormentar os habitantes da Ásia, Europa e África. Neste último caso, por exemplo, a biografia de uma religiosa etíope do século XIV faz menção a uma epidemia que levou à morte de várias pessoas, incluindo mestres eclesiásticos e membros da comitiva real[23]. A leitura atenta dos arquivos revela, no caso etíope, a criação de uma instituição encarregada de enterrar os mortos de surtos epidêmicos, que antes eram abandonados pelas comunidades em fuga. Revela igualmente a consagração de novas igrejas dedicadas a santos protetores locais, assim como o surgimento de um discurso religioso associando a peste aos demônios e promovendo a confiança na proteção mágica de são Roque[24]. Mais abaixo, na atual Nigéria, um versículo de um poema laudatório de finais do século XIV dá conta de uma crise dinástica fruto de uma praga que matou, em cerca de seis meses, dois soberanos locais. Essa elevada mortalidade, que marcou as memórias dos habitantes de Kano, estendeu-se por vários meses[25].

Um dos últimos surtos epidêmicos de peste bubônica ocorreu no final do século XIX, tendo atingido a China e a Índia. No caso da Índia, esse episódio, que ficou conhecido como "peste de Bombaim", teve os primeiros casos detectados na zona portuária da cidade, em finais de 1896. O diagnóstico coube ao médico Acácio Gabriel Viegas, que lançou em seguida uma campanha para limpar as favelas e exterminar os ratos que espalham a *Yersinia pestis*, a bactéria da peste[26]. Mas o epicentro dessa epidemia foi a região de Yunnan, na China, que conheceu, na década de 1850, um rápido influxo de chineses han. Esses migrantes chegavam à região como mineiros, para trabalhar na exploração dos recursos minerais existentes[27]. Em paralelo, o comércio de ópio ganhava impulso; com as melhorias no transporte, o número de migrantes na região explodiu e os pequenos focos de peste deram origem à epidemia, que se espalhou para outras regiões da China. Em 1894, a doença chegou a Cantão, tendo, a partir de março, e em poucas semanas, vitimado 60 mil pessoas[28]. O tráfego diário entre Cantão e a cidade vizinha de Hong Kong deu origem a uma cadeia de contágio que transmitiu a peste a essa cidade portuária. Suspeita-se que a epidemia tenha entrado na Índia a partir de Hong Kong, transportada quer pelos ratos cheios de pulgas infectadas, quer por passageiros ilegais infectados, que seguiam nos navios mercantes britânicos carregados de ópio. Na Índia a epidemia disseminou-se rapidamente, atingindo Bengala e o Punjab, e chegando à Birmânia (atual Myanmar). A rapidez da propagação foi causada, em parte, pela inação dos agentes políticos. Durante os estágios iniciais da epidemia, a administração britânica, para não arriscar o florescente comércio global, manteve os portos abertos às atividades comerciais. Essa opção foi desastrosa, pois promoveu a disseminação da doença. Em paralelo, a deslocação maciça, para o interior da Índia, de mais de 200 mil pessoas que procuravam fugir da peste, transportou consigo a doença para regiões mais recônditas, sobretudo no Ocidente e no Norte da Índia. Em 1898 a epidemia já tinha matado cerca de 300 mil pessoas.

Além das ações imediatas tomadas pelo médico Acácio Gabriel Viegas, o governo colonial foi obrigado a tomar várias medidas para controlar o flagelo. Cabe destacar a quarentena, os campos de isolamento, as restrições de viagens e a proibição da prática da medicina tradicional da Índia. A administração colonial britânica recorreu também à Lei de Doenças Epidêmicas, de 1897. Essa lei, ainda em vigor e usada recentemente durante a pandemia da Covid-19, autoriza o governo do Estado a tomar medidas extraordinárias quando "ameaçado pelo surto de qualquer doença epidêmica perigosa". A legislação também estipula que o Estado pode fazer cumprir regulamentos interinos, "a ser observados pelo público, conforme necessário para impedir o surto de uma doença ou a sua disseminação"[29]. Para a população indiana, essas medidas foram percebidas como culturalmente intrusivas e, em geral, repressivas. Por exemplo, a proibição da medicina homeopática, realizada sobretudo nas residências das pessoas, causou vários episódios de contestação[30]. Pior ainda foram as ações de saúde pública desenvolvidas pela administração colonial. Jovens médicos apoiados pelo exército e pela polícia desnudavam publicamente homens, mulheres e crianças em busca de sinais da peste bubônica. Vários relatos afirmam que as mulheres indianas preferiam morrer a expor o corpo a médicos desconhecidos. As histórias existentes fazem referência também à resistência cultural dos hindus a expor o corpo ao olhar inglês[31]. Os indivíduos infectados eram forçados à quarentena ou internados em hospitais. Muitas vezes, durante o processo de desinfecção, casas, alimentos, roupas e outras propriedades das pessoas infectadas eram queimadas e destruídas, sem o seu consentimento. Descontentes, as populações afetadas protestavam, causando por vezes o caos em várias regiões.

A peste de Bombaim começou por ser uma crise de saúde pública, mas em breve se transformou numa crise política e econômica, reveladora da violência estrutural colonial, profundamente enraizada. Procurando aliviar o mal-estar instalado, autoridades britânicas mudaram as estratégias de ação. Uma das opções encontradas foi pressionar a população indiana a ser inoculada contra a peste a partir da vacina desenvolvida por Waldemar Haffkine. Em paralelo, autoridades britânicas voltaram a permitir a participação de praticantes de sistemas tradicionais de medicina em programas de prevenção de pragas[32].

Esse surto epidêmico de peste vitimou cerca de 1 milhão de pessoas na Índia. Nas décadas que se seguiram, os vários surtos ressurgentes da doença vitimaram 12,5 milhões de pessoas na Índia britânica e noutros locais do mundo, como por exemplo: 1898 – Meca, Madagascar[33]; 1899 – Egito, África do Sul[34], Portugal (Porto), Paraguai; 1900 – Reino Unido, Austrália, EUA (São Francisco); 1907 – Tunísia; 1908 – Peru, Equador; 1912 – Cuba[35].

Várias outras epidemias têm abalado o mundo. Uma delas, a varíola, conheceu inúmeros surtos através dos tempos, sendo considerada a doença mais mortífera da história[36].

Varíola: uma arma genocida do colonialismo

Nos séculos XIV-XV, a varíola esteve presente em grande parte da Europa e, no século seguinte, seus surtos epidêmicos tornaram-na um problema de saúde pública na Europa, sendo as crianças as suas principais vítimas[37]. No caso dos países da península Ibérica, surtos periódicos de varíola, entre outras doenças infecciosas, foram responsáveis pela disseminação da doença no Novo Mundo, bem como em várias regiões da África e Austrália[38]. A chegada dos europeus às Américas, em finais do século XV, está associada à ocorrência de vários surtos epidêmicos nas décadas seguintes, o que resultou no aniquilamento da maioria dos povos indígenas das Américas[39]. Mas o impacto das doenças não pode ser entendido sem se ter em conta as várias dimensões da violência a que estavam sujeitos os povos colonizados (migração forçada, escravização, exigências excessivas de trabalho e pagamento de tributos exorbitantes) e a devastação ecológica que acompanhou os processos de colonização[40]. A violência colonial reduziu consideravelmente as defesas dos povos indígenas contra as investidas dos colonizadores, afetando substancialmente a economia e as estruturas sociais e culturais das colônias[41]. Nesse sentido, as epidemias, em contextos coloniais, transformaram-se numa combinação devastadora de episódios de genocídio (morte massiva dos corpos) e de epistemicídio (morte massiva de conhecimentos, culturas, memórias), cujos efeitos ainda perduram nos nossos dias[42].

O isolamento relativo dos povos indígenas das Américas tornou-os vítimas de surtos de várias doenças infecciosas, sobretudo varíola, sarampo, tifo e cólera. Essas doenças foram provocadas por vírus e bactérias trazidos pelos colonos europeus para o "novo continente"[43]. A diminuição da população foi drástica. No caso do México, estimativas existentes sugerem que se tratava de uma região bastante povoada na primeira metade do século XVI, antes da chegada dos europeus. As projeções para o México central e Iucatão combinadas variam entre 3 milhões e mais de 52 milhões de pessoas mortas pelas epidemias[44]; um cálculo médio sugere 20 milhões. No caso da Amazônia, supõe-se que essa vasta bacia de drenagem e as áreas florestais contíguas eram regiões de densidade populacional relativamente baixa[45]. Em relação ao Império Inca (que abrangia os territórios do atual Peru, Bolívia, Equador, Sul da Colômbia, Chile e partes do Noroeste da Argentina), as estimativas sobre as populações dessas regiões, pouco antes da conquista (1533), variam de 4 milhões a 43 milhões[46], sendo a população provável de cerca de 9 milhões para o território inca. No caso da América do Norte (Estados Unidos da América e Canadá) análises recentes sugerem entre 2,8 milhões e 5,7 milhões[47].

Os dados disponíveis indicam que o colapso da população indígena foi causado sobretudo pela introdução de patógenos desconhecidos, trazidos por colonos europeus e africanos escravizados (muitos deles infectados pelos escravagistas). Como as populações indígenas não haviam estado previamente expostas a esses patógenos, não possuíam anticorpos adequados[48]. O primeiro grande surto registrado ocorreu no México em 1520[49]. Nesse ano, uma epidemia de varíola exterminou de 30% a 50% da população indígena do território do México[50]. Essa epidemia inaugurou um ciclo de destruição da população indígena. Duas décadas depois, em 1545-1548, a epidemia de *cocoliztli* (assim lhe chamaram os astecas em nahuatl)[51] vitimou grande parte da população do território, como vários textos da época relatam[52].

Os textos descrevem também os principais sintomas do *cocoliztli*, com hemorragias terríveis, com grande impacto sobre a população indígena[53]. Os relatos disponíveis referem que a morte ocorria em três ou quatro dias e a taxa de mortalidade do *cocolitzli* era tal que, quando as pessoas se davam conta que estavam doentes, despediam-se dos seus e procuravam a paz em Deus. Sendo a causa desconhecida, as explicações avançadas foram várias, incluindo um castigo divino aos povos "pagãos", uma vez que afetava sobretudo os índios, e os espanhóis pareciam imunes[54].

Dos fatores que dificultaram o controle das epidemias cabe destacar a limitada capacidade de implementar quarentenas. Para a administração colonial a quarentena implicava interromper os negócios. Já para os doentes, sobretudo para os indígenas, o isolamento em hospitais dotados de poucos meios significava a morte quase certa. Vários relatos afirmam que as pessoas escondiam os enfermos de varíola, e vários distúrbios tiveram lugar quando a administração local optou pelo uso da força para obrigar os infectados a internar-se em hospitais. Os relatos descrevem como os familiares dos doentes desafiavam os militares e invadiam os hospitais para recolher os seus familiares[55]. A fragilidade física dos indígenas decorria de outras dimensões da violência colonial, nomeadamente do desmantelamento das estruturas socioculturais resultante, entre outros fatores, da introdução de novos sistemas administrativos e da imposição da religião cristã. A perda da identidade cultural não só gerou inúmeros suicídios como também teve impacto em nível biológico, ao deprimir o sistema imunológico da população, tornando-a mais exposta a doenças[56]. Finalmente, a descrença nos sistemas médicos trazidos pelos colonizadores levava os indígenas a evitar os hospitais, onde de resto se praticava a medicina como fator de conversão. Nas últimas décadas do século XVI, frei Gerónimo de Mendieta lamentava que os índios preferissem morrer em casa a procurar a saúde nos hospitais[57].

O hospital funcionava também como um espaço privilegiado de comunicação entre vários agentes representando distintos saberes sobre saúde: curandeiros indígenas, frades, barbeiros e cirurgiões espanhóis[58]. Numa relação de poder extremamente desigual, os povos indígenas utilizaram esses e outros espaços de comunicação para resistir e se acomodar a novas realidades sem perder totalmente as suas raízes. Construíram o que designo por ecologias de saberes médicos, encontros e adaptações recíprocas entre a medicina ocidental, as medicinas tradicionais e formas de intermedicina (capítulo 6).

No caso do México colonial, uma análise dos dados do primeiro recenseamento abrangente, de 1568, indica que a população da região central já havia caído para 2,7 milhões[59], o que corresponde a um declínio de mais de 80% nas primeiras cinco décadas após a chegada dos europeus; e esse declínio continuou até meados do século seguinte, quando só sobrevivia 10% da população originária[60]. O extermínio maciço da população indígena é uma realidade presente em todas as Américas. Um dos primeiros textos escritos por um indígena sobre a devastação causada pela varíola entre os incas sugere uma infecção deliberada, logo após os primeiros contatos com os colonizadores. Essa narrativa, escrita mais de um século após o evento, afirma que os espanhóis tinham enviado "um mensageiro com uma capa negra" que havia presenteado o soberano inca com uma pequena caixa trancada. De acordo com o mensageiro, as ordens específicas eram que "apenas o inca deveria abrir a caixa". Aberta a caixa, o seu conteúdo voou "como pequenos pedaços de papel", espalhando a praga da varíola. Dentro de poucos dias, milhares de incas morriam, incluindo parte da família do imperador, "cobertos de crostas inflamadas"[61]. As populações indígenas transformaram-se em reservatórios imensos de mão de obra para o trabalho pesado, como o das minas, funcionando como escravos reais, ou, na melhor das hipóteses, como trabalhadores pessimamente remunerados[62]. Um século depois, os dados disponíveis sugerem uma redução dramática (sobretudo de população jovem), equivalente a um despovoamento de mais de 90%, com base numa população inicial de 9 milhões[63].

Tal como no México, também no Peru os instrumentos de saúde pública disponíveis (hospitais e pessoal de saúde) foram usados como mecanismos de conversão dos indígenas, tendo, por isso, tido menos impacto na prevenção ou mitigação das epidemias que marcaram o longo século XVII nesses territórios, e que dizimaram as populações colonizadas. Essas instituições constituíram igualmente um espaço de recolha e sistematização de saberes médicos e medicamentosos desconhecidos ou não utilizados na Europa, que poderiam trazer resultados positivos à ciência europeia, sobretudo no combate às doenças. É nesse sentido, por exemplo, que Filipe II, num decreto de 1570, ordena a fundação de Cátedras de Medicina e Filosofia nas principais universidades das Índias[64].

No Brasil, o primeiro surto de varíola ocorreu em 1555, quando a doença foi introduzida no Maranhão por colonos franceses. A partir de então multiplicaram-se os surtos epidêmicos, que vão afetar de forma distinta vários segmentos da população do Brasil. Apesar de os dados estatísticos serem parcos, Denevan[65] estima em 6,8 milhões a população indígena da Amazônia, Brasil central e costa nordeste ao tempo da chegada dos colonos, no início do século XVI. A região de maior densidade populacional seria a área da várzea amazônica[66]. O impacto das epidemias e da violência genocida colonial ajuda a explicar a diminuição drástica desta população a partir do século XVII.

Na opinião de Toledo[67], a própria ação missionária jesuíta, que buscava a conversão dos índios, contribuiu para a disseminação da doença. Gradualmente as grandes pandemias – como a da varíola – instalaram-se predominantemente nas grandes cidades (portos) como o Rio de Janeiro, assumindo um caráter endêmico, tal como na Europa[68]. Relatos da época destacam que a varíola era muito mais severa entre os povos indígenas do que entre os escravizados negros (certamente por estes terem ganho alguma imunidade). Já a maioria dos colonos europeus estava imune por causa de infecções sofridas na infância.

No caso dos territórios da América do Norte, as referências documentais sobre os primeiros contatos entre grupos de indígenas e europeus ocorreu na Costa Leste na década de 1530. São dessa altura os relatos que descrevem os assentamentos iroqueses, que já tinham desaparecido em 1600[69], duas décadas antes da primeira epidemia de varíola conhecida na região. Esse surto matou cerca de 90% da população indígena da Nova Inglaterra[70]. Entre 1636 e 1698 ocorreram em portos da Costa Leste surtos epidêmicos de varíola, trazidos por visitantes europeus[71]. Somente com a Corrida do Ouro, nos finais do século XVIII, é que os primeiros surtos de varíola atingem a Costa Oeste dos EUA.

Uma consequência da associação óbvia de surtos de varíola com a chegada de navios foi a imposição de medidas de quarentena a navios com pessoas infectadas a bordo. A primeira quarentena foi imposta em Boston, em 1647, provavelmente em face de um surto de febre amarela, mas foi depois estendida a outras colônias, tendo-se revelado uma medida importante para impedir a importação de doenças epidêmicas. Durante a última metade do século XVII, as colônias da Virgínia e da Carolina do Sul passaram a interagir com o mundo atlântico pelas trocas comerciais. Com as pessoas e bens, circulavam pela América do Norte diversos vírus. A chegada de africanos na sequência do tráfico da escravatura veio acentuar a disseminação da varíola. Os vários surtos de varíola e de outras doenças vão atingir particularmente os povos indígenas, especialmente suscetíveis à infecção. Em 1715, a população nativa havia diminuído substancialmente, causando o colapso do próprio comércio que havia funcionado como cadeia de propagação de doenças.

Na origem desse colapso, para além das doenças, estava a fome e a perda de terras pelos grupos indígenas, reflexo do impacto da violência da conquista colonial.

Reagindo aos males que chegavam com a colonização, os povos indígenas da América do Norte recorreram a várias estratégias, incluindo ações de sabotagem biológica, como o jesuíta Charlevoix descreveu sobre a Nova França:

> O exército [inglês] estava acampado à beira de um rio; os iroqueses, que passavam quase todo o tempo a caçar, decidiram lançar nele todas as peles dos animais que esfolavam, desafiando o acampamento; a água ficou logo infectada. Os ingleses, que não desconfiavam dessa perfídia, continuaram a beber dessa água, e ela matou um grande número [de ingleses].[72]

Num estudo recente, Paul Kelton[73] mostra como os cherokee responderam às epidemias oriundas da Europa de maneira proativa, criativa e, às vezes, eficaz – implantando quarentenas e isolamento. Para tal, os cherokee reconfiguraram a sua cosmologia, integrando rituais para lidar com a doença, incluindo a incorporação do espírito da varíola nas suas crenças. Os cherokee também enfrentaram abertamente os colonos europeus, no que ficou conhecido como a guerra dos cherokee. Na sua origem estiveram as constantes violações das terras indígenas e os ataques às populações por colonos. É nesse período que as forças britânicas desenvolvem ações militares para expulsar os indígenas americanos das suas terras, cortando-lhes o milho, queimando-lhes as casas e transformando-os em refugiados. Por sua parte, os povos das nações originárias reagiram com ações armadas, desafiando as tropas britânicas.

A história contada pelos vencedores da colonização nos diz que os povos indígenas foram dizimados, sobretudo, por doenças acidentalmente transmitidas pelos europeus. Mas nem sempre o contágio foi acidental. Há registros de guerra biológica[74]. O caso dos cobertores infectados, citado num recente poema do poeta indígena Sherman Alexie, escrito a propósito do novo coronavírus[75], aparece relatado no diário de William Trent (1715-1784), um mercador e especulador de terras, ocasionalmente com responsabilidades militares durante a Guerra Franco-Índia (1754-1763) e, logo a seguir, durante o cerco de Fort Pitt, em 1763. Tratou-se da Guerra (ou Revolta) de Pontiac (o chefe ottawa à frente da rebelião). Uma vez ganha a Guerra Franco-Índia pela aliança entre ingleses e uma ampla confederação de tribos indígenas, os índios reclamaram, como ficara acordado, a devolução do território abandonado pelos franceses derrotados. Perante a recusa dos ingleses, os índios resistiram e impuseram um cerco de vários meses a Fort Pitt, a fortaleza construída pelos ingleses durante a Guerra Franco-Índia, no local onde é hoje Pittsburgh, na Pensilvânia. Naquele mesmo ano ocorrera um surto de varíola entre os invasores.

William Trent narra no seu diário a vinda de dois emissários delaware a Fort Pitt para negociar o abandono do forte pelos ingleses. Tendo estes definitivamente recusado, os índios confirmaram que o cerco e a resistência continuariam. Antes de partir, os dois delegados pediram algumas provisões para a viagem de regresso ao lar, ao que os ingleses prontamente anuíram. Ao pacote dos mantimentos, acrescenta Trent, "por consideração para com eles, demos-lhes dois cobertores e um lenço de seda vindos do hospital da varíola. Espero que tenha tido o efeito desejado". O resultado não podia ter sido melhor para os invasores. A varíola grassou entre os índios, tendo dizimado tribos inteiras, incluindo mulheres, velhos e crianças[76].

No diário de William Trent não fica claro de quem foi a ideia da generosa oferta dos cobertores infectados, ou quem deu a ordem. Mas o que é certo é que o general Jeffrey Amherst, aquartelado em Nova York e responsável máximo pelas operações em Fort Pitt, mesmo que não tivesse tido conhecimento desse caso em particular, teria dado a sua total aprovação à iniciativa. A propósito de outro surto de varíola entre os soldados ingleses, escreve o general a um de seus coronéis: "Não poderia arranjar-se maneira de levar a varíola até essas tribos de índios rebeldes? Precisamos a todo o custo de os reduzir". Da restante troca de correspondência entre os dois militares deduz-se que a estratégia bélica a adotar ("método" é a palavra usada) incluía cobertores infectados de varíola. A epidemia serviria para "extirpar a raça execrável"[77]. O uso bélico da varíola na guerra contra Pontiac não foi um caso isolado; relatos semelhantes surgiram com frequência na América do século XVIII[78]. Como Elizabeth Fenn salienta, nessa altura muitos dos participantes nas guerras de ocupação do continente americano detinham o conhecimento e a tecnologia necessários para provocar ações de guerra biológica com o vírus da varíola, qualquer que fosse o "inimigo". O "método" foi usado em outros recontros e resultou plenamente. No século XVIII, os colonizadores da América do Norte já sabiam que as doenças europeias inadvertidamente contraídas pelos astecas tinham ajudado Cortéz a conquistar o México[79]. As inúmeras epidemias de varíola que continuaram a dizimar índios durante todo o século XVIII, muitas delas deliberadamente provocadas pelo invasor, bem como o resultado final, mostram bem a eficácia colonizadora da guerra biológica. Também ingleses e americanos se acusaram mutuamente de provocação deliberada de epidemias de varíola durante a Guerra da Independência. O Protocolo de Genebra, de 1925, com entrada em vigor em 1928, proibindo o uso de armas bacteriológicas e químicas, devia ter posto fim a esses cruéis comportamentos bélicos, totalmente isentos de ética. Sabemos que não é assim.

Mais ao sul, o Brasil, por exemplo, conheceu também episódios desse tipo de sabotagem biológica, sobretudo nos séculos XVIII-XIX. A partir de inícios do século XIX, as florestas brasileiras vão começar a sentir um forte impacto humano: desflorestamentos para fornecimento de madeira para construção e lenha, e realização de queimadas em extensas áreas para abertura de terra para plantio agrícola ou pastagem de animais de carga e transporte[80]. Além dos povos indígenas, a região era habitada por soldados, negros escravizados, populações livres e marginalizadas da sociedade imperial, naturalistas, engenheiros, fazendeiros, padres contratados pelo governo, autoridades policiais e imigrantes de vários cantos do mundo. Nesse encontro com as florestas brasileiras, os recém-chegados enfrentavam o calor, a umidade, as regiões por vezes pantanosas, os mosquitos, as doenças tropicais, incluindo as causadas por parasitas e vírus locais. Os povos indígenas opuseram forte resistência à destruição dos seus territórios pela empresa colonial que os ostracizava, aplicando uma política violenta de aniquilação física. Em 1808, uma carta régia de dom João VI, endereçada ao governador e capitão geral da capitania de Minas Gerais, estabelecia o estado de guerra contra os índios botocudos[81], que eram descritos como canibais[82]. Nessa missiva e em várias outras da mesma época, o príncipe-regente dom João defende a ocupação por colonos desses territórios. Essa opção política manifestou-se numa série de ações violentas contra as populações indígenas, escravizando-as ou matando-as. Essa opção encontrava respaldo político e era justificada, tal como antes acontecera noutros contextos americanos, como sendo "guerras justas"[83], dando continuidade a guerras de extermínio que haviam começado com a penetração colonial no século XVI. Parte importante da ocupação dos sertões brasileiros ocorreu usando as prerrogativas das guerras justas de dom João que garantia aos colonos o direito de ocupar as terras que conquistassem aos indígenas e aprisionar seus habitantes por um período de quinze anos, para lhes prestarem serviços, caso esses povos não aceitassem pacificamente servir sob o comando das armas reais[84]. Atacar indígenas, escravizá-los, fazia parte de uma economia onde a ocupação da terra era o grande objetivo, seja para produção agrícola, seja para criação de gado.

As péssimas condições de vida dos indígenas e escravizados, obrigados a trabalhar nas fazendas, estão descritas pelo naturalista francês Auguste de Saint-Hilaire[85], no seu livro dedicado à região de São Paulo. Para além do seu mérito científico, as observações de Saint-Hilaire, realizadas nos anos de 1820, são de grande relevância histórica para o Brasil, por conter análises detalhadas da sociedade e dos costumes brasileiros na primeira metade do século XIX. Saint-Hilaire considerava repugnante a violenta exploração laboral dos indígenas, vítimas ainda de doenças altamente contagiosas transmitidas pelos colonos europeus. Tal situação, conhecida desde o século XVI, resultou em inúmeras mortes entre os nativos.

O regresso às florestas como território seguro, evitando contatos com europeus, foi uma das formas de resistência indígena à violência colonial que incluía as epidemias. Essa fuga pode ser interpretada como um exemplo de quarentena prolongada[86]. Por seu turno, o Estado brasileiro, sobretudo a partir do século XIX[87], passou a apoiar o desflorestamento de extensas áreas. Essa ação contribuiu para libertar patógenos que iriam se juntar a várias outras enfermidades endêmicas, como a malária, por exemplo. Essa ação desenvolvimentista *avant la lettre* exigiu a retirada das populações indígenas das florestas para permitir a ocupação desses territórios para a agricultura e a criação de gado e para transformar os indígenas, gradualmente, em trabalhadores ao serviço do Império. Essa opção deu lugar à criação de aldeias indígenas, superpovoadas e com parcas condições de salubridade, onde os seus habitantes eram presa fácil de epidemias[88].

A essas ações, que causariam a morte de muitos milhares de indígenas e escravizados, vieram juntar-se episódios de guerra biológica, parte da doutrina política da "guerra justa" no território brasileiro. As referências documentais a esses episódios são poucas, embora a memória coletiva não os esqueça. Uma das primeiras referências a essas ações de contágio proposto é mencionada por Georg Freireyss, na região da capitania de Minas Gerais, nos anos de 1813-1814, em relação aos puris[89]:

> Os habitantes de Sant'Anna [...] não mostravam grande amizade a estes pobres índios porque, numa das suas conversas, o comandante nos contou que o diretor dos índios já tinha amansado 500 puris e os domiciliados em lugares determinados, fazendo-os acabar com todas hostilidades contra os portugueses e seus amigos; mas acrescentou, com uma risada diabólica, que se devia levar-lhes a varíola para acabar com eles de uma só vez, porque a varíola é a doença mais terrível para essa gente.[90]

Mércio Gomes[91] descreve um episódio ocorrido em Caxias, Sul do Maranhão, por volta de 1816, uma região em franco crescimento econômico, sobretudo fruto da criação de gado, que exigia grandes pastos. Essa expansão colidia com a presença dos índios timbira[92] na região, vistos como um obstáculo ao progresso para os fazendeiros da região. Este episódio é também mencionado por Darcy Ribeiro, que afirmou ser objetivo dos fazendeiros atrair os indígenas à vila, onde então grassava um surto de bexigas (varíola), na esperança que os indígenas fossem rapidamente contaminados pela doença e morressem[93].

Em seu livro, Mércio Gomes menciona também que, no fim do século XIX, os bugreiros de Santa Catarina e do Paraná, financiados por companhias de imigração, deixavam em pontos determinados de troca de presentes com índios (botocudos) cobertores infectados com sarampo e varíola. Como resultado dessas políticas, no final do século, um crítico brasileiro escrevia: "Essas raças têm quase totalmente desaparecido [...]; as bexigas e outras moléstias e o uso imoderado de bebidas alcoólicas têm sido a principal causa do desaparecimento dos índios"[94].

Os estudos mais detalhados são conclusivos de que os efeitos diretos da conquista europeia – incluindo as novas epidemias, as múltiplas campanhas militares contra populações indígenas, a sua exploração laboral[95], o reassentamento forçado de pessoas e a escravidão – estão na origem do decréscimo drástico da população originária. A essas razões acrescentam-se também as múltiplas ocorrências de penúria e falta de cuidados de saúde[96] que levaram a um declínio da taxa de natalidade e, posteriormente, a um declínio adicional da população[97]. Em resumo, o colapso social após as conquistas militares, a escravidão e a fome potencializaram o agravamento do estado de saúde das populações das Américas, tornando-as mais suscetíveis a epidemias. A superexploração de corpos racializados, sub-humanos, atirados para o outro lado da linha abissal – os indígenas, os escravizados negros – legitimou a destruição de vastíssimos grupos populacionais americanos, memória viva de um genocídio de dimensões incalculáveis. E, juntamente com o genocídio, ocorreu o epistemicídio.

As informações mais contundentes e completas fazem parte de um relatório da Procuradoria-Geral da República brasileira, em 1967, divulgado em março de 1968. Em vinte volumes e com mais de 5 mil páginas, o relatório fala de casos de corrupção no extinto Serviço de Proteção aos Índios (SPI) e massacres de tribos inteiras mediante dinamite, metralhadoras e envenenamento por açúcar misturado com arsênico. Embora tenha sido dado como desaparecido tempos depois de sua divulgação, informações do relatório são citadas por vários autores, como o antropólogo norte-americano Shelton Davis[98]. Como esse autor destaca, o relatório confirmava as denúncias de que agentes do SPI e latifundiários tinham recorrido a armas biológicas e convencionais para exterminar tribos indígenas. Nesse relatório é citada a introdução deliberada de varíola, gripe, tuberculose e sarampo entre tribos da região do Mato Grosso, entre 1957 e 1963. Além disso, os arquivos do Ministério do Interior sugeriam ter havido a introdução consciente de tuberculose entre as tribos do norte da bacia Amazônica entre 1964 e 1965[99]. Fome, miséria, subnutrição, peste, parasitose externa e interna são repetidamente citadas no relatório, que parece ter tido pouco efeito prático, pois relatos mais modernos revelam que essa política genocida continuou a ser praticada até há pouco.

Recuando um pouco no tempo, encontramos situações semelhantes no contexto africano. No final do século XIX, várias regiões da costa oriental africana, parte da intensa zona de contato que é o oceano Índico, conheceram surtos de varíola. Essa constatação levou David Arnold[100] a nomear esse oceano como "uma zona de doença" na longa duração que marcou a presença colonial europeia por essas águas. No caso da costa de Moçambique, a descrição de frei João dos Santos (século XVI) dá conta da presença de bexigas na região costeira norte, cuja cura dependia quase exclusivamente do recurso a ervas e raízes administradas por curandeiros locais[101]. Essa referência não é única, pois a documentação disponível em arquivo aponta para a existência de surtos de varíola entre a população africana. É exemplo disso o surto na ilha de Moçambique em 1796, que levou à imposição de uma quarentena[102].

Em junho de 1883, um surto de varíola assolou vários portos ao longo da costa de Moçambique. Em Inhambane, um porto importante para o comércio regional, a infecção atacou "alguns pretos e brancos ameaçando propagação"[103]. Encontramos referência ao surto em Sofala[104] no interior; em julho de 1883 a epidemia atingiu os habitantes de Tete, cidade que funcionava como entreposto fluvial, e onde foram identificados vários casos fatais[105]. Nesse mesmo ano, a epidemia castigou a vila do Ibo, porto na ilha do mesmo nome, no extremo norte. Em março, existiam apenas três casos da varíola[106], mas a epidemia se desenvolveu rapidamente e de forma assustadora[107]. A epidemia continuaria a afetar as populações, levando muitas famílias a fugir para o continente, só regressando no final do ano, quando a epidemia estava quase extinta[108].

Uma breve análise dessa epidemia revela não só a insuficiência dos serviços de saúde – falta de pessoal e as difíceis condições de funcionamento –, como também a discriminação no acesso aos serviços, sobretudo para os africanos. No caso da região Sul de Moçambique, na origem desses focos infecciosos estariam, por um lado, as ondas migratórias ocasionadas pela expansão do Estado zulu, que atingiu o Sul de Moçambique em 1820[109]. Por outro lado, Henri Junod menciona que os focos de infecção deviam-se também aos colonos brancos que aportavam àquela então colônia portuguesa[110]. Junod, que se havia fixado na região há várias décadas, aponta, em 1919, a presença de cinco ou seis surtos epidêmicos de *nyedzana*, nome pelo qual era conhecida localmente a doença. E esse autor avança com uma descrição detalhada da prática de inoculação, método local usado para imunizar as comunidades:

O fluido seroso é colhido em velhos ou crianças que não têm relações sexuais [...]. O ntukulu inocula-se a si próprio, inocula os seus camaradas e regressam a casa. Quando as suas pústulas estão maduras, inoculam todos os membros do clã ainda porventura não atingidos pela epidemia. A partir desse dia, começa para todo o clã um período marginal distinto, com todos os tabus que acompanham as fases críticas da vida da comunidade.[111]

Mais ao norte, as fontes disponíveis para o Quénia dão conta de uma epidemia de varíola que atingiu a região em 1897-1899, e que infectou milhares de indígenas do então protetorado britânico. De acordo com as crónicas disponíveis, a varíola era conhecida nas regiões costeiras, sobretudo em torno a Mombaça, fruto do trânsito comercial, religioso e cultural no Índico. Das razões que explicam o elevado número de fatalidades no final do século XIX, estão a falta de imunidade das populações, sobretudo as do interior, assim como a quantidade limitada de vacinas disponíveis naquele momento[112]. A construção da linha de caminho de ferro que ligava o porto de Mombaça ao interior (Uganda) revelou-se uma via de propagação da varíola, que foi responsável pela dizimação de uma parte importante do grupo étnico masai[113]. O mesmo aconteceu com os kikuyu, grupo de criadores de gado que perdeu mais de 70% das suas gentes com essa epidemia[114]. Procurando evitar esse surto de varíola, muitos kikuyu fugiram para o sul, para o Tanganyika, então um protetorado alemão. Supõe-se que esse surto de varíola, em face das elevadas taxas de mortalidade que lhe estão associadas, facilitou a penetração colonial britânica na região[115].

A exemplo do que acontecera anteriormente nas Américas, a chegada da moderna política colonial implicou profundas transformações nas sociedades africanas, agora a um ritmo mais rápido. O comércio se expandiu com a introdução de culturas capitalistas; a migração laboral levou a maiores e mais frequentes movimentações de populações; finalmente, tal como noutros contextos já mencionados, a urbanização deu origem a aglomerados populacionais maiores e mais densos. A introdução da vacinação ajudou a mitigar os efeitos epidemiológicos adversos dessas mudanças, mas as campanhas de vacinação foram afetadas por muitos problemas, e os serviços de saúde para a população africana só começaram a ser afirmados como estratégia de proteção da saúde pública (com todas as suas implicações), sobretudo após a Segunda Guerra Mundial.

O CASO DA *INFLUENZA* E OS FANTASMAS EPIDÊMICOS

A higiene moderna, a inoculação nacional e global, a monitorização permanente de surtos infecciosos e a produção de vacinas que previnem as principais epidemias são parte do sistema de saúde pública global, como analiso no capítulo 6. O objetivo é eliminar ou reduzir drasticamente várias doenças epidêmicas anteriormente letais ou com efeitos nefastos e incapacitantes, incluindo a varíola, a cólera, a tuberculose, a difteria, a coqueluche, a poliomielite, a febre tifoide, etc. Todavia, convém lembrar que os patógenos continuam a emergir. De acordo com a OMS, desde a Segunda Guerra Mundial mais de quarenta novos patógenos (principalmente vírus) foram acrescentados à lista sempre crescente de doenças contagiosas, na qual o novo coronavírus é a entrada mais recente[116].

No caso do Ebola, as medidas utilizadas permitiram controlar vários surtos epidêmicos[117]; já o HIV-Aids tem registado um decréscimo das fatalidades desde o início do século XXI, assim como um decréscimo nas taxas de infecção pelo HIV. Essa mudança explica-se, em parte, pelos novos regimes múltiplos de medicamentos que prolongam a esperança de vida (e a esperança de uma eventual vacinação) e mostram que a doença está controlada.

Uma das epidemias de mais alta frequência é a *influenza*, uma infecção aguda do trato respiratório causada por vírus dos sorotipos A e B, da família *Orthomyxoviridae*. Conhecidas como epidemias de gripe, acontecem principalmente durante os meses mais frios, mas com intensidades diferentes. Crianças pequenas e pessoas com mais de 65 anos são particularmente vulneráveis à infecção pelo vírus da gripe. As epidemias de gripe, que têm afetado sobretudo países do Hemisfério Norte, ocorrem quando um dos dezesseis subtipos do vírus, diferente das variantes já presentes nos seres humanos, assoma e se difunde depressa[118]. A doença, com sintomas característicos, dissemina-se rapidamente e é frequentemente complicada por dar azo à pneumonia bacteriana ou viral. A primeira variante cede a antibióticos, mas, como não existe tratamento para a segunda, torna-se uma causa comum de morte durante epidemias de *influenza*[119].

No contexto europeu, uma das primeiras referências, bem documentada, à presença de uma epidemia de *influenza* ocorreu em 1580. Essa pandemia, cujo epicentro se estima ter sido a Ásia durante o verão de 1580, espalhou-se rapidamente para a África e Europa ao longo dos corredores de contato comercial da Ásia Menor e do Noroeste da África. Posteriormente, a infecção atingiu as Américas[120]. Entre 1781-1782 teve lugar um surto de *influenza* que, de acordo com vários autores, terá tido início na China no outono, espalhando-se depois para a Rússia e de lá para o Ocidente, atingindo toda a Europa em cerca de oito meses[121]. A informação disponível diz respeito ao elevado grau de disseminação dessa gripe pela Rússia e América do Norte, sobretudo durante os primeiros meses da pandemia e, principalmente, entre jovens adultos[122]. No auge da pandemia, em São

Petersburgo adoeciam por dia mais de 30 mil pessoas; dois terços da população de Roma adoeceram vítimas da *influenza*; e o surto é relatado como tendo assolado a Grã-Bretanha durante o verão de 1782[123].

No século XIX, dois surtos importantes de *influenza* marcaram o mundo. Esses episódios epidêmicos parecem ter tido origem na Rússia: em 1830-1833 e em 1889-1890. Esta última, apelidada de gripe russa, é descrita por Farshid Garmaroudi[124] como "a última grande pandemia não controlada da história", sendo-lhe atribuída a morte de cerca de 1 milhão de pessoas em todo o mundo[125]. Para a rápida disseminação dessa doença infecciosa concorreu a moderna infraestrutura de transporte então existente, a via férrea, apoio fundamental das ativas transações comerciais capitalistas. Já naquele momento o capital e os vírus se deslocavam muito mais livremente que as pessoas[126]. Os principais países europeus, incluindo o Império Russo, possuíam mais de 200 mil quilômetros de caminhos de ferro; a maioria das viagens transoceânicas levava entre seis e quinze dias. Curiosamente, isso corresponde à escala de tempo da propagação global atual de uma pandemia[127]. Documentada pela primeira vez em Bokhara, no Império Russo, em maio de 1889, em novembro desse ano a epidemia já se havia espalhado até São Petersburgo. Daí, rapidamente se espalhou pelo restante do Hemisfério Norte. Em São Petersburgo, as mortes atingiram o pico em 1º de dezembro de 1889; já nos EUA isso ocorreu na semana de 12 de janeiro de 1890. A partir daí, a *influenza* propagou-se pelas regiões costeiras da América do Sul (fevereiro-abril), Índia (fevereiro-março), África (março-abril) e Austrália (março-abril)[128]. O estudo de Valleron et al.[129] sugere que o vírus terá circum-navegado o globo em cerca de quatro meses[130].

As explicações avançadas sobre a causa dessa pandemia são bastante diferentes: na senda de especulações médicas anteriores sobre a origem das epidemias, alguns médicos invocaram terremotos e erupções vulcânicas como energizadores, concentradores e disseminadores de materiais, sobretudo em termos mecanicistas[131]. Vale relatar que 1889 foi um ano com muitos tremores de terra em locais díspares: Portsmouth, Manchester, Sicília, Grécia, Japão, Samoa, Alabama, entre outros. Outras teorias avançadas defendiam que a disseminação da doença se devia a fenômenos elétricos ou magnéticos, principalmente porque algumas epidemias anteriores haviam coincidido com exibições espetaculares de auroras boreais. Alguns acadêmicos então defenderam que as correntes elétricas transmitidas pela atmosfera poderiam produzir ozono, o que intensificaria a transmissão e a força da *influenza*[132]. Um dado, porém, deve ser apresentado: a mortalidade da pandemia de 1889 foi muito semelhante a dos surtos de gripe de 1947, 1957, 1968, 1977-1978 e de 2009-2010. As informações e as redes médicas podem ter mudado, mas a virulência da gripe – com a enorme exceção da pandemia de 1918, que tratarei em seguida – parece ter permanecido praticamente a mesma[133].

A primeira pandemia do século XX, a gripe espanhola[134], apesar do nome, parece ter tido origem em alguma parte dos EUA[135]. Alguns autores[136] nomeiam Nova York como o centro da pandemia, em função da análise de uma onda pré--pandêmica do vírus na cidade; para outros, o epicentro estaria no Kansas, onde a gripe teria surgido entre os agricultores, a partir de uma contaminação direta das aves, transmitindo-a depois a militares, que a terão feito chegar à Europa, principal palco da Primeira Guerra Mundial[137].

Embora as crianças e os idosos sejam normalmente os grupos de maior risco para a *influenza*, a pandemia de 1918-1919 fugiu à norma, pois a taxa de mortalidade foi surpreendentemente alta entre jovens adultos, sobretudo no grupo entre os 20 e 29 anos[138]. Outro aspecto particular dessa pandemia foi a manifestação da doença em três vagas, sendo a primeira e a terceira relativamente benignas, ao contrário da segunda, verdadeiramente explosiva, surgida em agosto de 1918, no front ocidental da Primeira Guerra Mundial, no Nordeste da França, durante os meses finais da guerra[139]. Os militares viviam em casernas acanhadas, sujas e úmidas; a maioria deles tinha o sistema imunológico enfraquecido pela desnutrição, situação de saúde que era compartilhada pela maioria dos civis que sobreviviam na Europa a duras custas. Tal como nos casos anteriores de epidemias causadas pelo vírus da *influenza*, o processo de contaminação pela gripe espanhola, no final da Primeira Guerra Mundial, foi muito rápido, num contexto marcado por grandes deslocações de soldados e trabalhadores, de barco, comboio e por estrada, realidade que se confrontou com a demora na capacidade de reagir por parte das autoridades políticas e médicas[140].

Essa epidemia, causada pelo vírus H1N1, extremamente agressivo, alastrou-se pelo mundo durante cerca de um ano, tendo, no final, infectado de 20% a 30% da população mundial, o que corresponderia a cerca de 50 milhões de pessoas[141]. Esse nível de contaminação foi suficiente para que a expectativa de vida, em geral, fosse significativamente reduzida. Essa realidade valeu-lhe ser qualificada como a pandemia mais mortífera da história[142]. Estima-se que a taxa de mortalidade geral tenha sido de cerca de 2%, mas, em algumas regiões do mundo, por exemplo, em regiões da América Central e em certas ilhas do Pacífico, de 10% a 20% da população total pereceu na epidemia[143]. Uma explicação avançada por vários autores sugere que as regiões costeiras, centros urbanos e áreas muito conectadas por redes de comunicação e transporte conheceram taxas de mortalidade bem mais significativas que as regiões rurais, mais afastadas.

Vários trabalhos sublinham como no início da pandemia os médicos tiveram dificuldade em diagnosticar a infecção pela *influenza*, frequentemente confundindo-a com uma constipação comum, cólera ou peste bubônica[144]. Em 1918, vacinas e medicamentos eficazes para prevenir a gripe e tratar a pneumonia bacteriana ainda não existiam[145]. Procurando respostas à pandemia, o pessoal da área da saúde rapidamente reconheceu que o contágio pela *influenza* acontecia através de gotículas respiratórias infecciosas, do nariz e da garganta. Muitos médicos sugeriram alterações na dieta alimentar, incluindo o consumo de canela, vinho, caldos de carne, etc., que ajudariam a robustecer quem tinha a imunidade reduzida. Todavia, os esforços para controlar o surto pandêmico da *influenza* foram baseados, sobretudo, em intervenções não farmacêuticas, como no caso da Covid-19[146]: quarentenas, autoisolamento, uso de máscaras, etc. Os médicos recomendavam às pessoas que evitassem estar em espaços lotados ou em contato com outras pessoas; as pessoas eram aconselhadas a não apertar a mão de outras pessoas, a ficar em casa, a manter a boca e o nariz tapados em público, a evitar tocar nos livros da biblioteca, etc. Escolas e outros espaços públicos foram fechados.

Algumas outras lições dessa pandemia continuam a ser utilizadas hoje. A escassez de médicos, fruto da Primeira Guerra Mundial, ao que se associou o fato de muitos dos médicos terem ficado doentes, justificou, em vários contextos, a requisição civil de estudantes de medicina para substituir os médicos. Escolas e outros edifícios tornaram-se hospitais improvisados[147]. A rapidez da propagação da doença tornou difícil aprender lições de outros contextos. Em apenas três meses, entre setembro e novembro de 1918, a pandemia de gripe atingiu a Noruega, Suécia, Canadá, Espanha, Reino Unido, França, Alemanha, Senegal, Nigéria, Tanzânia, Argélia, Zimbabué, África do Sul, Índia e Indonésia[148]. Nas Filipinas, a morbidade[149] foi de 49% e a taxa de mortalidade[150] de 2,3%. Nos EUA, mais de 675 mil pessoas morreram de *influenza*[151].

Em suma, a gripe espanhola foi o resultado de uma estirpe de *influenza* altamente patogênica e transmissível que surgiu numa época em que populações que antes teriam contato limitado entre si foram aproximadas pela Primeira Guerra Mundial. Enquanto as pandemias anteriores se difundiam principalmente ao longo de rotas comerciais e linhas de comunicação, a propagação do surto de 1918 foi acelerada pelo contexto militar em que se desenvolveu. Enquanto isso, a guerra de trincheiras na Europa proporcionava as condições ideais para a disseminação da infecção – falta de saneamento, superlotação e serviços de saúde limitados[152]. Uma leitura crítica da literatura disponível sobre a crise gerada pela *influenza* de 1918-1919 mostra que, apesar de se tratar de uma pandemia, pouco se sabe sobre o impacto dessa pandemia no Hemisfério Sul, sobretudo nas então colônias. Com efeito, a medicina moderna, um dos pilares de afirmação do Estado moderno, estava na sua fase inicial de desenvolvimento. Dados disponíveis sugerem que, na Índia, então colônia inglesa, morreram mais de 100 mil pessoas, com uma taxa de mortalidade de cerca de cinquenta mortes por mil pessoas – um número impressionante, num contexto em que os serviços de saúde para os colonizados eram insuficientes e de má qualidade[153].

No caso de Moçambique, por exemplo, apesar de não haver muitos dados disponíveis, a memória do impacto da *influenza* está presente em vários relatos. Como Julio Machele[154] descreve, a *influenza* de 1918-1919 ficou aí conhecida como "Xiponhola" pelos indígenas, enquanto as autoridades coloniais usavam a designação de "Gripe Pneumônica". De início, as autoridades portuguesas em Moçambique ignoraram a velocidade com que a *influenza* se espalhava pelo mundo. Mas quando começaram a surgir rumores de que a doença chegara às vizinhas África do Sul e Rodésia, o governo colonial mostrou preocupação, pois havia muitos indígenas moçambicanos trabalhando nesses territórios, mas que passavam o tempo de lazer junto aos seus. A *influenza* atingiu Durban e Joanesburgo em setembro de 1918. Foi a partir desses lugares que a doença se propagou à fronteira de Moçambique com a África do Sul, um importante ponto comercial e ponto importante do itinerário para trabalhadores migrantes do Sul de Moçambique. A partir desse ponto, a gripe difundiu-se ao longo da linha férrea até Lourenço Marques (atual Maputo). Essa cidade teve seus primeiros casos registrados em outubro de 1918, continuando a infecção a se difundir para o norte. Em Porto Amélia (atual Pemba), no extremo norte, as primeiras referências à presença de doentes com *influenza* surgiram em dezembro de 1918.

Em Lourenço Marques, de outubro de 1918 a inícios de janeiro de 1919, o número de mortos foi de 235, estando a maioria das vítimas da *influenza* entre a população indígena. Tal como noutros contextos coloniais, as justificativas para os elevados índices de mortalidade espelham as linhas abissais que organizavam a estratificação racial e de classe; os hospitais modernos que existiam serviam, sobretudo, aos colonos, uma marca dos serviços de saúde nesses contextos, seja na Ásia, África, ou Pacífico Sul. Quando a pandemia chegou a Moçambique, os praticantes de medicina dedicados às populações indígenas eram raros e as instalações inadequadas. As medidas adicionais tomadas – incluindo a quarentena, a restrição de movimentos e de reuniões de indígenas, assim como a suspensão da emigração – haviam chegado tarde demais. As fronteiras que separam Moçambique da África do Sul e Rodésia foram atravessadas por centenas de migrantes anteriormente expostos à doença. Tal como noutros contextos africanos, com a moderna colonização, iniciada sobretudo na segunda metade do século XIX, os "espaços para indígenas"[155] foram surgindo em força, sofrendo de superlotação e falta de equipamentos públicos – como habitação, água canalizada, saneamento básico e assistência médica[156]. A lógica do domínio segregacionista, controle social e apelos à ordem ajudam a explicar a diferença de fatalidades em várias regiões do mundo.

Uma das conclusões da pandemia de 1918-1919 foi a necessidade de coordenação de esforços internacionais para a debelar. Por exemplo, a Liga das Nações, o primeiro sistema político global, foi fundada em 1919, estabelecendo junto a si uma organização de saúde, ainda em 1923, que seria substituída pela OMS em 1948[157]. Esses organismos internacionais tiveram um papel importante em pandemias posteriores. Além disso, muitas instituições nacionais de saúde, que ainda não existiam, foram sendo criadas um pouco por todo o mundo, para ajudar a planejar o sistema de monitoramento da saúde pública. Todavia, essas instituições, como dito na introdução a este capítulo, espelham uma concepção monocultural de saúde e medicina, realidade que se traduz, por um lado, na incapacidade de aprender de outros sistemas de saúde, e, por outro, na imposição de um sistema único de saúde, reproduzido sobretudo a partir das experiências dos países europeus.

Pesquisas mais recentes realizadas na China sugerem que a pandemia da *influenza* em 1918-1919, sobretudo na sua segunda vaga, considerada a mais virulenta e mortífera, teve um impacto mitigado pelo uso da medicina tradicional chinesa. Cheng e Leung[158], a partir da análise de arquivos, mostram que não só os médicos tradicionais realizavam no passado vacinação contra a varíola, como também sugerem que os antigos médicos chineses haviam reconhecido outros meios úteis para a prevenção e o tratamento de doenças epidêmicas, além dos fitoterápicos, incluindo o tratamento precoce e preventivo durante um surto epidêmico. A documentação histórica existente identifica mais de duzentas epidemias, entre as quais 95 oficialmente registradas por autoridades governamentais.

Os vírus da gripe deram origem a vários outros surtos até hoje, alguns com estatuto de pandemia. Com a disseminação das viagens de avião, sobretudo a partir da década de 1950, o número de viajantes internacionais subiu exponencialmente[159]. A liberalização econômica está na base do aumento das trocas comerciais, que cresceram 140 vezes desde a revolução industrial inglesa do século XIX até o século XXI. A globalização neoliberal materializou-se através da expansão do comércio, da crescente livre circulação de capitais e da migração de mão de obra, contando com o apoio de instituições internacionais, como a ONU, e, sobretudo, das duas instituições econômicas multilaterais: Banco

Mundial e Fundo Monetário Internacional (FMI). Esse processo preparou o terreno para a liberalização internacional sem precedentes de capitais e, em vários contextos, de pessoas, catalisando a formação de instituições multinacionais e o movimento internacional de bens, serviços e informações a uma escala muito diferente da realidade da Primeira Guerra Mundial. Essa mesma globalização de capitais e pessoas aumentou o risco de surgimento e disseminação de doenças, contribuindo para o surgimento de duas pandemias de gripe globais, mais leves, em duas décadas seguidas.

A pandemia de gripe asiática de 1957-1958, causada pelo vírus H2N2, teve origem na China em fevereiro de 1957[160]. As primeiras infecções foram detectadas em março. A epidemia alcançou Hong Kong em abril, e se espalhou rapidamente para Singapura, Taiwan e Japão, momento em que a OMS reconheceu o surto causado por um novo subtipo do vírus *influenza*. A infecção atingiu a Índia, Austrália e Indonésia em maio; o Paquistão, Europa, América do Norte e Oriente Médio em junho; chegou à África do Sul, América do Sul, Nova Zelândia e ilhas do Pacífico em julho; e, finalmente, à África Central, Ocidental e Oriental, Europa Oriental e Caraíbas em agosto[161]. Em cerca de seis meses, a epidemia tinha contagiado o mundo, através de rotas terrestres e marítimas, com as viagens aéreas desempenhando ainda um diminuto papel na disseminação. Como na gripe espanhola de 1918, a gripe asiática reapareceu de forma imprevisível. Quando, no outono, no Hemisfério Norte, as escolas reabriram, ocorreu uma contaminação mais ampla, com taxas de contágio em ambientes escolares entre 40% e 60%.

Assim como na gripe espanhola, os grupos etários mais jovens dominaram as taxas de contaminação, sugerindo que os grupos mais velhos já possuíam imunidade. O internamento na maioria dos hospitais aumentou dramaticamente durante essa pandemia, embora os hospitais tenham sido capazes de acomodar a maioria dos infectados, recorrendo a várias medidas: reaproveitamento de leitos, reatribuição de médicos, cancelamento de cirurgias eletivas, etc. Essas medidas foram complementadas pelo esforço de promover a recuperação dos infectados em ambiente domiciliar, para os casos não complicados de gripe[162], medidas que estão sendo usadas na contenção da pandemia da Covid-19.

Para o controle da gripe asiática recorreu-se, pela primeira vez, a uma vigilância abrangente, procurando-se rastrear a propagação e o impacto da infecção. A natureza "suave" da pandemia levou a intervenções mínimas de natureza não farmacêutica, como o encerramento de estabelecimentos de ensino, restrições de viagens, proibição de reuniões em massa, ou quarentena. Apesar de ser considerada uma pandemia leve, a gripe asiática serviu para lembrar a ameaça persistente da disseminação global de doenças emergentes. Uma década depois surgiu uma nova pandemia de gripe, agora em Hong Kong (1968-1970), a partir do subtipo H3N2. O primeiro alerta foi também dado na China em julho de 1968, tendo a epidemia rapidamente se espalhado por toda a Europa, América do Norte e Austrália, já no início de 1969[163]. Embora as taxas de mortalidade tivessem se mantido relativamente baixas, a pandemia acabaria por ceifar entre 500 mil e 4 milhões de vidas.

Em abril de 2009 surgiu a pandemia de gripe suína. Causada pela estirpe H1N1, começou com surtos quase simultâneos no México e nos EUA, antes de se espalhar pelo mundo em cerca de seis semanas. Confrontada com a presença da doença infecciosa em mais de 75 países e em vários continentes, em junho a OMS determinou tratar-se de uma pandemia. No total, em 2009-2010, entre 11% e 21% da população mundial foi contaminada por esse vírus[164]. As medidas profiláticas tomadas para debelar essa pandemia, num contexto em que muitas pessoas tinham autoimunidade, ajudam a explicar a baixa taxa de mortalidade que lhe está associada – 284 mil mortes em todo o mundo.

De qualquer forma, vários especialistas têm expressado repetidamente preocupação sobre as formas de comunicação em relação às incertezas sobre o novo vírus, que não foi tão mortal quanto se antecipava[165]. Um dos temas polêmicos nessa pandemia teve a ver com o uso da máscara facial. Os EUA, na época, recomendaram o uso de máscaras faciais apenas em casos excepcionais: pessoas doentes com o vírus quando estivessem perto de outras, e pessoas em grupos de risco enquanto cuidassem de alguém com gripe. Como alguns especialistas afirmaram naquele momento, as máscaras podem dar uma falsa sensação de segurança e não devem substituir outras precauções importantes[166]. Outro elemento problemático teve a ver com a recomendação, por parte da OMS, do uso de antivirais. O modo como a OMS lidou com essa crise foi posta em dúvida ainda em 2010 por Fiona Godlee. Esta, então editora do prestigiado *British Medical Journal*, publicou um editorial em que criticava a OMS. Segundo ela, um estudo expusera os laços financeiros existentes entre alguns dos especialistas que haviam aconselhado a OMS sobre a pandemia e as empresas farmacêuticas que produziam antivirais e vacinas, um tema ao qual dedico mais atenção no capítulo 6.

Os estudos existentes sugerem que as epidemias anuais de *influenza* afetam normalmente entre 5% e 15% da população global. Embora na maioria dos casos a infecção gripal seja ligeira, esses surtos epidemiológicos podem causar doenças graves em 3 a 5 milhões de pessoas, resultando, em média, entre 290 mil e 650 mil mortes em todo o mundo. Nos países industrializados, doenças graves e mortes ocorrem principalmente nas populações de alto risco: bebês, idosos e doentes crônicos, embora o surto de gripe H1N1 de 2009-2010 (assim como no caso da gripe espanhola de 1918) tenha mostrado a tendência para afetar pessoas mais jovens e saudáveis[167]. Esses estudos apontam claramente para a dificuldade em antecipar o comportamento das epidemias; mais ainda, mostram a importância de identificar os mecanismos locais de enfrentamento e resiliência que permitem enfrentar essas pandemias e que contribuem, a longo prazo, para enfrentar alguns dos grandes desafios colocados pelas crises recorrentes de saúde e as injustiças epistêmicas, ontológicas e políticas que as acompanham.

Conclusão

Na primeira década do século XXI, os espaços urbanos – um ambiente propício à disseminação rápida de infecções – abrigavam já mais da metade da população global, comparado com 30% em 1918[168]. No contexto atual, dominado pelo grande capital global, o tráfego de mercadorias (incluindo animais vivos e outros produtos agrícolas) e de pessoas é muito mais volumoso e rápido do que no início do século XX. Essas condições constituem o cenário ideal para espalhar infecções pelo mundo, como nos ensinam as lições das pandemias na história. A pandemia da Covid-19 e, antes dela, a Aids e as tuberculoses antibiótico-resistentes têm-nos vindo lembrar que as doenças infecciosas não desapareceram, o que contradiz a posição de Frank Macfarlane Burnet e David White[169], para quem as doenças infecciosas eram coisa do passado. A ideia de que o conhecimento científico protegeria por si só a saúde pública sugeria implicitamente que a exportação do modelo de saúde hegemônico garantiria a saúde do planeta. Porém, hoje existem muitas mais doenças infecciosas novas, onde se inclui o Sars, o HIV-Aids e a Covid-19. No conjunto, o seu número quase quadruplicou no último século[170]. A discrepância entre a afirmação do controle das doenças, que dominou no século XX, e a ignorância sobre o futuro da saúde do mundo é cada vez mais patente.

Outro tema recorrente nas análises históricas das epidemias é que as intervenções médicas e de saúde pública geralmente não cumprem as promessas a que se propõem com a velocidade necessária. No contexto europeu, a tecnologia necessária para erradicar a varíola – a vacinação – já era conhecida em finais do século XVIII, mas levou quase 180 anos para alcançar o sucesso[171]. A coerção usada para impor a vacinação, sobretudo nos espaços coloniais, onde por vezes a variolação existia como uma alternativa indígena viável (no caso da Índia, África, etc.), levou a reações de fuga e à recusa da vacina[172]. Noutros casos, preconceitos de ordem moral mascararam a tomada de medidas sérias no campo da saúde pública. A sífilis, um dos grandes flagelos do início do século XX, poderia ter sido erradicada, em teoria, quando a penicilina se tornou disponível. Porém, vários médicos alertaram contra o seu uso amplo, por temerem que essa medida contribuísse para aumentar a promiscuidade[173].

Por outro lado, a preocupação da medicina colonial esteve centrada sobretudo na proteção da saúde dos colonos europeus, em garantir a superioridade militar e em apoiar a natureza extrativista da relação capitalista-colonial[174]. Apesar de os médicos e cientistas coloniais terem contribuído substancialmente para o avanço da biomedicina, o seu trabalho deu prioridade, quase exclusivamente, à saúde dos colonos, e só secundariamente à dos colonizados, e só na medida em que era importante assegurar a manutenção e reprodução dessa força de trabalho[175]. Essa opção refletiu-se nos espaços metropolitanos numa competição por conhecimento e influência usando material disponível nas colônias. Dessa forma, criou-se a ideia de que o foco das doenças infecciosas se encontrava unicamente nas colônias, um tema que continua a permear os estudos de saúde no presente. O conhecimento local era usado, tal como séculos antes nas Américas, enquanto mera "informação" e não como um conhecimento outro que poderia ter sido muito útil na busca de soluções contextualizadas[176].

A medicina colonial (ou tropical, em contextos pós-coloniais) privilegiou a malária, a cólera, a febre amarela, a doença do sono e outras doenças específicas, passando a concentrar-se em abordagens tecnológicas estreitas na busca do controle da doença[177]. As consequências adversas do encontro colonial espelham a "violência estrutural" do modelo colonial-capitalista[178]. A estrutura política e econômica em que se apoiou o domínio colonial não só interrompeu a vida e as formas de subsistência das pessoas e comunidades, como foi geradora de desigualdades duradouras, que lançaram as bases para a reprodução dessas formas de violência[179]. Mesmo no caso de pessoal biomédico que trabalhava em contextos coloniais, e que procurara levar a sério o princípio ético de "não causar dano", estes tiveram que enfrentar os problemas de saúde gerados pelo governo colonial, como Franz Fanon[180] destacou, quer estivessem conscientes de seu papel em produzi-los ou não.

O enfoque no controle de doenças reduziu a necessidade de garantir a cooperação e o diálogo com outros sistemas de saúde. Essa perspectiva extrativista continua a predominar entre grupos de interesse de especialistas do Norte global, procurando usar sua influência para identificar quais doenças merecem ser estudadas e quais medicamentos devem ser desenvolvidos[181], sobretudo para garantir quer a não contaminação do Norte, quer a saúde curativa. Assim se explica por que a maioria das Big Pharma nasceram ou evoluíram a partir de empresas que forneciam medicamentos para aplicar sobretudo aos colonos nas colônias.

Neste capítulo procurei mostrar quão comuns têm sido as epidemias devastadoras, que matam milhões. Mas também alertei para o fato de as sociedades e as pessoas entenderem mal a importância relativa dos riscos para a saúde que enfrentam. Tudo parece indicar que estamos num momento único, enfrentando um patógeno que se aproveita de um cocktail perfeito de condições para se disseminar: uma mistura de contagiosidade e virulência, em que as sociedades fornecem a participação essencial dos humanos, a circulação contínua de bens, as aglomerações urbanas, as viagens globais e as crescentes desigualdades sociais.

A Covid-19 expõe de forma cruel como a economia global interligada ajuda a disseminar novas doenças infecciosas e que as longas cadeias de produção criam uma vulnerabilidade especial. A capacidade de chegar a praticamente qualquer lugar do mundo em menos de um dia e de transportar um vírus na bagagem de mão permite que novas doenças surjam e se espalhem. Apesar de todos os avanços alcançados na luta contra doenças infecciosas, o crescimento humano descontrolado, associado à destruição da natureza, nos torna mais vulneráveis a microrganismos que evoluem 40 milhões de vezes mais rápido que nós. As mudanças climáticas, às quais a ação humana não é alheia, alargam a gama de animais e insetos transmissores de doenças, sugerindo, como tenho destacado, que estamos entrando numa época de pandemias intermitentes[182].

A história não se repete, mas a história das epidemias – repleta de sementes de sabedoria – aponta lições importantes, que precisam ser conhecidas e aprendidas. Por exemplo, para o sucesso da revolução haitiana liderada por Toussaint Louverture, contribuiu o surto de febre amarela na ilha[183]. Apesar de Napoleão ter enviado um exército poderoso, esperando assim esmagar a revolta e restaurar a escravatura, a revolução triunfou no Haiti, entre outras razões, porque o exército negro, oriundo da África, possuía imunidade a essa doença, ao passo que o exército de franceses enviado por Napoleão não tinha.

O conhecimento e essa experiência sugere a importância das abordagens interdisciplinares ao estudo das epidemias. A ênfase numa abordagem da saúde como um espaço de diálogo, contestação e combinação entre saberes médicos revela a importância fundamental das dimensões sociais e epistêmicas no estudo das doenças. O trabalho profundamente contextualizado da história social das epidemias mostra que as relações entre doença, saúde e mudanças sociais são muito complexas, seja em escala micro, seja em escala global. Essa complexidade está patente na interpretação do caráter de qualquer doença. Sheldon Watts[184] chama a atenção para a distinção necessária entre o conhecimento biomédico e a construção e interpretação social da doença (ou seja, a percepção culturalmente mediada de qualquer doença) e das condições para tratá-la.

As informações que nos chegaram sobre a Covid-19, direta ou indiretamente, revelaram o impacto das reformas neoliberais no campo da saúde, nos tempos que correm transformadas num espaço de (re)produção de capital. Não interessa se a pessoa está ou não doente; interessa saber se tem plano de saúde ou se tem acesso a um fragilizado sistema nacional de saúde (no caso dos países mais ricos) e, nos países do Sul global, se tem acesso a centros e hospitais com fracas condições, fruto da combinação neoliberal entre as elites políticas locais e as agências internacionais, como o Banco Mundial ou o FMI. Nas palavras de Paul Farmer[185], os arquitetos e implementadores de programas e projetos de saúde global, manipulados pelos políticos neoliberais do Norte global, defendem que os cuidados de saúde, para serem sustentáveis, devem ser vendidos como uma mercadoria, mesmo quando e onde a maioria de seus potenciais beneficiários não pode comprá-la. A humanidade, as pessoas, nesta hora de crise global em que são pacientes enfermos, buscam o apoio dos serviços de saúde do Estado, mas lhes é exigido que sejam clientes solventes. E assim se afirma uma linha abissal: quem não pode pagar não tem acesso à saúde.

A história cultural da saúde desde o século XX revela a ascensão das instituições transnacionais moldadas, primeiro, pelo colonialismo e, depois, pelo neoliberalismo. Essa análise, multissituada, procura analisar as relações de poder e saber que marcaram e continuam a caracterizar o campo da "saúde global". Nesse sentido, assumo, neste livro, um desafio às políticas coloniais e neoliberais atuais e aos políticos que as sustentam. A preparação para enfrentar uma pandemia integra dois momentos: o do choque e o do esquecimento. Com muita frequência, infelizmente, os políticos prometem apoio financeiro logo que uma crise epidêmica emerge, como aconteceu há alguns anos com o Mers ou o Ebola, mas essas promessas são esquecidas à medida que a memória do surto desaparece. Esses silenciamentos, ou mesmo esquecimento, tal como a memória do desastre neoliberal de 2008, mostram a forma como o neoliberalismo trata as crises. Agora, mais do que nunca, é o momento de abraçar uma pluralidade de pontos de vista[186], incluindo os de cientistas sociais e das pessoas que sofrem dessa epidemia e se mobilizam de maneiras inovadoras. As pandemias são uma raridade com impactos catastróficos; as epidemias repetem-se; mas as suas lições, se aprendidas, podem nos ajudar a mudar o curso da humanidade.

A última palavra deste capítulo pertence a Ailton Krenak, um dos intelectuais e sábios indígenas que mais tem refletido sobre a íntima relação entre a violência epidêmica, a violência epistêmica e a violência colonial territorial:

> A ideia de nós, os humanos, nos descolarmos da terra, vivendo numa abstração civilizatória, é absurda. Ela suprime a diversidade, nega a pluralidade das formas de vida, de existência e de hábitos. Como os povos originários do Brasil lidaram com a colonização, que queria acabar com o seu mundo? Quais estratégias esses povos utilizaram para cruzar esse pesadelo e chegar ao século XXI ainda esperneando, reivindicando e desafinando o coro dos contentes? Vi as diferentes manobras que os nossos antepassados fizeram e me alimentei delas, da criatividade e da poesia que inspirou a resistência desses povos. A civilização chamava aquela gente de bárbaros e imprimiu uma guerra sem fim contra eles, com o objetivo de transformá-los em civilizados que poderiam integrar o clube da humanidade. Muitas dessas pessoas não são indivíduos, mas "pessoas coletivas", células que conseguem transmitir através do tempo suas visões sobre o mundo.
>
> A ecologia dos saberes[187] deveria também integrar nossa experiência cotidiana, inspirar nossas escolhas sobre o lugar em que queremos viver, nossa experiência como comunidade. Precisamos ser críticos a essa ideia plasmada de humanidade homogênea na qual há muito tempo o consumo tomou o lugar daquilo que antes era cidadania. José Mujica disse que transformamos as pessoas em consumidores, e não em cidadãos. E nossas crianças, desde a mais tenra idade, são ensinadas a serem clientes. [...] Então para que ser cidadão? [...]
>
> Nosso tempo é especialista em criar ausências: do sentido de viver em sociedade, do próprio sentido da experiência da vida. Isso gera uma intolerância muito grande com relação a quem ainda é capaz de experimentar o prazer de estar vivo, de dançar, de cantar. [...] Há centenas de narrativas de povos que estão vivos, contam histórias, cantam, viajam, conversam e nos ensinam mais do que aprendemos nessa humanidade. Nós não somos as únicas pessoas interessantes no mundo, somos parte do todo.[188]

3
O capitalismo abissal: a pandemia como negócio

A versão atualmente dominante do capitalismo global – o neoliberalismo aliado à lógica do capital financeiro – não tem futuro. Está social e politicamente desacreditada em face da tragédia a que tem conduzido as múltiplas sociedades do mundo global e cujas consequências são agora mais evidentes que nunca neste momento de crise humanitária global[1]. O capitalismo poderá subsistir como um dos modelos econômicos de produção, distribuição e consumo, entre outros, mas não como o único, e muito menos como aquele que dita a lógica da ação do Estado moderno e da sociedade. Ora, este estado de coisas, hoje sem futuro, foi o que dominou desde a segunda metade do século XX, sobretudo depois da queda de Salvador Allende no Chile (1973), das ditaduras militares no Brasil (1964) e na Argentina (1976), da chegada ao poder de Margaret Thatcher na Inglaterra (1979) e Ronald Reagan nos EUA (1981), acentuando-se profundamente depois da queda do Muro de Berlim. Impôs-se, assim, a versão mais antissocial do capitalismo[2]. O neoliberalismo, aliado à lógica do capitalismo financeiro, sujeitou todas as áreas que lidam com a questão social – sobretudo, saúde, educação, segurança social, transportes e construção de infraestruturas – ao modelo de negócio do capital, ou seja, a áreas de investimento privado que devem ser geridas de modo a conseguir o máximo lucro para os investidores. Esse modelo põe de lado qualquer lógica de serviço público, assim ignorando os princípios de cidadania e de direitos humanos. Deixa para os Estados nacionais apenas as áreas residuais ou que interessam especificamente a classes sociais pouco solventes (muitas vezes, a maioria da população), ou seja, as áreas que não geram lucro. Por opção ideológica, promoveu-se a demonização dos serviços públicos (o Estado ridicularizado como predador, ineficiente ou corrupto); a degradação das políticas sociais ditada pelas políticas de austeridade sob o pretexto da crise financeira do Estado; a privatização dos serviços públicos e o subfinanciamento dos que restaram por não interessarem ao capital. E chegamos aos nossos dias com os Estados sem capacidade efetiva para responder com eficácia à crise humanitária que se abateu sobre os seus cidadãos. A fratura entre a economia da saúde e a saúde pública (integrando todos os elementos que garantem o seu funcionamento, incluindo o acesso à água, ao saneamento básico, à eletricidade, etc.) não podia ser maior. Os governos nacionais com menos lealdade ao ideário neoliberal são os que estão atuando mais eficazmente contra a pandemia, independentemente do regime político. São governos que, mesmo quando exportam o ideário neoliberal, não o praticam internamente. Basta mencionar Taiwan, Coreia do Sul, Vietnã, Singapura e China na Ásia[3]; Eslovênia e Grécia na Europa[4]; e Nova Zelândia[5].

Em face da situação de crise gerada pela pandemia, as instituições financeiras internacionais (FMI e Banco Mundial), os bancos centrais e o Banco Central Europeu não têm proposto outra solução senão o endividamento do Estado para fazer face aos gastos de emergência, ainda que lhes permitam alargar os prazos de pagamento[6]. O futuro proposto por essas instituições só escapará aos mais distraídos: a pós-crise será dominada por mais políticas de austeridade e maior degradação dos serviços públicos onde isso ainda for possível. O esforço de alguns Estados da União Europeia (UE) (sobretudo Espanha, França, Itália e Portugal) para que assim não suceda será em vão se os países dominantes continuarem a impor a lógica do endividamento como único mecanismo de financiamento. Na ausência de novos instrumentos de cooperação financeira, tais como a mutualização da dívida, dívidas perpétuas, fundos perdidos, reestruturação de dívidas, pagamento de juros condicionado ao comportamento da economia (como se fez com a antiga Alemanha Ocidental depois da Segunda Guerra Mundial), não será possível evitar a austeridade, que, aliás, em muitos países será uma dupla austeridade porque sobreposta à anterior ainda vigente. Esse quadro não mudará, por maior que seja o reforço do orçamento da UE para custear algumas despesas extraordinárias devidas à pandemia. Com algumas limitações e depois de muita hesitação, a UE parece ter tomado consciência disso ao adotar, em julho de 2020, medidas que vão no sentido da mutualização dos custos da proteção da vida e da economia em tempos de pandemia.

É aqui que a pandemia opera como um analista privilegiado. As pessoas agora sabem o que está em causa. Haverá mais pandemias no futuro, e provavelmente mais graves; as políticas neoliberais continuarão a minar a capacidade do Estado para responder; as populações estarão cada vez mais indefesas. Tal ciclo infernal só pode ser interrompido se se interromper o capitalismo enquanto lógica universal da gestão das economias e sociedades. A pandemia está, aliás, revelando que essa lógica será ainda mais excludente e feroz depois da pandemia, em função das difíceis condições que muito provavelmente prevalecerão. Não se trata aqui de futurologia, trata-se de tirar as devidas ilações do comportamento de alguns setores capitalistas durante a pandemia. Longe de ser uma novidade, esse comportamento revela o lado mais violento e selvagem do capitalismo, que sempre existiu e foi apenas mudando de forma ao longo do tempo. Sayak Valencia[7] designa as dimensões particularmente violentas do capitalismo como capitalismo gore. Tendo como base a trágica experiência da cidade de Tijuana no Norte do México, Valencia define o capitalismo gore como o que se caracteriza como "derramamento de sangue explícito e injustificado (como o preço que o Terceiro Mundo paga quando decide seguir as lógicas cada vez mais exigentes do capitalismo), a percentagem altíssima de vísceras e desmembramentos [...] os usos predatórios dos corpos, tudo isto por meio da violência mais explícita como ferramenta de necroempoderamento"[8]. Com base na longa duração histórica, Achille Mbembe designa o atual modelo de dominação como necropolítica. Segundo ele:

> Propus a noção de necropolítica, ou necropoder, para explicar de que formas, neste nosso mundo contemporâneo, as armas são utilizadas para destruir pessoas ao máximo e criar *mundos-de-morte*, isto é, novas e singulares formas de existência social em que vastas populações são sujeitas a condições de vida que lhes conferem o estatuto de *mortos vivos*. Esbocei de igual modo algumas das topografias repressivas de crueldade (sobretudo a *plantation* e a colônia), sugerindo que a forma atual de necropoder esbate as linhas entre a resistência e o suicídio, o sacrifício e a redenção, o martírio e a liberdade.[9]

Com base nas epistemologias do Sul que tenho proposto, designo esse capitalismo bárbaro como capitalismo abissal[10]. A forma mais violenta do capitalismo é simplesmente aquela que revela de maneira mais explícita a sua natureza original, o capitalismo abissal, que se consolida reconfigurando o colonialismo e o patriarcado para os pôr ao seu serviço. É dessa articulação fatal que decorre a separação abissal entre seres plenamente humanos e seres sub-humanos. Estes últimos são transformados em populações descartáveis, corpos racializados e sexualizados para mortificação e ocasião de lucro.

Se estivesse aqui para exibir um filme seria adequado advertir o público que se deve preparar para assistir a cenas chocantes. Neste capítulo, refiro-me a quatro delas: ganhar com a pandemia; o valor da vida e a investigação médico-farmacêutica; ganhar com a pós-pandemia; capitalismo corsário.

Ganhar com a pandemia: as empresas em face da Covid-19

A crise, apesar do muito que se tem falado sobre o seu impacto na economia, não teve o mesmo impacto sobre todos os setores. De acordo com notícias divulgadas no final de abril de 2020, o coronavírus tinha permitido à classe milionária norte-americana arrecadar, no conjunto, até aquele momento, 308 bilhões de dólares[11]. O exemplo mais flagrante é o do bilionário americano Jeff Bezos, cujo patrimônio líquido aumentou em 24 bilhões de dólares, uma vez que a procura por compras on-line elevou o preço das ações da Amazon a um nível jamais atingido[12]. A empresa de Bezos anunciou recentemente que os seus ganhos durante os primeiros três meses de 2020 correspondiam a mais de 33 milhões de dólares por hora[13]. Bezos torna-se o mais recente bilionário a se beneficiar da atual paralisação econômica, num contexto em que milhões de norte-americanos estão no desemprego e muitos milhares a passar fome. Segundo o Departamento do Trabalho dos EUA, só em abril a economia norte-americana perdeu mais de 20,5 milhões de empregos, elevando a taxa de desemprego para 14,7%, um nível que não era atingido desde a crise econômica de 1929[14]. Apesar do relatório do mês de junho apresentar uma ligeira melhoria para 11,1%[15], possivelmente refletindo a reabertura da economia, uma recuperação total do mercado de trabalho está longe de ser garantida enquanto a economia dos EUA continuar em recessão profunda e os números da pandemia em crescendo[16].

Deve salientar-se que a Amazon tem sido amplamente criticada pela falta de segurança dos seus trabalhadores durante a pandemia[17]. Na Europa e nos EUA, trabalhadores dos seus armazéns de distribuição têm realizado várias greves desde o início da pandemia. De acordo com *The New York Times*, cinquenta dos armazéns da Amazon nos EUA têm casos confirmados do coronavírus[18]. Ainda nos EUA, a falta de proteção dos trabalhadores tem sido denunciada em várias outras empresas, como a Instacart, Whole Foods[19], JBS Packerland, etc.[20] A demanda de trabalho por teleconferência viu a fortuna do fundador da Zoom, Eric Yuan, mais do que duplicar até finais de abril de 2020, passando a 7,4 mil milhões de dólares. Outro grupo que se beneficiou da crise da pandemia foi a gigante cadeia de supermercados Walmart, da família Walton, que registrou um aumento de 5% no seu patrimônio líquido em resultado da maior dependência dos consumidores para se abastecerem durante a quarentena.

Outra dimensão da crise como negócio é a especulação de preços, sobretudo dos preços dos equipamentos necessários para salvar vidas durante a crise humanitária. Entre muitos outros exemplos relativos ao material de proteção individual, o governo estadual da Bahia (Brasil) fez no final de março de 2020 uma encomenda de seiscentos respiradores a um fornecedor chinês. A carga foi retida em Miami (para desviar esses equipamentos para benefício do público norte-americano?). De acordo com as notícias divulgadas, "a operação de compra dos respiradores foi cancelada unilateralmente pelo vendedor", que não deu maiores explicações, apenas que a carga teria outro destino. O valor não chegou a ser desembolsado pelo governo da Bahia; porém, a nova encomenda de trezentos respiradores confrontou-se com um custo unitário mais do dobro que o da encomenda anterior e, ainda mais, o fornecedor exigiu pagamento à vista para fazer a entrega[21].

Por sua vez, hospitais privados portugueses procuraram fazer da pandemia uma fonte suplementar de negócio ao pretender cobrar ao Serviço Nacional de Saúde todas as despesas de doentes com Covid-19, mesmo que estes não tivessem sido referenciados pelo sistema público[22]. O Bloco de Esquerda (BE), o segundo maior partido de esquerda do país, considerou "repugnante" a tentativa dos hospitais privados de "fazerem da epidemia uma fonte suplementar de negócio"[23]. A ministra da Saúde portuguesa teve o mesmo entendimento. A mesma "insensibilidade" social do capital perante a crise forçou o governo francês, entre outros, a proibir as empresas de distribuírem dividendos aos acionistas num período em que procuravam obter subsídios do governo para minorar o impacto da crise. O mesmo sucedeu com o governo português. Dispenso-me a dar mais exemplos porque todos eles revelariam o mesmo padrão.

O valor da vida e a investigação médico-farmacêutica: investimentos, custo dos testes, vacinas, medicamentos e a Big Pharma

Se novos medicamentos tomarem a forma de propriedade privada patenteada e os preços forem definidos apenas por mecanismos de mercado, é de prever que a pós-pandemia seja um fator adicional de injustiça global e de empobrecimento da grande maioria da população[24]. Basta ter em mente o custo dos testes e, amanhã, das vacinas. No início da crise humanitária, na China, o custo de um teste de coronavírus era imensamente mais barato que o mesmo teste nos EUA[25]. Sendo provável que estejamos entrando num período de pandemias intermitentes, sobretudo de origem viral, as vacinas vão assumir o caráter de um bem essencial. Se a investigação, produção e distribuição das vacinas forem sujeitas a lógicas exclusivamente mercantis, teremos aqui mais um fator de exclusão social e vulnerabilização discriminatória. No passado recente tem sucedido assim, tanto no caso das vacinas, como no dos medicamentos de controle (como retrovirais). Por um lado, só têm sido produzidos quando uma grande população economicamente solvente (isto é, cidadãos do Norte global) é atingida pela doença, bem ilustrado com o caso dos retrovirais para o HIV/Aids. Por outro lado, sabemos que as vacinas podem ter espectros variáveis (por exemplo, podem proteger contra mais ou menos mutações do mesmo tipo de vírus), mas a grande indústria farmacêutica, a Big Pharma, que controla a produção das vacinas, tem procurado que em cada ano sejam necessárias novas vacinas para que os lucros se renovem correspondentemente, como analiso adiante.

Quando o Ebola surgiu em vários países da África Ocidental, em 2014-2015, a resposta lenta e o desperdício de recursos foram atribuídos à falta de coordenação internacional, sobretudo por parte da OMS. Procurando uma solução para conter a epidemia, em setembro de 2014, os Médicos Sem Fronteiras recorreram à linguagem da segurança para apelar ao apoio dos governos dos países do Norte, solicitando o envio de pessoal e equipamento médico, ao mesmo tempo que alertavam para o elevado risco de contaminação dessa doença. Esse apelo, controverso, em face da abordagem tradicionalmente cautelosa dos Médicos Sem Fronteiras em relação ao envolvimento militar na resposta humanitária a emergências, moldou decididamente a intervenção internacional em 2014-2015[26]. Em resposta, os EUA enviaram quase 3 mil soldados para a região do continente africano para ajudar a impedir a propagação da doença. Esse exercício, considerado um sucesso na contenção da doença, expôs as fragilidades do sistema de biodefesa norte-americano[27]. As "lições" aprendidas com o surto de Ebola foram sistematizadas no memorando de Christopher Kirchhoff[28], que inclui contribuições de todos os setores de governação. Essas lições sobre o Ebola, que Kirchhoff descreve como o mais rápido surto epidêmico desde a gripe espanhola de 1918, mostraram que os EUA detinham então mais capacidade interventiva que a própria OMS. Mas faltou talvez o principal – a preocupação com o desenvolvimento de vacinas e medicamentos que ajudem a controlar e evitar esses tipos de infecções.

A pandemia gerada pelo novo coronavírus expôs a total incapacidade dos países do Norte global para proteger a vida humana. Sobretudo após a Segunda Guerra Mundial, consolidou-se a desigualdade no mundo na forma da equação Norte=solução, Sul=problema, nos termos da qual a diferença maior entre o Norte e o Sul, celebrada aos quatro ventos, era a capacidade do Norte para proporcionar melhores condições de vida aos seus cidadãos. Daí que o Norte fosse designado como "Primeiro Mundo", sinônimo de competência, sofisticação e capacidade política e econômica. A ele contrapunha-se o "Terceiro Mundo". Essa construção ideológica ocultava três realidades cruciais. Primeiro, fazia supor que o Norte e o Sul eram duas realidades estanques, ocultando o fato de que o enriquecimento e o bem-estar do Norte só eram possíveis graças ao empobrecimento (causado em boa parte pelo Norte) e o consequente mal-estar do Sul. Segundo, ocultava as desigualdades internas dentro de cada país do Norte, a existência daquilo a que chegamos a chamar o Terceiro Mundo Interior. Terceiro, omitia o efeito global, ainda que diferenciado nos países do Norte global e do Sul global, da conversão do bem público da saúde num serviço privado rentável operado pelo neoliberalismo. Qualquer uma dessas realidades se agravou nos últimos quarenta anos, e são elas que explicam em boa parte a incapacidade dos países do Norte global para defender a vida dos cidadãos, uma incapacidade que, para surpresa de muitos, se provou recentemente ser maior que a de muitos países do Sul global.

Num primeiro momento, o presidente Trump e os seus conselheiros negaram a importância da pandemia, descrevendo-a, tal como aconteceu na Inglaterra e no Brasil, como uma gripe sem importância. A incapacidade e o despreparo do governo norte-americano para lidar com a pandemia e proteger a saúde das pessoas são apontados por Margareth Kimberley num artigo publicado logo em março de 2020. Começando por salientar as prioridades do governo norte-americano, sempre postas no lucro, Kimberley chega a dizer que a resposta dos EUA à epidemia seria cômica se não fosse tão perigosa. Tendo retirado o financiamento aos CDC (Centros de Controle de Doenças) e sendo o único país do Norte que não possui um sistema nacional de saúde, os EUA deixaram os doentes e os profissionais de saúde totalmente à mercê da Covid-19 e de predadores, como tendem a ser as companhias de seguros, sobretudo em tempos de desastre natural ou pandemia. Sem os testes necessários para diagnosticar o vírus, aqueles que conseguem ser testados e tratados podem ter de pagar enormes somas pelo que deveria ser um direito, livre de encargos. Mas, acrescenta Kimberley, "condenar a tomada de decisão de Donald Trump é a parte mais fácil. Analisar as grandes questões respeitantes a cuidados de saúde e ineficiências inerentes criadas pelo capitalismo é muito mais difícil". Torna-se evidente que o capitalismo não funciona quando se trata de responder às necessidades básicas do povo em geral[29].

A despreparação dos EUA tornou-se patente em todo o mundo. Em março de 2020, quando os norte-americanos foram confrontados com o impacto do Sars--CoV-2, surgiram notícias de que o presidente norte-americano Donald Trump tentava comprar os direitos exclusivos para uma vacina promissora da Covid-19 que estava sendo produzida por uma empresa de biotecnologia alemã (CureVac)[30]. Essas notícias foram recebidas com um coro unânime de revolta, por significar o desrespeito pelo valor igualitário da vida humana[31]. Em plena crise global, quando toda a humanidade está em risco, o nosso senso de justiça faz com que essa tentativa descarada de comprar o direito à vida (com pouca consideração por aqueles que exclui) pareça imoral. Mas Trump representa apenas a ponta visível de um problema muito mais profundo: o das relações entre ciência e capitalismo. Esse tema tem múltiplas vertentes. No caso da saúde, o problema de fundo é a captura do bem público da saúde pelo capitalismo e a sua submissão à lógica da economia da saúde. As duas vertentes principais deste problema são a privatização da inovação científica e produção farmacológica e a privatização do serviço público de saúde.

Na transição para o século XX, sobretudo em contexto europeu, a necessidade em atender aos problemas resultantes da Primeira Guerra Mundial, juntamente com ansiedades políticas em relação à segurança dos seus cidadãos tanto nos espaços metropolitanos, como nas colônias, levou à criação de instituições públicas vocacionadas à pesquisa de vacinas. Um traço característico desse período é o predomínio das teorias de doenças provocadas por germes, do que resultou o reforço dos tratamentos farmacêuticos e das campanhas de vacinação[32]. Essas novas concepções biomédicas, e as condicionantes tecnológicas que as acompanhavam, aumentaram a crença das pessoas em que as doenças poderiam ser dominadas e a vida humana prolongada se o novo conhecimento fosse devidamente aplicado[33].

Impulsionadas em parte pelos interesses econômicos e políticos das potências coloniais, as novas tecnologias e práticas de saúde pública foram igualmente apoiadas e divulgadas através de organizações intergovernamentais e fundações privadas, como a Fundação Rockefeller e o Instituto Pasteur. Um dos resultados desse processo foi a expansão para a Ásia, África e América Latina de institutos que combinavam pesquisa bacteriológica com a produção de vacinas e soros, de que é exemplo, no Brasil, a Fundação Oswaldo Cruz[34]. Vários desses institutos foram estabelecidos por governos (coloniais) e muitos de seus diretores foram treinados em importantes institutos europeus e norte-americanos. No caso de países europeus, como a Suécia ou a Holanda[35], a responsabilidade principal coube aos institutos estatais de bacteriologia ou de saúde pública. Como resultado dessa intervenção, a primeira metade do século XX conheceu uma redução significativa dos índices de contágios de muitas doenças epidêmicas, como a varíola, a febre tifoide e a cólera; nesse mesmo período, entre as doenças infecciosas mais temidas estavam a tuberculose, a poliomielite e a *influenza*, detectadas sobretudo em contextos urbanos, e para as quais foram desenvolvidas várias vacinas nos anos seguintes.

Com as vacinas entrando no mercado, as companhias farmacêuticas foram-se apoderando da sua produção; paralelamente, e sobretudo após a década de

1980, vários governos abandonaram a produção de vacinas e soros, privatizando os laboratórios públicos e perdendo o controle sobre a pesquisa e produção de fármacos importantes à saúde pública. Cabe destacar que, desde 1930, os institutos nacionais de saúde já gastaram mais de 900 bilhões de dólares em doações, das quais as empresas farmacêuticas dependem para patentear medicamentos[36]. O impacto dessas opções encontra eco na produção de novos antibióticos que façam frente às superbactérias resistentes. Essas superbactérias são uma séria ameaça à saúde global, como se afirma num relatório de 2015:

> O problema do mercado farmacêutico global, que não produz medicamentos para responder às necessidades médicas não atendidas, não é novo. Vimos anteriormente como o mercado negligencia as necessidades das populações dos países em desenvolvimento, onde a ausência de um mercado comercialmente valioso atrasa o desenvolvimento ou a disponibilidade de medicamentos fundamentais para combater a malária, a tuberculose e a epidemia do HIV/Aids [...]. No entanto, no caso dos antibióticos, a situação é diferente, pois as necessidades não atendidas não se limitam ao mundo em desenvolvimento. Apesar de uma crescente demanda clínica não atendida e de mercados potenciais, a linha de produção de novos antibióticos tem experimentado, paradoxalmente, um declínio a longo prazo. Há antibióticos que estão a ser desenvolvidos, mas não são os que atendem às necessidades mais urgentes, ao portfólio diverso necessário para combater o aumento da resistência bacteriana.[37]

Num artigo de 2019, o *Guardian* revela que, em 1980, um total de 25 grandes empresas farmacêuticas mantinham ativos programas para a descoberta de antibióticos. Desde então, esse número reduziu-se para três: Pfizer, MSD (Merck Sharp & Dohme) e GSK (GlaxoSmithKline). O problema enfrentado pelas empresas farmacêuticas é que os antibióticos, vendidos como comprimidos, geram lucros muito pequenos. Conforme afirmou uma professora britânica – Jayne Lawrence, cientista chefe da Royal Pharmaceutical Society –, "os antibióticos podem curar infecções em semanas, o que significa que o volume de vendas de medicamentos é baixo, comparado com medicamentos para a tensão alta ou para o colesterol alto, que requerem um uso a longo prazo"[38]. Consequentemente, o investimento em antibióticos não gera dividendos suficientes para garantir o investimento de largas dezenas ou mesmo centenas de milhões de euros necessários à pesquisa e desenvolvimento de novos fármacos, assim como à obtenção de grandes lucros[39]. Como resultado, das cinco dezenas de candidatos a antibióticos na cadeia farmacêutica global, quase todos são modificações de medicamentos mais antigos, e poucos têm como alvo os micróbios mais perigosos indicados pela OMS como patógenos[40] prioritários, razão que suscitou um alerta da OMS à Big Pharma[41].

Confrontadas com essa realidade, as economias emergentes, como Índia, Brasil ou África do Sul, têm procurado produzir medicamentos essenciais para suas populações a preços acessíveis. Para tal, invocam com frequência o direito a usar as licenças compulsórias[42] para reduzir custos, situação que gera conflitos com as grandes empresas farmacêuticas. No caso da Índia, uma das empresas afetadas pelas licenças compulsórias é a Bayer. Quando questionada sobre esse problema, Marijn Dekkers, então CEO da Bayer, descreveu a licença compulsória como sendo "essencialmente roubo", afirmando a propósito de uma nova droga desenvolvida pela sua empresa: "Não desenvolvemos esse produto para o mercado indiano, vamos ser honestos. Quero dizer, desenvolvemos esse produto para doentes ocidentais que o podem comprar"[43].

A resposta dos Médicos Sem Fronteiras ao comentário de Dekkers não poderia ser mais crítica, sublinhando que o comentário do CEO da Bayer, admitindo que produz um medicamento para o cancro apenas para os mais ricos que o podem pagar, resume tudo o que está errado com a indústria farmacêutica multinacional. Às companhias farmacêuticas interessa o lucro acima de tudo, por isso insistem nas patentes e nos preços elevados. Doenças que não impliquem lucros são ignoradas. Não devia ser assim e pode ser diferente, diz Manica Balasegaram, diretora executiva dos Médicos Sem Fronteiras. Que a investigação médica seja incentivada de modo a evitar os preços elevados que impedem o acesso a tratamento por milhões de pessoas. As companhias de fármacos deviam ser parte da solução, em vez de parte do problema[44].

Em maio de 2019, pouco depois de a OMS ter declarado a pandemia da Covid-19, os Médicos Sem Fronteiras apelaram de imediato para que não existisse qualquer patente ou lucro de medicamentos, testes ou vacinas usadas para suster a pandemia, sublinhando que os governos deviam se preparar para suspender e anular patentes e tomar outras medidas, como controle de preços, para garantir a disponibilidade e reduzir os preços dos medicamentos, e assim salvar mais vidas. Nas semanas seguintes, países como Canadá, Chile, Equador e Alemanha tomaram medidas para facilitar a substituição de patentes, emitindo licenças compulsórias para medicamentos, vacinas e outros instrumentos médicos necessários para lidar com a Covid-19. Em paralelo, o governo de Israel emitiu uma licença compulsória para patentes de um medicamento que estavam investigando para o tratamento da Covid-19[45].

Nesse contexto, o coronavírus representa uma oportunidade única para refletirmos sobre se a indústria farmacêutica e os monopólios gerados pelos seus lucros devem continuar a controlar quais os medicamentos a serem desenvolvidos e quem terá acesso a eles. Noam Chomsky[46] descreve o modo como esta crise pode contribuir para um entendimento crítico da indústria farmacêutica e, mais geralmente, do sistema neoliberal prevalente em muitas partes do mundo: "Tal como a mudança climática, a pandemia é outro caso de falha maciça do mercado […]. Para as empresas farmacêuticas privadas, os sinais do mercado eram claros: não desperdiçar recursos preparando-se para uma pandemia antes do tempo"[47].

Alertando sobre o predomínio do lucro sobre o valor da vida, ainda em 2 de março de 2020, Jan Schakowsky, deputada norte-americana pelo Partido Democrata, escreveu ao secretário da Saúde e Serviços Humanos:

> A Câmara dos Representantes consideraria inaceitável que os dólares dos contribuintes fossem usados para desenvolver uma vacina para a Covid-19 e que os direitos para produzir e comercializar essa vacina fossem posteriormente entregues a uma empresa farmacêutica através de uma licença exclusiva, sem condições de preço ou de acesso, permitindo que a empresa cobrasse o que quisesse e, essencialmente, vendesse a vacina ao público que pagou o seu desenvolvimento.[48]

O lucro e, portanto, a potencial procura economicamente solvente de um dado medicamento é o motor da tomada de decisões na indústria farmacêutica do Norte global. O critério do lucro também exige que essa procura, além de solvente, seja iminente, de modo que o retorno do investimento seja rápido. Uma epidemia hipotética é muito incerta para justificar os investimentos da Big Pharma. É por isso que não estamos mais perto de encontrar uma vacina para a Covid-19. Afinal, esse não é o primeiro coronavírus a ameaçar o mundo. Os investigadores desenvolveram um candidato promissor para tratar vírus como o Sars e o coronavírus em 2016[49], mas a escassez de financiamento fez com que a indústria farmacêutica concentrasse os seus esforços em linhas de negócios mais lucrativas. Essa lógica operacional faz com que a indústria farmacêutica não se mobilize preventivamente para desenvolver vacinas antes que as epidemias se transformem em perdas massivas de vida. As grandes empresas farmacêuticas mantêm patentes durante décadas, gastando muito mais no marketing dos seus medicamentos atuais do que investindo em novos. Essas patentes envolvem quase sempre a captura por parte da indústria de resultados de investigação financiada pelo Estado. Calcula-se que entre um terço e dois terços do financiamento de pesquisas ligadas à saúde em todo o mundo provêm do investimento público[50]. A Big Pharma se aproveita dessa pesquisa, finaliza-a em função do direcionamento da aplicação, fabrica e comercializa os medicamentos. Assim são gerados lucros fabulosos.

No caso específico das vacinas, o critério da lucratividade do investimento também leva as empresas a precaver-se contra a responsabilidade potencial pelas reações adversas à inoculação. Um exemplo conhecido ocorreu nos EUA, em 1976, da última vez que o Congresso aprovou um programa nacional de vacinação para a gripe suína, inoculando 45 milhões de norte-americanos[51]. Ao longo de vários meses, quatro empresas farmacêuticas – Sharp & Dohme, Merrell, Wyeth e Parke-Davis – se recusaram a vender ao governo os 100 milhões de doses que tinham fabricado, até obter a garantia do Estado de que este assumiria os custos de eventuais indenizações pela ocorrência de efeitos secundários. O governo federal, temendo as consequências de atrasar as inoculações de um patógeno que era uma variante próxima da responsável por uma das pandemias mais mórbidas da história, causada pelo vírus da *influenza*, e que ficou conhecida por gripe espanhola (capítulo 2), acabou por dar essa garantia, ao mesmo tempo que autorizou as empresas farmacêuticas a obter um "lucro razoável". Os lucros foram, na verdade, fabulosos, e o Departamento de Justiça teve que nomear dez advogados em tempo integral para defender mais de 4 mil queixas judiciais por um dos efeitos secundários, um distúrbio raro, mas sério, designado Guillain-Barré, por meio do qual o sistema imunológico agride células nervosas saudáveis. Os acordos e as decisões judiciais sobre as indenizações pagas pelos contribuintes atingiram cerca de 100 milhões de dólares. Esse dilúvio de litígios inibiu o governo federal norte-americano a assumir qualquer imunização em massa nas décadas subsequentes[52]. Não havia programa nacional em 2009, quando um novo vírus da Gripe-A infectou cerca de 60 milhões de norte-americanos, matando 12.469 pessoas. Desde então, os EUA e os seus aliados europeus contam com uma série de entidades públicas e privadas, incluindo organizações não governamentais, academia, filantropia e também a indústria farmacêutica para responder a surtos de patógenos perigosos.

Procurando responder a várias das epidemias que o mundo tem conhecido nas últimas décadas, incluindo aos vários aspectos éticos que essas doenças infecciosas suscitam, em 2017 foi criada a Coligação para a Inovação na Preparação para Epidemias (CEPI)[53], com o objetivo de incentivar e acelerar o desenvolvimento de vacinas contra doenças infecciosas emergentes e torná-las acessíveis às pessoas durante os surtos. O seu slogan era: "Novas Vacinas para um Mundo Mais Seguro". A CEPI tem-se esforçado por fazer com que empresas farmacêuticas se interessem por pesquisas que poderiam poupar inúmeras vidas, mas os resultados têm sido desencorajadores.

Como já referido, a OMS tem uma lista de patógenos para os quais deseja desenvolver vacinas, mas as empresas farmacêuticas têm demonstrado pouco interesse, uma vez que os surtos têm ocorrido sobretudo na África e na Ásia, onde os retornos financeiros são demasiado pequenos para justificar qualquer investimento. Em dezembro de 2019, antes da identificação do Sars-CoV-2, o CEPI tinha acumulado três quartos do 1 bilhão de dólares que considerava ser necessário para financiar uma investigação inovadora para o desenvolvimento acelerado de vacinas para tratar novas epidemias[54]. Japão, Alemanha, Canadá, Austrália e Noruega, bem como o Wellcome Trust e a Fundação Bill & Melinda Gates, doaram 460 milhões de dólares. Nos últimos dois anos, o CEPI usou esse dinheiro para subsidiar algumas biotecnologias de ponta que poderiam revolucionar a investigação e a produção de vacinas. No entanto, o CEPI fracassou no seu propósito de fazer com que as grandes empresas farmacêuticas concordassem com parcerias, sem insistir em lucros substantivos e em direitos de propriedade sobre as investigações que o CEPI ajudou a financiar e produzir.

Os Médicos Sem Fronteiras têm incentivado uma política segundo a qual todos os países teriam acesso igual às vacinas financiadas pelo CEPI. A organização inicialmente adotou esses princípios num documento político detalhado no qual concordou em estabelecer preços para garantir o "acesso equitativo" durante uma pandemia[55]. As empresas farmacêuticas teriam que partilhar todos os dados da pesquisa de vacinas. Os contratos para fabricação de vacinas seriam submetidos a um conselho público de revisão. E o CEPI manteria o direito de acesso à propriedade intelectual da investigação que as empresas desenvolveram com financiamento do CEPI. As empresas farmacêuticas do painel consultivo científico do CEPI, incluindo Johnson & Johnson, Pfizer e Takeda do Japão, recuaram. O CEPI capitulou numa declaração de duas páginas publicada em dezembro de 2018[56], na qual, sem dar detalhes, deixou de lado sua missão fundadora de "acesso equitativo a essas vacinas para as populações afetadas durante surtos". Em março de 2019, os Médicos Sem Fronteiras publicaram uma carta aberta expressando sua "preocupação e deceção" com a "nova política do CEPI", concluindo que tinha havido um retrocesso no que à transparência, abertura e responsabilidade pública dizia respeito[57].

Outro caso ilustrativo do comportamento da indústria farmacêutica tem a ver com um dos medicamentos que se revela promissor no tratamento da Covid-19. No dia 23 de março, a agência reguladora dos EUA, a Food and Drug Administration (FDA), atribuiu o status de medicamento "órfão" ao medicamento antiviral da empresa Gilead Sciences, o Remdesivir[58]. Essa classificação especial está reservada a medicamentos destinados ao tratamento de doenças raras e que, por isso, obedecem a uma regulamentação menos severa destinada a incentivar as empresas a desenvolver medicamentos que terão uma baixa procura no mercado. As empresas farmacêuticas cobiçam essa classificação pelos incentivos fiscais e pela garantia de sete anos sem concorrentes genéricos. Uma vez desenvolvidos, esses medicamentos podem ser vendidos pelo preço estipulado pelas empresas fabricantes. Os medicamentos mais caros do mundo são os medicamentos órfãos, tornando a classificação uma fonte inesgotável de receitas para empresas farmacêuticas. A Gilead conseguiu garantir o estatuto de órfão para o Remdesivir, porque não haveria ainda muitas pessoas contaminadas pela Covid-19[59]. Mas a verdade é que a OMS havia declarado a situação de pandemia em 12 de março e é óbvio que uma pandemia é exatamente o oposto de uma doença rara. Se a Covid-19 fosse uma doença rara, o tipo de doença para a qual a classificação de órfão está destinada, o mundo não entraria em pânico nesse momento.

Felizmente, dessa vez a manobra não passou despercebida. Habituadas a levar ao limite as leis das patentes e a saírem disso com lucro, as empresas tiveram, dessa vez, de confrontar-se com a qualidade e o volume da atenção pública e midiática. Assim se evitou o pior. A cobertura midiática dessa questão, que era inicialmente neutra ou, no máximo, levemente crítica, tornou-se violentamente crítica depois da publicação de Lee Fang e Sharon Lerner no *The Intercept*, em 24 de março[60]. A indignação incendiou as redes sociais e no dia seguinte o tom da imprensa tinha mudado radicalmente. No dia 25 de março, a Gilead enviou uma solicitação à FDA para "rescindir a designação de medicamento órfão concedida ao Remdesivir, antiviral experimental destinado ao tratamento da Covid-19, e renuncia a todos os benefícios que acompanham a designação".

Entretanto, a empresa norte-americana Cepheid Inc, que produz testes de diagnóstico da Covid-19, recebeu uma Autorização de Uso de Emergência da FDA para o teste Xpert Xpress Sars-CoV-2. O teste usa as mesmas máquinas utilizadas para testar, por exemplo, a tuberculose e o HIV, e fornece resultados em menos de uma hora. De acordo com estimativas da empresa, o preço de cada teste para os países em desenvolvimento seria de 19,80 dólares. Os Médicos Sem Fronteiras mais uma vez declararam que tal preço não era comportável com países onde as pessoas vivem com menos de dois dólares por dia. Alertaram também para o preço especulativo do teste, pois o custo de cada teste à Cepheid é de cerca de três dólares; nesse sentido, os Médicos Sem Fronteiras pediram uma moderação nos lucros e que cada teste fosse vendido por cinco dólares[61]. O Treatment Action Group (TAG) apoiou esse pedido, sublinhado que o desenvolvimento dos testes, e sua compra e implantação global, foi feito com recurso de fundos públicos, destacando que só em 2019 a Cepheid gerou lucros superiores a 3 bilhões de dólares[62]. Recorde-se que uma das estratégias de luta contra a Covid-19 tem sido a testagem maciça da população.

No que diz respeito à captura de fundos públicos para maximizar lucros em detrimento dos objetivos de saúde pública, a situação na Europa não é melhor. As organizações Global Health Advocates e Corporate Europe Observatory produziram recentemente um relatório devastador sobre as parcerias público-privadas no domínio da investigação nas áreas da saúde e biodiversidade, no qual concluem que a indústria controla bilhões de euros em detrimento do interesse público. De concreto, o relatório intitulado "In the Name of Innovation"[63] analisa duas parcerias entre a Direção-Geral para a Investigação e a Inovação da União Europeia e dois lobbies da indústria farmacêutica, nomeadamente a Innovative Medicines Initiative Joint Undertaking (IMI) e a Bio-Based Industries Joint Undertaking (BBI). Em conjunto, essas parcerias revelam o quadro institucional criado para parcerias público-privadas, um quadro que confere "privilégios e vantagens" para o setor privado e "deveres e obrigações" para o setor público, com implicações preocupantes para a marginalização do interesse público numa variedade de assuntos, tal como negligenciar a preparação para novas pandemias e não investir em mudanças climáticas que ajudem a minimizar os riscos de novas pandemias.

Sobre a primeira parceria, concluem:

Em nome da inovação em pesquisa em saúde, a indústria farmacêutica representada pela associação comercial farmacêutica e pelo grupo de lobby EFPIA (European Federation of Pharmaceutical Industries and Associations) tem administrado um orçamento público de pesquisa da UE no valor de 2,6 bilhões de euros para o período 2008-2020 através do IMI, mas até agora não investiu de maneira significativa em áreas de pesquisa em que é urgentemente necessário financiamento público. Essas áreas incluem a preparação a longo prazo para epidemias (inclusive as causadas pelo coronavírus), HIV/Aids e doenças tropicais negligenciadas e relacionadas com a pobreza. Em vez disso, a parceria usou o orçamento principalmente para financiar projetos em áreas mais rentáveis comercialmente para a indústria farmacêutica.

Sobre a segunda parceria, concluem:

O BBI é uma parceria público-privada entre grupos de lobby que representam os setores do agronegócio, silvicultura, biotecnologia, produtos químicos e combustíveis fósseis, por um lado, e a DG de Pesquisa e Inovação da Comissão Europeia, ostensivamente destinada a ajudar a construir uma "economia sustentável com fracas emissões de carbono". Nessa parceria, estabelecida em 2014 por um período de dez anos, o setor público contribuiu com um orçamento de 975 milhões de euros, enquanto o setor privado trouxe principalmente recursos em espécie. [...] O principal objetivo do BBI é construir "biorrefinarias" e desenvolver novas tecnologias, para processar quantidades ilimitadas de biomassa extraída de florestas e solos, ameaçando o seu papel como absorventes de carbono, de biodiversidade e também como fornecedores de alimentos.

A opção entre medicina de maior pendor curativo ou preventivo está fortemente marcada pelos interesses capitalistas. Terapias que permitem curas – isto é, tratamentos que oferecem uma perspectiva muito diferente em relação às terapias crônicas, embora tenham um valor fundamental quer para os doentes quer para a sociedade –, representam um desafio para as indústrias farmacêuticas, que buscam um fluxo de capital constante. Tal é o exemplo da já citada Gilead, que comercializa os tratamentos para a hepatite C, que garantem taxas de cura superiores a 90%. Em 2015, as vendas da empresa do tratamento contra a hepatite C chegaram a 12,5 bilhões de dólares. Porém, à medida que as pessoas eram curadas e havia menos indivíduos infectados para espalhar a doença, as vendas começaram a definhar, situação que alertou os analistas da Goldman Sachs. Num relatório reservado, a Goldman destaca que a "rápida ascensão e queda da franquia da hepatite C [da Gilead] destaca uma das dinâmicas de um medicamento eficaz que cura permanentemente uma doença", resultando num esgotamento gradual do conjunto predominante de doentes. Segundo o relatório, doenças como o câncer – cujo número de potenciais doentes se mantém estável – são menos arriscadas para os negócios[64]. A Covid-19 constitui um teste dramático para determinar se as empresas farmacêuticas podem se constituir como parceiras plenas de uma parceria público-privada para desenvolver o mais rápido possível um tratamento que permita salvar um número incontável de vidas[65]. Afinal, é mais importante para as empresas farmacêuticas manter os seus segredos comerciais e maximizar os seus resultados financeiros, ou assumir um papel de liderança na contenção deste surto? A resposta que será dada a essa pergunta nos próximos tempos e o seu sentido poderá determinar a forma como a ciência e a medicina lidam não só com a pandemia do novo coronavírus, mas também com as futuras pandemias virais que os cientistas consideram inevitáveis. É bom ter em mente que uma das razões pelas quais fomos tão surpreendidos pela epidemia do coronavírus tem a ver com o fato de a indústria farmacêutica considerar insuficientes os incentivos financeiros para desenvolver vacinas e novos antivirais e antibióticos. No Brasil uma das vozes mais consistentes na denúncia desse fato é Reinaldo Guimarães[66]. No último capítulo, proporei algumas medidas de controle público da indústria farmacêutica à luz da experiência recente.

Ganhar com a pós-pandemia: a indústria advocatícia e os grandes negócios

São imprevisíveis as muitas linhas de negócio que se abrirão ou ampliarão depois de passar a fase mais aguda da pandemia. As perturbações na sociedade, nas famílias, nos espaços públicos, nas relações sociais e nos corpos (saúde física e mental) foram demasiado grandes para não exigirem algum tipo de intervenção reparadora ou restaurativa. Muitas dessas intervenções serão oferecidas pelos mercados já constituídos ou a constituir (novos ramos de negócio), e serão assim transformadas em linhas de lucro. Apesar de toda a imprevisibilidade, há, no entanto, uma área de negócio que está desde já se perfilando como potencialmente muito rentável. Trata-se das indenizações que as empresas multinacionais estão preparando para exigir dos Estados em face de perdas de lucros que terão tido em resultado das medidas que os Estados tomaram para fazer face à pandemia e proteger a vida dos cidadãos. Essas medidas terão supostamente violado as expectativas dos investidores à luz dos contratos, acordos e regras de comércio internacional. As grandes empresas de advogados serão as intermediárias das exigências das empresas e a decisão estará a cargo dos tribunais arbitrais, designados Investor State Dispute Settlement (ISDS), em português, instâncias de resolução de litígios entre investidores e Estados. As indenizações podem atingir muitos milhões de dólares. O recente relatório de Pia Eberhardt, publicado pelo Corporate Europe Observatory e pelo Transnational Institute, merece referência detalhada[67].

No mesmo dia (26 de março de 2020) em que o número de mortos na Itália chegava já a 8 mil e os necrotérios estavam em colapso com a entrada de tantos cadáveres, o escritório italiano de advogados, ArbLit, publicava um artigo intitulado *Could Covid-19 Emergency Measures Give Rise to Investment Claims? First Reflections from Italy* [As medidas de emergência da Covid-19 podem gerar queixas de investidores? Primeiras reflexões da Itália][68]. Nesse artigo argumentava-se que as medidas tomadas pelo Estado italiano para fazer face à pandemia poderiam ter violado tratados bilaterais ou multilaterais de investimento. Nesse caso, não só as empresas como os próprios investidores individualmente teriam legitimidade processual para acusar os Estados nos tribunais arbitrais com jurisdição legitimada pelos tratados, os chamados ISDS, instâncias de resolução de litígios entre os investidores e o Estado. Como sabemos, estes tribunais arbitrais são um sistema de justiça paralelo ao sistema judicial dos países, uma instituição que o neoliberalismo ampliou extraordinariamente sob o pretexto de não confiar nos tribunais judiciais comuns. Essa exigência neoliberal tem-se revelado fatídica para os Estados, uma vez que esses tribunais, em geral compostos por antigos dirigentes de empresas, são conhecidos por decidirem em regra a favor das empresas, e as indenizações decretadas ultrapassam tudo o que seria imaginável num tribunal judicial comum. Sua parcialidade está inscrita nas próprias regras que regem essas instâncias. Basta recordar que não têm acesso a elas nem as empresas nacionais, nem os cidadãos, nem as comunidades. Em perspectiva é um negócio de imensa lucratividade, que aliás é duplamente lucrativo para as empresas multinacionais e para a indústria jurídica. Os escritórios de advocacia têm chamado a atenção para os negócios que estão quase prontos para ambos. O escritório Ropes & Gray alerta que as medidas tomadas pelos governos para responder à terrível ameaça da Covid-19 (proibição de viagens, restrições ao comércio e benefícios fiscais), mesmo que legítimas, poderão ter efeitos negativos na atividade das empresas, reduzindo-lhes dramaticamente o lucro e sonegando-lhes benefícios estatais[69]. Os escritórios de advocacia podem bem ter expectativas, pois, segundo Pia Eberhardt, nos últimos 25 anos mais mil ações judiciais foram interpostas contra os Estados e muitas tiveram êxito, e precisamente em situações de crise social. Por exemplo, um advogado do escritório Reed Smith afirma: "Muitas das disputas em causa [que trouxeram lucro a essas companhias de advogados] surgiram de circunstâncias societais complicadas, como a crise financeira da Argentina no início de 2000 ou a Primavera Árabe na década de 2010"[70]. Em outras palavras, as dificuldades dos Estados e o sofrimento das populações criam as melhores condições para vencer ações.

Vistas à luz dos interesses comuns da sociedade, as áreas em que a perda de lucros passados e futuros pode ser litigada são de tal maneira aberrantes e reveladoras de uma tal insensibilidade social que configuram um capitalismo abissal de altíssima intensidade. Vejamos algumas delas.

O acesso a água limpa para lavar as mãos. Em face da parada da economia, do aumento do desemprego e da necessidade de lavar frequentemente as mãos, vários países do mundo, entre os quais El Salvador, Bolívia, Colômbia, Honduras, Paraguai e Argentina, tomaram medidas para garantir a manutenção do acesso direto dos utilizadores dos serviços de água (moratórias no pagamento das contas, suspensão dos cortes de fornecimento por falta de pagamento). Ao arrepio desse gesto humanitário mínimo, o presidente do Brasil, Jair Bolsonaro, vetou o artigo da lei de auxílio emergencial que obrigava o Estado a garantir água corrente para indígenas e quilombolas. Uma das grandes firmas de advogados criticou os governos que ordenaram a suspensão dos pagamentos e aconselhou os seus clientes, as companhias de serviço público, algumas de investidores estrangeiros, a recorrer dessas decisões à luz dos termos dos seus contratos de investimento[71].

A requisição de hotéis e de hospitais privados por parte do Estado para acolher doentes, assim como a imposição da obrigação às empresas de produção de máscaras e ventiladores. Vários países recorreram à requisição, como, por exemplo, os EUA e também vários municípios (ver o caso da cidade de Niterói, no Brasil, relatado no capítulo 7). Para os advogados da firma Quinn Emanuel, os investidores na indústria da saúde podem vir a se queixar de expropriação[72].

Produção de medicamentos, testes e vacinas a custos acessíveis. Muitos Estados têm recorrido ao mecanismo das "licenças compulsórias" para ultrapassar a barreira dos direitos de patentes das empresas e permitir, assim, o acesso a preços acessíveis de medicamentos, testes e vacinas cruciais para proteger a população em tempo de pandemia. Se, como referi na seção anterior, países e organizações de saúde internacionais apelaram para que em tempos de pandemia se evitassem lutas de patentes ou especulação financeiras em torno de medicamentos, testes ou vacinas usadas, um caminho oposto foi seguido por várias empresas de advocacia. Os advogados das grandes empresas, como os da firma Quinn Emanuel, consideram que, nos casos citados, os governos poderão ser processados por expropriação e apropriação de propriedade intelectual.

A suspensão de pedágios para evitar que os operadores fossem infectados e permitir que os bens essenciais circulassem. Foi, por exemplo, o caso do Peru. Feito para proteger a vida dos funcionários dos pedágios e para agilizar o fluxo do transporte de bens essenciais. Confrontado com o imperativo de proteger a vida, um dos advogados citados por Pia Eberhardt sugeriu que os governos iriam encontrar-se em sérias dificuldades, uma vez que os tribunais não perdoariam a violação das obrigações estabelecidas no contrato dos investidores, por mais injusto que isso fosse.

A suspensão de pagamento de aluguel de casa e de pagamento de contas da eletricidade. Vários países tomaram ou consideraram essas medidas, como, por exemplo, a Inglaterra, França, Itália ou Portugal. Todavia, para a firma de advogados Shearman & Sterling, do Reino Unidos, tais medidas, se bem que ajudando os devedores, teriam consequências nefastas para os credores, e poderiam por isso entrar em conflito com o direito internacional[73]. Em outras palavras, como comenta Pia Eberhardt, no caso de resolução de conflitos de investimento (ISDS), os governos poderiam perder, se a suspensão do pagamento de rendas e serviços fosse considerada prejuízo "desproporcional" para os investidores[74].

A suspensão de hipotecas de proteções de credores e moratórias nos processos de falência. Essas medidas foram adotadas em muitos países, incluindo vários países da Europa. Segundo a firma de advogados italiana ArbLit[75], essas medidas podem ser consideradas expropriações *de facto*, e as moratórias podem ser consideradas uma violação do direito de acesso à justiça por parte dos investidores.

Por último – pasme-se –, *a não prevenção de agitação social*. Muitos analistas, eu próprio incluído, têm alertado para o fato de que, na ausência de proteção mínima dos rendimentos das classes populares no período pós-pandemia, é provável que aumentem os protestos sociais. Aliás, em muitos países, do Chile ao Líbano, da Colômbia à Tunísia, estavam em curso antes da pandemia fortes protestos sociais contra as políticas de austeridade e o aumento exponencial da concentração da riqueza e da desigualdade social. Essas previsões têm sido avaliadas pelas grandes firmas de advogados como uma enorme oportunidade para os investidores embolsarem gordas indenizações. Segundo essas firmas, não lhes será difícil provar que o Estado foi negligente em não garantir a segurança e a proteção dos investidores. Usam como precedente a decisão do ISDS contra o Egito por ocasião da Primavera Árabe e dos protestos que ela provocou. Pia Eberhardt lembra um determinado caso em que o tribunal decidiu a favor do investidor dos EUA, Ampal-American, que tinha processado o Egito sobre uma série de alegadas intervenções num oleoduto. Os juízes arbitraram que o Egito, ao não proteger o oleoduto de sabotagem, tinha quebrado as regras de proteção e segurança no contrato de investimento entre os EUA e o Egito. Como se pode imaginar, essa decisão foi fortemente criticada por ativistas democratas e por movimentos de direitos humanos.

Em suma, a indústria advocatícia a serviço das empresas multinacionais prevê um autêntico *boom* de bons negócios durante o próximo período. É precisamente nesses termos que se expressa a Law360, em nota de 8 de abril de 2020:

> Os distúrbios econômicos provocados pela pandemia da Covid-19 afetaram todos os negócios pelo mundo afora, mas, para os financiadores de arbitragem e litigância, as últimas semanas podem bem estar dando início a uma benesse. Ao mesmo tempo que a incerteza sobre o futuro tomou conta do mercado global, uma certeza domina as mentes dos donos de negócios e seus advogados: as disputas vão ser inevitáveis à medida que as cadeias globais de fornecimentos colapsam e as indústrias do turismo, hospedagem e outras se esforçam por manter a cabeça acima da água.[76]

A voracidade com que a indústria advocatícia está a ver oportunidades de negócios extremamente lucrativos num período que será de muito sofrimento e angústia para a grande maioria das populações de todos os países é uma das manifestações mais grotescas da insensibilidade social e da miséria ética do capitalismo abissal.

O capitalismo corsário

Os piratas e os corsários tiveram papel mais importante do que se pode imaginar na história do capitalismo e do colonialismo. Enquanto os piratas atuavam fora do controle dos Estados, os corsários faziam-no a serviço dos Estados na gestão das suas rivalidades com outras potências. Um corsário é uma pessoa (geralmente proprietário, capitão ou membro da tripulação de um navio civil armado) autorizada por uma carta de marca (também chamada de "carta de corso" ou "carta de porte") a atacar, em tempo de guerra, qualquer navio que arvore a bandeira dos Estados inimigos e, em particular, os navios mercantes.

Se é verdade que o vírus expôs os aspectos mais cínicos da cultura capitalista atual, revelou também que a lógica do individualismo possessivo e do "salve-se quem puder" que preside ao capitalismo abissal se tem estendido aos governos nacionais. A ausência de uma ética de cooperação e solidariedade no enfrentamento de um destino comum, que sempre foi característica do capitalismo, converteu-se, com a pandemia, em política de Estado. Nos últimos dias de março, autoridades francesas apreenderam 4 milhões de máscaras que uma empresa sueca transportava da China para a Espanha e a Itália[77]. Depois de alguma negociação diplomática, a França permitiu que 2 milhões de máscaras chegassem ao seu destino. A França já tinha apreendido antes muitos milhares de máscaras destinadas à República Checa e esta, por sua vez, também se apropriou de máscaras em trânsito para a Itália. Os EUA foram acusados por vários países da Caraíbas (Bahamas, ilhas Cayman e Barbados) de reter contêineres com equipamento de proteção comprado por esses países.

Esse roubo de material médico é a face mais visível do capitalismo corsário. Porém, o roubo de bens, com autorização dos Estados, não é uma novidade. De acordo com a OMS, durante a epidemia de Ebola, entre 2014 e 2016, foram extraídas cerca de 269 mil amostras de sangue de doentes da África Ocidental. Milhares dessas amostras foram enviadas para todo o mundo, incluindo África do Sul, Reino Unido, EUA, França, Alemanha, etc. Como destaca Emmanuel Freudenthal, essas amostras são de grande valor para as equipes de pesquisa envolvidas na criação de novas vacinas e medicamentos, assim como para as pesquisas militares sobre agentes bioquímicos e seus antídotos[78]. Porém, apesar de as amostras terem sido recolhidas de milhares de africanos, os cientistas dos países de origem desses doentes – Serra Leoa, Guiné-Conacri e Libéria – não conseguem ter acesso a elas para as suas próprias pesquisas. Estamos perante o capitalismo corsário sempre que os países ricos lucram com os países em desenvolvimento, recolhendo amostras genéticas úteis sem pagar um centavo[79].

Na sequência das epidemias de *influenza* no início do milênio, a OMS desenvolveu uma Estrutura de Preparação para a Influenza Pandêmica[80], que obriga os países membros a compartilhar, de maneira equitativa, vírus e vacinas feitas a partir deles. As empresas que compõem a Big Pharma também foram envolvidas no acordo, segundo o qual devolveriam uma pequena parcela dos lucros aos países de origem das amostras, para que as defesas pandêmicas dos países pudessem ser fortalecidas. Esse protocolo, formalmente conhecido como Protocolo de Nagoya sobre Acesso a Recursos Genéticos e Repartição Justa e Equitativa de Benefícios Derivados de sua Utilização, entrou em vigor em 2014[81]. A maioria dos países do mundo assinou e ratificou o protocolo. Todavia, os EUA assinaram mas nunca ratificaram a convenção [de 1993] e, portanto, não endossaram o protocolo. De acordo com Emmanuel Freudenthal, durante a epidemia, só os EUA gastaram cerca de 400 milhões de dólares em pesquisas relacionadas com o Ebola e várias patentes foram registradas usando amostras da África Ocidental. Investigadores africanos reclamam agora o acesso a essas amostras, tendo participado nas ações de luta e tratamento. Pior ainda é a relação com os pacientes. Dos sobreviventes, nenhum foi informado que o seu sangue estava sendo usado para pesquisa. Por isso, a questão do consentimento nem sequer foi posta. As amostras foram retiradas e levadas sem consentimento[82]. Entre os pacientes cujo sangue foi exportado sem consentimento, está uma mulher da Guiné cuja amostra é tornada anônima sob o código C15. Ela não sabe que o vírus do Ebola isolado do seu sangue está anunciado na página do European Virus Archive, à venda pelo Instituto Bernhard Nocht (BNI) da Alemanha a um preço 170 vezes mais caro que o ouro. Um roubo sancionado pelos países das Big Pharma, exemplo de um ato de guerra corsária.

Essas análises mostram, mais uma vez, que privilegiar o lucro privado em detrimento da defesa da vida e do bem-estar social é eticamente repugnante. O modelo atual de medicina, controlada pela Big Pharma, sistemas de saúde privados caros e hospitais e serviços públicos de saúde subfinanciados, é incapaz de enfrentar eficazmente os riscos virais do mundo contemporâneo. É fácil pensar que os corsários são parte do passado, mas a história nos mostra que assim não é. Apesar de o Congresso dos EUA ter aprovado em 1899 uma lei que tornou ilegal a apreensão de barcos ou a distribuição de qualquer captura, consta do texto da Constituição norte-americana que o Congresso se reserva o direito de "declarar guerra, conceder cartas de 'corso', de represália, e estabelecer regulamentos relativos à captura de terra e mar" (Artigo 1, Seção VIII)[83]. Com esse fundamento, o presidente G. W. Bush, na sequência dos ataques de 11 de setembro de 2001, procurou servir-se do dramático contexto para reforçar o direito constitucional de captura no mar, desejando aprovar a Lei de Corso e Represália de 11 de setembro de 2001 (September 11 Marque and Reprisal Act of 2001), que autorizava o Departamento de Estado a conceder cartas de corso sem aguardar pela aprovação do Congresso[84]. De acordo com essa proposta legal, missões navais militares ofensivas poderiam ser confiadas a indivíduos ou empresas, que se beneficiariam, também, dos bens aprisionados. No entanto, a proposta não foi aprovada. Outras tentativas de conferir ao presidente dos EUA o direito de conceder cartas de corso foram igualmente alvo de debate no Congresso entre 2007 e 2009, embora sem êxito, como afirma[85]. Mas foi sob a inspiração desse princípio normativo que vários carregamentos de equipamentos destinados a países terceiros, fundamentais para enfrentar a pandemia, foram supostamente apreendidos quando em trânsito por aeroportos norte-americanos, como já referido. E não se pense que se trata de países com poucas ligações políticas com os EUA. Relembrando o espírito corsário, o governo norte-americano autorizou a apreensão de 200 mil máscaras cirúrgicas destinadas à Alemanha para seu próprio uso, num ato condenado pelo governo alemão como "pirataria moderna". Essa decisão foi tomada pelo governo dos EUA, em arrepio dos acordos internacionais de comércio e, sobretudo, dos deveres a que ambos os países, membros da Otan (Organização do Tratado do Atlântico Norte), estão obrigados, em termos de cooperação e ajuda recíproca em épocas de crise[86].

O capitalismo abissal expõe, com crueza, o desrespeito pelo outro, pelo humano, pelo igual. Para as Big Pharma, só é cidadão – e merece viver – aquele que consegue pagar os tratamentos e as vacinas. A linha abissal traçada por essas companhias reafirmou a separação entre humanos e sub-humanos, o valor e o desvalor da vida humana determinado por critérios mercantis. Ao contrário da declaração de vários líderes mundiais de que estamos em guerra contra a Covid-19, o que esta pandemia mostra é, de fato, como essa tríplice dominação capitalista racista e patriarcal continua a violentar corpos e mentes, excluindo-os abissalmente de qualquer possibilidade de existência – impedindo-os de respirar. Como discutirei adiante, em linha com o desafio colocado por Achille Mbembe[87], urge concebermos a respiração como metáfora da vida plena. O direito de respirar, além de seu aspecto puramente biológico, é um direito de fruir a vida na plenitude da dignidade humana. A ele lhe corresponde o dever igualmente universal de respeitar e fazer respeitar esse direito.

4
As veias abertas das desigualdades e das discriminações

Introdução

A ideia de que o novo coronavírus democratizou o direito de matar foi muito difundida. Nada mais longe da verdade. É verdade que em alguns países é possível identificar, sobretudo nas primeiras semanas do contágio, uma certa indiferença do vírus ao estatuto social das vítimas. Mas, mesmo nesses casos, o modo como se propaga e, em especial, como mata, revela que esse vírus não só reflete, como aprofunda as desigualdades e as discriminações que vigoram nas sociedades contemporâneas. O vírus abre as veias do mundo que Eduardo Galeano[1] nos ensinou a ver e revela com extrema agressividade todas as vulnerabilidades que marcam o dia a dia da grande maioria da população mundial. E não só as revela, como as faz sangrar ainda mais.

Qualquer pandemia é sempre discriminatória, mais difícil para certos grupos sociais do que para outros. Pela amplitude e pela rapidez da sua propagação, a nova pandemia é particularmente discriminadora. Não me refiro aqui ao caso do amplo grupo de profissionais de saúde (médicos, enfermeiros, pessoal técnico e de limpeza) cuja missão os põe em direto contato com o vírus. Em princípio, não haveria por que falar de vulnerabilidade quando o exercício profissional visa, precisamente, cuidar dos doentes infectados com o vírus. Acontece que em muitos países, e sobretudo nas primeiras semanas de eclosão do vírus, esse imenso e dedicadíssimo grupo profissional não dispôs, em muitos contextos, de equipamento de proteção pessoal para poder exercer o seu trabalho em condições de segurança. O espírito de missão falou mais alto e prestaram os seus serviços correndo riscos. Em alguns países correram riscos particularmente desproporcionais. Por exemplo, no Reino Unido, o número de profissionais de saúde que morreram devido a Covid-19, até 13 de julho de 2020, está na casa das cinco centenas[2]. Uma análise mais cuidada dessas vítimas (incluindo funcionários de hospitais, de casas de repouso, etc.) mostra que seis em cada dez eram de minorias étnicas[3]. De acordo com os dados do projeto Lost on the Frontline, em meados de julho de 2020, cerca de 795 profissionais de saúde da linha de frente haviam morrido de Covid-19 nos EUA[4]. A maior parte dos profissionais documentados eram, principalmente, afro-americanos, asiáticos e oriundos das ilhas do Pacífico[5].

Neste capítulo analiso outros grupos para os quais a pandemia foi mais um fator de desigualdade e de discriminação acrescentado a tantos outros de que são vítimas. São os grupos que têm em comum uma especial vulnerabilidade que precedeu a pandemia e se agravou com ela. Tais grupos compõem aquilo a que chamo Sul global. Na minha concepção, o Sul não designa um espaço geográfico. Designa um espaço-tempo epistemológico, político, social e cultural. É a metáfora do sofrimento humano injusto causado pela exploração capitalista, pela discriminação racial e sexual. Proponho-me analisar a pandemia a partir da perspectiva daqueles e daquelas que mais sofreram com essas formas de dominação. No capítulo 7 mostrarei as iniciativas de autoproteção nas comunidades onde vivem as populações vulnerabilizadas do mundo para, também da sua perspectiva, imaginar as mudanças sociais que se impõem depois de terminar a fase aguda da pandemia. A partir da minha proposta de epistemologias do Sul[6], tenho defendido que vivemos em sociedades capitalistas, colonialistas e patriarcais. Cada um desses modos de dominação cria vulnerabilidades, exclusões e discriminações específicas. A luta contra elas deve ser articulada, já que muitos grupos humanos sofrem as exclusões cruzadas do capitalismo, do colonialismo e do patriarcado. Neste capítulo, procuro mostrar o modo como a pandemia veio acrescentar mais vulnerabilidades e exclusões às já existentes, desequilibrando ainda mais, senão mesmo fazendo colapsar, os frágeis meios de subsistência e de defesa da vida. As exclusões traduziram-se em maior vulnerabilidade à pandemia por uma série de razões: vulnerabilidade preexistente de saúde e de habitat; menor capacidade para seguir as regras da OMS, nomeadamente no que se refere ao confinamento, ao distanciamento físico e à higiene; deficiente ou nulo acesso aos sistemas de saúde que poderiam salvar vidas ou minorar o sofrimento.

Tenho defendido que as exclusões mais graves são as que resultam da linha abissal que separa a humanidade em dois grupos, um grupo constituído pelos seres plenamente humanos, dotados de toda a dignidade humana, e os seres sub--humanos, ontologicamente inferiores, populações descartáveis. A linha abissal estabelece e separa duas formas de sociabilidade incomunicáveis, a sociabilidade metropolitana dos seres plenamente humanos e a sociabilidade colonial dos seres sub-humanos. Existir do outro lado da linha (na zona colonial) significa existir sem qualquer direito efetivo e sempre à mercê de um poder social fascista, mesmo que o regime político seja democrático (aquilo que designo por "fascismo social"). Em qualquer uma dessas zonas há exclusões sociais, mas enquanto na zona metropolitana as vítimas de exclusões podem realisticamente defender-se invocando direitos e justiça (exclusões não abissais), na zona colonial as vítimas de exclusões não têm qualquer hipótese de recorrer a esses mecanismos, mesmo que eles formalmente existam (exclusões abissais). A vida de quem vive na zona colonial tem muito pouco valor e pode ser descartada sem qualquer alarme social. A pandemia aumentou a gravidade das exclusões e nessa medida mostrou como muitas delas configuravam exclusões abissais. Quem foi vítima delas foi tratada pela sociedade como ontologicamente inferior, sub-humana. O coronavírus apenas confirmou e agravou a tragédia humana das comunidades sujeitas a exclusões abissais. Analiso a seguir algumas situações, sem qualquer pretensão de ser exaustivo. Baseado na minha concepção da tríplice dimensão da dominação moderna eurocêntrica, distingo três linhas abissais principais: a capitalista, a colonialista e a patriarcal. Esses três modos principais de dominação nas sociedades modernas e contemporâneas têm sido acompanhados de outros modos de dominação que designo por dominações-satélite, nomeadamente a dominação das castas, da religião, das prisões, do capacitismo e, em certos contextos, da própria idade (o que designo por senexismo). Cada uma dessas dominações gera uma linha abissal. Muitos grupos oprimidos experienciam exclusões causadas por várias linhas abissais simultaneamente. Proponho-me analisar aqui as linhas abissais mais graves.

Este capítulo tem uma configuração que pode surpreender pela abundância de dados e pelo caráter aparentemente caótico da sua apresentação. Mencionar dados do Congo ou de Myanmar ao lado dos da Inglaterra ou dos EUA pode parecer estranho. Há, no entanto, uma intenção teórica que o justifica. Tomados isoladamente, muitos grupos especialmente vulneráveis são grupos mais ou menos minoritários. Mas, se os somarmos, estamos falando da grande maioria da população mundial. Isso nos deve fazer pensar sobre os modos de classificação que usamos nas ciências sociais. O que designamos por normalidade é um artifício produzido pela multiplicação e fragmentação das exceções.

Em segundo lugar, a pandemia veio pôr em causa muitas das hierarquias do sistema mundial ou, pelo menos, veio pôr em causa as justificativas que elas dão de si mesmas. Se tivermos em mente que alguns países ditos "menos desenvolvidos" se defenderam melhor do vírus e protegeram mais eficazmente a sua população do que alguns países ditos "mais desenvolvidos", se levarmos em conta que conceitos produzidos para caracterizar situações no sempre distante Sul geográfico, como, por exemplo, "Estado falhado" ou "medicina humanitária", puderam ser aplicados com credibilidade em alguns países do Norte global, é possível concluir que a pandemia inverteu a cadeia de causa e efeito que nos últimos séculos se transformou em senso comum da (des)ordem mundial. Refiro-me à relação entre hierarquia e superioridade. Habituamo-nos a pensar que o poder econômico, político e cultural do Norte global sobre o Sul global decorre da superioridade normativa do desenvolvimento e das instituições do Norte global. Esse senso comum foi profundamente abalado pela crise pandêmica. Em face dos comportamentos e fatos que relato neste capítulo, devemos ser levados a concluir que a relação de causa e efeito entre superioridade e hierarquia se inverteu: superioridade não é a causa da hierarquia, é antes a sua consequência. Ou seja, é o poder cru do capitalismo e do colonialismo controlado pelo Norte global que converte esse excesso de poder em suposta superioridade normativa em relação ao Sul global. Para essa inversão se tornar mais visível bastou que surgisse uma crise não criada nem controlada pelo Norte global.

As linhas abissais com predominância econômica

O tipo de exclusões dependentes dessas linhas abissais decorre das desigualdades na exploração da força de trabalho. O novo coronavírus contagiou e matou preferencialmente aqueles que pior puderam se defender dele, ou seja, as populações cujas condições sociais preexistentes as tinham tornado mais vulneráveis. A vulnerabilidade teve várias dimensões, desde a exposição ao vírus até a proteção (lavagens, máscaras, confinamento) e ao tratamento, e foi acrescida pelas atividades ou empregos que as pessoas continuaram a exercer para sobreviver colocando-as em risco. A indicação por parte da OMS para trabalhar em casa e em confinamento foi impraticável para a grande maioria da população do mundo porque obrigou os trabalhadores a escolher entre ganhar o pão diário ou ficar em casa e passar fome. As recomendações da OMS parecem ter sido elaboradas pensando numa classe média mundial que, afinal, é uma pequeníssima fração da população mundial. O que significa a quarentena para trabalhadores informais que ganham hoje para comer hoje? Arriscarão desobedecer à quarentena para dar de comer à sua família? Morrer de vírus ou morrer de fome, eis a opção. Esses dilemas têm exposto o drama dos trabalhadores e das trabalhadoras informais em todo o mundo, mais dramaticamente no Sul global. Assinalo algumas das muitas dimensões deste fenômeno.

Trabalhadores dependentes, precários, informais, ditos autónomos

Em 19 de março de 2020, jornais brasileiros anunciavam a primeira morte oficial no estado no Rio de Janeiro. Tratava-se de uma mulher de 63 anos, residente num município próximo, em Miguel Pereira, e que trabalhava como empregada doméstica no Leblon, bairro de classe média-alta. Sua patroa, chegada de uma viagem à Itália dias antes, omitiu que havia contraído a doença. A empregada, diabética e hipertensa, ou seja, parte do grupo de risco indicado pela OMS, não foi capaz de vencer o vírus. A realidade dessa mulher é semelhante à de muitos milhares de outras mulheres que trabalham para famílias ricas durante toda a semana, muitas vezes sem direito a contrato de trabalho[7]. A idosa de Miguel Pereira fazia parte de um grupo de trabalhadoras que cresceu nos últimos anos no Brasil: o das empregadas domésticas. Dados da Pesquisa Nacional por Amostra de Domicílios Contínua 2019 mostram que 6,356 milhões de pessoas trabalhavam como empregadas domésticas no Brasil – o maior número desde 2012[8], sendo que cerca de 4,4 milhões não têm contrato de trabalho. Estamos perante uma herança da tóxica convergência de capitalismo, colonialismo (da escravatura ao racismo) e patriarcado. Esses trabalhadores e trabalhadoras sobrevivem submetendo-se a relações muitas vezes desumanas que os tornam vítimas privilegiadas do novo coronavírus.

O que representará a quarentena para esses trabalhadores, que tendem a ser os mais rapidamente despedidos sempre que há uma crise econômica? O setor de serviços onde estão muito presentes será uma das áreas mais afetadas pela quarentena. Depois de quarenta anos de ataque aos direitos dos trabalhadores em todo o mundo por parte das políticas neoliberais, o grupo de trabalhadores informais é globalmente dominante, ainda que sejam muito significativas as diferenças de país para país. Foram os mais seriamente afetados pela pandemia. Segundo a Organização Internacional do Trabalho (OIT), em abril de 2020, cerca de 1,6 bilhão de pessoas trabalhavam na economia informal, representando 62% dos trabalhadores no mundo inteiro. O emprego informal corresponde a 90% do emprego total nos países de rendimento baixo, 67% nos países de rendimento médio e 18% nos países de rendimento alto[9]. As mulheres estão mais expostas à informalidade nos países de baixo e médio rendimento e geralmente estão em situações mais vulneráveis que os homens.

O trabalho informal é, na África, uma das maiores fontes de emprego, cerca de 85,8%[10]. Por exemplo, na Nigéria, espelho do que aconteceu em muitos outros países, as medidas de confinamento não puderam ser aplicadas igualmente a todos. Com uma população de mais de 200 milhões de pessoas, com mais de 40% dos seus habitantes vivendo abaixo da linha da pobreza, o governo impôs no dia 30 de março de 2020 um bloqueio inicial de duas semanas, para três estados – Lagos, Ogun e Abuja –, prolongando-o a 13 de abril por mais duas semanas[11]. Mas uma grande parte da população viu-se obrigada a desafiar o confinamento para poder ganhar a subsistência. O presidente nigeriano, Muhammadu Buhari, prometeu apoio alimentar para os mais afetados, mas a oferta foi de tal forma deficiente que provocou protestos. Na África do Sul, 40% das famílias é chefiada por mulheres e estão entre as mais vulneráveis[12]. Muitas dessas mulheres, além dos filhos, cuidam também de mães, avós, tias e outros parentes. Com o fechamento de escolas e creches, a capacidade de procurar emprego ou de regressar a um emprego informal ficou seriamente comprometida. As mulheres que trabalham no setor informal não têm qualquer apoio financeiro. Algumas contam com a aposentadoria da mãe para sustentar a família. Outras recebiam apoio regular dos filhos, mas, com a perda de emprego destes, deixaram de ter financiamento. Tenha-se em conta que, antes da pandemia, a África do Sul tinha cerca de 5 milhões de pessoas trabalhando na economia informal e que as mulheres são as mais atingidas pela precariedade: continuam a sofrer maior desemprego, a ter salários mais baixos e condições de trabalho mais precárias. E, como acontece em todo o mundo, o trabalho não remunerado na esfera doméstica recai desproporcionalmente sobre as mulheres[13].

No contexto asiático, em 23 de março de 2020, a Índia declarou a quarentena por três semanas, uma medida que atingiu 1,3 bilhão de habitantes. Considerando que, na Índia, mais de 80% dos trabalhadores pertencem à economia informal, cerca de 450 milhões de pessoas ficaram sem rendimento[14]. Mesmo os que possuem um emprego formal gozam de poucos benefícios contratuais. O presidente Narenda Modi deu apenas quatro horas para se proceder ao confinamento total, e assim se fez tristemente protagonista da quarentena pior organizada da história da humanidade. Desesperados, vários milhões de indianos procuraram regressar às suas aldeias e cidades de origem em busca de alguma proteção. Como os transportes tinham, entretanto, sido imobilizados, as pessoas dispuseram-se a ir a pé, caminhando por vezes centenas de quilômetros[15]. Muitos morreram no caminho por acidente, inanição ou doença. E, tal como aconteceu com a epidemia de peste de 1896 (capítulo 2), essas medidas radicais de combate ao coronavírus podem ter contribuído para criar novas cadeias de contaminação, pois os habitantes em fuga podem ter carregado a doença com eles[16].

No Equador, a cidade costeira de Guayaquil foi uma das áreas mais atingidas pelo novo coronavírus na América Latina. Fotos de cadáveres nas ruas ou em bancos de jardim inundaram a mídia e as redes sociais, mostrando o colapso dos sistemas locais de saúde e dos cemitérios[17]. Billy Navarrete, secretário-geral do

Comitê Permanente de Defesa dos Direitos Humanos de Guayaquil, disse que, só num fim de semana do mês de março de 2020, recebeu mais de cem mensagens e telefonemas de famílias informando que as autoridades não tinham comparecido para recolher o cadáver de algum familiar recentemente falecido. Várias famílias esperavam de dois a sete dias para que os cadáveres fossem recolhidos. Em alguns casos, foram forçadas a colocar os cadáveres na rua, por medo de contágio ou para escapar ao cheiro de decomposição[18]. Apesar de ser a capital comercial do Equador, Guayaquil é uma das cidades mais desiguais do país. Possui a maior taxa de pobreza e a maior taxa de trabalhadores na economia informal[19].

No Reino Unido um estudo do governo intitulado "Disparities in the Risk and Outcomes of Covid-19"[20] revelou que o risco de morte entre os diagnosticados com Covid-19 era maior em homens do que em mulheres; mais alto naqueles que vivem nas áreas mais carentes do que naqueles que vivem nas menos carentes; e mais alto nos grupos de negros, asiáticos e outros grupos étnicos minoritários (BAME) do que nos grupos étnicos brancos. Quando comparado aos anos anteriores, também foi registado um aumento particularmente elevado de mortes entre pessoas nascidas fora do Reino Unido e da Irlanda; pessoas com ocupações de assistência, incluindo assistência social e auxiliares de enfermagem; motoristas de ônibus, táxi e vans; trabalhadores de empresas de segurança e de lares ou casas de repouso.

Desempregados

Em Bangladesh, a pandemia fez com que 1 milhão de trabalhadores e trabalhadoras, sobretudo de indústrias de vestuário e têxteis, fossem despedidos ou dispensados temporariamente, a maioria sem salário. O mesmo aconteceu no Camboja (200 mil trabalhadores). As mulheres são a grande maioria dos trabalhadores em milhares de fábricas, ou em casa, nos países pobres do Sudeste Asiático, na China e na Índia. A Human Rights Watch entrevistou onze fabricantes e especialistas do setor têxtil e representantes de grandes marcas sobre o impacto da pandemia nas fábricas de Bangladesh, Myanmar, Camboja e outros países asiáticos. Quando a pandemia surgiu, reduziram os pagamentos antecipados e estabeleceram prazos mais longos para pagamento após o envio dos produtos. Com o fechamento das lojas, empresas de marcas de vestuário cancelaram encomendas de produtos já terminados ou em fase de conclusão[21]. Ainda em março de 2020, essas empresas exigiram descontos em produtos que já tinham sido enviados e cujos pedidos tinham sido feitos em janeiro, não assumindo responsabilidade financeira nem indicando uma data para pagamento de pedidos já enviados ou em processo de envio. Até maio, apenas os grupos H&M, Inditex (Zara e outras marcas) e Target dos EUA tinham tomado outras medidas, comprometendo-se a receber os bens já produzidos ou em produção e a pagá-los, tal como anteriormente acordado.

Trabalhadores sazonais: "quase quarentena"[22]

Para salvaguardar a vida de seus cidadãos, a maioria dos países tomou medidas para proteger os trabalhadores, tais como quarentenas, obrigatoriedade de teletrabalho, isolamento a quem regressava do estrangeiro, etc. No entanto, no contexto europeu, esses mesmos países continuaram a fretar aviões para transportar trabalhadores migrantes da Europa Oriental a fim de se ocuparem das tarefas sazonais da agricultura. Os aviões que transportaram os migrantes para a Holanda e a Alemanha iam cheios. Os trabalhadores não tiveram o luxo da distância de 1,5 metro dos outros. Mesmo que tentassem manter distância, uma vez fora do avião juntavam-nos nas vans e ônibus que os transportavam até o seu destino. Essas cenas – quase surreais em tempos de distanciamento físico e estritas limitações de imigração – são aceitas como norma para esses migrantes. Respondendo ao protesto do lobby agrícola alemão que alertava em 2 de abril sobre possíveis impactos negativos no fornecimento de alimentos, o governo alemão suspendeu a proibição da entrada de trabalhadores rurais sazonais no país, anunciando estar prevista a chegada de 40 mil trabalhadores em abril de 2020 e outros 40 mil em maio do mesmo ano, na grande maioria vindos da Polônia e da Romênia. Ao contrário dos cidadãos alemães, que deviam ficar em casa, os migrantes deviam ficar em "quase quarentena", como lhe chamou a ministra alemã da Agricultura, Julia Klöckner. Ou seja, não poderiam deslocar-se, mas podiam trabalhar[23].

Trabalhadores de rua

Trabalhadores de rua são um grupo específico de trabalhadores informais precários. Os vendedores ambulantes, para quem o "negócio", isto é, a subsistência, depende exclusivamente da rua, de quem nela passa e da decisão de quem passa, sempre imprevisível para o vendedor, de parar e comprar alguma coisa. Há muito tempo que os vendedores vivem em quarentena, nas ruas, mas nas ruas com gente. O impedimento de trabalhar para os que vendem nos mercados informais das grandes urbes significou que milhões de pessoas deixaram de ter quaisquer rendimentos. Quem tem fome não pode ter a veleidade de comprar sabão e água a preços que, aliás, em muitos contextos foram objeto de especulação. Outro setor de trabalhadores de rua, estes em constante movimento, são os uberizados da economia informal que entregam comida e encomendas em domicílio.

No contexto brasileiro, por exemplo, sobretudo nas grandes cidades, a pandemia da Covid-19 traduziu-se na valorização do trabalho dos entregadores, que passaram a ser considerados atividade essencial. Com o comércio fechado e as pessoas em confinamento dentro de casa, o comércio eletrônico aumentou significativamente, tal como em outros locais do mundo, tornando central a figura dos entregadores. Porém, ao mesmo tempo, a pandemia diminuiu o seu poder de negociação. Basta recordar que, em muitos casos, os entregadores nem sequer são autorizados a usar o banheiro dos restaurantes cuja comida entregam, uma discriminação que as entregadoras vivem com particular intensidade. O aumento do desemprego contribuiu para o aumento da oferta de trabalho na "economia do bico"[24] e, com isso, as plataformas dos aplicativos puderam degradar ainda mais as condições de trabalho dos entregadores. Um estudo publicado em junho de 2020 mostrava que "a redução da remuneração, associada ao aumento do risco de contágio, intensifica a condição que já era precária desses trabalhadores e sinaliza para a exacerbação do ganho da plataforma com as pressões de achatamento da remuneração dos trabalhadores"[25]. No Brasil, essas razões estiveram na origem da greve de entregadores de aplicativos em 1º de julho de 2020. Como afirmou um dos grevistas:

> A gente quer que a população saiba o quanto custa uma entrega mais barata ou gratuita. [...] Só queremos ganhar melhor para almoçar dignamente, trocar peça da moto e não andar precarizado. O novo normal não precisa ser só máscara e álcool gel, é a forma nova de trabalhar.[26]

À medida que se aprofundam as contradições na sociedade, novas dimensões de luta emergem e, com elas, novas lideranças populares. É o caso do Galo, jovem líder dos Entregadores Antifascistas, cuja análise da situação social e política faz dele um exemplo eloquente dos conhecimentos nascidos na luta propostos pelas epistemologias do Sul[27]. A distinção que ele propõe entre a pandemia do coronavírus (conjuntural) e o pandemônio da exclusão e da discriminação (permanente) diz mais que muitos tratados de sociologia.

Moradores nas periferias pobres das cidades, favelas, barriadas, slums, *caniço etc.*

Segundo dados da ONU Habitat, cerca de 1 bilhão de pessoas vive em assentamentos informais – entre 30% e 70% dos habitantes em algumas cidades[28] – sem infraestrutura nem saneamento básico, sem acesso a serviços públicos, com escassez de água e de eletricidade. Vivem em espaços exíguos onde se aglomeram famílias numerosas. Habitam na cidade sem direito à cidade, já que, vivendo em espaços desurbanizados, não têm acesso às condições urbanas pressupostas pelo direito à cidade. Sendo trabalhadores informais, muitos habitantes enfrentam a quarentena com as mesmas dificuldades acima referidas. Além disso, dadas as condições de habitação, como poderão cumprir as regras de prevenção recomendadas pela OMS? Poderão manter a distância interpessoal nos espaços exíguos de habitação onde a privacidade é quase impossível, onde a única divisão é sala, cozinha e quarto de dormir? Poderão lavar as mãos com frequência, quando a pouca água disponível tem de ser poupada para beber e cozinhar? O confinamento em alojamentos tão exíguos não terá outros riscos para a saúde tão ou mais dramáticos que os causados pelo coronavírus? Muitos desses bairros são hoje fortemente policiados e por vezes sitiados por forças militares sob o pretexto de combate ao crime. Não será essa afinal a quarentena mais dura para essas populações?

Deve salientar-se que para os moradores das periferias pobres do mundo a atual emergência sanitária vem juntar-se a muitas outras emergências. Por isso eles entendem, sem dificuldade, a distinção entre pandemia e pandemônio proposta por Galo. Segundo nos informam os companheiros e companheiras da Garganta Poderosa, um dos mais notáveis movimentos sociais de bairros populares da América Latina, para além da emergência sanitária causada pela pandemia, os moradores enfrentam várias outras emergências[29]. É o caso da emergência sanitária decorrente de outras epidemias ainda não debeladas e da falta de atenção médica. Nos primeiros meses de 2020 foram registrados 1.833 casos de dengue em Buenos Aires. Só na Villa 21, um dos bairros pobres de Buenos Aires, registraram-se 214 casos. Por coincidência, na Villa 21, 70% da população não tem água potável. É o caso também da emergência alimentar; passa-se fome nos bairros, e os modos comunitários de superá-la (cantinas populares, merendas) colapsam ante o aumento dramático da procura. Se as escolas fecham, acaba a merenda escolar que garantia a sobrevivência das crianças. É, finalmente, o caso da emergência da violência doméstica, particularmente grave nos bairros, e da permanente emergência da violência policial e da estigmatização que ela traz consigo.

Em 22 de maio, a Organização Mundial de Saúde (OMS) avisava que a América do Sul se tinha tornado no outro epicentro da Covid-19, ultrapassando a Europa e os Estados Unidos no número de infecções diárias, com especial enfoque no Brasil. O Brasil ultrapassou em 20 de julho de 2020 a marca das 80 mil mortes, dez dias depois, a marca das 90 mil mortes e em 8 de agosto, as 100 mil. As favelas de São Paulo concentram o maior número de mortes por Covid-19, devido à falta de higiene, limitado acesso à água, pobreza e acesso limitado aos serviços de saúde. O mesmo acontece nas favelas do Rio de Janeiro[30]. A maioria da população pobre é negra e vive em favelas. Aí se concentra o potencial letal da Covid-19. O contraste na letalidade não podia ser mais flagrante e chocante. No Campo Limpo, um dos bairros mais pobres de São Paulo (com Índice de Desenvolvimento Humano, IDH, muito baixo), a letalidade por 100 mil habitantes foi de 52%, enquanto em Pinheiros, um do bairros mais ricos e com IDH mais alto, a taxa foi de 5%. Ou seja, na mesma cidade, diferenças de dez vezes na taxa de letalidade[31].

Os sem-teto ou populações de rua
Os sem-teto passam as noites nas praças, nos viadutos, nas estações de metrô ou de ônibus abandonadas, nos túneis de águas pluviais ou de esgoto em tantas cidades do mundo. Nos EUA chamam-lhes *tunnel people*. Os sem-teto, para além dos perigos a que estão expostos diariamente, não têm lugar onde possam ficar em quarentena. O confinamento obrigatório levou a uma redução da distribuição de refeições servidas aos sem-teto com o fechamento de restaurantes. Nas ruas vazias não há a quem pedir esmola ou vigiar o carro. Em alguns países, foram criados centros de acolhimento, disponibilizados ginásios esportivos, edifícios, estádios, hotéis para acolher a população de rua, proporcionando acolhimento, higiene, refeições, lavagem de roupas e cuidados de saúde. A esses centros de acolhimento chegaram, no entanto, muitos que não eram sem-teto. Tinham, entretanto, perdido o emprego e a casa, e não tinham meios de subsistência. Na França, empresas privadas e autoridades locais cederam instalações ou viram os ginásios requisitados para acomodar pessoas de forma digna. Em Portugal, foram criados centros de acolhimento de emergência para os sem-teto enquanto durou o estado de emergência, alguns deles ginásios esportivos. Nos EUA, em Las Vegas, dezenas de sem-teto foram colocados para dormir a céu aberto, num parque de estacionamento, em "caixas" pintadas no piso do parque para manter a distância, quando os suntuosos hotéis ali bem próximos estavam vazios, provocando uma onda de indignação que resultou na abertura de um complexo de isolamento e quarentena para os sem-teto[32].

Quando o presidente Cyril Ramaphosa da África do Sul anunciou o confinamento nacional, tal medida era impossível para 200 mil pessoas, o número aproximado da população de rua da África do Sul[33]. Voluntariamente, ou não, muitos foram alojados em instalações temporárias, só algumas delas com condições dignas. Em Pretória, o estádio Caledonian foi reservado para receber cerca de 8 mil sem-teto, uma solução temporária, antes de serem colocados em abrigos, mas o distanciamento físico era a menor das suas preocupações: trinta pessoas em tendas de 4 m². Muitos fugiram. Em Durban, num esforço conjunto entre o município de Thekwini e um grupo de ONGs, foi possível rastrear 2 mil sem-teto e instalar cerca de 1.700 acampados em parques municipais. Homens deficientes ou doentes foram alojados no Denis Hurley Center, que presta ajuda e apoio aos pobres e aos sem-teto da cidade. Esse município disponibilizou o espaço e as refeições eram fornecidas por organizações religiosas. Residências estudantis, hotéis e escolas, que ficaram vazios, teriam sido a solução ideal para alojar os sem--teto, mas os proprietários mostraram-se resistentes em cooperar, sem saber o que aconteceria depois de terminar o confinamento. Todavia, cabe destacar muitas iniciativas da sociedade civil sul-africana para fornecer apoio, desde alimentação até cuidados de higiene. A C19 People's Coalition, composta por mais de 190 instituições, dinamizou campanhas de solidariedade social, com um programa que incluía direito a rendimento para todos, extensão de subsídios sociais, acesso a água e saneamento e segurança alimentar, exigindo também a ocupação de instalações privadas para uso público durante a pandemia (capítulo 7).

As linhas abissais com predominância racista-colonialista

Os povos indígenas

Os povos indígenas foram historicamente as primeiras vítimas de contágios por estranhos e da guerra biológica da idade moderna. Intencionalmente ou por negligência, foram infectados com vírus pelos colonizadores resultando, em parte, o seu genocídio (capítulo 2). A longa história de discriminação e eliminação, e a vulnerabilidade sistêmica que ela criou, não poderia deixar de estar patente no modo como a nova pandemia atingiu os povos indígenas americanos. Tal como no passado, foram infectados muitas vezes por estranhos à comunidade, nas múltiplas versões dos novos invasores: garimpeiros, tomadores ilegais de terra, desmatadores, pregadores, comerciantes, e mesmo pessoal médico. E mais uma vez, as possibilidades de proteção eram mínimas. Dos EUA à Argentina, do México ao Chile, da Colômbia ao Brasil os relatos convergem em salientar a extrema vulnerabilidade dos povos indígenas e a histórica desatenção de que são vítimas. Nesse contexto me refiro, a título de exemplo, ao caso do Brasil. No Brasil, o Censo IBGE 2010 aponta para a existência de 305 povos indígenas, que correspondem a um total de 896.917 pessoas, ou seja, aproximadamente 0,47% da população. Destes, a maioria vive em áreas rurais – 572.083 – e 324.834 vivem em cidades[34]. Lidas desprevenidamente, essas estatísticas sugerem o pouco peso dos povos indígenas no conjunto da população brasileira. Mas, como tenho salientado, a população indígena será tanto mais representativa quanto menor for quantitativamente. O seu número representa a dimensão do genocídio, linguicídio e epistemicídio e quanto menor for, maior será a qualidade da representatividade dos que sobreviveram a tantas dimensões da morte.

Como destacava a edição brasileira do jornal *El País*, o novo coronavírus é grave para todos os corpos sem imunidade, mais grave ainda para quem vive à margem das proteções do Estado, como as populações negras e indígenas. A primeira vítima indígena da Covid-19, o jovem Alvanei Xirinana, sobreviveu à malária e à desnutrição e, por isso, era já um sobrevivente da perversa desigualdade contra os povos originários; a Covid-19 foi apenas o que antecipou a hora de sua morte. "Alvanei Xirinana morreu porque é índio no Brasil."[35]

Com efeito, a maioria da população indígena está distribuída por milhares de aldeias, localizadas em 723 territórios em todas as regiões do Brasil. Segundo dados da Articulação de Povos Indígenas do Brasil (Apib), entre os 305 povos indígenas do Brasil, mais de 130 contavam já com pessoas infectadas. Em meados de julho de 2020, o número de infectados era 14.793, com 501 vítimas fatais[36]. Esses números, no entanto, são bem diferentes dos apresentados pela Secretaria Especial de Saúde Indígena (Sesai), do Ministério da Saúde brasileiro. Os dados avançados pela Sesai, atualizados pela última vez em finais de maio, relatavam 51 mortos apenas. De acordo com Sônia Guajajara, líder indígena e coordenadora da Apib, "há um racismo institucional impregnado, que é estrutural, e que se reproduz ao longo dos tempos", referindo-se ao fato de o governo federal contabilizar os casos e mortes apenas de indígenas que estão nas aldeias e territórios[37].

Como forma de proteção, os próprios povos organizaram barreiras sanitárias ao redor de suas aldeias. No início de maio de 2020, o povo Tremembé da Barra do Mundaú, no Ceará, decidiu impedir a entrada de visitantes no território, localizado no município de Itapipoca, interior do estado. O mesmo ocorreu em Tocantins, com indígenas da etnia Krahô, que bloquearam a estrada entre as cidades de Itacajá e Goiatins. De acordo com o Movimento Unido dos Povos Indígenas da Bahia (Mupoíba) e da Associação Nacional Indigenista (Anai), cerca de 21 indígenas da região estavam infectados em maio. Em 26 de abril foi noticiada a primeira morte de um indígena do Amapá, uma mulher de 36 anos, que vivia numa aldeia em Oiapoque, o primeiro caso confirmado de Covid-19 no estado. Em 5 de maio, a coordenação do Distrito Sanitário Especial Indígena (DSEI) de Alagoas e Sergipe confirmou a primeira morte de indígena por Covid-19. A vítima tinha 56 anos, era da etnia Kariri Xocó, e morava na aldeia Kariri Xocó, no município de Porto Real do Colégio, em Alagoas. Morreu no município de Propriá, em Sergipe. No dia 25 de maio, o líder indígena Gumercindo da Silva Karitiana, de 66 anos, do povo Karitiana, morreu em Rondônia, a primeira morte entre os povos do estado. A morte foi confirmada pela família e também pela Associação de Defesa Etnoambiental Kanindé. "A suspeita é de que a aldeia inteira esteja com Covid-19. É muito difícil, mesmo. Eles não têm imunidade", disse a ambientalista Ivaneide Bandeira[38]. Muitos epidemiologistas tinham a esperança de que a medida de autoisolamento em locais remotos pudesse proteger os grupos indígenas, mas os dados existentes mostram que o contágio pelo vírus está crescendo entre comunidades afastadas, onde os serviços de saúde básicos são precários, uma crise que lembra um passado sombrio, como analisei no capítulo 2[39].

Nos EUA, a Nação Navajo – ou Diné –, um dos maiores grupos indígenas norte-americanos, foi severamente afetada pela pandemia. Em meados de julho de 2020, a Nação Navajo contava com 8.243 infecções e 401 mortes numa população de 173 mil pessoas[40]. O número de mortes equivale a uma taxa de mortalidade superior a qualquer estado dos EUA. A Nação Navajo, que abrange partes do Arizona, Novo México e Utah e possui governo próprio, registrou o primeiro caso de Covid-19 em março. No momento, o seu presidente, Jonathan Nez, decretou o toque de recolher obrigatório (das 20h às 5h) nos dias úteis e impôs o confinamento aos fins de semana. Os turistas e visitantes foram proibidos de entrar, os cassinos (a principal fonte de receita da reserva) foram fechados e apenas os caminhões que transportassem bens básicos – a reserva não é autossuficiente – podiam entrar, desde que respeitassem todas as medidas de segurança. Foi possível conter o número de vítimas e romper as cadeias de contaminação. No entanto, os líderes Navajo temem que o rápido aumento de casos na região, sobretudo no Arizona e também em Utah, possa deitar por terra o progresso alcançado para conter a propagação da infecção. A situação complica-se pelo fato de a Nação Navajo estar situada no deserto, contando apenas com treze lojas de bens essenciais; um terço dos seus habitantes não tem água corrente, o que obriga as pessoas a viajarem para os estados vizinhos em busca de itens básicos[41]. Além disso, uma grande parcela dos Navajo vive em pequenas vilas ou casas isoladas, muitas vezes a quilômetros de distância da mais próxima. Muitos têm de percorrer 150 km para chegar a uma dessas lojas, que serve como ponto de convívio da comunidade. Na maior parte das casas habitam várias gerações da mesma família, seja por tradição, seja por falta de habitação[42], e muitas não têm as condições de higiene para prevenir a doença, facilitando o contágio. Dessa população, 43% vive abaixo da linha da pobreza e 42% está desempregada, além de serem duas vezes mais propensos a sofrer de diabetes, obesidade e doenças cardiovasculares do que a população branca⁴³. Apenas 40% dos residentes dispõem de eletricidade, obrigando os restantes a queimar carvão e madeira para cozinhar, e mais de 30% das habitações carecem de água corrente, dificultando a lavagem das mãos.

A Nação Navajo tem um sistema de saúde próprio, financiado pelo governo federal, uma infraestrutura que se revelou incapaz de atender às necessidades acrescidas dos pacientes acometidos pela Covid-19. "Não havia camas hospitalares para os doentes se recuperarem, tivemos de mandar pessoas para casa, e o vírus propagou-se."⁴⁴ O Congresso aprovou uma ajuda de 600 milhões de dólares para as nações indígenas, entre as quais a Nação Navajo, mas as verbas demoraram seis semanas para chegar aos destinatários⁴⁵. Há anos que o Congresso Nacional dos Índios Americanos⁴⁶ acusa Washington de violar as suas obrigações, estabelecidas no tratado assinado com as Primeiras Nações, de financiar os serviços de saúde, educação, habitação e desenvolvimento econômico. A situação foi-se arrastando e agora contribuiu para um desastre na Nação Navajo. Entretanto, outras fontes de apoio econômico foram surgindo. Milhares de dólares vieram de doadores da Irlanda – por respeito pelos índios Choctaw que, em 1847, doaram 170 dólares para ajudar a Irlanda durante a Grande Fome. Essas doações irlandesas permitiram entregar comida, água e desinfetantes a milhares de Navajo. Cerca de 25% da população Navajo testou positivo para a Covid-19, uma das taxas mais altas nos EUA.

Populações da matriz africana/negras e povos quilombolas

O colonialismo é uma dimensão permanente da dominação capitalista. Tal como aconteceu e acontece com os povos indígenas, os povos de matriz africana, tanto em contexto urbano como rural, têm sido vítimas de discriminações e destruições afrontosas que os noticiários só muito raramente noticiam (sendo George Floyd⁴⁷ uma das vítimas mais conhecidas nos últimos meses). O acúmulo histórico de tanta exclusão e destruição não podia deixar de se converter na extrema vulnerabilidade das suas condições de vida. A nova pandemia foi apenas mais um fator a se juntar a tantos outros, e os resultados são chocantemente reveladores. Um estudo do APM Research Lab, intitulado "A cor do coronavírus"⁴⁸, expõe as profundas desigualdades na taxa de mortalidade entre negros e brancos nos EUA. O estudo dos investigadores da Universidade Yale sobre o modo como as desigualdades raciais marcam o acesso a cuidados de saúde revelou que os negros norte-americanos têm uma probabilidade 3,5 vezes maior de morrer de Covid-19 do que os americanos brancos. Essa equipe verificou igualmente que, em comparação com os brancos, os latino-americanos têm quase duas vezes mais chances de morrer da doença⁴⁹. Mais de 29.946 afro-americanos – cerca de 1 em cada 1.350 – morreram da doença. Os afro-americanos têm menos acesso aos cuidados de saúde do que a população branca, e são tratados de forma diferente quando chegam aos hospitais[50].

Os preconceitos da sociedade em relação às questões raciais estendem-se à própria classe médica. Há menos probabilidades de os prestadores de cuidados médicos prescreverem tratamentos eficazes a pessoas de cor do que a pessoas brancas – mesmo depois de se controlar características como classe, comportamentos de saúde, comorbidade e acesso a seguros e serviços de saúde[51].

A taxa de mortalidade para a população negra nos EUA revela um padrão de desproporcionalidade com uma longa história marcada pela violência colonial e racial. Todas as condições que permitem que a doença floresça têm uma história de quatrocentos anos de racismo – habitações degradadas, bairros fortemente policiados, acesso limitado a alimentos frescos, ausência ou fraco acesso a cuidados de saúde devido à fraca (ou ausente) cobertura de seguros de saúde e salários baixos[52].

Boa parte da população negra trabalha em serviços essenciais mal remunerados. São as pessoas que trabalham nos transportes públicos, processam alimentos, entregam correio e encomendas, trabalham em distribuição e comércio alimentar, limpam as cidades, asseguram a distribuição de alimentos àqueles que não têm condições de se deslocar, recolhem o lixo e tantas outras tarefas do cotidiano. Esse exército de trabalhadores invisíveis não se pode dar ao luxo de ficar em casa, quer porque as suas tarefas exigem a sua presença física no local em que são desempenhadas, quer porque na grande maioria dos casos a precariedade da sua situação econômica não lhes permite deixar de trabalhar diariamente.

O outro lado do racismo é a violência desproporcionada por violação das regras sanitárias. É conhecido o caso da jovem que foi brutalizada pela polícia em Nova York em frente ao seu filho de quatro anos por não usar máscara facial[53]. Paradoxalmente, há negros norte-americanos que se recusam a usar máscara com receio de serem confundidos com criminosos e, assim, correrem risco de vida. Aaron Thomas explicou que o medo de ser confundido com um assaltante armado era maior que o medo de contrair o vírus: "Não me sinto seguro usando uma máscara facial. Eu sou um homem negro vivendo neste mundo. Eu quero ficar seguro, mas também quero continuar vivo"[54]. Uma simples ida a uma mercearia pode tornar-se numa situação de vida ou morte. E nem sequer é necessário ir de rosto coberto. Basta ver o que aconteceu a George Floyd, como referido. Um estudo realizado em 2019 pela Proceedings of the National Academy of Sciences[55] relata que a violência policial é uma das principais causas de morte de jovens negros nos EUA: um em cada mil homens negros corre o risco de ser morto pela polícia. A recomendação do Centro de Controle e Prevenção de Doenças (CDCP) de que, caso não seja possível ter acesso a máscaras protetoras, sejam usadas bandanas ou máscaras caseiras, pode revelar-se fatal para as comunidades afro-americanas e latino-americanas dos Estados Unidos, muitas vezes estigmatizadas pela maneira como se vestem e cobrem o rosto. Por exemplo, as bandanas são muitas vezes associadas a membros violentos de gangues e o seu uso pode representar uma ameaça para a segurança dos que as usam e um convite à abordagem policial[56].

No Brasil, a violência policial contra a população negra é tão visível como nos EUA. Num artigo recente, Nilma Gomes[57] mostra como os números ajudam a compreender a diferença abissal que separa a população negra e a branca no Brasil. Atualmente, os negros representam 55,8% da população e 54,9% da força de trabalho. Segundo o IBGE, a população preta e parda é a que mais sofre do desemprego (64,2%). Esse grupo é também o mais atingido pela informalidade e ausência de direitos trabalhistas. Se 34,6% de pessoas brancas possuem empregos no setor informal, ao grupo de pretos e pardos corresponde uma percentagem bastante superior: 47,3%[58]. A pandemia da Covid-19 tem aprofundado ainda mais as desigualdades brasileiras, como revela uma nota técnica do Núcleo de Operações e Inteligência em Saúde (NOIS)[59]. Como se pode concluir dos dados da letalidade da Covid-19 nas favelas já relatados, a raça é o fator mais relevante de vulnerabilidade ao vírus. Um negro tem muito mais probabilidade do que um branco de morrer devido ao novo coronavírus, independentemente de quaisquer outras variáveis. As taxas de mortalidade refletem diretamente as desigualdades socioeconômicas, além da pirâmide etária e da distribuição geográfica. Segundo a mesma nota técnica, a diferença das taxas de mortalidade é brutal: 55% dos pretos e pardos faleceram, em contraste com 38% dos brancos.

O estudo do NOIS mostra que, no Brasil, num município com baixo ou médio Índice de Desenvolvimento Humano (IDH), a chance de morte é quase o dobro do que numa cidade com IDH muito alto, confirmando-se assim as enormes disparidades no acesso aos cuidados de saúde e na qualidade do tratamento. E conclui "que a proporção dos óbitos entre pretos e pardos foi maior que a dos brancos, seja por faixa etária, nível de escolaridade e em municípios de IDH elevado, confirmando as enormes disparidades no acesso e qualidade do tratamento no Brasil"[60].

Em suma, como destaca Nilma Gomes[61], a população negra concentra-se, em larga medida, em vilas, favelas e regiões periféricas, no contingente cada vez maior da população de rua, entre os desempregados, assalariados, auxiliares de enfermagem, maqueiros, motoristas de ambulâncias, porteiros de prédios e condomínios, prestadores de serviços, motoristas de aplicativos, população carcerária, adolescentes e jovens em conflito com a lei, trabalhadoras domésticas e diaristas. São lugares ocupacionais e sociais construídos no contexto das desigualdades, marcados pelo passado escravocrata brasileiro, pela ausência de políticas para inclusão da população negra, e por um presente violento e opressor, capitalista, patriarcal e colonialista.

A tentativa de destruição dos direitos das comunidades quilombolas tem sido outra frente de ataque do capitalismo-colonial, com fortes traços de capitalismo abissal (capítulo 3). Em 27 de março de 2020, em plena pandemia, com o Brasil enfrentando uma crise sanitária e apelando pelo isolamento social, o governo federal aprovou uma resolução determinando a retirada das famílias do Quilombo de Alcântara, no Maranhão, com o objetivo de usar essas terras para ampliar o Centro de Lançamento de Alcântara[62]. Essa decisão é exemplar de um governo sem respeito pela vida humana, que usou esse momento grave para infligir mais sofrimento às populações quilombolas, já tão vulnerabilizadas. A rápida mobilização das forças progressistas brasileiras, com o apoio do sistema judicial, conseguiu suspender a remoção dessas comunidades quilombolas. Essa decisão é válida até a conclusão do processo de consulta prévia, livre e informada, das comunidades afetadas[63].

No Equador, Guayaquil, que, como vimos, se transformou num desastre humanitário, é também a cidade que possui a maior população negra. Segundo Giselle Viteri Cevallos, da organização local Asphalt Women (Mujeres de Asfalto)[64], que promove os direitos das mulheres de ascendência africana, as comunidades afrodescendentes foram desproporcionalmente afetadas pelo vírus[65].

No que diz respeito ao racismo na Europa, a Anistia Internacional tem denunciado a violência que tem afetado as populações negras. A fiscalização policial das quarentenas e confinamentos, assim como das medidas para limitar encontros mais amplos, tem tido mais impacto, desproporcionalmente, em áreas que têm uma proporção maior de residentes de grupos étnico/raciais minoritários. Em Lisboa, a intervenção policial em 30 de maio no bairro da Jamaica, um bairro de população negra pobre, para verificar o cumprimento da quarentena foi mais um espetáculo de repressão do que de proteção[66]. Em Seine-Saint-Denis, uma das áreas mais empobrecidas da França, onde a maioria dos habitantes é negra ou de origem norte-africana, o número de multas por violar o confinamento foi três vezes maior que no resto do país, apesar de as autoridades locais afirmarem que o respeito pelas medidas de bloqueio foi semelhante a outras áreas[67].

O Reino Unido é um dos poucos países europeus que coleta dados desagregados por etnia sobre a aplicação da lei. Para dar apenas um exemplo entre tantos outros, entre março e abril de 2020, a polícia de Londres registrou um aumento de 22% nas operações de batidas policiais e buscas. A elevada proporção de negros investigados foi considerada mais uma prova do racismo estrutural[68].

O povo cigano

O povo cigano é a maior minoria da Europa e também a mais estigmatizada. Foi duramente afetado pela pandemia em muitos países, enfrentando uma combinação de riscos de saúde, privação econômica e aumento da discriminação. Cerca de 80% dos 10 milhões de ciganos da Europa vivem em bairros densamente povoados e em casas superlotadas, e muitos não têm acesso à água corrente. Isso significa que as medidas sanitárias e de distanciamento básicas necessárias para combater a propagação do vírus são muito difíceis, senão inviáveis. Em alguns países, os ciganos chegaram mesmo a ser apontados como potenciais focos da doença. De acordo com um relatório recente da Open Society Foundations sobre o impacto do coronavírus entre o povo cigano em seis países com comunidades consideráveis – Bulgária, Hungria, Itália, Romênia, Eslováquia e Espanha – "esse desastre não afeta apenas os ciganos, mas também as sociedades, as economias e a política dominantes, e aumentará o conflito interétnico a um nível sem precedentes nas últimas três décadas"[69]. No caso da Bulgária[70] e da Eslováquia[71], os bairros ciganos foram isolados devido ao medo da propagação do vírus. Foram introduzidos postos de controle policial fora de dois grandes bairros de Sofia e as pessoas só foram autorizadas a deixar a área se pudessem apresentar um contrato de trabalho ou provar outro motivo urgente para fazê-lo. Muitas pessoas ciganas, que trabalham por dia sem contrato de trabalho, perderam os empregos por causa da pandemia e podem não ser elegíveis para esquemas de compensações estatais. Outros regressaram aos países de origem na Europa Central e Oriental por terem perdido os empregos na Europa Ocidental no início da pandemia. Uma vez em casa, geralmente não possuíam seguro de saúde e dispunham de poucas redes de segurança[72]. O European Roma Rights Center (ERRC) [Centro Europeu dos Direitos dos Ciganos][73] tem vindo a receber regularmente relatórios de violência e abusos de poder da polícia contra o povo cigano. Nos últimos meses, os bloqueios e as medidas de distanciamento físico impostas pelos governos para conter a disseminação da Covid-19 agravaram ainda mais os abusos contra o povo cigano. Com a paralisia das entidades que normalmente fazem alguma vigilância sobre o comportamento das forças de segurança (a mídia, sociedade civil e os sistemas judiciais, as ONGs), as barreiras de contenção de abusos foram enfraquecidas, deteriorando ainda mais a situação precária do povo cigano.

Palestina, Faixa de Gaza

O "confinamento" colonial da Faixa de Gaza não visa proteger a população palestina. Visa matá-la aos poucos com a conivência da Europa e da ONU. Em 2019, Megan O'Toole alertava para a situação dramática de Gaza, com uma taxa de desemprego próxima dos 50%, sistema de saúde em colapso e apenas 3% da água própria para consumo. A energia elétrica não satisfaz sequer um terço das necessidades[74]. A Faixa de Gaza tem cerca de trinta hospitais e clínicas, 1,3 cama por cada mil pessoas. Israel tem o dobro: 3,3 por mil. O governo de Israel apela à lavagem das mãos várias vezes ao dia, mas em Gaza mais de 90% da água não é potável[75]. Como seguir as instruções de prevenção de contágio quando 2 milhões de pessoas vivem numa pequena faixa de terra de 365 km²?

A pandemia veio juntar-se cruelmente à pandemia da ocupação. O número de pessoas testadas positivas para a Covid-19 na Cisjordânia mais que quadruplicou entre 15 de junho e 2 de julho de 2020[76]. A tática do Estado ocupante de Israel consiste em apelar aos trabalhadores e famílias israelenses para permanecerem em casa, enquanto os trabalhadores palestinos permanecem fora das suas casas durante semanas, sem condições e sem equipamentos de proteção, para salvar a economia israelense[77].

Refugiados e imigrantes. Pessoas internadas em campos de refugiados, imigrantes sem documentos ou populações deslocadas internamente

Segundo dados da ONU, em 2020, 79,5 milhões de pessoas foram forçadas a fugir de suas casas devido a conflitos, perseguições, crises ambientais extremas e outras crises[78]. São populações que, em grande parte, vivem em permanente quarentena, e em relação às quais uma nova quarentena pouco significa enquanto regra de confinamento. Mas os perigos que enfrentam no caso de o vírus se propagar entre elas serão fatais e ainda mais dramáticos do que os que enfrentam as populações das periferias pobres.

No início da pandemia, os Médicos Sem Fronteiras alertaram para a extrema vulnerabilidade ao vírus por parte dos muitos milhares de refugiados e imigrantes detidos nos campos de internamento na Grécia. Atualmente, existem mais de 32 mil requerentes de asilo nos campos da ilha de Lesbos, campos planejados para abrigar 5.400 pessoas. Num desses campos (campo de Moria) há uma torneira de água para 1.300 pessoas, e falta sabão. Famílias de cinco ou seis pessoas dormem num espaço com menos de três metros quadrados[79]. Segundo a organização dos Médicos Sem Fronteiras, as autoridades gregas não cumpriram a promessa de retirar dos campos os idosos, mulheres grávidas e portadores de doenças crônicas[80].

No campo de refugiados palestinianos de Wavel, mais conhecido como "Campo Galileia", no Líbano, o primeiro caso de infecção foi detetado no final de abril de 2020, tendo o paciente sido transferido para o hospital público Rafic Hariri em Beirute[81]. A propagação da pandemia entre os refugiados sírios e palestinos é uma das principais preocupações das organizações não governamentais, dada a elevada densidade populacional nos campos e a existência de famílias numerosas. As Nações Unidas registraram 1 milhão de refugiados sírios, mas o governo de Beirute acredita que se encontra no país 1,5 milhão de pessoas que fugiram da guerra na Síria. Segundo Leena Zahia, ativista sírio-americana, "Se um surto acontecesse, seria quase impossível de conter", referindo-se à possibilidade de uma epidemia da Covid-19 nos campos de refugiados dentro e fora da Síria, que abrigam milhões de pessoas deslocadas pela guerra civil[82]. Há falta de saneamento básico, não há medicamentos eficazes e os médicos são poucos, 1,4 médico para cada 10 mil pessoas. Madi Williamson, do *In-Sight Collaborative*, uma organização de ajuda humanitária que trabalha nos campos sírios, alerta para o perigo a que estão expostos os refugiados cuja saúde está já debilitada com problemas respiratórios e feridas graves de guerra. Madi alerta ainda para a interrupção de abastecimentos de alimentos, medicamentos e produtos básicos de saneamento, por parte de organizações de ajuda humanitária, por causa da pandemia. "Os refugiados sabem que estão no fundo da cadeia alimentar [...]. Mais facilmente morrerão da doença do que durante os nove anos da guerra civil síria."

Em setembro de 2019, o governo Trump reduziu o limite máximo de admissão de refugiados nos EUA para 18 mil, o nível mais baixo da história[83], menos de um sexto do limite máximo estabelecido durante o último ano da presidência de Obama. Historicamente, as ondas de imigração acompanharam também ondas de pânico em torno das doenças. Nos EUA, imigrantes italianos foram responsabilizados pela poliomielite no início do século XX[84]; vários grupos de migrantes, incluindo alemães e judeus, foram responsabilizados pela cólera na década de 1830[85]. Mais recentemente, membros de extrema-direita nos EUA atribuíram a pandemia da gripe suína de 2009 aos imigrantes sem documentos do México, que supostamente traziam o vírus consigo ao atravessarem a fronteira[86]. Em 2014-2015, durante a epidemia de Ebola, na África Ocidental, um jogador negro de futebol americano de uma escola secundária da Pensilvânia foi recebido em campo com gritos de "Ebola"[87].

O repúdio da diferença está também presente na percepção dos asiáticos como pessoas que consomem alimentos impuros. O aumento do estigma em torno dos alimentos, aliás parte de um estereótipo longo e duradouro, tem implicações lamentáveis[88], afetando especialmente restaurantes e empresas chinesas[89]. Mas se é verdade que cidadãos chineses ou de perfil asiático são alvo de discriminação no mundo ocidental, o fato é que também há discriminação na China. Apesar das refutações firmes das autoridades chinesas sobre a existência de racismo, as provas estão à vista. Em maio de 2020, na China, uma placa no McDonald's de Guangzhou dizia: "Os negros não podem entrar". O McDonald's apressou-se em emitir um pedido de desculpas dizendo que esse acontecimento ia contra suas políticas de inclusão[90]. Guangzhou tem uma das maiores comunidades africanas da China e é um destino para muitos comerciantes africanos. Com a ameaça do novo coronavírus, as tensões raciais aumentaram na área metropolitana entre os residentes chineses locais e a comunidade de expatriados predominantemente africanos. Para além desse acontecimento, fotos e vídeos de Guangzhou mostram a polícia detendo africanos por temer que espalhem o vírus, e terá sido também essa a razão que levou muitos a serem despejados das suas casas sendo forçados a dormir na rua. O impacto diplomático e político da divulgação dessas imagens fez com que fossem tomadas medidas antidiscriminação por parte do governo chinês[91], mas a verdade é que o dano já estava feito e as reações por parte de diversos governos africanos não se fizeram esperar[92].

Em contexto africano, o desconhecimento e o medo geraram situações de intolerância e xenofobia em relação a estrangeiros, interpretados como potenciais contaminadores. Qualquer pessoa externa às aldeias e vilas é vista como um perigo e estigmatizada, como aconteceu no Malawi, onde dois moçambicanos acusados de disseminar o vírus foram espancados até à morte em abril de 2020[93]. Em Nador (Marrocos), vários campos de migrantes em trânsito foram destruídos. De acordo com a delegação local da Associação Marroquina de Direitos Humanos (AMDH), policiais invadiram esses campos e destruíram os abrigos improvisados dos migrantes, oriundos principalmente da África Subsaariana[94]. Vale destacar igualmente que a decisão de fechamento de fronteiras, um pouco por todo o continente, gerou dificuldades, tensões e situações dramáticas, principalmente para os migrantes. Por exemplo, mais de 2.500 migrantes em trânsito no Níger, Burkina Faso, Mali e Chade ficaram bloqueados e tiveram de ser resgatados no meio do deserto[95]. Os migrantes retidos na Tunísia, depois de fugir da Líbia, multiplicaram os pedidos de ajuda. Um jovem congolês afirmou que, sem a solidariedade dos tunisinos que os haviam alimentado, já teriam morrido. São as contradições postas a nu pela pandemia: por um lado, os brutais ataques a estrangeiros vistos como potenciais portadores da morte; por outro lado, a solidariedade e o apoio ao outro[96].

As linhas abissais com predominância sexista

As mulheres

O patriarcado é, tal como o capitalismo e o colonialismo, uma das principais fontes de poder desigual na época moderna, e tão permanente quanto as outras. Entendo-a no sentido mais amplo de discriminação abissal (degradação ontológica) por razão de gênero ou orientação sexual. Segundo o relatório da Organização Internacional do Trabalho publicado em 2018, mulheres realizam 76,2% do trabalho não remunerado, uma percentagem três vezes maior que a dos homens[97]. Quando assalariadas, recebem em geral salários mínimos ou mais baixos que os dos homens para o mesmo tipo de trabalho, e ainda cuidam de suas famílias. As mulheres pobres, de grupos etnorraciais ou de castas considerados "inferiores" são talvez os seres mais discriminados do planeta Terra[98]. Com o objetivo de quantificar "o valor inestimável" das "cuidadoras do mundo", uma pesquisa calculou que as contribuições não remuneradas das mulheres para os cuidados de saúde equivalem a 2,35% do PIB global – quase 1,5 trilhão de dólares. Isso inclui atividades não remuneradas de promoção e prevenção da saúde, atendimento a pessoas com deficiência e doenças crônicas e assistência a idosos[99].

A pandemia veio potenciar as vulnerabilidades acumuladas em razão do gênero. A quarentena revelou-se particularmente difícil para as mulheres e, em alguns casos, mesmo perigosa. As mulheres, que dominam profissões como enfermagem ou assistência social, estiveram na linha da frente da prestação de cuidados a doentes e idosos dentro e fora das instituições. Não se puderam defender em quarentena para garantir a quarentena de outros. Foram elas também que continuaram a ter sob sua responsabilidade, exclusiva ou majoritariamente, o cuidado das suas famílias. Quando postas em quarentena, poderia imaginar-se que havendo mais braços em casa as tarefas poderiam ser mais distribuídas. Na maioria dos casos não foi isso o que aconteceu, em face do machismo que impera e quiçá se reforça em momentos de crise e de confinamento familiar. Com as crianças e outros familiares em casa durante 24 horas, o stress foi muitas vezes maior e recaiu mais sobre as mulheres. O aumento do número de divórcios em algumas cidades chinesas durante a quarentena pode ser um indicador do que acabo de dizer[100]. Por outro lado, é notório que a violência contra as mulheres tende a aumentar em tempos de guerra e de crise, e, de fato, aumentou com a nova pandemia. Uma boa parte dessa violência ocorreu no espaço doméstico (OMS, 2020). O confinamento das famílias em espaços exíguos e sem saída ofereceu mais oportunidades para o exercício da violência contra as mulheres.

"Presas" em suas casas com os seus agressores, as mulheres ficaram muitas vezes ainda mais isoladas e com menos recursos para os denunciar. Phumzile Mlambo-Ngcuka, diretora executiva da ONU Mulheres e vice-secretária geral das Nações Unidas, denunciou recentemente a violência doméstica como "uma pandemia invisível"[101].

Os números a seguir, apesar de serem aterradores, estão longe de refletir toda a realidade, uma vez que a subnotificação é altíssima. O jornal francês *Le Figaro* noticiava em 26 de março de 2020, com base em informações do Ministério do Interior, que as violências conjugais tinham aumentado 36% na semana anterior em Paris, incluindo vários feminicídios reportados durante o confinamento[102]. O ministro da Polícia da África do Sul, Bheki Cele, informou no dia 2 de abril que na primeira semana da quarentena tinham sido registradas 87 mil denúncias de violência de gênero[103]. Em todo o mundo, acumularam-se relatos do aumento da violência contra as mulheres. Esses relatos levaram o diretor-geral da OMS a pedir aos países que tomassem medidas para conter a ameaça de violência doméstica[104]. Em 6 de abril, António Guterres, secretário-geral da ONU, fez também um apelo à "paz em casa e nos lares em todo o mundo", e pediu aos governos que incluíssem medidas de proteção das mulheres contra a violência doméstica nos seus planos de combate à pandemia[105].

Na Índia, uma em cada três mulheres sofre violência física e sexual em casa, de acordo com dados da National Family Health Survey-4 2018[106]. Segundo a National Commission for Women, com a quarentena aumentaram os casos e sua gravidade[107]. O primeiro-ministro Narendra Modi criou onze comissões para analisar e dar respostas urgentes às exigências do combate ao coronavírus. Nenhuma delas incluía a proteção das mulheres contra a violência de gênero. A maioria das linhas de apoio foi encerrada e aquelas que continuaram a funcionar durante a quarentena não possuíam equipamentos de proteção ou qualquer apoio do governo. Com os escritórios fechados, as denúncias só podiam ser efetuadas on-line, por e-mail ou redes sociais, meios aos quais a grande maioria das mulheres não tinha acesso. Além disso, com os companheiros em casa, 24 horas por dia, sete dias por semana, fazer um pedido de ajuda tornou-se muito mais difícil. A organização de direitos das mulheres, Breakthrough India, pediu aos vizinhos que estivessem em alerta e interviessem, se necessário. Na Inglaterra, a National Domestic Abuse Helpline registrou um aumento de 25% nos pedidos de ajuda on-line na segunda semana do bloqueio e 49% após três semanas[108]. O site da Refuge Against Domestic Violence – Help for Women & Children registrou um aumento de visitas de 957%, e um aumento de 66% nas chamadas para linhas de ajuda[109]. Muitos agressores usam o isolamento "como uma ferramenta de controle", disse Sandra Horley, diretora executiva da Refuge.

Após um aumento dos casos de maus-tratos desde o início da pandemia da Covid-19, a Austrália anunciou, em 29 de março de 2020, ajuda financeira de 150 milhões de dólares australianos especificamente dedicada ao combate à violência doméstica, e em particular às organizações que administram chamadas de emergência[110]. Na China, em fevereiro, o número de casos de violência doméstica relatados à polícia local triplicou em relação ao ano anterior[111]. Nos EUA, a National Domestic Violence Hotline relatava que a maioria das mulheres se queixava que os seus agressores usavam a Covid-19 como forma de as isolar ainda mais de seus amigos e familiares. Nas palavras de Katie Ray-Jones, CEO da National Domestic Violence Hotline: "O lar pode ser bastante intenso para vítimas e sobreviventes de violência doméstica, devido à capacidade dos agressores para controlá-las ainda mais"[112]. A situação é particularmente grave para mulheres que residam ilegalmente no país. Algumas vítimas não denunciam o agressor porque receiam ser deportadas. Na Colômbia, no período entre 24 de março e 11 de abril, registrou-se um aumento de 142% no número de chamadas efetuadas para a linha telefônica de apoio às mulheres vítimas de violência[113]. Na Argentina, no período entre 20 de março e 10 de maio, registraram-se 49 feminicídios em todo o país[114], dos quais 78% ocorreram na casa da vítima. Em 68% dos casos, os agressores foram os seus companheiros ou ex-companheiros. No Brasil, entre março e abril, o número de feminicídios aumentou de 117 para 143 em doze estados, comparativamente com o mesmo período do ano anterior, segundo o relatório "Violência doméstica durante a pandemia de Covid-19" do Fórum Brasileiro de Segurança Pública (FBSP)[115]. Em Portugal, entre 30 de março e 7 de junho de 2020, a rede nacional registrou 15.919 atendimentos. No período entre 11 de maio e 7 de junho a média foi de 4.500 atendimentos quinzenais, correspondendo a uma quase duplicação em relação aos meses anteriores. A linha de apoio da Comissão para a Cidadania e a Igualdade de Gênero (CIG), o e-mail e o número de SMS criado especificamente para o contexto da pandemia, e que o governo pretende manter, receberam 727 contatos entre 19 de março e 15 de junho, um aumento de 180% em face do primeiro trimestre de 2019[116].

Trabalhadoras e trabalhadores do sexo
Num tempo de distanciamento social e quarentenas, que tipo de proteção pode existir no exercício dessa profissão? As autoridades de saúde de vários países

emitiram orientações no sentido de minimizar os riscos de contágio[117]. Mas a verdade é que, globalmente, a maioria do trabalho sexual direto cessou em grande parte como resultado das medidas implementadas para interromper a transmissão da Covid-19. Assim, uma população frequentemente marginalizada e economicamente precária ficou ainda mais vulnerável. A maioria das trabalhadoras e dos trabalhadores do sexo, mesmo aqueles que podem exercer o seu trabalho on-line, têm compromissos financeiros que tornam impossível a interrupção dos serviços presenciais[118]. Na Alemanha, os bordéis foram encerrados por causa da pandemia. Como a prostituição é legal na Alemanha, as trabalhadoras do sexo que declaram os seus rendimentos podem receber os subsídios de desemprego. Mas tal não é o caso das dezenas de milhares de mulheres que trabalham ilegalmente. Estas sentiram-se forçadas a continuar a trabalhar na rua, com riscos acrescidos para a saúde[119]. Na Bélgica, a UTSOPI, união belga de profissionais do sexo, informava que muitas trabalhadoras ficaram sem receber qualquer apoio e foi necessário criar um sistema de distribuição de alimentos no Norte de Bruxelas[120]. Por sua vez, as trabalhadoras do sexo gregas mostraram-se preocupadas com o fato de as novas diretrizes de saúde e segurança para proteção pessoal terem colocado em questão a natureza privada do seu ramo de atividade. Com efeito, os regulamentos passaram a exigir que as profissionais do sexo recolhessem os nomes e números de contato dos clientes[121].

LGBTIs

Com a pandemia, as pessoas lésbicas, gays, bissexuais, trans e intersexuais (LGBTI) ficaram numa situação particularmente vulnerável. Os sem-teto, uma população que inclui muitos LGBTI, são menos capazes de se proteger por meio de distanciamento físico e práticas de higiene seguras, aumentando sua exposição ao contágio, como destaca o relatório do Alto-Comissariado da ONU para os Direitos Humanos, em abril de 2020[122]. Esse relatório alerta ainda para outros riscos durante a pandemia: a redução, e potencial interrupção, do acesso a serviços médicos, em face da sobrecarga dos sistemas de saúde, incluindo tratamento e testagem para HIV, tratamento hormonal e tratamentos de afirmação de gênero para pessoas trans. Outro risco está associado ao potencial aumento da retórica homofóbica e transfóbica. Muitos jovens LGBTI ficaram confinados em ambientes hostis com familiares ou coabitantes que não os apoiaram, o que contribuiu para aumentar a exposição à violência, bem como a ansiedade e a depressão.

Linhas abissais com predominância religiosa

Como relatei acima, as linhas abissais que negam a humanidade plena dos excluídos decorrem predominantemente da dominação capitalista, colonialista e patriarcal, mas não exclusivamente. Em certos contextos outras formas de dominação podem estar na origem de exclusões abissais. É o caso das castas, do capacitismo e da religião. No caso da religião, a pandemia abriu campo para a implementação de agendas políticas que de outro modo seriam politicamente demasiado onerosas para os detentores do poder. A Índia aprofundou o discurso de nacionalismo religioso, demonizando a comunidade muçulmana e acusando-a de estar na origem da pandemia. Tudo começou quando se espalhou a notícia de que algumas pessoas que compareceram a um grande encontro de Tablighi Jamaat, um movimento missionário muçulmano, em Nova Delhi, haviam testado positivo para o novo coronavírus. Muitas pessoas viajaram do estrangeiro para participar desse evento e suspeita-se que elas tenham introduzido o vírus na congregação. O Tablighi Jamaat foi responsabilizado por organizar esse evento em meados de março, ignorando a ameaça da propagação do vírus. Muito em breve, começaram a aparecer relatórios de diferentes partes da Índia, sugerindo que o maior número de casos positivos poderia ser atribuído ao evento. Como é difícil para muitos diferenciar entre tablighis e outros muçulmanos, todos os muçulmanos passaram a ser vistos como portadores potenciais do vírus e, por isso, evitados e odiados. De fato, os muçulmanos já estavam vulnerabilizados quando o novo coronavírus entrou na Índia. Os cerca de 200 milhões de muçulmanos da Índia representam 14% da população e são o maior grupo minoritário num país de maioria hindu, e também o mais pobre, sobrevivendo em média com 32,7 rupias (0,43 dólar) por dia[123]. A "ameaça de tumultos comunitários" forçou os muçulmanos a "viver juntos em favelas e guetos"[124], onde o distanciamento social seria impossível. Houve um aumento repentino de *hashtags* e *posts* islamofóbicos em diferentes plataformas de redes sociais, acusando os muçulmanos de espalhar o vírus propositadamente. Um novo termo, "corona jihad", foi cunhado para descrever essa suposta conspiração[125]. Os vendedores muçulmanos também foram "convidados" a deixar de vender nas ruas[126]. Nas áreas urbanas, a participação dos muçulmanos no trabalho por conta própria é de 50%, contra 33% entre os hindus, de acordo com o NSSO (2011-2012)[127]. Apenas 27% dos muçulmanos são assalariados, em comparação com 43% dos hindus e 45% dos cristãos.

As organizações da mídia pro-governamentais contribuíram para a difusão de notícias falsas e relatórios que apoiavam as acusações do governo. Os muçulmanos que em fevereiro sobreviveram a um pogrom em Nova Delhi[128] foram usados como bode expiatório para desviar a atenção das deficiências governamentais na resposta ao coronavírus, aprofundando os preconceitos existentes da maioria hindu sobre a comunidade muçulmana.

No Sri Lanka, o governo usou igualmente a pandemia como pretexto para estigmatizar os muçulmanos e promover a islamofobia. Muçulmanos formam quase 10% da população, mas a propaganda islamofóbica, disseminada persistentemente pela mídia e pelos políticos ao longo dos anos, tem levado à sua marginalização no país. Quando a Covid-19 chegou ao Sri Lanka, as práticas religiosas muçulmanas foram destacadas como "eventos propagadores" do vírus e a maioria budista do país foi advertida a não comprar itens alimentares de vendedores muçulmanos. Em 11 de abril de 2020, o governo do Sri Lanka tornou obrigatória a cremação de todas as vítimas do vírus, tornando-se o único país do mundo a fazê-lo. Essa decisão, na aparência uma medida de saúde pública, foi um flagrante ato de islamofobia institucionalizada. As cremações são tradicionais para a maioria cingalesa-budista do país, mas a tradição islâmica exige que os mortos sejam enterrados. O principal partido político do país que representa os muçulmanos acusou o governo de "desprezo insensível" por rituais religiosos e pelos desejos das famílias[129]. A proibição ocorreu quando o país se preparava para o primeiro aniversário dos atentados da Páscoa, quando um grupo terrorista islâmico atacou igrejas e hotéis, matando 257 pessoas, majoritariamente cristãs[130]. A minoria muçulmana do Sri Lanka tem estado sujeita a um crescente assédio e demonização desde o ataque.

Na China, os uigures, e outras minorias turco-muçulmanas, estão sujeitos às formas mais inimagináveis de abuso pelas mãos do governo. Segundo a ONU, cerca de 1 milhão de uigures são mantidos nos chamados "campos de reeducação"[131]. Do mesmo modo, os campos de refugiados de muçulmanos rohingya no Bangladesh, para onde fugiram quase 1 milhão de pessoas após a ofensiva de limpeza étnica levada a cabo pelo exército de Myanmar em 2017, são espaços onde um número extremamente elevado de pessoas vive confinado em casas pequenas e onde as ruas dificilmente permitem manter qualquer espécie de distanciamento[132]. A Malásia, que possui quase 200 mil refugiados, não é signatária da Convenção das Nações Unidas para os Refugiados[133] e vê os refugiados como residentes ilegais. Após um evento religioso de grande escala numa mesquita em Kuala Lumpur[134], no final de fevereiro e início de março, que causou centenas de novas infecções na região, a polícia da Malásia tentou localizar muitos dos refugiados rohingyas que estiveram presentes, mas estes não se apresentaram para serem testados com medo de serem presos.

Na Europa, os migrantes enfrentam situações semelhantes. Grupos de requerentes de asilo tentam atravessar da Bósnia para a Croácia, ou seja, entrar na União Europeia. Membros de ONGs trabalhando na região, assim como médicos e funcionários da ONU, têm denunciado os abusos sistemáticos e os atos de violência perpetrados pela polícia contra os migrantes. Em 12 de maio de 2020, o *The Guardian* expôs a violência da polícia croata que supostamente teria pintado cruzes com spray nas cabeças dos requerentes de asilo, sempre que estes tentavam atravessar a fronteira da Bósnia. Na opinião de um membro de uma ONG que opera na região, a motivação das autoridades croatas foi, por um lado, usar a tinta para identificar e humilhar quem tenta atravessar a fronteira e, por outro lado, traumatizar psicologicamente pessoas majoritariamente muçulmanas com um símbolo religioso cristão, a cruz[135].

A liberdade religiosa, apesar de se situar no oposto da perseguição religiosa, pode ser invocada com o objetivo de politizar a pandemia. Nos EUA, a liberdade religiosa foi frequentemente invocada durante protestos contra as medidas de saúde pública para conter a pandemia da Covid-19. Muitos cristãos conservadores desrespeitaram abertamente as ordens de distanciamento social, alegando que Deus, e não as instituições do Estado, protegeria o povo. Durante a Páscoa, vários líderes evangélicos e pentecostais, frequentemente contando com apoio de políticos republicanos, entraram com ações judiciais contra os governos municipais e estaduais, argumentando que restringir as reuniões religiosas para limitar a propagação da Covid-19 era uma violação da liberdade religiosa[136]. A mesma atitude foi partilhada pela comunidade judaica hassídica, uma comunidade que teve um número significativo de pessoas infectadas com o coronavírus no estado de Nova York[137].

Linhas abissais com predominância capacitista

Os deficientes têm sido vítimas de uma forma específica de dominação: o capacitismo. Trata-se da forma como a sociedade discrimina os deficientes, não reconhecendo as suas necessidades especiais, não facilitando o acesso, a mobilidade e as condições que lhes permitiriam desfrutar da sociedade como qualquer outra pessoa. De algum modo, as limitações que a sociedade lhes impõe fazem com que se sintam vivendo em confinamento permanente. Segundo um relatório da OMS[138], existem em todo o mundo mais de 1 bilhão de pessoas vivendo com alguma forma de deficiência, e o número continua a aumentar. Os deficientes, muitas vezes já marginalizados em circunstâncias normais, correram riscos extras durante o confinamento: falta de acesso à informação, aos cuidados de saúde, à educação e à inclusão. O secretário-geral da ONU, ao apresentar o relatório "Policy

Brief: A Disability-Inclusive Response to Covid-19"[139], relembra que a pandemia "está intensificando as desigualdades vividas pelas pessoas com deficiência", mas também cria uma "oportunidade única de projetar e implementar sociedades mais inclusivas e acessíveis".

Uma outra dimensão da discriminação causada pelo capacitismo diz respeito às crianças com necessidades educativas especiais que não conseguem acompanhar as aulas através do ensino à distância. As patologias podem ser muito diferentes, desde autismo, dislexia, défice de atenção a outras deficiências mais profundas, para as quais é necessário um maior apoio, respostas específicas, planos individualizados. Crianças cegas ficam excluídas se os materiais e as estratégias de comunicação não forem adaptados. Para algumas crianças e jovens a utilização do computador ou outra tecnologia adaptativa pode ser um desafio. Outras necessitam de terapia ocupacional, terapia da fala, fisioterapia, ou simples rotinas para estabilidade mental. Em alguns casos, é necessário o apoio constante por parte de um adulto. Situações que exigem muita dedicação e que com a pandemia passaram a recair sobre os pais, sem qualquer formação especializada. Com o fechamento das escolas e a quebra das rotinas essenciais para melhorar o desempenho das crianças, muitos pais receiam quadros de regressão.

As zonas cinzentas ou intermédias de exclusão

As formas de exclusão que se seguem não são, em si mesmas, abissais, ou seja, não implicam em geral que as pessoas ou comunidades vítimas delas sejam consideradas sub-humanas e vivam na zona colonial, sem acesso real às proteções jurídicas e políticas próprias da sociabilidade metropolitana. Mas, em condições extremas, numa situação de crise aguda muito grave, como foi o caso da pandemia do novo coronavírus, pessoas ou comunidades que sofrem essas formas de exclusão são de tal modo negligenciadas ou invisibilizadas que a exclusão assume formas de degradação ontológica, como se fossem grupos descartáveis ou irrelevantes. São, pois, formas de exclusão intermédias entre a exclusão não abissal e a exclusão abissal. Quem as sofre vive numa zona intermédia entre a sociabilidade metropolitana e a sociabilidade colonial. A título de exemplo, refiro-me a seguir à exclusão digital, senexista e carcerária.

Linhas abissais com predominância digital

A crise global gerada pela pandemia intensificou o debate sobre a "neutralidade da internet" e sobre o direito à internet como um direito fundamental. O impacto da internet e das tecnologias digitais levou Manuel Castells[140] a propor a emergência de um novo paradigma social, a sociedade da informação ou sociedade em rede alicerçada no poder da informação. Outros autores definiram o novo paradigma como sociedade do conhecimento[141]. Da perspectiva das epistemologias do Sul, a sociedade do conhecimento, tal como é defendida por autores do Norte global, significa o reforço da monocultura dos saberes científicos e tecnológicos, com total desprezo pela diversidade epistemológica do mundo. Curiosamente, a internet, considerada um dos pilares da sociedade do conhecimento, tem permitido a circulação de outros saberes, frequentemente transmitidos em línguas não imperiais[142]. Em 2016, a ONU declarou o acesso universal à internet como um "direito humano"[143]. Todavia, esse direito está muito longe de ser plenamente reconhecido. Inúmeros países têm "fechado" o acesso à rede ("*internet shutdown*") por razões políticas, como, por exemplo, a Índia em relação a Caxemira[144], Myanmar[145] ou Guiné-Conacri[146]. A crise pandêmica também levou alguns países a limitar o acesso à internet com receio de que o eventual impacto da informação e das notícias falsas desestabilizasse a sociedade[147].

A disseminação do novo coronavírus em todo o mundo e o apelo de inúmeros governos ao teletrabalho e ao ensino à distância durante o confinamento mostraram que a internet deve ser um bem público, uma necessidade básica no século XXI, como água corrente, gás e eletricidade[148]. No entanto, a satisfação dessa necessidade em nível global é um objetivo longínquo. Para que não se pense que esse problema é apenas grave no Sul global, nos EUA aproximadamente 22% das famílias não têm internet em casa, incluindo mais de 4 milhões de famílias com crianças em idade escolar. Famílias pobres e famílias afro-americanas e latino-americanas são particularmente afetadas: apenas 56% das famílias com rendimentos inferiores a 20 mil dólares anuais têm banda larga em casa. Mesmo tendo em conta as diferenças de rendimento, é visível a diferença no acesso à internet para os grupos étnicos mais vulneráveis[149]. Por outras palavras, dezenas de milhões de norte-americanos não podem ter acesso à internet ou não podem pagar as ligações domésticas de banda larga necessárias para teletrabalhar, ter acesso às informações médicas e ajudar os jovens a estudar em casa em contextos de quarentena. O fosso rural-urbano é particularmente evidente, pois as grandes empresas de telecomunicações abandonaram as zonas rurais dos EUA, apesar dos subsídios federais e de muitos programas estatais de concessão[150].

O acesso digital das crianças durante a pandemia da Covid-19 determinou em larga medida a possibilidade de as crianças e jovens poderem continuar seus estudos. O confinamento ditado pela Covid-19 fez com que muitos deles não pudessem continuar os estudos. Em nível global cerca de 1,57 bilhão de alunos terão sido afetados[151]. O confinamento terá permitido salvar muitos milhares de vidas, mas o preço foi alto. Na República Democrática do Congo, por exemplo, as lições aprendidas com o fechamento das escolas em resposta ao vírus do Ebola mostram que quanto mais tempo as crianças ficam longe da escola, menor é a probabilidade de voltarem, aumentando assim o risco de altas taxas de analfabetismo. No caso de Moçambique, apesar das várias iniciativas mobilizadas – rádios comunitárias, televisão, plataformas digitais, programas de recuperação e aceleração – a maioria dos estudantes deixou de frequentar a escola, expondo as desigualdades no sistema educacional[152]. No Brasil, a estratégia adotada escancara a desigualdade e as dificuldades enfrentadas pelos estudantes e professores de colégios públicos: acesso limitado à internet, falta de computadores e de espaço em casa, sobrecarga de trabalho docente e baixa escolaridade dos familiares. "Como as diferenças entre alunos e escolas são estruturais, quanto mais longa for a exposição ao ensino remoto, maior será o aumento da desigualdade já existente, entre redes de ensino e dentro de uma mesma turma. É diferente ter acesso total em banda larga, em computador, ou um pedacinho do plano de dados do celular da mãe."[153] Dados do TIC Educação 2019 indicam que 39% dos estudantes das escolas públicas não têm computador ou tablet em casa. Nas escolas privadas, o índice é de 9%[154]. Segundo a Unicef, o confinamento para conter a pandemia na América Latina e nas Caraíbas deixou mais de 154 milhões de crianças – cerca de 95% dos inscritos – fora da educação. As medidas de quarentena agravaram a enorme divisão digital nas grandes cidades da região entre as pessoas que vivem nos bairros ricos e as que vivem em favelas[155].

Linhas abissais com predominância senexista

Designo como senexismo (do latim *senectus*, "velhice") o preconceito contra as pessoas mais velhas, um preconceito baseado na ideia de que o valor social e o prazo de validade social dos seres humanos estão associados à sua produtividade entendida em termos capitalistas. Esse preconceito é sobretudo generalizado nas sociedades do Norte global onde idosos constituem um grupo particularmente numeroso, e um dos grupos mais vulneráveis em períodos de pandemia, ainda que a vulnerabilidade varie segundo muitos fatores, sobretudo econômicos. À vulnerabilidade física associa-se frequentemente a discriminação social, que se agrava em períodos de crise social. Aliás, a pandemia sugere uma maior precisão sobre os conceitos que usamos. Quem é idoso? Segundo a organização comunitária latino-americana Garganta Poderosa, a diferença de esperança de vida entre dois bairros de Buenos Aires (o bairro pobre de Zavaleta e o bairro nobre da Recoleta) é de cerca de vinte anos. Não surpreende que os líderes de Zavaleta sejam considerados de "idade madura" pela comunidade e "jovens líderes" pela sociedade em geral[156]. Por outro lado, sobretudo no Sul global, epidemias anteriores levaram os idosos a prolongar sua vida ativa. Por exemplo, a epidemia da Aids matou e continua a matar pais jovens, sobretudo no continente africano, ficando os avós com a responsabilidade do agregado familiar[157].

As condições de vida prevalecentes no Norte global levou boa parte dos idosos a ser depositada (a palavra é dura, mas é o que é) em lares, casas de repouso, asilos. Segundo as posses próprias ou da família, esses alojamentos podem ir de cofres de luxo para joias até depósitos de lixo humano. Em tempos normais, os idosos passaram a viver nesses alojamentos como espaços que garantiam sua segurança. Em princípio, o confinamento causado pela pandemia não deveria afetar grandemente a sua vida, dado viverem já em permanente confinamento. A verdade é que, pelo contrário, essa suposta zona de segurança se transformou em zona de alto risco.

Em 23 de março 2020, o governador do Texas, Dan Patrick, fez uma declaração surpreendente dizendo que os idosos deveriam estar dispostos a morrer de Covid-19 pelo bem da economia. Dan Patrick dava, assim, voz ao preconceito do senexismo. Esse preconceito teve um efeito perverso. O reforço da mensagem sobre a vulnerabilidade dos mais velhos fez com que os mais jovens se sentissem imunes à pandemia, o que desencadeou numerosos comportamentos de risco para toda a sociedade[158].

As notícias foram dando conta da gravidade da situação dos idosos[159]. Um dos relatos mais dramáticos em termos de impacto emocional chegou da Itália[160]. São difíceis de esquecer as imagens de unidades de cuidados intensivos em colapso nas cidades do Norte da Itália e as confissões de médicos obrigados, ante a escassez de recursos, a escolher entre quem teria acesso aos ventiladores, ou seja, entre quem poderia viver e quem deveria morrer. Por uma questão de probabilidade de sobrevivência, os mais velhos foram muitas vezes deixados de lado. Tudo isso aconteceu numa das partes mais ricas da Europa em pleno século XXI. Muitos idosos morreram nos lares e casas de saúde sem nem sequer serem transportados para o hospital. Morreram sozinhos, sem a companhia dos seus entes queridos e dependentes da generosidade e capacidade de gestão de risco dos seus cuidadores para terem um último momento de proximidade com outro ser humano. As mortes por coronavírus nos lares italianos vieram à tona quando os jornais começaram a relatar os casos no início de abril. Numa casa de repouso em Milão, que tinha mais de mil residentes, assistiu-se a um aumento incomum de mortes em março de 2020. O fato gerou uma investigação que resultou na descoberta da morte de trezentos residentes entre janeiro e abril[161]. O Instituto Superior de Saúde da Itália constatou que entre 1º de fevereiro e 17 de abril tinham ocorrido 6.773 mortes em todos os lares, 40% dos quais por Covid-19[162]. A Espanha ficou chocada quando, no final de março, a ministra da Defesa revelou que soldados encarregados de desinfectar os lares tinham encontrado um número indeterminado de idosos abandonados e mortos em suas camas[163]. De acordo com dados oficiais, cerca de 19.645 idosos faleceram em lares vítimas da Covid-19, ou com sintomas compatíveis[164].

A Suécia optou por uma estratégia diferenciada no combate à pandemia. Recomendando a salvaguarda dos mais velhos, o teletrabalho sempre que possível e o distanciamento social, confiou no sentido cívico dos seus cidadãos e não impôs qualquer tipo de confinamento. Os resultados não foram animadores, sobretudo para os mais frágeis: os mais velhos residentes em lares e também os migrantes. Nesse caso, o destino juntou dois grupos vulneráveis, os idosos e os migrantes, uma vez que muitos dos cuidadores dos lares suecos são migrantes[165]. Estes vivem em condições precárias do ponto de vista econômico e partilham o espaço de habitação com sua família alargada ou com outros na mesma situação, de modo a reduzir os custos. Sua condição social não lhes permite trabalhar a partir de casa e a falta de informação sobre a pandemia nas suas línguas (muitos possuem apenas um nível rudimentar de sueco) levou a que a Covid-19 rapidamente contagiasse muitos deles. Assintomáticos, levaram o vírus para os seus locais de trabalho, que muitas vezes eram os lares de idosos. As autoridades de saúde reconheceram o seu fracasso na proteção das gerações mais velhas[166]. O sociólogo belga Geoffrey Pleyers, ao refletir sobre o seu país, propõe uma crua explicação dos fatos: "A sociedade belga decidiu que a vida dos idosos confinados conta muito menos que a dos chamados 'ativos'"[167]. Até o fim de agosto de 2020, a Bélgica ostentava o maior coeficiente de mortalidade por Covid-19 de todo o mundo: 850 por milhão.

Linha abissal do mundo carcerário: presos e presas

As condições de sobrelotação e a falta de higiene nas prisões são bem conhecidas em todo o mundo. São comuns celas sem luz natural e sem circulação de ar e condições precárias de higiene. Os reclusos nem sempre têm acesso à água, é impossível lavar regularmente as mãos e manter distanciamento social quando dividem banheiros, salas de refeições e celas, onde dormem em beliches ou, em alguns países, amontoados no chão.

Segundo o relatório "World Prison Brief do Institute for Crime & Justice Policy Research de 2018"[168], a estimativa da população mundial prisional é de 11 milhões. Segundo a revista *The Lancet*[169], as prisões não estavam preparadas para lidar com a pandemia. Na cidade de Nova York, quase 10% da população presa foi infectada e centenas de casos foram registrados entre funcionários prisionais. A sobrelotação existe em pelo menos 124 prisões em todo o mundo. Nas Filipinas estão presas 188 mil pessoas num sistema dimensionado para 40 mil. No Reino Unido calcula-se que cerca de 1.800 prisioneiros correrão riscos graves se contraírem a Covid-19. Na República Democrática do Congo, a alimentação para os estabelecimentos prisionais é orçamentada em função da sua capacidade oficial. Mas como a taxa de ocupação das prisões é de cerca de 432% da sua capacidade, os reclusos não têm mais de uma refeição por dia no máximo. Segundo a missão de manutenção da paz da ONU, na República Democrática do Congo, pelo menos sessenta pessoas morreram de fome na prisão central de Kinshasa durante os primeiros dois meses de 2020. Na América Latina a situação é igualmente grave. O distanciamento social é impossível em sistemas prisionais com taxas de ocupação entre 200% e 400%, como ocorre no Haiti, Bolívia, Colômbia, Brasil, Guatemala, El Salvador e Honduras[170].

Com o início da crise, uma das medidas adotadas pelos governos foi a suspensão de visitas e do atendimento presencial de advogados, gerando rapidamente revoltas em vários estabelecimentos. Aliado à falta de condições de higiene e segurança, o medo da propagação do vírus gerou protestos e provocou motins nas cadeias[171]. Na Colômbia, houve violentos motins que resultaram em dezenas de mortes[172]. O Estado declarou uma situação de "emergência prisional" (capítulo 5). Também na Itália, os protestos no contexto da pandemia começaram em 8 de março de 2020, e resultaram em seis mortos nas prisões de Modena, Verona e Alexandria[173].

Em 25 de março, o Subcommittee on Prevention of Torture and Other Cruel, Inhuman or Degrading Treatment or Punishment das Nações Unidas fez um apelo aos governos para reduzir as populações prisionais[174], adotando "formas de libertação antecipada, provisória ou temporária para presos para os quais é seguro fazê-lo". Também a OMS divulgou diretrizes para as prisões se prepararem para a pandemia[175]. Conscientes do risco da propagação do vírus, um pouco por todo o mundo, governos tomaram medidas alternativas para reduzir o número de pessoas presas. No entanto, segundo a Human Rights Wacht, apenas 5% da população prisional global (cerca de 580 mil) foi libertada e muitas ordens de libertação não foram totalmente executadas[176]. No Reino Unido, autoridades do Ministério da

Justiça anunciaram no início de abril que até 4 mil prisioneiros seriam elegíveis para libertação, mas em 12 de maio apenas 57 tinham sido libertados[177]. A prioridade de libertação foi dada frequentemente para prisioneiros mais velhos, que tinham cumprido a maioria de suas penas, ou com infrações menos graves, e para mulheres e doentes. No entanto, muitos foram excluídos de modo arbitrário. Na Turquia, a lei que autorizava a libertação de até 90 mil prisioneiros foi limitada a criminosos condenados, excluindo um elevado número de prisioneiros em prisão preventiva ou sem condenações finais, ou seja, cerca de 43% da população prisional[178]. Na Índia, onde cerca de 67% dos detidos aguarda julgamento ou estão sendo julgados, uma "comissão de alto nível" ("*high powered committee*") autorizou a libertação de até metade de todos os detidos no estado de Maharashtra, mas com a exigência de pagar fiança, impedindo assim que muitos pudessem sair. "É como distinguir entre prisioneiros ricos e prisioneiros pobres", alertou B. N. Srikrishna, ex-juiz do Supremo Tribunal[179]. De acordo com o relatório do Conselho da Europa, "Prisons and Prisoners in Europe in Pandemic Times", de 18 de junho[180], Portugal foi o quarto país europeu com maior percentagem de reclusos libertados (cerca de 15% da população prisional) num total de 1.874 reclusos. Em 27 de abril, o presidente da República aprovou catorze indultos propostos pelo governo na sequência do regime excepcional de flexibilização da execução de penas e indultos. Foram libertados reclusos em final de pena ou os mais idosos e doentes[181]. Há ainda que relatar que, em alguns casos, a pandemia serviu para prolongar a prisão preventiva de presos políticos, ativistas dos direitos humanos, jornalistas ou outros injustamente presos por exercerem os seus direitos de liberdade de expressão, casos do Egito, do Bahrein e da Turquia[182].

O grau zero da tragédia humana

Neste capítulo procurei mostrar que o novo coronavírus foi e vai continuar a ser por muito tempo um prisma cruel das sociedades em que vivemos. Revela com uma trágica transparência, não só as desigualdades e as discriminações, como os critérios que as produzem e a fragilidade das narrativas dominantes que as dissimulam. Se somarmos as populações que foram mais duramente atingidas pelo vírus e menos protegidas pelas medidas aplicadas para prevenir, mitigar ou conter a sua propagação, estamos falando da maioria da população mundial. E, no entanto, o discurso dominante pré-pandêmico sempre tratou isoladamente esses grupos sociais como se fossem agregações minoritárias. Isolados, parecem credivelmente minorias, mas vistos em conjunto são a maioria da população.

A revelação mais desestabilizadora é esta: o que designamos por normalidade é um artifício produzido pela multiplicação e fragmentação das exceções. Este novo *gestalt* ou configuração da imagem do mundo vai certamente disputar a hegemonia do discurso pré-pandêmico, mas não é seguro que o consiga superar. De muitos lados e com motivações muito distintas vem o desejo ou mesmo a exigência do regresso à normalidade e, com ele, o regresso ao discurso pré-pandêmico da fragmentação das exceções. Haverá, pois, uma disputa de narrativas sobre o que se passou e o que virá a seguir. Os detalhes a que me entreguei neste capítulo, apesar de serem uma pequeníssima amostra do que ocorreu, pretendem ter um efeito de registro, um diário da crueldade e da hierarquia do valor da vida nas sociedades capitalistas, colonialistas e patriarcais em que vivemos.

Se, por um lado, nossas sociedades estabelecem hierarquias fatais entre seres humanos, tantas vezes dissimuladas pelo mantra dos direitos humanos, por outro lado, as hierarquias que o pensamento norte-cêntrico estabelece e impõe, países desenvolvidos e países subdesenvolvidos, Norte e Sul, revelam-se demasiado frágeis sempre que enfrentam situações que não controlam, como, por exemplo, uma pandemia. Este capítulo mostra em que medida a proteção da vida e da dignidade humana está fragilizada no mundo em que vivemos. Por isso, defini o Sul como metáfora do sofrimento injusto causado pelo capitalismo, pelo colonialismo e pelo patriarcado, um Sul que tanto existe no Norte como no Sul geográficos. Sem dúvida que há graus diferentes de sofrimento, mas a qualidade e o âmbito dos critérios que o provocam são globais. Também aqui o prisma viral se torna particularmente revelador. Mostra que os conceitos e as políticas que definem as hierarquias do sistema mundial têm o duplo papel de as impor violentamente aos países subalternizados e de as legitimar internamente nos países subalternizadores e, com isso, consolidar o poder que lhes subjaz e as desigualdades internas que produz. Quando acontecimentos extremos levam ao colapso dos conceitos e das políticas, o mundo emerge em toda a sua nudez.

Uma ilustração surpreendente, a medicina humanitária. Essa especialidade foi desenhada pensando em zonas distantes do Sul global, zonas onde acontecem com frequência situações extremas de catástrofe, de guerra ou de grande convulsão social. É uma especialidade com características específicas que põe os médicos e o pessoal técnico em situações que os obrigam a violar os códigos deontológicos usados em tempos normais. Os médicos humanitários confrontam-se frequentemente com situações em que escolher salvar um doente implica deixar morrer outro. De repente, a pandemia trouxe o distante Sul global para dentro do Norte global, e este revelou não ter condições para se comportar de modo diferente quando confrontado com situações que obrigam a tais decisões existenciais. Mencionei neste capítulo a angústia dos médicos italianos (e de tantos outros) perante decisões que não cabiam em sua especialidade em tempos normais. Mais reveladoras ainda foram as instruções de organizações profissionais, propondo critérios para orientar tais decisões sobre a vida ou a morte dos doentes. O desinvestimento no sistema nacional de saúde francês nos últimos vinte anos traduziu-se numa redução do número de leitos disponíveis e equipes médicas e de enfermagem. Perante o grande número de casos graves de Covid-19, profissionais de saúde viram-se obrigados a exercer "medicina humanitária", isto é, a fazer escolhas que violavam o princípio do igual valor da vida e do igual acesso aos cuidados de saúde. Com vista a libertar leitos e pessoal técnico, o Haut Conseil de la Santé publicou, em 19 de março de 2020, o documento "*COVID-19 et Cancers Solides: Recommandations*"[183] estabelecendo prioridades na admissão e tratamento de doentes com câncer; priorizam-se casos de estratégia terapêutica curativa a menores de sessenta anos e com uma esperança de vida superior a cinco anos, passando para segundo e terceiro plano casos paliativos, mesmo quando trata-se de pacientes jovens ou terapias de primeira linha (início de tratamento). Consciente da dureza da decisão, o documento relatava o caráter excepcional das medidas a que os doentes e familiares deveriam ser informados. Por outras palavras, com mais ou menos retórica edulcorada, o "Norte", posto nas condições do "Sul", não é de qualidade diferente nem se comporta de modo distinto. O grau zero da tragédia humana é talvez o único universalismo válido e o menos reconhecido nas relações internacionais.

A trágica transparência da pandemia permite ver claramente o que será o regresso à normalidade de que tanto se fala. Como tenho advertido, tal regresso, mesmo que fosse desejável, não é sequer possível no curto prazo. Tudo leva a crer que vamos entrar num período de pandemia intermitente. Compreende-se que no mundo neoliberal, com a sua combinação tóxica de escandalosa concentração de riqueza e baixíssimas expectativas de vida melhor para os 99%, muita gente queira assegurar-se de que o mundo que conheceram afinal não desapareceu. Regressarão sofregamente às ruas, ansiosos por voltar a circular livremente. Irão aos jardins, aos restaurantes (os que puderem), aos shopping centers, visitarão parentes e amigos, regressarão às rotinas que, por mais pesadas e monótonas que tenham sido, parecerão agora leves e sedutoras. O amor morno do mundo *déjà-vu* parecerá agora ser uma paixão ardente e à primeira vista.

Mas as veias abertas da desigualdade e da discriminação mostradas ao longo deste livro dizem-nos que essas questões revelam um certo patamar de privilégio em relação às questões que verdadeiramente interessam aos condenados da terra de que este capítulo quis dar notícia. Para eles e elas o regresso à normalidade seria o regresso ao pesadelo e ao inferno. Tenhamos em mente que no período imediatamente anterior à pandemia havia protestos massivos em muitos países contra as desigualdades sociais, a corrupção e a falta de proteção social, do Líbano à Colômbia, do Chile à Tunísia. Muito provavelmente, quando terminar o período mais agudo da pandemia, os protestos e os saques voltarão, até porque a pobreza e a extrema pobreza vão aumentar. Se não for possível incluir na agenda política as transformações que a pandemia apenas tornou mais urgentes, os governos, tal como fizeram anteriormente, vão recorrer à repressão até onde for possível e, em qualquer caso, procurarão que os cidadãos baixem ainda mais as expectativas e se habituem ao "novo normal". O que quer que ele seja, se nada mudar substancialmente, esse novo normal será intolerável para a maioria da população mundial. Se é difícil imaginar as alternativas, é ainda mais difícil imaginar que não haja alternativa.

5
O Estado: exceção e democracia em tempos de pandemia

Os três princípios de regulação das sociedades modernas são o Estado, o mercado e a comunidade[1]. A partir da década de 1980, foi dada prioridade absoluta ao princípio do mercado em detrimento do Estado e da comunidade. A onda global de privatização dos bens sociais coletivos, tais como a saúde, a educação, a água canalizada, a eletricidade, os serviços de correios e telecomunicações, e a segurança social foram apenas a manifestação mais visível da prioridade dada à mercantilização da vida coletiva. Mais insidiosamente, o próprio Estado e a comunidade ou sociedade civil passaram a ser geridos e avaliados pela lógica do mercado e por critérios de rentabilidade do capital[2]. Isto sucedeu tanto nos serviços públicos, como nos serviços de solidariedade social. Foi assim que as universidades públicas foram sujeitas à lógica do capitalismo universitário com os rankings internacionais, a proletarização produtivista dos professores e a conversão dos estudantes em consumidores de serviços universitários[3]. Foi também assim que surgiram as parcerias público-privadas, quase sempre um mecanismo de transferência de recursos públicos para o setor privado, com destaque para o setor da saúde. Foi finalmente assim que as organizações de solidariedade social entraram no comércio da filantropia e do cuidado. A crescente promiscuidade entre o poder econômico e o poder político foi reconfigurando a prática e as políticas estatais e, com isso, a imagem que os cidadãos foram construindo sobre o Estado. Em quase todos os países assistimos à mesma transição epocal: da regulação estatal da economia para a regulação econômica do Estado. Nos países onde antes havia alguma proteção social pública, a transição foi do Estado de bem-estar para o Estado de mal-estar, do Estado protetor para o Estado repressivo. Essas transições ocorreram ao mesmo tempo que se promoveu a democracia liberal como único regime político internacionalmente legítimo. A crescente tensão e até incompatibilidade entre as necessidades de acumulação de capital e o regime político tendencialmente dominado pela opinião da maioria fez com que a democracia fosse sofrendo sucessivas distorções, conduzindo ao que designei democracias de baixa intensidade[4].

A pandemia do novo coronavírus veio mostrar duas realidades dissonantes. Por um lado, os Estados foram convocados a proteger os cidadãos das consequências sanitárias, sociais e econômicas da pandemia. Não se tratou de uma escolha dos cidadãos, tratou-se do recurso à única instância existente. Por outro lado, quando a pandemia eclodiu, no início de 2020, os Estados estavam totalmente despreparados para enfrentá-la e para proteger os cidadãos. Nos casos em que o Estado preexistente à avalanche neoliberal adotara políticas de proteção social, o capitalismo neoliberal tudo fez para incapacitar o Estado para as funções de proteção. Nos outros casos, impediu que tais políticas entrassem na agenda política. Foram dois os mecanismos principais: retirar do Estado os recursos financeiros e humanos necessários; e criar um estilo de governo hostil ao planejamento e à previsão porque centrado na gestão das crises financeiras e econômicas permanentes. Em face disto, nenhum Estado pode disfarçar a sua falta de preparação perante os acontecimentos extremos (pandemias, tsunamis, inundações, secas) que têm sido anunciados como de ocorrência próxima e muito provável. Os avisos são cada vez mais frequentes, mas cada vez que um acontecimento desse tipo ocorre, o Estado é tomado de surpresa e revela-se despreparado. Foi assim que a falta de preparação e o estilo de governo contribuíram para vincar a dramaticidade, e o caráter excepcional, da nova pandemia. Em suma, a pandemia do coronavírus é excepcional, não só pelas suas características intrínsecas, mas também como resultado do imediatismo que tem dominado as políticas públicas.

Dentro deste contexto geral, as respostas dos Estados à pandemia variaram muito. Não cabe aqui analisar em detalhe todas as respostas. Limito-me a tratar dos temas que podem contribuir para uma nova reconfiguração pós-neoliberal do Estado.

Estado, globalização e liquidez do sistema mundial

A contradição existente entre a globalização da economia e o Estado nacional agudizou-se com a pandemia do novo coronavírus. Embora o Estado seja a principal estrutura de comando político moderno, em tempos de neoliberalismo a soberania nacional só pode ser mobilizada para promover a globalização e, portanto, para provocar a perda da soberania. A pandemia transformou essa contradição em crise política grave. Quando a crise estalou, foi o Estado que foi procurado, e não a globalização, para resolver os problemas decorrentes da emergência sanitária; as falhas na resolução foram atribuídas exclusivamente ao Estado, e não à globalização. Mesmo que seja uma afirmação exagerada ou deva ser entendida como metáfora, tem-se dito repetidamente nos últimos anos que quem governa o mundo é a Goldman Sachs[5]. Mas ninguém se lembrou de recorrer à Goldman Sachs e ao capital financeiro para resolver a emergência.

A situação é mais complexa do que isso. Uma vez investidos da tarefa de organizar a luta contra a pandemia, os recursos materiais (equipamentos de proteção individual, respiradores mecânicos, etc.) e de comunicação (redes sociais, comunicação digital) foram fornecidos pelas empresas e pelos circuitos da cadeia de produção que têm constituído o motor da globalização. Será isso um sinal de que, finda (pelo menos, provisoriamente) a pandemia, tudo voltará à situação anterior? É uma questão em aberto, mas não deixa de ser significativo constatar que entraram no debate político temas até então proscritos do discurso dominante, como soberania alimentar, soberania industrial, relocalização da produção de bens essenciais ou estratégicos para a proteção da vida. Qualquer destes temas põe em questão os critérios que presidem à globalização neoliberal: vantagens econômicas comparativas, cadeias globais de fornecimento, condenação de todo o protecionismo.

A pandemia veio abalar com movimentos tectônicos a lógica do sistema mundial que parecia assentar solidamente numa divisão global do poder geopolítico entre países centrais, países periféricos e países semiperiféricos. Essa solidez se dissolveu quando o país mais poderoso do mundo – tão poderoso, que pode destruir várias vezes o planeta com o seu poderio militar – se revelou totalmente incapaz de defender os seus cidadãos da pandemia, por não saber reconhecer a gravidade da pandemia e não produzir coisas tão simples como máscaras ou luvas. Países com posições muito distintas na arquitetura do sistema mundial tiveram, durante a pandemia, comportamentos dissonantes do que seria de se esperar dessa posição. De fato, a atual pandemia veio abalar profundamente o senso comum criado, sobretudo nos últimos duzentos anos, sobre as hierarquias de países no sistema mundial, na medida em que alguns países considerados menos desenvolvidos mostraram ter defendido melhor a vida dos seus habitantes do que países mais desenvolvidos[6]. Apesar de a pandemia ter se espalhado pelo mundo em diferentes velocidades, as estatísticas sugerem não ter havido uma correlação direta entre a defesa da vida em face da pandemia e o nível de desenvolvimento do país atingido. Se os dados algo revelam, é que, pelo contrário, alguns dos países ditos muito desenvolvidos da Europa e da América do Norte revelaram um grau de resposta e de desempenho na contenção da propagação da pandemia inferior ao dos países ditos menos desenvolvidos. O exemplo paradigmático são os EUA, "o país mais desenvolvido do mundo", a primeira economia mundial, cujo modelo de combate à pandemia foi extremamente ineficaz e resultou num desastre humanitário.

A hierarquia entre o Norte e o Sul globais mantém-se. Mas a pandemia levanta uma questão potencialmente desestabilizadora. Os desempenhos inferiores na defesa da vida por parte dos países do Sul, além de serem medidos por critérios formulados pelos países do Norte, ocorrem num contexto de relações internacionais que insistem em submeter os países do Sul a sucessivas invasões, imposições, interferências, guerras e saques por parte dos países do Norte. Ao contrário, estes nunca sofreram tais assaltos por parte dos países do Sul. E se, por hipótese, tivessem sofrido?

Os EUA estão "protegidos" de interferência e de invasão por dois oceanos. Quando se sentiram ameaçados na fronteira sul, começaram a construir milhares de quilômetros de muro e insondáveis eletrificações e vigilâncias, e prenderam os potenciais invasores em campos de concentração, incluindo crianças. O coronavírus é o primeiro invasor da história dos EUA, um invasor cuja força não pode ser neutralizada pelo poderio militar dos EUA. Por ser tão novo, até lhes custou a crer que fosse de fato um invasor. De tão habituados a invadir países, os EUA tiveram uma real dificuldade em se colocarem na pele do invadido. Perante tal invasor, revelaram a mesma debilidade que sempre imaginaram ser a dos países que invadiram, tantas vezes impunemente. Só que, desta vez, a debilidade é real. Os EUA imaginaram armas de destruição em massa no Iraque, que facilmente poderiam neutralizar; agora, foram vítimas de um antagonista real, e não imaginário, de que não foram capazes de se defender.

A pandemia não inverte as atuais hierarquias no sistema mundial. Este está baseado em três dominações, não custa repetir: o capitalismo, o colonialismo e o patriarcado. Enquanto elas se mantiverem, o Norte global continuará a impor as suas regras desiguais ao Sul global. Como referido no capítulo 4, o que a pandemia revela é que não é a superioridade que gera a hierarquia, é a hierarquia que gera a superioridade, uma superioridade ilegítima, por suposto. Para essa inversão se tornar mais visível bastou que surgisse uma crise não criada nem controlada pelo Norte global. Bastou que a sua longa história e experiência de serem invasores (de outros países) fosse interrompida por uma situação que os obrigou a pôr-se na condição de invadidos (por um vírus). Ao ser posto na posição de invadido poderá o Norte global compreender melhor daqui em diante a surpresa e o sofrimento que causou nos países que historicamente invadiu?

A pandemia revelou também que as políticas homogeneizantes, do tipo *one size fits all* [um tamanho serve para todos], impostas pelas instituições financeiras (Banco Mundial, FMI e OMC) a serviço da globalização neoliberal, têm falhado sistematicamente, por não terem sido capazes de reconhecer as características específicas de cada país e a criatividade das suas comunidades para resistir em situações excepcionais (capítulo 7)[7]. Tudo indica que vamos provavelmente entrar num período de grande turbulência no sistema mundial. A história mostra que os impérios decadentes, como é o caso dos EUA, não cedem voluntariamente as posições adquiridas de privilégio e de imposição. Procuram compensar perdas globais com o reforço de posições regionais, de que a atual política latino-americana dos EUA é uma evidente ilustração (golpe na Bolívia, embargo econômico à Venezuela, interferência grave no sistema judicial para condicionar as eleições presidenciais no Brasil em 2018, reforço da presença militar na Colômbia, ameaça de sanções aos países que adotarem o 5G da empresa chinesa Huawei). Por outro lado, o protecionismo, que é sempre o sinal de uma crise grave no regime de acumulação de capital, vai suscitar rivalidades que podem facilmente passar do estado de guerra fria para estados de guerra quente. Acresce que, como a história não se repete, é bem possível que tais guerras sejam de tipo novo, totalmente irregulares e indiferentes às Convenções de Genebra sobre a guerra. Não esqueçamos que as últimas décadas testemunharam a emergência de exércitos privados mais numerosos e mais bem armados que nunca, e que muitos países têm recorrido a grupos paramilitares para consolidar o seu poder repressivo[8]. Isto, sem falar do crime organizado, sempre disponível para fornecer serviços de morte em troca de proteção estatal.

Proteção da vida, exceção e democracia

A centralidade que o Estado assumiu na luta contra a pandemia do novo coronavírus em escala global veio levantar problemas políticos e jurídicos, estes últimos, tanto legislativos como constitucionais. De uma forma ou de outra, todos esses problemas têm um impacto específico no regime democrático. Desde os tempos da República de Roma que temos notícia da existência de Estados de emergência, conhecidos então como períodos de ditadura, impostos pela necessidade de enfrentar um perigo externo grave[9]. Calcula-se que, durante os 482 anos que durou a República Romana, o Estado de emergência foi declarado 95 vezes. Era declarado pelo Senado que entregava o poder a um ditador por um período limitado, limite que em geral era respeitado. Posteriormente, Maquiavel e depois Rousseau descobriram essa faceta da República Romana e adaptaram-na aos Estados modernos. Nos últimos duzentos anos, o surgimento dos Estados constitucionais obrigou a sucessivos refinamentos desse tema[10].

No período mais recente, dois acontecimentos dominaram as discussões sobre os Estados de emergência: os poderes de emergência de Hitler no final da República de Weimar e a teorização que deles foi feita por Carl Schmitt[11], com imensas repercussões até hoje, entre as quais, a declaração do Estado de emergência na Índia em 1975[12] e as alterações legislativas destinadas a combater o terrorismo depois do ataque às Torres Gêmeas de Nova York em 11 de setembro de 2001[13]. No plano teórico, a teoria de Giorgio Agamben sobre o Estado de exceção tem tido grande divulgação[14]. Sem ter a pretensão de resumir aqui os debates, quero apenas fazer referência aos temas que voltaram à atualidade com a necessidade de os Estados responderem à emergência provocada pela pandemia. Entre os principais, saliento: a definição do inimigo e os regimes de emergência (natureza e limite do Estado de emergência); emergência e democracia.

A definição do inimigo e os regimes de emergência
Referi no capítulo 1 que a metáfora da guerra tem sido abundantemente usada na atual crise pandêmica. É a metáfora da guerra que permite converter o vírus num inimigo, como se nada tivéssemos a ver com a sua emergência. Durante séculos, os fatores da ocorrência de exceção foram os inimigos externos (eventuais invasores) ou internos (promotores de subversão ou de guerra civil). Em tempos mais recentes, acontecimentos extremos naturais, como tsunamis, terramotos, inundações, secas foram igualmente fatores de criação de excepcionalidade e, com ela, do medo. À primeira vista, uma epidemia é um fenômeno natural que causa uma situação excepcional pelo modo rápido e caótico como infecta populações e provoca mortes. Uma análise mais profunda mostra-nos que a epidemia é um híbrido, um fenômeno que resulta de uma interação complexa, continuada e crescentemente perigosa dos seres humanos com os outros seres do planeta, a que chamamos inadequadamente natureza (capítulos 6 e 9).

A epidemia, sobretudo quando, pela dimensão da sua propagação se transforma em pandemia, é simultaneamente um inimigo externo e interno, humano e não humano, que nos ameaça com um dano que, sendo estranho é também autoinfligido. Na medida em que é um inimigo, a união contra ele suscita respostas militaristas, como a proferida pelo presidente Macron em 16 de março de 2020[15]: "Estamos em guerra, numa guerra pela saúde. Não estamos lutando contra um exército ou uma outra nação, mas o inimigo está lá, invisível, ilusório e avançando. E isso requer a nossa mobilização geral. Estamos em guerra"[16]. Em contexto democrático, a proclamação do presidente francês parece ecoar a proposta de Carl Schmitt[17], para quem o soberano de uma nação é aquele que tem como função principal definir quem está dentro da esfera de proteção (o amigo) e quem está fora (o inimigo), devendo travar um combate mortal com o inimigo. A ideia da exceção está relacionada com uma concepção agonística da política.

Como referi, a natureza e os limites do Estado de emergência têm sido discutidos há muitos séculos. Os temas fundamentais sempre foram: quais os graus de emergência, quem tem poderes para declarar o Estado de emergência, quem exerce os poderes de emergência, e quais os limites temporais e legais do exercício de emergência[18]. Limito-me a referir as soluções hoje dominantes em Estados herdeiros da matriz democrática liberal eurocêntrica. A emergência pode ter vários graus: o Estado de sítio (que envolve a transferência parcial ou total do poder civil para o poder militar), o Estado de emergência, o Estado de calamidade pública e, em alguns países, o Estado de contingência ou de alerta. Os dois primeiros graus envolvem alterações nos poderes constitucionais, enquanto o terceiro e quarto decorrem de legislação ordinária, por exemplo, em domínios de saúde pública ou de proteção civil. Os dois primeiros graus apontam para um sistema dualista de governo (o normal e o excepcional), enquanto o terceiro e o quarto decorrem de uma concepção monista do poder de governo. Só os dois primeiros graus são, em geral, considerados Estado de exceção. Todos os graus envolvem limitações dos direitos e liberdades dos cidadãos, que devem ser estabelecidas na medida e pelo tempo estritamente necessários para enfrentar a crise. Nos Estados constitucionais modernos, a avaliação da existência de exceção enquanto irregularidade empírica deve ser definida pelos órgãos de soberania eleitos, uma decisão por vezes partilhada por dois órgãos, e sujeita ou não ao controle judicial. Uma das proteções mais fortes entre as constituições recentemente elaboradas está presente na Constituição da África do Sul[19].

Toda essa arquitetura jurídica tem como pano de fundo a trágica experiência dos regimes totalitários (nazista e fascista do século XX). O Estado de exceção nazi, teorizado por Carl Schmitt, era uma prerrogativa do soberano ou, como a designou, "a ditadura do soberano"[20]. Segundo Schmitt, o Estado de exceção não visava pôr fim a uma crise do regime, terminando logo que esta fosse resolvida; visava antes marcar o começo de um novo regime, uma nova ordem política. Por outras palavras, um Estado de exceção permanente. Esse tema foi abordado angustiadamente por Walter Benjamin[21] e, no pós-Segunda Guerra

Mundial, por uma das mentes mais brilhantes desse período, Pier Paolo Pasolini. Pasolini dedicou os anos finais da sua vida a tentar mostrar que as sociedades democráticas estavam a converter-se insidiosamente num novo Estado de exceção permanente baseado na sociedade de consumo, que destruía os valores que tinham sustentado a experiência humana (os valores camponeses, por exemplo) e eliminava o verdadeiro debate político ao impor, sob a fachada democrática, a homogeneidade de comportamentos, valores e ideias[22]. Pasolini perguntava-se se a Itália não estaria entrando num regime fascista de tipo novo, ainda que com fachada democrática. Muito influenciado por Pasolini, assim como por Michel Foucault[23], Giorgio Agamben tem sido em tempos recentes o teorizador mais influente da ideia do Estado de exceção permanente. Para Agamben[24], um Estado de emergência formalmente declarado apenas fornece uma capa de legalidade para situações em que a lei é removida. Em outras palavras, Agamben argumenta que a excepcionalidade opera para além dos argumentos legais sobre decretos de emergência e a suspensão de leis. Se, para Carl Schmitt, o povo era uma entidade homogênea cuja identidade residia na aclamação do *Führer*, exaltando a figura do líder, nas sociedades contemporâneas, de acordo com Agamben[25], a mesma homogeneidade existe porque a opinião pública é o equivalente funcional da aclamação nazi. Daqui resulta uma equivalência total entre democracia e ditadura e, com isso, um pessimismo histórico, um apocalipse secular que não permite o mínimo espaço para a resistência e a rebelião.

Agamben analisa o impacto do confinamento, o processo através do qual, segundo ele, a população é dividida, controlada e disciplinada. Em 26 de fevereiro de 2020, num artigo intitulado *"L'invenzione di un'epidemia"*, alertava para o "perigo" de os italianos se habituarem a viver num Estado de exceção invocado em nome de uma crise supostamente "fabricada"[26]. Na altura, o filósofo, a partir da leitura dos relatórios do Consiglio Nazionale delle Richerche – segundo os quais apenas 4% dos pacientes teriam necessidade de hospitalização, enquanto a maioria da população apresentaria sintomas leves como os da gripe –, defendeu que as medidas de emergência adotadas pelas autoridades italianas para o combate a uma "suposta" epidemia eram "frenéticas, irracionais e totalmente imotivadas". Nesse cenário, segundo Agamben, o portador do poder afirma a sua soberania sobre a vida política, exercendo políticas excepcionais. A posição de Agamben foi precipitada e decorreu de uma aplicação acrítica das suas teorias à nova realidade. A rapidez com que a pandemia se alastrou, sobretudo na Itália e na Espanha, mostrou a diferença entre o novo coronavírus e uma gripe "normal"[27], e levou Giorgio Agamben a reconhecer posteriormente isso mesmo[28].

A pandemia do novo coronavírus e as políticas dos Estados para enfrentá-la vieram renovar o debate sobre o Estado de exceção. O contexto em que o debate tem ocorrido deve ser entendido como abrangendo os últimos quarenta anos de experiência democrática do mundo. Nesse período, essa experiência se traduz num conjunto de regimes políticos que, pese embora toda a sua diversidade interna, tenho designado como regimes de democracia de baixa intensidade[29]. Nos anos mais recentes, em face das crescentes limitações da discussão e confrontação democráticas, tenho afirmado que, em alguns países, a democracia é mesmo de baixíssima intensidade (outros autores falam de democracias amputadas ou de democracias musculadas)[30], regimes híbridos compostos de elementos (residuais) democráticos e de elementos (emergentes) de ditadura[31]. Trata-se de regimes que têm sido contaminados pela influência de forças, em princípio, estranhas à competição democrática, como, por exemplo, religiões, grupos de milícias armadas, ou agentes econômicos de grande envergadura[32].

Na mesma linha, Levitsky e Ziblatt[33] analisam várias crises democráticas em países europeus e latino-americanos e argumentam que o resvalar para o autoritarismo não resulta necessariamente de revoluções ou golpes militares; pelo contrário, é resultado de uma erosão constante das normas políticas e do ataque às instituições democráticas fundamentais, como um judiciário independente e uma imprensa livre. Em razão de tudo isto, a competição democrática tem sido profundamente distorcida ao ponto de ser possível afirmar que, ao eleger recorrentemente líderes e representantes antidemocráticos, as democracias correm o risco de morrer democraticamente[34].

À luz da análise precedente, pode se pensar que a irrupção da pandemia veio dar um golpe final na democracia em face dos poderes de emergência que os Estados em geral reivindicaram para combater a pandemia. Terá sido comprovada a tese do Estado de exceção permanente? Penso que a análise detalhada das medidas de emergência em vários países mostra que a distinção entre Estados de emergência democráticos e Estados de emergência antidemocráticos se tornou mais necessária do que nunca. Em geral, podemos dizer que no primeiro grupo estão os países que declararam Estados de emergência nos termos constitucionais, por períodos muito curtos, atribuindo ao governo a possibilidade, não de legislar, mas de tomar medidas de suspensão de direitos de cidadania, desde que proporcionadas em relação às necessidades impostas pela emergência. Por outro lado, os Estados de emergência antidemocráticos são os que violaram qualquer das restrições mencionadas e aproveitaram a crise para endurecer os regimes. Analisarei a seguir a atuação política de cada um desses tipos de Estado de emergência.

Estados de emergência democráticos

Menciono, a título de exemplo, os casos italiano, português, espanhol, argentino e sul-africano. Com variações, esses governos mantiveram uma atuação de emergência por um período limitado e com recurso às medidas estritamente necessárias para combater a pandemia e sem recorrer a restrições da liberdade ou da privacidade dos cidadãos, eventualmente mais eficazes mas incompatíveis com o Estado democrático. No caso dos países europeus, mesmo que não tenham recorrido explicitamente à Convenção para a proteção dos Direitos do Homem e das liberdades fundamentais[35], cumpriram o artigo 15 nos termos do qual os países podem declarar um Estado de emergência "em tempos de guerra ou outra emergência pública que ameace a vida da nação", desde que os poderes excepcionais se mantenham "na medida estritamente exigida pelas exigências da situação"[36].

A Itália foi o primeiro país europeu a declarar o Estado de emergência. A declaração do Estado de emergência na Itália é mais fácil que em outros países[37]. Nos últimos anos, o Estado de emergência foi acionado após o colapso de uma ponte importante, após inundações, em face de tumultos nas prisões, etc. O principal objetivo da declaração de Estado de emergência é dar ao governo central a possibilidade de intervir diretamente nos assuntos das administrações subnacionais (regiões, províncias, cidades metropolitanas e municípios). A pandemia do novo coronavírus colocou a Itália perante um grave risco: as características econômicas, sociológicas e demográficas do país estão baseadas numa intensa troca comercial e circulação humana, características que contribuem para aumentar significativamente a disseminação do coronavírus. O rápido aumento de casos na Itália, sobretudo na região Norte, levou o governo italiano, em 23 de fevereiro de 2020, a adotar o Decreto-Lei n. 6[38], que instituiu medidas urgentes para procurar conter a propagação da pandemia e para gerir a crise do novo coronavírus. Medidas de caráter extraordinário foram tomadas, como a suspensão do pagamento de empréstimos bancários nas primeiras áreas que foram colocadas em bloqueio. Em 17 de março entrou em vigor o Decreto-Lei n. 18 (também conhecido como "*Cura Italia*"), que integra um pacote maciço de medidas de apoio a famílias, trabalhadores e empresas, tais como: incentivos para o fortalecimento dos serviços de saúde e para a contratação de profissionais de saúde, bem como para vários ramos da administração pública, incluindo forças policiais e militares; suspensão de datas fiscais e de contribuições para a previdência social; créditos e incentivos fiscais para as empresas enfrentarem emergências; suplementos extraordinários de ganhos e subsídios de desemprego (também para trabalhadores independentes); fundos especiais e apoio à liquidez para as empresas, etc.[39]

A Espanha declarou o Estado de alarme (primeira fase do Estado de emergência) a partir de 14 de março[40]. A especificidade maior desse país foi a virulência com que as forças políticas de direita e de ultradireita questionaram as medidas adotadas pelo governo de esquerda, um governo minoritário de aliança do PSOE (Partido Socialista Obrero Español) com a UP (Unidas Podemos). No entanto, o aumento rápido e drástico de mortes criou algum consenso sobre as medidas excepcionais e o seu objetivo de garantir o direito à vida[41]. Nesse sentido, dificilmente se pode dizer que o Estado de emergência foi uma limitação desproporcional de direitos e, por isso, injustificada do ponto de vista constitucional[42]. O Estado de emergência foi prorrogado no Parlamento espanhol por períodos curtos[43]. Das medidas sociais e econômicas tomadas pelo governo espanhol, cabe destacar a concessão de um rendimento mínimo universal emergencial (que o parceiro minoritário da coligação governamental, Unidas Podemos, propunha que fosse permanente), a flexibilização do *layoff* em empresas de setores essenciais, o alargamento do subsídio de desemprego a trabalhadores cujo contrato tenha cessado antes do prazo, o prolongamento por mais dois meses do regime de teletrabalho preferencial, a redução das cotizações sociais para certos trabalhadores agrícolas e o adiamento do pagamento de impostos para as microempresas e empresas de pequeno porte[44].

Em Portugal, o Estado de emergência foi decretado em 18 de março de 2020. Esse decreto afirma explicitamente que "estas medidas devem ser tomadas com respeito pelos limites constitucionais e legais, o que significa que devem, por um lado, limitar-se ao estritamente necessário e, por outro, que os seus efeitos devem cessar assim que retomada a normalidade"[45]. Durante a vigência do Estado de emergência ficou parcialmente suspenso o exercício dos seguintes direitos: direito de deslocação e fixação em qualquer parte do território português; propriedade e iniciativa econômica privada; direitos dos trabalhadores; circulação internacional; direito de reunião e de manifestação; liberdade de culto, na sua dimensão coletiva; e direito de resistência. As políticas adotadas para mitigar a virulência da pandemia e evitar o colapso do serviço público de saúde (SNS, Serviço Nacional de Saúde) revelaram-se eficazes. Foram acionadas medidas de proteção ao emprego e ao rendimento das famílias semelhantes às que foram adotadas na Itália e na Espanha. No caso português devem ser salientados dois fatos com alguma especificidade, e ambos muito positivos. Por um lado, na resposta ao desafio da pandemia houve um consenso político notável entre as diferentes forças políticas (da esquerda à direita) e uma articulação importante entre os diferentes órgãos de soberania, nomeadamente entre o presidente da República e o governo. Por outro lado, foi adotada uma política migratória emergencial que podemos considerar contracorrente no contexto europeu e norte-americano. Assim foram tomadas as medidas de regularização da situação dos imigrantes sem documentos e dos requerentes de asilo, de modo a protegê-los melhor da pandemia. Regularizou-se provisoriamente a situação de permanência no país de todos os imigrantes que estavam com pedidos de regularização pendentes no Serviço de Estrangeiros e Fronteiras (SEF); todos os cidadãos estrangeiros com processos pendentes no SEF foram considerados residentes permanentes, pelo menos, até o dia 30 de junho de 2020. Por essa via, os emigrantes nessa situação, enquanto aguardavam pela regularização suspensa pela pandemia, passaram a ter acesso aos programas sociais de apoio, além da garantia de atendimento no Serviço Nacional de Saúde (SNS). Também poderiam assinar contratos de aluguel de imóveis e de trabalho, abrir contas bancárias e ter acesso a outros serviços públicos essenciais[46].

O caso da Argentina revela, de uma maneira particularmente dramática, as contradições a que o neoliberalismo tem conduzido o Estado. O país acabava de sair de um período de governo hiper-neoliberal (presidido por Mauricio Macri), que revelou um total desprezo pela vida da grande maioria dos argentinos. O novo presidente, recém-eleito, se viu confrontado com a crise da pandemia e, perante ela, assumiu uma política muito ativa de defesa da vida. Pode uma política emergencial ser eficaz quando as desigualdades e as carências estruturais são tão profundas? Obviamente essa questão não se aplica exclusivamente à Argentina, mas adquire neste país um particular interesse em virtude de a mudança política ter coincidido com o início da pandemia. Por um lado, a nova política teve uma excelente oportunidade para se manifestar como ruptura em relação ao período anterior. Por outro lado, o desastre social anteriormente produzido certamente comprometeu a eficácia da nova política. O presidente Alberto Fernández declarou a quarentena nacional em 19 de março de 2020[47]. Até então, a Argentina tinha apenas 128 casos oficiais. Em teoria, as medidas foram semelhantes às que foram adotadas em outros países (por exemplo, Portugal): achatar a curva da evolução da pandemia para impedir o colapso do sistema nacional de saúde, já muito deficiente.

As medidas econômicas de Alberto Fernández foram audaciosas[48], especialmente considerando que o seu governo herdou uma dívida de 311 bilhões de dólares, incluindo um empréstimo recorde de 57 bilhões de dólares em 2018 feito pelo Fundo Monetário Internacional (FMI). A Argentina investiu até 2% de seu produto interno bruto (PIB) num pacote de assistência econômica e social – entre os melhores do G20 – e uma ordem executiva garantiu que nenhum serviço essencial seria cortado para aposentados, beneficiários de assistência social e famílias ganhando menos de 33.750 pesos mensais (cerca de 520 dólares) devido à falta de pagamento. Esses serviços incluem eletricidade, gás, água, celulares e telefones fixos, bem como internet e televisão a cabo. O governo de Fernández também suspendeu os despejos e congelou todos os aumentos de aluguel até setembro. O presidente criou ainda, por ordem executiva, um rendimento familiar de emergência de 10 mil pesos (cerca de 150 dólares) para trabalhadores domésticos e outros trabalhadores de baixo rendimento, dando prioridade aos que se qualificassem para o subsídio universal para filhos e para o subsídio para mulheres grávidas. A concretização efetiva de todas essas medidas é uma questão em aberto. Até 4 de agosto, a Argentina – que viveu uma das mais longas quarentenas, só comparável à de Wuhan – registrou 213.535 casos, dos quais resultaram 4.009 mortos.

No caso da África do Sul, o Estado de Desastre Nacional foi declarado em 15 de março de 2020, uma lei distinta do Estado de emergência. Este último pode ser declarado, de acordo com o Artigo 37 da Constituição (e da Lei do Estado de emergência de 1997), pelo presidente da África do Sul. Embora as medidas adotadas equivalessem ao Estado de emergência, o presidente Cyril Ramaphosa não quis certamente usar esse termo devido à infame memória da sua associação com os tempos do Apartheid. A Lei de Gestão de Desastres, de 2002 (Lei n. 57, de 2002), define as condições do Estado de Desastre. Essa lei inclui referência específica a uma ocorrência natural ou humana que pode causar ou ameaçar "morte, lesão ou doença", o que se aplica ao novo coronavírus. Nos termos dessa lei, foi estabelecido um Centro Nacional de Gestão de Desastres (neste caso, no Departamento de Governança Cooperativa e Assuntos Tradicionais) e foi promulgada uma série de regulamentos que restringiam, entre outras coisas, o movimento de pessoas, bens e a divulgação de informações, e impunham o confinamento dos cidadãos a partir da meia-noite de 26 de março de 2020[49].

Nem todos os países declararam o Estado de emergência durante a pandemia. Apesar da dimensão da pandemia, o governo do Reino Unido não declarou o Estado de emergência, optando por invocar "poderes de emergência" dentro da normalidade institucional. No âmbito desses poderes, foram impostas restrições à vida pública em todo o Reino Unido a partir de 23 de março de 2020. As pessoas receberam instruções para ficar em casa, com exceção do tempo para fazer compras limitadas – alimentos e suprimentos médicos essenciais – e exercício físico[50]. Em vez de aprender com as experiências de outros países e seguir o conselho da OMS, o Reino Unido optou por um modelo de contaminação maciça, privilegiando a defesa da economia e atrasando a tomada de medidas mais radicais de contenção da pandemia. Essa perspectiva foi severamente criticada pelo relatório produzido por investigadores do Imperial College de Londres[51]. Os modelos adotados para caracterizar a pandemia patentes no relatório enviado ao governo britânico levaram a uma alteração profunda da política de saúde pública em face do novo coronavírus. Da opção de um contágio gradual de grande parte da população através de medidas de mitigação – de modo a obter a chamada "imunidade de rebanho" ou imunidade de grupo – passou-se à opção da contenção, parte fundamental da gestão dos "poderes de emergência". Foi particularmente noticiado pela mídia internacional o fato de o primeiro-ministro ter sido infectado pelo novo coronavírus, e ter sido tratado no serviço público de saúde com especial destaque para os cuidados prestados por dois enfermeiros, um português e uma neozelandesa. Ironia da história: na sua campanha eleitoral, Boris Johnson tinha advogado mais cortes no serviço público de saúde e a proibição da entrada de imigrantes no Reino Unido.

Em todos esses casos, os governos, quando confrontados com uma ameaça a um direito coletivo da máxima importância (o direito à vida), impuseram limitações temporárias de outros direitos (o direito de livre circulação, direito de reunião e muitos outros). Nesses contextos, que designo de estados de emergência democráticos, as medidas de exceção não são um poder incondicional do soberano, como queria Schmitt[52]. São definidas nos termos e com os limites permitidos pela Constituição democrática.

A distinção que proponho entre Estado de emergência democrático e Estado de emergência antidemocrático é, pois, feita num plano analítico diferente daquele em que se move a teoria de Agamben[53]. Agamben exerce uma hermenêutica de suspeita radical em relação ao Estado. Vê nas medidas de exceção exercícios continuados ou ensaios de políticas autoritárias de vigilância que, mais tarde ou mais cedo, e segundo circunstâncias que o próprio Estado define, reforçarão ainda mais o caráter autoritário que o Estado já tem. Não é aqui o lugar para entrar em debate com Agamben. Se partirmos do pressuposto de que os Estados a que estamos a nos referir não são democráticos (ainda que uma democracia de baixa intensidade), então qualquer das suas medidas comprova a teoria de Agamben e nenhuma medida alternativa poderia falsificá-la. Por outro lado, se partirmos do pessimismo de Agamben, não resta espaço para qualquer resistência que não seja a extrainstitucional. E mesmo essa não acabará por reforçar ainda mais o poder do Estado? Os ecos de Foucault são evidentes.

Dito isto, não é possível minimizar os riscos que a democracia está correndo na pandemia e poderá continuar correndo na pós-pandemia. Por um lado, o esforço financeiro para combater a pandemia vai traduzir-se em mais endividamento dos Estados. Como resultado das crises anteriores provocadas pelo neoliberalismo e pela desregulação do capital financeiro global, os Estados estão já fortemente endividados, o que tem se traduzido em políticas de austeridade que, por sua vez, têm gerado muito descontentamento e mobilização social. O sobre-endividamento provocado pela pandemia vai certamente gerar mais austeridade se, entretanto, não se produzirem alterações profundas no sistema financeiro global. A pressão sobre os processos democráticos será enorme e a sobrevivência do regime democrático minimamente credível é uma questão em aberto. Por outro lado, o uso recorrente da imagem da guerra ao vírus não deixa de evocar uma disposição política para considerar os direitos e as liberdades dos cidadãos como um luxo incompatível com a urgência e as medidas a serem tomadas em tempo de guerra. Será que a proteção da vida se tornará aos poucos incompatível com a democracia?

A direita, a ultradireita e os Estados de exceção antidemocráticos

Na minha concepção, Estados de exceção antidemocráticos, no contexto da pandemia, são os Estados formalmente democráticos governados por forças políticas de direita e de ultradireita (democracias de baixíssima intensidade) que usaram a emergência sanitária como pretexto para aumentar os traços autoritários do governo. Com isso, acentuaram o seu caráter híbrido, regimes políticos de transição entre democracia e novas formas de ditadura. Outra característica foi a de combinarem políticas autoritárias com a incapacidade de proteger vidas humanas. Nos piores dos casos, o desprezo pela vida humana foi tal que a morte pareceu transformada em política de Estado. De fato, os governos de direita e de ultradireita revelaram, em geral, uma incompetência enorme, combinada com falta de vontade política, para defender os cidadãos durante a crise sanitária provocada pela pandemia, o que se pode comprovar com a gravidade da situação sanitária e o número de mortos[54]. Sua atuação política teve três vertentes principais que, apesar de aparentemente muito distintas, convergiram no mesmo resultado de desproteger os cidadãos. A primeira consistiu no negacionismo, a atitude de não reconhecer a seriedade da ameaça à saúde pública, recusando-se a tomar a tempo medidas de proteção; segunda consistiu no recurso a bodes expiatórios para disfarçar o fracasso das suas atuações na defesa da vida dos cidadãos; a terceira consistiu em usar a emergência sanitária para legitimar novos poderes de exceção com duração indeterminada. Nem todos recorreram às três vertentes conjuntamente e nem todos as usaram com igual extremismo.

A primeira atuação foi adotada inicialmente sobretudo pelos governos do Reino Unido e dos EUA e, de modo continuado e extremista, pelo governo do Brasil[55]. O uso manipulativo da pandemia permitiu que a mais elementar necessidade de proteger a vida humana fosse convertida em atentado aos direitos e liberdades democráticas. No caso dos EUA, sem a equipe de segurança de saúde encarregada de combater pandemias, dissolvida em 2018[56], e tendo ignorado mais de uma dúzia de avisos nos seus *briefings* diários, o presidente insistiu que o vírus não representava qualquer ameaça, que nem sequer era um inimigo, e que desapareceria milagrosamente. Esse discurso visava sobretudo impedir que a bolsa de valores (o capital financeiro) fosse afetada.

Quanto à segunda, o bode expiatório foi nos EUA sucessivamente a oposição democrática, a China[57], a OMS[58], e, por último, o anterior presidente Barack Obama[59]. No Brasil, os bodes expiatórios foram os cientistas e todos os políticos não bolsonaristas, incluindo governadores de direita que apoiaram a sua eleição[60], e, posteriormente, todos os que não acreditavam na cloroquina[61]. No Azerbaijão, o bode expiatório foi a oposição política[62], e na Índia, foram os muçulmanos.[63]

A terceira atuação (mais poderes autoritários, com o pretexto da pandemia) é a que mais diretamente levanta a questão do Estado de exceção antidemocrático. Nos EUA, a partir de julho de 2020 e a pretexto de controlar distúrbios no espaço público, as tropas federais começaram a marcar presença em várias cidades do país contra a vontade de governantes locais[64]. Essa medida, sem muitos precedentes nos EUA, aponta para a emergência do inimigo interno, próprio dos governos autoritários. No Brasil, já mesmo antes da pandemia, o exército tinha ocupado o estado do Rio de Janeiro a pretexto de combater o crime organizado. O pretexto da pandemia foi utilizado para aumentar o número de quadros militares em postos governamentais ou administrativos.

Por sua vez, à revelia da legislação europeia, vários países europeus governados por partidos de direita e ultradireita puseram em causa os limites democráticos da declaração do Estado de emergência ao abusar na formulação ou na aplicação das medidas de exceção. Na Eslováquia, entre outras medidas problemáticas, o governo tomou a decisão de "encerrar" os assentamentos do povo cigano no início de abril de 2020, após relatos de casos de coronavírus entre essa comunidade étnica, que se supõe representar 2% da população do país. Essa medida, que foi tentada em outros países, pôs a nu as discriminações contra a maior minoria étnica da Europa durante a pandemia[65]. A Sérvia estava no meio de uma campanha pré-eleitoral para o Parlamento e governos locais quando surgiu a pandemia e o Estado de emergência foi declarado em 15 de março[66]. As eleições, que estavam marcadas para 26 de abril de 2020, foram adiadas em face da pandemia. Políticos da oposição democrática e juristas independentes acusaram o presidente Aleksandar Vucic de declarar o Estado de emergência sem qualquer base constitucional. Durante o Estado de emergência, o presidente Vucic usou os poderes excepcionais para promover a sua recandidatura, enquanto os demais candidatos foram forçados ao isolamento social. Como afirmaram vários dos seus opositores, esta medida colocou a Sérvia "a um passo da ditadura"[67]. Na Albânia, o primeiro-ministro Edi Rama anunciou graves penas para quem não obedecesse ao toque de recolher. Veículos blindados equipados com metralhadoras foram enviados para patrulhar as ruas da capital, Tirana, provocando fortes críticas por parte da oposição. Por outro lado, Edi Rama mereceu muitos aplausos pela ajuda prestada pela Albânia à Itália. De fato, em 29 de março, a imprensa italiana e a albanesa noticiaram a chegada à Itália de uma equipe de dez médicos e vinte enfermeiros para combater a epidemia do novo coronavírus que atingia o país. As palavras do primeiro-ministro albanês ao acompanhar os profissionais ao aeroporto soaram como um sincero ato de amizade, em troca da assistência prestada pela Itália à Albânia nas últimas décadas e, especialmente, após o terramoto de novembro de 2019. Alguns jornais italianos definiram o discurso de Edi Rama como uma "lição" de solidariedade dada por um país pequeno como a Albânia aos países mais ricos e poderosos da UE[68].

Na Hungria, o primeiro-ministro Victor Orbán declarou o Estado de emergência em 11 de março de 2020. Em 30 de março, o Parlamento aprovou uma lei "de proteção contra o coronavírus", que permite a Orbán governar indefinidamente por decreto e suspender as leis existentes[69]. Além disso, a supervisão parlamentar foi suspensa durante a crise, estando o primeiro-ministro autorizado a determinar quando será levantada. A nova lei prevê sanções draconianas para quem divulgar notícias falsas e quebrar a quarentena, com sentenças de até cinco anos de prisão. A lei motivou uma carta do secretário-geral do Conselho da Europa, o principal órgão de defesa dos direitos humanos do continente, ao governo húngaro[70]. A lei foi criticada por não incluir uma cláusula de caducidade para apontar o final do Estado de emergência e por introduzir a possibilidade de penas de prisão para quem for acusado de espalhar notícias falsas, o que, no contexto húngaro, pode consistir apenas em afirmações de quem ousa criticar o governo no Facebook[71]. Orbán, porém, prosseguiu claramente apostando em neutralizar o descontentamento público por ter sido incompetente na defesa da vida dos húngaros durante a crise sanitária, do que resultou a sua perda de popularidade. Mesmo antes da pandemia, o sistema de saúde húngaro já tinha enormes deficiências e as medidas controversas para liberar leitos para doentes com o novo coronavírus, combinadas com o fornecimento inadequado de equipamentos de proteção para hospitais, lançaram mais dúvidas sobre a estratégia e a capacidade do governo húngaro para lidar com a crise.

Declarar oficialmente um Estado de emergência implica, em princípio, que os poderes excepcionais terminam com o fim das circunstâncias que os justificaram. Alguns governos autoritários evitaram declarar o Estado de emergência para não ter de pôr fim, depois da pandemia, aos poderes excepcionais que, entretanto, se arrogaram. Diante de uma crescente crise de saúde, sobretudo em face da epidemia do Ebola (2014-2016), alguns governos africanos introduziram novas leis de emergência e vigilância digital. Grupos de direitos humanos têm alertado para o perigo de essas novas medidas se manterem depois de passada a crise sanitária. As autoridades defendem que as quarentenas, o recolhimento obrigatório e outras medidas de controle dos movimentos das populações visam salvar vidas, mas a sua aplicação excessivamente zelosa tem resultado na perda das vidas humanas, ao contrário do que se pretende. No Quênia, três mortes e espancamentos pela polícia foram relatadas na imprensa local. O presidente Uhuru Kenyatta pediu desculpas "a todos os quenianos [...] por alguns excessos" das forças de segurança, exortando o público a respeitar as medidas que o governo adotou para conter a propagação do vírus[72].

O governo de Gana fez aprovar no Parlamento uma nova lei que limita direitos consagrados na Constituição, a Lei de Imposição de Restrições (Lei n. 1012)[73], o que gerou fortes críticas[74]. Apesar de ter sido aprovada no contexto da atual pandemia, essa lei não fixa um prazo para o seu vencimento nem menciona o novo coronavírus como sua razão de ser; foi contestada por ser draconiana e abrir as portas a excessos de poder e violações dos direitos e liberdades fundamentais. Curiosamente, Gana tem uma lei (Lei dos Poderes de Emergência, de 1994, Lei n. 472) que permite declarar o Estado de emergência como, aliás, está previsto na Constituição de 1992. A pandemia seria um motivo plenamente justificado à luz dessa lei. O fato de não ter sido invocada permite legitimamente suspeitar que o presidente de Gana recorreu a uma nova lei para, sob o pretexto da pandemia, procurar concentrar o poder.

No vizinho Uganda, a Human Rights Watch (HRW) acusou a polícia de usar de "força excessiva", incluindo espancar vendedores de frutas e vegetais e motociclistas. A polícia prendeu também 23 pessoas durante uma invasão a um alojamento para jovens lésbicas, gays, bissexuais e transgêneros sem-teto, acusando-os de desobedecer às ordens ao permanecer no alojamento e acusando-os de "um ato negligente que pode espalhar a doença"[75].

Em Israel, o primeiro-ministro Benjamin Netanyahu usou a emergência para tentar adiar o seu julgamento por corrupção, impedir a sessão do Parlamento e conceder poderes extraordinários de vigilância[76]. A gestão da crise do coronavírus por Netanyahu ilustra o uso instrumental desta crise para limitar a democracia: o Parlamento foi suspenso, a polícia impediu que pessoas se manifestassem, mesmo isoladas em automóveis, e as autoridades estão controlando os movimentos das que podem estar infectadas através da geolocalização dos seus celulares, ordenando-lhes por SMS que se mantenham em quarentena[77]. Além disso, usando a pandemia como pretexto, Benjamin Netanyahu conseguiu forjar um acordo com o seu rival político e chefe da aliança Azul e Branca, Benny Gantz, à luz do qual continua a ser primeiro-ministro por mais dezoito meses, após os quais Gantz assumirá o cargo. Isto permitiria a Netanyahu aprovar legislação para anexar grandes áreas da Cisjordânia a partir do início de julho[78]. É uma questão em aberto saber se o acordo celebrado com os Emirados Árabes Unidos implica uma alteração efetiva na política de anexação.

A dimensão catastrófica que a contaminação pelo vírus assumiu nos EUA, nomeadamente em Nova York, exigiu que Donald Trump pusesse fim ao negacionismo. Em 6 de agosto de 2020, os EUA tinham perdido 158.256 pessoas, contando com mais de 4,8 milhões de infectados. Só em Nova York morreram mais de 32 mil pessoas[79]. Trump seguiu num crescendo de medidas e afirmações que variaram entre o desvirtuamento da verdade, a profunda ignorância e o total desprezo pelo valor da vida. Decretou a suspensão de toda a imigração nos EUA, anunciou a possibilidade de cura com o uso livre da hidroxicloroquina, de luz solar e, pasme-se, da injeção de desinfetantes nos doentes infectados pelo vírus. De olhos postos na sua reeleição em novembro, Trump converteu a pandemia em oportunidade de campanha eleitoral e de demonização dos seus adversários. A partir de certa altura, a administração Trump começou a questionar o próprio número de mortes. Segundo o *The Guardian*, o presidente apoiou a ideia, avançada pela mídia de direita, de que hospitais, médicos-legistas e profissionais de saúde de todos os EUA tinham errado na avaliação da crise, sobreavaliando os números de vítimas e infectados[80]. Como veremos adiante, algo semelhante ocorreu no Brasil, um grande país convertido numa cópia de má qualidade do pior dos EUA.

Na Turquia, o presidente Recep Tayyip Erdogan foi acusado de politizar a crise ao proibir os esforços de captação de recursos por parte de autoridades municipais controladas pela oposição em Istambul, Esmirna e Ancara. Estes três maiores municípios metropolitanos da Turquia, todos governados pelos partidos da oposição, foram acusados de administrar um "Estado paralelo" pelo presidente

Erdogan, enquanto o país lutava contra a pandemia do novo coronavírus[81]. Aparentemente, a impressionante performance do presidente da Câmara de Istambul, Ekrem Imamoglu, um possível rival presidencial em 2023, pareceu preocupar mais Erdogan do que o êxito no combate à pandemia[82].

Tal como outros políticos de direita, o presidente das Filipinas Rodrigo Duterte, conhecido pela sua extrema violência e assassinatos extrajudiciais, minimizou inicialmente a ameaça do novo coronavírus e, num segundo momento, reagiu com medidas draconianas. Duterte chegou a ordenar à polícia e às forças militares que executassem aqueles que desobedecessem: "Disparem sobre eles [...] Em vez de causarem problemas, vão direto para o cemitério". Nessa interpelação, Duterte dirigia-se especificamente ao grupo de direitos humanos Kadamay, acusado por ele de instigar um protesto contra o confinamento imposto pelo governo[83]. Com o decreto de emergência, passou a poder punir a divulgação de "falsa informação", o que se pode tornar uma maneira expedita de silenciar a oposição[84].

Na Índia, o primeiro-ministro Narendra Modi instituiu talvez a mais autoritária e mais improvisada quarentena. Curiosamente, a imposição da quarentena baseou-se numa lei do tempo da colonização britânica, a Lei das Doenças Epidêmicas de 1897. A pretexto da luta contra a pandemia da peste bubônica, tal lei foi utilizada para prender ativistas anticoloniais[85]. A decisão sobre o confinamento por 21 dias, decretado pelo primeiro-ministro Modi em 24 de março de 2020, foi extremamente repentina. As pessoas receberam a notícia quatro horas antes de a medida entrar em vigor e milhões não tiveram tempo de regressar às suas aldeias antes que os transportes fossem paralisados. Isso provocou uma onda de migração maciça na Índia sem precedentes desde a trágica divisão com o Paquistão, quando milhares de pessoas foram obrigadas a andar centenas, às vezes milhares de quilômetros. As fronteiras dos estados foram abruptamente fechadas, deixando milhares de pessoas perdidas e encerradas em campos temporários, sem recursos mínimos de sobrevivência[86]. Muitos morreram. A polícia foi autorizada a praticar atos de extrema violência para disciplinar quem rompesse a quarentena, da qual foram particularmente vítimas os imigrantes, aqueles que se deslocavam para o trabalho ou para adquirir medicamentos ou alimentos[87].

Em Uttar Pradesh, por exemplo, foi feita a pulverização em massa com lixívia e outros produtos químicos sobre os migrantes que regressavam[88]. Em Bihar, um dos epicentros da luta de camponeses sem terra, pertencentes à casta Dalit ou muçulmanos pobres, viram os seus casebres incendiados e as mulheres violadas pelos latifundiários[89]. O vírus funcionou como um pretexto para Modi acionar o seu hinduísmo radical, a islamofobia e o ódio anticasta, e para intensificar a violência do colonialismo interno exercido sobre o povo da Caxemira, que se viu privado de acesso a informação e comunicação durante a pandemia.

Finalmente, menciono dois países em que as medidas e práticas políticas durante a pandemia são de tal modo autoritárias que configuram uma mudança insidiosa para um regime político híbrido, um monstro político, metade democracia e metade ditadura, um novo tipo de democradura: Colômbia e Brasil.

Colômbia: o extermínio de líderes sociais. Os históricos Acordos de Paz em 2016 entre o governo colombiano e o movimento de guerrilha FARC fez com que milhares de guerrilheiros abandonassem as armas e voltassem à vida civil e ao sistema democrático. No entanto, o governo que se seguiu mostrou-se totalmente hostil ao acordo e, desde então, tem vindo a ser posto em causa todo o potencial de paz criado pelo acordo. O resultado mais dramático dessa política belicista são os assassinatos políticos que se seguiram nos anos mais recentes e a sua total impunidade. Desde a assinatura do Acordo de Paz de La Habana em 24 de novembro de 2016 até 15 de julho de 2020, foram assassinados 971 líderes sociais e defensores dos direitos humanos[90], metade dos quais desde que o governo de ultradireita de Ivan Duque entrou assumiu em 7 de agosto de 2018. Do total de mortos desde 2016, cerca de 217 eram ex-guerrilheiros que abandonaram as armas na sequência da assinatura do acordo e 321 eram líderes sociais que se autoidentificavam como indígenas ou afrodescendentes, quase um terço do número total de assassinatos desde 2016. Os conflitos de terra, território e recursos naturais representaram 70,13% dos homicídios e 681 casos de assassinatos em todo o país[91]. Durante a reunião virtual da Comisión Étnica para la Paz y Defensa de los Territorios, o bispo de Cali, dom Dario de Jesús Monsalve, acusou o governo colombiano de estar impregnado por um sentimento de "vingança genocida contra os processos de paz com as FARC e o ELN [...] para desvertebrar, desmembrar completamente a sociedade e as organizações sociais nos territórios onde as organizações guerrilheiras tinham influência"[92]. Em 1º abril de 2020, um conjunto significativo de organizações e movimentos da Colômbia solicitou ao Tribunal Permanente dos Povos que considerasse dedicar uma sessão para avaliação e julgamento ante a consciência da humanidade, ao extermínio sistemático dos defensores de direitos humanos que está ocorrendo na Colômbia, incluindo líderes sociais que lutam pela paz, pela defesa dos seus territórios e a devolução das terras das quais foram expulsos ilegalmente. Mais, acusam as autoridades colombianas pela total cumplicidade com esses assassinatos, ao consentirem com o elevadíssimo grau de impunidade[93]. Essa petição foi, entretanto, aceita pelo Tribunal.

A pandemia veio agravar dramaticamente essa política de morte. Desde que foi decretado o confinamento nacional, em 23 de março de 2020, foram assassinados 82 líderes sociais e defensores dos direitos humanos, bem como 22 ex-guerrilheiros das FARC-EP[94]. Em finais de abril, o Gabinete do provedor de justiça alertou para o fato de as medidas de proteção contra a pandemia não poderem ser aplicadas nos territórios onde se encontram e atuam agentes armados não estatais e grupos armados de criminalidade organizada[95]. O autoritarismo estatal ficou particularmente evidente no modo como o Estado atuou perante os motins nas prisões em protesto contra a falta de proteção contra o vírus, dada a sobrelotação das prisões. Pelo menos 23 presos morreram e 83 ficaram feridos em mais de 13 estabelecimentos prisionais da Colômbia em 21 de março de 2020[96]. Na prisão "La Modelo", em Bogotá, houve um verdadeiro massacre[97].

Em plena crise pandêmica, o autoritarismo violento da ultradireita, por via de campanhas de desinformação nas redes sociais, encontrou um novo alvo: o ataque sistemático à Jurisdição Especial para a Paz e à Comissão da Verdade, duas instituições criadas para dar cumprimento ao Acordo de Paz de 2016[98]. Especificamente, a Comissão da Verdade foi acusada de simpatizar com a ideologia da extinta guerrilha FARC, e um dos meios de comunicação mais lidos do país afirmou que a maioria dos comissários teria uma ideologia de esquerda, apenas para defender os direitos humanos e trabalhar lado a lado com as organizações de vítimas[99]. Tal como no Brasil, defender os direitos humanos tornou-se uma atividade suspeita.

Brasil: política genocida? O Brasil é um dos poucos países do mundo que teve de enfrentar duas crises durante a pandemia: a crise sanitária provocada pelo vírus e a crise política provocada por um presidente irresponsável, golpista e de ultradireita, Jair Bolsonaro. O fato de as duas crises estarem relacionadas, serem ambas graves, e exigirem atenção exclusiva, fez com que nenhuma delas pudesse ser resolvida com eficácia, o que representou um custo enorme tanto para a vida dos brasileiros e brasileiras como para a democracia. Bolsonaro opôs-se desde a primeira hora e de forma acintosa a quaisquer medidas para conter a pandemia e, à semelhança de Donald Trump nos EUA, hostilizou os governadores estaduais que, à revelia da sua orientação política, tomaram medidas ativas de confinamento e proteção. Afirmando que o vírus era apenas "uma fantasia", uma "gripezinha" e que "não sentiria nada" caso estivesse infectado, desrespeitou reiterada e publicamente a quarentena e participou de comícios contra quarentenas impostas pelas autoridades locais, afirmando que o povo brasileiro devia ser estudado porque "não pega nada". Questionou as recomendações de cientistas e da OMS, e envolveu-se ativamente na difusão de informações falsas sobre a doença. Quando 25 dos

27 governadores do Brasil[100] assinaram uma carta exigindo que apoiasse rigorosas medidas antissurto, Bolsonaro acusou-os de serem "exterminadores de empregos"[101] e sabotadores da sua reeleição dentro de dois anos e meio. Chegou a convidar os seus seguidores a invadir os hospitais e verificar se os doentes internados estavam de fato com a Covid-19. Com essas diatribes, Bolsonaro visou desviar a atenção da opinião pública da sua responsabilidade pelas mortes ocorridas em resultado de políticas desastrosas, se não mesmo criminosas. Ironicamente, Bolsonaro acabou por ser infectado, mas o descrédito da sua política foi tal e tão grotesco o estilo que usou para a divulgar, que a imprensa internacional chegou a pôr em dúvida que a infecção fosse real e não apenas mais um malabarismo circense.

O negacionismo de Bolsonaro transformou o Brasil no epicentro da pandemia no contexto latino-americano, conforme proclamado pela OMS. No início de junho de 2020, no momento em que o Brasil contabilizava mais de 35 mil mortos, o presidente Jair Bolsonaro informou que a divulgação de dados sobre o impacto das infecções pelo novo coronavírus iria ser restringida[102]. Em 6 de agosto contabilizava-se que o Brasil tinha 97.256 mortes, o segundo país mais atingido pela Covid-19, atrás dos EUA[103]. Pouco tempo depois ultrapassava a barreira dos 100 mil mortos e o ritmo da devastação parecia indicar que o número poderia duplicar até o final do ano. Segundo um estudo publicado na revista *piauí* sobre a "geografia macabra" das mortes no Brasil, uma única rua do Rio de Janeiro tinha mais mortos que a cidade de Pequim, com 21 milhões de habitantes, e um único hospital acumulava o dobro do número de mortos de toda a Coreia do Sul[104]. Para completar esse cenário distópico, Bolsonaro, seguindo o exemplo dos EUA, anunciou que contempla abandonar a Organização Mundial de Saúde, sob o pretexto utilizado pelos EUA, de que se trata de uma organização política[105].

Em 27 de julho, foi anunciado que sessenta organizações de profissionais de saúde e de movimentos sociais tinham apresentado uma queixa-crime no Tribunal Penal Internacional de Haia contra Jair Bolsonaro por crimes contra a humanidade[106]. Foram já várias as queixas apresentadas. Segundo Deisy Ventura, especialista em direito internacional e saúde global da Universidade de São Paulo, no caso dos povos indígenas podemos estar perante genocídio, o crime contra a humanidade mais grave[107]. A intenção criminal, o plano e o ataque sistemático à vida, elementos necessários para a caracterização do crime, decorrem claramente da atuação de Bolsonaro, o que possibilita a responsabilização individual. Os indícios são abundantes em relação à população brasileira. No que diz respeito especificamente aos povos indígenas, os indícios são flagrantes. Deve salientar-se que, apesar de o Brasil ter declarado emergência pandêmica em 3 de fevereiro de 2020, o plano emergencial para os povos indígenas é de 7 de julho. Cito a professora Deisy Ventura na referida entrevista a respeito da série de vetos presidenciais a medidas destinadas aos povos indígenas:

> Foi vetada a obrigação de organizar o atendimento de média e alta complexidade nos centros urbanos, foi vetado o acompanhamento diferenciado dos casos que envolvam os indígenas, inclusive foi vetada a oferta emergencial de leitos hospitalares e de UTI. Foi vetada a obrigação de aquisição ou disponibilização de ventiladores de máquinas de oxigenação sanguínea, foi vetada a inclusão dos povos indígenas nos planos emergenciais de atendimento dos pacientes graves das secretarias municipais e estaduais, que inclusive obrigava o SUS a fazer o registro e a notificação da declaração de raça e de cor. Com este veto, se tenta dificultar a identificação dos indígenas atendidos no SUS [Sistema Único de Saúde]. Foi vetada a parte da obrigação de elaboração de materiais informativos sobre os sintomas da Covid-19 em formatos diversos e por meios de rádios comunitárias e de redes sociais com tradução e linguagem acessível. Foi vetada a obrigação de explicar para os indígenas a gravidade da doença! Foi vetada a obrigação de oferecer pontos de internet nas aldeias para não ser preciso se deslocar aos centros urbanos. Foi vetada a distribuição de cestas básicas, de sementes e ferramentas agrícolas a famílias indígenas.

Deve ainda acrescentar-se que, em fevereiro de 2020, a relatora da ONU para os povos indígenas, Victoria Tauli-Corpuz, ao saber que um líder evangélico poderia chefiar a coordenação de povos isolados da Funai (Fundação Nacional do Índio, órgão indigenista oficial do Estado brasileiro), já tinha apontado o potencial de produzir um genocídio[108].

Boas práticas I: líderes políticas femininas

No caos de um mundo político e institucional provocado pelos desafios da pandemia, não seria justo finalizar sem fazer referência ao papel de destaque das lideranças políticas femininas[109]. Alguns dos países com melhor desempenho em termos de testes e mortalidade têm mulheres à frente dos governos. Em quase duzentos países, apenas dezenove eram liderados por mulheres durante a pandemia, entre eles, Angela Merkel na Alemanha, Jacinda Ardern na Nova Zelândia, Mette Frederiksen na Dinamarca, Erna Solberg na Noruega, Katrin Jakobsdóttir na Islândia, Tsai Ing-wen em Taiwan e Sanna Marin na Finlândia. O estudo de Garikipati e Kambhampati[110] revelou que as governantes tomaram medidas de proteção mais cedo que os governantes, e acabaram por proteger melhor a própria economia. O desempenho delas foi significativamente melhor, tendo em conta todos os outros fatores que poderiam ter influenciado as taxas de infecção e de morte, tais como, total da população, percentagem de população idosa, orçamento anual dos gastos em saúde, PIB.

A primeira-ministra neozelandesa, Jacinda Ardern, chamou a si as manchetes dos jornais e elogios da Organização Mundial de Saúde[111] pela abordagem do seu governo à pandemia, uma estratégia eficaz, estrita e cautelosa, e ao mesmo tempo com muita empatia interpessoal, sinalizadora da preocupação com a economia do cuidado. Reconhecendo abertamente os desafios que cidadãos e cidadãs enfrentavam ao ficar em casa – desde a interrupção da vida familiar e profissional até pessoas incapazes de comparecer aos funerais de seus entes queridos –, Ardern rompeu os estereótipos de interação com os seus cidadãos ao dirigir-se à nação via Facebook, em sessões informais, depois de ter colocado seu bebê para dormir. Em 25 de março, respondeu a perguntas e inquietações dos seus eleitores antes de o nível de alerta ser aumentado para o máximo e a quarentena ser oficialmente imposta. "Pensei em entrar on-line e responder a algumas perguntas enquanto todos nos preparamos para ficar em casa. Junte-se a mim se quiser!" A transmissão ao vivo captou mais de 2,3 milhões de visualizações em menos de 24 horas, recebendo elogios pela sua abordagem prática e humana. Ardern encerrou a sessão com um sorriso e uma mensagem simples para os neozelandeses: "Lembre-se, fique em casa, quebre a corrente e você salvará vidas"[112].

Uma estratégia comunicacional semelhante foi seguida na Noruega, onde a primeira-ministra Erna Solberg teve a ideia inovadora de utilizar a televisão para falar diretamente às crianças norueguesas, explicando que seria normal terem medo, respondendo às perguntas dos mais novos numa conferência de imprensa sem adultos[113]. Dado o sucesso da iniciativa, esta foi repetida cerca de um mês depois[114].

Também a Islândia, sob a liderança da primeira-ministra Katrin Jakobsdóttir, revelou um desempenho notável, optando por uma estratégia de testagem massiva e gratuita da população[115]. Jakobsdóttir afirmou que humildade e a valorização da ciência foram as chaves para liderar seu país na pandemia do novo coronavírus: "Estar pronto para admitir que todos estamos a aprender fazendo e que provavelmente vamos cometer erros. Essa tem sido a maior questão de liderança, e talvez isso seja mais fácil para as mulheres do que para os homens"[116]. O mesmo exemplo de liderança positiva de mulheres teve lugar na Finlândia, sob o governo de Sanna Marin que se tornou a chefe de Estado mais jovem do mundo quando foi eleita em dezembro de 2019 com apenas 34 anos[117]. Taiwan foi um dos poucos lugares do mundo a emergir mais forte da pandemia, devido à rápida resposta da ilha ao surto[118]. As mulheres representam menos de 7% dos líderes mundiais, pelo que não deixam de ser notáveis esses desempenhos (que constituem apenas alguns exemplos) que se distinguiram por abordagens firmes, informadas e feitas a tempo, conduzidas com políticas de proximidade e de cuidado. Embora muitos fatores contribuam objetivamente para os resultados durante a pandemia (são todos países de alto desempenho econômico e de alta proteção social), a liderança é seguramente um dos mais importantes. As mulheres que ascendem a lugares de poder têm de provar inúmeras e repetidas vezes a sua eficácia. Também não deve ser irrelevante o fato de as mulheres serem as grandes protagonistas da sociedade e economia do cuidado. Talvez isso ajude a explicar por que razão elas se destacaram positivamente nas situações em que a proteção da vida é o bem supremo.

Boas práticas II: brigadas médicas de Cuba

No plano das relações internacionais, a pandemia mostrou com cruel evidência os limites do internacionalismo contemporâneo. A globalização neoliberal e o capital financeiro global são promovidos na estrita medida em que servem aos interesses da acumulação capitalista e, no plano político, aos interesses dos países centrais do sistema mundial. No capítulo 3 mostrei como, em período de crise humanitária, os nacionalismos mais primários vieram à superfície. Foi assim com a apropriação indevida de material de proteção individual (máscaras, luvas, respiradores) em trânsito e destinado a outros países, o que designei por capitalismo corsário. Foi assim também com o agravamento da guerra comercial entre EUA e China durante a pandemia. E no momento em que escrevo (agosto de 2020) atinge o ápice a luta entre países e entre empresas multinacionais pelo controle e disponibilização da vacina.

Perante esse panorama desolador, deve ressaltar-se o internacionalismo médico de Cuba, um país que sofre há mais de sessenta anos um embargo injusto e ilegal imposto pelos EUA. Durante a pandemia, Cuba enviou brigadas médicas para 34 países atingidos pela pandemia, entre os quais Espanha e Itália, numa demonstração notável de solidariedade internacional que, como seria de se esperar, foi silenciada pelos meios de comunicação hegemônicos. Envolveu cerca de 1.800 profissionais de saúde. Trata-se de uma forma de internacionalismo com larga tradição em Cuba desde que, em 1960, enviou médicos para o Chile e três anos depois, para a Argélia. Ao longo dos anos, foram mobilizados 185 mil profissionais de saúde que atuaram em 103 países. Durante a epidemia do Ebola, em 2014 e 2015, foram a primeira ajuda internacional a chegar a vários países da África Ocidental. Antes da atual pandemia, as brigadas médicas cubanas, designadas Brigadas Henry

Reeve, em homenagem ao jovem norte-americano que lutou no exército cubano na primeira guerra de independência de Cuba (1868-1878), estavam presentes em 27 países da África Austral, em 24 países da América Latina e Caribe e em 7 países da Ásia. No Brasil, antes de serem expulsos pelo governo de Jair Bolsonaro, atuavam em 3.600 municípios, nos lugares mais remotos do país, ao abrigo do Programa Mais Médicos iniciado em 2013. Em reconhecimento desse trabalho notável de internacionalismo médico solidário, as brigadas médicas cubanas foram nomeadas para o Prêmio Nobel da Paz de 2021[119], uma campanha liderada por Adolfo Esquível que ganhou esse prêmio em 1980[120].

Conclusão

O Estado revelou nesta pandemia que é, por agora, uma instituição incontornável. Revelou também que, apesar da sua estrutura monolítica, burocrática e monocultural, é capaz de desempenhos muito diferentes que afetam grupos sociais distintos de forma muito diversa. Revelou ainda que, apesar de as suas bases de dominação social serem o capitalismo, o colonialismo e o patriarcado, permite espaços de manobra para conceder alguma proteção a grupos sociais especialmente vulnerabilizados numa situação de emergência. Por outro lado, a proteção raramente ocorre sem repressão, em resultado de uma exigência democrática, ou ainda em cumprimento do dever constitucional de garantir direitos. Em alguns países governados pela direita e ultradireita, populações inteiras foram abandonadas à sua sorte (e à sua morte) no momento em que mais precisavam de proteção. A situação é tão paradoxal que, quando o Estado desempenha melhor o seu dever de proteção da vida e se afirma mais democrático, parece que o faz como uma exceção de si mesmo, ou contra si mesmo. As diferenças de desempenho não são triviais, e muito menos quando estamos perante uma pandemia desta natureza. São diferenças que se traduzem em vidas poupadas ou em vidas perdidas.

Este capítulo deve ser lido em conjunção com o anterior. No capítulo 4 abordei o modo como a pandemia revelou e agravou as desigualdades, as discriminações e as exclusões no mundo. Daí a necessidade de relacionar as políticas emergenciais do Estado com as assimetrias estruturais e de longa duração que o capitalismo, o colonialismo e o patriarcado imprimiram nas sociedades. Por mais acertadas que tenham sido as medidas emergenciais, elas correrem sempre o risco de não produzirem os efeitos esperados (proteger a saúde e salvar vidas) por terem sido neutralizadas pelas condições adversas que encontraram no terreno. Caso se aprendesse essa lição do vírus, seria fácil concluir que, daqui para o futuro, o melhor meio de prevenir os efeitos destrutivos das próximas pandemias é reduzir as assimetrias sociais e ampliar a coesão social. Para isso será necessário reconfigurar o Estado em bases mais solidárias e socialmente mais justas.

6
Conhecimentos, incertezas e saúde global

Introdução

A pandemia do novo coronavírus criou uma situação complexa no que diz respeito ao conhecimento e, nomeadamente, no que diz respeito ao conhecimento científico. Num contexto em que o conhecimento existente é chamado a procurar uma solução para os problemas trazidos pelo Sars-CoV-2, esta exigência tem recentrado o debate sobre o lugar e o papel do saber científico moderno[1]. A crise gerada pela Covid-19 revelou duas condições que nos vão acompanhar por muito tempo. Por um lado, as potencialidades e os limites da ciência moderna, por outro, a pluralidade de saberes sobre a saúde e suas epistemologias existentes no mundo. Em escritos anteriores[2] identifiquei duas vertentes que estruturam essa pluralidade: uma, que tenho designado por pluralidade interna da ciência, questiona o caráter monolítico do cânone epistemológico e interroga-se sobre a relevância epistemológica e política da diversidade interna das práticas científicas, dos diferentes modos de fazer ciência; a outra vertente, a pluralidade externa da ciência, interroga-se sobre o exclusivismo epistemológico da ciência e centra-se nas relações entre a ciência e outros conhecimentos.

A atual pandemia recentrou os debates sobre o lugar da ciência no conjunto dos conhecimentos que circulam no mundo, incluindo conhecimentos médicos considerados não científicos à luz dos critérios da ciência moderna. Esse debate acontece quando, em grande parte do mundo, a esperança reside na imunização por contágio ou na identificação de uma vacina contra esse vírus. Nesse percurso, a ciência tem mostrado os seus limites e potencialidades. Há mais de trinta anos, num pequeno livro intitulado *Um discurso sobre as ciências* (1988)[3], procurei mostrar que o modelo hegemônico da ciência moderna é responsável pela submissão da diversidade de conhecimentos no mundo sobre o sentido da vida e da saúde a um modelo de conhecimento monocultural cujas origens estão no Norte global. A condição de superioridade da relação colonial-capitalista e patriarcal permitiu à moderna ciência desqualificar outros saberes, frequentemente definindo-os como "mera charlatanice", sem procurar interagir com eles. A íntima relação entre saber e poder foi incessantemente provada ao longo de séculos. A verdade é que nem sequer o saber acumulado pela ciência foi sinónimo de saber exclusivamente produzido pela ciência. De fato, a ciência sempre usou muito saber que lhe é anterior ou ainda, como é recorrente, reduziu outros saberes a "informação" que, após testada, foi legitimada como saber científico, reivindicado e reafirmando, dessa forma, a sua centralidade como corpus de produção de saber[4]. No campo da saúde, a bioprospecção, ou seja, os esforços de apropriar o conhecimento indígena dos recursos naturais, é uma das expressões mais óbvias de um extrativismo epistêmico sistemático por parte da ciência moderna, expressa nas múltiplas tentativas das modernas empresas farmacêuticas de encontrar novos medicamentos, explorando o conhecimento indígena[5].

A crise da Covid-19 expôs as inseguranças, incertezas e incompletudes da ciência, e sobretudo mostrou que a sua decisiva importância na atual crise pandêmica não saiu diminuída pelo fato de se tornar ainda mais evidente que a ciência moderna não detém o monopólio da verdade médica e que se torna mais eficaz quando incentiva a participação de múltiplos saberes científicos e não científicos para resolver os problemas de saúde. Por outro lado, a participação de doentes na construção da representação da doença e da experiência do processo de tratamento tem contribuído para ampliar o conhecimento médico, conhecimento feito de experiência (e não apenas de experimentação)[6]. É preciso levar em conta que grande parte da população do mundo recorre a saberes médicos próprios, não só porque os considera legítimos e válidos, como também porque não tem sequer acesso a outros conhecimentos, nomeadamente a conhecimentos e agentes médicos modernos. Essa diversidade de sistemas de conhecimento configura um paradigma emergente, que tenho designado como as epistemologias do Sul[7]. Para estas, o Sul não é geográfico, é epistêmico e significa o conjunto de conhecimentos (vernáculos, populares, científicos) a que os povos e grupos sociais oprimidos pelo capitalismo, pelo colonialismo e pelo patriarcado têm recorrido para resistir à opressão. O Sul não é uma entidade homogênea e por isso as epistemologias do Sul exprimem-se sempre no plural. Os múltiplos saberes do mundo expressam diferentes cosmovisões, relações complexas de complementaridade entre a natureza e os humanos, seja sob a forma do *ubuntu*, do *swaraj*, ou do *buen vivir*, entre muitas outras[8] (ver capítulos 9 e 10). Em paralelo, revelam outros projetos políticos e epistêmicos que apontam para a possibilidade de construção de outros modos de vida e outras formas de organização social.

As epistemologias do Sul pressupõem que nem a ciência moderna nem qualquer outra forma de conhecimento conseguem, por si só, captar a experiência e a diversidade inesgotáveis do mundo. Nessa perspectiva, todos os conhecimentos são o resultado de práticas socialmente organizadas, envolvendo a mobilização de recursos materiais e intelectuais de diferentes tipos, vinculadas a contextos e situações específicos. Como consequência, o enfoque da análise deve estar centrado nos processos que legitimam a hierarquização de um dado saber e das relações de poder que lhe estão associadas. Para dar corpo a essa reflexão, neste capítulo a atenção estará centrada nos seguintes temas: relações entre modelos de desenvolvimento, mudanças climáticas e pandemias; as incertezas científicas e a necessidade de a ciência dialogar com outros conhecimentos relevantes. Começarei por uma nota prévia sobre as notícias falsas.

Conhecimento, informação e notícias falsas

A pandemia do novo coronavírus tem revelado a importância da ciência como processo de produção de um saber credível, em oposição às notícias falsas (*fake news*). Um recente artigo publicado na *New Scientist* destacou que a ciência continua sendo a melhor ferramenta – embora de forma alguma perfeita – para criar conhecimento credível que ajude a debelar esta pandemia[9]. Vários inquéritos realizados revelam a crescente confiança das pessoas no trabalho de cientistas e especialistas em saúde, num contexto também marcado pelo aumento de informações falsas ou erradas sobre o vírus. Por exemplo, no Reino Unido, a pesquisa de opinião feita pela *Open Knowledge Foundation* revelou que a quase totalidade dos inquiridos (95%) se revelou favorável ao acesso aberto aos resultados das pesquisas sobre o novo coronavírus. Igualmente, 97% dos inquiridos concordaram que os órgãos governamentais e de saúde deviam divulgar os dados não confidenciais usados pelos governos e serviço nacional de saúde para informar as suas políticas; esse inquérito apontou também que 64% das pessoas se revelavam mais propensas a ouvir conselhos de especialistas (com apenas 5% afirmando que eram menos propensos a fazê-lo)[10]. Em outro contexto, na Índia, uma equipe de voluntários integrando acadêmicos, estudantes universitários, comunicadores científicos, ilustradores e tradutores oriundos de vários lugares criou uma plataforma on-line destinada a transmitir informações científicas baseadas em dados fiáveis, com o objetivo de esclarecer a sociedade nos tempos difíceis da crise gerada pela pandemia. Os infográficos produzidos por esse grupo estão disponíveis em catorze línguas da Índia, para permitir uma maior divulgação do saber disponível sobre como lidar com a Covid-19[11]. Em Moçambique, como em outros contextos africanos e asiáticos[12], as várias epidemias que têm surgido nas últimas décadas revelaram como a boa comunicação de conhecimento seguro é um dos principais vectores para lidar com as crises de saúde pública.

No início da pandemia, Naomar de Almeida-Filho[13] já alertava para o risco das falsas informações:

> Em tempos de pandemia, tão perigosas quanto *fake news* são as meias-verdades, as quase-mentiras e as falácias. Igualmente virulentas podem ser as verdades, quando manipuladas em jogos maliciosos de linguagem e lógica. Mentiras se desmascaram em mais ou menos tempo, mal-entendidos e meias-verdades eventualmente se esclarecem, falácias podem ser desconstruídas (com maior ou menor esforço). Mas é muito difícil combater a desonestidade retórica embutida em argumentos que contêm verdades, porque o sujeito que as enuncia e propaga tem má-intenção, e por isso se esquiva do debate e reage de modo socialmente irresponsável.

As redes sociais têm sido utilizadas para ampliar a distribuição de notícias falsas ou de meias-verdades; mais grave ainda, muitas dessas plataformas incluem uma opção de compartilhamento que impele os usuários a disseminar ainda mais o conteúdo de uma página da rede[14]. Essa realidade levou o diretor-geral da OMS, Tedros Ghebreyesus, a afirmar que o mundo enfrenta não apenas uma epidemia; está também lutando contra uma "infodemia"[15]. O que está em jogo durante a pandemia é garantir que as pessoas saibam como proceder para controlar a doença ou mitigar o seu impacto. É um esforço duplo: fornecer informação que garanta que as pessoas estejam informadas e também garantir que as pessoas sejam informadas para agir adequadamente.

A luta contra as *fake news* levou a maioria dos governos do mundo a apoiar recentemente uma iniciativa que visa estabelecer um compromisso de não difundir desinformação em meio à pandemia. O documento foi assinado por 132 países e autoridades[16]. De fora ficaram países como o Brasil, a China, as Filipinas e a Rússia. Como o documento constitutivo refere, em tempos de crise como a gerada pela Covid-19, "a propagação da 'infodemia' pode ser tão perigosa para a saúde e segurança humanas quanto a própria pandemia". Entre as várias consequências negativas apontadas pelos governos, a Covid-19 criou condições que permitem "a disseminação de desinformação, notícias falsas e vídeos que fomentam a violência e dividem as comunidades". Assim, os governos apelam para que se "pare imediatamente de difundir informações erróneas e observem as recomendações da ONU para enfrentar esse problema". Esse documento, que elogia os trabalhos da ONU e da OMS na gestão da pandemia, destaca a necessidade crucial de acesso "a informações livres, confiáveis, fatuais, multilíngues, direcionadas, precisas, claras e científicas, bem como de garantir o diálogo e a participação de todas as partes interessadas e comunidades afetadas durante a preparação, prontidão e resposta"[17]. Na conclusão dou conta dos dados mais recentes sobre a letalidade das notícias falsas e dos novos desafios que elas representam.

O acesso à informação tem sido uma das lições principais aprendidas a partir das epidemias que, nos últimos anos, têm atravessado o mundo, sobretudo o Sul global, como a ONU tem sublinhado[18]. Cabe destacar os alertas lançados, na última década, sobre a importância central das comunidades locais, expondo a impossibilidade de qualquer abordagem *one size fits all* [19].

O reverso das notícias falsas é uma crença acrítica em toda a informação que se autolegitima como científica. Com o eclodir da pandemia da Covid-19, cientistas ligados à área da saúde passaram a um protagonismo sem precedentes, quer no apoio às vítimas da Covid-19, quer na definição de cenários de políticas de saúde pública. Paralelamente, nunca foi tão trágico o impacto da nossa ignorância sobre riscos desconhecidos que enfrentamos, sobre o conhecimento que nos falta. Nenhum país conhece o número total de pessoas infectadas. Tudo o que sabemos é o estado dos que foram testados. Todos aqueles que têm uma infecção confirmada em laboratório são contados como casos confirmados. Ou seja, a contagem de casos confirmados depende da quantidade de testes que um país realmente leva a cabo. Os testes passaram a ser a nossa janela para conhecer a pandemia e a sua progressão. Se os números são a condição para reconhecer a presença da Covid-19, importa ter em atenção a capacidade de muitos países, sobretudo do Sul global, para testar a sua população e produzir estatísticas fiáveis sobre população em geral. Tanto a "ausência de dados" como as diferentes abordagens sobre as testagens interferem na qualidade dos dados. Todavia, na grande mídia, a pandemia continua a ser apresentada como um problema político – sobretudo na área da economia –, cujos efeitos presentes e opções futuras podem ser avaliados estatisticamente.

Nos últimos quarenta anos, a hegemonia quase absoluta da ortodoxia econômica neoliberal fez com que as estatísticas e os gráficos dos economistas monopolizassem a atenção da opinião pública e dos políticos. A partir da pandemia esse lugar foi tomado pelas estatísticas e pelos gráficos dos cientistas ligados à saúde e, valha a verdade, de cientistas sem formação epidemiológica, mas que viram na pandemia uma oportunidade de notoriedade. Ao fim de quarenta anos, fomos nos dando conta que a economia é demasiado importante para ser deixada somente aos economistas. Agora é tempo de dizer que a pandemia é demasiado importante para ser deixada somente aos cientistas. O princípio da precaução que a ciência sempre aconselha aplica-se a ela própria e ao seu conhecimento, sobretudo em áreas onde não há uma acumulação grande de conhecimento.

De fato, os gráficos e as estatísticas passaram a ser o termômetro da saúde do país em quase todos os noticiários em todo o mundo, comentados *ad nauseam* por cientistas e políticos. Ao mesmo tempo, torna-se cada vez mais visível que o refúgio nos gráficos e estatísticas é o modo de ocultarmos o quanto desconhecemos sobre a dinâmica da propagação do vírus e outros fatores que detalharei adiante. Além disso, os gráficos e as estatísticas prestam-se a interpretações descontextualizadas, como se os números significassem o mesmo em todas as situações. Aliás, além de incompletas, as estatísticas da saúde estão baseadas em pressupostos culturais, políticos e administrativos que, por implícitos, escapam ao controle democrático e nem sempre têm o esclarecimento da saúde dos cidadãos como objetivo principal[20].

Desenvolvimento, mudanças climáticas e impactos ambientais

É hoje aceito por uma parte importante da comunidade científica que a recorrência de pandemias e a sua crescente virulência estão relacionadas com as mudanças climáticas e com alterações do ambiente. O modo como elas interferem nos ciclos vitais da natureza e nos habitats dos animais selvagens desestabilizam os mecanismos de transmissão de vírus do que pode resultar a emergência de pandemias. Como o historiador da medicina Frank Snowden afirmou na *New Yorker*: "As doenças epidêmicas não são eventos aleatórios que atingem sociedades caprichosamente e sem aviso prévio [...] pelo contrário, a sociedade produz as suas próprias vulnerabilidades específicas"[21].

O crescente aquecimento global e um clima crescentemente instável desempenham um papel cada vez maior na recorrência e redistribuição global de doenças infecciosas[22]. Muitas das doenças infecciosas mais comuns, particularmente as transmitidas por insetos, são muito sensíveis às variações climáticas[23]. Novas e recorrentes doenças transmissíveis através de vetores, incluindo a dengue, a malária, o hantavírus e a cólera, são disso prova[24]. Para a transmissão da maioria das doenças infecciosas é essencial a presença de três componentes: um agente (ou patógeno), um hospedeiro (ou vetor) e um ambiente de transmissão[25]. Alguns patógenos são transportados por vetores ou requerem hospedeiros intermediários para concluir o seu ciclo de vida. Para tal é necessária a presença de condições climáticas apropriadas à sobrevivência, reprodução, distribuição e transmissão de patógenos, vetores e hospedeiros de doenças. Algumas das principais infecções ativas no mundo, incluindo a doença de Lyme, a raiva e o Ebola, são provenientes de doenças zoonóticas, doenças causadas por patógenos que podem ser transmitidos de animais para seres humanos. Uma das questões centrais é o nosso ainda grande desconhecimento sobre muitas dessas doenças sobretudo das doenças novas, emergentes ou reemergentes; por exemplo, não se sabe bem como é que os patógenos se "transferem" entre diferentes espécies hospedeiras e dão origem a novas epidemias.

A Covid-19 não foi um evento novo ou um acaso infeliz. É resultante de um padrão de escolhas que a humanidade tem feito. Apesar de esse vírus ser denominado como o novo coronavírus, a verdade é que ele é tudo menos novo. Zheng-Li Shi, do Instituto de Virologia de Wuhan, coautora do artigo que deu à Sars-CoV-2 (e à Covid-19) a sua identidade[26]. Shi e os seus colaboradores demonstraram em 2005[27] que o patógeno da Sars era um vírus proveniente de um morcego que se disseminou numa população humana. Desde então têm rastreado o coronavírus em morcegos, alertando que alguns deles poderiam causar pandemias humanas. Num artigo posterior, de 2017[28], revelaram que haviam encontrado coronavírus em vários indivíduos de quatro espécies diferentes de morcegos na região de Yunnan. O genoma do Sars-CoV-2 é 96% semelhante ao vírus de Wuhan, e ambos constituem um par distinto de todos os restantes coronavírus conhecidos, incluindo o que é responsável pela Sars. Só nesse sentido é que este coronavírus é novo, e possivelmente ainda mais perigoso para os seres humanos do que os outros coronavírus. A Covid-19 é um elo numa cadeia de sequências e contingências que vêm do passado e se estenderão para o futuro se as circunstâncias atuais persistirem. Se assim for, quando eventualmente conseguirmos vencer ou aprender a conviver com este surto, teremos de nos preocupar com o próximo. E nada nos garante que não se sobreponham. A não ser que consigamos mudar algo do nosso "normal". Abordarei esse tema na última parte do livro.

Sabemos pelo registo fóssil que nenhum animal de sangue quente (ou de temperatura constante) foi tão abundante quanto os seres humanos, nem teve a capacidade de consumir recursos ao ritmo atual dos seres humanos. Uma das consequências dessa abundância, desse poder e dos consequentes distúrbios ecológicos é o aumento das trocas virais, primeiro, de animal para humano, depois de humano para humano, alcançando por vezes uma escala pandémica. O nosso "normal" tem duas dimensões que farão dele no futuro um "normal pandêmico": o modelo de desenvolvimento e o comércio de animais selvagens. Um fator importante das alterações climáticas é a destruição ambiental, sobretudo das florestas, um pouco por todo o mundo[29]. Num artigo recente publicado pelo IPBES[30] pode ler-se:

> Há uma única espécie responsável pela pandemia da Covid-19 – nós. Tal como no caso das crises climáticas e de biodiversidade, as recentes pandemias são uma consequência direta da atividade humana – sobretudo dos nossos sistemas financeiros e econômicos globais, assentes num paradigma limitado que valoriza o crescimento econômico a qualquer custo. Temos uma pequena janela de oportunidades para superar os desafios da crise atual, para evitar semear as sementes das futuras.
>
> Doenças como a Covid-19 são causadas por micro-organismos que infectam os nossos corpos – tal como mais de 70% das doenças emergentes que afetam os seres humanos têm a sua origem na vida selvagem e em animais domesticados. As pandemias, no entanto, são causadas por atividades que põem em contato direto um número crescente de pessoas e que, geralmente, colidem com os animais que transportam esses patógenos.
>
> Desflorestamentos descontrolados e a expansão descontrolada da agricultura intensiva, de atividades de mineração e de desenvolvimento de infraestruturas, bem como a exploração de espécies selvagens criaram as condições para uma "tempestade perfeita" de disseminação de doenças da vida selvagem para as pessoas. Isto acontece normalmente em áreas onde vivem as comunidades mais vulneráveis a doenças infecciosas.
>
> As nossas ações têm tido um impacto significativo em mais de três quartos da superfície terrestre: destruíram mais de 85% das áreas úmidas, e atribuíram mais de um terço de toda a terra e quase 75% da água doce disponível à agricultura e à produção animal.
>
> Acrescentando-se a isto o comércio não regulamentado de animais selvagens e o crescimento explosivo das viagens aéreas globais, e torna-se claro como um vírus, que antes circulava inofensivamente entre uma espécie de morcego no Sudeste da Ásia, já infectou vários milhões de pessoas, provocou um sofrimento humano incalculável e interrompeu economias e sociedades em todo o mundo. Essa é a mão humana na emergência de uma pandemia.
>
> No entanto, isso pode ser apenas o começo. Embora as doenças entre animais e humanos já causem cerca de 700 mil mortes por ano, o risco de futuras pandemias é vasto. Acredita-se que 1,7 milhão de vírus não identificados do tipo capaz de infectar pessoas ainda existam em mamíferos e aves aquáticas. Qualquer um desses vírus pode ser a próxima "Doença X" – potencialmente ainda mais perturbadora e letal que a Covid-19.

É provável que as pandemias futuras ocorram com mais frequência, que se espalhem mais rapidamente, que tenham maior impacto econômico e matem mais pessoas, se não tomarmos muito cuidado com os possíveis impactos das escolhas que fazemos hoje.[31]

Invadimos florestas tropicais e outras paisagens selvagens que abrigam milhares de espécies de animais e plantas e, dentro dessas criaturas, tantos vírus desconhecidos. Os alertas sobre os impactos destas invasões não são de agora, como sublinha o líder indígena Davi Kopenawa Yanomami:

> Preocupamo-nos com a floresta e pensamos que desbastá-la sem medida só vai matá-la. A imagem de Omama[32] nos diz, ao contrário: "Abram suas roças sem avançar longe demais. Com a madeira dos troncos já caídos façam lenha para as fogueiras que os aquecem e cozinham seus alimentos. Não maltratem as árvores só para comer seus frutos. Não estraguem a floresta à toa. Se for destruída, nenhuma outra virá tomar seu lugar! Sua riqueza irá embora para sempre e vocês não poderão mais viver nela!".
>
> Já os grandes homens dos brancos pensam diferente: "A floresta está aqui sem razão, então podemos estragá-la o quanto quisermos! Ela pertence ao governo!". Contudo, não foram eles que a plantaram e, se a deixarmos nas mãos deles, farão apenas coisas ruins. Vão derrubar suas árvores grandes e vendê-las nas cidades. Vão queimar as que sobrarem e sujarão todas as águas. A terra logo ficará nua e ardente. Seu valor de fertilidade irá deixá-la para sempre. Não crescerá mais nada nela e os animais que vinham se alimentar dos frutos de suas árvores também irão embora. Foi o que aconteceu quando abriram a estrada na floresta da gente do rio Ajarani e de novo quando os garimpeiros invadiram a dos habitantes das terras altas. Escavando o leito dos rios, desmatando as margens e esfumaçando as árvores com seus motores, eles expulsaram a riqueza da floresta e a fizeram ficar doente, a ponto de o ser da fome, Ohinari, ter se instalado nela.[33]

Pode parecer estranho vincular a destruição de habitats naturais à disseminação de vírus, mas há um crescente número de estudos sugerindo que a destruição de florestas para exploração madeireira ou agricultura pode ter esse efeito nos seres humanos. Atualmente a perda de floresta é um problema que afeta sobretudo as áreas tropicais, que são as regiões que concentram a maior biodiversidade do planeta. Como destaca a FAO (Food and Agriculture Organization [Organização das Nações Unidas para a Alimentação e a Agricultura])[34], as florestas cobrem cerca de 30% da área da Terra. Aproximadamente metade dessa área corresponde a florestas relativamente intactas, e mais de um terço é floresta primária (ou seja, florestas naturalmente regeneradas de espécies nativas, onde não há indicações visíveis de atividades humanas e os processos ecológicos não estão muito alterados). Mais de 60% das florestas estão localizadas em apenas dez países: Federação Russa, Brasil, Canadá, Estados Unidos da América, China, Austrália, República Democrática do Congo, Indonésia, Peru e Índia. De acordo com esse organismo da ONU, estima-se que desde 1990 cerca de 420 milhões de hectares de floresta foram perdidos com a conversão da terra para outros usos. Na sequência dessas ações, a área de florestas primárias em todo o mundo perdeu mais de 80 milhões de hectares desde 1990, ao que se acrescenta a destruição de cerca de 100 milhões de hectares de florestas afetados por incêndios florestais, pragas, doenças, secas, espécies invasoras e eventos climáticos adversos.

Refletindo sobre o impacto do modelo societal neoliberal, a ecologista Vandana Shiva destaca:

> Um modelo globalizado, industrial e ineficiente de alimentos e agricultura está invadindo o habitat ecológico de outras espécies, manipulando animais e plantas, sem respeito pela sua integridade e saúde. A ilusão da Terra e de seus seres como matéria-prima a serem explorados para obter lucros está gerando um mundo conectado pelas doenças. A emergência sanitária para a qual o novo coronavírus nos acordou está ligada à emergência da extinção e desaparecimento de espécies e à emergência climática. Todas as emergências estão enraizadas numa visão de mundo mecanicista, militarista e antropocêntrica dos seres humanos como separada e superior a outros seres, que assumimos poder possuir, manipular e controlar. Também está enraizado num modelo econômico baseado na ilusão de crescimento ilimitado e ganância ilimitada que viola sistematicamente as fronteiras planetárias e a integridade dos ecossistemas e espécies. [...] Com a emergência de saúde gerada pelo coronavírus, é urgente examinar os sistemas que espalham doenças e os sistemas que criam saúde através de uma abordagem holística e sistêmica. Uma abordagem sistêmica aos cuidados de saúde em tempos de crise terá de abordar não apenas o vírus, mas também como as novas epidemias se espalham à medida que invadimos as casas de outros seres.[35]

Grande parte dessa invasão acontece na Amazônia, onde a taxa de destruição tem aumentado nos últimos anos em função de mudanças de política no governo brasileiro. Entre 2018 e 2019, 9.761 km² de cobertura florestal da Amazônia desapareceram. A pandemia veio agravar essa situação. Nos primeiros quatro meses de 2020 foram desflorestados 1.202 km² da Amazônica, segundo dados de satélite divulgados pelo Instituto Nacional de Pesquisas Espaciais (INPE)[36]. O processo tem se acelerado. O INPE mostrou que 830 km² de floresta tropical tinham sido destruídos na "Amazônia Legal" brasileira durante o mês de maio, elevando o desmatamento total desde 1º de agosto de 2019 para 6.437 km², uma área maior que a Palestina[37]. O desflorestamento da Amazônia estende-se a vários outros países, como Peru, Colômbia, Bolívia, Venezuela, Suriname, Guiana e Guiana Francesa. No total, desde 1978, foram destruídos mais de 750 mil km² de floresta amazônica[38]. No entanto, foi o Sudoeste Asiático que registrou a maior taxa de perda de florestas do mundo, perdendo 30% de sua superfície florestal nos últimos quarenta anos. A Malásia está entre os seis países com a maior diminuição de área florestal. Entre 2001 e 2018, perdeu cerca de um quarto de sua cobertura florestal, cerca de 7,7 milhões de hectares[39].

Cortamos as árvores, matamos os animais, destruímos ecossistemas e desalojamos os vírus de seus hospedeiros naturais. Quando isso acontece, eles precisam de um novo hospedeiro. Por vezes, somos nós. A destruição das florestas e dos ecossistemas naturais tem consequências imprevisíveis que se podem revelar fatais para a espécie humana. Não se trata apenas de um cenário de animais desprotegidos tentando encontrar um novo habitat. O fato é que as novas "fronteiras" desenhadas pela ocupação humana em locais de florestas recém-destruídas revelam-se, muitas vezes, atraentes para a vida animal, onde se hospedam os vírus.

Um exemplo desse impacto está associado à malária, uma doença evitável e curável, cujos efeitos têm repercussão em 91 países. Em 2018, de acordo com os dados da OMS, registraram-se 228 milhões de casos, tendo a doença vitimado 405 mil pessoas. Desses casos, 90% foram registrados na África Subsaariana onde ocorreram 92% das mortes pela doença, sobretudo entre grávidas e crianças[40]. A malária é transmitida aos seres humanos através da picada das fêmeas do mosquito *Anopheles*. Pela picada, o *Anopheles* introduz no sistema circulatório do hospedeiro os parasitas (*Plasmodium*) presentes na sua saliva[41]. Nem todos os tipos de mosquito *Anopheles* se desenvolvem nas mesmas condições, mas, em geral, as águas paradas, temperaturas quentes e luz solar são favoráveis à maioria das espécies portadoras da malária, o que explica que essa infecção esteja associada às condições ambientais. Vários estudos sugerem que os desflorestamentos estão associados ao aumento das taxas de infecção por malária[42]. As pesquisas realizadas mostram que o desflorestamento causado por atividades humanas inclui desde a abertura de pequenas áreas para cultivo ou colheita de lenha para servir de combustível, até ao desflorestamento para a prática de agricultura em grande escala. O desflorestamento cria vários cenários favoráveis ao desenvolvimento do mosquito *Anopheles*. Por exemplo, com o desflorestamento reduz-se a capacidade de absorção de água pelos solos, dando azo ao surgimento de charcos e poças de água parada a céu aberto, expostos à luz do sol; o sol aumenta a temperatura da água e cria viveiros ideais ao desenvolvimento das larvas de *Anopheles*.

No Brasil, os mosquitos portadores da malária (*Anopheles darlingi*) prosperam nos charcos e nas poças das estradas abertas durante o desmatamento de florestas e matas. A taxa de infecção por malária no Brasil mostrou estar ligada ao crescente desflorestamento na Amazônia[43]; os esforços de controle reduziram o número anual de malária de 6 milhões na década de 1940[44] para apenas 50 mil na década de 1960[45], mas estes números voltaram a aumentar desde então. Por outro, os morcegos gostam de viver perto das habitações humanas porque as luzes elétricas atraem os insetos dos quais se alimentam[46].

A somar aos riscos do aumento de contato entre seres humanos e animais tropicais nesses novos ambientes "perturbados" criados pelo desflorestamento – onde as regras ecológicas normais são quebradas –, os animais podem entrar em contato com outros que nunca haviam contatado anteriormente. Os vírus podem passar de uma criatura a outra, encontrando um hospedeiro intermediário que permite a mutação, antes de passar para os seres humanos[47]. Se somarmos a esses fatores o enorme crescimento populacional, as comunidades humanas estarão cada vez mais próximas de animais que anteriormente estavam naturalmente contidos nos seus ecossistemas[48].

A lista de vírus emergentes em seres humanos é longa e assustadora: Machupo, Bolívia, 1961[49]; Marburg, Alemanha, 1967[50]; Ebola, Zaire e Sudão, 1976[51]; HIV, reconhecido em Nova York e na Califórnia, 1981[52]; uma forma de Hanta (agora conhecida como Sin Nombre), Sudoeste dos Estados Unidos, 1993[53]; Hendra, Austrália, 1994[54]; gripe aviária, Hong Kong, 1997[55]; Nipah, Malásia, 1998[56]; West Nile, Nova York, 1999[57]; Sars, China, 2002-2003[58]; Mers, Arábia Saudita, 2012[59]; Ebola novamente, África Ocidental, 2014[60]. E isso é apenas uma seleção. Torna-se difícil ignorar os sinais.

Como referi, um dos potenciais focos de contágio tem a ver com a interação entre humanos e animais, em que o comércio de animais selvagens, sobretudo para alimentação, adquire um lugar de destaque. Com efeito, esta atividade comercial é muito maior do que se pode imaginar, com cadeias de fornecimento espalhadas pela Ásia, África e, em menor grau, nos EUA e em outros países do Norte global. Esse comércio foi ilegalizado temporariamente na China (tal como aconteceu durante a Sars e depois foi retomado). Tornaram-se notícia mundial as imagens de morcegos, civetas, porcos-espinhos, tartarugas, ratos de bambu, pangolins, muitos tipos de pássaros e outros animais empilhados em condições de grande stress e promiscuidade espacial em mercados como o de Wuhan. Esse comércio tem dois extratos muito distintos: mercados gourmet de classes média e alta e mercados ou consumo direto de populações empobrecidas para quem os animais selvagens são a única fonte de proteína animal.

Parece óbvia a necessidade de uma ação urgente no comércio de animais selvagens. No entanto, Amy Dickman, bióloga da Universidade de Oxford, ficou "alarmada" com os pedidos de proibições indiscriminadas ao comércio desses animais. Ela é um dos mais de 250 signatários de uma carta aberta à Organização Mundial da Saúde e ao Programa das Nações Unidas para o Meio Ambiente, que defende que qualquer transição deve contribuir para – e não prejudicar – os meios de subsistência das pessoas mais vulneráveis do mundo, muitas das quais dependem de recursos selvagens para sobrevivência. Outros signatários incluem representantes da African Wildlife Foundation, da Sociedade Zoológica de Frankfurt, da IUCN (International Union for Conservation of Nature [União Internacional para Conservação da Natureza]). A carta diz:

> A Covid-19 está infligindo custos sociais e econômicos sem precedentes a países e comunidades, atingindo sobretudo os mais pobres e vulneráveis. As suspeitas ligações do vírus a um "mercado de animais vivos" chinês levaram a pedidos para que se proíbam esses mercados e se restrinjam ou encerrem o comércio, uso medicinal e consumo de animais selvagens. No entanto, proibições e restrições indiscriminadas dessa natureza correm o risco de serem injustas e ineficazes. [...] Mercados de carne (nem todos que vendem carne selvagem) garantem uma segurança alimentar inestimável; em todo o mundo milhões de pessoas comercializam ou consomem carne selvagem e dependem do uso de animais selvagens para a sua subsistência, enquanto as doenças são também transmitidas quer por gado, quer por animais selvagens.[61]

Os autores da carta estão preocupados que a aplicação dessas restrições simplistas e indiscriminadas exacerbem a pobreza e a desigualdade, resultando num aumento da criminalidade e na aceleração da exploração e extinção de espécies na natureza. "Frequentemente, as pessoas parecem mais dispostas a apontar o dedo a mercados distantes, pois as proibições não vão afetar a sua vida cotidiana, embora muitas vezes afetem os direitos de pessoas extremamente vulneráveis", afirmou ainda Amy Dickman. Se pensarmos nas populações indígenas ou nativas, o impacto de uma proibição total poderia representar um ataque aos seus meios de subsistência. Mama Mouamfon, camaronês, e dirigente da ONG Fondation Camerounaise de la Terre Vivante (FCTV), afirma que a proibição do comércio prejudicaria os meios de subsistência:

> A carne de animais selvagens é muito importante para as pessoas da floresta porque é uma das melhores maneiras de obter proteína animal. A pobreza e o

fato dessas pessoas viverem em locais remotos tornam difícil o acesso a fontes tradicionais de proteína animal [...]. Por vezes as pessoas tomam decisões porque estão sentadas num escritório, muito longe da realidade. Se conhecessem a nossa realidade, não tomariam essa [mesma] decisão.[62]

Torna-se evidente que, nesse domínio como em outros, as soluções monotônicas, *one size fits all*, acabam por ser contraproducentes. Daqui para o futuro, as soluções globais devem ser compatíveis com a atenção aos contextos locais e às inovações que eles sugerem. E mais uma vez, isso só será possível se houver uma transformação epistemológica que permita identificar esses contextos nos seus próprios termos e valorizar as soluções que eles sugerem.

As palavras do escritor moçambicano Mia Couto, biólogo de formação, descrevem bem o que vivemos e como aqui chegamos:

> Os vírus não podem ser entendidos como os maus da história, os vilões que merecem ser estudados apenas por motivos médicos. Sejam o que forem, os vírus são os grandes maestros da orquestra da vida, são os mensageiros e agentes de troca entre o mais diverso patrimônio genético. Eles não estão "fora" nem "longe", não vivem nos laboratórios. Eles estão onde está a vida, estão dentro de nós. O nosso genoma incorpora elementos virais. Nós somos feitos a partir deles. Os mamíferos não seriam capazes de desenvolver placenta se não tivéssemos incorporado geneticamente esses elementos virais. Falo de tudo isso porque essa pandemia não será a última. Já estávamos avisados que viria algo parecido. E ficamos à espera, embevecidos com o nosso poderio tecnológico e com a ilusão da omnisciência.[63]

Torna-se claro que a suposta onipotência e *hubris* da humanidade em relação à natureza são um desajeitado disfarce da nossa precariedade como espécie. As pandemias já aqui referidas resultaram dos desequilíbrios provocados pela atividade humana e foram avisos do que estava para vir. As consequências do desregulamento da atividade humana continuam a provocar desastres naturais – pandemias, incêndios, furacões, inundações, etc. – que serão cada vez mais extremos à medida que aumentar a temperatura na Terra.

E como na natureza tudo está ligado, as mudanças climáticas provocarão movimentos não só nas populações animais, mas também nas populações humanas. Uma nova categoria de refugiados surge silenciosamente: os refugiados climáticos. Peter Schmidt, presidente do Observatório de Desenvolvimento Sustentável do Comitê Econômico e Social Europeu, defende que a sociedade civil deve pressionar os políticos a agir sobre esse fenômeno no interesse de todas as pessoas. É exatamente a questão da migração que pode nos fazer ver quão sustentáveis são nossas sociedades e economias. As nossas sociedades estão realmente preparadas para crises desse tipo? E essas crises não estão surgindo do nada, muitas delas foram previstas, mas os avisos não foram ouvidos[64].

De acordo com dados do Centro de Monitoramento de Deslocamentos Internos[65], os desastres naturais foram a razão do deslocamento de mais de 33,4 milhões de pessoas em 2019. Desses, 23,9 milhões de deslocamentos foram causados por eventos relacionados com o clima, como tempestades, inundações, tufões e furacões, conforme destaca o relatório anual do Centro[66]. A maioria dos deslocamentos são induzidos por desastres em resultado de tempestades tropicais e chuvas de monção na Ásia e no Pacífico. A Índia, as Filipinas, Bangladesh e a China registraram individualmente mais de 4 milhões de pessoas deslocadas, muitas delas evacuadas preventivamente. Muitos refugiados, no entanto, tiveram o seu deslocamento prolongado porque suas casas foram danificadas ou ficaram destruídas. A deslocação ambiental nem sempre é causada diretamente por desastres, pode também ser o resultado de uma lenta cadeia de eventos, como a subida do nível do mar ou a desertificação, tornando muitos locais inadequados para a agricultura e até impróprios para a vida humana. Os impactos das mudanças climáticas são mais severos para as comunidades mais vulneráveis e pobres e por isso menos capazes de absorver os danos daí resultantes.

A pandemia é um sinal vermelho para a comunidade humana global que nos força a refletir sobre as condições da nossa sobrevivência futura. Nada voltará ao "normal". Um sinal de esperança vem das inúmeras iniciativas que tem vindo a exigir mudanças fundamentais na estrutura e na ação socioeconômica global. Para mudar o rumo em direção a um futuro sustentável, desde a década de 1980, várias organizações têm apresentado propostas de ação, desde o relatório Common Future à Agenda 21 e ao The Future We Want[67]. Muitos objetivos e metas de sustentabilidade foram estabelecidos em nível local e global, incluindo as Metas de Aichi para a biodiversidade[68] e os Objetivos de Desenvolvimento Sustentável das Nações Unidas para 2030 (ODSs)[69]. Ao contrário do Painel Intergovernamental sobre Mudanças Climáticas (IPCC), que possui metas e prazos claros, os ODSs têm capacidade limitada para lidar com o declínio da biodiversidade. Embora existam várias propostas para o uso de uma combinação de métricas existentes como, por exemplo, índice da Lista Vermelha[70] e o Relatório Planeta Vivo[71], cabe salientar o trabalho do IPBES[72] que segue orientações claras e promove ações e iniciativas que representam a opção mais próxima de uma meta política geral para uma convivência sã entre os ecossistemas naturais e o bem-estar humano.

Uma componente essencial no sentido de alcançar os ODSs é a promoção de uma economia global sustentável, baseada num conjunto de sociedades sustentáveis em rede. Essa promoção deve estar baseada em duas lógicas temporais aparentemente contraditórias, mas de fato convergentes. Por um lado, os ODSs e muitos outros acordos e esforços coletivos têm inspirado inovações, novas tecnologias e modelos de consumo ambientalmente responsáveis com o objetivo de eliminar os impactos ambientais, diminuir as desigualdades e melhorar o bem-estar humano. Por outro lado, a inovação não parece estar tanto nas novas tecnologias como numa maneira nova de ler, conhecer e entender o mundo, uma transformação epistêmica que sustente o apoio político a todas as iniciativas e modos de vida que não precisam ser inventadas porque já estão no terreno e apenas são consideradas irrelevantes pelos conhecimentos e preconceitos dominantes. Nesse domínio, povos indígenas têm um papel fundamental e a inovação consiste em identificar as sementes de futuro que estão presentes nas práticas ancestrais que eles a muito custo conseguiram preservar. Nas palavras de Sonia Guajajara, líder da Articulação dos Povos Indígenas do Brasil:

> Não precisa esperar pelo apocalipse para poder voltar a viver. Para nós, civilização é o comportamento que temos em relação à terra. Para o não índio, é o desenvolvimento, o progresso. É uma inversão de entendimentos. Para mim, nós somos o povo mais civilizado que existe. [...] Os povos indígenas são uma barreira contra o caos e na forma como atuam para preservar a vida. A deles, a nossa, a do planeta.[73]

Viver com as incertezas científicas

Os debates sobre a ciência tornam cada vez mais evidente que o conhecimento científico não tem o rigor nem sustenta as certezas que o público em geral lhe atribui. A ciência é um saber limitado que avança por via de controvérsias e é tanto mais útil quanto mais consciente dos seus limites e mais intensas as controvérsias. Mas o público não científico tende a converter as conjecturas, as afirmações provisórias, ou as opiniões de alguns cientistas em verdades incontestáveis da "ciência". Não vem ao caso discutir aqui de onde vem essa discrepância nem o fato de alguns cientistas se comportarem de modo a reforçar essa concepção da ciência na opinião pública. Ela torna-se, no entanto, problemática quando as opiniões dos cientistas estão nos lugares de destaque dos meios de comunicação social e quando tais opiniões servem de fundamento para decisões políticas e administrativas que afetam a vida de milhões de cidadãos.

Edgar Morin comentava recentemente essa situação: "O que me impressiona é que grande parte do público via a ciência como o repertório de verdades absolutas, afirmações irrefutáveis". E acrescentava sobre os cientistas convocados pelo poder político que "defendiam pontos de vista muito diferentes e, às vezes, contraditórios, e isso nas medidas a ser adotadas, nos possíveis novos remédios para responder à emergência, na validade deste ou daquele medicamento, na duração dos ensaios clínicos a realizar". E Morin concluía:

> Os debates em torno da cloroquina, por exemplo, levantaram a questão da alternativa entre urgência e cautela. [...] as controvérsias são parte inerente da pesquisa. Infelizmente parece que mesmo entre os cientistas poucos leram, por exemplo, Karl Popper, que estabeleceu que uma teoria só é científica se for refutável, portanto, o critério de cientificidade de uma teoria é a sua refutabilidade, ou Gaston Bachelard, ao colocar o problema da complexidade do conhecimento, ou Thomas Kuhn, ao estabelecer, com a sua teoria dos paradigmas, que a história das ciências é um processo descontínuo.[74]

As diferenças de opinião entre cientistas podem levantar problemas aos líderes políticos que querem pautar sua ação pelos conselhos dos cientistas. Essa questão foi suscitada nos Estados Unidos e no Brasil pela decisão dos respectivos presidentes em promover a administração de hidroxicloroquina no tratamento da Covid-19 como solução para combater a pandemia. O presidente Trump chegou mesmo a autorizar a compra de milhões de caixas desse fármaco para o país e admitiu, no Twitter, estar tomando os comprimidos, apesar de a autoridade responsável pela aprovação de novos medicamentos nos EUA, a FDA, ter alertado para os riscos associados ao uso desse fármaco. No Brasil, o presidente Bolsonaro também tem defendido a eficácia da cloroquina; um dos vários ministros da Saúde que se sucederam no cargo durante a pandemia recomendou o seu uso por todos os pacientes com Covid-19, mesmo pelos que são assintomáticos. Em contrapé, em finais de maio de 2020, a OMS apelou à suspensão temporária do uso da hidroxicloroquina[75]. Como destacou o seu diretor, Tedros Ghebreyesus, "há muito poucos estudos randomizados e é importante recolher informação sobre a sua segurança e eficácia" como terapia para a Covid-19, uma vez que é uma droga usada principalmente para tratar a malária. Pouco tempo depois, a FDA dos EUA proibiu a administração da hidroxicloroquina como profilático à Covid-19, recomendando muitas precauções na administração desse fármaco a doentes internados infectados pelo novo coronavírus[76]. Todavia o presidente Trump comprometeu-se a continuar a enviar esse medicamento para o Brasil[77]. Como sinal de entusiástica anuência, o presidente Bolsonaro mandou os laboratórios do Exército fabricarem um enorme volume de hidroxicloroquina, um estoque suficiente para dezoito anos de uso para a necessidade indicada. E o prazo de validade é de dois anos! Essa opção aconteceu quando, em junho de 2020, a América Latina foi considerada o epicentro dessa infecção, num contexto em que as cadeias de contágio aumentavam a grande velocidade em vários contextos do Sul (América Latina, África e Ásia)[78]. As suspensões ou o desaconselhamento do uso da hidroxicloroquina aconteceram em vários países seriamente atingidos pela Covid-19, na Europa (Itália, França, etc.) e na Índia, entre outros[79].

Outro exemplo paradigmático do perigo de decisões apoiadas em resultados apressados pela urgência das soluções foi o fiasco na questão do ibuprofeno. Um dos sintomas iniciais mais comuns da Covid-19 é a febre, e o ibuprofeno é um dos medicamentos mais usados em todo o mundo para baixar a febre. Em 11 de março de 2020, investigadores do Hospital Universitário de Basileia, na Suíça, e da Universidade Aristóteles de Thessaloniki, na Grécia, publicaram uma carta no *The Lancet Respiratory Medicine*[80]. A carta analisava três conjuntos iniciais de casos da China, cobrindo quase 1.300 doentes graves com a Covid-19. Os autores da carta observaram que um número significativo desses doentes apresentava pressão alta e diabetes, de 12% a 30%, dependendo do estudo, e especulavam ainda que pelo fato de o ibuprofeno aumentar a quantidade de ACE2 nas células humanas – a proteína que o coronavírus usa para entrar nas células pulmonares – o vírus poderia infectar as células pulmonares mais facilmente se a pessoa estivesse medicada com ibuprofeno. Não se tratou de um estudo nem apresentou prova experimental suficiente; era simplesmente uma preocupação teórica baseada no conhecimento do funcionamento do organismo humano e da intervenção do vírus. Três dias após a publicação da carta, o ministro da Saúde francês, Olivier Véran (neurologista de formação), twittou uma mensagem exortando as pessoas a evitar o ibuprofeno na febre associada ao coronavírus[81]. O Ministério da Saúde francês deu seguimento à questão com uma ampla proibição de tratar a febre provocada pela Covid-19 com anti-inflamatórios não esteroides como o ibuprofeno[82]. A OMS, por meio do seu porta-voz Christian Lindmeier, emitiu um aviso essencialmente semelhante[83]. A mídia prosseguiu com mais histórias de casos[84], relacionando de forma duvidosa o agravamento dos sintomas iniciais com o uso de ibuprofeno e referindo-se à carta acima referida como um "estudo"[85].

A carta ao *The Lancet* ultrapassou as salvaguardas da investigação, da interpretação institucional e da mídia, mas a verdade acabou por ser rapidamente reposta. Médicos e cientistas recuaram rapidamente, apoiando o uso de ibuprofeno em doentes com Covid-19. O apoio foi descrito numa revisão de literatura publicada[86]. Em resposta, a OMS rapidamente reverteu sua posição sobre o ibuprofeno[87]. A pressa de aceitar ou rejeitar qualquer remédio como cura, declarar uma vitória e voltar ao "normal" é tão ingênua quanto perigosa.

Convém ressaltar que só em junho foi apresentado o primeiro medicamento, aliás há muito conhecido e usado – a dexametasona[88] –, que se tem mostrado eficaz em debelar a infecção causada pela Covid-19. Como refere um comunicado da Universidade de Oxford, que coordenou o teste clínico em pacientes em estado grave infectados com o novo coronavírus, o tratamento com esse corticoide reduziu em um terço a mortalidade entre os pacientes ventilados e em um quinto entre outros pacientes em estado grave que recebiam oxigênio. Na nota divulgada, os cientistas explicam que "um total de 2.104 pacientes foram escolhidos de forma aleatória para receber dexametasona uma vez por dia", durante dez dias. Os efeitos do fármaco nesses pacientes foram comparados com 4.321 pacientes que recebiam os cuidados habituais de um doente de Covid-19[89].

Nesse como em outros domínios as incertezas são imensas. Apesar de o genoma do coronavírus estar sendo mapeado em vários lugares do mundo, numa colaboração ampla para desenvolver uma vacina, remédios que ajudem a debelar a infecção, e para produzir mais e melhor conhecimento sobre o comportamento do novo coronavírus, a verdade é que não sabemos as dimensões sazonais da doença. Temos poucas pistas sobre a especificidade da doença para determinados grupos populacionais. Nem sabemos os números cruciais para a epidemiologia, o número R0 (o número médio de contágios causados por cada pessoa infectada) ou a taxa de mortalidade. Graham Medley, professor da Escola de Higiene e Medicina Tropical de Londres, declarou a este propósito numa entrevista à BBC: "Quem disser que sabe o que acontecerá em seis meses está mentindo"[90]. Com parâmetros tão incertos, as previsões são, obviamente, apenas suposições informadas. Podem ser executadas por quem tem muita experiência, mas não devemos reificar o processo, nem confiar totalmente nos resultados. Os modelos podem restringir a experiência, excluindo outras perspectivas e, é claro, também podem errar. O epidemiologista moderno é, em grande medida, um contabilista[91]. Cabe-lhe registrar dados, apresentar gráficos e tabelas e fazer sugestões sobre medidas concretas (em medidas de intervenção como distanciamento social, por exemplo). No entanto, quando se trata de prever tendências epidêmicas, suas contribuições – de métricas[92] como o Global Health Security Index 2019[93] a modelos computacionais caleidoscópicos de transmissão de doenças contagiosas – possuem um capacidade de previsão limitada (como a experiência em saúde global tem mostrado repetidamente). Como adverte Naomar de Almeida-Filho:

Por um lado, entre pesquisadores e produtores de discurso técnico do campo médico, muitos se declaram epidemiologistas, mesmo quando abertamente demonstram reduzida ou enviesada compreensão do raciocínio epidemiológico; por outro lado, pesquisadores de campos científicos e tecnológicos estruturados nas diversas lógicas de quantificação, como a física, a economia, a estatística, a computação e o que, agora na moda, chamam de "ciências de dados", agem como se nunca houvesse existido campos disciplinares específicos, constituídos a partir do estudo das epidemias e dos problemas de saúde nas sociedades, que historicamente se desenvolveram tendo como eixo metodológico abordagens numéricas da distribuição de doenças e fenômenos de saúde em populações, ambientes e sociedades.[94]

Entre 2013 e 2016, durante o surto do vírus Ebola na África Ocidental, foi elaborada uma série estonteante de previsões[95] desde a suposição inicial da OMS de que o surto estaria contido em algumas centenas de casos até a estimativa do Center for Disease Control and Prevention dos EUA que previa até 1,4 milhão de casos até janeiro de 2015[96]. Curiosamente, esse último modelo foi o menos consistente com a epidemia observada; ao mesmo tempo, no entanto, foi considerado o mais útil (como uma ferramenta de advocacia para reunir uma resposta internacional sólida)[97]. Não era exatamente isso que o estatístico George E. P. Box tinha em mente quando escreveu seu famoso ditado, "Todos os modelos estão errados, mas alguns são úteis"[98]. Ao refletir durante a gripe aviária sobre a modelagem de doenças zoonóticas, um grupo, que incluía modeladores matemáticos e antropólogos[99], concluiu ser necessária uma abordagem plural à modelagem que combine 3Ps[100]: *processo* (a maneira como a dinâmica da população de doenças funciona); *padrão* (a disseminação espacial da doença e a correlação com vários fatores); e *participação* (compreensão da dinâmica da doença na perspectiva das pessoas nos diferentes locais por onde a doença se espalha). A última (participação), que se encontra quase completamente ausente da resposta atual à Covid-19, é especialmente crucial porque pode ajudar a encontrar cenários de modelos em contextos locais, com maior probabilidade de serem assumidos pela população e aumentar assim as condições de sucesso. As pandemias são mais eficazmente enfrentadas por via de processos que envolvem ações locais de solidariedade, ajuda mútua e inovação baseadas em contextos particulares. Os modelos científicos e os planos de emergência devem trabalhar com esses processos.

As ciências médicas e outros saberes: diálogos sobre cuidados e saúde

O reconhecimento da importância dos contextos locais nos conduz à necessidade de a ciência dialogar com outros conhecimentos médicos que não os científicos, alguns deles ancestrais, a que as comunidades têm recorrido ao longo dos séculos para enfrentar as adversidades da saúde individual e comunitária. Desses diálogos e do enriquecimento mútuo, que há muito vêm acontecendo, está germinando um fenômeno epistemológico que designo por ecologia de saberes médicos. Um exemplo encorajador vem da própria OMS que abriu caminho à utilização controlada das medicinas tradicionais reconhecendo o seu legado histórico e a sua utilidade na presente situação:

> A OMS acolhe inovações em todo o mundo, incluindo medicamentos tradicionais e o desenvolvimento de novas terapias na busca de possíveis tratamentos para a Covid-19. A OMS reconhece que a medicina tradicional, complementar e alternativa tem muitos benefícios e a África tem uma longa história da medicina tradicional e os profissionais que a desempenham têm um papel importante na prestação de cuidados às populações. Plantas medicinais como *Artemisia annua* estão sendo consideradas como possíveis tratamentos para a Covid-19 e devem ser testadas quanto à sua eficácia e efeitos colaterais adversos. Os africanos merecem usar medicamentos testados com os mesmos padrões que as pessoas no resto do mundo. Mesmo que as terapias sejam derivadas da prática tradicional e natural, é fundamental estabelecer sua eficácia e segurança por meio de rigorosos ensaios clínicos.[101]

Essa posição da OMS espelha o caminho trilhado desde a Conferência de Alma-Ata, em relação aos cuidados de saúde primários, em 1978[102]. Na declaração conjunta (sob a égide da OMS e da Unicef), os cuidados de saúde primários são vistos como

> cuidados essenciais de saúde baseados em métodos e tecnologias práticas, cientificamente bem fundamentadas e socialmente aceitáveis, colocadas ao alcance universal de indivíduos e famílias da comunidade, mediante a sua plena participação e a um custo que a comunidade e o país possam manter a cada fase do seu desenvolvimento. [... Esses] cuidados de saúde são levados o mais proximamente possível aos lugares onde as pessoas vivem e trabalham, e constituem o primeiro elemento de um continuado processo de assistência à saúde.

Mais adiante a Declaração afirma que os cuidados de saúde primários

> baseiam-se nos níveis locais e de encaminhamento, nos que trabalham no campo da saúde, inclusive médicos, enfermeiros, parteiras, auxiliares e agentes comunitários, conforme seja aplicável, assim como em praticantes tradicionais, conforme seja necessário, convenientemente treinados para trabalhar, social e tecnicamente, ao lado da equipe de saúde e responder às necessidades expressas de saúde da comunidade.

Essa declaração sutilmente reconhece a presença de vários saberes médicos que circulam nas sociedades, num desafio a uma ideologia médica anterior segundo a qual a disseminação progressiva da medicina ocidental (biomedicina, alopatia) conduziria ao desaparecimento gradual das várias expressões de medicina tradicional. Em vez disso, um pouco por todo o mundo, uma série de outras tradições médicas continuaram a coexistir com a biomedicina, espelho de uma ecologia de saberes médicos. Essa colaboração entre os vários conhecimentos e sistemas de saúde, experimentada em vários contextos do Sul global[103], levou a OMS a definir como uma das suas estratégias para a década 2014-2023 "promover a cobertura universal de saúde, integrando os serviços de medicinas tradicionais e complementares[104] na prestação de cuidados de saúde"[105]. Reconhece-se hoje, por exemplo, que as ciências médicas não têm a mesma eficácia em situações crônicas que têm nas patologias agudas. É precisamente nas situações crônicas que os conhecimentos tradicionais, médicos e outros, têm maior e mais reconhecida eficácia. É essa relação que explica o crescente reconhecimento de outras medicinas entre os Estados-membros da OMS. Presentemente 170 Estados-membros reconhecem o uso de medicinas tradicionais e alternativas ou complementares à biomedicina[106].

A atual pandemia da Covid-19 tem provocado ansiedade e preocupação em nível global[107]. Os especialistas ainda não foram capazes de determinar a verdadeira fonte do vírus ou sequer confirmar através de qual transmissor chegou até nós. São ainda necessárias mais análises dos dados epidemiológicos para entender a extensão da transmissão viral e o modo como as pessoas são infectadas[108]. Num contexto em que o comportamento do Sars-CoV-2 é ainda pouco conhecido, importa mobilizar um conjunto diverso de saberes. Em artigo já referido, publicado no *El País*, o destacado epidemiologista brasileiro Naomar de Almeida-Filho[109] reflete sobre o sentido da atual pandemia, e sobre a melhor forma de lidar com ela:

[A pandemia é] um evento singular, emergente e complexo [...]. Para entender a pandemia e seus impactos, reais e imaginários, numa perspectiva realista e contextualizada, devemos buscar referências conceituais e metodológicas contrapostas às ciências tradicionais, tal como estabelecidas no Hemisfério Norte. [...] A pandemia da Covid-19 pode ser compreendida como um objeto complexo, com sete dimensões, articuladas por interfaces hierárquicas: alterações moleculares e celulares que replicam o vírus, lesões metabólicas e tissulares que afetam órgãos e sistemas corporais; quadros sintomáticos que se concretizam em "casos clínicos"; populações afetadas pela epidemia (doentes e óbitos); ecossistemas agredidos e degradados pela ação humana; sociedades, economias e redes políticas rompidas ou ameaçadas; esferas simbólicas e culturais, num clima de medo e pânico. [...] A pandemia de Covid-19, em todo o mundo, sem dúvida representa rica oportunidade para uma necessária aliança intertransdisciplinar, articulando ciências, tecnologias e saberes práticos, capaz de viabilizar de modo efetivo soluções integradoras, pertinentes e cuidadosas frente aos graves problemas que emergem nas diversas faces e interfaces desse evento crítico.

Esta reflexão reforça a proposta de diálogo e cooperação entre as diferentes disciplinas e campos das ciências e os setores de políticas públicas no campo da saúde, entendida num sentido amplo. Especificamente, o reconhecimento da pluralidade e inter-relação entre vários campos, semiautônomos mas porosos, envolvidos na produção de saberes sobre saúde e bem-estar humano a vários níveis, tem tido bons resultados. Como refere Charbel El-Hani, constituem, no contexto da Covid-19, uma promessa importante no desenvolver de estratégias de cuidado, controle, mitigação e superação desta crise[110].

Essa abordagem implica a inclusão, para além de cuidadores comunitários, de vários saberes médicos usados para conter a pandemia ou para procurar reforçar a imunidade e assim aumentar a segurança e o bem-estar das comunidades. Vários trabalhos acadêmicos têm vindo a insistir que, em contextos africanos, asiáticos e latino-americanos, as medicinas tradicionais são, frequentemente, a primeira e a última linha de defesa contra as doenças mais contagiosas e debilitantes. Embora a biomedicina seja igualmente aceita, a sua presença tem contribuído para aumentar a visibilidade de outras abordagens à saúde e, com isso, as possibilidades de diálogos. Pode ainda referir-se que a medicina tradicional chinesa assumiu um papel relevante como coadjuvante terapêutico no debelar da Covid-19, estando a ser realizados inúmeros estudos para validar a sua eficácia[111].

Porém, o maior desafio continua a ser como aprender e colaborar com outros sistemas de saberes, envolvendo-os quer na luta imediata contra a Covid-19 quer, a mais longo prazo, no planejamento de políticas de saúde pública e políticas ambientais. Os médicos tradicionais (conhecidos como curandeiros) podem ser particularmente eficazes no monitoramento de epidemias, como destacam vários trabalhos. Porque vivem nas suas comunidades, provavelmente serão os primeiros a saber se alguma nova doença surge, como várias reflexões no contexto africano e latino-americano destacam. Nora Groce e Mary Reeve, que realizaram trabalho de pesquisa sobre o tema, argumentam que as linhas de comunicação abertas entre médicos tradicionais e a comunidade médica têm contribuído para melhorar em muito os sistemas de vigilância[112], realidade confirmada pelo recente episódio da epidemia do Ebola na República Democrática do Congo[113].

As apostas políticas em curso na África do Sul e em Moçambique são exemplo de como as autoridades de saúde, ao incluir médicos tradicionais no processo de formação de biomédicos, ajudam a reforçar essa ligação e a troca de saberes, melhorando os cuidados de saúde no país[114]. Infelizmente, a chegada da pandemia, no contexto africano, não se traduziu numa melhor e maior aproximação entre os vários agentes envolvidos na produção de cuidados de saúde. No caso sul-africano, apesar de milhões de pessoas recorrerem aos médicos tradicionais, estes têm vindo a se queixar que o governo os deixou de lado. O porta-voz do Departamento de Saúde não respondeu a numerosos pedidos de comentários sobre os planos do departamento de incluir curandeiros tradicionais no tratamento do vírus. Como destacaram vários médicos tradicionais, a experiência de participação em parcerias com o governo para tratar com sucesso o HIV e a tuberculose levou-os a serem treinados para identificar e encaminhar clientes para hospitais. Nesse sentido, sentem que é seu dever garantir que sejam "parte da busca de soluções". Em Moçambique, os médicos tradicionais apresentaram-se ao Ministério da Saúde, oferecendo-se para colaborar e apoiar as ações de luta contra o vírus, afirmando: "Os nossos antepassados não conhecem esta doença, não nos podem guiar, por isso estamos aqui para que nos digam como ajudar"[115]. A este propósito reflete Mia Couto:

> Existe uma forma muito simplificada, diria europeizada, de olhar a chamada medicina tradicional. Nós próprios, em Moçambique, cometemos esse erro. Os "curandeiros" não podem ser equiparados aos médicos e enfermeiros da medicina moderna. A doença não é vista da mesma maneira nesses dois mundos. Buscam-se na medicina tradicional não o controle, mas equilíbrios e harmonias. É preciso aprender a conversar com o vírus, mais do que eliminá-lo.[116]

Em suma, a experiência anterior de colaboração parece estar se esbatendo, e precisamente no momento crucial em que as sociedades são atravessadas por uma grave crise. Se em situações anteriores houve colaboração, por que é que os gabinetes governamentais de crise evitam agora o diálogo e a colaboração? Como vários médicos tradicionais reivindicam, importa incluí-los no desenvolvimento de novas diretrizes para o tratamento de pacientes com Covid-19. Nesse sentido, importa formá-los para identificar os sintomas do novo vírus, mantendo-os a si e a seus pacientes em segurança, como parece ser o caso de Gana[117]. Gana, com mais de 30 milhões de habitantes, tem um número relativamente baixo de mortes devido à Covid-19, em parte por causa de um extenso sistema de rastreamento de contatos, utilizando um grande número de agentes comunitários de saúde e voluntários, incluindo médicos tradicionais[118].

Essa crise no relacionamento entre os diferentes saberes médicos tornou-se particularmente visível na sequência do debate que eclodiu depois que Madagascar reivindicou ter uma "cura" para a Covid-19, a partir de um tônico de ervas à base de *Artemisia annua*[119]. Esse tônico, chamado Covid-Organics, foi desenvolvido pelo Instituto Malgaxe de Pesquisa Aplicada (IMRA), e tem sido distribuído não só em Madagascar, mas em outros países do continente, como a Guiné Equatorial, Guiné-Bissau, Níger e Tanzânia. A OMS tem-se mostrado reservada quanto ao uso da expressão "cura" em relação a esse tônico, pois ainda não existem estudos científicos que provem a eficácia desse composto[120]. Confrontado com essa posição, o governo Malgaxe procurou apoio da África do Sul para auxiliá-lo em pesquisas científicas sobre a eficácia deste tônico fitoterapêutico. Em paralelo, o Instituto Max Planck, na Alemanha, em colaboração com a empresa farmacêutica norte--americana ArtemiLife Inc., está realizando uma pesquisa usando uma variedade diferente da mesma planta, cultivada no Kentucky, para avaliar se é possível utilizar os extratos da Artemísia no combate ao Sars-CoV-2[121].

Afua Hirsch, jornalista do *The Guardian*, comentou que "caberá aos cientistas dizer se a 'cura' realmente funciona", criticando os preconceitos eurocêntricos subjacentes às desconfianças[122]. O setor de pesquisa científica em saúde da África do Sul está colaborando no estudo das propriedades da Artemísia, como já referi, mas não colabora com os seus médicos tradicionais, que pedem insistentemente para serem envolvidos na luta ou na busca de uma cura para a Covid-19. Essa situação tem sido combatida por Phepsile Maseko, coordenadora da Organização de Curandeiros Tradicionais desse país[123]. Ndebele, uma outra médica tradicional, afirmou:

> Mesmo entre os médicos ocidentais, ainda não há um remédio. [...] Não há ninguém que possa dizer: "aqui está uma cura", ou é isto que pode ajudar as pessoas a combater o vírus. [...] Mesmo se você tivesse examinado o primeiro comprimido que curava a malária, que era quinino, ele foi retirado de uma árvore. Neste momento, a Artemísia, erva conhecida como uMhlonyane, está sendo bastante usada. Portanto, somos da opinião de que é necessário reconhecer e envolver proativamente os curandeiros para que contribuam para encontrar soluções.[124]

Um dos aspectos difíceis de controlar é o tempo necessário a essas pesquisas. O arbusto *Sutherlandia frutescens* foi usado pelos médicos tradicionais da África Austral para ajudar a combater a pandemia de gripe de 1918 que matou muitos milhões de pessoas, como analisei no capítulo 2. A mesma erva foi depois estudada por uma empresa farmacêutica sul-africana – a Phyto Nova, que lida com plantas indígenas africanas –, tendo-lhe sido identificadas propriedade anti-cancerígenas, contra a tuberculose, diabetes, esquizofrenia e, sobretudo, identificado propriedades antivirais[125].

Os países africanos, como outros no contexto do Sul, têm conhecido um número crescente de infecções confirmadas pelo novo coronavírus com um número importante de mortos, de acordo com a OMS. As comunidades mais desfavorecidas têm menor acesso aos serviços de saúde pública, sem mencionar uma falta de confiança histórica bem fundamentada em relação à biomedicina[126]. Comum a vários contextos é o conhecimento de plantas usadas para tratar várias enfermidades, que podem contribuir para encontrar um tratamento à Covid-19. Nesse sentido, no Sul global, importa destacar duas contribuições das medicinas tradicionais: as medidas preventivas, em termos de cuidados de saúde e o uso de fitoterapias que contribuem, sobretudo, para aumentar a imunidade.

No início de março de 2020, por iniciativa do jornalismo global, teve lugar na cidade de Nova York um debate que se dedicou a discutir os impactos das alterações climáticas, intitulado *Covering Climate Now*". Várias lideranças indígenas do Brasil e da Indonésia enfatizaram no momento o papel dos conhecimentos tradicionais na gestão da terra, dando exemplos de como as suas experiências podem contribuir para proteger o planeta. Como destacaram na altura, essas abordagens de proteção da Terra permitirão atenuar as mudanças climáticas, suster a perda de biodiversidade, e também reduzir o risco de futuras pandemias[127]. Esse alerta tem uma razão profunda. Os povos indígenas estão, no contexto americano, entre os grupos mais atingidos pela pandemia, como analisei em mais detalhe no capítulo 4 onde identifiquei as principais linhas abissais que a Covid-19 revelou ou acentuou.

Os ataques aos direitos indígenas não são apenas ataques a culturas de grupos específicos; são um ataque ao bem-estar da Terra como um todo, como várias lideranças indígenas defendem. Para Levi Sucre Romero, líder dos Bribri, um dos maiores grupos indígenas da Costa Rica: "Quando afirmamos os direitos sobre as nossas florestas e as nossas terras, isso significa sobrevivência para nós, para as nossas famílias. [...] Mas também significa que temos uma probabilidade maior de evitar pandemias"[128]. Nas palavras desse líder comunitário: "Nós, nos territórios indígenas, podemos nos sustentar mesmo quando as cidades param. Estamos retornando às nossas capacidades de autossustentabilidade"[129]. Essa posição, simultaneamente de autoquarentena e capacidade de assegurar a autonomia alimentar, foi reiterada no início da pandemia pelo líder indígena brasileiro, Ailton Krenak[130]:

> Estou com a minha família na aldeia Krenak, no médio rio Doce. Há quase um mês, nossa reserva indígena está isolada. Quem estava ausente regressou, e

sabemos bem qual é o risco de receber pessoas de fora. Sabemos o perigo de ter contato com pessoas assintomáticas. Estamos todos aqui e até agora não tivemos nenhuma ocorrência.

O autoisolamento tem sido promovido em vários contextos, sempre que possível. Um cacique do povo Yawanawá, igualmente no Brasil, destacou:

> Aqui tem bastante alimento; tem muita agricultura, abundância de peixe. Se o mundo se acabar lá fora vou poder viver por muito tempo aqui dentro. Estou muito tranquilo. Não penso no sal, na roupa, na gasolina ou em algum outro mantimento que dependemos de fora. Só não quero que meu povo morra por causa dessa doença; não quero que seja dizimado. Vamos nos fechar na nossa terra, na nossa floresta.[131]

O autoisolamento comunitário não é, pois, uma novidade para os povos indígenas. Para os Igorot de Luzon, nas Filipinas, o autoisolamento temporário há muito que é usado como forma de proteção dos seus membros durante uma crise ou após uma tragédia. Nas palavras de Solang Pooten (Igorot), essas práticas de auto-isolamento permitem à comunidade limpar-se, curar-se e recuperar-se, espiritual e emocionalmente.

> Durante uma *ngilin* [quarentena comunitária], as pessoas não podem andar por aí de qualquer maneira ou fazer movimentos ou ruídos desnecessários, exceto nos rituais de limpeza. Ninguém tem permissão para entrar ou sair da comunidade durante esse período. Para sinalizar um *ngilin*, *pudongs* [plantas amarradas num nó] são colocadas em lugares visíveis em todas as entradas da aldeia. Qualquer pessoa ou *anito* [espírito] que se deparar com o *pudong* sabe que é um aviso, referindo que a área está fora dos limites. [...] Durante o *ngilin*, a cooperação e o apoio são observados por todas as pessoas da comunidade.
>
> Alguns anciãos da Igorot afirmam que praticavam *ngilin* e *pudong* durante ataques de pragas, para afastar os maus espíritos que causam a doença e ainda impedir a sua transmissão.[132]

Práticas similares existem entre o povo Karen das montanhas da Tailândia. Com o alerta da Covid-19, membros das várias comunidades Karen começaram a se fechar nas suas aldeias, não permitindo que as pessoas entrassem e saíssem sem necessidade. Essa quarentena é parte do renascimento de um ritual antigo chamado *Kroh Yee* (ou fechamento da vila), que tinha sido usado pela última vez há setenta anos, quando ocorreu um surto de cólera. Os detentores de conhecimento local acreditam que há comida suficiente para o consumo anual se ocorrer uma pandemia, e por isso a aldeia pode estar em quarentena. Trata-se de um bom exemplo de economia de autossubsistência. A comunidade é capaz de alimentar os seus membros ao longo do ano, pois existem campos rotacionais com várias culturas alimentares, arrozais em socalcos e agro-silvicultura na comunidade. As comunidades, apesar de não disporem de acesso à eletricidade, possuem lenha abundante e painéis solares que garantem a energia necessária. Além dos produtos agrícolas, os moradores têm abundância de produtos florestais não madeireiros para colher. As comunidades necessitam apenas de alguns bens do mercado, como o sal, por exemplo. No caso de doenças, existem curandeiros que dispõem de conhecimento sobre práticas e remédios tradicionais[133].

Entre as comunidades das nações originárias dos EUA, as mulheres indígenas recorrem à internet para curar suas comunidades por meio de danças virtuais. Pat Northrup, Umpaowastowin, organizou um evento e alguém o colocou no Facebook com a hashtag #jinglehealing: "Vista seu vestido de *jingle* em casa e esteja conectado", dizia a publicação, apelando: "Lembre-se da razão pela qual recebemos esta dança". As mulheres indígenas da Pensilvânia ao Nebraska, incluindo o Norte de Minnesota, uniram-se, como frisou Northrup, uma senhora Dakota de setenta anos: "Esta não é apenas uma oração de Anishinaabe. Esta é uma oração de 'todas as pessoas'. [...] O vírus afetará todas as pessoas e é para isso que servem as orações".

Brenda Child, membro da Red Lake Nation, historiadora e professora na Universidade de Minnesota, diz que o traje do *jingle* pode ter sido parte da resposta dos Ojibwe à pandemia de gripe espanhola de 1918-1919. Como destacou:

> As mulheres de Ojibwe desafiaram o governo dos EUA quando desenvolveram a dança. Na época, o governo proibiu danças rituais nas reservas. Os Ojibwe realizavam vários tipos de atividades culturais [...] que sabiam que os ajudavam em tempos terríveis. [...] E os Ojibwe acreditam no poder curativo da música e da dança – que música e dança não são apenas algo de que gostamos; está muito integrada na cultura Ojibwe. Faz parte da maneira como vivemos.[134]

Esses exemplos revelam que as pandemias infecciosas, quando tratadas como problemas comunitários, representam um desafio para a biomedicina individualizada e obrigam a pensar em outros modelos de assistência comunitária, inclusive dentro do Estado moderno (ver a este propósito o capítulo 7). Mas a análise precedente mostra que essas alternativas fora do marco biomédico enfrentam, elas próprias, grandes desafios. Numa região fortemente atingida pelo desflorestamento, onde obter remédios quando a cobertura vegetal reconhecidamente eficaz foi, entretanto, destruída? Para manter a memória das terapias ancestrais, uma das estratégias usadas pelos povos das florestas latino-americanas tem sido a sistematização dos saberes médicos tradicionais, sobretudo o inventário das plantas usadas com fins medicinais[135]. Para além das sistematizações de saberes fitoterapêuticos feitas por grupos indígenas com apoio de acadêmicos, há outros casos de saberes recolhidos e grafados nas línguas próprias, como é exemplo a *Enciclopédia Matsés de Medicina Tradicional*. Esta enciclopédia reúne em mais de quinhentas páginas relatos orais de cinco xamãs, descrevendo práticas, incluindo fotografias das plantas, como forma de consolidar e categorizar o conhecimento tradicional, por um lado, e coibir a biopirataria ou a exploração por parte de terceiros[136].

A biopirataria, como vários exemplos ao longo deste texto mostram, é um dos flagelos do nosso tempo. Refletindo a esse respeito sobre a realidade da Costa Rica, Levi Sucre Romero afirma:

> Sempre temos dito que os nossos conhecimentos estão disponíveis para qualquer um que queira curar doenças causadas pelas mudanças climáticas, mas nós nunca dissemos: "Venham nos explorar, venham e roubem tudo o que temos". Eu acho difícil entender como os poderes políticos podem ser tão cegos diante de certas coisas. Sempre que virem uma oportunidade de saquear e ganhar dinheiro, bem, eles o farão. Isso é o que sempre denunciamos, devemos ter cuidado [com essas empresas].[137]

Confrontados com a biopirataria, um pouco por todo o mundo, as comunidades e os povos que vivem dos bens das florestas vêm denunciando tais práticas, acionando os mecanismos disponíveis para fazer valer os seus direitos. Em 2006, o povo Ashaninka, que vive no Acre (Brasil), interpôs um caso em tribunal contra a empresa Tawaya, pelo uso indevido do conhecimento tradicional dos indígenas na fabricação do sabonete de murumuru – uma planta de origem amazônica com alto poder de hidratação. A vitória chegou em 2019, quando o Conselho de Gestão do Patrimônio Genético (CGen) declarou que a comunidade tinha razão. Por uma decisão com treze votos a favor e uma abstenção, a empresa foi multada em cinco milhões de reais, repondo a injustiça econômica e epistêmica[138].

Um estudo realizado em 2012, que comparou quarenta áreas protegidas e 33 florestas administradas por comunidades locais e/ou indígenas[139], revelou que as áreas administradas por comunidades sofreram menos destruição[140]. Na prática, como defende Ailton Krenak, isso ocorre em parte porque os povos indígenas, que vivem em pequenas comunidades, tendem a viver em grandes áreas de terra. Mas mesmo grupos que vivem em áreas menores da floresta no Nordeste do Brasil vivem de forma mais sustentável do que grande parte da humanidade. Numa perspectiva ontológica em que as pessoas são vistas como pertencendo ao território, a defesa do território é uma defesa da vida, da continuidade da íntima relação entre humanos e não humanos[141]. Muitos grupos vivem em áreas da floresta há gerações e acreditam que os seus antepassados são parte da floresta. Nesse contexto, proteger a natureza não é apenas uma ação ecológica ou de defesa da biodiversidade; pelo contrário, possui um sentido mais profundo: reflete a defesa das memórias, das histórias e culturas, em suma, a defesa da vida.

Conclusão

Os debates sobre os limites do conhecimento científico e sobre a necessidade das ecologias de saberes são debates em favor do aprofundamento do conhecimento aberto e secular das sociedades e da natureza. A ciência sai fortalecida desses debates. Por um lado, a consciência dos seus limites contribui para confiar mais no conhecimento que ela nos proporciona dentro desses limites. Por outro lado, isso permite aliviar a ciência do fardo da onisciência que a leva a frustrar recorrentemente as expectativas exageradas postas pela sociedade na sua capacidade de explicar o mundo e a vida.

Nada disso é aceito pelo fundamentalismo religioso que tem conhecido um enorme incremento em muitos países ao ponto de poder influenciar decisivamente as políticas públicas. Em estreita ligação com governos de ultradireita, esse fundamentalismo tem assumido a forma do negacionismo, negando a validade do conhecimento científico em geral e, em particular, das recomendações que dele decorrem no atual combate à pandemia[142]. Para citar apenas um exemplo, o Brasil é atualmente um caso paradigmático dessa combinação tóxica de reacionarismo religioso e político. A Coligação Pelo Evangelho, entidade religiosa que reúne líderes evangélicos de diversas partes do Brasil, divulgou um manifesto intitulado "Pela Pacificação da Nação em Meio à Pandemia"[143]. Nesse documento, criticam a politização do momento atual, a mídia e o "endeusamento da ciência" durante a pandemia porque, no seu conjunto, tornam difícil "para o brasileiro comum viver 'vida tranquila e mansa', em oração, como nos manda a Escritura".

O que é problemático nesse domínio é o aproveitamento político das convicções religiosas das pessoas. A religiosidade das pessoas, pelo contrário, pode ter um papel importante na manutenção do bem-estar psicológico das pessoas acometidas pela pandemia ou submetidas à quarentena. Tal religiosidade pode complementar de modo decisivo a eficácia das intervenções preventivas ou curativas, científicas ou não científicas.

Quando todos os holofotes seguem atentamente os avanços e recuos das ciências médicas não é fácil ignorar o fato ineludível de que os seres humanos são complexos e muldimensionais e que a saúde é composta por um conjunto de fatores que em muito ultrapassam o plano físico e individual. Desde logo, mesmo no vastíssimo campo da ciência moderna é crucial ir para além das ciências médicas e integrar os saberes próprios das ciências sociais e das humanidades[144]. E para além do campo científico, é vitalmente necessário reconhecer a diversidade dos saberes não científicos que podem contribuir para defender a vida e promover o que tenho vindo a designar por ecologia de saberes. A diversidade dos saberes não se limita aos tipos de produtos preventivos ou curativos. Diz também respeito aos conceitos de saúde, de vida, de bem-estar e às diferentes formas de conceber dicotomias como indivíduo/comunidade, humanidade/natureza, materialidade/espiritualidade. Para captar essa diversidade é muitas vezes necessária a tradução intercultural.

Como conclusão, a pandemia é um fenômeno social total que, como tal, não pode ser adequadamente entendido nem enfrentado com base num único tipo de saber. As diferentes ciências, conhecimentos médicos não científicos, a ética e a política, todos devem contribuir para tomar as melhores decisões. Todos eles têm limites e estes serão tanto mais perigosos quanto menos forem reconhecidos. Tendo isso em mente, não se pode, por exemplo, anatematizar os epidemiologistas só porque muitos deles se enganaram ao minimizar a gravidade do coronavírus. Foi o caso do dr. Anthony Fauci, conselheiro do presidente dos EUA, que em 6 de janeiro de 2020 declarou: "*It's a very, very low risk to the United States [...]. It isn't something the American public needs to worry about or be frightened about*" ["É um risco muito, muito baixo para os EUA [...]. Não é algo com o qual o público americano precise se preocupar ou temer"][145].

Tudo isto mostra que, por mais graves que sejam as crises epidêmicas e por mais urgentes que sejam as necessidades sanitárias, é necessário respeitar dois princípios fundamentais que decorrem dos debates epistemológicos das últimas décadas, como destaquei no início. Em termos de pluralismo interno da ciência, sobretudo em áreas com menos densidade de investigação, as posições científicas tendem a divergir e são precisamente as controvérsias que fazem avançar o conhecimento. Em face disso, o aconselhamento político deve sempre ter presente essa pluralidade de opiniões. Já a pluralidade externa da ciência mostra que a ciência tem limites intransponíveis no modo como aborda a realidade. É crucial identificar esses limites para não alimentar expectativas exageradas e confiar em visões que, por distorcidas ou parciais, podem ser perigosas particularmente durante uma emergência sanitária. Tais limites só podem emergir do diálogo com outros conhecimentos não científicos que circulam nas comunidades e nas sociedades, reflexo da diversidade epistêmica tendencialmente ilimitada do mundo. Basta termos presente que há milhares de potenciais patógenos ainda não conhecidos, pandemias latentes na natureza; tal como, por outro lado, há em vários ecossistemas por todo o mundo milhões de moléculas ou substratos químicos e etnobotânicos cujo potencial terapêutico permanece pouco conhecido ou somente conhecido pelos saberes tradicionais dos povos que habitam esses ecossistemas.

7
Resistência e auto-organização comunitárias

As pirâmides egípcias não foram feitas por faraós, a religião cristã não foi criada por padres, bispos ou papas, os impressionantes edifícios das cidades não foram construídos por quem vive neles, pouco sangue de generais correu nos campos de batalha, tal como pouco sangue de líderes revolucionários foi vertido nas revoluções. Neste livro, dei grande espaço aos protagonistas visíveis da crise pandêmica, os Estados (capítulo 5), a ciência (capítulo 6) ou as grandes empresas farmacêuticas (capítulo 3). Mas estou consciente de que isso é apenas uma parte da história e, provavelmente, a menos vivida por aqueles que foram mais duramente atingidos pela pandemia (capítulo 4). Mais relevante foi certamente quem esteve mais próximo deles, quem os amparou, quem os informou, quem os alimentou quando perderam o emprego, quem os protegeu quando o Estado os abandonou. Essa parte da história é a solidariedade comunitária e as iniciativas de resistência, de proteção e de organização de que elas deram testemunho. Durante esse período, a muita solidariedade que assistimos não foi entre ricos e pobres, foi entre pobres. Este capítulo visa ampliar as vozes comunitárias raramente ouvidas fora das comunidades.

Entre os protagonistas mais visíveis, houve também outras histórias que ficaram por contar. Foi o caso dos agentes subnacionais dos Estados. Embora sejam formalmente parte do Estado, os governos municipais, provinciais ou estaduais (no caso de Estados federais) têm vários graus de autonomia e, em alguns casos, as suas políticas antes e durante a pandemia foram bastante distintas das políticas nacionais. Dado o caráter monolítico do Estado, essas iniciativas ficam em geral submersas e invisíveis quando as análises incidem sobre a escala nacional. Neste capítulo relato dois casos muito distintos entre si e ocorrendo em diferentes continentes, o caso do Estado de Kerala na Índia e o município de Niterói no Brasil.

Relato também o caso de Rojava, uma entidade político-administrativa autônoma. Daí as duas seções deste capítulo: resistências comunitárias; boas práticas de unidades político-administrativas subnacionais e autônomas.

Resistências comunitárias

Ao longo dos últimos quarenta anos, o neoliberalismo não se limitou a agravar as desigualdades sociais. Promoveu com tal intensidade a ideologia do individualismo que ela voltou a ser o senso comum das elites, tal como no século XIX. A participação do Estado na construção de sociedades coesas e minimamente justas foi vista alternativamente como perigosa, obsoleta ou ineficaz. Por sua vez, a solidariedade e a cooperação sociais foram atiradas para a lata de lixo da história, a menos que se traduzissem em fontes de negócio. Nesse caldo ideológico, a riqueza voltou à sua vocação ostentatória e o capitalismo da filantropia prosperou como instrumento para legitimar (e disfarçar) ganhos fabulosos, e muitas vezes ilícitos, obtidos por via da captura do Estado ou com a cumplicidade ativa deste.

A pandemia veio mostrar que essa ideologia não tinha penetrado tanto no âmago das relações sociais e políticas quanto os seus promotores proclamavam. Perante o sofrimento causado pela pandemia, as comunidades revelaram uma grande capacidade para se organizarem nas condições mais adversas, de modo a garantir a proteção minimamente eficaz dos seus membros. Mostraram que os valores da solidariedade, da ajuda mútua, da cooperação e da reciprocidade continuam vivos, particularmente entre as classes populares. Este fenômeno ocorreu sobretudo nas comunidades empobrecidas e discriminadas, abandonadas por Estados que frequentemente só dão conta da sua existência para as reprimir quando elas se rebelam contra a injustiça e o abandono de que são vítimas[1]. Seria impossível fazer um relato sequer aproximado da riqueza e da diversidade das iniciativas e resistências. Variaram muito em termos de dimensão, continuidade, eficácia e intenção política[2]. Foram particularmente significativos os modos como se relacionaram com o Estado: confrontação aberta, cooperação, ação paralela e autonomista. Com muitas das iniciativas que menciono a seguir, tive algum envolvimento solidário durante a pandemia.

Organizações comunitárias em confrontação com o Estado: casos da Bolívia e da Turquia

Em finais de agosto de 2020, a mais séria contestação comunitária de um Estado autoritário em contexto de pandemia ocorreu na Bolívia, onde os povos indígenas bloqueiam estradas, cercam cidades e enfrentam a violência policial e militar para exigir a renúncia do governo golpista que sucedeu ao governo legítimo de Evo Morales, por conivência entre os serviços secretos dos EUA (CIA) e a Organização dos Estados Americanos (OEA) dirigida por Luis Almagro, um advogado do imperialismo norte-americano. Depois do Brasil e do Chile, a Bolívia é o outro país do continente onde a crise sanitária produzida pela pandemia se articula com uma profunda crise política. Em condições extremamente adversas, o povo boliviano, em sua grande maioria indígena, organiza-se duplamente para se proteger da pandemia e para exigir a renúncia do governo. A dimensão da devastação causada pela pandemia está eloquentemente visível na mais recente e macabra invenção da engenharia boliviana: um crematório portátil, cujo protótipo foi mostrado em La Paz, no início de agosto, com o seguinte cartaz: "Crematório portátil: feito na Bolívia", com dois números de telefone para contato[3].

Um caso muito diferente é o da Turquia, onde um governo democraticamente eleito, mas com crescentes traços autoritários tem cerceado a ação das forças de oposição democrática e intensificado a sua repressão ao povo curdo. Oficialmente, a pandemia da Covid-19 fez a sua entrada na Turquia tardiamente em relação aos países circundantes e não foi discutida publicamente até a formal declaração do primeiro caso positivo. Não é este o lugar para analisar as medidas tomadas pelo governo[4] nem as relações tensas entre o governo e as autoridades de saúde[5]. O objetivo é apresentar algumas das iniciativas que nasceram da sociedade civil em confrontação aberta com o Estado turco.

As primeiras iniciativas começaram em Kadıköy e Beşiktaş, dois distritos da cidade de Istambul, e cresceram a partir daí para outros distritos e outras regiões do país. Várias organizações democráticas, sindicatos de trabalhadores e grupos políticos do bairro de Kadıköy organizaram-se rapidamente e estabeleceram redes de solidariedade. Começaram por criar um grupo privado no Facebook e cada um dos membros foi convidando conhecidos para participar. Isso criou uma espécie de vínculo orgânico entre pessoas que raramente se encontram.

> Criamos contas nas redes sociais para reunir voluntários e contatos compartilhados. Realizamos reuniões todas as semanas. Nessas reuniões, falamos sobre novas necessidades, experiências e sugestões, e planejamos de acordo com as carências detectadas. Afixamos cartazes nas portas dos prédios dos nossos bairros. Voluntários questionaram os seus vizinhos sobre as necessidades nos seus prédios, ruas e bairros de forma a identificar necessidades básicas. As pessoas viram os cartazes e, através das redes sociais, souberam os nossos números de telefone. [...] Recebemos muitas chamadas diferentes e tentamos ligar os que têm recursos com os que os não têm. Alguns precisavam de ajuda para pagar as suas contas de serviços

públicos ou obter remédios. Aprendemos que muitos precisam de assistência jurídica. Muitas pessoas que sofrem de problemas de saúde para além do coronavírus não têm acesso a cuidados de saúde. Assim, estamos nos organizando para fornecer instalações de saúde pública e assistência jurídica com a ajuda de voluntários que são profissionais de direito e de saúde.[6]

O governo turco viu nessas ações manifestações de oposição política e reagiu negativamente. O Ministério dos Assuntos Internos anunciou que "ninguém pode ajudar além de nós. É proibido!"[7]. A resposta das organizações sociais foi feita no mesmo tom de confrontação política.

Organizações comunitárias em cooperação com o Estado: caso de Moçambique

Em Moçambique, o primeiro caso de Covid-19 foi detectado em Maputo, capital do país, em finais de março de 2020. O estado de emergência está decretado no país desde 1º de abril; todavia, o número de infectados foi crescendo e existem vários focos de propagação comunitária (Presidência da República, 2020)[8]. Desde o início da pandemia, e até 30 de julho, estavam notificados no país mais de 1.800 casos de Covid-19[9], 19% dos quais correspondem à cidade de Maputo. Esta cidade, com 1 milhão de habitantes[10], é composta por um núcleo central – a chamada "cidade de cimento" (memória da cidade colonial) –, rodeada por vários bairros, globalmente designados por periurbanos, com diferentes níveis de urbanização, em função da qualidade e quantidade de infraestruturas, de equipamentos básicos e de transportes públicos, das características habitacionais, bem como da capacidade econômica e do estilo de vida dos seus habitantes. O centro urbanizado, onde se concentra a maioria da população com maiores recursos, com níveis de escolaridade mais elevados e um estilo de vida mais "moderno", ocupa apenas 8% do território municipal. Mas é aqui, em Kampfumo, que estão localizados mais de 41% dos infectados com Covid-19[11].

Cabe destacar o grande envolvimento da sociedade civil em cooperação com o Estado por meio de ações quer de alerta e ensinamento de medidas preventivas em relação à Covid-19, quer no apoio às populações mais carentes[12]. Desde cedo que várias organizações da sociedade civil se organizaram para apoiar e esclarecer as populações que habitam a semiperiferia, que corresponde a cerca de 70% da população da cidade[13]. Trata-se de bairros habitados por pessoas de baixos recursos e menor nível de escolaridade, com pior acesso a fontes de água potável, ao saneamento e a outras infraestruturas; todavia, são bairros que mantiveram uma longa trajetória de ativismo e auto-organização, em face do abandono e violência que experimentavam desde o tempo colonial. Talvez por isso mostram um desempenho particularmente eficaz nas medidas de proteção contra o vírus.

No caso de Moçambique, o que é mais significativo e deve ser destacado é a permanência e reativação de estruturas de relação Estado-sociedade próprias do Estado socialista em regime de partido único (no caso de Moçambique, a Frelimo – Frente de Libertação de Moçambique). Apesar de essas estruturas terem deixado de ter funções políticas com a Constituição de 1990, que instituiu o regime democrático, pluripartidário, a verdade é que elas se mantiveram informalmente e foram agora, durante a pandemia, uma ajuda preciosa para auxiliar a ação do Estado e das organizações sociais. Com a independência, em 1975, foi adotada uma nova política organizativa dos bairros da cidade. Todos os bairros passaram a estar organizados, da base ao topo, a partir de uma unidade base – dez casas, lideradas por um chefe; a esta unidade seguia-se o quarteirão (com o seu chefe), que integrava um bairro (coordenado por um secretário), o qual, por sua vez, se articulava com as lideranças dos demais bairros. Esse sistema de organização comunitária tornou possível uma melhor identificação dos habitantes e dos seus problemas e um maior controle da população. Com o eclodir da pandemia, num contexto político muito distinto do que presidiu à sua constituição, essa organização dos bairros – que ainda subsiste, sobretudo nas regiões "periurbanas", com mais vida coletiva – permitiu quer uma melhor difusão das informações centrais do município e do Estado, quer o recolher de informações sobre a saúde da "comunidade". Os alertas sobre possíveis casos de Covid-19, o controle referente à quarentena e isolamento físico contou muito com essa participação cidadã. Com base nela realizaram-se sessões de aconselhamento e esclarecimento sobre a situação, incluindo, por exemplo, o esclarecimento sobre como higienizar as mãos, seja com sabão, seja com cinza. Moçambique é um país onde a língua materna da maioria da população não é o português. O acesso a um conhecimento seguro, numa língua em que as pessoas se sintam confortáveis, revelou-se fundamental. Um dos programas importantes foi o "Alô Saúde", uma linha telefônica gratuita em que jovens qualificados ajudavam milhares de cidadãos sobre como encarar a pandemia do novo coronavírus. Essa linha de contato, um projeto que conta com mais de uma década de funcionamento sobretudo na luta contra o HIV--Aids, apoiou durante a pandemia com os esclarecimentos necessários sobre o coronavírus em português, inglês e em oito línguas nacionais de Moçambique. A equipa do "Alô Saúde", que integra vários médicos, chegou a receber seiscentas chamadas por dia. A este canal junta-se a plataforma digital educativa de informação sobre saúde "Pensa", que existe desde 2017. Contando com o apoio das três operadoras nacionais de celular, essa plataforma revelou-se de crucial importância para esclarecer dúvidas sobre os sintomas, causas e medidas preventivas em face do novo coronavírus. Por sua vez, o Fórum Mulher, um organismo que integra várias associações em prol da defesa das mulheres e garotas, trabalhou nos bairros periféricos ensinando como evitar a propagação da Covid-19. Para Nzira de Deus, diretora-executiva, essas ações permitiram "formações em grupos restritos, junto com o Misau (Ministério da Saúde de Moçambique), sobre medidas de prevenção, mas também sobre os cuidados a ter caso se constate que alguém na família está a padecer dessa doença ou apresenta os sintomas"[14]. Outras iniciativas decorreram nesses bairros, como a distribuição de máscaras, de sabão e produtos básicos alimentares e outros. Mas o mais importante foi a resposta das populações na contenção e mitigação do contágio entre os seus. Por exemplo, a passagem de informação sobre pessoas que procuravam quebrar a quarentena obrigatória, que organizavam festas nas suas casas sem a necessária distância física, etc. Essas informações foram passadas de forma célere às lideranças locais que as faziam chegar às forças da ordem e ao Ministério da Saúde.

Organizações populares rurais e urbanas da América Latina perante o abandono do Estado

Brasil

Pelas razões analisadas no capítulo 4, os bairros urbanos periféricos, favelas, *barriadas, villas, slums, squatter settlements* foram os mais atingidos pela pandemia. No Brasil, as favelas, habitadas por populações negras e pardas (para usar uma designação oficial), foram alvos privilegiados do vírus. Como referi no capítulo 5, em São Paulo, os residentes em áreas mais pobres que contraíram o vírus tiveram até dez vezes mais chances de morrer do que os residentes em áreas ricas[15]. Há muito tempo que as favelas são berços de organização comunitária e de ativismo. Lembradas pelo Estado apenas para as reprimir e pelos políticos para caçar os seus votos, as comunidades empobrecidas habituaram-se a contar consigo mesmas. Essa tradição de organização comunitária reavivou-se durante o surto epidêmico. Quando os habitantes das comunidades do Complexo do Alemão do Rio de Janeiro viram que as estatísticas de coronavírus da cidade excluíam os casos das favelas, avançaram para a criação do seu próprio banco de dados para rastrear a doença[16]. A associação de moradores da comunidade do Cantagalo no Rio de Janeiro uniu-se a uma organização não governamental local para pulverizar espaços comuns com desinfetante, numa tentativa de travar a evolução dos contágios[17]. As iniciativas multiplicaram-se e surgiram um pouco por todo o lado. Quando Juliana Carmo[18], de vinte anos, viu nas redes sociais mensagens que diziam às pessoas do bairro de Honório Gurgel no Rio que os climas quentes restringiriam o coronavírus e que as máscaras doadas estavam contaminadas com o vírus, resolveu, em conjunto com outros jovens do Rio, mapear e combater as notícias falsas. O projeto Geração que Move atuou em favelas e periferias das zonas Norte e Oeste do Rio de Janeiro e incluiu dez jovens e dez adolescentes, que em duplas por região foram mapeando famílias lideradas por jovens e que tivessem ficado mais vulneráveis durante a pandemia. Essas famílias foram cadastradas e apoiadas com cestas básicas, kits de higiene e livros e informação acessível sobre a pandemia. Foi produzido um vídeo[19] abordando as informações falsas mais comuns e estabelecida uma linha direta para ajudar as pessoas a avaliar as reclamações. "Sempre sofremos com a falta de informações", disse Carmo. "Notícias verdadeiras e confiáveis são mais importantes agora do que nunca. A nossa produção de conteúdo hoje está com um alcance gigante – além das famílias, outras pessoas estão compartilhando e isso é muito importante", ressalta a jovem.

Paraisópolis. A segunda maior favela de São Paulo e a quinta maior do Brasil, uma comunidade com mais de 100 mil habitantes no coração do Morumbi, nunca fez jus ao seu nome. Nas palavras de Gilson Rodrigues, o coordenador nacional do G10 das Favelas[20] e líder comunitário de Paraisópolis, "não é o paraíso, é um loteamento para milionários que deu errado". Pelo menos 80% dos habitantes dessa comunidade são nordestinos ou filhos de nordestinos que chegaram a São Paulo fugindo da seca e da pobreza para construir o Hospital Albert Einstein e o estádio do Morumbi. Mas a esperança desbarrancou na realidade, daí a ironia do nome. Em março de 2020, a contaminação aumentou no bairro e tornou-se claro que as condições de vida dos habitantes não permitiam cumprir as regras ditadas pela OMS. Nas palavras de Rodrigues: "Decidimos criar alternativas para que, se o governo não fizesse o seu trabalho, poderíamos nós mobilizar para evitar o sofrimento na comunidade". Assim, para monitorizar de perto a evolução e tentar retardar a propagação do vírus, foi criado o programa dos "presidentes de rua". Várias dezenas de voluntários organizaram-se para fazer máscaras. As escolas e academias do bairro, que tinham, entretanto, sido fechadas, foram convertidas em enfermarias de isolamento, e estabeleceu-se uma plataforma on-line na qual moradores desempregados podiam solicitar ajuda financeira. Para pagar pelos projetos, a associação iniciou campanhas de *crowdfunding* nas redes sociais que arrecadaram milhares de dólares[21].

Laryssa da Silva, mãe solteira de 24 anos, desempregada, é uma das quatrocentas "presidentes de rua" de Paraisópolis, responsáveis por ajudar os seus vizinhos a garantir alimentos, ajuda e assistência médica. Laryssa inscreveu-se on-line para representar a Viela da Harmonia, uma das ruas de Paraisópolis. Todos os dias ela circulava entre as casas de madeira e metal para entregar máscaras e álcool em gel, distribuir alimentos, verificar os sintomas da Covid-19 e tomar nota das necessidades das famílias. O programa preparou-a com um curso de primeiros socorros de seis horas, liderado pelo corpo de bombeiros local, que lhe mostrou como monitorizar a progressão do vírus, quando chamar uma ambulância e como ajudar os pacientes que sofrem de sintomas graves. Segundo Gilson Rodrigues: "Tudo que fizemos veio da favela. Não vem nada dos governos. O estadual liberou apenas escolas para a gente, mais nada. Falta política pública. É uma tragédia que está sendo construída"[22]. Entretanto, o programa de auto-organização comunitária iniciado em Paraisópolis foi adotado por muitas outras favelas em todo o país.

As iniciativas populares de maior dimensão não são toda a história da solidariedade comunitária nos bairros empobrecidos do mundo. No nível das pequenas comunidades e das pequenas organizações, um trabalho notável de entreajuda vai sendo tecido a partir da partilha da experiência da violência, da fome e do sofrimento. É aí também que por vezes se manifesta com mais intensidade a potência da auto-organização em face do abandono ou da incapacidade do Estado. Foi o caso da "Ocupação Esperança" que nasceu na região metropolitana de São Paulo em 2013. Os e as ocupantes nem sequer equacionaram a possibilidade do apoio do Estado e construíram a comunidade segundo princípios de autonomia e de auto-organização. Segundo uma das líderes da ocupação, Helena Silvestre, que também coordena a Escola Feminista Abya Ayala da ocupação, o "feminismo favelado", como lhe chama:

> Com a chegada da pandemia, nos organizamos em grupos de trabalho. Há as que pedem ajuda e coletam doações em alimentos, leite, fraldas, absorventes, produtos de limpeza e mesmo dinheiro. Aquelas que têm carro são equipes de entregas que leva suprimentos a trezentas famílias chefiadas por mulheres em situação extrema que orbitam nosso trabalho. São mães com muitos filhos, algumas muito jovens, outras são avós, mulheres egressas do sistema prisional, companheiras sem documentos e muitas que não acessam os auxílios estatais. Nós temos companheiras psicólogas, que realizam o atendimento remoto em apoio àquelas que precisam, que perderam filhos para a violência ou para a Covid-19, ou ainda mulheres que sofrem elas mesmas violências no espaço onde estão agora confinadas. Quando alguma se sente forte o suficiente para abandonar este lugar, nós ajudamos como conseguimos... Dá orgulho quando sai de dentro de um barraco de madeira uma

criança para nos atender e grita lá pra dentro de casa: "Ô mãe! São as feministas trazendo comida".[23]

Campanha "Vamos Precisar de todo o Mundo". Essa campanha foi uma iniciativa conjunta de duas frentes populares de ação política, a Frente Brasil Popular e a Frente Povo Sem Medo, protagonizadas por dois importantes movimentos sociais, o MST (Movimentos dos Trabalhadores Rurais Sem Terra) e MTST (Movimento Trabalhadores Sem Teto), respectivamente, e em que se integraram, entre outros: Central Única de Trabalhadores (CUT), Movimento dos Atingidos por Barragens (MAM), Marcha Mundial das Mulheres (MMM), Movimento dos Pequenos Agricultores (MPA), União Brasileira de Mulheres, Centro de Movimentos Populares, Confederação Nacional dos Trabalhadores e Trabalhadoras na Agricultura Familiar do Brasil. Destinou-se a coordenar as iniciativas comunitárias de ajuda às populações empobrecidas e duramente atingidas pela pandemia[24]. O volume e a abrangência das ações de solidariedade e assistência foi notável. Entre o início da campanha em abril e o fim de julho houve distribuição de alimentos, cestas básicas agroecológicas, assistência médica e psicológica, produção de máscaras e de gel desinfetante, cozinhas comunitárias, acordos para compra de gás mais barato. O resultado foi impressionante: mais de 3 milhões de toneladas de alimentos, 178 mil cestas básicas, 234 mil refeições, 166 mil máscaras, 23 mil desinfetantes, etc. Tanto o MST como o MTST têm levantado a bandeira da auto-organização dos camponeses e dos trabalhadores, da promoção de economias populares, de relações anticapitalistas com a terra e de relações ecológicas com a natureza. O MST conta com uma vasta rede de assentamentos, com escolas (a educação no campo), serviços sociais, restaurantes e armazéns para venda ao público de produtos agrícolas saudáveis e produz muitas toneladas de alimentos anualmente. Jane Cabral, da direção nacional do MST no estado do Pará, explica que a ação do movimento parte do princípio de que a organização popular é a melhor forma de combater as desigualdades do sistema capitalista. Nas palavras de Daniele Cazarotto, dirigente estadual do MST/RS:

> Para nós do MST a solidariedade é muito mais do que apenas dar aquilo que nos sobra. É dar o que nós temos. Hoje entregamos essas cestas em nome de todos os camponeses e camponesas que estão em seus territórios produzindo alimentos saudáveis, cuidando da natureza, dos filhos dos outros, para que a gente possa enfrentar esse momento de pandemia que tem atingido a todos no mundo inteiro, mas principalmente os trabalhadores e as trabalhadoras.[25]

Durante a pandemia, o MST distribuiu centenas de toneladas de alimentos aos povos indígenas. As comunidades indígenas camponesas do MST estiveram em constante campanha nacional de solidariedade com as populações mais necessitadas, levando apoio alimentar a comunidades remotas e às periferias. No estado do Mato Grosso, doaram mais de cem toneladas de alimentos desde o início da pandemia[26]. Fora do Brasil, o MST teve (e tem) brigadas internacionalistas trabalhando em outros países latino-americanos – Haiti e Venezuela –, onde também ajudaram no abastecimento das populações no contexto do atual surto epidêmico, mas cuja ação internacionalista e solidária teve início muito antes da Covid-19. Fora da América, a Brigada Internacionalista Samora Machel tem trabalhado na Zâmbia (África)[27].

Argentina

Foram muitas as iniciativas comunitárias. Menciono aquela com que tive contato solidário, a Garganta Poderosa. A Garganta Poderosa é um movimento revolucionário latino-americano, nascido nos bairros pobres (*villas*) de Buenos Aires há mais de quinze anos e que hoje articula 120 assembleias territoriais em doze países da América Latina.

> A palavra *poderosa* vem da importância que a palavra "poder" [...] o verdadeiro "poder" para aqueles cuja principal urgência é comer, é o encontro, a discussão e o fazer coletivo que transforma nossas vidas e a de toda a comunidade. Esse poder popular que reivindicamos vem desde nossa base [...] não depende de milhões ou da publicidade em horário nobre na televisão aberta, por isso, cada vez que nos unimos, eles têm medo de nós porque não podem compreender, muito menos permitir que qualquer expressão de liberdade e dignidade nasça da imensa potência criativa da humanidade.[28]

Confrontados com a constante ausência do Estado e tentando lidar com a fome e com a emergência da pandemia, Fidel Ruiz, um dos membros da Garganta Poderosa, transmitiu-me, em comunicação pessoal, as medidas que tomaram:

> As coisas que tem recomendado a Organização Mundial de Saúde como lavar as mãos a cada duas horas é um privilégio porque não há água. A pouca água que temos é para preparar comida e para diferentes usos e para além disso não temos abrigos nem roupa nem alimentos nos dormitórios. [...] As medidas que tomamos de defesa e proteção desde que começou a quarentena na Argentina em 20 de março foi separar os refeitórios comunitários que fornecem alimentação às populações dos bairros. Usamos vários dispositivos, primeiro um dispositivo de saúde que são companheiros e companheiras que assistem pessoas idosas que têm de estar isoladas com tudo o que lhes faz falta, alimentos, medicação, material de higiene. Temos também companheiros e companheiras que mantêm um vínculo com os centros de saúde; quando há um caso suspeito nos bairros eles

facilitam o trâmite para que se possam isolar. No dia a dia vamos nos separando em grupos e depois tentamos lidar com os problemas que começaram desde o início da quarentena, a falta de água, os cortes de luz.[29]

A violência de uma situação de abandono por parte das autoridades estatais deu origem a uma revolta de indignação quando morreu, vítima da Covid-19, uma das lideranças do movimento, Ramona Medina, mãe de duas filhas deficientes e totalmente dependentes. O comunicado da Garganta Poderosa exprime a dureza da realidade:

> Ramona não morreu! Ramona foi morta pelos donos do silêncio, pelos cúmplices da indiferença, pela mudez da justiça, eles a mataram! E agora quem diabos explica como continuar, como a família permanecerá totalmente hospitalizada, como as filhas Maia e Guada continuarão, em cadeira de rodas, infectadas, com oxigênio, deficientes, sem falar, totalmente dependentes, agora sem a mãe![30]

Na sequência da morte de Ramona, o governo nacional recebeu o líder de La Garganta, Nacho Levy, mas a verdade é que, segundo este, a comunidade continua a contar sobretudo com a solidariedade e as iniciativas de auto-organização comunitária para suprir as necessidades básicas da população[31].

Colômbia

Para manifestar minha solidariedade com o processo de paz colombiano (ver capítulo 5), seleciono, no contexto da pandemia, o trabalho solidário realizado pelas organizações econômicas dos ex-guerrilheiros. São talvez pequenos gestos de pouco valor material, mas os gestos simbólicos também têm valor. A integração dos ex-guerrilheiros na vida civil consistiu, entre outros meios, na realização de projetos econômicos alternativos organizados em cooperativas dedicadas à produção de cerveja, café, roupas, malas, mel, etc.

Durante a pandemia, essas cooperativas decidiram distribuir cerca de 18 mil máscaras em diferentes regiões do país. Destaco o trabalho realizado por ex-combatentes numa área de reintegração em Iconozo, um pequeno município, onde, numa alfaiataria, a produção habitual de roupas foi reconvertida para fabricar máscaras e, assim, contribuir para a redução da propagação do vírus nas comunidades[32]. Por outro lado, Confecciones La Montaña (outro projeto gerido por ex-combatentes) estabeleceu a meta de fabricar 27 mil máscaras por mês, doando uma certa quantidade delas e vendendo o resto a preços especiais para comunidades vulneráveis[33]. Além disso, os ex-combatentes que compõem a cooperativa agrícola Renacer Campesino por una Vida Digna reuniram recursos para adquirir material de proteção pessoal destinado aos profissionais de saúde de um hospital na região de Montes de María, conseguindo fornecer toucas cirúrgicas, máscaras, luvas de látex, álcool gel, macas e roupas de hospital, numa das regiões mais atingidas pela violência[34].

Povos indígenas da América Latina

Os povos indígenas demonstraram uma notável capacidade de reação e resiliência diante da chegada da pandemia, como já referi em vários capítulos anteriores. Organizações representativas dos povos indígenas ativaram mecanismos para a produção e disseminação de informações sobre a propagação do vírus entre as suas populações e comunidades. O objetivo dessas iniciativas foi apresentar dados de fontes diretas sobre casos de contágio em populações indígenas e pressionar as autoridades estatais a adotar respostas consistentes com a magnitude dos efeitos. Mas o mais relevante foi sem dúvida a resposta dos povos indígenas na contenção e mitigação do contágio entre os seus habitantes e territórios. Entre as medidas adotadas, é de destacar as cercas sanitárias, protocolos de mobilidade e segurança social, práticas de distribuição solidária de alimentos, sistemas de medicina tradicional, incluindo o fortalecimento dos laços com os idosos para valorizar seus conhecimentos de medicina ancestral. Exercendo os seus direitos, os povos indígenas assumiram o controle de seus territórios e população, sem esperar pelas diretrizes das autoridades oficiais. Todas as medidas adotadas foram respostas sistêmicas a uma influência do meio ambiente (nacional e global) que ameaça e põe em risco a continuidade das suas vidas como indivíduos e comunidades. O paradigma do *"buen vivir"* aplicado à pandemia pode ser lido da seguinte forma: i) viver bem consigo mesmo, preservando a vida, evitando ou tratando a propagação do vírus; ii) conviver bem com os outros, construindo laços de solidariedade, colaboração e apoio mútuo; iii) conviver bem com o meio ambiente natural, aumentando a capacidade dos sistemas naturais dos seus territórios para cultivar alimentos e plantas medicinais com que se previne a fome e o contágio[35]. Do ponto de vista dos povos indígenas, boas práticas podem ser definidas como:

> Medidas adotadas pelas comunidades indígenas para enfrentar a pandemia, partindo do seu contexto sociocultural, de uma perspectiva de conhecimentos, e práticas ancestrais, com o objetivo de salvaguardar a vida das comunidades, em pleno exercício dos seus direitos coletivos.[36]

Os exemplos de boas práticas implementadas por comunidades e organizações indígenas para responder à pandemia foram múltiplos. Abaixo segue uma breve visão geral de algumas dessas iniciativas, organizadas por países (por ordem alfabética). A qualidade da informação é muito desigual, mas o meu propósito aqui não é fazer um exercício de sociologia ou antropologia indígena, mas antes dar a conhecer iniciativas onde se manifesta a potência dos povos indígenas, a sociologia das emergências.

Argentina

Amaicha del Valle, na província de Tucumán, ainda tem o seu governo indígena: possui uma assembleia geral, um conselho de sete anciãos e um chefe com a função de "secretário executivo, guardião do território, propriedades e projetos"[37]. Com a pandemia, na comunidade Diaguita-Calchaquí de Amaicha del Valle, a escola fechou e o professor rural da Intercultural Bilíngue n. 10, em coordenação com o chefe e a comunidade indígena, passaram a fazer uso da rádio comunitária para continuar as aulas. Com essa iniciativa, eles conseguiram alcançar as comunidades mais remotas e não interromper completamente o ano escolar. A Universidade Nacional de Santiago del Estero (UNSE), juntamente com a comunidade Quíchua, preparou guias bilíngues espanhol-quíchua com medidas para prevenir o coronavírus e o dengue e oferecer ajuda em situações de violência de gênero[38]. Em Jujuy, professores da localidade de Casira, em coordenação com a comunidade indígena, criaram cartilhas para os estudantes da região, apoiando a diminuição da lacuna tecnológica nas comunidades camponesas indígenas.

Bolívia

Na Bolívia, comunidades indígenas e camponesas do Chapare iniciaram o programa "Trópico solidário" com o lema "não somos milionários, mas somos solidários", de apoio alimentar aos locais mais carentes, nas periferias urbanas e nas comunidades indígenas remotas de diferentes departamentos da Bolívia. Distribuíram gratuitamente toneladas de frutas e outros alimentos[39]. O povo Kallawaya, por meio dos seus médicos tradicionais ancestrais, promoveu o uso de plantas medicinais que fortalecem o sistema imunológico, bem como vaporizações e incensos também com plantas medicinais e cerimoniais. O conhecimento e as mãos das parteiras indígenas bolivianas também foram fundamentais para cuidar de mulheres grávidas e ajudar a dar vida em um momento em que o medo de contágio da Covid-19 estava dramaticamente presente. A Bolívia reconhece a prática do conhecimento ancestral e a Lei 459 sobre medicina ancestral, de 2013, reconhece especificamente as parteiras ancestrais. Como parte das medidas de proteção contra o vírus, os índios amazônicos da Bolívia lançaram o livro de remédios ancestrais *Remedios del monte*[40], que contém escritos baseados na sabedoria dos povos Mojeño, Tsimane, Yuracaré e Movima. Os medicamentos visam aumentar as defesas, melhorar a nutrição e tratar sintomas como febre, diarreia ou tosse, entre outros. Os indígenas esclarecem que são remédios antigos para curar por meio da natureza, e que o seu uso evita que seja necessário ir a um posto de saúde na cidade de San Ignacio de Moxos, a cidade mais próxima, onde já existem infecções e dezenas de casos suspeitos.

"Não é a primeira vez que somos ameaçados. Os nossos antepassados também enfrentaram epidemias e tivemos que resistir permanentemente à subjugação e exploração dos nossos territórios, enquanto os governos esquecem nosso destino", diz o presidente do Território Indígena Multiétnico (TIM), don Bernardo Muiba Yuco:

> Para viver, sempre tivemos que lutar. Hoje, de novo, temos que nos organizar e cuidar uns dos outros, porque é a única maneira que conhecemos de permanecer vivos. Devemos proteger o território e permanecer nas nossas comunidades. Sabemos que, além deste vírus, enfrentamos outras necessidades. É por isso que o cuidado deve ser coletivo: vamos trabalhar no *chaco*, trocar os nossos produtos e garantir que ninguém fique sem comer; se existe uma pessoa doente, vamos ajudá-la, existem muitas doenças que sabemos curar com o conhecimento tradicional e, assim, evitamos ser forçados a deixar o território.[41]

Brasil

As comunidades camponesas indígenas da Rede de Intercâmbio de Tecnologias Alternativas em Belo Horizonte e Minas Gerais[42] criaram uma rede de solidariedade campo-cidade para a doação de toneladas de alimentos provenientes da agricultura familiar de produção agroecológica, em articulação com uma rede de voluntários. No que diz respeito à informação sanitária durante a pandemia, a Rádio Brasil Yandé[43], uma rádio da web indígena brasileira (etnomídia indígena), transmitiu para as comunidades indígenas do Brasil nas suas próprias línguas. Apoiaram a campanha pela Amazônia, com entrevistas e mensagens aos líderes indígenas da Federação das Organizações Indígenas do Brasil. Os artistas do festival de música indígena realizaram campanhas de prevenção a partir das plataformas digitais e foram feitas máscaras bordadas com motivos indígenas[44]. Como forma de proteção, os próprios povos organizaram barreiras sanitárias ao redor de suas aldeias (ver o capítulo 4). No início de maio, o povo Tremembé da Barra do Mundaú, no Ceará, decidiu impedir a entrada de visitantes no território, localizado no município de Itapipoca, interior do estado. O mesmo ocorreu em Tocantins, com indígenas da etnia Krahô, que bloquearam a estrada entre as cidades de Itacajá e Goiatins.

Colômbia

A Associação de Conselhos Indígenas do Norte de Cauca possui 980 guardas indígenas ativos, em período integral, para a vigilância e proteção da comunidade. O povo Kokonuko possui uma guarda indígena composta de homens e mulheres que controlam os limites do seu território. Durante a pandemia impediram a entrada de estranhos que podiam ser portadores do novo coronavírus. A guarda indígena é um exemplo notável do modo como os povos indígenas administram suas relações territoriais e políticas. Assumiram a vigilância das entradas nos seus territórios com 4.500 postos de controle distribuídos por todo o país trocando, pela primeira vez na sua história, os bastões por sprays de álcool[45].

A Organização Nacional Indígena da Colômbia (Onic)[46] possui um sistema de Monitorização Geográfica Territorial que foi acionado para impedir que a pandemia progredisse nas comunidades indígenas. Essa ação foi coordenada com os relatórios das próprias autoridades indígenas sobre os seus territórios e o Instituto Nacional de Saúde da Colômbia. A Onic incluiu, como aspecto central do Plano de Contingência, o fortalecimento dos antigos sistemas de medicina tradicional dos povos através do uso das plantas, de acordo com os seus usos e costumes[47].

Por sua vez, o Conselho Regional Indígena de Cauca (Cric) realizou a Minga da Comida[48], entregando mais de 6 mil pacotes de alimentos às pessoas carentes em Cauca, como exemplo da solidariedade indígena em tempos difíceis[49]. No território Huellas Caloto, o povo Nasa promoveu a troca de sementes nativas para proteger as sementes da região e fortalecer a agricultura familiar, de modo a revitalizar a economia local e os princípios e valores da troca direta de produtos e de conhecimentos[50]. Em Bogotá, foram realizados diálogos virtuais de autoridades indígenas sobre "*solos vivos e soberania alimentar*" com jovens migrantes indígenas interessados na agricultura urbana, propiciando oportunidades para uma diversidade agroalimentar saudável, soberana e sustentável, particularmente útil durante a pandemia[51]. Nessa mesma linha, foram realizadas trocas regionais de plantas medicinais na região do Cauca, a fim de fortalecer o Sistema de Saúde Intercultural Indígena (Sispi), com base na sabedoria ancestral dos povos indígenas. Enquanto a pandemia avançava rapidamente, os povos indígenas promoveram nos seus territórios o trabalho coletivo (*minga*), defenderam a soberania alimentar com produtos agroecológicos, mantendo o equilíbrio e a sua ligação com a mãe terra[52].

Além dessas medidas, a solidariedade dos povos indígenas do Cauca foi demonstrada pela entrega de mais de 6 mil pacotes de alimentos, incluindo alimentos de clima frio, temperado e quente, aos habitantes do bairro de Avelino Ul[53] e outros setores vulneráveis da cidade de Popayán[54]. Cabe relatar também a ação do povo Yanacona (pertencente ao Cric) na partilha de alimentos preparados nos seus territórios com as comunidades indígenas de setores específicos da cidade de Cali. O mesmo sucedeu com o povo Misak, que produz produtos naturais da antiga medicina tradicional, como sabonete líquido, shampoo e gel desinfetante à base de ervas, unguentos de arnica e calêndula, uma mistura de tinturas-mãe para alergias, gripes, etc. Também utilizaram destilado de poejo para as crianças, água destilada com maceração de *Cannabis sativa*, óleo essencial destilado por vapor de eucalipto, orégão, tomilho, poejo e cânabis. Em Puerto Nariño, na Amazônia colombiana, recorreram à medicina ancestral para o tratamento de pacientes com Covid-19, a partir do conhecimento do povo Ticuna, usando ervas quentes e vaporizações para aliviar os sintomas[55].

Peru

A Federação Nativa do Rio Madre de Dios e Afluentes (Fenamad)[56] integra o Comando Regional Covid, liderado pelo chefe da Direção Regional de Saúde (Diresa), para atender às necessidades das suas 37 comunidades e populações durante a pandemia. A Organização Regional dos Povos Indígenas do Oriente (Orpio)[57] desenvolveu uma proposta de protocolo de segurança para a entrada de funcionários do Estado nas comunidades indígenas, destacando que essa entrada só deveria ocorrer em casos excepcionais, como assistência médica, fornecimento de alimentos ou a manutenção de equipamentos de telecomunicações. Com o mesmo objetivo, os povos indígenas da Amazônia propuseram um protocolo de segurança para combater a Covid-19[58]. Esse documento foi desenvolvido pela Coordenação de Desenvolvimento e Defesa dos Povos Indígenas da região de San Martín (Codepisam)[59], base da organização nacional indígena do Peru, a Associação Interétnica para o Desenvolvimento da Floresta Peruana (Aidesep)[60].

A comunidade Cantagallo do povo Shipibo Konibo realizou campanhas no espaço virtual e nas redes sociais para promover sua arte e gerar recursos durante a pandemia. A Rádio Servindi[61] participou ativamente nas campanhas de prevenção e promoção da saúde em línguas indígenas. As comunidades indígenas de Loreto, juntamente com os promotores de saúde da comunidade, trabalharam em coordenação com o Programa Mamás del Río[62] e a Universidade Cayetano Heredia, para treinar voluntários em gestão das tecnologias da comunicação e informação. As mães grávidas foram apoiadas por um aplicativo que serve para facilitar a vigilância ativa da Covid-19 por meio da triagem de sintomas, identificação da população em risco, identificação de contatos de pacientes infectados e monitorização das pessoas em risco.

Durante a pandemia, a comunidade Aymara, em coordenação com a autoridade municipal de Corani, implementou o programa "Aprendo em casa"[63]. Promoveu a instalação de internet via satélite em todo o distrito e organizou a compra de computadores para estudantes. A comunidade convocou os jovens estudantes universitários da cidade para formar um comando pedagógico para ensinar as tecnologias da informação e comunicação a todos os alunos dos níveis fundamental e médio[64]. É um trabalho inovador e bem-sucedido a 4.500 metros acima do nível do mar.

Boas práticas de unidades político-administrativas subnacionais ou autônomas

A pandemia mostrou que a atuação do Estados, analisada no capítulo 5, não foi internamente homogênea. Em geral, a atuação mais destrutiva e repressiva ocorreu em países governados por forças políticas de direita e de ultradireita que minimizaram a gravidade da pandemia, puseram o interesse da economia acima do interesse da vida e, como resultado, tornaram-se cúmplices da morte de milhares de vidas humanas. Ao nível das unidades políticas e administrativas subnacionais, ocorreram práticas que contradiziam as políticas nacionais e que passaram despercebidas. Penso, no entanto, que nestes tempos difíceis que atravessamos, salientar essas boas práticas é mais necessário do que nunca. Revelaram uma faceta estrutural dos Estados contemporâneos que se intensificou com a pandemia: tornaram-se internamente mais heterogêneos na sua atuação[65]. No que se segue, analiso algumas experiências de entidades político-administrativas subnacionais, muitas vezes em articulação com organizações da sociedade civil.

Entre muitos outros exemplos, analiso o estado de Kerala na Índia e o município de Niterói no Brasil. Nesta seção relato ainda o caso de Rojava, uma entidade político-administrativa autônoma, organização de uma nação, a nação Curda, sem Estado. Não sendo reconhecida internacionalmente, não figura como Estado-nação, mas também se recusa a ser vista como subnacional por não se considerar parte da Síria.

Kerala, Índia

A Índia é um Estado federal, sendo Kerala um dos estados da União. No plano político, o estado de Kerala é dominado, desde o final dos anos 1970, por duas frentes políticas: a Frente Democrática de Esquerda (Left Democratic Front, LDF), liderada pelo Partido Comunista da Índia (Marxista), e a Frente Democrática

Unida (United Democratic Front, UDF), dominada pelo Partido do Congresso. As duas coligações têm alternado no poder desde 1982. O estado de Kerala assumiu uma notável liderança na luta contra a Covid-19 em estreita articulação com as estruturas comunitárias. A colaboração dos trabalhadores de saúde comunitária (que em Kerala calcula-se integrar cerca de 30 mil trabalhadores da saúde) foi uma parte importante da resposta forte do governo do estado comunista à pandemia de coronavírus. Kerala seguiu de perto a opinião dos peritos mundiais de saúde, para quem medidas como monitorização local, comunicação aberta dos riscos e divulgação de informação, assim como o envolvimento da comunidade, são parte da estratégia de sucesso para o combate à Covid-19. Foram feitos testes maciços, procedeu-se ao rastreamento intenso de contatos e construíram-se milhares de abrigos para trabalhadores migrantes retidos em aldeamentos temporários pelo repentino confinamento decretado em todo o país, com a distribuição de milhões de refeições para as populações necessitadas. As triagens nos aeroportos foram reforçadas, e viajantes de países considerados *hotspots* de coronavírus, como o Irã e a Coreia do Sul, foram obrigados a ficar em quarentena em casa a partir de 10 de fevereiro de 2020, duas semanas antes de a Índia impor restrições semelhantes em nível nacional. Abrigos de quarentena temporários foram estabelecidos para acomodar turistas e outros não residentes[66].

O bom desempenho de Kerala revela que o retorno do investimento em políticas públicas redistributivas só se pode avaliar na longa duração. Em mais de trinta anos, quase sempre governado por coligações de comunistas e outras forças de esquerda, o estado investiu fortemente na educação pública e na assistência universal à saúde. Kerala tem a maior taxa de alfabetização e a melhor cobertura do sistema de saúde pública na Índia. Kerala lidera o ranking da Índia em imunizações à nascença e disponibilidade de especialistas em unidades de atenção primária, por exemplo. Em nível nacional, a Índia estava muito desprotegida pelas políticas recentes do governo de direita de Narenda Modi. Aliás, ao contrário das declarações públicas, o governo federal da Índia tem gasto em tempos recentes apenas 1,28% do PIB em serviços de saúde. Por essa razão, existem apenas 0,7 leito hospitalar por mil pessoas, apenas 30 mil ventiladores no país, e apenas vinte profissionais de saúde por 100 mil pessoas. Em flagrante contraste com essa política, a qualidade do sistema de saúde em Kerala permitiu-lhe seguir a recomendação da OMS sobre a testagem maciça, mesmo quando as agências centrais defenderam que o teste em massa não era viável num país como a Índia. Na primeira semana de abril, Kerala havia realizado mais de 13 mil testes, representando 10% de todos os testes realizados na Índia. Para "romper a cadeia", o governo acompanhou rigorosamente o "rastreamento de contatos", estudando com quem a pessoa infectada esteve em contato para que toda a cadeia de pessoas possivelmente infectadas pudesse ser identificada e os infectados colocados em isolamento. Os mapas de rotas que mostravam os locais onde as pessoas estavam infectadas foram tornados públicos, e era pedido às pessoas que estivessem presentes naquele momento nesses locais para entrar em contato com o departamento de saúde para que pudessem ser rastreadas e testadas. Os mapas de rotas foram amplamente divulgados pelas redes sociais e pelo GoK Direct[67], aplicativo para celular desenvolvido para o governo.

Entretanto, uma empresa do setor público começou a produzir desinfetante para as mãos. O movimento juvenil – a Federação Democrática da Juventude da Índia – e outras organizações também começaram a produzir desinfetantes para as mãos, enquanto unidades da cooperativa de mulheres – Kudumbashree (4,5 milhões de membros) – começaram a produzir máscaras. As administrações locais formaram também comitês de emergência locais, assim como grupos para limpar áreas públicas. As frentes populares do Partido Comunista da Índia (Marxista) higienizaram os ônibus e montaram lavatórios nas estações de ônibus para os passageiros lavarem as mãos e o rosto. A maior federação sindical de Kerala – a Central de Sindicatos da Índia – apelou aos trabalhadores para desinfetar os espaços públicos e para ajudar os seus colegas de trabalho que enfrentaram problemas como consequência da quarentena. Essas campanhas de limpeza em massa tiveram um impacto pedagógico na sociedade, uma vez que os voluntários foram capazes de instruir a população sobre a necessidade social de "romper a cadeia". O governo assumiu o controle de prédios vagos, transformando-os em centros de atendimento para doentes de Covid-19 em quarentena, e tomou providências para que as pessoas que precisassem ficar em quarentena em casa, mas que habitam casas superlotadas, se mudassem para as instalações criadas pelo governo. Todos os que estiveram em quarentena nesses centros foram alimentados e tratados pelos governos locais.

Kerala também anunciou a disponibilidade de um pacote econômico no valor de 2,6 bilhões de dólares para combater a pandemia, antes de o governo central ter instituído o confinamento que deixou muitos estados em dificuldades. O estado de Kerala fez contratos com prestadores de serviços para aumentar a capacidade da rede de internet em casa. O pacote de medidas econômicas incluiu empréstimos às famílias por meio da cooperativa de mulheres, Kudumbashree, garantia de emprego rural, dois meses de pagamentos antecipados de pensão a idosos, almoços não cozinhados para crianças em idade escolar, distribuição grátis de arroz, lentilhas, etc., e restaurantes para fornecer alimentos a preços subsidiados. Os pagamentos de serviços públicos de água e eletricidade, bem como os juros de pagamentos de dívidas, foram suspensos (o que veio a acontecer posteriormente em outros países, nomeadamente na Europa).

O estado de Kerala foi alvo da atenção mundial por limitar o número de casos a pouco mais de 5 mil e de mortes a 27 nos primeiros cinco meses. Mas, a partir da segunda semana de julho de 2020, as infecções do coronavírus de rápida disseminação começaram a aumentar de forma alarmante, constituindo uma situação preocupante para um estado que até então registrava um histórico exemplar na gestão da pandemia. Claramente, a natureza do desafio mudou, não apenas em termos do número de pessoas que se infectam todos os dias, mas também na forma como ameaçam sobrecarregar o sistema descentralizado de saúde pública do estado de Kerala, que está entre os melhores do país.

A garantia de cuidados de saúde de qualidade para cada doente de Covid-19 e pessoas em quarentena, uma promessa que o estado de Kerala foi capaz de cumprir nos primeiros cinco meses da pandemia, de repente pareceu um pouco incerta. Em vez disso, as preocupações sobre uma possível escassez de leitos hospitalares, respiradores, unidades de terapia intensiva (UTI), médicos, enfermeiras e outros profissionais de saúde começaram a dominar as discussões oficiais.

No entanto, em resposta a alguns relatos da mídia que sugeriram que "a história de sucesso de Kerala na luta contra a Covid-19" já fora "desfeita", o ministro-chefe Pinarayi Vijayan afirmou: "A luta contra a Covid-19 não é como uma corrida de cem ou duzentos metros que se pode vencer num trecho. Isto, como uma maratona, é um longo percurso. O que está sendo testado é a nossa resistência, não apenas do sistema de saúde, mas da sociedade em geral e das pessoas como um todo. A nossa paciência e resistência estão sendo testadas. Cada um de nós precisa ter essa consciência. Só então podemos correr a corrida até o fim, sem cair"[68].

Niterói, Brasil

No final de janeiro, quando a China anunciou o isolamento total de Wuhan, as imagens de avenidas desertas e comércios fechados ainda pareciam um problema distante para a grande maioria dos brasileiros. Mas, na mesma semana, a prefeitura de Niterói criava um grupo de resposta rápida para planejar como a cidade deveria reagir se o vírus chegasse, um grupo de ação com epidemiologistas e infectologistas para produzir pareceres e análises do que estava acontecendo, compilar publicações acadêmicas sobre a infecção, desenvolver um plano de contingência para reagir à eventual contaminação de seus moradores e treinar servidores da área da saúde. Era uma iniciativa de precaução, mas que acabou por abrir caminho para a cidade se destacar na adoção de políticas públicas antecipadas para lidar com a pandemia. Segundo os responsáveis municipais: "Na época da criação do grupo de resposta rápida, ninguém tinha ainda a dimensão que essa pandemia alcançaria, mas isso nos deu uma vantagem importante: quando o vírus chegou, já tínhamos um planejamento e uma reflexão sobre como agir"[69]. O primeiro caso de um morador da cidade infectado pelo coronavírus foi confirmado em 7 de março de 2020 e, na semana seguinte, a prefeitura iniciou o processo de isolamento social que se tornou um exemplo nacional. Logo na primeira quinzena de março, Niterói formou um gabinete de crise integrando várias secretarias da prefeitura, estruturado em cinco pilares: o isolamento social – a cidade foi a primeira do país a fechar suas praias –, a proteção social, a salvaguarda da economia local, o fortalecimento da rede de saúde pública e a comunicação em massa.

Em 18 de março, a prefeitura anunciou que pagaria uma bolsa de quinhentos reais a seus moradores mais pobres, quando, em nível federal, o governo ainda discutia se iria oferecer algum suporte aos brasileiros necessitados. O município preparou o primeiro hospital exclusivo do país para o atendimento de doentes do coronavírus. Foi a primeira cidade do país a comprar da China e da Coreia do Sul 40 mil testes de Covid-19 para fazer testes em massa, com o objetivo de chegar a 80 mil testes, ou seja, alcançar 16% da sua população, uma taxa muito superior à da maioria dos países. Foi distribuído 1 milhão de máscaras para a população com base numa parceria com 32 pequenas empresas de confecção. Para cobrir as despesas adicionais, o orçamento municipal da saúde foi reforçado em mais de 30% em relação ao valor inicial. É preciso ter em mente que Niterói é uma cidade relativamente rica, com um forte setor de serviços e parte das empresas da cadeia produtiva de petróleo e gás do país. Mas, obviamente, se não houvesse vontade política, os recursos não seriam destinados de maneira tão prioritária a defender a vida dos cidadãos e das cidadãs. Niterói foi a primeira cidade do estado do Rio de Janeiro a confirmar um caso de coronavírus e a segunda a confirmar um óbito. Segundo o prefeito da cidade, Rodrigo Neves:

> A cidade tinha tudo para viver uma tragédia. Tem a maior proporção de famílias da classe média globalizada que viajou para o exterior em janeiro e fevereiro e uma proporção de idosos que pode chegar a 30% em bairros como Icaraí, taxa similar à da Europa. [...] E, como no resto da região do Rio de Janeiro, essas pessoas vivem próximas a territórios e regiões com maior adensamento humano e de pessoas de menor rendimento.[70]

A partir do início do isolamento social e da suspensão das aulas da rede pública, a prefeitura definiu estratégias para garantir a segurança alimentar das famílias mais pobres, com a distribuição imediata de 32 mil cestas básicas. Moradores de rua foram convidados a se mudar para hotéis alugados pelo município, onde teriam garantidos alimentação e alojamento, desde que se comprometessem a cumprir o isolamento social. Baseada nas estatísticas internacionais, a prefeitura calculou que seria necessário criar duzentos leitos só para pacientes com a Covid-19. E, preferencialmente, concentrá-los num mesmo local para evitar a contaminação de outros doentes. Foi o que foi feito, alugando-se por um ano um hospital privado recém-concluído que ainda não havia sido inaugurado por conflitos empresariais. Recorrendo a uma prática testada na Coreia do Sul, foram criados centros para que os moradores de rendimentos mais baixos pudessem cumprir a quarentena. Para isso, seiscentos leitos foram abertos em centros de educação pública da cidade, com enfermarias, refeitórios, assistência social e psicólogos. As equipes do serviço Médico de Família assumiram a missão de persuadir as pessoas a ir para esses centros a fim de recuperar a saúde, voltando depois para casa e para a sua comunidade sem risco de contaminar alguém. Outra medida, voltada sobretudo para a população mais pobre, foi a limpeza e desinfecção das noventa maiores favelas, ruas, vielas e bairros de Niterói com quaternário de amônio (de quinta geração), o mesmo produto usado na China para desinfectar suas cidades.

Há ainda que mencionar a transformação de quatro hospitais das quatro regiões administrativas da cidade para tratamento da Covid-19, a abertura de 140 leitos de enfermaria e UTI até a segunda quinzena de maio e a contratação de 1.300 funcionários. Para diminuir o impacto na economia local, a prefeitura aprovou o programa Empresa Cidadã, um programa de *lay-off*: no caso de empresas com até dezenove trabalhadores, a prefeitura cobriria o montante de um salário mínimo até ao limite de nove desses trabalhadores durante três meses, sob o compromisso de que essas firmas não demitiriam ninguém por um período de seis meses. O objetivo foi salvar cerca de 2 mil pequenas empresas e de 10 mil postos de trabalho. Também foi aprovada uma parceria com o setor financeiro que previa 150 milhões de reais (cerca 24,5 milhões euros) em créditos para serem concedidos a pequenas e médias empresas e profissionais liberais que precisassem de capital. O prefeito criticou duramente o presidente do Brasil, Jair Bolsonaro, pela sua oposição ao isolamento social: "Abrir mão do isolamento social é condenar milhares, talvez milhões de brasileiros à morte"[71].

Em resultado das medidas adotadas em Niterói, o contraste com a cidade do Rio de Janeiro, do outro lado da baía de Guanabara, foi evidente: em 6 de agosto, Niterói tinha confirmado 8.912 casos de Covid-19 e 309 óbitos. A cidade do Rio, com uma população aproximadamente dez vezes maior, registrava cerca de 174 mil casos e 14 mil óbitos[72]. Já em maio a taxa de letalidade do vírus em Niterói era de 5,78% enquanto no Rio era de 13,41%.

Rojava[73]

No verão de 2012, os diversos grupos étnicos do Norte e do Leste da Síria uniram-se para estabelecer um sistema de autogoverno pluralista, de inspiração anarquista e ecologista, e com respeito pela igualdade de gênero. Comunas de rua formam a unidade base desse modelo e são representadas em nível superior em conselhos de bairro, vila, distrito e nacionalidade. A maioria das decisões sociais, políticas e econômicas são feitas por meio dos debates que têm lugar entre essas comunas e conselhos. As cotas de gênero e o princípio da co-presidência em todos os níveis garantem o acesso igualitário das mulheres aos processos de tomada de decisão[74]. Apesar de abranger quase um terço do território sírio, a Administração Autônoma da Síria do Norte e do Leste (AANES) não é reconhecida como entidade política, nem pelo Estado sírio, nem pela comunidade internacional. A AANES enfrenta terríveis condições humanitárias causadas por anos de guerra contra o Isis (Estado Islâmico) e agravada pela invasão turca em outubro de 2019. Vivem em acampamentos em toda a região 600 mil deslocados internos e refugiados, em grande parte produto de duas ocupações da Turquia, onde o acesso à água é limitado e o distanciamento físico é quase impossível. Além disso, existem dezenas de milhares de prisioneiros do Isis e suas famílias em campos e prisões guardados pela administração local. Como os seus países de origem não estavam dispostos a repatriá-los ou julgá-los, esse ônus caiu sobre a AANES. A administração possui poucos recursos para garantir a proteção e a assistência médica adequadas às populações vulneráveis, especialmente no contexto de uma pandemia.

Dadas essas condições, seria de esperar que as instituições internacionais ajudassem a impedir a propagação da Covid-19 na região. Em vez disso, a ONU e a OMS recusaram-se a fornecer apoio direto à AANES por não a considerarem como representação oficial de um país. O acesso à ajuda humanitária já era um desafio para a Administração Autônoma, mesmo antes da pandemia, em grande parte devido à falta de reconhecimento e apoio internacional. Depois da invasão pela Turquia em 2019, a região assistiu à partida das maiores organizações internacionais de ajuda. Além de enfrentarem a ameaça de ataques das forças apoiadas pela Turquia, as organizações foram forçadas a sair porque não estavam registradas junto do governo sírio[75]. Além disso, numa tentativa de aumentar a dependência da AANES em relação a Damasco, a Rússia usou a sua influência no Conselho de Segurança da ONU para, no início de 2020, fechar a única passagem da ONU para a AANES pelo Curdistão iraquiano, através da qual 40% dos suprimentos médicos entravam em Rojava.

Esta situação difícil foi exacerbada pela pandemia. A ausência da OMS e da ONU na região também significou que as poucas ONGs que se mantiveram no terreno não puderam ter acesso ao fundo da ONU dedicado à resposta à Covid-19. Após o início da pandemia, a ONU instruiu suas agências de ajuda humanitária a financiar apenas instituições de caridade privadas registradas em Damasco devido ao encerramento já citado da passagem de ajuda da ONU. Cedendo à pressão do regime de Assad, interessado em sabotar deliberadamente os esforços da AANES para combater a pandemia, a OMS forneceu toda a ajuda no âmbito da Covid-19 ao governo sírio. Recusou-se a fornecer kits de teste à AANES, sustentando que este último não é um Estado e, por isso, não pode ser tratado como tal. Em vez disso, a OMS exigiu que a região enviasse todas as amostras para Damasco para testes, apesar dos avisos do governo de Rojava sobre a falta de fiabilidade dessa abordagem. Em contraste, a OMS forneceu, através da Turquia, kits de teste à província de Idlib, controlada por grupos jihadistas do Noroeste da Síria e em conflito com o governo da Síria.

Apesar desses desafios, a Administração Autônoma demonstrou uma enorme capacidade para proteger sua população. No início da pandemia, o governo tomou medidas para impedir a propagação da Covid-19, fechando as fronteiras e decretando quarentena em toda a região. O primeiro hospital especializado de 120 leitos para casos de coronavírus foi, entretanto, criado. Por outro lado, o governo tentou mitigar as consequências econômicas do bloqueio, renunciando às contas de serviços públicos, reduzindo os preços dos alimentos e coordenando a entrega ao domicílio de bens essenciais por meio de estruturas locais. Com escolas e universidades fechadas, foram lançadas aulas e palestras on-line para atender às necessidades educacionais.

Segundo Meghan Bodette[76], as estruturas políticas e econômicas da AANES, construídas de baixo para cima de acordo com o princípio da governação descentralizada, desempenharam um papel importante na resposta da região à crise. Muitas cooperativas, o pilar da nova visão econômica e as oficinas de produção local, adaptaram-se rapidamente para atender às solicitações da pandemia começando a produzir máscaras para serem distribuídas às farmácias, membros das forças de segurança locais e – através de comunidades do bairro, a menor unidade administrativa – para a população em geral. As comunas, que estão em contato direto com os moradores do bairro, foram responsáveis pelo registro das pessoas necessitadas de ajuda e pela distribuição de alimentos básicos.

As dificuldades do governo de Rojava para fazer face à pandemia decorreram do seu estatuto em face de um sistema de direito internacional incapaz de reconhecer entidades que representam sociedades inteiras, como Rojava, deixando-as à mercê de pandemias ou regimes ditatoriais. Em vez de cumprir o seu papel humanitário imparcial, a ONU e as suas agências atenderam às potências regionais e globais que decidem quais as populações que têm direito à autodeterminação. Nas palavras de Salih Muslim, um político proeminente da AANES, a ONU escolhe trabalhar com governos e não com povos[77].

Conclusão

As organizações e os movimentos sociais mostraram uma enorme vitalidade e criatividade na proteção da vida das suas comunidades e bairros durante a pandemia. Em muitos casos, o Estado ou estava ausente ou era abertamente hostil. Apesar da tragédia humana das situações a que procuravam dar resposta, as iniciativas de base foram uma oportunidade para inventar novas formas de solidariedade forte, isto é, não filantrópica ou caridosa. Foram momentos intensos de luta contra o sofrimento injusto causado pela dominação capitalista, racista e sexista do mundo contemporâneo. Muitas dessas organizações e movimentos estavam em luta antes da pandemia e reinventaram-se para responder às exigências do momento. Essa experiência pode ser preciosa para o prosseguimento das lutas depois da fase aguda da pandemia, tendo em vista que os próximos tempos vão ser de pandemia intermitente, e a luta por um outro mundo possível enfrentará novos e desconhecidos desafios.

PARTE II
O futuro começa agora

8
Os três cenários: entre a repetição do inferno e o *kairós*

A pandemia do coronavírus é um acontecimento histórico de proporções só comparáveis à gripe espanhola, que atingiu o mundo no final da Primeira Guerra Mundial, à depressão de 1929 e à Segunda Guerra Mundial. Com as transformações pelas quais o mundo passou, entretanto, as lições que podemos colher dela constituem uma aprendizagem particularmente intensa e compacta. A questão em aberto é saber se as lições serão aprendidas. Tal como nas graves crises anteriores, as diferentes narrativas apontarão para vários cenários e umas e outras constituirão formas de aprender melhor ou pior com as lições de um acontecimento extraordinário como este. No entanto, atrevo-me a pensar que a aprendizagem com a pandemia é mesmo incomparavelmente mais desafiadora do que a de 1918-1920, a de 1929 e a dos anos de 1939-1945. Por duas razões principais. Por um lado, as crises anteriores foram enfrentadas com o pressuposto credível que nunca mais deveriam acontecer e procurou fazer-se tudo para que assim fosse. No caso da pandemia, a situação é muito distinta, não só porque novas ondas de contaminação podem surgir (tal como aconteceu, por exemplo, com a gripe espanhola), como também porque é previsível que em tempos próximos tenhamos de enfrentar outras pandemias, eventualmente ainda mais mortíferas do que esta. Como salientei, podemos estar entrando num período histórico de pandemia intermitente, um período em que as pandemias recorrentes serão parte da nova normalidade[1]. O século XXI começa com a pandemia a inscrever-se de modo novo na vida dos povos, independentemente da região do mundo onde se situem. Por outro lado, as guerras da primeira metade do século XX ocorreram no Norte global e só se tornaram mundiais na medida em que o colonialismo europeu obrigou a violência da guerra a chegar à África e à Ásia. Ao contrário de então, estamos agora perante um fenômeno verdadeiramente global, que atingiu todos os continentes do nosso planeta.

Os diferentes cenários e suas narrativas no período pós-pandemia vão refletir retrospectivamente o modo como se avaliou a gravidade da crise. Podemos imaginar três avaliações sobre os graus de gravidade: a crise pandêmica foi uma crise talvez mais dramática mas em nada distinta de outras crises anteriores; a crise foi particularmente grave e pôs a nu algumas debilidades graves do sistema social, econômico e político, pelo que exige alguns ajustes estruturais; a crise pandêmica foi uma crise qualitativamente distinta das anteriores porque sinalizou a necessidade de mudanças tão profundas que implicam questionar o modelo civilizacional que dominou nos últimos seis séculos.

Perante isto, passo a analisar três cenários possíveis e suas narrativas. Designarei os três cenários desta forma: *tudo como antes e pior: capitalismo abissal e Estado de exceção securitário*; *pele capitalista, máscara socialista: o novo neokeynesianismo*; *barbárie ou civilização: alternativas ao capitalismo, ao colonialismo e ao patriarcado*. O terceiro cenário, ao qual dedicarei mais atenção, é o tempo da oportunidade histórica criada pela pandemia, o *kairós* da Antiguidade grega. É um tempo que se desdobra em duas temporalidades, o tempo utópico de imaginação de novos paradigmas (capítulo 9) e o tempo histórico da transição paradigmática (capítulos 10 e 11). O *kairós* é o tempo que mais se aproxima do tempo utópico sem nunca se encontrar com ele.

A opção entre cenários não é um exercício intelectual. Vai decorrer dos processos políticos e das forças que neles dominarem. Durante o pico da pandemia houve um movimento geral para pôr a política entre parêntesis e centrar a ação pública na resolução da crise humanitária. Não foi um movimento sem exceções, pois governos de países como os EUA, o Brasil, a Hungria e a Índia, entre outros, usaram a pandemia para fazer política, aliás, uma política antidemocrática que combinou, até ao paroxismo, o autoritarismo com a ineficácia, sobretudo no caso dos EUA e do Brasil (ver capítulos 4 e 5). Nesses casos, a combinação tóxica entre autoritarismo e ineficácia tomou proporções criminosas e mesmo genocidas. Em geral, o parêntesis da política terminou à medida que a crise foi sendo resolvida. A política vai reentrar com força. Entraremos num período de grande turbulência social. Lembremo-nos de que antes da pandemia havia em muitos países forte contestação social, em alguns casos rondando a crise de governabilidade, como, por exemplo, no caso da França, do Chile, da Colômbia, do Líbano ou da Tunísia.

Cenário 1: tudo como antes e pior. Capitalismo abissal e Estado de exceção securitário

Como relatei no capítulo 3, o capitalismo, que Achille Mbembe designa por necropolítica[2], Sayak Valencia[3] como capitalismo gore, e eu, como capitalismo abissal[4], é o capitalismo mais bárbaro, centrado na destruição da vida. O capitalismo abissal é o pior cenário da saída da crise pandêmica e corresponde-lhe, por isso, a narrativa mais pessimista. Implica, entre outras coisas, um avanço dramático do racismo e do patriarcado. Nesse cenário, quando se fala da necessidade de salvar a economia, do que se trata é de salvaguardar os interesses do capital. A economia capitalista, nas suas várias modalidades, vai chegar ao fim da crise pandêmica enfraquecida pela prolongada interrupção do sistema produtivo e dos sistemas de distribuição e consumo[5]. Como irá reagir ao emergir da crise? Ora, o setor do capitalismo que hoje domina e verdadeiramente governa o mundo é o capitalismo financeiro global. Esse setor é particularmente desprovido de ética ou responsabilidade social. Para o capital financeiro, qualquer crise e, sobretudo, qualquer guerra (por exemplo, a guerra contra a pandemia, o significante que domina no discurso mediático) é uma oportunidade de lucro. E ganha mais quem menos escrúpulos tiver em se aproveitar do sofrimento pessoal e coletivo causado por qualquer crise, seja ela climática, decorrente da dívida pública, educativa[6] ou pandêmica. Esse setor do capitalismo é particularmente ágil em acumular lucros maciços e em socializar os riscos em tempos de crise. A crise de 2008 é ilustração disso mesmo e os ganhos astronômicos que foram feitos, apostando no aprofundamento da recessão, o pior cenário.

A hipótese do capitalismo abissal no período pós-pandemia ganha alguma credibilidade à luz do comportamento de certos agentes econômicos durante a crise (ver capítulo 3). O cenário do capitalismo abissal é o cenário de uma economia colocada numa situação para não se desviar da sua lógica de reprodução quaisquer que sejam as circunstâncias e as consequências. Em face das circunstâncias, é de prever que o capitalismo abissal se torne ainda mais antissocial e excludente, e ainda menos sensível ao empobrecimento generalizado, à destruição de rotinas e estratégias mínimas de sobrevivência e à devastação de sonhos e expectativas de vida melhor, afetando sobretudo os mais jovens. Enfim, será ainda mais insensível ao sofrimento humano que vai continuar depois da interrupção da vida e da economia.

Dentro do quadro teórico que tenho proposto, o agravamento da dominação capitalista implica o agravamento articulado dos três pilares da dominação no nosso tempo: capitalismo, colonialismo e patriarcado. O agravamento da exploração capitalista do trabalho dito livre trará consigo formas de desvalorização selvagem do trabalho particularmente dos corpos racializados e sexualizados. Aumentarão as populações descartáveis e, com isso, a rotinização do sacrifício da vida como solução final para as políticas de "proteção social"; proliferarão formas várias de "legalização" da escravatura; aumentará o racismo e a violência contra as mulheres e contra a diversidade sexual; as relações internacionais serão dominadas pela luta por zonas de influência que garantam o acesso livre aos recursos naturais. A maximização grotesca da violência no capitalismo abissal terá como alvos preferidos tanto os corpos que já não interessa explorar, como os corpos que não se deixam explorar até à exaustão; ou seja, será a expropriação da vida como condição de acumulação de capital.

Certamente o capitalismo abissal vai causar instabilidade política, mobilizações e protestos, e a resposta do Estado será certamente uma resposta repressiva, nacionalista e populista. O Estado de exceção antidemocrático será a forma política preferida. A democracia, mesmo a de baixa intensidade, dificilmente sobreviverá, se esse Estado securitário se prolongar por muito tempo. A minha previsão é que durará tanto quanto durar o capitalismo abissal. Esse cenário confirmará as tendências que estavam emergindo na cena política global antes da pandemia com o fortalecimento das forças políticas e dos governos de direita e de extrema-direita. O Estado repressivo assumirá novas dimensões com as tecnologias tornadas disponíveis pelo capitalismo de vigilância; a construção ampliada de inimigos internos e externos levará a estabelecer "cercos sanitários" internos (prisões, censura, vigilância dos opositores, controle das universidades) e externos (fronteiras muradas e eletrificadas, deportações ilegais, campos de internamento para estrangeiros). A política de fronteiras internas e externas será concebida como a fronteira da política, o limite para além do qual "se dispara primeiro e se pergunta depois". Os exércitos privados, que, entretanto, são já uma área de grande lucratividade capitalista (tal como as prisões), grupos paramilitares, milícias e até o crime organizado serão contratados para garantir a prática da violência de Estado sem as condicionalidades do direito interno e internacional. Aliás, a forma do Estado moderno, tal como a conhecemos, será progressivamente reconfigurada (ou melhor, desfigurada) para dar lugar a uma nova forma política que designo por *Estado profundo*. Trata-se de um modo-de-ser-Estado que combina a repressão legal com a ilegal, a oficial com a não oficial. Não se trata de um Estado paralelo, trata-se de uma fusão entre as camadas superficiais e as camadas subterrâneas do poder de Estado, o Estado profundo. Nada disso é novo e pode ser hoje observado em alguns países[7]. O que será novo é a conversão do que é hoje excepcional em um novo normal.

Os dispositivos políticos e jurídicos da democracia liberal, já em si frágeis como é próprio da democracia da baixa intensidade, sofrerão um extraordinário desgaste e eventualmente acabarão por soçobrar. À medida que se deteriorarem, a política institucional passará a conviver com a política extra-institucional dos protestos e das mobilizações sociais, que ocuparão crescentemente o espaço público. Não há garantia de que a política extra-institucional se mantenha no marco da não violência. Nesse domínio, justificam-se duas advertências a respeito da complexidade dos tempos que virão. Ao contrário do que se crê (porque é uma questão de fé) certo pensamento político crítico, a extra-institucionalidade não será o monopólio de nenhuma orientação política específica. Forças radicalizadas de extrema-direita e de extrema-esquerda poderão dominar a rua ou poderão ter de a partilhar. Podem mesmo surgir forças que desafiem a distinção entre esquerda e direita. A confrontação ou a cumplicidade constante entre a política institucional e a extra-institucional será parte do cenário político do novo normal global. A segunda advertência é que essa convivência entre o institucional e o extra-institucional pode durar mais ou menos tempo. A potência de resistência das classes populares, exploradas, discriminadas e excluídas é certamente maior do que a que lhe tem sido atribuída pela política institucional de raiz liberal, mas obviamente tem limites. Nos próximos tempos teremos de equacionar dois fatores que podem condicionar a potência de resistência: a crescente sofisticação das técnicas de vigilância e de disciplinamento para assegurar a sobrevivência do capitalismo; e a falta de uma narrativa coerente credível de um futuro de esperança.

O primeiro fator diz respeito àquilo que Shoshana Zuboff designa por capitalismo de vigilância (*surveillance capitalism*):

> O capitalismo de vigilância considera unilateralmente a experiência humana como matéria-prima traduzível em dados comportamentais. Alguns desses dados aplicam-se à melhoria de produtos ou serviços, os restantes, porém, são declarados *excedente comportamental* próprio, canalizados para processos de manufatura avançados, designados como "inteligência-máquina", e transformados em produtos de previsão que predizem o que se fará agora, em breve e mais tarde. Finalmente, esses produtos de previsão são comercializados num novo tipo de mercado para previsões comportamentais, a que eu chamo *mercados de futuros comportamentais*.[8]

O segundo fator é a falta de narrativas credíveis sobre alternativas ao círculo (e cerco) infernal do capitalismo-colonialismo-patriarcado. Como relatei no capítulo 1, a pandemia ocorreu dentro de outra pandemia, a pandemia do suposto fim da história e da derrota final das alternativas socialistas. Esse fechamento separou o processo político do processo civilizacional e criou uma sensação de asfixia ideológica que se foi agravando, ao mesmo tempo que o capitalismo, supostamente libertado dos seus rivais históricos, se entregou à mais radical versão da sua vocação de apropriação e violência, sob a forma do neoliberalismo e do capitalismo financeiro global e autorregulado. Metaforicamente, podemos dizer que vivemos a necessidade urgente de respiradores ideológicos, muito antes de a pandemia ter criado a necessidade urgente de respiradores mecânicos. Ao contrário do que se pensou durante muito tempo, o agravamento das condições de vida das grandes maiorias nunca é transformador se não for gerador de alternativas credíveis que devolvam a esperança e relativizem o medo. O terceiro cenário analisado adiante visa contribuir para fortalecer o potencial transformador da indignação ante o cemitério global pandêmico.

Em retrospecto antecipado, o primeiro cenário pode estar relacionado a alguns dos aspectos mais sinistros do que pode estar subjacente a certas atuações durante a pandemia. São legítimas as suspeitas de que o desprezo pela vida humana demonstrada por alguns países na luta supostamente contra o vírus foi uma forma macabra de reduzir a população mais pobre e vulnerável, uma forma de darwinismo social. São legítimas as suspeitas de que as tecnologias de comunicação à distância, dramaticamente incrementadas durante a pandemia, criaram bases de dados sem precedentes sobre a população facilmente disponíveis para projetos de ditadura digital. É legítimo suspeitar que tudo isto possa constituir o embrião de tipos novos de governo nacional ou mundial fascista.

Cenário 2: pele capitalista, máscara socialista: o novo neokeynesianismo

O segundo cenário é aquele que, no período agudo da pandemia, foi mais invocado por parte importante da classe política global, sobretudo por aquela que se mostrou mais sensibilizada para a crise social e humanitária. Foi para ela evidente, ainda que nem sempre o confessasse, que algo precisava mudar para que não houvesse convulsões perigosas. Seguiu a estratégia do *gatopardismo*: é preciso que algo mude para que tudo fique na mesma[9]. Por outras palavras, havia que mudar no acessório (que não afeta a rentabilidade das empresas) para garantir a continuidade do fundamental. E o fundamental é a sociedade capitalista, colonialista e patriarcal. Nem todos terão pensado em alterações simplesmente cosméticas, mas todos terão insistido na continuidade dos fluxos de rendimento. Os editoriais dos jornais que refletem os setores das elites econômicas alinhadas pelo segundo cenário foram muito esclarecedores a este respeito. Cito, como um dos mais eloquentes exemplos, o editorial do *Financial Times*, na sua edição de 4 de abril de 2020, intitulado "O vírus revela a fragilidade do contrato social: reformas radicais são necessárias para construir um mundo que funcione para todos"[10]. O editorial começa por comparar a crise da pandemia à Grande Depressão e à Segunda Guerra Mundial para sugerir que, tal como então, "pedir sacrifícios coletivos exige que se ofereça um contrato social que traga benefícios para todos". A peça reconhece, no entanto, que

> a crise atual mostra como muitas sociedades ricas estão longe desse ideal [...] O confinamento econômico impõe um custo elevado aos que já estão em piores condições. Do dia para a noite perderam-se milhares de empregos na hotelaria, no lazer e setores afins, enquanto os trabalhadores do conhecimento, mais bem pagos, apenas sofrem o inconveniente de trabalhar a partir de casa. Pior que isso, aqueles que usufruem salários mais baixos que ainda podem trabalhar arriscam a vida como cuidadores ou trabalhadores na área da saúde, mas também como motoristas entregadores ou empregadas domésticas. [...] Mas as maiores vítimas dos confinamentos são os jovens e ativos, forçados a suspender a sua educação e a prescindir de rendimento precioso. Os sacrifícios são inevitáveis, mas cada sociedade terá de mostrar como compensará aqueles que estão arcando com o fardo maior dos esforços nacionais.

Em face desse diagnóstico, o *Financial Times* pede reformas radicais:

> Os governos terão de desempenhar um papel mais ativo na economia. Terão de olhar para o serviço público como um investimento e não como um prejuízo, e encontrar formas de tornar os mercados menos inseguros. A redistribuição voltará a estar na agenda, terão de ser ponderados os privilégios dos mais velhos e dos mais ricos. Políticas até há pouco consideradas excêntricas, tais como o rendimento mínimo e os impostos à riqueza, terão de ser levadas em conta. As medidas de violação de tabus que os governos estão seguindo para suster firmas e rendimentos durante o confinamento são justamente comparadas com o tipo de economia de tempos de guerra que os países ocidentais não sofriam há sete décadas. A analogia vai mais longe. Os líderes que ganharam a guerra não esperaram pela vitória para planejar o que se seguiria. Em 1941, Franklin D. Roosevelt e Winston Churchill publicaram a Carta do Atlântico (*Atlantic Charter*), preparando o caminho para as Nações Unidas. Em 1942, o Reino Unido publicou o Relatório Beveridge (*Beveridge Report*), que foi o seu compromisso com um Estado providência universal (*universal welfare state*). Em 1944, os acordos de Bretton Woods foram os alicerces da arquitetura financeira do pós-guerra. Hoje, precisamos do mesmo tipo de visão. Para além da guerra da saúde pública, os líderes dignos desse nome terão de se mobilizar para ganhar a paz.

Esse editorial sintetiza as medidas que devem constituir o núcleo duro do segundo cenário. No seu conjunto, elas representam o fim do neoliberalismo: maior intervenção do Estado na economia e na sociedade; as despesas públicas em políticas sociais (saúde, educação, segurança social transportes, etc.) voltam a ser consideradas como investimentos e não como custos; legislação trabalhista que ponha fim à precariedade e volte a garantir direitos de cidadania aos trabalhadores; as políticas de redistribuição da riqueza devem voltar à agenda política e medidas até agora consideradas "excêntricas", como o rendimento básico universal e a tributação da riqueza (de grande fortunas), devem ser parte da nova política. Ao lembrar as políticas do início dos anos 1940, o editorial prevê e deseja que a social-democracia, declarada morta pelo neoliberalismo, renasça das cinzas depois da devastação causada pela pandemia. Um simples exercício de sociologia das ausências revelará os limites desse cenário.

Primeira ausência. É uma abordagem exclusivamente centrada nos países do Norte global, na Europa e na América do Norte, como se essas propostas fossem aplicáveis, por analogia e "na medida do possível", ao Sul global. Essa proposta omite o fato crucial de que o bem-estar do Norte global no período do pós-Segunda Guerra Mundial só foi possível graças à dependência colonialista e imperialista de grande parte do que é hoje o Sul global. A independência das colônias não significou o fim do colonialismo; este apenas se metamorfoseou em outras formas de dependência neocolonial, como alertou logo em 1965 Kwame Nkrumah[11], ao considerar o neocolonialismo como o último estágio de imperialismo (1965). Essa relação desigual permanece até hoje. A crise da social-democracia europeia deve-se a uma crise de acumulação do capital que foi "resolvida" pelo neoliberalismo para assegurar a manutenção dos privilégios do Norte global. Articulado com o capital financeiro global, o neoliberalismo transformou-se na nova lógica geral de dominação do capitalismo global a partir da década de 1980. O momento cruelmente inaugural está simbolizado no golpe de Estado contra Salvador Allende no Chile, em 1973, e no que se seguiu. A partir de então, começou a anunciar-se a morte da social-democracia e do Estado de bem-estar no Norte global. À denúncia da sobrecarga da democracia com demasiados direitos sociais pela Comissão Trilateral (1975) seguiu-se o Consenso de Washington (década de 1980) e as suas dez regras (disciplina fiscal, redução dos gastos públicos, reforma tributária, juros de mercado, taxas de câmbio de mercado, abertura comercial, investimento estrangeiro direto com eliminação de restrições, privatização das empresas públicas/estatais, desregulamentação, isto é, redução das leis econômicas e trabalhistas, e o direito à propriedade intelectual). A queda do Muro de Berlin simbolizou e acelerou a consolidação do neoliberalismo e com ele a extraordinária concentração de riqueza e o aumento exponencial da desigualdade social. O excedente da troca desigual entre o Norte e o Sul deixou de financiar os aumentos de salários dos trabalhadores (que nos EUA, por exemplo, estão estagnados desde os anos 1970) e a sustentação das classes médias nos países do Norte para passar a ser um dos motores da concentração sem precedentes da riqueza. Por esta razão, qualquer reforma, por mais radical que se apresente, nada pode mudar se não puser em causa a dependência (nomeadamente financeira: dívida externa) neocolonial e imperialista entre o Norte global e o Sul global. O esquecimento do Sul não é uma deficiência política ou analítica menor. Implica esquecer que o enriquecimento do Norte provém, em larga medida, do empobrecimento e da exploração sem limites do Sul.

Segunda ausência. As medidas referem-se exclusivamente à dimensão capitalista da dominação moderna, mas, como tenho defendido ao longo deste livro, as desigualdades e discriminações que caracterizam as sociedades modernas decorrem de três formas ou dimensões principais de dominação: capitalismo, colonialismo e patriarcado. Essas três formas estão intimamente articuladas, como a pandemia acaba de revelar com uma crueza inusitada. O aumento das desigualdades nas relações capital-trabalho foi seguido pelo agravamento do racismo e da violência contra as mulheres. Será ilusória qualquer reforma que se dirija apenas a uma das dimensões da dominação.

Terceira ausência. Nada se diz sobre o modelo de desenvolvimento que tem sido continuado tanto pela social-democracia como pelo neoliberalismo. Esse modelo assenta na separação entre sociedade e natureza e na conversão desta num recurso natural incondicionalmente disponível para servir aos interesses dos seres humanos. Neste livro tenho mostrado como a recorrência das pandemias vai estar no futuro intimamente ligada à destruição dos habitats dos seres vivos não humanos, às alterações nos ciclos vitais de regeneração do planeta e às dramáticas mudanças climáticas, uma mistura tóxica que nos está conduzindo a uma iminente catástrofe ecológica. Qualquer reforma que não ponha em causa esse modelo extrativista do mal chamado desenvolvimento em nada contribuirá para minimizar os tempos difíceis que se avizinham.

Quarta ausência. Apela-se a um maior protagonismo do Estado. Mas que Estado? O Estado capitalista, monocultural, promotor do racismo e do patriarcado institucionais? O Estado moldado pelo neoliberalismo nos últimos quarenta anos, sujeito ao capital financeiro e à lógica das redes globais de fornecimento, um Estado de cuja administração desapareceram as ideias de serviço público, de bem comum, de espaço público? Sem uma profunda reforma da matriz do Estado moderno, nenhuma mudança significativa ocorrerá nos padrões de produção e reprodução sociais. Se tal não ocorrer, o Estado será ainda mais repressivo do que tem sido para as classes populares, e será tanto mais repressivo quanto mais se propuser protegê-las. O capitalismo de vigilância para que caminhamos acabará por eliminar a distinção entre repressão e proteção.

Quinta ausência. Nada se diz sobre o campo de forças internacionais e transnacionais em que o Estado vai operar. Mais do que nunca, o Estado não é hoje uma entidade geopolítica autônoma. Existe num campo de forças e de relações internacionais onde atuam muitos outros agentes além dos Estados, muitos deles com mais poder do que os Estados, desde as organizações multilaterais e as empresas multinacionais até às organizações religiosas, aos exércitos privados e ao crime organizado. Como é que o Estado, supostamente portador das "reformas radicais", se vai mover nesse campo de forças, e com que alianças pode contar para o transformar? Há lições do Sul a aprender? Essa versão do Estado em que vivemos não é a única na história da humanidade, apesar de sermos levados, frequentemente, a pensar dessa forma.

Sexta ausência. Nada se diz sobre as condições políticas para levar a cabo as "reformas radicais" pretendidas. Quem é o sujeito político das transformações que essas reformas pressupõem? Supõe-se que tal sujeito exista e que as transformações ocorram na democracia. No que respeita ao sujeito político, serão os partidos existentes? Novos partidos? Movimentos e organizações sociais? Para responder a essas e outras perguntas seria preciso avaliar o real conteúdo democrático das democracias representativas atuais. Sobretudo os últimos quarenta anos foram devastadores para a qualidade democrática das decisões políticas. Por um lado, como tenho defendido neste livro, os processos políticos deixaram de incluir os temas civilizacionais, a partir do momento em que o capitalismo se autoconcebeu como o fim da história. Com maior, menor ou nenhuma preocupação consentimos na quarentena da falta de alternativas que desde então se decretou globalmente. Por outro lado, ocorreu uma alteração fatal entre os dois mercados de valores que subjaziam à democracia liberal e cuja separação estava na matriz da teoria liberal (por menos que correspondesse à realidade). O mercado político é a pluralidade dos valores que, por estarem ancorados em convicções, não têm preço e, por isso, não se compram nem se vendem. Expandem-se ou contraem-se consoante o seu maior ou menor poder de convicção. O mercado econômico é a pluralidade dos valores que, por serem instrumentais e estarem ancorados em necessidades, podem comprar-se e vender-se, e o seu valor de troca depende da oferta e da procura. Na teoria liberal, esses dois mercados devem estar estritamente separados. Sabemos que tal separação nunca foi completa, mas a verdade é que a promiscuidade entre os dois mercados aumentou exponencialmente com o neoliberalismo. E a orientação dessa promiscuidade foi no sentido de a lógica operativa do mercado econômico contaminar progressivamente a lógica operativa do mercado político, até chegarmos ao tempo presente em que tanto no mercado econômico, como no político tudo se compra e tudo se vende. Esta fusão dos dois mercados, sob a égide do mercado econômico, é por vezes legal (*lobbying*, financiamento de partidos e campanhas eleitorais, etc.) e por vezes ilegal (corrupção). Mas é, em qualquer caso, endêmica e sistêmica. Nessas condições, não é possível pensar em "reformas radicais" sem uma radical refundação da democracia.

Sétima ausência. Nada se diz sobre o modo como as relações sociais podem interferir, promovendo ou impedindo as reformas radicais que se julgam necessárias. A sociedade capitalista, colonial, racista e patriarcal em que vivemos não é um modo de produção econômica e social. É um modelo civilizacional que tem na sua base a compulsão do consumo e do desejo do consumo (quando o consumo não é possível). A sociedade de consumo e o modelo de desenvolvimento extrativista alimentam-se mutuamente. Uma das formas de fascismo social para o qual tenho chamado a atenção diz respeito ao direito de veto que agentes não políticos têm sobre a sobrevivência e as expectativas de vida das pessoas, sempre que a mercantilização das relações sociais atinge bens essenciais. Vimos no capítulo 3 como as empresas proprietárias das redes de distribuição de água quiseram cortar o fornecimento de água – mais essencial que nunca durante a pandemia – sempre que as contas da água deixaram de ser pagas pelos consumidores privados dos seus rendimentos pela pandemia (desempregados ou privados da sua atividade econômica). O corte do fornecimento da água configura uma instância de fascismo social. Na sociedade de consumo dominada por relações mercantis, o consumidor é um ente híbrido entre a cidadania e a escravatura. Ao contrário do escravo, tem direitos, mas, tal como escravo, o seu valor pessoal está cotado na bolsa de valores. As "reformas radicais" terão pouca eficácia se os modelos e as estruturas de consumo não forem profundamente alteradas.

As ausências que acabo de assinalar mostram os limites do segundo cenário. Reduzidas ao elenco formulado, as "reformas radicais" mudam tudo para que nada mude. No essencial, trata-se de construir as condições que tornem possível a continuidade da rentabilidade da economia capitalista. Será uma nova versão da normalidade capitalista, colonial e patriarcal para organizar o período posterior à fase aguda da atual pandemia. Mas, como argumentei, tais reformas nada farão para impedir que entremos numa fase de pandemia intermitente. Mesmo que reduzam algumas das vulnerabilidades que as veias abertas da pandemia permitiram ver, nada farão para impedir o regresso dessas e de outras vulnerabilidades no próximo período.

Isto não quer dizer que as "reformas radicais" não tenham qualquer valor. Mas esse valor está na possibilidade de serem postas ao serviço de um terceiro cenário, para o qual elas não apontam e de alguma maneira visam impedir que ocorra: o cenário de alternativas pós-capitalistas, pós-colonialistas e pós-patriarcais. Por outras palavras, as "reformas radicais", apesar de terem sido formuladas para sustentar uma hegemonia social econômica e política, podem ser usadas de forma contra-hegemônica. Para isso, é necessário submetê-las a uma sociologia de emergências, isto é, analisar o que nelas pode existir de válido para dar credibilidade ao terceiro cenário. Esse cenário, que analisarei na parte restante deste livro, rompe totalmente com o segundo cenário para o qual estas reformas foram pensadas. Mas, por significar uma ruptura, tal cenário vai exigir um período mais ou menos longo de transição; nesse período, as reformas radicais, articuladas com outras, podem ser um instrumento útil na consolidação e no avanço dessa transição. Voltaremos, pois, a elas ao discutir o terceiro cenário.

Cenário 3: barbárie ou civilização: alternativas ao capitalismo, ao colonialismo e ao patriarcado

Como relatado anteriormente, uma das novidades da pandemia da Covid-19 foi trazer a questão civilizacional para uma esfera pública mais ampla. O terceiro cenário é o que põe na agenda a questão civilizacional, ou seja, é o cenário que concebe e situa a modernidade ocidental como uma civilização capitalista, colonialista e patriarcal; um cenário que propõe que se comece a pensar numa nova civilização e a lutar por ela, o que implica formular as lutas sociais em termos e horizontes pós-capitalistas, pós-colonialistas e pós-patriarcais.

A pandemia só nos convocará a pensar em outra civilização na medida em que formos concebendo a atual civilização como uma forma de barbárie. Na modernidade eurocêntrica, a barbárie é o conceito que designa tudo o que precede a civilização ou ela sucede e é radicalmente diferente desta[12]. O exemplo paradigmático da barbárie que precede a civilização é o modo como os europeus designaram os povos da África e do Novo Mundo ao longo de todo o ciclo do colonialismo histórico. Por sua vez, o exemplo paradigmático da barbárie que sucede à civilização é o modo como foram designados os povos germânicos que puseram fim ao Império Romano do Ocidente em 476 da nossa era (as chamadas "invasões bárbaras")[13]. Do ponto de vista da civilização, o bárbaro é a expressão extrema do outro. Isso significa que uma dada forma de vida coletiva só é considerada barbárie a partir de outra forma de vida que emerge ou decai, uma forma de vida considerada melhor e autodesignada como civilização. A barbárie é o que está fora do tempo da narrativa canônica, quer porque o precede, quer porque se lhe segue. A partir do século XV, o projeto político dominante da modernidade eurocêntrica centrou a análise da longa duração histórica numa dialética entre barbárie e civilização. Mesmo vozes dissonantes, como a de Jean-Jacques Rousseau, inverteram a lógica da relação dialética, mas não lhe escaparam. Chamou-se progresso a toda a afirmação da civilização eurocêntrica frente à barbárie[14]. O conceito de progresso é assim interno à específica dialética barbárie/civilização. Embora muito antigo na civilização ocidental, foi reconfigurado a partir do século XIV com o Renascimento e a transição do feudalismo para o capitalismo. Não tem uma validade transcivilizacional inequívoca[15].

Desde o final do século XIX, podemos identificar duas formas de interpretar o presente e o futuro: a leitura paradigmática e a leitura subparadigmática. A leitura paradigmática faz a interpretação do presente e do futuro com base na dialética civilização/barbárie, enquanto a leitura subparadigmática se situa no interior da civilização presente e analisa e avalia as diferentes variações ou opções tornadas possíveis pela civilização tal qual existe. Ao longo do século XX, dominou a leitura subparadigmática, tanto no pensamento conservador como no pensamento progressista. Devemos considerar o pensamento marxista como subparadigmático, porque o projeto socialista/comunista foi predominantemente visto pelo marxismo como um estágio superior da modernidade ocidental. No Manifesto do Partido Comunista, em 1848, Karl Marx e Friedrich Engels afirmam:

> Com o rápido aperfeiçoamento dos instrumentos de produção e o constante progresso dos meios de comunicação, a burguesia arrasta para a torrente da civilização todas as nações, até mesmo as mais bárbaras. [...] Sob pena de ruína total, ela obriga todas as nações a adotarem o modo burguês de produção, constrange-as a abraçar a chamada civilização, isto é, a se tornarem burguesas. Em uma palavra, cria um mundo à sua imagem e semelhança.
>
> A burguesia submeteu o campo à cidade. Criou grandes centros urbanos; aumentou prodigiosamente a população das cidades em relação à dos campos e, com isso, arrancou uma grande parte da população do embrutecimento da vida rural. Do mesmo modo que subordinou o campo à cidade, os países bárbaros ou semibárbaros aos países civilizados, subordinou os povos camponeses aos povos burgueses, o Oriente ao Ocidente.[16]

O projeto marxista, de raiz eurocêntrica, permitiria, entre outras coisas, realizar plenamente os valores da Revolução Francesa (igualdade, liberdade e fraternidade), o que nunca seria possível enquanto vigorasse o modo de produção capitalista. É certo que o marxismo influenciou algumas leituras paradigmáticas, mas estas foram sempre minoritárias. Essas leituras consistiram em conceber o capitalismo realmente existente como configurando uma situação de barbárie a que só a revolução socialista podia pôr fim, inaugurando uma nova civilização. Foi essa a leitura de Rosa Luxemburgo com a fórmula "socialismo ou barbárie", título do seu livro publicado em 1919. Nesse trabalho, a autora propõe as bases de uma outra concepção da dialética da história, numa perspectiva de ruptura paradigmática com o determinismo econômico e a ideologia iluminista do progresso inevitável:

> Hoje, estamos colocados diante desta escolha: ou bem o triunfo do imperialismo e a decadência de toda a civilização, tendo como consequência, como na Roma antiga, o despovoamento, a desolação, a degenerescência, um grande cemitério; ou bem a vitória do socialismo, ou seja, da luta consciente do proletariado internacional contra o imperialismo e contra seu método de ação: a guerra. Eis o dilema da história do mundo, a sua alternativa de ferro, a sua balança no ponto de equilíbrio esperando a decisão do proletariado consciente. O proletariado deve jogar resolutamente na balança a sua espada do combate revolucionário: o futuro da civilização e da humanidade dependem disto.[17]

Esse dilema tem continuado a ocupar a atenção de muitos e, já no novo milênio, em 2001, István Mászáros publicou *Socialism or Barbarism*. Porém, as formulações mais eloquentes da dialética civilização/barbárie foram as de Walter Benjamin e Pier Paolo Pasolini: o capitalismo industrial e a sociedade de consumo configuravam uma nova barbárie que só poderia ser superada por uma nova civilização. Reconhecendo-se ambos como marxistas – ainda que de forma muito diferente –, ambos concebiam a nova civilização como uma mistura de velhos valores[18] e novas solidariedades. Como sublinhou Benjamin, numa caracterização radical da modernidade:

> Não há nenhum documento da civilização que não seja, ao mesmo tempo, um documento da barbárie. E tal como esse documento não está livre de barbárie, a barbárie também mancha a maneira como é transmitida de um dono a outro. [...]
>
> A tradição dos oprimidos ensina-nos que o "estado de emergência" em que vivemos não se trata de uma exceção, mas da regra. Devemos chegar a uma concepção da história que esteja de acordo com esse conhecimento. [...] Uma das razões pelas quais o fascismo teve essa oportunidade é que em nome do progresso os seus opositores tratam-no como uma norma histórica.[19]

Por sua vez, Pasolini alertou para a força do poder conservador em selecionar no passado aquilo que lhe permite transmutar em "novo", por exemplo, na sua recusa do velho reacionarismo e do velho clericalismo, na sua determinação (coroada de êxito) de transformar camponeses e subproletários em pequeno-burgueses e, sobretudo, no seu desejo, por assim dizer, cósmico, de realizar até ao limite o "desenvolvimento": produzir e consumir[20]. Apelando para a atualização em curso da noção de fascismo, Pasolini afirma: "O novo fascismo [...] não é humanisticamente retórico, é americanamente pragmático. O seu objetivo é a reorganização e a homogeneização brutalmente totalitária do mundo"[21].

Mas as leituras paradigmáticas nunca passaram de reflexões de intelectuais com pouca tração nas lutas sociais. Essa situação só se modificou durante algum tempo em várias das revoltas estudantis que marcaram a década de 1960[22].

No caso do pensamento conservador, também dominou globalmente ao longo do século XX a leitura subparadigmática. Segundo essa leitura, o presente é sempre a afirmação do que mais se aproxima daquilo a que se pode aspirar em termos de avanço civilizacional. No máximo haverá pequenas melhorias ou, se tal for necessário, pequenos retrocessos. Houve autores conservadores que propuseram leituras paradigmáticas, como Leo Strauss[23]. Para esse autor, a causa imediata do declínio da crença no progresso é fruto do espírito bárbaro que perdura no nosso tempo:

> A ideia de progresso no sentido moderno implica que, uma vez que o homem tenha atingido um determinado nível intelectual e social ou moral existe um nível firme de ser abaixo do qual ele não pode estar. Essa afirmação, no entanto, é empiricamente refutada pela incrível barbarização que temos tido a infelicidade de testemunhar no nosso século. Podemos dizer que a ideia de progresso, no sentido pleno e enfático do termo, se baseia em argumentos totalmente injustificados.[24]

Como argumenta Strauss, a barbarização do progresso tem a ver com a erosão dos valores morais produzida pela modernidade: se o pensamento pré-moderno ocidental privilegiava o dever (sendo os direitos entendidos apenas como derivados dos deveres e subservientes ao cumprimento dos deveres), os tempos modernos atribuem a primazia aos direitos; a modernidade procura romper com a dependência da história, em nome da liberdade, o que contribui para fragilizar o argumento do progresso, que pode resultar em extremismos políticos. Em alternativa, Strauss defendeu uma leitura do progresso que garantisse manter o extremismo político de esquerda à distância, mantendo vivas as complexidades da relação entre o político e a moralidade, entre a legalidade e a legitimidade[25].

Como referi atrás, as leituras subparadigmáticas da transformação social dominaram no século XX. Mesmo o nazismo e o fascismo, embora pareçam ser exceções, foram, de fato, fatídicos processos de agravamento da dominação capitalista, racista e patriarcal. Depois da Segunda Guerra Mundial, foi ainda mais evidente o domínio das leituras subparadigmáticas, tanto no pensamento conservador, politicamente de direita, como no pensamento progressista, politicamente de esquerda. O movimento estudantil de Maio de 1968 não chegou a abalar significativamente esse domínio. Esta tendência subparadigmática acentuou-se depois da queda do Muro de Berlim, e levou as leituras paradigmáticas a saírem totalmente de cena no plano político, ou seja, deu-se o divórcio total entre os processos políticos e os processos civilizacionais. A reflexão acadêmica sobre as mudanças civilizacionais ficou circunscrita a pequenos grupos e apenas teve alguma densidade nas questões ecológicas e na discussão sobre alternativas ao desenvolvimento.

Contudo, deve assinalar-se que nas duas últimas décadas a leitura paradigmática voltou a se afirmar no bojo da emergência e crescimento de forças políticas de extrema-direita (capítulo 5). Ainda que muito diferentes entre si, essas forças políticas têm em comum uma concepção do presente como perigosamente decadente por ter perdido a referência ao passado considerado qualitativamente melhor ou superior. Nas versões mais extremas, o presente é já, de algum modo, uma forma de barbárie, que só pode ser superada pelo regresso à civilização do passado, como sugere Strauss. É uma leitura reacionária, por vezes retocada com extremismo religioso, na medida em que o passado a que aspira é anterior à Revolução Francesa e, portanto, recusa os valores que esta consagrou. Note-se que essa recuperação reacionária do passado (e muito restrita da própria noção de passado) está nos antípodas da proposta de Walter Benjamin. Benjamin propõe-nos uma leitura a contrapelo do passado, ao arrepio do passado "como ele foi". Opõe o historicismo à história, para dissecar as raízes do conservadorismo nas propostas políticas subparadigmáticas de direita, marcadas pelo passado colonial.

> Articular historicamente o passado não significa conhecê-lo "como ele foi de fato". Significa apropriar-se de uma reminiscência, tal como ela relampeja no momento de perigo. Para o materialismo histórico importa fixar rapidamente uma imagem do passado, como ela se apresenta no momento do perigo ao sujeito histórico. O perigo ameaça tanto a existência da tradição como os que a recebem. Para ambos, o perigo é o mesmo: entregar-se às classes dominantes, como seu instrumento. Em cada época é preciso arrancar a tradição ao conformismo, que quer apoderar-se dela. [...] O único historiador com o dom de despertar no passado as centelhas da esperança é aquele que está convencido de que nem os mortos estarão a salvo se o inimigo vencer. E esse inimigo não tem cessado de vencer.[26]

A pandemia da Covid-19 veio possibilitar uma leitura paradigmática de sentido contrário ao das leituras reacionárias. Veio tornar mais evidente a disfuncionalidade fatal de um modelo civilizacional baseado em três polarizações fatais – a sociedade contra a natureza, o indivíduo contra a comunidade, o imanente contra o transcendente – que se cristalizaram na tríplice dominação que caracteriza a modernidade eurocêntrica: capitalismo, colonialismo e patriarcado. Consequentemente, veio dar uma nova legitimidade, e até urgência, ao debate civilizacional. Considerar que a disfuncionalidade do modelo civilizacional atual constitui uma forma de barbárie implica apontar para a necessidade de conhecer outros modelos de vida em sociedade e com a natureza e, a partir deles, pensar outras possibilidades de vida; refiro-me a modelos de vida num planeta finito em recursos naturais e, portanto, esgotável, modelos de sociabilidade baseados em ontologias e epistemologias que garantam equilíbrios dinâmicos entre indivíduo e comunidade, entre o real e o ainda-não, modelos de espiritualidades (não de religiões) que liguem o imanente ao transcendente e deem à defesa da vida uma prioridade e uma dignidade mais amplas. Ao contrário das utopias modernistas, não necessitamos de uma visão monolítica, completa e fechada do que pode ser esse novo modelo. Pensar assim significaria pensar nos termos do atual modelo civilizacional que precisamente é preciso superar.

Esse espaço-tempo, que, seguindo Ernst Bloch, tenho designado de "ainda-não"[27], centra-se num dos conceitos fundamentais das epistemologias do Sul que tenho proposto desde 2009: a sociologia das emergências. Esse conceito permite valorizar, tanto na teoria como na prática, as sementes de esperança emergente, as aflorações de alternativas que se vão multiplicando no mundo e a que nem o conhecimento dominante nem a mídia dominante dão a atenção devida. É com base nelas que se irá compondo um novo mosaico e um novo horizonte, onde se pode antever uma nova proposta civilizacional. O espaço-tempo topológico do "ainda-não" permite a interação entre a imaginação e o imaginário[28], onde a imaginação acontece pela extrapolação antecipada de possibilidades e o imaginário é um horizonte do futuro, para além das categorias atuais. A projeção no futuro da sociologia das emergências permite-nos identificar os traços fundamentais dessa proposta e as linhas de ação prática que nos podem orientar na transição paradigmática. A distinção crucial é entre ação conformista e aquilo que denomino "ação-com-clinamen"[29]. A ação conformista é entendida aqui como prática rotineira, reprodutiva e repetitiva que reduz o realismo àquilo que existe e apenas porque existe. Para a noção de ação-com-clinamen tomo de Epicuro e Lucrécio o conceito de *clinamen*, entendido como o *quiddam* inexplicável que perturba a relação entre causa e efeito, ou seja, a capacidade de desvio que Epicuro atribuiu aos átomos de Demócrito: o *clinamen* é aquilo que faz com que os átomos deixem de parecer inertes e revelem um poder de inclinação, de movimento espontâneo[30].

Ao contrário do que se dá na ação revolucionária, a criatividade da ação-com-clinamen não assenta numa ruptura dramática, mas num ligeiro desvio cujos efeitos cumulativos promovem complexas e criativas combinações entre indivíduos e grupos sociais, assim como ocorre entre os átomos. O *clinamen* não recusa o passado; pelo contrário, assume-o e redime-o pelo modo como dele se desvia e o aproveita enquanto experiência.

Ao longo do século XX, o modelo civilizacional a que se convencionou chamar modernidade ocidental ou eurocêntrica conheceu duas versões consideradas politicamente antagônicas, ainda que partilhassem as cinco monoculturas que subjazem à modernidade: a ciência como único conhecimento rigoroso, a lógica das dicotomias hierárquicas (indivíduo-comunidade, sociedade-natureza, imanente-transcendente), a monocultura do tempo linear, do universalismo abstrato, da hierarquia entre escalas, e da produtividade definida pelas relações de produção dominantes (ver capítulo 10). Essas monoculturas convergiam em três meta-princípios: a natureza como exterior e inferior em relação aos humanos, o progresso como crescimento infinito, a cultura e o espírito como distintos e separados da vida material e do corpo. As duas versões foram o socialismo de Estado segundo o modelo soviético e depois também chinês, e o capitalismo (com colonialismo e patriarcado). Além de partilharem as mesmas monoculturas e os mesmos meta-princípios, essas duas versões pertenciam ao mesmo sistema mundial moderno e à mesma economia-mundo. Em nível global (trocas internacionais, sistema financeiro), o mundo soviético tinha apenas uma autonomia parcial em relação à economia capitalista global.

Uma característica comum dessas duas versões é que ambas continham uma pulsão utópica, apontavam para uma sociedade ideal para que cada uma tendia, seguindo uma via específica. A utopia do modelo soviético era a sociedade socialista e, a prazo, comunista; a utopia do modelo capitalista-colonialista-patriarcal era a realização plena dos direitos humanos. Enquanto processos históricos concretos, ambos os modelos negavam na prática os ideais da utopia que supostamente os orientava. No mundo soviético, consolidavam-se novos e velhos autoritarismos e novas e velhas estratificações sociais. No mundo capitalista, os direitos humanos eram, em nível global, sistematicamente violados, ainda que existissem algumas ilhas de respeito parcial por eles. O modelo soviético colapsou em 1989. A partir daí, pareceu restar apenas o modelo capitalista e a utopia dos direitos humanos.

Mas, ao contrário do que foi então propagandeado, iniciou-se então um período de violação ainda mais sistemática dos direitos humanos até chegarmos ao paroxismo da desigualdade, da discriminação, da violência e da destruição da natureza em que nos encontramos hoje. Como destaca o último relatório da Oxfam[31], a desigualdade econômica está fora de controle. Em 2019, os bilionários do mundo, um grupo restrito de 2.153 pessoas, possuía mais riqueza do que 4,6 bilhões de pessoas. A desigualdade aprofundou-se e tornou-se mais visível com a pandemia da Covid-19. Só nos EUA e de acordo com as análises do Institute for Policy Studies, entre 18 de março e 19 de maio de 2020, o patrimônio líquido total dos mais de seiscentos bilionários norte-americanos subiu de 2,948 trilhões de dólares para 3,382 trilhões de dólares. Se em março havia 614 bilionários na lista da *Forbes*, dois meses depois, o número subiu para 630, incluindo o recém-chegado Kanye West, com 1,3 bilhão de dólares. Por causa da pandemia, o dono da Amazon pode vir a transformar-se no primeiro trilionário do mundo[32]. O contraste com as vítimas "privilegiadas" da Covid-19 é chocante (capítulo 4). Essa grande divisão é fruto de um sistema econômico que valoriza a riqueza de um punhado de privilegiados, sobretudo homens brancos, e não atribui qualquer valor ao trabalho essencial de cuidado e assistência, não remunerado ou mal remunerado, feito principalmente por mulheres e garotas em todo o mundo. Entretanto, os direitos humanos passaram de condicionalidade dos tratados internacionais a párias ideológicos que impedem o avanço do capitalismo abissal e da extrema-direita. Em países supostamente democráticos, os defensores dos direitos humanos são assassinados (Colômbia) ou submetidos a vigilância estatal por serem antifascistas (Brasil).

No próximo capítulo, analiso em mais detalhe o processo de degradação do ideário dos direitos humanos. A necessidade e mesmo urgência de iniciar uma discussão sobre um novo modelo civilizacional implica imaginar um novo horizonte utópico em que seja possível identificar algumas das ideias orientadoras para um novo modelo civilizacional que, de fato, possa ser um conjunto de modelos civilizacionais convergentes. O novo nunca começa inteiramente de novo e, pelo contrário, sempre recicla, modifica, rejeita, aproveita seletivamente, reconfigura ideias e ideais, modelos e projetos anteriores. As ideias utópicas do socialismo e dos direitos humanos integram certamente o acervo de ideias emancipadoras e libertadoras em que o novo modelo civilizacional vai ser gerado. Tais ideias podem ser resgatadas na medida em que for possível pensá-las fora dos três meta-princípios que referi acima: a natureza como exterior e inferior em relação aos humanos, o progresso como crescimento infinito, a cultura e o espírito como distintos e separados da vida material e do corpo.

A nova pulsão utópica reclamada pelo tempo presente tem uma especificidade em relação às pulsões utópicas dos períodos históricos anteriores. Essa especificidade consiste em que, pela primeira vez em cinco séculos, essa pulsão pode ser cosmopolita, à medida da diversidade do mundo. Ou seja, tem condições para não ser eurocêntrica e para se referir a um mundo onde caibam muitos mundos. A nova pandemia veio dramatizar esse pertencimento dos humanos a uma "casa comum", a noção de que a defesa e a destruição da vida são dois processos globais em que não há isenções confiáveis ou duradouras. O destino comum é agora mais do que nunca a afirmação do futuro comum. Nesse sentido, a pulsão utópica deve recolher o máximo de experiências passadas e presentes do mundo que podem sinalizar a possibilidade de um outro modelo civilizacional. No seu conjunto, essas experiências e as reflexões que provocam constituem uma sociologia das emergências[33]. O modo de as agregar pode variar segundo a região do mundo ou segundo o contexto social, cultural e político. A partir do lugar onde escrevo, agrego-as numa *nova declaração não universal, cosmopolita de direitos e deveres humanos*. Mas como mostrarei adiante, a agregação da sociologia das emergências pode ter muitos outros nomes sem perda de identidade. É estruturalmente intercultural. A definição de um horizonte utópico não eurocêntrico, cosmopolita e realista exige que se desenhe um processo de transição que pode ser mais ou menos longo, tema que trato no capítulo 10.

9
Para uma nova declaração cosmopolita insurgente de direitos e deveres humanos

Ao longo dos anos, tenho chamado a atenção para o desperdício da experiência do mundo. Esse desperdício tem assumido muitas causas. A mais óbvia consiste nos modelos epistemológicos, culturais e políticos dominantes, de matriz eurocêntrica. Estes impedem a identificação e a valorização de muitas dessas experiências. O desperdício ocorre também porque os próprios participantes dessas experiências não se dão conta da possível validade e importância delas para além dos contextos em que ocorrem ou, no caso de se darem conta, pensam que tal possibilidade desvirtua a experiência e que, por isso, deve ser combatida para salvaguardar a autenticidade desta. A sociedade de consumo, em que vive uma parte do mundo, e a sociedade do desejo de consumo, em que vive a outra parte, estão baseadas nas ideias de obsolescência planificada e de comportamentos homogeneizados disfarçados pelos algoritmos de personalização. Nenhuma dessas ideias favorece o exercício do cuidado de aprender com tanta experiência tão diversa no mundo.

Nos últimos cem anos, muitas experiências de vocação anticapitalista, anticolonialista e antipatriarcal tiveram lugar no mundo, umas mais arrojadas que outras, umas de escala local, outras de escala global, umas culturalmente eurocêntricas, outras ancoradas noutras culturas e expressas em línguas não coloniais, umas com alguma realização, outras no mundo das ideias, umas efêmeras, outras de mais longa duração. Como todas foram conhecidas por um nome que foi enriquecendo o léxico da resistência e das alternativas, atrevo-me a mencionar algumas delas, por ordem alfabética, para não se pensar que estabeleço alguma ordem de prioridade entre elas: agroecologia, alternativas ao desenvolvimento, anarquismo, autodeterminação, autonomismo, bens comuns, *buen vivir*, *commons*, comunismo, constitucionalismo transformador, decrescimento, demarcação de territórios ancestrais indígenas ou de descendentes de escravos, democracia participativa, direitos humanos, direitos coletivos (das mulheres, dos povos indígenas, afrodescendentes, ciganos), ecologia política, emancipação das mulheres, negritude, economia do cuidado, economia social e solidária, economia camponesa, economia popular, EZLN (movimento neozapatista), feminismos, Fórum Social Mundial, laicismo, libertação nacional e anticolonial, Movimento dos Não Alinhados, movimentos sociais contra a exploração capitalista, o racismo e o sexismo, movimento naxalita na Índia, *pachamama*, pan-africanismo, pan-arabismo, poder constituinte, povos indígenas, afrodescendentes, povo cigano, povo-casta Dalit como sujeitos políticos, reforma agrária, republicanismo, revolução, sindicalismo, soberania alimentar, socialismos, sufrágio universal, *sumak kawsay/ suma qamaña*[1], *swadeshi, swaraj*[2], *ubuntu*[3], universidades populares. Cada uma dessas experiências ou modos de vida considerados alternativos tem muitas histórias para contar. Divergem e convergem de modos insondáveis e constituem o denso palimpsesto contemporâneo da resistência à injustiça, à exclusão, ao sofrimento injusto. São também o palimpsesto das muitas contemporaneidades do inconformismo.

Em face disto, os últimos anos surgem como anos de retrocesso, mas a pandemia, ao mesmo tempo que acrescenta mais mortes à economia de morte que o sistema capitalista, colonialista e patriarcal sempre foi, cria uma oportunidade única para se pensar em alternativas e se porem em marcha processos de transição. Tenho defendido que não necessitamos de alternativas, mas antes de um pensamento alternativo de alternativas. Formulei em outro lugar a proposta de um tal pensamento alternativo que designo por epistemologias do Sul[4]. À luz delas, não faz sentido imaginar uma alternativa única. É sabido que os palimpsestos não se oferecem facilmente a resumos ou sínteses. A imaginação de um futuro anticapitalista, anticolonialista e antipatriarcal é, de fato, um mosaico de imaginações convergentes e complementares. Qualquer formulação que permita combinar a unidade com a identidade das diferentes alternativas e das diferentes narrativas sobre elas tem de ser mais processual que substantiva. Tem de ser uma narrativa que abra espaço para muitas outras e de modo a não as descaracterizar. Proponho que essa formulação seja uma nova declaração de direitos e de deveres humanos. Nova em muitos sentidos, para além de ser a que sucederá à Declaração Universal de 1948. É nova porque será construída da base para o topo e não do topo para a base. Será, por isso, cosmopolita e não abstratamente universal. É nova porque abrange com igual peso direitos e deveres. É nova porque os titulares de direitos não são apenas os humanos e as comunidades humanas, mas também a natureza enquanto vida não humana do planeta.

A necessidade de uma nova declaração tem sido frequentemente invocada em face da crescente violação impune dos direitos consignados na atual declaração. A escandalosa concentração de riqueza, a degradação continuada das condições de vida da grande maioria da população do mundo, o aumento da vulnerabilidade social das trajetórias de vida, o aquecimento global e a iminente catástrofe ecológica, o agravamento dos eventos climáticos extremos, a deterioração dos processos democráticos, o fortalecimento de forças políticas de extrema-direita, fascistas ou pró-fascistas, o crescente fundamentalismo religioso – tudo isto tem revelado a necessidade de se repensar a atual declaração universal e os mecanismos políticos da sua implementação. A pandemia do novo coronavírus veio dar mais urgência a essa necessidade, ao expor, com extrema acuidade, as fraturas abissais da exclusão no nosso tempo. A ideia de recorrer aos direitos e aos deveres humanos como um mero ponto de partida para definir o *roadmap* da busca de alternativas ao mal--estar global está fundada no pressuposto de que em cada época as lutas sociais têm de começar por recorrer aos instrumentos ou dispositivos de luta disponíveis. O fortalecimento das lutas acabará por revelar os limites desses instrumentos ou dispositivos e abrirá o espaço político e cultural para que novos instrumentos sejam inventados e postos em prática, estes sim, os que marcarão a especificidade da nova época de luta.

É possível argumentar que a nossa época já mostrou os limites cruciais da narrativa dos direitos humanos e da formatação das lutas de acordo com a sua lógica. Esses limites decorrem de três fenómenos principais[5]. Primeiro, os limites fatais das concepções hegemónicas dos direitos humanos e da democracia liberal que lhes está associada são hoje mais evidentes que nunca pelas razões acima apontadas. Segundo, o conhecimento eurocêntrico que sustenta as concepções hegemónicas dos direitos humanos tem-se mostrado estrondosamente incapaz de propor alternativas para sair do confinamento capitalista, colonial e patriarcal. Terceiro, nas últimas décadas tornaram-se mais conhecidas outras concepções de dignidade humana e de libertação social, as quais, apesar de representarem contribuições novas para a construção de sociedades mais justas e mais felizes, têm sido invisibilizadas e marginalizadas pelo pensamento eurocêntrico hegemónico. Este, por sua vez, se, por um lado, tem conseguido bloquear essas narrativas inovadoras de resistência e de emancipação, por outro lado, não tem resistido ao desgaste causado pela crescente provincialização do suposto universalismo dos direitos humanos. A desertificação política, cultural e ideológica em que nos encontramos é o resultado convergente desses três fenómenos. Mas como essa desertificação coexiste com a enorme turbulência social que se verificava em muitos países quando a pandemia eclodiu, parece razoável pensar que este é o tempo oportuno para romper o cerco, reconhecer a existência das alternativas já vigentes no terreno social, ampliá-las simbolicamente por via da sociologia das emergências e mostrar que tais alternativas vão já penetrando nos interstícios ou nas margens das narrativas e das práticas hegemônicas. Para isso, é apenas necessário romper com o confinamento ideológico e epistemológico que as epistemologias do Norte construíram laboriosamente desde o século XVI. As epistemologias do Sul são uma proposta para romper com esse confinamento.

Do que se trata, pois, é de conceber os direitos humanos eurocêntricos como uma ruína e, a partir da diversidade das ideias de dignidade e de vida existente no mundo, converter essa ruína numa ruína-semente, ou seja, numa sociologia das emergências[6]. Não se trata de uma nova declaração universal. Trata-se de uma Declaração Cosmopolita (DC) insurgente, construída a partir das experiências de libertação que sempre existiram e continuam a existir no mundo[7]. Paradoxalmente, a nova declaração não é uma única declaração, é um conjunto de declarações que se podem extrair da imensa experiência anticapitalista, anticolonialista e antipatriarcal do mundo. A recolha dessas declarações é feita segundo o princípio de não desperdiçar experiência, o que nesse caso significa resgatar o valor de contextos negligenciados, suprimidos, humilhados pelo pensamento e pelas práticas hegemônicas. A nova DC não é uma declaração alternativa. É a alternativa às várias declarações pretensamente únicas e universais[8]. A busca de convergências, equivalências, correspondências, sinergias, complementaridades terá de proceder por via da tradução intercultural e transepistêmica orientada para a construção de ecologias de saberes e de práticas de emancipação e de libertação.

Neste capítulo, não pretendo mais do que sugerir caminhos para uma tal construção cosmopolita insurgente com base nas experiências dos movimentos sociais das últimas décadas. Começo por analisar as razões que antes da pandemia justificavam a necessidade de suplantar as concepções hegemônicas de direitos humanos. Na segunda parte, avanço com algumas propostas para promover uma verdadeira conversa de uma verdadeira humanidade sobre a defesa da dignidade e da vida. Uma verdadeira conversa, baseada numa experiência de rodas de conversa[9] interculturais, e desprovida de teorias de vanguarda e de receitas globais. Uma verdadeira humanidade que não seja desenhada, como vimos no capítulo 4, pelas linhas abissais que a dividem e separam da não humanidade e que, além da vida dos seres humanos, inclua a vida do planeta de que a vida dos humanos é uma ínfima parte.

O desequilíbrio fatal entre o medo e a esperança

Baruch Espinosa, filósofo do século XVII, escreveu que os dois sentimentos básicos do ser humano (afetos, na sua linguagem) são o medo e a esperança, e sugeriu que é necessário um equilíbrio entre ambos, pois o medo sem esperança leva à desistência, e a esperança sem o medo pode levar a uma autoconfiança destrutiva. Essa ideia pode ser transferida para as sociedades contemporâneas, sobretudo num tempo em que, com o ciberespaço, as comunicações digitais interpessoais instantâneas, a massificação do entretenimento industrial e a personificação massiva do *microtargeting* comercial e político, os sentimentos coletivos são cada vez mais "parecidos" com os sentimentos individuais, ainda que sejam sempre agregações seletivas. É por isso que a identificação com o que se ouve ou lê é hoje tão imediata ("é isso mesmo que eu penso", mesmo que nunca se tenha pensado sobre "isso" anteriormente); tal como o é a repulsa ("eu bem tinha razão para odiar isso", mesmo que nunca se tenha odiado "isso" anteriormente). Os sentimentos coletivos transformam-se assim, facilmente, numa memória inventada, no futuro do passado dos indivíduos. Essa leveza das convicções coletivas sobre a sociedade é um campo fértil para a proliferação da política de ressentimento: quando não existem expectativas de uma vida melhor, a degradação das condições materiais de vida faz com que as vítimas de um *statu quo* injusto, em vez de resistirem aos poderes responsáveis pela injustiça, culpem outras vítimas e, nessa medida, acabem por ratificar ou justificar a injustiça. A política de ressentimento é talvez o resultado principal da desertificação política produzida pelo neoliberalismo. Quando a hegemonia política do sistema capitalista, colonialista e patriarcal em que vivemos consegue continuar ocultando, de forma eficaz, as causas do sofrimento injusto, as vítimas viram-se contra as consequências do sistema – as outras vítimas. A política do ressentimento é a expressão política pública das consequências transformadas em causas.

Se convertermos os sentimentos de esperança e de medo em sentimentos coletivos, podemos concluir que talvez nunca tenha existido uma distribuição tão desigual do medo e da esperança em nível global. A grande maioria da população do mundo vive dominada pelo medo. Pelo medo da fome, da guerra, da violência, da doença, do patrão, da perda do emprego ou da improbabilidade de encontrar emprego, da próxima seca ou da próxima inundação. Esse medo é vivido quase sempre sem esperança de que algo possa ser feito para que as coisas melhorem. Esse medo é tanto mais desesperador quanto em tempos não muito distantes as comunidades e as classes populares eram destinatárias de mensagens supostamente portadoras de esperança, tais como libertação, autodeterminação, independência, desenvolvimento, modernização, progresso. Hoje, domina a espera sem esperança. Pelo contrário, uma pequeníssima fração da população mundial vive com uma esperança excessiva que lhe advém da confiança no sistema que garante os seus privilégios. O medo que lhe resta é o de perder os privilégios ou de não sobreviver ao apocalipse. Não teme inimigos porque os tem supostamente sob controle ou desarmados; não teme as incertezas do futuro porque julga ter bons seguros contra todos os riscos; não teme as inseguranças do lugar porque pode se mudar a qualquer momento para outro país ou continente (e começa mesmo a estudar a possibilidade de ocupar outros planetas); não teme a violência porque tem técnicos de segurança ao seu serviço, alarmes sofisticados, muros eletrificados, exércitos privados. Essa pequena fração da humanidade parece viver sem medo, mas sempre que se sente ameaçada nos seus privilégios reage em pânico, como se possuída por uma insegurança abissal. No fundo, tem medo de si própria.

A divisão social global do medo e da esperança é de tal modo desigual que fenômenos impensáveis há menos de trinta anos parecem hoje características normais de uma nova normalidade. Trabalhadores "aceitam" ser mais e mais explorados por via do trabalho sem direitos e do estatuto traiçoeiro de "colaboradores"; os jovens empreendedores "confundem" autonomia com autoescravização; as populações racializadas confrontam-se com o preconceito racista vindo muitas vezes de quem não se julga racista; as populações sexualizadas (mulheres, LGBTQIs) continuam a ser vítimas de violência de gênero e de orientação sexual, apesar de todas as vitórias dos movimentos feministas e anti-homofóbicos; os não crentes ou crentes de religiões "erradas" são vítimas dos piores fundamentalismos; as pessoas das castas inferiores ou os Dalits são excluídos com cada vez mais violência; as exclusões abissais, que envolvem degradação ontológica, o mundo da sub-humanidade e da não humanidade, são cada vez mais destrutivas, como mostra o espetáculo da banalização do horror ante as vítimas mortais preferidas pela Covid-19. No plano político, a democracia concebida como o governo de muitos para benefício de muitos tem sido convertida no governo de poucos para benefício de poucos: a normalidade democrática vai-se deixando infiltrar pelo Estado de exceção com pulsão fascista, enquanto o sistema judicial, concebido no Estado moderno eurocêntrico como império da lei para proteção dos fracos contra o poder arbitrário dos fortes, vai-se transformando na guerra política e jurídica dos poderosos contra os oprimidos e explorados, e dos fascistas e hiperconservadores contra os democratas.

Torna-se urgente mudar esse estado de coisas sob pena de a vida se tornar absolutamente insuportável para a grande maioria da humanidade. Quando a única liberdade que resta a essa maioria for a liberdade de ser miserável, estaremos perante a miséria da liberdade. Quando nem o direito de respirar for permitido[10], estaremos perante uma ordem jurídica e política irrespirável. Para sair desse inferno, que parece programado por um desígnio voraz e nada inteligente[11], é necessário alterar a distribuição desigual do medo e da esperança. É urgente que as grandes maiorias voltem a ter alguma esperança e, para isso, é necessário que as pequenas minorias com excesso de esperança (por não temerem a resistência dos que só têm medo e desespero) voltem a ter medo. Para que isso ocorra vão ser necessárias muitas rupturas e lutas nos planos social, político, cultural, epistemológico, subjetivo e intersubjetivo. Como referi acima, o século XX começou em algumas regiões do mundo com o otimismo de que rupturas com o medo e lutas pela esperança estariam próximas e seriam eficazes. Esse otimismo teve o nome inicial e iniciático de socialismo, república, autodeterminação, além de muitos outros nomes (já mencionados) que se lhes juntaram à medida que o século avançou. Hoje, no primeiro quarto do século XXI, vivemos nas ruínas de muitos desses nomes, dessas propostas. Alguns parecem reduzidos, no melhor dos casos, aos livros de história e, no pior, ao esquecimento. Outros subsistem desfigurados ou, pelo menos, confrontados com a perplexidade de acumularem tantas mais derrotas quantas mais vitórias dizem protagonizar. Por essas razões, as rupturas e as lutas contra a distribuição torpemente desigual do medo e da esperança constituirão uma tarefa desmedida, porque os instrumentos de que dispomos para as levar a cabo são todos frágeis. Aliás, essa discrepância é, ela mesma, uma manifestação do desequilíbrio contemporâneo entre o medo e a esperança. A luta contra tal desequilíbrio tem de começar com os instrumentos que refletem esse mesmo desequilíbrio. Só por via de lutas eficazes contra tal desequilíbrio será possível ir sinalizando a expansão da esperança e a retração do medo para as grandes maiorias.

Quando as fundações de qualquer estrutura, mesmo imaginada, se afundam, transformam-se em ruínas. Quando tudo parece estar em ruína, não há outra alternativa senão procurar nas ruínas, não só a memória do que já foi melhor, como sobretudo a desidentificação com o que no desenho das fundações contribuiu para a fragilidade da edificação. Esse processo consiste em transformar as ruínas mortas em ruínas vivas (ruínas-semente), e terá tantas dimensões quanto a socioarqueologia futurante exigir[12]. Uma dessas ruínas são os deveres humanos, uma referência importante para grande parte dos sistemas sociopolíticos do Sul global[13], ignorados nos últimos dois séculos pelas trajetórias eurocêntricas de lutas por direitos. Outra ruína são os direitos humanos. Os direitos humanos têm uma genealogia dúplice. Ao longo da sua vasta história desde o século XVI[14], foram sucessivamente (e às vezes simultaneamente) um instrumento de legitimação da opressão eurocêntrica, capitalista e colonialista, bem como um instrumento de legitimação das lutas contra essa opressão. Mas foram sempre mais intensamente instrumento de opressão do que de luta contra ela. Por isso, contribuíram para a situação de extrema desigualdade da divisão global do medo e da esperança em que nos encontramos hoje. Em meados do século passado, depois da devastação de duas grandes guerras na Europa, com impacto mundial devido à relação colonial, os direitos humanos conheceram um momento alto com a promulgação da Declaração Universal dos Direitos Humanos, que veio a sustentar ideologicamente o trabalho da ONU.

Analisei em outro lugar[15] as vicissitudes pelas quais passou essa declaração. Sabemos que, em sua origem, ela não é universal (é, aliás, cultural e politicamente muito eurocêntrica), mas que gradualmente se foi impondo como uma narrativa global de dignidade humana, mobilizada nas lutas contra a injustiça[16]. Contra o pensamento jurídico-político hegemônico, tenho defendido que entre 1948 e 1989 os direitos humanos foram predominantemente um dos principais instrumentos da Guerra Fria. O discurso hegemônico dos direitos humanos foi usado pelos governos democráticos ocidentais para salientar a superioridade do capitalismo em relação ao bloco socialista, sobretudo da então URSS, de Cuba e da China Popular. Segundo esse discurso, as violações dos direitos humanos só ocorriam nesse bloco e em todos os países com ele simpatizantes ou sob sua influência. As violações que existiam nos países "amigos" do Ocidente, crescentemente sob influência dos EUA, eram ignoradas ou silenciadas. São vários os exemplos. O colonial-fascismo português se beneficiou dessa "sociologia das ausências" até 1974, tal como a Indonésia durante o período em que invadiu e ocupou Timor-Leste (1975-2002), Israel, desde o início da ocupação colonial da Palestina até hoje, ou o Marrocos em relação ao Saara Ocidental, que mantém sob sua "administração" desde 1975. De um modo geral, o colonialismo europeu foi durante muito tempo o beneficiário principal dessa sociologia das ausências. Assim se foi construindo a superioridade moral do capitalismo em relação ao socialismo, uma construção em que os partidos socialistas do mundo ocidental colaboraram ativamente. Essa construção não foi isenta de contradições. Ao longo desse período, os direitos humanos nos países capitalistas, e sob a influência dos EUA, foram muitas vezes invocados por organizações e movimentos sociais na resistência contra violações gritantes desses direitos. As intervenções imperialistas do Reino Unido e dos EUA no Oriente Médio, de antigas potências coloniais na África, e dos EUA na América Latina ao longo de todo o século XX, nunca foram consideradas internacionalmente violações de direitos humanos, embora muitos ativistas de direitos humanos sacrificassem a sua vida em defesa deles e contra tais intervenções; no continente africano, a existência do regime minoritário branco na África do Sul do *apartheid* só muito tardiamente foi reconhecida como uma violação dos direitos humanos. Por outro lado, sobretudo nos países capitalistas do Atlântico Norte, as lutas políticas levaram ao alargamento progressivo do elenco de direitos humanos, juntando-se aos direitos civis e políticos os direitos sociais, econômicos e culturais. Surgiu então uma certa clivagem entre os defensores da prioridade dos direitos civis e políticos sobre os demais (corrente liberal) e os defensores da prioridade dos direitos econômicos e sociais ou da indivisibilidade dos direitos humanos (corrente socialista ou social-democrática).

A queda do Muro de Berlim, em 1989, foi vista como a vitória incondicional dos direitos humanos. A verdade é que a política internacional posterior revelou que, com a queda do bloco socialista, tinham caído também os direitos humanos patrocinados pelo chamado Ocidente. A partir de então, o tipo de capitalismo global que vinha a impor-se desde a década de 1980 (o neoliberalismo combinado com o capital financeiro global) foi promovendo uma prática cada vez mais restrita de direitos humanos. Começou por encetar uma luta contra os direitos sociais e econômicos, e hoje, com a prioridade total da liberdade econômica sobre todas as outras liberdades e com a ascensão da extrema-direita neocolonial, são os próprios direitos civis e políticos e, com eles, a própria democracia liberal a ser postos em causa enquanto obstáculos ao crescimento capitalista. Tudo isso tem vindo a confirmar a relação entre a concepção hegemônica dos direitos humanos e a Guerra Fria. Hoje, em países supostamente democráticos, os defensores dos direitos humanos estão sendo assassinados (Colômbia) ou submetidos à vigilância das polícias secretas, por estarem envolvidos em atividades... antifascistas (Brasil).

Perante esse cenário, duas conclusões paradoxais e inquietantes e um desafio exigente se impõem. A aparente vitória histórica dos direitos humanos está redundando numa degradação sem precedentes das expectativas de uma vida digna da maioria da população mundial. Entretanto, os direitos humanos deixaram de ser uma condicionalidade nas relações internacionais e passaram à condição de párias. Por sua vez, os indivíduos e os povos do Sul global deixam de ser sujeitos de direitos humanos (se alguma vez o foram) para ser objetos de discursos de direitos humanos. O desafio pode formular-se assim: será ainda possível transformar os direitos humanos numa ruína-semente, num instrumento para transformar o desespero em esperança? Será possível resgatar as sementes de esperança que habitam a ruína-semente dos direitos humanos? Estou convencido que sim.

O HORIZONTE UTÓPICO: A CONVERSA DA HUMANIDADE SOBRE UMA DECLARAÇÃO COSMOPOLITA INSURGENTE DOS DIREITOS E DOS DEVERES HUMANOS

As duas seções que se seguem têm um registro utópico. Marcam um horizonte que vai tendo tanto mais precisão quanto mais rápida e decisivamente avançar a transição paradigmática na sua direção (capítulo 10). Obviamente que ao horizonte em si nunca se chega. Como disse o cineasta argentino Fernando Birri citado por Eduardo Galeano: "A utopia está lá no horizonte. Aproximo-me dois passos, ela afasta-se dois passos. Caminho dez passos e o horizonte recua dez passos. Por mais que eu caminhe, jamais alcançarei. Para que serve a utopia? Serve para isso: para que eu não deixe de caminhar"[17].

Utopia é a exploração, por meio da imaginação, de novas possibilidades humanas de vida coletiva e individual e está baseada na recusa da necessidade do que existe, só porque existe, em nome de algo radicalmente melhor por que vale a pena lutar e a que a humanidade, num sentido lato, tem direito. A utopia tem regressado ao debate, sobretudo por meio de iniciativas e experiências sociais concretas, as quais, apesar do seu âmbito limitado, rompem totalmente com os modelos dominantes de vida social e política e revelam, na prática, a capacidade humana de construir modos mais justos de viver e de conviver. Chamam-se, por isso, utopias realistas, o início da construção de outro futuro, não em outro lugar, mas aqui e agora[18]. O horizonte utópico é explicitamente assumido como inatingível. Nos termos da sociologia das emergências que tenho proposto, elas assumem as formas de ruínas-semente e zonas libertadas. Se é verdade que as utopias têm o seu horário, ouso pensar que o nosso tempo é o horário das utopias realistas e que esse tempo se acelerou com a atual pandemia do novo coronavírus. Torna-se agora mais claro que qualquer ideia inovadora é sempre utópica antes de se transformar em realidade. Porque muitos dos nossos sonhos foram reduzidos ao que existe, e o que existe é muitas vezes um pesadelo, ser utópico é a maneira mais consistente de ser realista no início do século XXI.

A especificidade das utopias realistas reside no modo como estas tensionam o horizonte utópico. Têm-no sempre em mente como inatingível e consideram que as transformações que levam a cabo são parte de uma transição paradigmática para outro modelo civilizacional. Admitem mesmo que durante muitas décadas estaremos vivendo uma transição paradigmática. As duas seções que se seguem sinalizam o horizonte utópico. No capítulo seguinte defino o perfil geral da transição, onde se desenham com mais precisão os caminhos concretos para avançar na busca de sociedades mais justas, mais solidárias e mais felizes.

Princípios para partilhar

A especificidade da época moderna até aos nossos dias consiste em ter proclamado a universalidade de ideais emancipadores, ao mesmo tempo que os limitou, na prática, a certos grupos e classes privilegiadas e legitimou a sua negação ou violação para a grande maioria da população do planeta.

Entre esses ideais emancipadores salientam-se a emancipação do indivíduo, os valores da igualdade, liberdade e fraternidade, a ideia de progresso, a democracia, os direitos humanos, a liberdade de conhecimento, a separação entre a religião e o Estado. Essa tensão entre universalismo e particularismo foi, ela própria, ocultada pelos modos de saber e de ser fundados em princípios marcadamente locais (hoje caracterizados como eurocêntricos) que insistem em se promover como detendo um valor universal[19]. Se essa ocultação for desvelada, será patente que na modernidade ocidental os direitos humanos têm existido sobretudo na forma da sua violação.

A Declaração Universal (DU)[20] padeceu de um pecado original: pretendeu ser universal a partir de uma filosofia ocidental de dignidade e foi elaborada com base num processo de vanguardismo ideológico e de empreendedorismo autocentrado, sem nenhuma preocupação em acolher ou representar a diversidade de conhecimentos e de concepções de dignidade humana que existem no mundo.

O contexto do pós-Segunda Guerra, e a pressão independentista dos povos do Sul, que se acentuava depois de toda a devastação que a guerra causou, exigia uma resposta global da humanidade. Mais uma vez, os países centrais do sistema mundial, também chamados países ocidentais, assumiram o protagonismo e mesmo o monopólio da resposta a essa exigência.

Hoje, a pandemia do novo coronavírus tem exigido novas respostas globais da humanidade. Este livro procura mostrar que, desta vez, a resposta só faz sentido se puder envolver a diversidade do mundo e se for baseada numa genuína conversa da humanidade consigo mesma e com a natureza. Para isso, tem de partir da constatação de que, nestes últimos séculos, a humanidade nunca foi uma realidade. Foi apenas um projeto, já que a dominação capitalista, colonialista e patriarcal condenou uma parte da população da humanidade à condição de sub-humanidade. A conversa da humanidade tem de começar pelo reconhecimento dessa história e propor-se um projeto global que tome a humanidade como um todo infinitamente diverso, em que o reconhecimento da diferença não se traduza nem na indiferença, nem em hierarquias naturalizadas. Em suma, o projeto deverá ter uma vocação pós-capitalista, pós-colonialista e pós-patriarcal. Será um projeto cosmopolita, por agora, necessariamente contracorrente e insurgente enquanto as estruturas de dominação se mantiverem.

Entendo por cosmopolitismo insurgente o processo de construção de convergências, sinergias e equivalências a partir da auscultação participativa dos povos e comunidades no respeito da diversidade de concepções de dignidade e de vida digna e com o objetivo de construir, por via da tradução intercultural e interpolítica, um mosaico polifônico e coerente de aspirações de vida digna e de conviver bem. Os direitos humanos, tal como os conhecemos, não serão descartados. Apenas serão incluídos numa conversa mais ampla da humanidade que incluirá outras concepções não eurocêntricas de dignidade e de viver e conviver bem, tais como *swaraj, ubuntu, sumak kawsay, swadeshi*, entre outras[21]. A nova declaração só incluirá o nome "direitos humanos" na medida em que o entendimento intercultural destes for considerado o veículo semântico mais adequado para a comunicação global do vernáculo cosmopolita de dignidade e para a mobilização social e política em torno dele. A declaração poderá, assim, ter vários nomes e todos igualmente válidos e muitos não pertencerão a línguas coloniais.

A crítica intercultural da primeira DU é a precondição para poder resgatar o que há nela de válido à luz das novas necessidades e dos novos critérios de dignidade.

A DU não só aceitou como promoveu a continuidade do poder que caracteriza a dominação ou poder sistêmico desigual nas sociedades contemporâneas. Quando legitimou a resistência contra um desses poderes permitiu que os restantes se mantivessem intactos e até se reforçassem. Ao não reconhecer a articulação fatal entre capitalismo, colonialismo e patriarcado, a primeira DU legitimou a lógica da degradação do ser humano e a consequente banalização da morte. A economia e a política da morte puderam prosperar como se não constituíssem a matriz das violações dos direitos humanos. Ainda que de modos diferentes, tanto o capitalismo como o colonialismo e o patriarcado são subsidiários do mesmo dualismo cartesiano. Por essa razão, a banalização da morte manifestou-se tanto na degradação dos seres humanos (reduzidos à condição de sub-humanidade), como na destruição da natureza.

A vida e a dignidade são os valores que fundam os deveres e os direitos, incluindo o direito a ter direitos.

O respeito pela vida e pela dignidade sinaliza o máximo cumprimento do dever de fazer cumprir os direitos que decorrem desses valores. A vida e a dignidade devem ser entendidas planetária e interculturalmente. A vida humana é uma parte ínfima da vida no planeta, e não se sustenta sem a vida do planeta no seu conjunto. A dignidade é o modo de viver que permite a potência de viver, entendida como o florescimento (e não apenas a sobrevivência) da vida e a máxima afirmação das suas potencialidades. Respeitar a vida humana engloba o respeito por todas as formas de vida que tornam possível a vida humana; este é um dever fundamental. Do mesmo modo, o respeito pela humanidade implica o respeito por tudo o que a torna possível. Correspondentemente, os direitos humanos não se sustentam sem os direitos da natureza, entendida como a fonte de toda a vida individual e comunitária, social e natural, imanente e transcendente. Os seres humanos pertencem à natureza e não o contrário. O dualismo cartesiano (humanidade/natureza) deve ser superado por uma concepção holística que englobe a vida humana e toda a outra vida existente no planeta. Os direitos humanos são a versão humana dos direitos do planeta. Os deveres humanos dizem respeito não apenas à defesa dos direitos humanos, mas ao direito planetário à vida e à dignidade que sustenta os direitos humanos.

As violações dos direitos e o impedimento do cumprimento dos deveres têm a sua última causa nas três dimensões da dominação contemporânea.

Uma dessas dominações é o capacitismo, que degrada, discrimina e invisibiliza os seres humanos que têm capacidades outras que a sociedade não reconhece (capítulo 4). Em diferentes regiões, outras dimensões assumem grande gravidade como, por exemplo, o sistema de castas ou a religião politizada. Acrescenta-se a esse leque de dominações o peso das gerações mais avançadas que, por vezes, limitam a ação de grupos mais jovens. Por outro lado, as dimensões globais da dominação assumem formas diferentes em diferentes contextos espaciais e sociais. Por exemplo, o colonialismo afirma-se de formas diferentes: na ocupação da Palestina por parte de Israel; no racismo no Brasil, EUA e Europa; na ignorância da complexidade cultural, epistêmica e política do continente africano, frequentemente caracterizado de forma monolítica como se fosse um país; na expulsão, em várias partes do mundo, de camponeses, povos indígenas e afrodescendentes, dos seus territórios ancestrais para dar lugar a megaprojetos ditos de desenvolvimento; no reducionismo identitário de um país (com uma religião, por exemplo), gerando cidadãos de segunda classe ou mesmo privando populações inteiras de cidadania; na xenofobia, na islamofobia e nos campos de refugiados e imigrantes em contexto europeu, nos EUA, na Austrália, na China, etc. A diversidade das manifestações de opressão torna mais difícil identificar o que há de comum entre elas e como articular as lutas contra elas.

A nova DC deve ser explicitamente anticapitalista, antirracista e antissexista, e conceberá sempre as diferentes lutas sociais pela dignidade e pela vida como dimensões interligadas da mesma luta, ainda que expressa em experiências contextuais muito diversas. As lutas anticapitalistas, anticolonialistas e antipatriarcais são todas igualmente importantes. Dependendo dos contextos históricos, políticos e sociais, algumas podem ser consideradas mais urgentes que outras, desde que os critérios de urgência sejam amplamente partilhados por todos os movimentos em luta.

A nova DC parte do pressuposto de que, no contexto atual, a fonte última e global da violação continuada e sistemática de direitos humanos reside precisamente no capitalismo, no colonialismo e no patriarcado e não na existência de países autoritários fascistas ou antidemocráticos.
Essa violação atinge em graus e modos diferentes as diferentes comunidades, povos e formas de vida do planeta. Essa geometria variável é responsável pela ilusão de ótica de que o respeito pelos direitos humanos é maior em certos contextos do que em outros. As práticas consideradas como respeitando os direitos humanos em certos contextos assentam sempre em outras práticas que os violam de forma dramática e invisível em outros contextos. O chamado Norte global, que analisei em maior detalhe nos primeiros capítulos deste livro, diz respeitar mais os direitos humanos que o Sul global, mas omite que esse respeito está fundado na megaviolação do direito dos países do Sul global à autodeterminação, o direito de se libertarem do imperialismo do Norte global imposto por múltiplas formas – invasões, intervenções, imposição monocultural de saberes e formas de governo, guerras (incluindo guerras biológicas), interferências, dependências, dívida externa – desde o século XVI até hoje. A violação global dos direitos humanos é hoje mais do que nunca uma violação desigual e combinada. As desigualdades e as combinações são ocultadas pelos saberes e pelas políticas hegemônicas.

A construção da nova DC deve ser entendida como um exercício planetário de pedagogia libertadora pela defesa da vida e da dignidade.
É, pois, apenas um momento de luta, de resistência e do assumir de uma nova visão da dignidade humana; será particularmente importante nas primeiras fases da transição para um futuro pós-capitalista, pós-colonial e pós-patriarcal. O entendimento intercultural da defesa da vida e da dignidade deve ser um dos pressupostos principais dessa pedagogia. A pedagogia intercultural da vida e da dignidade deve questionar as três dicotomias e hierarquias às quais me referi ao longo deste livro e

que serviram de base à hegemonia cultural e política que se plasmou na primeira DU: indivíduo-comunidade, sociedade-natureza, imanente-transcendente. Em todas elas, o primeiro termo da dicotomia foi considerado superior ao segundo. O dever matricial da pedagogia intercultural consiste em criar subjetividades individuais e coletivas capazes de reconhecer e respeitar diferenças sem hierarquias nem indiferença. Esse reconhecimento e esse respeito não são sustentáveis à luz das epistemologias e das ontologias dominantes, porque foram estas que fundaram e legitimaram as dicotomias e naturalizaram as hierarquias de que resultou, por um lado, a sistemática e continuada violação dos direitos humanos nas épocas moderna e contemporânea e, por outro, o fim da relação equilibrada entre direitos e deveres.

A pedagogia intercultural dos direitos humanos está baseada em epistemologias e ontologias que valorizam a vida e a dignidade contra as violações sistemáticas e continuadas dos direitos humanos.

São as epistemologias do Sul que, ao longo dos últimos séculos, sobreviveram ao epistemicídio, à desvalorização de saberes e ao silenciamento produzido pelas epistemologias do Norte, e que hoje continuam a valorizar e validar os conhecimentos nascidos na luta contra o sofrimento injusto causado pelo capitalismo, colonialismo e patriarcado. São as ontologias do Sul baseadas em modos de ser que contradizem, superam, ou estão para além das três dicotomias e suas hierarquias já mencionadas. Trata-se de modos partilhados de ser (eu sou porque tu és), que concebem a individualidade de modo não individualista, mas sim relacional, um ser cuja existência não é concebível sem a coparticipação de outros seres humanos e não humanos. Modos de ser fundamentados na cooperação, na relacionalidade, na reciprocidade. Não se poderão impor enquanto as relações sociais forem determinadas pela lógica capitalista apoiada no individualismo possessivo, na competitividade, no chamado empreendedorismo. É por isso que as economias outras, solidárias, agrogeológicas, camponesas, familiares, cooperativas, devem ser promovidas. A economia capitalista continuará a existir por muito tempo (ver capítulo 10) como uma das economias aceitas na sociedade, mas deixará de ser o critério para todas as outras. A sociedade capitalista será cada vez mais ética e politicamente inaceitável.

A pedagogia para nova DC deve partir de perguntas básicas e desestabilizadoras.

São perguntas geradoras, no sentido de Paulo Freire[22]: (1) sobre as representações da negação de humanidade; (2) sobre a identificação dos causadores reais dessa negação (os opressores e não os seus simulacros ou testas de ferro) e dos seus pontos fracos; (3) sobre como construir ou reconstruir a vontade e a capacidade de superar essa negação, com base em sujeitos políticos que confrontam os opressores, atacando os seus pontos fracos. O elenco das perguntas desestabilizadoras irá sendo construído à medida que os processos de participação deliberativa forem tendo lugar. A atual pandemia, por exemplo, veio suscitar novas perguntas. Eis alguns exemplos. Por que é que a pandemia é considerada sobretudo um desastre natural e sanitário, e não um desastre social? Por que é que os líderes políticos que tomam decisões que causam milhares de mortes não são acusados de crimes contra a humanidade? Por que é que as medidas de proteção nunca se referem às condições que permitem cumpri-las? Por que é que o dever de proteção da vida só tem prioridade (quando a tem) sobre a economia capitalista em períodos extremos, e até agora raros, de pandemia? Por que é que as estatísticas da morte trivializam a morte à medida que o número de mortes aumenta? Dessas perguntas podem ser geradas muitas outras mais gerais. Por que é que tanta violação dos direitos humanos permanece impune? Por que é que tanto sofrimento humano injusto não é sequer considerado violação dos direitos humanos? Por que é que tantas vítimas de violações de direitos humanos não se reconhecem na atual narrativa da defesa dos direitos humanos e desconfiam profundamente dos propósitos libertadores dela? Por que é que as outras declarações da DU não são vistas como de âmbito global? Por que é que a definição hegemônica dos direitos humanos e das hierarquias entre eles foi sempre uma afirmação de poder nu e cru que nunca esteve sujeito aos princípios dos direitos humanos que procurava impor?

A necessária relação entre direitos e deveres, ausente na primeira DU, será o núcleo central da nova DC.

A primeira Declaração de Responsabilidades e Deveres Humanos foi anunciada em 1988, quando da celebração dos cinquenta anos da DU[23]. O objetivo da declaração de 1988 era não só aprofundar globalmente a vigência dos direitos humanos, mas também ter em conta novos desafios globais (incluindo a questão ambiental), realidade que se deveria traduzir em deveres e direitos[24]. Como se destaca no seu preâmbulo: "O gozo e a implementação efetivos dos direitos humanos e das liberdades fundamentais estão inextricavelmente ligados à assunção dos deveres e responsabilidades implícitos em tais direitos"[25]. Dando sequência e verdadeira visibilidade a esse apelo, José Saramago voltou a reafirmar a sua importância quando recebeu o Prêmio Nobel de Literatura em 1998, tendo na altura proposto um novo impulso e uma nova prioridade na elaboração da Carta Universal dos Deveres Humanos[26].

Entendo deveres humanos num sentido amplo ético e jurídico-político, enquanto responsabilidades coletivas ou individuais que resultam de normas sociais que estabelecem as pontes entre o mundo axiológico (valores) e o mundo deôntico (deveres, obrigações). A ética que subjaz aos valores deve ser concebida como ética intercultural. É evidente que a primeira DU aprofundou a assimetria entre direitos e deveres, como se todos os direitos pudessem ser exercidos sem que ninguém tivesse o dever de promover, facilitar ou não impedir o exercício dos direitos. Ao longo do século XX foi sendo removida a discussão sobre os deveres humanos, enquanto se trivializou a luta por direitos, em parte porque não se definiram mecanismos eficazes para os fazer cumprir. Por isso, a conquista de direitos ocorreu de par com a sua violação impune. Além disso, a primeira DU seguiu a lógica eurocêntrica de não reconhecer direitos a quem, em teoria, não pudesse ser sujeito de deveres (mesmo que os deveres não fossem concretizados). Por exemplo, dentro desse marco político-cultural seria impensável conceder direitos à natureza, uma vez que não lhe podemos exigir deveres. Essa lógica eurocêntrica deverá ser ultrapassada na nova DC, mas, para isso, será necessário que a carta de deveres não seja construída ao espelho da primeira DU, porque nesse caso reproduzirá as mesmas limitações culturais e políticas desta.

Os deveres devem existir na proporção da capacidade para impedir a violação dos direitos humanos e devem ser exigidos na proporção das consequências que podem resultar dessa violação.

As atividades que, pela sua natureza, só se podem exercer violando direitos humanos (incluindo os direitos da natureza) devem ser liminarmente proibidas. As formas mais destrutivas da vida e da dignidade devem ser consideradas crimes contra a humanidade a ser denunciados em comissões da verdade e julgados em tribunais locais, nacionais e internacionais dependendo da localização e do impacto do dano infligido.

Os deveres não se podem limitar ao plano ético. O seu cumprimento deve ser exigido pelas ordens jurídicas existentes e a construir.

O cumprimento dos deveres ratificados pela nova DC não pode ser confiado aos violadores dos direitos humanos, como aconteceu com a primeira DU. Daí a necessidade de refundar o Estado moderno, um Estado constituído pelo imperativo do dever de garantir o bem-estar e a segurança dos cidadãos, incluindo o acesso a bens essenciais como água potável de qualidade, energia elétrica, educação, internet, informação, etc.

A refundação do Estado moderno não fará sentido se não se tocar na sua raiz colonial, uma vez que, desde o século XVII, o Estado é parte integrante de um sistema de Estados que, sendo europeu, é mundial no seu âmbito em função da expansão e da partilha colonial em que se insere. A refundação terá, pois, de incluir a reparação da injustiça histórica que o Estado moderno promoveu e que perversamente continuou a promover mesmo depois das independências políticas das colônias nos séculos XIX e XX. A iniquidade originária do colonialismo obriga a pensar na dívida internacional reversa dos países colonizadores para com os países colonizados. No caso de conflitos entre as ordens jurídicas, deve prevalecer o direito originário dos povos mais excluídos e discriminados sempre e quando esse direito assegure melhor que outros o direito desses povos a sobreviver e florescer. O princípio do pluralismo jurídico igualitário é o que melhor se adequa à resolução de tais conflitos[27].

A nova DC exige a criação de novas instituições locais, nacionais, regionais e internacionais e a refundação de algumas das existentes, de modo a maximizar o respeito pelos direitos humanos e o acionamento dos deveres em caso de violação.

A criação e a reconfiguração institucional devem pautar-se por mecanismos de democracia participativa, propositiva e vinculante, adaptados aos diferentes níveis ou escalas de intervenção. A reconfiguração ou mesmo refundação do Estado enquanto instituição nacional e das organizações internacionais deve pautar-se pelo objetivo de maximizar o respeito dos direitos humanos e o cumprimento dos deveres correspondentes. Nada disso será possível se não se alterar profundamente a relação matricial entre os três princípios da regulação social moderna: o princípio do Estado, o princípio do mercado e o princípio da comunidade. Como tenho defendido ao longo dos anos, ao princípio da comunidade nunca foi dado um peso igual ao dos outros dois princípios. A reversão dessa desigualdade implica revalorizar a democracia participativa. Será por meio dela que os cidadãos e as suas associações, organizações e movimentos sociais poderão construir um quarto órgão de soberania. Esse quarto órgão visará impedir que os outros três (Legislativo, Executivo e Judiciário) sejam capturados por poderes fáticos, despóticos ou antidemocráticos, de que a democracia representativa, por si só, não se pode eficazmente defender. O futuro da democracia representativa reside no modo como se souber articular com a democracia participativa, deliberativa e intercultural.

O máximo dever humano consiste no dever de abolir as atividades cujo exercício constitui, em si mesmo, uma violação maciça de direitos humanos e da natureza.

O crime organizado, o terrorismo, os exércitos privados, o recurso a energias fósseis, o capital financeiro autorregulado, os paraísos fiscais, a dívida externa , a "ajuda ao desenvolvimento" enquanto imposição de nivelamento homogeneizante e dependente, os programas de empobrecimento das grandes maiorias (ditas políticas de austeridade) para remunerar especuladores financeiros, os contatos com povos indígenas em autoisolamento voluntário, os embargos e as sanções econômicas que inviabilizam o acesso aos medicamentos que salvam vidas, as patentes ou direitos de propriedade intelectual sobre produtos essenciais à saúde humana, a privatização de bens comuns como a água, o ar, e a energia elétrica, as atividades que agravam de modo significativo e inevitável o aquecimento global e a degradação do meio ambiente (destruição das florestas, contaminação dos rios e dos aquíferos, interferência em habitat natural dos animais selvagens), as ações que contribuem para ciclos de eventos climáticos extremos – são algumas das atividades que deverão ser abolidas imediatamente ou a curto prazo. Para realizar essa transição é importante contar com a presença comprometida das instituições nacionais e internacionais. Outras atividades que atentem contra os direitos humanos podem ser reguladas e tributadas de modo a reduzir drasticamente o seu dano. Por exemplo, os objetos e estilos de consumo que implicam uma enorme pegada ecológica (comércio intercontinental de produtos frescos e ornamentais, viagens aéreas da larga distância e por períodos curtos para lazer ou turismo, etc.).

Deve ser dada voz privilegiada a quem mais defendeu a dignidade da vida humana e não humana nos últimos séculos.

A esmagadora maioria da biodiversidade do planeta existe sobretudo em territórios do Sul, habitados por povos indígenas, comunidades autóctones e camponesas. Ao longo da história recente têm sido esses povos e essas comunidades os principais guardiões da vida e da dignidade do planeta. Em face disso, são eles que têm melhores condições para ser os porta-vozes do valor da vida e dignidade planetárias e atuar como mediadores na comunicação e nos conflitos entre a vida humana e a vida da natureza. Não se trata de imitar os seus modos de vida. Trata-se antes de adotar os princípios que lhes permitiram resistir à dominação do projeto consumista moderno e aplicá-los nos mais diversos modos de vida que compõem a vida humana no planeta. Serão investidos nessa qualidade pela nova DC. Daqui decorre que os mecanismos internacionais de consulta prévia desses povos e comunidades atualmente em vigor deverão ser profundamente reformulados de modo a tornar vinculativos os resultados da consulta. Os direitos próprios e ancestrais dos povos indígenas, comunidades autóctones e camponesas, por meio de um diálogo intercultural e interpolítico, serão um dos principais pilares do novo conjunto de normas de direito internacional que subjaz à DC.

Os diferentes modelos de desenvolvimento, incluindo os modelos de desenvolvimento alternativo, devem dar lugar às alternativas ao desenvolvimento. As alternativas ao desenvolvimento estão na base da imaginação pós-capitalista, pós-colonialista e pós-patriarcal.

A nova DC aponta para superação dos modelos de desenvolvimento que vigoraram nos últimos séculos e na reconfiguração das instituições que os consagraram como incondicionalmente benéficos: o Estado moderno burocrático, monolítico e monocultural, a ciência moderna como saber exclusivo e excludente, o direito moderno como prerrogativa exclusiva do Estado. Essa superação envolve todas as mutações pelas quais passaram os modelos de desenvolvimento dominantes e os foram adornando com adjetivos sucessivos, tais como, socialista, sustentável, integral, humano. A resiliência desses modelos em todas as suas mutações revelou em que medida eles eram parte integrante de um modelo bem mais amplo, civilizacional. Todos têm em comum o princípio do crescimento infinito e da exploração potencialmente sem limites da natureza.

A nova DC aponta para alternativas a qualquer proposta de desenvolvimento e, portanto, para novos modelos civilizacionais. Apesar de diversos entre si, esses novos modelos orientam-se por certas ideias mestras: o planeta é esgotável e não nos pertence, nós é que pertencemos a ele; o valor da vida e da dignidade humanas não tem preço; o valor das coisas reside na utilidade do seu uso, e não no seu potencial de lucro, e a decisão sobre a utilidade deve ser tomada democraticamente, com respeito pelos direitos e deveres consignados na nova DC; como o planeta é um só, não há danos externos decorrentes de qualquer atividade humana e, por essa razão, todos os danos devem ser contabilizados como endógenos; toda a sociedade tem direito e o dever de produzir os bens materiais, sociais, culturais e espirituais que sustentam a vida individual e coletiva.

Os princípios que presidem à nova DC formulam-se mais facilmente por via negativa da seguinte maneira: desmercantilizar, descolonizar, despatriarcalizar e democratizar. Essa negatividade abrirá caminho para a positividade futura: democratizar, muito para além do político, o econômico, o social, o cultural, o convivencial e o internacional.

Para atingir os objetivos da defesa da vida e da dignidade da convivência pluricultural e democrática, do viver e do conviver bem, estes princípios devem ter igual vigência em cada um dos três domínios principais da construção da nova DC: a relação com a natureza; a produção das bases materiais, culturais e espirituais da vida; a democratização do mundo da vida, incluindo os modos conhecer, de preservar as memórias, sentir e imaginar.

O passado e o futuro são a sombra do presente. Tal como acontece com os corpos iluminados por algum ponto de luz, tanto podem estar na frente como atrás do presente. Em ambas as posições podem apontar caminhos, indicar sinais de perigo, definir medos e esperanças.

A nova DC propõe uma relação complexa com o passado, com o futuro e com o tempo em geral. O que designamos por modernidade ocidental só teve um desenvolvimento orgânico numa parte da Europa, num espaço temporal relativamente recente. No resto do mundo significou a interrupção abrupta de outras possíveis, passadas ou futuras, modernidades, uma interrupção que quase sempre se impôs pela violência da invasão, da ocupação e do saque. Nessa medida, há que distinguir entre o passado dominador e o passado dominado. O passado dominador é o passado que foi criado pela modernidade ocidental dentro e fora da Europa. É um passado que se tem de superar ou reconfigurar ainda que com ele se tenha de conviver na fase de transição. O passado dominado é o passado que existiu ou que os povos convencionaram ter existido antes da intervenção ou invasão da modernidade ocidental, e que foi abruptamente interrompido por esta. As ruínas-semente devem o seu DNA tanto ao passado dominador (contribuições eurocêntricas: direito, Estado, direitos humanos, democracia, etc.) como ao passado dominado (contribuições de outras culturas: *swaraj*, *swadeshi*, *ubuntu*, *sumak kawsay*, parente, no sentido indígena do termo, etc.). As ruínas do passado dominador são ruínas-semente sempre que foram usadas de modo contra-hegemônico contra a dominação como prática da astúcia dos oprimidos quando usa a seu favor as armas do opressor. As ruínas do passado dominado são ruínas-semente na medida em que sobreviveram à destruição de que foram alvo. A luz que ilumina as ruínas é sempre a resistência contra a dominação, a dominação que obrigou vários povos e comunidades a viver na sombra do futuro e outros a viver na sombra do passado. Daí o caráter posicional das sombras e dos tempos.

Dessa mistura de passados emergem as possibilidades de futuros. Uma vez transformado em ruínas-semente, o passado mais remoto pode transformar-se no mais futurante ao apontar caminhos realistas de futuro. A importância do direito às memórias e às histórias em rede reside na necessidade de manter a distinção entre estes dois passados, o dominador e o dominado. Das relações dinâmicas entre os dois, da descolonização de qualquer história hegemônica e da democratização dos tempos, nascem as ruínas-semente.

Nada é local ou global. Tudo é proporcional à sua morfologia, ao seu contexto e ao seu tempo próprio.

O local e o global foram convertidos em escalas de fenômenos a partir do momento em que um fenômeno local conseguiu impor-se a outros locais em outros contextos e em outros tempos. O que chamamos global na modernidade ocidental tem sido sempre um localismo globalizado[28]. Se em vez de fenômenos isolados nos centrarmos em relações, conexões, articulações, o local e o global deixam de ser escalas para serem mosaicos de relações entre ideias e entre práticas de dimensão adequada ao contexto e ao tempo em que ocorrem. Quanto mais partilhados forem os contextos e os tempos, maior é a probabilidade de os mosaicos serem de maior dimensão.

Direitos-deveres para o início da roda de conversa da humanidade

O respeito pela vida e pela dignidade implica o reconhecimento da diversidade infinita dos modos de conhecer e viver (n)o mundo e conceber a vida, a dignidade, o viver bem e o conviver bem.

A tradução intercultural entre eles deve ser feita de modo a resgatar convergências, sinergias, complementaridades que permitam articular lutas pelo respeito e exercício dos direitos humanos, de humanos e não humanos, e pela imposição do dever de os defender, de os não violar nem ser cúmplice de quem os viola. Em suma, uma tradução intercultural que crie as condições para um direito ao interconhecimento profundo, ponte para uma cidadania ampla e dialógica. O interconhecimento será sempre um processo de ecologia de saberes e, portanto, de aprendizagens recíprocas e de recriações culturais dinâmicas. Só assim se evitarão concepções estáticas de cultura centradas na conservação que terminam sempre em guetos identitários e em fundamentalismos.

O direito à educação deve ser entendido como o direito à diversidade dos conhecimentos sobre direitos e deveres entre os seres humanos e em suas relações com a natureza.

O reconhecimento da diversidade dos conhecimentos implica o reconhecimento da diversidade das línguas – para além das línguas imperiais – como condição para exercer o direito às memórias e às histórias e, com base neles, o direito a representar o mundo como próprio e a transformá-lo, a partir das suas raízes, de acordo com as aspirações próprias. O reconhecimento da diversidade dos conhecimentos e das línguas implica, por sua vez, o reconhecimento da diversidade ontológica, dos modos de ser e conviver. O reconhecimento da diversidade e a tradução intercultural, que converte esse reconhecimento em forma de resistência aos universalismos abstratos impostos de cima para baixo, tornam possível o cosmopolitismo insurgente[29].

São reconhecidos os direitos da natureza entendida como princípio vital que sustenta a vida humana e não humana no planeta.

O Artigo 71 da Constituição do Equador de 2008, bem como as leis neozelandesas sobre os direitos dos rios sagrados dos povos originários constituem sinais importantes do crescente reconhecimento dos direitos da natureza[30]. Essa concepção tanto legitima a atribuição de traços humanos à natureza como atribuição de traços naturais aos seres humanos. O reconhecimento desses direitos deve ser construído interculturalmente, uma vez que nem todas as culturas conferem personalidade à natureza. Como os seres humanos são os únicos que podem violar os direitos da natureza e, simultaneamente, os únicos que os podem proteger, a titularidade desses direitos só pode ser atribuída aos seres humanos a título de direito vicário, direito exercido em nome da natureza. A Conferência Mundial dos Povos sobre Mudanças Climáticas, realizada em Cochabamba em 2010, concluiu com uma Declaração Universal dos Direitos da Mãe Terra, onde se pedia explicitamente a revalorização da sabedoria e dos saberes ancestrais para que se possa reconhecer "que todos e todas somos parte da Mãe Terra, uma comunidade indivisível e vital de seres independentes, inter-relacionados e com um destino comum"[31].

Os bens comuns são todos os bens que devem ser compartilhados por todos os seres humanos, homens e mulheres, sem discriminação, por serem essenciais para que a vida floresça e a dignidade prevaleça.

No seu conjunto, eles constituem o bem comum da humanidade, porque sintetizam os fundamentos da vida coletiva dos humanos em harmonia com a vida diversa do planeta[32]. Ao longo deste capítulo mencionei filosofias e conceitos não eurocêntricos que salientam os bens comuns e os valores da vida coletiva sem necessariamente perder de vista o indivíduo. No contexto americano, o conceito indígena de *buen vivir* é uma das expressões que veicula a ideia de vida digna e de conviver bem segundo os princípios do bem comum da humanidade. No contexto africano, o conceito de *ubuntu* entre muitos outros, e na Índia, os conceitos de *swadeshi* e *swaraj* entre muitos outros apontam para a mesma concepção de vida e de relação com a natureza. Desde Baruch Espinosa a Elinor Ostrom, sempre existiram na cultura eurocêntrica correntes de conhecimento científico e filosófico que apresentam convergências notáveis com os conhecimentos ancestrais desses povos indígenas e com outras cosmologias e princípios filosóficos[33]. Do diálogo entre todos esses conhecimentos nascerá uma ecologia epistêmica sintonizada com as demais ecologias a construir na transição paradigmática (ver capítulo 10). A interculturalidade pressupõe a contemporaneidade, a igual validade e a igual incompletude de todos os conhecimentos orientados para a defesa da vida e da dignidade sem exclusões. As ecologias epistêmicas não são conhecimentos totais ou totalizantes. São antes mosaicos de conhecimentos que permitem uma mais elevada e mais amplamente partilhada consciência das limitações do que sabemos sobre nós e sobre o mundo. Reside aí o fundamento do princípio da precaução que deve presidir à busca do equilíbrio no metabolismo das relações entre a natureza e a satisfação das necessidades dos seres humanos.

É reconhecido o direito de livre acesso a bens comuns fundamentais como a água, o ar, o espaço, as florestas, os rios, os mares, as sementes, o espaço público, a cultura, a educação, a saúde, a eletricidade, a informação, a comunicação, a internet.

A necessidade de bens de livre acesso não deve ser traduzida em bens comercializados como se não houvesse alternativa[34]. Ter sede não é o mesmo que necessitar de Coca-Cola.

São reconhecidas e protegidas todas as formas de posse e propriedade que contribuam para viver bem (defesa da vida e da dignidade), não interfiram no acesso aos bens comuns e respeitem o objetivo do Bem Comum da Humanidade.

Entre as várias formas de propriedade contam-se a propriedade privada, comunitária, pública, estatal, associativa, cooperativa, planetária ou comum, como sejam os mares. Do mesmo modo, é reconhecida a coexistência durante um longo período de transição entre diferentes economias: capitalista, comunitária, estatal, cooperativa, camponesa, indígena, popular, familiar, etc. Todas serão consideradas legítimas, os critérios de importância relativa podem variar de setor para setor ou de região para região. No entanto, nenhuma delas pode determinar de forma exclusiva a lógica global das relações económicas, sociais, culturais e políticas em nível nacional ou internacional. A economia capitalista deixa de ser o critério pelo qual se avalia o desempenho de todas as outras formas de propriedade.

Os povos indígenas, povos descendentes de escravos, camponeses, têm direito aos seus territórios ancestrais.

É um bem comum da humanidade entregue à sua guarda exclusiva para que o governem de acordo com os seus usos e costumes. São também um bem comum da humanidade os chamados recursos naturais, como os minerais, as energias fósseis e as florestas. A gestão do bem comum não exige estatização, mas exige controle coletivo.

É reconhecido o direito à soberania alimentar e o direito à terra que a torna possível.

Como afirma a Declaração de Nyéléni (2007): "A soberania alimentar é o direito das pessoas a alimentos saudáveis e culturalmente adequados, produzidos por métodos ecologicamente sólidos e sustentáveis, e o direito de definir seus próprios sistemas de alimentação e agricultura"[35]. Em linha com essa Declaração, a agroecologia, a agricultura camponesa e a agricultura familiar devem ser privilegiadas como pilares para assegurar a soberania alimentar. Fica proibida a especulação com produtos agrícolas, a concentração de terra privada, a obtenção de reservas agrícolas em países estrangeiros, o desmatamento intensivo das florestas, as monoculturas florestais e agrícolas, o uso intensivo de produtos químicos que interferem de modo decisivo com os ciclos de regeneração da vida no planeta. Os seres humanos têm o dever de respeitar os habitats naturais dos animais e das plantas. Os produtores de alimentos devem respeitar a dignidade dos seres vivos (animais e plantas) e não os maltratar por objetivos de lucro ou de prazer. Considera-se um crime contra a humanidade destruir alimentos apenas para manter preços e assegurar lucros, e desmatar florestas para expandir a agricultura industrial ou outra atividade lucrativa de dimensão e benefício extralocal.

Fica proibida a obsolescência programada dos produtos industriais.

A maior expectativa de vida dos produtos industriais contribuirá para economizar as matérias-primas e a energia e diminuir a pegada ecológica decorrente da distância entre os lugares de extração, os lugares de produção e os lugares de consumo. Com o mesmo objetivo de aproximar a produção do consumo, deve procurar-se sempre que possível a soberania industrial para bens essenciais. Fica também proibida a produção de bens cuja única utilidade é destruir vidas (armas e brinquedos militares). O direito-dever de consumo responsável obrigará a re-localizar as cadeias de distribuição e a redimensionar os centros comerciais. Estes últimos foram considerados zonas de risco no período de pandemia do coronavírus e continuarão a sê-lo no período de pandemia intermitente ou fase endêmica que vai caracterizar a vida coletiva nos próximos tempos.

O direito à saúde global engloba a saúde dos seres humanos e a saúde de toda a vida no planeta.
O caráter global da saúde não decorre de um modelo qualquer supostamente global de saúde. Aponta apenas para a dimensão das articulações a promover entre os mil mosaicos de relações de vida saudável que existem no planeta. Muitos desses mosaicos têm sido negligenciados ou reprimidos, ainda que tenham provado ao longo do tempo serem adequados ao contexto, ao tempo e à morfologia dos diferentes seres vivos que os constituem. Esse direito implica o dever de mudar urgentemente a matriz energética, tanto no que diz respeito às fontes de energia como no que diz respeito aos modelos de consumo. Por estarem baseados na produção de monocultura, os agrocombustíveis não fazem parte das alternativas energéticas. Em caso de epidemia, os governos e as empresas dedicadas à saúde têm o dever de garantir o acesso de todos aos medicamentos e equipamentos essenciais. Dessa garantia é parte integrante o direito a sistemas nacionais de atenção à saúde de acesso universal, com qualidade-equidade[36].

O direito às memórias e às histórias por parte dos povos do Sul global visa reparar a justiça epistêmica, mas esta nunca será completada sem a reparação da dívida econômica, social, cultural e ecológica causada pela violência da exploração dos corpos colonizados e racializados e dos recursos ditos naturais, e pela violência da destruição cultural.
Como resultado dessa dívida histórica – segundo dados do PNUD, 20% da população mundial absorve 80% dos recursos econômicos do mundo – a dívida histórica passará a ser contabilizada nas negociações internacionais da dívida externa, pública e privada, dos países do Sul global. O perdão da dívida externa será um primeiro passo. Todos os outros serão graduais, negociados, e com total respeito

pela integridade dos objetos, artefatos, coleções que devam ser devolvidos por respeito da memória e da história.

O direito à urbanidade é tão válido quanto o direito à ruralidade.

O direito à cidade correspondeu a um período histórico do desenvolvimento do capitalismo: a industrialização e a consequente expulsão dos camponeses das suas terras e dos seus modos de vida para criar uma massa imensa de trabalhadores assalariados. O direito à cidade foi assim concebido para compensar uma gigantesca expropriação do direito a fruir os espaços onde sempre se tinha vivido. Deve ter-se em mente que a maioria da população mundial que vive nas cidades não vive em espaços urbanizados. A urbanidade e a ruralidade são estilos de vida em constante reinvenção. Nem a ruralidade pode continuar a ser concebida como o passado da urbanidade, nem esta pode continuar a ser concebida como o futuro daquela (ver capítulo 11).

É reconhecido o direito de todos os seres humanos a circular livremente pelo mundo.

Esse direito é uma forma de reparação pela dívida histórica decorrente das injustiças e violências do passado e visa dar corpo à ideia de que o mundo é a casa comum de todos e todas. Quem vive em zonas que se tornam inabitáveis ou irrespiráveis tem o direito a viajar para onde possa habitar e respirar. O dever de respeitar o cumprimento desse direito deve ser distribuído pelos países de acolhimento segundo critérios que combinem a responsabilidade histórica e os recursos financeiros atuais. Quanto mais direto foi o benefício no passado mais específico é o dever no presente.

Fica proibida a desvalorização do trabalho como fator de vantagem comparativa.

Se um quilo de ouro vale o mesmo no mercado do ouro independentemente da região de onde venha e do custo humano e mecânico para o extrair, por que razão deve ser diferente com o preço da força de trabalho, que é afinal o ouro dos trabalhadores? A desvalorização da força de trabalho é o princípio motor da deslocalização da produção e da globalização neoliberal. A livre circulação de capitais e de mercadorias só será permitida se coexistir com a livre circulação de trabalhadores. Os Estados têm o dever de garantir a hospitalidade a imigrantes e refugiados. Não há seres humanos ilegais nem seres humanos sem cidadania.

É garantido o direito à refundação da democracia e do Estado.

A economia da prioridade da vida e da dignidade e a sociedade pautada pelo princípio do viver e conviver bem exigem novas instituições administrativas e políticas – a refundação do Estado e da democracia. Não há representação sem participação, não há participação sem deliberação, não há deliberação sem soberania partilhada. Na transição paradigmática, esse direito será formulado a partir de assembleias constituintes populares orientadas para a defesa igual, diversa mas não hierarquizada, da vida e da dignidade.

Fica proibido o recurso à violência na resolução dos conflitos interpessoais, nacionais e internacionais.

A guerra em suas múltiplas formas é sempre uma tecnologia da morte. Os Estados e as organizações internacionais têm o dever de abolir os exércitos privados existentes e não permitir a constituição de novos exércitos. A guerra nas relações interpessoais é a violência física, doméstica e nas relações de interação com a polícia, de que são vítimas mais prováveis as mulheres, os grupos LGBTIs, os corpos racializados e sexualizados.

Serão criadas organizações internacionais – regionais, continentais e globais – onde tenham assento os povos, e não apenas os Estados, e onde seja possível exercer regulação efetiva das áreas à volta das quais se forem reunindo amplos consensos.

Assembleias e tribunais internacionais devem ser constituídos ou reforçados segundo princípios de democracia e transparência. Devem ter novas competências para julgar crimes contra a humanidade definidos a partir de uma abordagem que privilegie o diálogo e a tradução intercultural e interpolítica.

É reconhecido o direito à cultura e à espiritualidade entendido num registro não culturalista.

Numa altura em que parte significativa da humanidade voltou a se comunicar oralmente, ou nunca perdeu essa característica, a DC reclama o direito à oratura enquanto forma de expressão ao lado da literatura[37]. Esse direito é violado sempre que se retiram aos povos e comunidades as condições materiais de vida que lhes permitem viver a sua cultura e a sua espiritualidade.

É reconhecido o direito à soberania temporal, ao uso autônomo do tempo.

O tempo é a experiência da duração e do ritmo. As épocas caracterizam-se pelas experiências temporais que criam. Nos últimos duzentos anos, a experiência dominante do tempo caracterizou-se pela incessante invenção de máquinas e de tecnologias destinadas a poupar tempo e dinheiro. Paradoxalmente não resultou daí nem a desaceleração do tempo de trabalho, nem mais tempo livre. A pretensa poupança de tempo redundou sempre em maior escassez de tempo. Da gestão do tempo passamos à gestão da falta de tempo. O ritmo tornou-se frenético e apoderou-se dos corpos, quer quando se cansam, quer quando descansam. A aceleração e a escassez aumentaram com a passagem para o capitalismo digital. A rotação cada vez mais acelerada do capital converteu-se em maior escassez do tempo dos corpos e da natureza. Essa aceleração não atingiu todos por igual. Os grupos sociais que ficaram à margem da vertigem da velocidade não conseguiram que a sua riqueza de tempo fosse sinal de desenvolvimento. Pelo contrário, só entraram na via do desenvolvimento na medida em que o seu tempo lhes foi expropriado junto com os seus territórios e recursos naturais. Na época em que vivemos, reconhecidamente ricos de tempo são apenas aqueles que conseguiram expropriar massivamente o tempo dos outros.

Uma mudança de época invoca sempre um tempo largo pela distância que cria em relação à vida antes da mudança. Mas essa mudança pode ocorrer em pouco tempo cronológico. O tempo cronológico está para o tempo vivido como o PIB está para a riqueza das nações: o mais importante não é contabilizado. Uma mudança profunda pode ser feita em pouco tempo cronológico, mas sempre será conhecida como mudança de época, uma mudança qualitativa do tempo vivido. Na ausência de mudança no tempo vivido, a aceleração e a escassez coexistem com a estagnação. A estagnação é tempo em movimento sob a forma de repetição. As feiras de inovação e os desfiles de moda, a obsolescências dos produtos, as regras da publicidade, a produtividade científica – eis as formas paroxísticas do tempo falsamente acelerado porque intensamente repetitivo e estagnado.

O trabalho livre, próprio do capitalismo, é o trabalho sem uso autônomo do tempo. Sem autonomia, o trabalho livre é o sucessor direto do trabalho escravo. A perda da autonomia foi apenas uma das condições para a apropriação capitalista do tempo humano. As outras foram: (1) o pagamento apenas parcial do tempo de trabalho realizado e apropriando-se do restante (o que chamamos exploração); (2) o não pagamento do tempo de trabalho de cuidado realizado essencialmente pelas mulheres; (3) a compra da força de trabalho por meio da compra dos corpos racializados e colonizados que a produzem (os sucedâneos contemporâneos da escravatura, como o trabalho obrigatório para muitos dos prisioneiros de delito comum nos EUA e na China); (4) a transferência do tempo de trabalho qualificado dos seres humanos para máquinas e robôs. Por sua vez, o direito ao tempo livre foi violado pela apropriação desse tempo por parte da indústria do entretenimento, do turismo e do consumo de massas. Por fim, o tempo não sujeito nem a uma nem a outra forma de violação, o tempo a que presumivelmente os humanos teriam um direito indisponível, ou foi reduzido a nada em resultado das duas violações anteriores, ou é consumido em tratamento médico e psiquiátrico ou, no melhor dos casos, é gasto na preparação e construção industrial do corpo (o que resta do nobre conceito de academia).

Parte importante da apropriação do tempo foi feita de forma legal, voluntária e contratualizada. Mas houve também pirataria de tempo. Não me refiro às formas óbvias do não pagamento das horas extraordinárias e do incumprimento das cláusulas do contrato de trabalho, e nem mesmo à erosão da distinção entre tempo de trabalho e tempo dito livre. Refiro-me à perversão do tempo em falta de tempo, já referida, e à criação de subjetividades que não sabem viver o tempo senão sob a forma da falta dele. A apropriação capitalista do tempo atingiu a própria noção de tempo. Por isso, quem vive intensamente a falta de tempo vive-a como máxima realização profissional. Nisto consiste a maior alienação. Não são as mercadorias que assumem vida própria ante nós, como acontecia no tempo do feiticismo das mercadorias; somos nós que nos vemos como mercadoria e estamos disponíveis para fornecimento *just in time*.

Conclusão

As declarações não mudam o mundo. O que o pode mudar são as lutas sociais inspiradas pelas declarações. As declarações têm sobretudo uma vocação pedagógica ao ousarem dar nome às aspirações de justiça e de equidade das populações empobrecidas e discriminadas do mundo.

A nova DC é uma matriz para utopias realistas. Ser realista hoje significa incluir no real todas as possibilidades concretas das realidades emergentes que potencializam a vida e a dignidade contra a economia da morte e as linhas abissais que criam e invisibilizam a sub-humanidade. A utopia é o impossível sem o qual não se pode imaginar o possível e muito menos lutar por ele. A concretização do possível não é um acontecimento. É antes um processo, o processo de transição histórica. Essa transição é uma transição paradigmática porque sinaliza a passagem de um modelo civilizacional para outro. Este é o tema do capítulo seguinte.

10
A transição paradigmática: um mundo em que caibam muitos mundos

Transição é um tema difícil e escassamente tratado. Graças ao trabalho pioneiro de Karl Marx e seus seguidores, sabemos muito sobre a transição do feudalismo para o capitalismo, mas pouco sabemos sobre as transições posteriores. Não sabemos exatamente em que consistiram nem qual foi a sua duração. Maurice Godelier definiu a transição como

> a fase particular de uma sociedade que encontra cada vez mais dificuldades para reproduzir o sistema econômico e social sobre o qual se funda e começa a reorganizar-se sobre a base de outro sistema que se transforma na forma geral das novas condições de existência.[1]

As dificuldades em identificar os detalhes dessa fase aumentam ainda mais quando se trata de transição paradigmática. Esta aponta para uma mudança de paradigma e, na concepção adotada aqui, para uma mudança de modelo civilizacional. Na teoria dos sistemas, um paradigma é um tipo específico de metabolismo social, um conjunto de fluxos materiais e energéticos entre a sociedade e a natureza, controlados pelo ser humano, que sustentam, de modo combinado e integrado, a autorreprodução e a evolução das estruturas biofísicas da sociedade humana[2]. Depois do século XVI, com a expansão colonial europeia, e sobretudo depois da primeira revolução industrial do mundo ocidental (década de 1830), o metabolismo social característico do paradigma capitalista, colonialista e patriarcal entrou em desequilíbrio nos fluxos entre a sociedade e a natureza[3]. Esse desequilíbrio foi-se agravando até chegarmos aos nossos dias numa situação de iminente catástrofe ecológica. Para que a situação não se torne irreversível e ponha em sério risco a vida no planeta Terra, é necessário iniciar o quanto antes um processo de transição para um outro tipo de metabolismo social que esteja baseado numa outra relação entre a sociedade e a natureza. Nisto consiste a transição paradigmática[4].

Nos termos das epistemologias do Sul que tenho advogado, a transição é um conjunto articulado das diferentes dimensões do que designo por sociologia das emergências. Distingo três dimensões principais: ruínas-semente, zonas libertadas e apropriações contra-hegemônicas.

As *ruínas-semente* são um presente ausente, simultaneamente memória e alternativa de futuro. Representam tudo o que os grupos sociais subalternizados reconhecem como conceitos, filosofias e práticas originais e autênticas que, apesar de historicamente derrotadas pelo capitalismo, colonialismo e patriarcado modernos, continuam vivas não só na memória como nos interstícios do cotidiano de exclusão e discriminação, e são fonte de dignidade e de esperança num futuro pós-capitalista e pós-colonial. Como em todas as ruínas, há um elemento de nostalgia por um passado anterior ao sofrimento injusto e à destruição causados pelo capitalismo e pelo colonialismo; bem como pelo patriarcado por ambos reconfigurado. São parte do passado dominado referido em capítulos anteriores. Mas essa nostalgia é vivida de modo antinostálgico, como orientação para um futuro que escapa ao colapso das alternativas eurocêntricas precisamente porque sempre se manteve externo a tais alternativas. Pode consistir na invocação de um mundo anterior à intervenção moderna eurocêntrica, mas o modo como é invocado é moderno, representa a aspiração de uma modernidade futura. Estamos perante ruínas que são vivas, não porque sejam "visitadas" por vivos, mas porque são vividas por vivos na sua prática de resistência e de luta por um futuro alternativo. Por isso, são simultaneamente ruínas e sementes. Representam o paradoxo existencial de todos os grupos sociais que foram vítimas da cartografia do pensamento abissal moderno ao serem "localizados" no outro lado da linha abissal, no lado da sociabilidade colonial. Tal como são concebidas pelas epistemologias do Sul, as ruínas-semente estão nos antípodas da atração nostálgica pelas ruínas que é própria da modernidade eurocêntrica desde o século XVIII, e que continua presente em nossos dias. Escrevendo em 2006, Andreas Huyssen chama a atenção para o fato de

> nos últimos quinze anos [ter surgido] uma estranha obsessão por ruínas nos países transatlânticos do Norte, que fazia parte de um discurso muito mais amplo sobre memória e trauma, genocídio e guerra. Essa obsessão contemporânea por ruínas esconde uma nostalgia de uma época anterior que ainda não tinha perdido a capacidade de imaginar futuros outros. O que está em causa é uma nostalgia da modernidade que tem dificuldade em assumir-se após haver reconhecido as catástrofes do século XX e as feridas causadas pela colonização interior e exterior que permanecem.[5]

Mais adiante Huyssen especifica que tal imaginação das ruínas, ao opor-se ao otimismo do pensamento iluminista, "continua consciente do lado obscuro da modernidade [eurocêntrica], que Diderot descreveu como as inevitáveis 'devastações do tempo', visíveis nas ruínas"[6].

Enquanto para o mundo colonizador a nostalgia das ruínas é a memória perturbadora da "face obscura da modernidade"[7], para o mundo colonizado é simultaneamente a memória perturbadora de uma destruição e o sinal auspicioso de que a destruição não foi total e de que o que pode ser resgatado como energia de resistência aqui e agora é a vocação original e única para um futuro alternativo. Mencionei no capítulo 9 que conceitos como *ubuntu*, *swaraj*, *sumak kawsay*, *buen vivir*, *swadeshi*, são algumas das ruínas-semente do nosso tempo. Poderia acrescentar *pachamama* (a natureza como Mãe Terra, em língua quéchua) ou parente (no sentido indígena de comunidade de partilha e de pertencimento).

As *apropriações contra-hegemônicas* constituem outro tipo de emergência. Trata-se de conceitos, filosofias e práticas desenvolvidos pelos grupos sociais dominantes para reproduzir a dominação moderna de que os grupos sociais oprimidos se apropriam, ressignificando-os, refundando-os, subvertendo-os, transformando-os criativa e seletivamente, de modo a convertê-los em instrumentos de luta contra a dominação. Entre tais apropriações cito, a título de exemplo, o direito, os direitos humanos, a democracia, a Constituição. Como relatei no capítulo anterior, estes podem, alternativamente, ser também considerados ruínas-semente, desta vez parte do passado dominador, na medida em que a astúcia dos povos oprimidos lhes permitiu usar a seu favor os instrumentos do opressor.

O terceiro tipo de emergência são as *zonas libertadas*. Trata-se de espaços que se organizam com base em princípios e regras radicalmente opostas aos que imperam nas sociedades capitalistas, colonialistas e patriarcais. As zonas libertadas são comunidades consensuais baseadas na participação de todos os seus membros. Possuem uma natureza performativa, prefigurativa e educativa. São uma das formas de utopias realistas referidas no capítulo anterior. Seu objetivo é criar, aqui e agora, um tipo diferente de sociedade, uma sociedade liberta das formas de dominação que prevalecem no presente. Podem surgir no contexto de processos de luta mais amplos ou ser resultado de iniciativas isoladas concebidas para testar formas alternativas de construção de comunidade. Essas alternativas podem ser vividas segundo uma lógica de confrontação ou segundo uma lógica de existência paralela. Vistas de fora, as zonas libertadas parecem juntar experiência social e experimentação social. Daí a dimensão educativa que as caracteriza: concebem-se a si mesmas como processos de autoeducação. Existem atualmente muitas zonas libertadas, tanto em áreas rurais como urbanas, sendo a maioria delas de pequenas dimensões, algumas de duração significativa, outras relativamente efêmeras. As comunidades neozapatistas da Sierra Lacandona, no Sul do México, que ficaram mundialmente famosas a partir de 1994, podem ser consideradas zonas libertadas, constituindo assim um vasto campo de experiência da sociologia das emergências. O movimento dos indignados, que ocorreu após 2011, deu por vezes origem à constituição de zonas libertadas, algumas das quais subsistiram como formas de vida cooperativa e associativa muito depois de o movimento ter terminado. Rojava, as regiões autônomas do Curdistão sírio, pode também ser considerada uma zona libertada organizada com base em princípios anarquistas, autonomistas, antiautoritários e feministas[8].

Atualmente, a grande maioria das zonas libertadas, em especial as que são compostas por jovens urbanos, têm origem num sentimento de impaciência histórica. Cansados de esperar por uma sociedade mais justa, há pequenos grupos que se organizam para viver de forma experimental, ou seja, para viver hoje como se hoje fosse o futuro que ambicionam, porque não querem esperar mais tempo. Nisso reside o seu caráter prefigurativo. Quando não se trata de meros atos de diletantismo social, isto é, quando são genuínas e implicam riscos e custos, essas zonas libertadas são modos eficazes de autoeducação, processos que fazem parte da pedagogia libertadora referida no capítulo anterior. Numa época em que a ideologia do neoliberalismo proclama que o capitalismo, o colonialismo e o patriarcado são a forma natural de vida, as zonas libertadas provam o contrário, mesmo se apenas nas áreas restritas em que ocorrem. A emergência reside na natureza performativa, prefigurativa e autoeducativa da rebelião.

Como cada transição tem uma especificidade própria, marcada também pelos contextos em que ocorre, a atual caracteriza-se por consistir na recuperação, ampliação e transformação de metabolismos sociais subalternos que não foram totalmente destruídos pelo metabolismo social dominante, e que constituem hoje simultaneamente a memória do passado e a antecipação do futuro. Entre as várias formas de emergência, as ruínas-semente originadas em passados dominados são particularmente credíveis para imaginar o novo paradigma.

Entre as ruínas-semente, a que parece ser mais promissora é a concepção de natureza que subjaz aos modos de vida dos povos indígenas e camponeses: a natureza como princípio vital que assegura a relação harmoniosa entre os ciclos vitais da vida humana e da vida não humana. Como afirmado nos capítulos anteriores, não se trata de reproduzir no novo paradigma os modos de vida anteriores. Trata-se antes de partir dos princípios ontológicos e epistêmicos em que se fundam esses modos de vida para fundar novos metabolismos sociais em função das exigências que nos são feitas pela disfuncionalidade fatal do atual metabolismo dominante, muito particularmente a necropolítica no sentido mais amplo[9], a destruição ampliada de vida humana (bem ilustrada pela mais recente pandemia) e de vida não humana (perda da biodiversidade, crise climática e ecológica).

As ruínas-semente não são a única emergência a recorrer durante a transição. As duas outras emergências são igualmente importantes. As zonas libertadas, pelo seu caráter performativo, têm tido uma importância crucial na educação e na produção de conhecimento que permitirá à transição legitimar-se e aprofundar-se. Não é possível imaginar e credibilizar a possibilidade de transição com base nos conhecimentos que dominaram o paradigma anterior. Estes terão sempre como meta neutralizar os desafios da transição e repor a ordem do *statu quo ante*. A transição social, econômica e política terá de ser também uma transição epistemológica. Por sua vez, as apropriações contra-hegemônicas são fundamentais para estruturar a regulação social, econômica e política da transição. O recurso a uma Nova Declaração Cosmopolita dos direitos e deveres humanos pode ser, em certos contextos sociais e geopolíticos, a apropriação contra-hegemônica mais importante para assegurar a regulação da transição.

A transição consiste nos processos de regulação do atual sistema que tornem possível a sua superação num período mais ou menos longo. Não se trata de uma regulação qualquer. É uma regulação transicional que opera por momentos de consolidação (guerra de posição, no sentido gramsciano) e momentos de desestabilização (guerra de movimento, também no sentido gramsciano). A regulação transicional não visa salvar o sistema ou fortalecer o modelo civilizacional no qual se baseia. Visa, pelo contrário, tensioná-lo até ao limite e definir os termos da passagem para outro modelo civilizacional. O que virá depois é uma questão em aberto. É apenas certo que: 1) não se poderá voltar atrás; 2) é sempre possível, mas não inevitável, que uma crise global e fatal ocorra; 3) ao atual sistema dominante pode suceder, não um, mas vários sistemas em paralelo ou em confronto; 4) os agentes coletivos que darão o salto qualitativo – e que talvez não existam ainda hoje – não permitirão que decidamos por eles o que fazer; 5) haverá disputas que, na maior parte, serão extrainstitucionais, e não necessariamente violentas. A transição é, assim, um processo dialético de regulação e um processo de desestabilização.

Em termos concretos, trata-se de uma regulação que incide nos aspectos onde é maior o consenso a respeito do esgotamento do sistema e das crises recorrentes que ele provoca. Entre os candidatos a esse consenso, menciono alguns, aos quais a crise da pandemia do novo coronavírus deu maior visibilidade: a crise climática e energética; a crise alimentar; a crise financeira e a dívida externa; a concentração extrema da riqueza; a crise da cadeia global de produção e distribuição, segundo o princípio das vantagens comparativas (vulgo globalização neoliberal); a crise decorrente da privatização de bens essenciais, que devem ser de acesso comum e livre (saúde, educação, previdência social, etc.); a crise do direito à voz, à autodeterminação; a crise da representação e da participação em democracias de baixíssima intensidade. O consenso é mais negativo que positivo. Traduz-se no "Basta!" cada vez mais gritado nos protestos sociais. O excesso de negatividade torna possível que o consenso seja apropriado por forças políticas populistas autoritárias e neofascistas. Nisto reside a antinomia do consenso: aquilo que torna mais fácil a ação política torna mais imprevisível o sentido ideológico que acabará por prevalecer em resultado dessa ação. Por essa razão, o princípio da luta é central nos períodos de transição. E a luta começa sempre pelas disputas das narrativas sobre a definição das crises que ela enfrenta.

As áreas de consenso são os pontos de entrada da regulação transicional. A sua regulação deve abrir espaço para a regulação transicional das áreas onde os consensos são mais problemáticos, mas onde há sinais de contestação ampliada, tais como: o racismo, o patriarcado, a negação dos saberes dos outros, o consumo personalizado de massas (*microtargeting*), a religião como instrumento de ação política autoritária, a justiça histórica, as redes sociais e o modo como combinam utopia e distopia, democratização e manipulação.

Fica assim claro que a nova Declaração Cosmopolita Insurgente proposta no capítulo anterior e as políticas de transição paradigmática operam em diferentes planos de normatividade. Enquanto a nova Declaração Cosmopolita propõe novos modelos civilizacionais que permitam resgatar a vida e a dignidade contra o espetáculo e a gestão da morte e da violência em que o presente modelo civilizacional está se convertendo, as políticas de transição paradigmática operam no contexto de um interregno entre o modelo civilizacional existente, que certamente não desaparecerá sem resistir e provocar violência e sofrimento, e os novos modelos civilizacionais, que por enquanto e durante muito tempo serão apenas emergentes. A nova Declaração Cosmopolita e as políticas de transição operam no campo da dialética entre o medo e a esperança. A nova Declaração Cosmopolita opera no campo em que a esperança modera o medo, enquanto a transição opera no campo em que o medo modera a esperança.

Os princípios da transição

A transição é o longo processo em que as cinco monoculturas que caracterizam a modernidade capitalista, colonialista e patriarcal serão paulatinamente substituídas por cinco ecologias[10]. As monoculturas são modos dominantes de nomear e valorizar a realidade social, baseadas em critérios de tal modo generalizados que se tornam senso comum. Toda a realidade social que não cabe nesse senso comum tende a ser declarada inexistente, irrelevante ou perigosa. As monoculturas operam por via da separação, da exclusão, da intolerância ou indiferença ante o diferente. São modos de produção de ausência e de não existência. Pelo contrário, as ecologias são processos que visam pôr em diálogo diferentes modos de nomear e valorizar a realidade e procurar articulações entre eles de modo a construir novos modos de saber, de ser e de conviver. São modos de ampliação de realidades emergentes que sinalizam novos e mais inclusivos processos de convivialidade. As ecologias operam por via da cooperação, reciprocidade, relacionalidade, solidariedade e enriquecimento mútuo. A lutas sociais contra o capitalismo, o colonialismo e o patriarcado progridem na medida em que substituem as monoculturas pelas ecologias no tecido social em que operam. A nova pandemia veio emprestar alguns traços novos a este processo histórico.

As monoculturas

A monocultura do saber e do rigor do saber

A monocultura do conhecimento rigoroso é a mais poderosa porque participa na sustentação de todas as outras monoculturas. Consiste na transformação da ciência moderna e da alta cultura em critérios únicos de verdade e de qualidade estética. A cumplicidade que une as "duas culturas" reside no fato de ambas se arrogarem ser, cada uma no seu campo, cânones exclusivos de produção de conhecimento ou de criação artística. Tudo o que o cânone não legitima ou reconhece é declarado inexistente ou irrelevante. Por isso, a filosofia hip-hop não é filosofia, tal como os sábios das aldeias não são filósofos; tal como a poesia *slam* não é poesia, nem a oratura reconhecida com valor igual ao da literatura; os sociólogos do chão, os intelectuais orgânicos das periferias pobres das grandes cidades, não são vistos como fazendo sociologia. Não seria tão grave se essas formas de expressão estética ou filosófica, mesmo sem serem reconhecidas pela designação canônica, fossem respeitadas pelos seus valores intrínsecos e esse respeito e reconhecimento se estendessem aos grupos sociais que as praticam. Mas nada disso é tolerado pela monocultura cujo *modus operandi* consiste em declarar como não existente ou trivial tudo o que não coincide com ela. A não existência tem assumido ao longo dos dois últimos séculos diferentes designações, consoante os contextos, tais como, ignorância, incultura, artesanato, superstição, tradição, local, obscurantismo, incompreensibilidade, brutalidade, ingenuidade, opinião subjetiva.

A monocultura do tempo linear

A monocultura do tempo linear está baseada na ideia de que a história tem sentido e direção únicos e conhecidos. Esse sentido e essa direção têm sido formulados de diversas formas nos últimos duzentos anos: progresso, revolução, modernização, desenvolvimento, crescimento, globalização. Comum a todas estas formulações é a ideia de um centro – o Atlântico Norte –, a ideia de que o tempo é linear, que na frente do tempo seguem os países centrais do sistema mundial e, com eles, os conhecimentos, as instituições e as formas de sociabilidade que neles dominam. Essa lógica produz não existência, declarando atrasado tudo o que, segundo a norma temporal, é assimétrico em relação ao que é declarado avançado. É nos termos dessa lógica que a modernidade eurocêntrica produz a não contemporaneidade do contemporâneo. Tudo o que diverge ou é diferente do presente normativo não pertence ao mesmo tempo histórico. Do mesmo modo, a indígena latino-americana que entra no edifício do tribunal oficial vestida com a sua *pollera* é um corpo duplamente estranho, pelo que é e pelo que veste. A não existência do camponês ou da indígena assume a forma de atraso ou resíduo, de algo fora do tempo e do lugar. Ao longo dos últimos duzentos anos, produção de inexistência ou irrelevância tem adotado várias designações, a primeira das quais foi o primitivo ou selvagem, seguindo-se outras como o tradicional, o pré-moderno, o simples, o obsoleto, o subdesenvolvido.

A monocultura da classificação social ex natura

A terceira monocultura é a lógica da classificação social que assenta na monocultura da naturalização das diferenças. Consiste na distribuição das populações por categorias que naturalizam hierarquias. A classificação social produz a não existência sob a forma de inferioridade insuperável porque natural. Quem é inferior, porque é insuperavelmente inferior, não pode ser uma alternativa credível a quem é superior. A classificação racial, a classificação sexual e a classificação capacitista da deficiência são das mais salientes manifestações dessa lógica. Mas a religião dominante ou o sistema de castas podem ser igualmente classificadores *ex natura*. Ao contrário do que ocorre com a relação capital/trabalho, a classificação social baseia-se em atributos que negam a intencionalidade da hierarquia social. A relação de dominação é vista como sendo a consequência, e não a causa, dessa hierarquia, e pode mesmo ser considerada como uma obrigação de quem é classificado como superior (por exemplo, o "fardo do homem branco" na sua missão civilizadora – Kipling[11], o homem como "*bread winner*"). Entre essas formas de classificação *ex natura*, a raça (e as classificações tribais/étnicas e de casta) e o sexo foram as mais decisivas para que a relação capital/trabalho se estabilizasse e se difundisse globalmente. Como afirmado anteriormente, embora o colonialismo e o patriarcado tenham existido antes do capitalismo, foram reconfigurados por este para legitimarem a apropriação capitalista de trabalho altamente desvalorizado e de trabalho não pago.

A monocultura da escala dominante

A quarta lógica da produção da inexistência é a lógica da escala dominante. Nos termos dessa lógica, a escala adotada como primordial determina a irrelevância de todas as outras possíveis escalas. Na modernidade capitalista, colonialista e patriarcal a escala dominante aparece sob duas formas principais: o universal e o global. O universalismo abstrato é a escala das entidades ou realidades que vigoram independentemente de contextos específicos. Nessa monocultura, as entidades universais têm precedência sobre todas as outras realidades que dependem de contextos e que, por essa razão, são consideradas particulares ou vernáculas. A Declaração Universal dos Direitos Humanos é um exemplo do maximalismo do universalismo abstrato. A globalização é a escala que nos últimos quarenta anos adquiriu uma importância sem precedentes nos mais diversos campos sociais. Trata-se da escala que privilegia as entidades ou realidades que alargam o seu âmbito a todo o globo e que, ao fazê--lo, adquirem a prerrogativa de designar entidades ou realidades rivais como locais ou particulares. Como analisei em outros trabalhos, à medida que o hambúrguer ou a pizza foram sendo globalizados, a feijoada, os bolos de bacalhau, o acarajé, a moamba, a paçoca ou a cachupa foram-se reduzindo a especificidades locais, irrelevantes para as cadeias globais de alimentação[12]. O modo como uns e outros estão disponíveis reforça a hierarquia entre elas. No âmbito dessa lógica, a não existência é produzida sob a forma do particular e do local. As entidades ou realidades definidas como particulares ou locais estão aprisionadas em escalas que as incapacitam para serem alternativas credíveis ao que existe de modo universal ou global.

A monocultura do produtivismo capitalista

A quinta lógica de não existência é a lógica produtivista e está fundada na monocultura dos critérios de produtividade capitalista. Nos termos dessa lógica, o crescimento econômico infinito é um objetivo racional inquestionável e, como tal, é inquestionável o critério de produtividade que melhor serve esse objetivo. Esse critério aplica-se tanto à natureza como ao trabalho humano. A natureza capitalista produtiva é a natureza maximamente fértil num único ciclo de produção, enquanto o trabalho produtivo é o trabalho que maximiza a geração de lucros igualmente num único ciclo de produção. Nos termos dessa lógica, a não existência é produzida sobre a forma do improdutivo, do infértil e do estéril, quando aplicado à natureza, e do preguiçoso, do ineficiente, do ocioso e do doméstico, quando aplicado ao trabalho.

Em resumo, podemos afirmar que, do ponto de vista da dominação capitalista, colonialista e patriarcal, as cinco formas principais de não existir são: o ignorante, o residual, o inferior, o local e o improdutivo. Ao conjunto das lógicas que produzem não existência relevante chamei razão metonímica[13], precisamente por tomar a parte pelo todo. Trata-se de formas de inexistência porque as realidades que elas conformam estão apenas presentes como obstáculos em relação às realidades que são consideradas importantes ou relevantes, sejam elas realidades científicas, avançadas, superiores, globais ou produtivas. As realidades produzidas como não existentes são as partes desqualificadas de totalidades homogêneas que, como tal, apenas confirmam o que existe e tal como existe. São o que existe sob formas irreversivelmente desqualificadas de existir.

A produção social dessas ausências resulta na subtração do mundo e na contração do presente e, portanto, no desperdício da experiência. Na transição paradigmática, a primeira tarefa consiste em definir o âmbito desse desperdício e a perda que ele significa. Designo essa tarefa como sociologia das ausências. Visa identificar o âmbito da subtração do mundo e da contração do presente de modo que as experiências produzidas como ausentes ou não existentes sejam libertadas dessas relações de produção e, por essa via, se tornem presentes. Tornar-se presentes não significa substituir-se às experiências hegemônicas. Significa apenas serem reconhecidas como experiências outras, diferentes das experiências hegemônicas. Só assim podem ser temas de discussão, argumentação e disputa política de que resulte o reconhecimento da sua existência e a avaliação da sua credibilidade e utilidade. A sociologia das ausências visa, assim, criar uma carência e transformar a falta da experiência social em desperdício da experiência social. Com isso, cria as condições para ampliar o campo das experiências credíveis neste mundo e neste tempo e, por essa razão, contribui para ampliar o mundo e dilatar o presente. A ampliação do mundo ocorre não só porque aumenta o campo das experiências credíveis existentes, como também porque, com elas, aumentam as possibilidades de experimentação social no futuro. A dilatação do presente ocorre pela expansão do que é considerado contemporâneo, pelo alargamento do tempo presente de modo a que, tendencialmente, todas as experiências e práticas que ocorrem simultaneamente possam ser consideradas contemporâneas, ainda que cada uma à sua maneira.

Como proceder à sociologia das ausências? A sociologia das ausências parte de duas indagações. A primeira diz respeito às razões por que uma concepção tão estranha e tão excludente de totalidade obteve tão grande primazia, sobretudo nos últimos duzentos anos. A segunda indagação visa identificar os modos de confrontar e superar essa concepção de totalidade e a razão metonímica que a sustenta. A primeira indagação, mais convencional, tem sido abordada por várias vertentes da sociologia crítica, dos estudos sociais e culturais da ciência, da crítica feminista, da desconstrução, dos estudos pós-coloniais. Neste capítulo, concentro-me na segunda indagação, a menos percorrida até agora.

A superação das totalidades homogêneas e excludentes e da razão metonímica que as sustenta obtém-se pondo em questão cada uma das lógicas ou modos de produção de ausência acima referidos. Como a razão metonímica formou as ciências sociais convencionais, a sociologia das ausências é necessariamente transgressiva. Nesse sentido, é ela própria uma alternativa epistemológica. De cara, tende a ser uma sociologia descredibilizada. O inconformismo com esse descrédito e a luta pela sua credibilidade tornam possível que a sociologia das ausências não permaneça uma sociologia ausente. A alternativa epistemológica são as epistemologias do Sul. A visibilidade não decorre de epifanias teóricas, mas da crescente intensidade das lutas sociais contra o sofrimento injusto causado pelo capitalismo, pelo colonialismo e pelo patriarcado, e da experiência, saber e criatividade que tais lutas revelam. Como procuro mostrar neste livro, a pandemia do coronavírus mostrou dramaticamente que as veias abertas[14] do presente modelo civilizacional, gerado e legitimado pelas cinco monoculturas, parece ter atingido um estado de irreversível exaustão. Isso não quer dizer que colapse amanhã. Quer dizer apenas que o seu futuro é o futuro do adiamento do seu fim. O capítulo 7 deu a conhecer as energias de resistência e a criatividade das comunidades empobrecidas para encontrar soluções e se autoprotegerem perante o abandono, a exclusão ou a repressão por parte do Estado. Por essas duas razões é tempo de iniciarmos o movimento histórico das monoculturas para as ecologias, da sociologia das ausências para a sociologia das emergências.

Ecologias

Da monocultura do saber rigoroso às ecologias de saberes

Toda a ignorância é ignorante de um certo saber e todo o saber é a superação de uma ignorância particular[15]. A aprendizagem de determinados saberes pode implicar o esquecimento de outros e, em última instância, a ignorância destes. A ignorância não é necessariamente um estágio inicial ou um ponto de partida. Poderá ser o resultado do esquecimento ou da desaprendizagem implícitos num processo de aprendizagem recíproca, por meio do qual se atinge a interdependência. A ignorância só é uma forma de desqualificação quando o que está sendo aprendido é mais valioso do que o que está sendo esquecido. A utopia do interconhecimento consiste em apreender novos e estranhos saberes sem necessariamente ter de esquecer os anteriores e próprios. O importante é que tanto os conhecimentos próprios como os estranhos, tantos os ancestrais como os novos, sejam reconfigurados segundo um único critério: o de produzir constelações de saber que fortaleçam as lutas sociais contra a dominação e o sofrimento injusto. É essa a ideia de prudência que subjaz à ecologia dos saberes.

A ecologia de saberes parte do pressuposto de que todas as práticas relacionais entre seres humanos e também entre os seres humanos e a natureza implicam mais do que uma forma de saber e, portanto, de ignorância. Do ponto de vista epistemológico, a sociedade colonial-capitalista moderna caracteriza-se por favorecer as práticas nas quais predominam as formas de conhecimento científico. Disto decorre que apenas a ignorância destas seja considerada desqualificante. Esse estatuto privilegiado concedido às práticas científicas faz com que as suas intervenções na realidade humana e não humana sejam sempre favorecidas. Quaisquer crises ou catástrofes que delas possam advir são socialmente aceitas e encaradas como um custo social inevitável, que poderá ser ultrapassado ou compensado por novas práticas científicas.

A pandemia do novo coronavírus veio atribuir uma nova centralidade à ciência, sobretudo à ciência diretamente ligada à infectologia e epidemiologia. Os governos de direita que não atenderam aos alertas dos cientistas ou não seguiram as suas recomendações foram cúmplices da morte em massa. Em consequência disso, em alguns países (EUA, Reino Unido, Hungria, Colômbia) perderam popularidade entre os cidadãos. A confiança na ciência prevaleceu sobre a confiança nesses políticos, exceto no caso de pequenos grupos de seguidores fanáticos. O novo protagonismo da ciência poderá ser entendido como indicando que o recurso a outros conhecimentos não só não é necessário, como pode ser perigoso.

Em suma, pode argumentar-se que, mesmo aceitando que a ecologia de saberes pode ser uma solução epistemológica e política útil em algumas situações, ela não o é certamente em situações de emergência sanitária. De facto, como procurei mostrar no capítulo 6, esse argumento está baseado numa visão muito superficial dos saberes que estão sendo mobilizados no mundo para conter a pandemia. Obviamente, a ciência adquiriu uma nova centralidade e visibilidade. Mas essa nova visibilidade também contribuiu para mostrar o pluralismo interno e o pluralismo externo da ciência. Ficou clara a falta de consenso (e mesmo a ignorância sobre como lidar com a pandemia) dos cientistas no que diz respeito tanto à contenção como à mitigação da pandemia. As convergências foram emergindo dos resultados práticos, empíricos, das diferentes teorias e soluções adotadas. As frequências estatísticas e as representações infográficas foram o instrumento privilegiado a que se recorreu porque, não se conhecendo com precisão as causas dos fenômenos, atuou-se a partir das consequências, as únicas sobre as quais se sabia alguma coisa com relativa certeza.

Se tomarmos o mundo como a nossa unidade de análise e o olharmos com um nível de "resolução" que nos permita: 1) observar como as comunidades lidaram com a pandemia e 2) captar os conhecimentos que mobilizaram para esse efeito, concluiremos facilmente que outros conhecimentos foram mobilizados para conter e mitigar a pandemia, alguns dos quais baseados em pressupostos culturais não eurocêntricos, e que outros medicamentos foram mobilizados para neutralizar ou minorar os efeitos do vírus. Alguém poderá dizer que esses conhecimentos só foram mobilizados por não estarem disponíveis os conhecimentos médicos rigorosos. Mas, como vimos, esse argumento nem sequer foi subscrito pela OMS. Esta reconheceu que as diferenças culturais e de habitat poderiam recomendar terapêuticas distintas e que, nesses casos, a melhor solução tenderia a ser o uso complementar dos conhecimentos médicos vernáculos com os conhecimentos médicos científicos. Por outras palavras, a OMS defendeu uma ecologia de saberes médicos e para Almeida-Filho seria mais correto falar de ecologia de saberes epidemiológicos[16]. Aliás, se deslocarmos a atenção da emergência sanitária para as relações sistêmicas entre os seres humanos e a natureza e, portanto, para os fatores que podem estar na origem das pandemias e sua recorrência, os saberes dos povos indígenas e camponeses têm há muito chamado a atenção para riscos que a ciência moderna durante muito tempo desprezou e que só agora, pouco a pouco, vai reconhecendo.

Na transição paradigmática, a credibilidade contextual de outros saberes que não o científico deve ser considerada suficiente para que tais saberes possam participar de debates epistemológicos com outros saberes, nomeadamente, com o saber científico. Como o conhecimento científico não se encontra distribuído de uma forma socialmente equitativa, as suas intervenções no mundo real tendem a ser as que servem aos grupos sociais que têm acesso a esse conhecimento. Em última instância, a injustiça social está fundamentada na injustiça cognitiva. No entanto, a luta por uma justiça cognitiva não terá sucesso se for baseada apenas na ideia de uma distribuição mais equitativa do conhecimento científico. Para além do fato de tal distribuição ser impossível nas condições do capitalismo global, o conhecimento científico tem limites intrínsecos em relação ao tipo de intervenção que promove no mundo real. Todos os saberes possuem limites internos e externos. Os limites internos têm a ver com o avanço, sempre em curso, do que é possível conhecer dentro de um dado sistema de conhecimento. Os limites externos resultam do que esse sistema de conhecimento não pode conhecer por mais que avance. É característico das formas de saber hegemônico reconhecerem apenas os limites internos. O uso contra-hegemônico da ciência moderna constitui uma exploração paralela e simultânea dos seus limites internos e externos. Por essa razão, o uso contra-hegemônico da ciência não pode ser restringida apenas à ciência. Só faz sentido numa ecologia de saberes. Trata-se, por um lado, de explorar práticas científicas alternativas que se têm tornado visíveis por meio das epistemologias científicas pluralistas, nomeadamente feministas, e, por outro lado, de promover a interdependência ou complementaridade entre os saberes científicos, produzidos pela modernidade eurocêntrica, e outros saberes, não científicos. As epistemologias do Sul não sugerem nenhuma atitude anticiência. Pelo contrário, defendem que o papel da ciência é tanto mais relevante quanto melhor a ciência conhecer os seus limites e se dispuser a dialogar com outros conhecimentos.

Na transição paradigmática, a educação deve pautar-se pela identificação e valorização de ecologias de saberes à luz das necessidades das lutas sociais contra a exclusão e o sofrimento injusto. O princípio da incompletude de todos os saberes é condição da possibilidade de diálogo e debate epistemológicos entre diferentes formas de conhecimento e ignorância. O que cada saber contribui para esse diálogo é o modo como orienta uma dada prática na superação de uma dada ignorância. O confronto e o diálogo entre saberes permitem transformar práticas diferentemente ignorantes em práticas diferentemente sábias.

Nos processos educativos da transição paradigmática, é importante superar não só a monocultura do saber científico, mas também a ideia de que os saberes não científicos são alternativos ao saber científico. A ideia de alternativa pressupõe a ideia de normalidade, e esta, a ideia de norma, por meio da qual, sem mais especificações, a designação de algo como alternativo tem uma conotação latente de subalternidade. Se tomarmos como exemplo a biomedicina e as medicinas tradicionais da África, não faz sentido considerar estas últimas, de longe prevalecentes, como alternativas à primeira. O importante é identificar os contextos e as práticas em que cada uma opera e o modo como concebem saúde e doença e como superam a ignorância (sob a forma de doença não diagnosticada) em saber aplicado (sob a forma de cura).

Por último, a educação transicional pautada pela ecologia de saberes não implica a aceitação do relativismo. Pelo contrário, da perspectiva das lutas sociais anticapitalistas, anticolonialistas e antipatriarcais, o relativismo, enquanto ausência de critérios de hierarquia entre saberes, é uma posição insustentável, pois torna impossível qualquer relação entre o conhecimento e o sentido da transformação social. Se tudo tem igual valor como conhecimento, todos os projetos de transformação social são igualmente válidos, ou, o que é o mesmo, igualmente inválidos. A "igualdade de oportunidades" dada aos diferentes saberes no processo educativo não deve perder de vista o objetivo de analisar criticamente as contribuições que os diferentes saberes podem dar para a construção de "um outro mundo possível", ou seja, para a construção de sociedades mais justas e mais felizes, bem como sociedades mais equilibradas em suas relações entre si e com a natureza. O propósito de criar relações mais horizontais entre os diferentes conhecimentos não é incompatível com as hierarquias concretas existentes no contexto de práticas sociais concretas. De fato, nenhuma prática concreta seria possível sem tais hierarquias.

A ecologia dos saberes desafia apenas as hierarquias universais e abstratas e a legitimação que elas têm dado aos poderes de intervenção dos vencedores da história capitalista, colonialista e patriarcal. As hierarquias concretas devem emergir da confrontação entre diferentes tipos de intervenção numa dada realidade e num dado contexto. Entre os vários tipos de intervenção poderão existir complementaridades ou contradições e, em todos os casos, o debate entre elas deverá ser presidido simultaneamente por juízos cognitivos e juízos éticos e políticos. A prevalência de juízos cognitivos na construção de determinada prática concreta de conhecimento não é uma condição originária, deriva de um contexto prévio de decisões sobre a produção da realidade em causa no qual os juízos éticos e políticos predominam. A objetividade que preside ao momento cognitivo não choca com a não neutralidade que preside ao momento ético-político.

A educação na transição paradigmática deve centrar-se no Sul epistêmico, que está presente tanto no Sul geográfico como no Norte geográfico. O Sul epistêmico é o conjunto dos conhecimentos nascidos nas lutas contra o capitalismo, colonialismo e patriarcado travadas tanto no Sul geográfico como no Norte geográfico. Desse conjunto é parte integrante a ciência moderna em versão contra-hegemônica. Também deve ter-se presente que o Sul geográfico, que abrange a maioria da população mundial e onde se concentra a grande maioria dos países periféricos e semiperiféricos do sistema mundo, tem muito a contribuir para uma transformação civilizacional. No Sul geográfico a crença na ciência moderna é talvez mais tênue[17], as ligações entre ciência moderna e os desígnios da dominação colonial e imperial são mais visíveis, e outras formas de conhecimento não científico e não eurocêntrico persistem com mais intensidade nas práticas sociais de vastos setores da população.

A intensificação das ecologias de saberes no período de transição paradigmática resulta ainda de um último fator. Como já referido, há quarenta anos assistimos ao divórcio entre processos políticos e civilizatórios. No momento em que entrarmos na transição paradigmática e as questões civilizacionais começarem a surgir, ficarão mais evidentes os limites externos da ciência, ou seja, aquilo que a ciência não é capaz de conhecer cientificamente por mais que avance. Dizia o grande físico Carl Friedrich von Weizsäcker que a ciência não era capaz de responder à pergunta do porquê fazer ciência. O mesmo se pode dizer a respeito da pergunta pelo sentido da felicidade ou da vida. E também não se pode esperar da ciência que se converta facilmente a uma concepção existencialista ou espinozista e não experimentalista, cartesiana da ciência. Para essas outras questões, haverá outros conhecimentos mais bem preparados para nos darem respostas. Com eles a ciência terá algo a aprender e das aprendizagens recíprocas emergirão novas ecologias de saberes.

Da monocultura do tempo linear à ecologia das temporalidades

A pandemia e a sua recorrência são o culminar de um movimento temporal ascendente ou descendente? São o preço do progresso ou o custo do retrocesso? Essas perguntas estão formuladas dentro da concepção de tempo que tem dominado na modernidade eurocêntrica, o tempo linear. E, nessa concepção, a pandemia é um destino do qual não podemos escapar. Dentro do tempo linear não nos é possível imaginar que a pandemia nos pode estar sugerindo que os destinos são sempre resultado de longas sedimentações de opções sociais e políticas e que outras lógicas temporais sobre a vida e a história poderiam ter conduzido a outros desfechos. Tão pouco nos é possível imaginar que nada é totalmente irreversível. Para isso basta que não nos sacrifiquemos no altar do tempo linear e ousemos conhecer a diversidade de concepções de tempo vigentes no mundo e tentemos aprender com elas outras formas de viver o tempo, os ritmos e duração das experiências da vida. Se levarmos em consideração essa diversidade e nos dispusermos a valorizá-la, é possível concluir que a mais recente crise pandêmica é o resultado de opções por temporalidades específicas que criaram desequilíbrios ou disfuncionalidades sistêmicas nas nossas interações com os outros e com a natureza. Perante isto, algumas opções estarão fechadas e os seus resultados serão irreversíveis. Outras estarão em aberto e será possível evitar o pior.

Para termos a dimensão do que está em causa, devemos considerar que o tempo linear é uma entre muitas concepções de tempo e que não é sequer a concepção mais praticada, se tomarmos o mundo como nossa unidade de análise. O domínio do tempo linear não resulta da sua qualidade específica enquanto concepção temporal, mas da primazia que a modernidade eurocêntrica lhe concedeu. Essa concepção é a versão secularizada da escatologia judaico-cristã, e nunca eliminou totalmente outras concepções, como o tempo circular, o tempo cíclico, o tempo glacial, a doutrina do eterno retorno e outras concepções que não se deixam captar adequadamente pela imagem de um tempo em linha reta e numa só direção. A sobreposição de temporalidades continua hoje e, por essa razão, tanto as subjetividades individuais como as coletivas são um palimpsesto temporal, uma constelação de diferentes tempos e temporalidades, alguns modernos outros não modernos, alguns antigos outros recentes, alguns lentos outros rápidos, os quais são ativados de modo diferente em diferentes contextos ou situações.

Quando se fala de direitos da Mãe Terra, está a dar-se testemunho de um palimpsesto de temporalidades que se afirma por trazer à superfície da agenda política temporalidades ancestrais, que a temporalidade linear não conseguiu apagar da memória dos povos. Não admira, pois, que os povos originários, que nos diversos continentes foram sujeitos ao colonialismo europeu, surjam hoje como mestres dessas outras temporalidades e dos diferentes códigos temporais que as caracterizam: relações entre passado, presente e futuro; formas de definir o cedo e o tarde, o curto e o longo prazo, o ciclo de vida e de morte, os ritmos de vida saudáveis, as sequências, as sincronias e as diacronias. Diferentes culturas criam diferentes comunidades temporais: algumas controlam o tempo, outras vivem no interior do tempo; algumas são monocrônicas, outras, policrônicas; algumas centram-se no tempo mínimo necessário para levar a cabo certas atividades, outras, nas atividades necessárias para preencher o tempo; algumas privilegiam o tempo-horário, outras, o tempo-acontecimento, subscrevendo dessa forma diferentes concepções de pontualidade; algumas valorizam a continuidade, outras, a descontinuidade; para algumas, o tempo é reversível, para outras, irreversível; algumas incluem-se numa progressão linear, outras, numa progressão não linear. A linguagem silenciosa das culturas é, acima de tudo, uma linguagem temporal.

A necessidade de se levar em conta essas diferentes concepções de tempo deriva do fato, salientado por Koselleck[18] e por Marramao[19], de que as sociedades entendem o poder a partir das concepções de temporalidade que nelas circulam. As relações de dominação mais resistentes são as assentadas nas hierarquias entre temporalidades, e essas continuam hoje a ser constitutivas do ainda dominante sistema mundial. São essas hierarquias que reduzem tanta experiência social à condição de resíduo ou lixo da história. As experiências são consideradas residuais porque são contemporâneas de maneiras que a temporalidade dominante, o tempo linear, não é capaz de reconhecer. São desqualificadas, suprimidas ou tornadas ininteligíveis por serem regidas por temporalidades que não se encontram incluídas no cânone temporal da modernidade capitalista eurocêntrica.

Para as epistemologias do Sul, as sociedades são constituídas por diferentes tempos e temporalidades e as diferentes culturas geram diferentes regras temporais. Com isto, pretende-se libertar as práticas sociais do estatuto residual que lhes é atribuído pelo cânone temporal hegemônico, devolvendo-lhes a sua temporalidade específica, possibilitando assim o seu desenvolvimento autônomo. Uma vez que tais temporalidades sejam recuperadas e dadas a conhecer, as práticas e sociabilidades que por elas se pautam tornam-se inteligíveis e objetos críveis de argumentação e de disputa política. Por exemplo, uma vez liberta do tempo linear e devolvida à sua temporalidade própria, a atividade do camponês deixa de ser residual para se tornar contemporânea da atividade de um agricultor *hi-tech*. Pela mesma razão, a presença ou relevância dos antepassados na vida dos indivíduos ou dos grupos sociais numa dada cultura deixa de ser uma manifestação anacrônica de religião primitiva ou de magia para passar a ser outra forma de experienciar o tempo presente. O reconhecimento das temporalidades diversas do mundo está nos antípodas das chamadas "políticas de desenvolvimento", que não são outra coisa senão a imposição do tempo linear eurocêntrico sobre quaisquer outras concepções de tempo.

A diversidade dos códigos temporais dos movimentos e organizações que em diferentes partes do mundo lutam contra a exclusão e a discriminação produzida ou intensificada pela globalização neoliberal – marcadamente monocultural – convida à construção de um novo tipo de letramento temporal, que eu denominaria de multitemporalidade. Construir coligações e organizar ações coletivas entre movimentos ou organizações com diferentes regras temporais não é tarefa fácil. Movimentos e organizações baseados num tempo-horário – monocrônico, descontínuo, concebido como um recurso controlado e de progressão linear – têm dificuldade em compreender o comportamento político e organizacional de movimentos e organizações constituídos segundo um tempo-acontecimento – policrônico, contínuo, concebido como um tempo que nos controla e progride de modo não linear. E como a incompreensão é recíproca, a temporalidade que domina é sempre uma imposição, um ato de poder. As imposições só poderão ser ultrapassadas por meio de uma aprendizagem mútua e, portanto, de um letramento multitemporal. É uma questão em aberto saber em que medida a pandemia e as eventuais pandemias recorrentes do futuro envolverão novas imposições tanto espaciais como temporais e exigirão novas aprendizagens e outros letramentos multitemporais.

Da monocultura da classificação social ex natura *à ecologia das diferenças e dos reconhecimentos*

No domínio das classificações sociais, o cânone monocultural é dicotômico. As dicotomias expressam (e ocultam) hierarquias que aparentemente não podem questionar-se por resultar de supostas "leis da natureza". Uma das dicotomias que separa e hierarquiza realidades de forma inelutável é a dicotomia entre humanidade e natureza. A pandemia do coronavírus abriu as veias dessa dicotomia para mostrar que a humanidade não pode ser concebida sem a natureza (não são, portanto, incomensuráveis), nem a natureza pode ser entendida como tão inferior que possamos dispor livremente dela. Começa a ser consensual que a pandemia e a recorrência de pandemias são o produto da acumulação de interferências abusivas dos seres humanas nos ritmos dos ciclos vitais da natureza. Esses ciclos englobam-nos a nós mesmos e, nessa medida, as pandemias são em parte autoinfligidas.

A dicotomia humanidade-natureza é a matriz das dicotomias que naturalizam a inferioridade dos corpos racializados e sexualizados. A naturalização é o processo social que cria subjetividades conformistas, viciadas em hierarquias e nos preconceitos que elas geram, um conformismo que pode atingir os que são mais vitimizados por ele. Por exemplo, na dicotomia homem-mulher e na dicotomia branco-negro, o termo inferior da dicotomia (a mulher e o negro) é considerado inferior por estar mais próximo da natureza. Desde que Aristóteles[20] definiu a racionalidade como masculina, as mulheres foram consideradas seres sub-humanos, mais próximas que os homens da natureza. Só no nosso tempo, o ecofeminismo[21] transformou um insulto em uma potência contra-hegemônica. A mesma naturalização se pode ler em Hobbes[22], para quem os povos indígenas das Américas eram "povos naturais". Por isso, a transição paradigmática tornada urgente pela pandemia não pode centrar-se apenas em uma dessas dicotomias, por exemplo, na dicotomia humanidade-natureza. Tem de englobar todas as outras. Daí a análise que se segue.

Embora em todas as lógicas de produção de ausência a desqualificação das práticas vá de par com a desqualificação dos agentes, é na lógica da classificação *ex natura* que a desqualificação incide prioritariamente sobre os agentes, e só derivadamente sobre a experiência social (práticas e saberes) de que eles são protagonistas. O caráter colonial e patriarcal do poder capitalista moderno consiste em identificar diferença com desigualdade, ao mesmo tempo que se arroga o privilégio de determinar quem é igual e quem é diferente.

As epistemologias do Sul confrontam essa forma de poder com base numa nova articulação entre o princípio da igualdade e o princípio da diferença. Por esta via, abrem espaço para a possibilidade de diferenças sem hierarquias e sem indiferença, uma ecologia de diferenças feita de reconhecimentos recíprocos. Fazem-no, submetendo a hierarquia à crítica arqueo-etnográfica. Esta consiste na desconstrução, tanto da diferença (em que medida a diferença é um produto da hierarquia?), como da hierarquia (em que medida a hierarquia é um produto da diferença?). As diferenças que subsistem quando desaparece a hierarquia são as que se devem manter. Elas farão a denúncia poderosa das diferenças que a hierarquia exige para não desaparecer.

Por todo o mundo, movimentos feministas, indígenas, camponeses, de povos tradicionais, LGBTI, etc., têm estado na linha de frente da luta por uma ecologia dos reconhecimentos. A ecologia dos reconhecimentos torna-se mais necessária à medida que aumenta a diversidade social e cultural dos sujeitos coletivos que lutam pela emancipação social, a variedade das formas de opressão e de dominação, contra as quais combatem, e a multiplicidade das escalas (local, nacional e transnacional) das lutas em que se envolvem. Essa diversidade conferiu uma nova visibilidade aos processos que caracterizam as dinâmicas diferenciadas e desiguais do capitalismo global e as formas como nele são gerados diferentes tipos de contradições e lutas, nem todos subsumíveis de modo simples à luta de classes.

Tornou-se, assim, evidente que os pressupostos eurocêntricos da história mundial não permitem um círculo de reciprocidade suficientemente abrangente para fundar a nova exigência de equilíbrio entre o princípio da igualdade e o princípio do reconhecimento da diferença. As lutas feministas, pós-coloniais, camponesas, dos povos indígenas, dos grupos étnicos, de gays, lésbicas e transexuais trouxeram à ribalta um âmbito mais amplo de temporalidades e subjetividades, convertendo concepções não liberais de cultura num recurso indispensável para novas formas de resistência e de criação de esferas públicas subalternas e insurgentes. Nas suas lutas, o "cultural" incorpora e modela outras racionalidades sem constituir uma esfera diferenciada da vida social, como ocorre na concepção liberal de cultura.

O reconhecimento da diferença cultural, da identidade, da autonomia ou da autodeterminação nunca será real sem a redistribuição econômica da riqueza coletiva.

Ao alargar o círculo da reciprocidade – o círculo das diferenças iguais – a ecologia dos reconhecimentos cria novas exigências de inteligibilidade recíproca. A multidimensionalidade das formas de dominação e opressão dá origem a formas de resistência e de luta que mobilizam diferentes atores coletivos, vocabulários e recursos nem sempre inteligíveis entre si, o que pode colocar sérias limitações à redefinição do espaço político. Daí a necessidade de tradução intercultural.

Da monocultura da escala dominante à ecologia das trans-escalas

Da perspectiva das epistemologias do Sul, a monocultura do universalismo abstrato e da escala global são expressões da vontade imperial de anular a diversidade das experiências do mundo e de as subjugar e fazer convergir no modelo de desenvolvimento capitalista, colonialista e patriarcal. Trata-se, portanto, de um falso universalismo. É constituído por princípios gerais e abstratos, tais como comércio livre, democracia liberal, primado do direito e da propriedade privada, individualismo e direitos humanos. São transformados em critérios globais para avaliação das particularidades do mundo.

Nesse domínio, a transição paradigmática consiste em conferir crescente credibilidade à diversidade social, econômica, política e cultural do mundo e de a avaliar segundo critérios contextualizados que não relevam categorizações abstratas, sejam elas universal/particular ou global/local. A transição paradigmática irá revelando que o mundo tanto converge como diverge e que a avaliação das divergências e convergências deve ser feita em função do modo como fortalecem ou enfraquecem as lutas anticapitalistas, anticolonialistas e antipatriarcais. Dessa avaliação podem emergir cosmopolitismos (universalismos construídos de baixo para cima) e globalizações contra-hegemônicas (articulações globais de lutas e de movimentos sociais). A transição irá revelando a existência de aspirações translocais de justiça social, dignidade, respeito mútuo, solidariedade, comunidade, harmonia cósmica de natureza e humanidade, espiritualidade, etc. Na transição paradigmática, o universalismo existe apenas como uma pluralidade de aspirações cosmopolitas, parciais e competitivas, todas elas ancoradas em contextos particulares. Como resultado das lutas sociais, uma dada experiência local pode ser libertada do confinamento local que lhe foi atribuído pela globalização neoliberal e ser convertida em contribuição para uma globalização insurgente ou contra-hegemônica. Foi isto o que aconteceu recentemente com o ativismo de Greta Thunberg, inicialmente centrado na greve das escolas suecas em luta pela defesa do meio ambiente. E mais recentemente ainda a mesma mudança de escala ocorreu no movimento que se seguiu ao assassinato de George Floyd em Mineápolis (EUA). Esse movimento entre diferentes escalas constitui a ecologia das trans-escalas.

Nesse domínio da transição paradigmática, as epistemologias do Sul propõem exercícios de imaginação cartográfica, quer para ver em cada escala de representação não só o que ela mostra, mas também o que ela oculta, quer para lidar com mapas cognitivos que operam simultaneamente com diferentes escalas, com vista a detectar embriões de articulações locais/globais[23]. Muitos dos movimentos emancipatórios das últimas décadas começaram por ser lutas locais e só posteriormente desenvolveram articulações globais.

Da monocultura do produtivismo capitalista à ecologia de produtividades

A pandemia do coronavírus veio pôr em causa a monocultura do produtivismo capitalista. Tornou claro que, se queremos minimizar o risco de novas pandemias, é preciso pôr fim à ideologia do crescimento econômico infinito e à exploração sem limite dos recursos naturais. Nesse caso, a transição paradigmática consistirá na progressiva recuperação e valorização dos sistemas de produção ditos "alternativos", das organizações econômicas populares, das cooperativas operárias, das economias camponesas, indígenas, familiares, feministas, das empresas autogeridas, da economia social solidária, enfim, de todas as formas de produção que a monocultura produtivista capitalista ocultou, descredibilizou ou destruiu. Durante a transição paradigmática, o objetivo não é eliminar a economia capitalista, mas antes dar igualdade de oportunidades (por exemplo, igual proteção jurídica às formas de propriedade em que assentam) às outras economias. Para isso, é condição essencial que a economia capitalista deixe de ser o único critério de racionalidade econômica.

A ecologia de produtividades está presente em movimentos tão diversos e dispersos como movimentos de povos indígenas e camponeses pelo direito à terra ou contra os megaprojetos de ditos projetos de "desenvolvimento" (como, por exemplo, a mineração a céu aberto e as grandes barragens que obrigam o deslocamento de muitos milhares de pessoas), movimentos feministas e LGBTI em prol da economia de cuidado, movimentos urbanos pelo direito à cidade, movimentos de economia popular, movimentos das castas inferiores na Índia em luta pela proteção das suas terras e das suas florestas, movimentos de ecologia política, movimentos contra a privatização da água ou contra a privatização dos serviços públicos essenciais, etc.

Essa dimensão da transição paradigmática é a que põe mais diretamente em causa a lógica da primazia dos objetivos de acumulação que sustentam o capitalismo global. O âmbito das produções e produtividades alternativas engloba, desde microiniciativas locais que procuram reconquistar algum controle das suas vidas e bens, até propostas para uma coordenação econômica e jurídica de âmbito internacional destinada a garantir o respeito por padrões básicos de trabalho decente e de proteção ambiental, novas formas de controle do capital financeiro global, anulação da dívida externa dos países periféricos, etc.

Essas concepções e práticas alternativas de produção e produtividade partilham duas ideias principais. A primeira ideia é que não procuram ser uma alternativa global unificada ao capitalismo. Visam apenas desgastar a hegemonia global do capitalismo ao mostrar na prática a viabilidade de modos de vida não capitalista. Essas práticas constituem, na maioria dos casos, esforços localizados de comunidades e de trabalhadores para criar nichos de produção solidária que tornem possível a esperança de vida digna. Ora se configuram como ruínas-semente ora como zonas libertadas ora como apropriações contra-hegemônicas. A viabilidade de tais alternativas durante a transição paradigmática depende da sua capacidade de sobreviver, apesar do domínio global do capitalismo, e de alimentar a esperança de ir corroendo esse domínio. A segunda ideia é que essas iniciativas partilham uma concepção abrangente de "economia" na qual se incluem objetivos de participação democrática, sustentabilidade ambiental, equidade social, racial, étnica e cultural, e solidariedade transnacional.

Conclusão

Em cada um dos cinco domínios, o objetivo da transição paradigmática é promover as ecologias contra as monoculturas: ecologia de saberes, ecologia de temporalidades, ecologia de reconhecimentos, ecologia de trans-escalas e, finalmente, ecologia de produtividades. Comum a todas essas ecologias é a ideia de que a realidade não pode ser reduzida ao que existe de forma hegemônica.

Por definição, a transição paradigmática parte do que existe de modo hegemônico, sujeitando-o a uma hermenêutica de suspeita (sociologia das ausências produzidas pelas monoculturas) que abre e amplia o campo das realidades que constituem as diferentes dimensões do ainda-não (sociologia das emergências produzidas pelas diferentes ecologias), sejam elas as ruínas-semente, as zonas libertadas ou as apropriações contra-hegemônicas. Os campos de transição são campos de reconfiguração por via de ações-com-clinamen (capítulo 8). A reconfiguração não é nem ruptura nem refundação. É uma transformação qualitativa que permite pôr a entidade reconfigurada a serviço de objetivos novos, protagonizados por sujeitos políticos emergentes. Ao longo deste livro, dei o exemplo do colonialismo e do patriarcado como sendo formas de dominação que existiram antes do capitalismo e que o capitalismo reconfigurou para os pôr ao seu serviço. As entidades reconfiguradas podem, com o tempo, dar origem a novas entidades que por agora não é possível antecipar. A prefiguração delas está implícita na Declaração Cosmopolita Insurgente (capítulo 9). Será o processo de transição que as explicitará e podem ser distintas em distintos contextos sociais. Entre as reconfigurações a imaginar e a realizar, penso que terão particular relevância a reconfiguração do Estado e da política, a reconfiguração do trabalho, da economia e do consumo, a reconfiguração das cidades e das ruralidades, a reconfiguração da educação e, em especial, a reconfiguração das universidades públicas e das instituições internacionais. Não há qualquer ordem de importância ou prioridade entre essas diferentes reconfigurações. Todas terão de ser levadas a cabo certamente com ritmos distintos.

Na transição paradigmática, os processos de transformação social que têm por horizonte um novo modelo civilizacional irão se confrontar a cada passo com os interesses estabelecidos, as políticas dominantes, os automatismos sociais e mesmo as estruturas psíquicas, enfim, com o senso comum hegemônico de que se serve a dominação capitalista, colonialista e patriarcal para se poder exercer sem ser exclusivamente por via da violência e da coerção. A transição paradigmática é um processo histórico mais ou menos longo. A nova economia política, que vai sendo gerada com base em relações mais equilibradas e equitativas com a natureza, vai-se traduzindo em novas possibilidades de vida digna e de convivialidade que terão de ser cultural e politicamente validadas. Muitas das inovações surgirão fora das instituições e nas margens das políticas dominantes. O avanço da transição nunca está garantido, o seu ritmo é variável, os retrocessos são sempre possíveis. A credibilidade das suas conquistas deve ser ampliada segundo a lógica da sociologia das emergências. Para isso, tem de cultivar três tipos de imaginação que há muito desapareceram dos processos políticos: a imaginação epistemológica, a imaginação ética e a imaginação democrática. A imaginação epistemológica permite diversificar os saberes para que a experimentação social contracorrente possa revelar todas as suas potencialidades. A imaginação ética é uma condição essencial para ampliar simbolicamente os pequenos embriões de vida digna que vão emergindo, tanto nas relações entre seres humanos, como nas relações com toda a vida não humana do planeta, valorizando-os como portadores do novo modelo civilizacional. Por sua vez, a imaginação política permite a ampliação e o aprofundamento do cânone democrático para abranger os novos titulares de direitos e deveres, sejam eles humanos ou não humanos, e os novos modos de representação e de participação.

Essas três imaginações têm uma dimensão desconstrutiva e uma dimensão reconstrutiva. Des-pensar para voltar a pensar e pensar o que ainda não foi pensado, des-residualizar para tornar possível outras temporalidades, des-diferenciar as hierarquias para voltar a diferenciar sem hierarquia nem indiferença, des-produzir o extrativismo da exploração do ser humano e da natureza para aprender a produzir convivencialmente entre humanos e entre estes e a natureza.

11
Os primeiros passos da transição

Consensos, não unanimidades

No capítulo 10 afirmei que a transição paradigmática deve começar pelos temas em que a transformação reúna potencialmente mais consenso. Na conclusão deste livro ofereço um exercício de sociologia das emergências, onde procuro dar conta de utopias plurais possíveis num mundo de pandemias intermitentes. Apresento aqui algumas propostas para aprofundar os temas de consenso para os quais a pandemia do coronavírus veio dar mais visibilidade. Têm um caráter exemplificativo e devem ser entendidas como primeiros passos de uma mudança de época que, tal como foi caracterizada no capítulo 9, implica uma transformação civilizacional pós-capitalista, pós-colonialista e pós-patriarcal[1]. Os primeiros passos são formulados tendo em vista a ideia, formulada no capítulo 9, de que o princípio do *one size fits all* deve ser abolido. Como se verá a seguir, impõem-se decisões globais e a criação ou o reforço de instituições globais para as levar a cabo, mas as soluções concretas e os seus ritmos devem ter em atenção a diversidade dos contextos e das culturas do mundo.

A matriz energética baseada nos combustíveis fósseis deve ser gradual, mas rapidamente substituída por uma matriz baseada nas energias renováveis.
A urgência é óbvia: em fins de maio de 2020, a temperatura ao norte do Círculo Polar Ártico chegou a 26°C. Um pouco mais ao sul, na Sibéria – aquela região do mundo que se usa como referência de algo muito frio –, as temperaturas atingiram 30°C. O gelo do oceano Glacial Ártico, sobretudo no mar de Kara, conheceu em 2020 o maior declínio já registrado em apenas um mês. Entretanto, está em

construção um novo continente, o continente dos plásticos em pleno oceano Pacífico, estendendo-se da Califórnia ao arquipélago do Havaí[2]. Ao longo de muitos milhares de anos, os seres humanos têm-se concentrado nas regiões tropicais e temperadas da Terra. A manter-se o atual ritmo de aquecimento global, entre 1 e 3 bilhões de pessoas estarão nos próximos cinquenta anos fora do nicho climático onde se concentra atualmente a maioria da população mundial – a zona sul-oriental do continente asiático. Em junho e julho de 2020, cheias associadas às monções devastaram essa região. Um dos países mais gravemente atingidos foi Bangladesh, que ficou com pelo menos um quarto do seu território inundado, situação que afetou mais de 4 milhões de pessoas[3]. Bangladesh, tal como o arquipélago de Tuvalu, mostra como as mudanças climáticas associadas a mudanças biofísicas afetam vários lugares do mundo, dando origem a "refugiados ambientais"[4].

Os produtos de consumo devem ser crescentemente avaliados em função do seu peso energético e substituídos por produtos energeticamente mais leves e mais limpos. A economia baseada em combustíveis fósseis, que hoje predomina, deve ser progressivamente substituída por uma economia baseada em energias renováveis.

A água, sobretudo a água potável, é cada vez mais um dos bens essenciais mais escassos. Deve pertencer ao domínio público e ser gerida como tal.

Para isso, nem os aquíferos nem os sistemas de distribuição de água devem ser privatizados. É importante garantir o acesso a água potável a toda a população do globo. Em nome do princípio do interesse público iminente, os contratos e concessões com operadores privados não devem ser renovados e devem ser anulados sempre que a sua duração seja considerada excessiva à luz do mesmo princípio.

A soberania alimentar deve ser um dos princípios orientadores da política agrícola.

A alimentação saudável, produzida localmente (e, assim, com uma menor pegada ecológica), é um pilar estratégico da proteção da vida num período de pandemia intermitente. Para garantir a soberania alimentar é necessário proteger e promover a agricultura camponesa, familiar, agroecológica, popular. Deve, pelo contrário, diminuir-se gradualmente o peso da agricultura industrial pela concentração de terra que envolve (quase sempre em conflito com camponeses e pequenos agricultores) e pelo impacto ambiental e sanitário da desflorestação, do uso de agrotóxicos (herbicidas e pesticidas de grande potência) e do recurso a sementes transgênicas incompatíveis com a autonomia dos camponeses, para além de outros riscos para a saúde dos consumidores ainda não plenamente determinados. Devem ser criadas redes de distribuição de sementes para garantir a sua livre circulação, sem propriedade intelectual, ao mesmo tempo que se deve fortalecer as redes de distribuição campo-cidade, reduzir o papel dos intermediários e implementar a certificação comunitária entre consumidores e produtores. Em muitos contextos essas políticas implicam promover a propriedade social, coletiva e comunitária da terra.

O rendimento básico universal é um dos instrumentos importantes para combater a crescente vulnerabilização dos trabalhadores e suas famílias.
O período de pandemia intermitente em que com toda a probabilidade estamos entrando vai criar turbulência econômica e social que atingirá a grande maioria da população. Essa turbulência soma-se a várias décadas de neoliberalismo e a tudo o que nele contribuiu para destruir as expectativas de vida digna da grande maioria dos trabalhadores: precarização das relações de trabalho, estagnação dos rendimentos do trabalho, erosão dos direitos sociais e das políticas de proteção social. As medidas emergenciais de proteção de rendimentos dos trabalhadores que foram adotadas por alguns países durante a pandemia devem ser avaliadas e reprogramadas, tendo em atenção a persistência da precariedade dos rendimentos das famílias para muito além da fase aguda da pandemia[5]. Uma das transformações mais decisivas nas relações de trabalho e na própria natureza do trabalho pode vir a ocorrer com a quarta revolução industrial (inteligência artificial). Prevê-se uma eliminação dramática do trabalho tal como o conhecemos e, nessas condições, é necessário começar a imaginar formas de sustentabilidade da vida digna que não dependam diretamente dos rendimentos do trabalho assalariado. As políticas dominantes de erradicação da pobreza têm sido uma forma perversa para a manter.

A redistribuição social deve incluir a luta contra o racismo e o patriarcado estruturais.
A pandemia mostrou que, ao mesmo tempo que se agravavam as desigualdades socioeconômicas com a crise humanitária, aumentava também o racismo, a violência contra as mulheres, a expulsão de comunidades indígenas e, em vários contextos, de comunidades camponesas. As diferentes linhas abissais que identifiquei no capítulo 5 devem ser todas levadas em conta nas políticas de coesão social. Os movimentos de extrema-direita do início do século XXI têm assumido uma nova estratégia colonial, racista e patriarcal que pode tornar particularmente mais difícil a luta contra o neocolonialismo latente, o racismo e o sexismo. Por exemplo, nos contextos latino-americano e europeu, em vez de se afirmarem explicitamente como racistas e patriarcais, negam que haja racismo ou sexismo e atribuem a sua

existência à ideologia de "grupos esquerdistas e comunistas". Ao mesmo tempo, insurgem-se contra o que designam como os privilégios que as "minorias" étnicas ou sexuais conquistaram nas últimas décadas. Esse negacionismo visa neutralizar as lutas antirracistas e antipatriarcais ao transformá-las em projetos de atores políticos perigosos e insurrecionais que visam subverter a "nossa civilização". O negacionismo, e a consequente transformação dos agressores em vítimas e das vítimas em agressores, tem por objetivo confundir a opinião pública e tornar mais difícil a luta antirracista e antipatriarcal.

A saúde é um bem público e não um negócio.
Lamentavelmente, a mercantilização da biomedicina e a medicalização da saúde é uma realidade crescente no mundo. A lógica da saúde como negócio subjaz às parcerias público-privadas no campo da biomedicina. Estas devem ser ou eliminadas ou repensadas para pôr fim à transferência indevida de dinheiros públicos para o setor privado. A formação do pessoal de saúde tem de ser repensada para que o seu âmbito não seja controlado pelos que têm interesse próprio em que ele se mantenha aquém das necessidades. As corporações médicas estão vocacionadas para promover a escassez programada. Mas a formação dos profissionais de saúde deve ser não só ampliada como reformada para ser duplamente orientada pelos valores da ciência, da diversidade de saberes médicos e da consciência valorizando a qualidade-equidade. A saúde pública, coletiva e comunitária, deve ser uma área de investimento público prioritário.

Um novo internacionalismo médico vai ser necessário nos tempos mais próximos; organizações sociais como os Médicos Sem Fronteiras não serão suficientes para atender todas as necessidades. Até agora, os Estados dispuseram-se a participar em missões de paz; no futuro, terão de se envolver em missões médicas. As Brigadas Médicas de Cuba são um embrião do que pode ser o novo internacionalismo médico (capítulo 5).

As populações cativas do mundo devem ter pleno acesso às medidas de proteção da saúde e da vida.
A pandemia revelou que são muitos e muito diversos os cativeiros do mundo, uns voluntários e outros forçados, e que todos eles são potencialmente zonas de risco agravado. Os lares ou casas de repouso para idosos e as prisões e os campos de internamento para refugiados ou imigrantes sem documentos revelaram-se particularmente perigosos em tempo de crise sanitária, econômica, política e social, como é o caso da Covid-19. As instituições que não puderem ser eliminadas (os

campos de internamento poderiam e deveriam ser eliminados) devem ser redimensionadas e sujeitas a regulamentação e supervisão rigorosa. Deve ser repensado o licenciamento dos lares e a arquitetura e dimensão das prisões (as cadeias locais ou de proximidade sempre tiveram mais êxito na reinserção social dos presos). Os semicativeiros, a que muitas vezes são submetidas as mulheres, as populações urbanas empobrecidas, os deficientes, as populações de rua, devem ser objeto de políticas de libertação enquanto parte de políticas de coesão social mais amplas.

A justiça social deve começar pela justiça tributária.

A pandemia mostrou as consequências da injustiça tributária provocada pelo neoliberalismo. A escandalosa concentração de riqueza foi resultado de muitos fatores, mas não atingiria os extremos que atingiu nem teria os efeitos que teve na incapacitação dos Estados para proteger a vida dos cidadãos se tivesse havido uma política fiscal justa, baseada na ideia de que paga mais quem tem mais rendimentos. O inverso foi o que ocorreu. O próprio Fundo Monetário Internacional (FMI), que foi o grande defensor da injustiça fiscal, acaba de propor a introdução de impostos sobre a riqueza para reduzir as desigualdades sociais e os défices fiscais[6]. E o governo argentino enviou ao Congresso em agosto de 2020 um projeto-lei que taxa as grandes fortunas para captar fundos de combate à pandemia.

Deve assegurar-se a relocalização industrial de bens necessários para garantir a proteção da vida nas emergências recorrentes que previsivelmente vão caracterizar as próximas décadas.

Os bens industriais que protegem a vida não devem estar sujeitos ao sistema de especialização industrial e das cadeias globais de produção e distribuição (o caso, por exemplo, dos medicamentos essenciais). A relocalização industrial que foi realizada durante a emergência pandêmica abriu possibilidades que a ortodoxia econômica não permitia explorar. Devem, no futuro, ser reavaliadas como componentes de uma reconversão industrial prudente, tendo em vista tanto a proteção e a qualidade de vida dos trabalhadores, como a proteção e a qualidade de vida dos consumidores.

A indústria internacional do turismo deve ter cada vez menos relevância na criação de riqueza e na geração de emprego.

O turismo internacional está cada vez mais sendo posto em questão por diversas razões. Primeiro, tende a produzir uma enorme pegada ecológica[7]. Esta decorre da poluição causada pelo transporte aéreo e pelos enormes navios de cruzeiros turísticos, assim como do impacto dos "produtos turísticos" nos locais de destino, tanto na organização do espaço como no disciplinamento das populações. Segundo, é uma das indústrias que mais promove a circulação de pessoas, o que, no período de pandemia intermitente em que estamos entrando, pode transformar-se numa atividade de alto risco. Terceiro, à medida que se acumulam os fatores de instabilidade, nenhum país pode depender dessa indústria a ponto de correr o perigo de colapso econômico quando, por qualquer fator imprevisto, mas cada vez mais frequente (epidemias, tsunamis, ataques terroristas), os fluxos turísticos são interrompidos. Quarto, é uma indústria que incita a exercícios de cosmética histórica, à criação de estereótipos sobre as populações locais (*folklorização*), à total invisibilidade da injustiça histórica, ao reforço de narrativas coloniais e à discriminação étnico-racial a que continuam hoje sujeitos os habitantes dos países a que acorrem os turistas.

O turismo de proximidade é ecologicamente mais correto e o seu impacto nos outros fatores, menos grave. Tem potencialmente um efeito de espelho, a capacidade de tornar cada país mais visível para si próprio. Deve ser encorajado e promovido com medidas de incentivo.

O pequeno comércio e o comércio de proximidade devem ser as formas principais de distribuição de produtos ao consumidor.

A pandemia mostrou que esse tipo de comércio foi o que melhor garantiu a sustentabilidade das comunidades e o que, em geral, mostrou melhores condições para cumprir as regras de proteção sanitária e de assegurar a alimentação das populações. É também o comércio que melhor garante o escoamento da produção local. Uma forma de particular proximidade deve ser promovida: o comércio direto entre produtor e consumidor. Os grandes shopping centers serão cada vez mais frequentemente considerados zonas de risco pelas enormes aglomerações de pessoas durante muito tempo em ambientes de ar-condicionado. Estas grandes superfícies devem ser urgentemente redimensionadas para as aproximar mais das populações e da produção de cada região/país.

As cidades devem ser redimensionadas e redignificadas.

As grandes cidades são insustentáveis, e isso mostrou-se com cruel evidência durante a pandemia. Foram zonas de risco agravado para a vida humana por muitas razões: pela sua dimensão, que ultrapassa qualquer escala humana; pelas desigualdades sociais que nelas se intensificam; pelas condições de habitabilidade e de mobilidade; pela poluição atmosférica; pela incapacidade de lidar com o impacto sanitário da pandemia. Tornou-se mais evidente do que nunca que viver na cidade não significa ter direito a ela e muito menos viver em espaços urbanizados. Viver na cidade é, para a maioria dos que as habitam, viver em favelas, *slums*, *squatters*, *barriadas*; é viver na rua, em vãos de escada, em garagens, em dormitórios para trabalhadores migrantes, etc. Significa quase sempre viver longe do lugar onde se trabalha. Para redignificar as cidades é necessário redimensioná-las, dar-lhes uma escala humana, promover trajetos diários curtos com pequena pegada ecológica, criar um maior equilíbrio entre espaços privados e espaços partilhados (o que implica pôr fim à recente privatização e mercantilização do espaço urbano), entre espaços especializados e não especializados (por que é que as zonas de escritórios ou comerciais não podem conviver com zonas habitacionais?), incentivar mais habitação social e desincentivar os condomínios fechados (o gueto dos ricos degrada tanto a qualidade humana quanto o gueto dos pobres). As cidades têm de deixar de ser espaços hostis para quem as construiu (pedreiros, carpinteiros, eletricistas, encanadores, trabalhadores qualificados e não qualificados) e as mantém (empregados encarregados da coleta do lixo, da limpeza, etc.) e para a maioria dos que nelas trabalha. Por exemplo, nos contextos latino-americanos, o pretexto da luta contra as drogas tornou-se a arma de eleição para submeter as comunidades urbanas empobrecidas à vigilância policial, ao cerco militar e ao encarceramento dos seus jovens.

As experiências atuais revelam a importância da participação comunitária na gestão participativa dos bairros, um exemplo a promover no futuro, em função das especificidades socioculturais locais. É urgente dar prioridade ao espaço comum de criatividade e de sociabilidade que a vida urbana potencialmente permite. O comum urbano da convivialidade e da auto-organização, longe de ser residual em relação aos domínios estatal e privado, deve ser a lógica ordenadora da cidade pós-pandêmica[8].

É urgente um novo tipo de relação entre o campo e a cidade. O rural não é anterior à cidade nem esta representa um estágio superior de convivência em relação ao rural.

O rural e o urbano são modos diferentes de contemporaneidade, formas co-presentes de sociabilidade que se enriquecem na medida em que se tornam mais porosos entre si. Mantendo as suas distintas identidades, as cidades devem ruralizar-se e as comunidades rurais devem urbanizar-se, um tema que deve ser objeto de ensino-aprendizagem desde as primeiras etapas do ensino. As chamadas "zonas verdes" ou hortas urbanas são um dos possíveis exemplos desse processo. Aprender a sentir a terra e a importância das sementes deve ser tema a ser introduzido nas práticas educativas. O campo deve deixar de ser o lugar remoto e inacessível em termos comunicacionais; a diversidade de espaços e a articulação entre eles é mais rica no campo e a casa rural tem um perfil arquitetônico mais convivencial que a casa urbana moderna. Ao longo dos últimos cem anos, a perda da relação metabólica entre a cidade e o campo fez com que as cidades se desurbanizassem e o campo se desertificasse.

A pandemia revelou que a vida no campo mostrou mais uma vez a sua especial capacidade para respeitar princípios fundamentais para a sustentação da vida: o sentido de comunidade, o cuidado e a reciprocidade. Não há nenhuma lei da natureza que imponha a crescente concentração de pessoas em grandes cidades. Quando esta ocorre, é sempre sintoma de que se agravaram as desigualdades sociais. Durante a pandemia, muitas comunidades rurais, camponesas e indígenas, sofreram a contaminação por importação e, uma vez infectadas, tiveram menos apoios externos para se proteger. Valeram-se dos seus próprios recursos e mostraram uma notável capacidade de resistência. Quando não sofreram a importação do vírus, foram lugar de refúgio para populações urbanas. Isto aconteceu nos nossos dias como no passado. Foi isso que permitiu a Boccaccio escrever o *Decameron* (capítulo 2).

A educação, em geral, e a universidade, em especial, devem ser reformadas para intervir eficazmente na disputa das narrativas sobre a transição paradigmática que irá ocorrer.

Os princípios orientadores do ensino-aprendizagem devem ser a justiça ecológica (com a natureza), a justiça e a solidariedade sociais (contra a desigualdade socioeconômica e a discriminação social), a justiça cognitiva (os diálogos entre a ciência e outros conhecimentos são o requisito essencial da inclusão e da participação igualitárias), a justiça histórica (inclui a justiça etnorracial e a reparação dos danos causados pelo colonialismo inscritos no presente) e a justiça sexual (a violência contra as mulheres e contra a diversidade das identidades e orientações sexuais).

A universidade e a educação, em geral, têm estado sob o ataque cerrado de duas forças globais: o capitalismo educativo e as forças políticas de extrema-direita, seculares e religiosas. Apesar de diferentes em suas bases, são convergentes no seu duplo objetivo. Por um lado, pôr fim ao que a universidade e a educação têm feito nos seus melhores momentos enquanto instituições progressistas: produzir e divulgar conhecimento plural, livre, crítico e independente. Por outro lado, impedir ou desacreditar alternativas ao *statu quo*. O interesse dessas duas forças é que se minimize a gravidade do que se passou na crise pandêmica, sobretudo a perda evitável de vidas, e que tudo volte à "normalidade". Tudo, exceto uma área em que têm grande interesse e que ganhou um impulso extraordinário durante a atual crise pandêmica: a Educação a Distância (EAD), através dos recursos da internet.

Um dos primeiros sinais de alarme tem a ver com a suposta universalização da cidadania digital. Dados da Unesco revelam que, no início de agosto de 2020, mais de 60% dos estudantes no mundo, confrontados com o ensino a distância em contextos de confinamento, experimentavam problemas de acesso à educação[9]. Todavia, em sentido oposto, o ensino a distância é visto como potencialmente muito rentável: a) por minimizar os custos com professores, infraestruturas, serviços de manutenção; b) por permitir a total precarização do estatuto profissional dos professores e docentes; c) por tornar muito mais difícil o protesto estudantil (manifestações, desafios à natureza colonial de muitos programas, etc.) e também de outros profissionais da educação; d) por acabar com processos deliberativos presenciais difíceis de controlar; e, finalmente, e) por permitir censurar ou neutralizar mais eficazmente professores progressistas, inconformistas, dissidentes.

Essa enumeração dá uma ideia dos desafios que o setor da educação e, sobretudo, a universidade vão enfrentar nas próximas décadas. O ponto de partida é difícil porque a educação e as universidades se degradaram ainda mais durante a pandemia. É muito difícil generalizar, mas pode se dizer que aprofundou-se o centralismo e não se alterou um milímetro a lógica burocrática estatal, que domina hoje nas relações intrauniversitárias e intraeducativas; cuidou-se pouco dos estudantes fora dos breves momentos on-line ou a braços com as exclusões que a suposta cidadania digital provocou; os professores que dedicaram mais tempo aos estudantes fizeram-no por iniciativa própria e espírito de missão; descuidou-se totalmente a situação dos professores, enfrentando alterações na vida familiar, recorrendo a tecnologias de ensino com que a maioria estava pouco familiarizada, com uma carga burocrática imensa, com a vontade de inovar quase por necessidade ante os desafios da pandemia, mas frequentemente barrados pelo muro da burocracia.

Logo que passar a fase aguda da pandemia vai haver um conflito ideológico e político sobre a natureza da crise e os caminhos de futuro. Porque a educação é um tema com extrema diversidade em nível global, concentro-me na universidade e só na universidade pública (UP). A especificidade da UP é ter de responder a esta pergunta em dois níveis: o da sociedade em geral e o da universidade em especial. Desenham-se os três cenários referidos no capítulo 8. Brevemente: vai tudo voltar ao "normal" rapidamente; vai haver mudanças mínimas para que tudo fique na mesma; a pandemia é a oportunidade para pensar numa alternativa ao modelo de sociedade e de civilização em que temos vivido, baseada numa exploração sem precedentes dos recursos naturais que, em conjunto com a iminente catástrofe ecológica, vai lançar-nos num inferno de pandemias recorrentes. Como vai a UP expor os cenários e posicionar-se perante eles?

A UP só se defenderá eficazmente dos ataques acima referidos (capitalismo educativo e ideologias de extrema-direita) na medida em que se centrar no terceiro cenário. Não é apenas a instituição que melhor pode equacionar o terceiro cenário e caracterizar o período de transição que ele implica. É a única instituição que o pode fazer. Se ela não o fizer, será devorada pela vertigem neoliberal que agora se vê fortalecida pela orgia tecnológica do Zoom, Streamyard, Webex, etc. Virão os vendedores do primeiro e do segundo cenários. E, para eles, a UP do futuro é on-line. Esse futuro é também o fim da universidade tal como a conhecemos.

Para que isso não aconteça, a resposta não pode ser apenas reativa e deve centrar-se na alternativa civilizacional (terceiro cenário, capítulo 8) que permita que a dimensão digital da educação não seja apenas um outro modelo de negócio educativo. Nesse sentido é importante salientar, como uma sociologia de emergências na área de educação superior, a proposta do conceito de metapresencialidade avançado por Naomar de Almeida-Filho a partir da sua experiência como reitor da Universidade Federal do Sul da Bahia e agora como titular da Cátedra do Instituto de Estudos Avançados da Universidade de São Paulo (USP). Segundo Almeida-Filho:

> O conceito de metapresencialidade designa a presença – ao mesmo tempo real (física) e virtual (que também é real, mediada por tecnologias digitais) – dos sujeitos da aprendizagem como "metapresença". Daí o conceito de metapresencialidade. Visa repensar a ideia de espaço de aprendizagem, superando o modelo convencional de ambiente de aprendizagem onde todos estão num mesmo local, sala de aula ou laboratório, numa mesma hora. Dessa forma evita-se a armadilha da ensino-aprendizagem à distância que se baseia numa hierarquia, inclusive em termos de qualidade, onde alguns sujeitos, à distância, têm acesso a materiais e sistemas de consultas não necessariamente em tempo real, enquanto outros têm tudo isso, e mais o privilégio de estar numa sala de aula com um orientador, um guia, com a presença física e nem sempre estimulante e calorosa do professor. Deste modo, podem ultrapassar-se as limitações da presença física material por meio de várias estratégias de estruturação do espaço pedagógico e da relação de ensino-aprendizagem, reconhecendo o que é mais valioso no sistema universitário de ensino: a vivência de uma atmosfera educadora. Mais ainda, pode tornar viável que essa experiência de ensino, aprendizagem e compartilhamento seja amplamente disponibilizada numa rede que, inclusive, não se restrinja ao campus universitário. Esse movimento converge para a ideia de integração da universidade à sociedade, ao derrubar os muros imaginários, simbólicos e reais

do campus universitário, tornando-o um território e não uma mera localização (comunicação pessoal, 30 de agosto de 2020).

O futuro da UP está, pois, vinculado à credibilização do terceiro cenário. A estratégia pode resumir-se nas seguintes palavras-chave: democratizar, desmercantilizar, descolonizar, despatriarcalizar.

Democratizar. A democratização da UP tem múltiplas dimensões. A UP tem de democratizar a eleição dos seus reitores e dirigentes e, onde a eleição democrática existir, terá de lutar para a manter, o que não será tarefa fácil. Processos supostamente democráticos para eleições indiretas estão historicamente condenados. São, no pior dos casos, antros de compadrio e cooptação e, no melhor, espelhismos de irrelevância. Só a comunidade universitária no seu conjunto tem legitimidade para eleger os reitores e demais dirigentes. A UP tem de democratizar as suas relações com a sociedade. A UP produz conhecimento válido, que é tanto mais precioso quanto melhor souber dialogar com os outros saberes que circulam na sociedade. Uma UP encerrada em si é um instrumento fácil dos poderes econômicos e políticos que a querem pôr ao seu serviço. A UP deve criar laços de cooperação com a educação básica pública, especialmente secundária. A UP tem de democratizar as suas relações com os estudantes que ainda são vistos, por uma pedagogia retrógrada e rançosa, como ignorantes e epistemicamente vazios, onde os professores enfiam o recheio do conhecimento. A verdade é que se aprende-com e se ensina-com. Nada é unilateral, tudo é recíproco. A separação entre o campus universitário e a cidade deve terminar

Desmercantilizar. A UP tem de passar a avaliar os seus docentes e discentes por outros critérios de produtividade que não excluam a responsabilidade social da universidade, sobretudo no domínio da extensão universitária, promovendo ativamente a ecologia de saberes. Não devem privilegiar as ciências e a investigação que geram patentes, mas sim a ciência e os conhecimentos que contribuam para o bem comum de toda a humanidade e promovam a cidadania, o reconhecimento da diversidade, o cuidado dos outros e da natureza. Nesse domínio, as humanidades, as artes e as ciências sociais voltarão a ter o destaque que já tiveram.

Os estudantes nacionais e os que são oriundos de antigos territórios coloniais não devem pagar matrículas. A UP não pode cobiçar estudantes estrangeiros apenas na lógica de caça-matrículas polpudas.

Descolonizar. A UP europeia e de inspiração eurocêntrica nasceu ou prosperou com o colonialismo e continua hoje a ensinar e legitimar a história dos vencedores da expansão colonial europeia. É cúmplice do epistemicídio e da subalternização de saberes que acompanharam o genocídio colonial. As estátuas (e amanhã os edifícios, os museus, os arquivos e coleções coloniais) são os alvos errados de muita justa revolta. O importante é que o poder que elas representam seja deslegitimado e contextualizado na aprendizagem universitária. Por isso, os currículos têm de ser descolonizados. Não se trata de destruir conhecimento, trata-se antes de acrescentar conhecimento para que se torne evidente que o conhecimento dominante é muitas vezes uma ignorância especializada e intencional. Como vem acontecendo em vários contextos, a UP tem de iniciar com urgência e ampliar as políticas de ação afirmativa para uma maior justiça cognitiva e etnorracial, tanto entre estudantes como entre professores.

Despatriarcalizar. Em muitas universidades as mulheres são a maioria, mas os lugares de governo administrativo e científico continuam dominados por homens. Os currículos continuam a ser misóginos e cheios de preconceitos sexistas. Onde estão as cientistas, as artistas, as escritoras, as lutadoras, as heroínas? E as relações entre o pessoal docente, técnico e discente também não estão livres dos mesmos preconceitos sexistas.

Apesar de toda a centralidade que a UP deve assumir na educação para a transição paradigmática, as tarefas educativas são tão exigentes e as forças que as procuram neutralizar tão poderosas, que a UP não poderá por si só levá-las a cabo. Para isso é necessário que emerja uma nova geração de universidades populares, com as quais, aliás, a UP pode e deve manter relações de cooperação, nomeadamente na área de extensão universitária. As universidades populares que surgiram no final do século XIX e operam hoje em todos os continentes devem articular-se entre si e melhorar o seu interconhecimento. E devem também articular-se com os movimentos sociais e organizações da sociedade civil quando não são elas mesmas fruto de movimentos e organizações sociais. A Universidade Popular dos Movimentos Sociais, criada no Fórum Social Mundial, em 2003, e hoje presente em vários continentes, é um embrião promissor dessa articulação[10].

O período de pandemia intermitente exige muito especificamente que a informação e a comunicação sejam confiáveis e de fácil ou universal acesso.

Ficou inequivocamente demonstrado durante a pandemia que os países que mais foram afetados pelas *fake news* (por exemplo, Reino Unido, EUA, Brasil, Índia), sob a forma de negacionismo ou da criação de bodes expiatórios, foram aqueles em que o número de mortes foi maior. As *fake news* desorientaram os comportamentos e destruíram a legitimidade das medidas de proteção. No período em que vamos entrar, as *fake news* são um crime grave porque a comunicação do risco que a sociedade enfrenta é crucial para o enfrentamento das crises pandêmicas. Por outro lado, urge recuperar, promover e fortalecer a comunicação comunitária, muitas vezes realizada em línguas não coloniais/oficiais[11], a comunicação dos espaços públicos subalternos atualmente dominados pela mídia corporativa e pelas redes sociais corporativas, que estão entre as empresas mais poderosas de nosso tempo. Disputar os sentidos históricos da convivência, a partir de meios cidadãos e populares, mas também da rua, da praça e dos espaços culturais.

O acesso livre à internet contém em si uma promessa utópica (a democratização da comunicação). Essa promessa tem sido pervertida e convertida numa realidade distópica (a democratização do ódio racista, patriarcal, fascista). Essa perversão só será evitada na medida em que as *fake news* forem eficazmente reguladas, não pelos proprietários das redes, mas por conselhos de cidadãos constituídos para garantir a diversidade e a veracidade das informações.

A cultura e a arte, entendidas como ecologias de práticas culturais e artísticas diversas e interculturais, devem ser consideradas um bem essencial para a vida digna e o bem-estar das populações nas próximas décadas de pandemia intermitente, caracterizadas pela multiplicidade de incertezas – materiais, trabalhistas, afetivas, existenciais.

Num período de agravamento das desigualdades sociais e de crescimento de movimentos antissistêmicos de extrema-direita, a arte e a cultura desempenham o duplo papel de denunciar radicalmente as injustiças abissais e de afirmar, pelo seu próprio caráter performativo, a celebração da diversidade de ideias, práticas, comportamentos e corpos. No entanto, a arte e a cultura revelaram ser das áreas da vida social mais vulneráveis ao tipo de turbulência causada pela crise pandêmica. Isto não impediu o florescimento de um tipo novo de intervenção artística nas varandas e nas janelas das casas, em todos os espaços públicos onde foi possível respeitar as regras de segurança, com novos tipos de humor artístico e, sobretudo, com novas formas de intervenção social artística que é hoje conhecida por *artivismo*[12]. A denúncia das linhas abissais de exclusão teve nos artistas e criadores literários algumas das suas mais convincentes formulações[13].

Na transição paradigmática, o estado da arte e da cultura de um país ou região será tão importante quanto o estado da economia e das finanças. Para isso, no entanto, é necessário que a monocultura dos cânones artísticos e culturais dominantes dê lugar a ecologias de concepções e práticas artísticas e culturais que celebrem a diversidade e a transformem em instrumento de superação das linhas abissais de exclusão e discriminação. Os preconceitos racistas e sexistas são por vezes mais perversos no domínio da arte e da cultura do que em outros domínios sociais.

A oratura deverá ter um papel tão preponderante quanto o da literatura.
A luta contra a pandemia da Covid-19 recentrou a importância da palavra falada. As narrativas orais são preservadas na memória humana, transmitidas de geração em geração em vários contextos. A distinção binária entre oralidade e escrita é um dos exemplos da latência de um pensamento excludente, colonial[14], uma distinção que insiste em privilegiar o registro escrito como relação de poder-saber e torna ainda possível descartar a memória de imensas culturas.

Num mundo onde a força da palavra oral se mantém tão central, reforçada agora com os arquivos on-line orais, importa inscrever a oratura[15] das múltiplas línguas em que o mundo contemporâneo se expressa no cânone artístico global, promovendo o reconhecimento da sua existência e do seu valor[16]. Aliás, a comunicação digital tem vindo a dar uma nova ênfase à oralidade.

Deve iniciar-se um debate tão amplo quanto possível sobre a natureza do poder político e dos regimes políticos de modo que as mudanças civilizacionais entrem na agenda política.
A política e os Estados modernos foram postos à prova durante a pandemia. Na grande maioria dos casos, uma grave crise de saúde pública foi politizada para servir de moeda de troca entre diferentes interesses políticos e econômicos. No período em que entramos, temos de recorrer às instituições disponíveis, e essas são (além dos direitos humanos) a democracia, o Estado nacional, federal ou unitário, os movimentos sociais e as organizações da sociedade civil. Ao longo deste livro, mostrei a degradação da democracia, ao ponto de em alguns casos mais parecer um regime híbrido, de componentes democráticos e de componentes fascistas, estes últimos em constante crescimento. Se nada for feito, a qualidade da democracia pós-pandêmica será ainda inferior à da democracia pré-pandêmica, e não é sequer certo que sobreviva. Perante a ausência, a incapacidade ou até hostilidade das instituições do Estado moderno, os movimentos sociais e as organizações da sociedade civil reorientaram os seus esforços organizativos para proteger a vida na crise sanitária, recorrendo a instituições anteriores ou potenciando espaços coletivos inovadores.

As medidas de proteção tornaram difícil, e, por vezes, impossível, as manifestações e os protestos públicos, o que foi aproveitado em vários contextos por regimes repressivos, muitos de direita e de extrema-direita, para impor legislação lesiva dos interesses das classes populares. Por sua vez, o Estado revelou, na grande maioria dos casos, até que ponto tinha sido desfigurado pelo neoliberalismo, exímio em vigiar os cidadãos, mas não em protegê-los, em suma, despreparado para enfrentar uma crise sanitária. Estamos, pois, numa situação paradoxal e algo num dilema: não podemos dispensar nem a democracia nem o Estado moderno, mas uma e outro, tal como estão, não nos servem para enfrentar os desafios que se advinham. Por sua vez, os movimentos e as organizações sociais experimentam dificuldades acrescidas para pressionar o Estado e as instituições democráticas.

Urge avançar na reforma política e administrativa do Estado moderno. Como o Estado nunca se autorreforma, o impulso reformador deve vir da sociedade política, isto é, das instituições democráticas e da organização popular. Vamos entrar num período de articulações tensas entre o institucional e o extrainstitucional, entre os partidos e as ruas, entre os grandes meios de comunicação social e as redes sociais ou as rádios comunitárias, entre o legal e o ilegal, entre a informação secular e a religiosa, e, esperemos que não, entre o pacífico e o violento. As principais dimensões da reforma política progressistas serão as seguintes.

Primeiro, a democracia liberal representativa está chegando ao fim do seu período hegemônico. Por múltiplas vias tem sido contaminada por infiltrações autoritárias e até fascistas. As eleições deixaram de garantir a representatividade dos interesses da maioria. Os empreendedores do medo e das crises mantêm as expectativas das classes populares abaixo do sonho e ao nível do pesadelo. Se a disciplina não funcionar e houver resistência, o Estado estará em permanente estado de prontidão para reprimir. A ruína da democracia representativa pode, no entanto, transformar-se numa ruína-semente, se se souber articular com a democracia participativa, deliberativa, tanto em nível local quanto em nível nacional. Para isso, os partidos devem dar lugar a partidos-movimento, contendo em si instrumentos de democracia participativa na formulação dos programas e na escolha de candidatos. As oligarquias patronais e sindicais devem igualmente transformar-se em associações-movimento. Tudo isto exige tempo, mas é crucial distinguir entre tempo burocrático, que deve ser diminuído ao máximo, e tempo democrático, que deve ser ampliado. É crucial isolar o processo político do processo econômico por meio de medidas como, por exemplo, a eliminação do *lobbying*, do financiamento empresarial dos partidos, das parcerias público-privadas; a criação de um regime robusto de incompatibilidades e de vigilância sobre conflitos de interesses, revogação de mandatos, adoção de sistemas eleitorais que aproximem os representantes dos que os elegeram.

A segunda dimensão da reforma política diz respeito ao sistema judicial que acompanha o desgaste geral da democracia liberal, mesmo quando na aparência o procurar travar. Criado para destruir privilégios e garantir a proteção dos mais fracos, o sistema judicial tem vindo a converter-se, em muitos países, em instrumento de ratificação dos privilégios e de defesa dos interesses de minorias poderosas contra os interesses das maiorias empobrecidas e das forças políticas que visam protegê-las (*lawfare*). As experiências vividas em contexto de confinamento em vários lugares do mundo mostraram a permanência e a vitalidade de outros sistemas de justiça, que coexistem, embora em situação subalterna, com a "justiça oficial". Importa resgatar as experiências de pluralismo jurídico que contribuam para a proteção pacífica e democrática das comunidades e dos seus territórios.

O sistema judicial é o órgão do Estado moderno onde é mais notória a inversão dos tempos. Enquanto o tempo burocrático (dos processos e das decisões) se ampliou enormemente, o tempo democrático (das avaliações do desempenho técnico e ético, das carreiras e da disciplina) foi reduzido ao mínimo. O sobredimensionamento do tempo burocrático é um dos fatores responsáveis pela transformação da independência judicial democrática (ao serviço da democracia) em independência judicial corporativa (ao serviço da corporação). Essa transformação tem conduzido à situação paradoxal de o sistema judicial ser tanto mais vulnerável à manipulação política quanto mais independente for. Só a independência democrática e o garantismo (respeito pelas garantias processuais) previnem contra a servidão econômica e a instrumentalização política.

A terceira dimensão diz respeito a todas as outras áreas da organização política e da configuração dos mandatos e das funções. Nada disto será possível sem uma profunda reforma constitucional, que, para ser progressista, deve ser construída pela mesma articulação entre democracia representativa e democracia participativa que acabará por consagrar. O processo de construção da assembleia constituinte deve ser conduzido de acordo com os mesmos princípios que se querem ver consagrados na Constituição. As lições que se podem recolher dos processos constituintes dos últimos setenta anos permitem-nos sugerir duas orientações. Primeiro, é preciso manter o poder constituinte vivo, mesmo depois de a assembleia constituinte terminar e o poder estiver constituído. Segundo, para que a articulação entre democracia representativa e democracia participativa seja levada a sério, é necessário romper com a tríade dos órgãos de soberania herdada de Montesquieu e incluir um quarto órgão de soberania que permita o controle cidadão do cumprimento das decisões democraticamente tomadas. Finalmente, urge que as constituições e os órgãos de soberania mantenham e protejam a diversidade sociojurídica dos países.

Relações internacionais entre Estados

As relações internacionais em período de pandemia intermitente devem pautar-se pelo princípio do interesse público iminente da defesa da vida. Daqui decorrem algumas medidas urgentes.

Deve ser anulada a dívida pública dos países periféricos, nomeadamente dos países africanos.

A dívida pública dos chamados países periféricos tem sido a grande arma para submeter as economias à disciplina e aos interesses do capitalismo neoliberal. O pagamento das dívidas em que esses países incorreram para fazer face à crise pandêmica representará um agravamento enorme das políticas de austeridade. Essas políticas causarão um risco para a vida dos cidadãos eventualmente mais grave que a própria pandemia. A anulação da dívida pública dos países africanos deve ser um primeiro passo para a anulação da dívida pública de todos os países que foram vítimas do colonialismo histórico e continuam a ser dominados pelas formas de dominação colonial que se sucederam ao colonialismo histórico, tais como o neocolonialismo e o imperialismo. A anulação da dívida pública dos países periféricos, longe de ser um perdão, é apenas o resultado de uma compensação pela dívida histórica e pela dívida ecológica dos países capitalistas centrais para com eles.

A partir do momento em que é declarada a existência de uma pandemia, ficam anulados todos os embargos e sanções econômicas que impeçam os países atingidos por eles de proteger a vida dos seus cidadãos.

Independentemente da duvidosa legitimidade internacional dos embargos, em geral, a sua vigência durante o período de crise pandêmica constitui um crime contra a vida. O mesmo se aplica às reservas financeiras (nomeadamente em ouro) de um país que, quando depositadas no estrangeiro, tenham sido congeladas em virtude dos mesmos embargos e sanções econômicas.

Todos os medicamentos que são essenciais para proteger a saúde e a vida durante uma crise pandêmica devem ser disponibilizados a preços acessíveis.

O sistema internacional de direito de patentes deve ser revisto para ampliar a vigência do princípio do interesse público iminente. Esta medida aplica-se particularmente às vacinas.

As vacinas são um bem comum, público e universal. Devem ser produzidas tendo em atenção os interesses dos povos e disponibilizadas para serem de livre e universal acesso.

Ao longo deste livro, mostrei em que medida os interesses do lucro têm impedido a produção de medicamentos e vacinas a tempo para combater doenças e epidemias com maior potencial letal. A investigação na área da saúde é a área em que mais claramente a vida deveria ter precedência sobre a economia. Circulam no mundo várias petições para que a vacina contra a Covid-19 seja universalmente acessível. Os presidentes da África do Sul e do Paquistão, entre mais de 140 figuras públicas de todo o mundo, pedem uma "vacina democrática". Em maio, a OXFAM lançou uma petição para uma vacina gratuita e acessível a todos. Segundo a OXFAM, custaria 25 bilhões de dólares, o equivalente a menos de quatro meses de lucros das dez maiores empresas farmacêuticas. Também o grupo parlamentar GUE/NGL do Parlamento europeu pediu (pela voz de Marisa Matias e Marc Botenga) uma vacina popular. Ricardo Petrella e a Ágora dos Habitantes da Terra lançaram uma campanha mundial por uma declaração da vacina como bem público livre e universal. Essa petição é parte de um movimento mais amplo por um sistema mundial comum e público de saúde e segurança da vida, livre de patentes, fora do mercado, baseado no direito universal à vida[17]. Para atingir tal objetivo no contexto da atual pandemia bastaria que, com a justificação do investimento público aplicado na investigação da vacina, as universidades e os Estados em causa partilhassem todos os conhecimentos e todas as tecnologias, depositando-os no Fundo de Acesso à Tecnologia da OMS.

Acumulam-se os sinais de que essas campanhas, apesar de gozarem de amplo apoio dos cidadãos, dificilmente serão atendidas pela Big Pharma, pelos Estados em que elas têm influência decisiva e pelas próprias universidades mais diretamente envolvidas na investigação. No caso da vacina desenvolvida pela Universidade de Oxford e pela empresa AstraZeneca, está previsto que até ao final de 2021 seja produzido 1 bilhão de doses para países de baixo e médio rendimentos, o que está muitíssimo longe de ser suficiente. Até ao fim de 2020 está previsto que os países em desenvolvimento receberão 300 milhões de vacinas, enquanto só os EUA e a Inglaterra receberão 400 milhões de doses[18]. Tudo leva a crer que, ao contrário do que se impunha, a luta pelas vacinas venha a transformar-se num conflito geopolítico e em mais um exercício macabro do capitalismo abissal (ver capítulo 3).

As instituições internacionais existentes estão longe de poder enfrentar os desafios das próximas décadas. É necessário democratizar as existentes e criar outras.

A ONU é uma das instituições que deve ser reformada para deixar de ser instrumentalizada ou neutralizada pelos grandes interesses capitalistas globais e dos Estados ao seu serviço. O FMI e o Banco Mundial não têm reforma possível. Devem ser substituídos por outras instituições que visem obter eficazmente os seguintes resultados: eliminar os paraísos fiscais; regular o capital financeiro global e tipificar crimes financeiros, sempre que os instrumentos financeiros sejam usados para impor a destruição do meio ambiente ou para provocar mudanças de regime político – o infame conceito de "*regime change*" – que submetam a política dos países periféricos aos interesses imperialistas; impedir que as relações entre credores e devedores sejam exclusivamente reguladas por instituições ao serviço dos credores, de que são exemplo os tribunais arbitrais; impor um imposto global sobre as transações financeiras, conhecido por imposto Tobin[19].

A OMS deve ser reformulada para atender melhor à diversidade dos conhecimentos médicos existentes no mundo e lutar eficazmente contra a mercantilização crescente da saúde promovida pela Big Pharma[20]. A OMS é reconhecida por 194 países, conta com 7 mil funcionários e tem 150 escritórios regionais. Desde a sua criação em 1948, tem sido objeto de controvérsias e lutas de poder por parte de diferentes países e interesses[21], a última das quais suscitada pelo presidente Donald Trump ao acusar a OMS de conivência com a China, acabando mesmo por retirar os EUA da organização[22]. No passado, a OMS foi fortemente criticada por estar dominada pelos EUA[23]. Nos últimos tempos, a OMS tem sido instada a atender mais às necessidades e realidade específicas dos países do Sul global[24]. Em face dos tempos que se avizinham, a OMS tem de ser fortalecida não apenas em termos financeiros, mas também em termos de sistema de governo que lhe permitam estar um pouco mais resguardada das lutas pelo seu controle. Além de ser cronicamente subfinanciada, a OMS padece de falta de transparência em suas decisões. O sistema de financiamento tem de ser alterado, já que o atual, em termos de contribuições obrigatórias dos Estados, não cobre mais de 20% do orçamento. Por outro lado, o diretor deve ser acompanhado por um conselho diretivo permanente constituído por peritos de vários saberes médicos e de saúde pública que opere com transparência e com prestação de contas. Isto é tanto mais necessário quando atualmente a Fundação Melinda e Bill Gates é o segundo maior doador da OMS e cobre cerca de 10% dos seus custos[25]. Essa fundação está envolvida na promoção de uma vacina produzida pela empresa Moderna. Tudo isso ocorre no momento (agosto de 2020) em que a Rússia afirma estar prestes a produzir uma vacina[26].

As instâncias com jurisdição universal devem ser fortalecidas para pôr fim à impunidade dos crimes de lesa-humanidade e de lesa-natureza.

A concentração de poder financeiro, econômico e político e a consequente degradação dos processos democráticos gerados pelo neoliberalismo conduziram à crescente opacidade e ausência de prestação de contas por parte dos detentores do poder. As suas decisões têm um impacto cada vez maior e mais destrutivo na vida dos seres humanos e na vida do planeta. Conduzem a guerras irregulares e permanentes, com recrutamento a exércitos privados, em que as vítimas mortais são, na esmagadora maioria dos casos, civis desarmados e inocentes. Está em curso uma luta global para redesenhar o controle do mundo, e, em especial, o controle dos territórios ricos em recursos naturais, uma luta de que a guerra (por agora apenas) comercial entre os EUA e a China é a manifestação mais evidente. Aliás, essa luta ocorre também em países ricos em recursos naturais, uma luta que resulta sempre na expulsão de camponeses ou de povos indígenas e no assassinato dos líderes sociais que defendem os territórios. Essa política e essa economia, baseadas na destruição da vida no seu sentido mais amplo, configuram a prática de crimes de lesa-humanidade e de lesa-natureza que urge tipificar e punir. Um bom sinal nessa direção são as queixas-crime apresentadas no Tribunal Penal Internacional contra o presidente do Brasil Jair Bolsonaro por crime contra a humanidade cometido na resposta do seu governo à Covid-19 e a queixa-crime apresentada contra a Colômbia no Tribunal Permanente dos Povos (ver capítulo 5). Sobre a jurisdição universal é referência obrigatória o juiz e ativista Baltasar Garzón[27].

Relações internacionais entre movimentos sociais: um novo Fórum Social Mundial

A primeira grande onda de internacionalismo dos movimentos e organizações sociais progressistas começou em meados do século XIX protagonizada pelo movimento operário e pelas associações de trabalhadores. Daí surgiram as diferentes federações internacionais de sindicatos, refletindo na sua organização as fraturas entretanto ocorridas entre o movimento comunista e o movimento socialista. A segunda grande onda ocorreu a partir de meados de 1950 protagonizada pelos movimentos de libertação anticolonial e teve o seu ponto alto na Conferência de Bandung, em 1955, de onde emergiu o Movimento dos Não Alinhados. A terceira grande onda ocorreu em plena era do neoliberalismo globalizado e foi protagonizada por um conjunto muito heterogêneo de novos movimentos sociais que lutavam contra a globalização neoliberal, mas pretendiam aproveitar as oportunidades de interconhecimento e de mobilidade que ela permitia. Daí que eu os tenha designado por globalização contra-hegemônica[28]. Teve vários momentos de emergência, desde o levantamento zapatista no Sul do México e o internacionalismo que promoveu (1994-), os protestos de Seattle contra a reunião de Organização Mundial do Comércio (1999) e, finalmente, o primeiro Fórum Social Mundial (FSM) em Porto Alegre (2001).

Ao concluir este livro faço uma referência especial ao FSM, não só por ter participado dele desde a primeira hora, mas também por pensar que ele continua hoje a ter a potencialidade de fazer avançar as tarefas da transição paradigmática traçadas neste livro.

Quando se reuniu pela primeira vez em Porto Alegre em 2001, o Fórum Social Mundial era um fenômeno social e político novo. O fato de ter antecedentes não diminuía a sua novidade, antes pelo contrário. Não era um evento nem uma mera sucessão de eventos, embora procurasse dramatizar as suas reuniões inicialmente anuais. Não era um congresso acadêmico, embora para ele convergissem as contribuições de muitos acadêmicos. Não era um partido ou uma internacional de partidos, apesar de nele participarem militantes e ativistas de muitos partidos de todo o mundo. Não era uma organização não governamental ou uma confederação de organizações não governamentais, muito embora na sua concepção e organização participassem organizações não governamentais. Não era um movimento social, embora nele se reunissem muitos movimentos sociais e apesar de muitas vezes se autodesignar como o movimento dos movimentos. Embora se apresentasse como agente da transformação social, o FSM rejeitava a noção de um sujeito histórico ou de sujeito político global e não atribuía prioridade a qualquer ator social específico nos processos de transformação social. Não assumia uma ideologia claramente definida, tanto naquilo que rejeitava como naquilo que defendia. É certo que se afirmava como luta contra a globalização neoliberal, mas não era certo que a maioria dos movimentos e organizações que dele participavam se considerassem em luta contra o capitalismo em geral. O FSM afirmava-se como promovendo lutas contra a discriminação, a exclusão e a opressão, mas não parecia fazê-lo em nome de um horizonte futuro bem definido. Atendendo a que a ampla maioria dos participantes do FSM se identificava como apoiadora de uma política de esquerda, muitas definições de "esquerda" caberiam no FSM. Para além de que muitos se recusavam a ser definidos como de esquerda ou de direita por considerarem que essa dicotomia era um particularismo eurocêntrico e propunham definições políticas alternativas. De todo o modo, as lutas sociais que encontravam expressão no FSM não se ajustavam inteiramente a nenhuma das vias de transformação social sancionadas pela modernidade eurocêntrica: reforma e revolução. Para além do consenso sobre a não violência, as suas formas de luta eram extremamente diversas e estavam distribuídas num contínuo entre a luta institucional e a luta extrainstitucional, nas ruas e nas praças e nos territórios. Mesmo o conceito de não violência estava aberto às interpretações mais díspares (era legítima a violência contra a propriedade?). Finalmente, o FSM não estava estruturado de acordo com qualquer dos modelos de organização política conhecidos, fossem eles o centralismo democrático, a democracia representativa ou a democracia participativa. Ninguém representava o FSM nem ninguém estava autorizado a falar em nome dele. Por fim, o FSM não tomava decisões em nome próprio, ainda que fosse concebido como um fórum que facilitava as decisões dos movimentos e das organizações que dele participavam[29]. As únicas decisões possíveis não teriam conteúdo político e versariam apenas sobre o desenvolvimento do processo do FSM. E para maximizar a despolarização e a inclusividade, tais decisões seriam tomadas por consenso no conselho internacional entretanto criado. É possível sustentar que essas características não eram totalmente novas, na medida em que algumas estavam associadas ao que se convencionara chamar "novos movimentos sociais". A verdade, porém, é que esses movimentos, quer fossem locais, nacionais ou globais, eram temáticos, enquanto o FSM acolhia potencialmente todos os temas, i.e., via-se como intertemático ou mesmo transtemático.

A dimensão utópica do FSM residia em proclamar a existência de alternativas à globalização neoliberal. Nessa medida, o FSM afirmava-se como a organização alternativa ao Fórum Econômico Mundial (FEM) que se reunia regularmente em Davos com o objetivo de consolidar a era neoliberal do capitalismo global. Não foi por acaso que as datas do FSM coincidiam inicialmente com as do FEM. Como tenho defendido ao longo deste livro, o confinamento do mundo na lógica capitalista vinha desde a década de 1980. Dominava inteiramente uma ideologia antiutópica, embora Franz Hinkelammert[30] preferisse designar esse tempo como um tempo de utopias conservadoras cujo caráter utópico residia na sua negação radical de alternativas à realidade do presente. A possibilidade de alternativas era desacreditada precisamente por ser utópica, idealista, irrealista. Todas as utopias conservadoras são sustentadas por uma lógica política baseada num único critério de eficácia, que rapidamente se torna um critério ético supremo. Segundo esse critério, só tem valor o que é eficaz. Qualquer outro critério ético é desvalorizado como ineficaz. O neoliberalismo afirmara-se como uma dessas utopias conservadoras, para as quais o único critério de eficácia era o mercado ou as leis do mercado. O seu caráter utópico radicava na promessa de que a sua realização ou aplicação totais eliminaria todas as outras utopias. Segundo Hinkelammert, "essa ideologia extrai do seu furioso antiutopismo a promessa utópica de um novo mundo. A tese básica é: quem destrói a utopia, a realiza"[31]. De fato, o que distingue as utopias conservadoras das utopias críticas é o fato de elas se identificarem com a realidade presente e de descobrirem a sua dimensão utópica na radicalização ou na realização completa do presente. O horizonte das utopias conservadoras é, assim, um horizonte fechado, um fim da história.

Esse foi o contexto em que surgiu o FSM; nesse contexto, a reivindicação da existência de alternativas no plural era suficientemente aliciante. Isso justifica a atenção mundial que mereceu, tanto daqueles que ansiavam por transformação social, como daqueles que a queriam evitar e viam no FSM o embrião de algo ameaçador para os seus interesses. Não é este o lugar para analisar a evolução do FSM nestes últimos vinte anos[32]. Na primeira década da sua existência, o FSM mostrou grande vitalidade, desdobrando-se em fóruns temáticos, regionais e nacionais. A partir daí, começou a perder alguma capacidade de atrair novos movimentos, ainda que continuasse a ser conhecido como um espaço aberto de interconhecimento progressista. Vários temas de fricção e de conflito foram emergindo ao longo da primeira década e continuaram a assombrar a segunda década[33]. As divergências principais incidiram sobre os seguintes temas.

Primeiro, inclusividade. A participação nas sessões do FSM era muito seletiva, tanto no que diz respeito aos movimentos e lutas, como no que diz respeito aos continentes. As sessões eram presenciais e só as grandes organizações poderiam custear a sua participação e a das "suas" organizações ou movimentos de nível local. Aliás, a seletividade também existia mesmo em relação aos movimentos e organizações do país onde se realizava o FSM. Em termos continentais, o sub-continente latino-americano estava sobrerrepresentado e, dentro dele, o Brasil. A partir de meados da década de 2000, por supostas razões de segurança, a chamada "guerra ao terrorismo" criou um obstáculo adicional à deslocação internacional de alguns movimentos e organizações originários de alguns países com religião predominantemente muçulmana.

Segundo, democraticidade interna. Apesar de haver um amplo conselho internacional, que aliás teve dificuldade em renovar-se, foi-se criando a percepção de que um pequeno grupo de membros influentes (maioritariamente brasileiros) controlava as agendas e as decisões, e usava a regra do consenso para bloquear qualquer iniciativa que contrariasse as suas posições. Como é usual em organizações, esse grupo, apesar de informalmente dominante, procurava deslegitimar qualquer posição contrária com o argumento de que quem a formulava "queria tomar o poder".

Terceiro, intervenção. Nos termos da Carta de Princípios o FSM não poderia tomar decisões políticas em nome próprio, ainda que fosse incentivado que as organizações integrantes do Fórum o fizessem em nível individual ou coletivo. Na aparência, uma medida tomada para ampliar a inclusividade do FSM transformou-se com o tempo no grande fator da sua paralisação. Inicialmente, ainda foi possível identificar o FSM com a grande mobilização mundial contra a invasão do Iraque pelos EUA, mas daí em diante o FSM foi ficando à margem de decisões sobre temas para os quais havia largos consensos, desde a reforma da ONU às declarações de repúdio por atos políticos altamente censuráveis (entre muitos outros, o golpe jurídico-político contra a presidente Dilma Rousseff, a condenação judicialmente manipulada do ex-presidente Lula da Silva, os assassinatos políticos de líderes sociais em vários países, nomeadamente na Colômbia, ou o assassinato de Marielle Franco, a vereadora do Rio de Janeiro, um assassinato de alto perfil). O absentismo do FSM das plataformas onde se tomavam decisões e se manifestava solidariedade e se exercia pressão com visibilidade política fez com que o FSM fosse se tornando progressivamente menos relevante. Muitos dos animadores do FSM desde a primeira hora procuraram alertar para essas questões, como exemplificado pelo manifesto de Porto Alegre em 2005 e, no ano seguinte, o Apelo de Bamako, mas os alertas não encontraram nenhum eco. Com o tempo muitas organizações e movimentos foram-se afastando. A participação dessas organizações e movimentos no FSM passara a ser, no melhor dos casos, uma perda de tempo, já que nada se decidia ou tinha impacto em suas lutas. Ou, no pior dos casos, porque havia a suspeita de que, por detrás da rigidez do consenso, se escondia uma agenda política bem definida para não serem abordados temas "mais sensíveis" ou para evitar qualquer radicalização das mobilizações.

Hoje o FSM parece irreformável. À margem dele, tem emergido uma nova energia internacionalista popular protagonizada por ativistas mais jovens, sobretudo mulheres, interessadas e interessados em criar um sujeito político global, internamente diverso, com voz e capacidade de intervir na solução dos problemas que afligem a humanidade e a natureza como um todo. Se essa energia se puder verter para o FSM, este pode conquistar uma segunda vida. Se tal não for possível, o FSM será convertido numa ruína-semente (capítulos 9 e 10). Mas como a necessidade a que ele deu resposta na sua origem é hoje ainda mais premente que então, o vazio não tardará a ser preenchido por novas gerações de ativistas que saberão aprender com os erros que transformaram o FSM numa oportunidade perdida[34].

Conclusão

Neste capítulo apresentei um caderno de encargos para se aproveitar a oportunidade que a pandemia nos deu para sairmos do pântano da normalidade que condenou a maioria da população ao inferno da exclusão, da fome, da morte evitável, da violência, da guerra, da expropriação e do ar irrespirável. Esta oportunidade dificilmente se repetirá nas próximas décadas. Traduz-se em iniciar a transição para outros modos de vida civilizada, onde a aspiração de vida digna não seja o privilégio de um grupo cada vez mais reduzido de seres humanos. Este livro aposta nessa possibilidade.

CONCLUSÃO

Como deixei escrito no prefácio, este livro, diferente de todos os outros que escrevi, foi um empreendimento de alto risco. As incertezas criadas pela pandemia desafiavam, pelo seu âmbito e pelo modo como enfrentavam as estruturas sociais, econômicas e políticas do início do século XXI, as capacidades de intervenção e de análise da ciência no seu conjunto e, portanto, também das ciências sociais. Apesar disso, a partir do final de agosto de 2020, a pandemia, que continuava ativa na sua capacidade de destruição, parecia não oferecer grandes novidades no modo como operava e como desafiava os obstáculos que encontrava. O desafio que ela apresentava a este livro ocorreria mais no domínio empírico dos dados do que no quadro analítico que desenvolvi para os analisar. As surpresas ocorriam... sem surpresa. Por exemplo, a relação entre a capacidade da pandemia para destruir vidas e as desigualdades e discriminações sociais que lhe preexistiam mantiveram-se inalteradas (capítulo 4). Correspondentemente, não se alteraram e antes se tornaram mais visíveis os modos como, em meio de uma crise econômica que se agravava em resultado da pandemia, certos setores do capital transformavam a pandemia num bom negócio e acumulavam riqueza sem limites (capítulo 3). Por sua vez, as áreas da ciência e da indústria ligadas à produção das vacinas aprofundaram a tendência que assinalei para distorcer as prioridades da investigação científica em função da emergência causada pela pandemia, deixando sem cobertura a investigação em todas as áreas não diretamente relacionadas com a pandemia, como por exemplo, a vacina contra o HIV-Aids ou para controlar a malária. Além disso, apenas se agravou de maneira ainda mais acentuada que o previsto a conversão das vacinas em negócio do século e em luta geopolítica. Gerava-se uma nova versão da Guerra Fria, a guerra fria das vacinas, entre as "vacinas ocidentais" e as "vacinas não ocidentais" – chinesas, russas ou outras (capítulos 3 e 6). Finalmente, as comunidades periféricas, urbanas ou rurais, continuaram abandonadas e vivendo esse abandono com a dor silenciosa e silenciada das lágrimas pela morte de tantos entes queridos. E continuaram a organizar-se e a resistir, ainda que em condições cada vez mais precárias (capítulo 7). Em alguns países, como a Bolívia, o Brasil, os EUA, a Colômbia e a Índia, as políticas de Estado, por vezes combinadas com o crime paraestatal (no caso da Colômbia), a precarização das condições de luta contra a pandemia parecia ser uma política de Estado, uma dimensão macabra de extermínio de populações indesejáveis ou descartáveis.

Apesar de tudo isso, o evoluir da pandemia obrigava a algumas afinações no quadro analítico que eu desenhara para a analisar. Em forma de conclusão, deixo registradas algumas dessas afinações necessárias. Constituem um caderno de tarefas para trabalhos futuros, tanto meus como de outros e outras cientistas sociais.

Primeiro, o regresso do Estado (capítulo 5) foi-se revelando cada vez mais problemático, à medida que a pandemia progrediu. Quanto mais central se revelou no combate à pandemia, mais claramente revelou a sua incapacidade para sustentar essa centralidade de modo estável. Assim, países que tinham começado por ter um bom desempenho no combate à pandemia viram a pandemia voltar e moderar o êxito da sua política. Foi este, por exemplo, o caso da Coreia do Sul e da Nova Zelândia. Por sua vez, tornaram-se mais conhecidos os bons desempenhos de outros Estados como, por exemplo, o Uruguai. Estes e outros casos obrigavam, de resto, a uma nova ponderação dos fatores políticos a orientar as políticas públicas em período de pandemia. Eu atribuíra um papel relevante ao fator esquerda/direita. Fiz essa atribuição com cautela e sempre chamando a atenção para outros fatores, tais como os níveis prévios de desigualdade social, o peso das heranças coloniais na construção do Estado, ou a qualidade do serviço público de saúde. No entanto, a evolução da pandemia foi revelando que era preciso ampliar a complexidade da análise. Por exemplo, o Uruguai, apesar de governado por uma coligação de partidos políticos de direita ou de centro-direita, revelou um bom desempenho no combate à pandemia. Pelo contrário, um governo considerado de centro-esquerda, como o do México, revelou um mau desempenho. Por quê? O caso do Uruguai suscita a inclusão de uma outra variável interveniente: a grande atenção dada a tempo às recomendações da comunidade científica, uma comunidade bem relacionada internacionalmente e muito atenta aos desenvolvimentos noutros países. Ao contrário, em outros países governados pela direita, nomeadamente na Inglaterra, nos EUA e no Brasil, a comunidade científica foi ignorada durante mais ou menos tempo, e foi ignorada, sobretudo, com o argumento de que a economia não podia parar. A economia estava primeiro do que a vida. Esses desenvolvimentos mostram a necessidade de analisar mais profundamente, e com maior detalhe comparativo, as diferentes estirpes de governos de direita, especificamente entre uma direita moderada, atenta ao valor da dignidade da vida humana, e uma extrema-direita ou direita hiper-neoliberal, cega ante as "necessidades" da economia, ou seja, do capitalismo. O curioso é que os países que mais seguiram a ideia da defesa da economia são os que mergulharam na pior crise econômica com o decorrer da pandemia. Por quê? O caso do México é nesse aspecto ainda mais complicado. Mostra que a pressão da economia (sobretudo no México não se pode ignorar a pressão do *big brother* do Norte), combinada com a preocupação (humanista?) de ter em atenção o peso da economia informal e o desastre social que a sua interrupção envolveria, acabaram por conduzir ao mesmo resultado desastroso para a proteção da vida e de economia.

O segundo campo de afinação analítica tem a ver com duas incertezas, cuja evolução só poderá ser analisada a médio prazo. A primeira tem a ver com a saúde pública. Nos países onde a política de mitigação foi orientada com êxito para impedir a todo o custo o colapso dos serviços públicos de saúde, como é o caso de Portugal, a questão que se põe é a de saber qual será o impacto dessa opção na saúde dos cidadãos a médio prazo. Os serviços públicos foram totalmente orientados para mitigar a pandemia. Em consequência, foi descurado ou adiado o tratamento de doenças não relacionadas com a pandemia. Por exemplo, há indicações de que, durante os primeiros meses da pandemia em Portugal, a mortalidade terá aumentado, de modo significativo, em relação ao mesmo período dos anos anteriores. Quais serão os efeitos a mais médio prazo se o atendimento médico geral não for, entretanto, estabilizado até aos níveis anteriores à pandemia?

A segunda incerteza diz respeito às vacinas. Estão sendo desenvolvidas muitas vacinas em muitos países (cerca de duzentas candidatas, segundo a OMS) a uma velocidade sem precedentes. As motivações, como já referi, são uma mistura de preocupação pela saúde das populações, de perspectiva de negócio bilionário e de competição geopolítica. Essa mistura pode revelar-se tóxica. Os efeitos secundários na saúde e bem-estar das pessoas vacinadas podem transformar-se num outro problema sério de saúde em nível global.

O terceiro campo de afinação analítica diz respeito ao papel das estatísticas nas políticas públicas, especialmente nas políticas de saúde. Como menciono no capítulo 6, o relevo dado à quantificação estatística é perigoso, não só pela falsa ideia de certeza que transmite, como pela trivialização do horror que simultaneamente mostra e oculta. Penso que, no futuro, será necessário dar mais atenção analítica a essa deriva quantificadora. Quando ela visa comparar países, não são considerados fatores decisivos que subjazem às estatísticas, tais como a capacidade de testagem (níveis e formas de testagem), os níveis de subnotificação das mortes por Covid-19, a capacidade ou a vontade política de elaborar estatísticas fiáveis, a incerteza do momento em que a pandemia começou num dado país e, portanto, o número de mortes que poderá ter produzido antes de a sua presença ter sido identificada. Para além desses imponderáveis, as estatísticas transformam a tragédia humana em números abstratos que acabam por criar indiferença perante a tragédia humana e o modo como ela afeta a vida das famílias e das comunidades. A partir de certo patamar que ele próprio varia de país para país, a gravidade do sofrimento deixa de criar empatia e aprofunda a segmentação e a fragmentação da convivência social, com impactos imprevisíveis em processos eleitorais no período imediatamente pós-pandêmico.

Finalmente, a quarta afinação analítica diz respeito à gravidade das notícias falsas. É certo que lhe dediquei alguma atenção no capítulo 6, mas a informação científica posterior à redação desse capítulo leva-me a pensar que essa é uma área que deverá merecer maior atenção analítica, política e mesmo jurídica. É que, em tempos de pandemia, as notícias falsas traduzem-se diretamente em mortes e, portanto, configuram atuações criminosas que os países não estão preparados para punir exemplarmente, tal como não estão preparados para travar eficazmente a propagação de notícias falsas.

No momento em que escrevo (finais de agosto de 2020) está sendo divulgado em pré-publicação um artigo no *The American Journal of Tropical Medicine and Hygiene*, sobre o impacto da infodemia na saúde pública. Os seus autores distinguiram entre boatos, estigmatizações e teorias da conspiração publicadas em plataformas online de 87 países e em 25 línguas. A incidência de notícias falsas é particularmente grave em países como os EUA, o Reino Unido, a Espanha, a Indonésia, a Itália, a França, a Índia, a China e o Brasil. Mas está presente em quase todos os países analisados e a leitura dos tipos de boatos e de teorias da conspiração causa perplexidade. Só para dar um exemplo, o boato que ingerir álcool altamente concentrado matava o vírus circulou em vários países e terá causado a morte a oitocentas pessoas e a hospitalização de 5.876, tendo sessenta ficado cegas. Boatos similares causaram trinta mortes na Turquia. O estudo apela às autoridades para investir mais na identificação dos boatos e das teorias da conspiração e na divulgação rápida e ampla dos fatos que os contradizem, uma das lições que crises epidêmicas anteriores já tinham destacado (capítulo 6).

Como deixei escrito no prefácio, escrever sobre a pandemia é escrever com a pandemia. O livro termina, a pandemia não. Da perspectiva deste livro, a partir de agora a pandemia está à solta, livre das amarras teóricas e analíticas que lhe impus. Como intelectual de retaguarda e não de vanguarda, que me orgulho de ser, se a pandemia se desenvolver por caminhos que contradizem as previsões implícitas em minha análise, não atribuirei a culpa à pandemia. Atribuirei à minha teoria e aos meus quadros analíticos. Terei de os rever para poder continuar a ajudar aqueles e aquelas que durante a pandemia assumiram a defesa da vida digna e imaginaram políticas e modos de vida que no futuro nos possam defender melhor de pandemias. Foi este o propósito deste livro.

NOTAS

Prefácio
1. Eric Hobsbawm (1994) refere-se ao período que medeia entre o início da Primeira Guerra Mundial até a queda do chamado bloco soviético como "o curto século XX", um espaço-tempo que se seguiu ao "longo século XIX", que medeia entre o início da Revolução Francesa, em 1789, até o início da Primeira Guerra Mundial, em 1914.
2. Publiquei há pouco um pequeno e-book intitulado *A cruel pedagogia do vírus* (São Paulo, Boitempo, 2020).

Capítulo 1
1. Leonardo da Vinci, *The Notebooks of Leonardo Da Vinci* (Nova York, Dover Publications, 2016), p. 320.
2. Esse conceito operacionalizado por André Gide em 1893 refere-se às narrativas que contêm outras narrativas dentro de si.
3. Veja-se o exemplo do HIV-Aids ou do Ebola, que trato no capítulo 2.
4. Disponível em: <http://theenemyishere.org/>. Acesso em: 25 abr. 2020.
5. William Shakespeare, *Antônio e Cleópatra*, Ato 2, Cena V. Disponível em: <http://www.ebooksbrasil.org/eLibris/cleo.html>. Acesso em: 10 jul. 2020.
6. Boaventura de Sousa Santos, *A cruel pedagogia do vírus* (São Paulo, Boitempo, 2020).
7. Idem, *O fim do império cognitivo: a afirmação das epistemologias do Sul* (Belo Horizonte, Autêntica Editora, 2019), p. 252-6.

Capítulo 2
1. Boaventura de Sousa Santos, *Epistemologies of the South: Justice against Epistemicide* (Abingdon, Routledge, 2014).
2. Idem, *O fim do império cognitivo: a afirmação das epistemologias do Sul* (Belo Horizonte, Editora Autêntica, 2019); Idem, *A cruel pedagogia do vírus* (São Paulo, Boitempo, 2020).
3. Veena Das, *Life and Words: Violence and the Descent into the Ordinary* (Berkeley, University of California Press, 2007), p. 8.
4. William Rosen, *Justinian's Flea: Plague, Empire, and the Birth of Europe* (Nova York, Penguin, 2007).
5. A peste é causada pela bactéria *Yersinia pestis*. Como muitas doenças, a praga é uma zoonose: os seres humanos são contaminados a partir de animais. No caso da peste, que perdura até hoje, esta tem um reservatório natural entre roedores selvagens, sendo o vetor de transmissão a pulga.

⁶ Ole Benedictow, *The Black Death 1346-1353: The Complete History* (Woodbridge, Boydell Press, 2004), p. 383.

⁷ "Digo, pois, que os anos da frutífera encarnação do Filho de Deus já haviam chegado ao número 1348 quando, na insigne cidade de Florença, a mais bela de todas as da Itália, ocorreu uma peste mortífera, que — fosse ela fruto da acção dos corpos celestes, fosse ela enviada aos mortais pela justa ira de Deus para correcção de nossas obras iníquas — começara alguns anos antes no lado oriental, ceifando a vida de incontável número de pessoas, e, sem se deter, continuou avançando de um lugar a outro até se estender desgraçadamente em direcção ao ocidente." Disponível em: <https://www.academia.edu/35011473/Decameron_-_Giovanni_Boccaccio>. Acesso em 14 jul. 2020.

⁸ David Nirenberg, *Communities of Violence*: Persecution of Minorities in the Middle Ages (Princeton, Princeton University Press, 2015).

⁹ Paul S. Sehdev, "The Origin of the Quarantine", *Clinical Infectious Diseases*, n. 35, 2002, p. 1.072.

¹⁰ Carlo M. Cipolla, *Fighting the Plague in Seventeenth-Century Italy* (Madison, University of Wisconsin Press, 1981); Zlata Blazina Tomic e Vesna Blažina, *Expelling the Plague: The Health Office and the Implementation of Quarantine in Dubrovnik, 1377-1533* (Montreal, McGill-Queen's University Press, 2015).

¹¹ Laurinda Abreu, "A luta contra as invasões epidémicas em Portugal: políticas e agentes, séculos XVI-XIX", *Ler História*, n. 73, 2018, p. 93-120. Para alguns historiadores da medicina, o decreto da imposição de quarentena em 1377 em Ragusa (hoje Dubrovnik, na Croácia) é considerado um dos feitos mais importantes da medicina medieval. Ao ordenar o isolamento de marinheiros e comerciantes saudáveis inicialmente por trinta dias (que mais tarde se estenderia até quarenta dias), os funcionários da cidade revelaram um conhecimento notável do período de incubação da peste. Os recém-chegados eram mantidos isolados pelo tempo suficiente para determinar se estavam, de fato, livres da doença; ver Zlata Blazina Tomic e Vesna Blažina, *Expelling the Plague*, cit. A Ragusa se deve também o crédito de ter formado o primeiro gabinete de saúde pública. Em 1397, estabeleceu o primeiro gabinete permanente de saúde, cujos membros eram eleitos entre os patrícios. Cabia-lhes, entre outras tarefas, vigiar a emergência de surtos epidêmicos.

¹² No momento coexistiam três noções sobre a origem dessa doença, algo contraditórias entre si: 1) como castigo divino em face da uma transgressão individual ou coletiva; 2) como resultado de "miasmas" ou dos maus odores resultantes da decomposição; e 3) como resultado de contágio pessoa a pessoa.

¹³ O termo "guerra biológica" pode soar aqui anacrônico, porém, de acordo com Wheelis, são conhecidos atos isolados do uso de armas biológicas em vários cercos medievais. Ver Mark Wheelis, "A Short History of Biological Warfare and Weapons", em Marie Isabelle Chevrier et al. (orgs.), *The Implementation of Legally Binding Measures to Strengthen the Biological and Toxin Weapons Convention*, NATO Science Series II: *Mathematics, Physics and Chemistry*, v. 150 (Springer, Dordrecht, 2004), p. 15-31.

¹⁴ Idem, "Biological Warfare at the 1346 Siege of Caffa", *Emerging Infectious Diseases*, v. 8, n. 9, 2002, p. 973. Wheelis reproduz um vívido relato de Gabriele de Mussi (*ca. 1280-ca.* 1356). De fato, a peste bubônica não é transmitida pessoa a pessoa. O patógeno é uma bactéria que tem roedores como hospedeiro. Nas cidades medievais eram ratos. Pulgas neles se contaminam e infetam humanos. A especulação dos cronistas medievais se baseava no suposto veneno das lesões bubônicas e erupções cutâneas, horríveis e pútridas, numa hipótese miasmática que era equivocada (comunicação pessoal de Naomar de Almeida-Filho em 26 de agosto de 2020).

¹⁵ George C. Kohn, *Encyclopedia of Plague and Pestilence: From Ancient Times to the Present* (Nova York, Facts On File, 2008).

¹⁶ J. N. Hays, *Epidemics and Pandemics: Their Impacts on Human History* (Santa Barbara, ABC-CLIO, 2005), p. 46.

17 Robert C. Davis, *Christian Slaves, Muslim Masters: White Slavery in the Mediterranean, the Barbary Coast and Italy, 1500-1800* (Londres, Palgrave Macmillan, 2003), p. 18.
18 Charles Philip Issawi, *Fertile Crescent, 1800-1914: A Documentary Economic History* (Oxford, Oxford University Press, 1988), p. 99.
19 Carlo M. Cipolla, *Fighting the Plague in Seventeenth-Century Italy*, cit.
20 Embora esse esforço conjunto tenha tido pouca duração, representou, todavia, uma importante tentativa de cooperação internacional na área da saúde, anterior à primeira Conferência Sanitária Internacional, realizada em Paris em 1851.
21 Vanessa Harding, *The Dead and the Living in Paris and London, 1500-1670* (Cambridge, Cambridge University Press, 2002).
22 Ole Benedictow, *The Black Death 1346-1353*, cit.
23 Marie-Laura Derat, "Du Lexique aux talismans: occurrences de la peste dans la Corne de l'Afrique du XIIIe au XVe siècle", *Afriques*, n. 9, 2018. Disponível em: <http://journals.openedition.org/afriques/2090> . Acesso em: 6 abr. 2020.
24 Idem; Gérard Chouin, "Reflections on Plague in African History (14th-19th c.)", *Afriques*, n. 9, 2018. Disponível em: <http://journals.openedition.org/afriques/2228>. Acesso em: 5 abr. 2020. Dado como tendo sido infectado pela peste e tendo-se curado "milagrosamente", são Roque é protetor contra a peste e padroeiro dos inválidos, dos cirurgiões e dos cães. Muitas são as igrejas, entre as comunidades católicas do mundo, consagradas a são Roque.
25 Gérard Chouin, "Reflections on Plague in African History (14th-19th c.)", cit.
26 Myron Echenberg, *Plague Ports: The Global Urban Impact of Bubonic Plague, 1894-1901* (Nova York, New York University Press, 2007).
27 Carol Benedict, *Bubonic Plague in Eighteenth-Century China* (Stanford, CA, Stanford University Press, 1996), p. 47.
28 E. G. Pryor, "The Great Plague of Hong-Kong", *Journal of the Hong Kong Branch of the Royal Asiatic Society*, n. 15, 1975, p. 69.
29 Monidipa Bose Dey, "Lessons from the Bubonic Plague of 1896", *Live History of India*, 24 mar. 2020. Disponível em: <https://www.livehistoryindia.com/history-daily/2020/03/24/lessons-from-the-bubonic-plague-of-1897?fbclid=IwAR3VjEQJMDASb79_UycmrAEDMaPc-928ZnFUC-3U8zKyeK3DnafF_JXFg9is>. Acesso em: 4 abr. 2020.
30 Shinjini Das, *Homoeopathic Families, Hindu Nation and the Legislating State: Making of a Vernacular Science, Bengal 1866-1941* (PhD thesis, Londres, University College London, 2011).
31 David Arnold, "Touching the Body: Perspectives on the Indian Plague, 1896-1900", em Ranajit Guha (org.), *Subaltern Studies V* (Delhi, Oxford University Press, 1987), p. 55-90.
32 Idem, *Colonizing the Body: State Medicine and Epidemic Disease in Nineteen Century India* (Berkeley, University of California Press, 1993). No início do século XX, 4 milhões de pessoas já haviam sido inoculadas na Índia. Desde então, os episódios de peste bubônica têm sido esporádicos. Uma exceção parece ser o episódio de peste bubônica de 1994. Na sequência deste surto de peste, 52 pessoas perderam a vida, tendo a doença levado ao pânico e fuga da cidade de Surat, com receio de ficarem em quarentena; ver Ashok K. Dutt, Rais Akhtar e Melinda McVeigh, "Surat Plague of 1994 Re-examined", *Southeast Asian Journal of Tropical Medicine and Public Health*, v. 37, n. 4, 2006, p. 756. Embora o surto tenha durado pouco mais de duas semanas, esse episódio fez ressurgir vários estereótipos coloniais sobre a Índia.
33 Em Madagascar a peste tornou-se endémica. Os estudos realizados por Monica Green ("Putting Africa on the Black Death Map: Narratives from Genetics and History", *Afriques* [on-line], n. 9, 2018. Disponível em: <http://journals.openedition.org/afriques/2125>. Acesso em: 5 abr. 2020) sugerem que a atual epidemia de peste nesse país é sucedânea de uma estirpe de *Yersinia pestis* da pandemia que se iniciou no século XIV.
34 Cabe notar que Gandhi escreveu várias colunas de opinião sobre o significado e impacto da peste

na África do Sul, entre 1899 e 1904; ver Srirupa Prasad, *Cultural Politics of Hygiene in India, 1890-1940: Contagions of Feeling* (Londres, Palgrave, 2015), p. 123.

[35] Charles Gregg, *Plague: An Ancient Disease in the Twentieth Century* (Albuquerque, University of New Mexico Press, 1985); Myron Echenberg, *Plague Ports*, cit.

[36] Donald R. Hopkins, *The Greatest Killer: Smallpox in History* (Chicago, University of Chicago Press, 2002).

[37] Frank Fenner et al., *Smallpox and its Eradication* (Geneva, WHO, 1988).

[38] Especificamente referindo-se à Austrália, Judy Campbell afirma que as doenças infecciosas associadas à infância no contexto do Reino Unido (ex. sarampo, varicela, varíola, rubéola, etc.) eram desconhecidas entre os aborígenes à chegada dos colonizadores. Para a autora, os primeiros surtos de varíola, a mais letal das doenças infecciosas, identificados a partir de finais do século XVIII, resultaram dos contatos com os colonos, ou do contágio a partir de contatos com marinheiros infectados vindos das ilhas ao norte. Ver Judy Campbell, *Invisible Invaders: Smallpox and Other Diseases in Aboriginal Australia, 1780-1880* (Melbourne, Melbourne University Press, 2002), p. v; Donald R. Hopkins, *The Greatest Killer*, cit.

[39] W. George Lovell e Noble David Cook (orgs.), *Epidemias y despoblación indígena en Hispanoamérica Colonia* (Quito, Ediciones Abya-Yala, 2000).

[40] Robert McCaa, "Spanish and Nahuatl Views on Smallpox and Demographic Catastrophe in Mexico", *The Journal of Interdisciplinary History*, v. 25, n. 3, 1995, p. 429.

[41] José Francisco Díaz de León, "Epidemias y Conquista en la Nueva España: una aproximación a las enfermedades del siglo XVI (1521-1550)", *Horizonte Histórico*, v. 5, n. 10, 2014, p. 26.

[42] Boaventura de Sousa Santos, "The Fall of the Angelus Novus: Beyond the Modern Game of Roots and Options", *Current Sociology*, v. 46, n. 2, 1998, p. 81-118, DOI: 10.1177/0011392198046002007; Idem, *Epistemologies of the South*, cit.; Idem, *O fim do império cognitivo*, cit.

[43] Nathan Nunn e Nancy Qian, "The Columbian Exchange: A History of Disease, Food, and Ideas", *Journal of Economic Perspectives*, v. 24, n. 2, 2010, p. 163-88.

[44] Alexandre Koch et al., "Earth System Impacts of the European Arrival and Great Dying in the Americas After 1492", *Quaternary Science Reviews*, v. 207, 2019, p. 13-36, DOI: 10.1016/j.quascirev.2018.12.004.

[45] Lúcia Sá, *Rain Forest Literatures: Amazonian Texts and Latin American Culture* (Minneapolis, University of Minnesota Press, 2004), p. 174.

[46] W. George Lovell e Noble David Cook (orgs.), *Epidemias y despoblación indígena en Hispanoamérica Colonia*, cit.

[47] George R. Milner e George Chaplin, "Eastern North American Population at ca. ad 1500", *American Antiquity*, v. 75, n. 4, 2010, p. 707-26.

[48] Andrew Noymer, "Population Decline in Post-Conquest America: The Role of Disease", *Population and Development Review*, v. 37, n. 1, 2011, p. 178-83.

[49] Noble David Cook, *Born to Die: Disease and New World Conquest* (Nova York, Cambridge University Press, 1998).

[50] Robert McCaa, "Spanish and Nahuatl Views on Smallpox and Demographic Catastrophe in Mexico", cit.

[51] *Cocoliztli* descreve uma forma de febre hemorrágica que era nova no centro do México após a conquista. Trabalhos recentes sugerem que se tratou de uma infecção provocada por *Salmonella entérica*; ver Åshild J. Vågene et al., "*Salmonella Enterica* Genomes from Victims of a Major Sixteenth-century Epidemic in Mexico", *Nature Ecology & Evolution*, v. 2, 2018, p. 520-8, DOI: 10.1038/s41559-017-0446-6. Apesar de ter havido pequenos surtos durante o século XVI, as duas principais epidemias foram as de 1545-1548 e a de 1576. Na sequência do segundo surto, ocorrido trinta anos após a grande razia, os dados de dois recenseamentos de famílias espanholas e indígenas mostram que a peste levou 45% da população indígena (dos cerca de 4 milhões que haviam restado).

52 Juan de Grijalba, *Crónica de la Orden de N.P.S. Agustín en las provincias de la Nueva España en cuatro edades desde el año 1533 hasta el de 1592* (México, Imprenta Victoria, 1926), p. 214.
53 Fray Gerónimo de Mendieta, *Historia eclesiástica Indiana* (México, Antigua librería, 1870), p. 515.
54 Germán Somolinos D'Ardois, "Hallazgo del manuscrito sobre el cocoliztli, original del Dr. Francisco Hernández", em Enrique Florescano e Elsa Malvido (orgs.), *Ensayos sobre la historia de las epidemias en México*, v. 1 (México, Instituto Mexicano del Seguro Social, 1980), p. 374-6.
55 George C. Kohn, *Encyclopedia of Plague and Pestilence*, cit., p. 260.
56 Sandra Elena Guevara Flores, *La construcción sociocultural del cocoliztli en la epidemia de 1545 a 1548 en la Nueva España* (Tese de Doutorado, Barcelona, Universitat Autònoma de Barcelona, 2017), p. 11-2.
57 Fray Gerónimo de Mendieta, *Historia eclesiástica Indiana*, cit., p. 307.
58 José Pardo Tomas, "Pluralismo médico y medicina de la conversión: Fray Agustín Farfán y los agustinos en Nueva España, 1533-1610", *Hispania*, v. LXXIV, n. 248, 2014, p. 758-9.
59 William T. Sanders, Jeffrey R. Parsons e Robert S. Santley, *The Basin of Mexico: The Ecological Processes in the Evolution of a Civilization* (Nova York, Academic Press, 1979).
60 Noble David Cook e W. George Lovell (orgs.), *Secret Judgements of God: Old World Disease in Colonial Spanish America* (Norman, University of Oklahoma Press, 1992); Alexandre Koch et al., "Earth System Impacts of the European Arrival and Great Dying in the Americas After 1492", cit.
61 Ronald Wright, *Stolen Continents: The Americas through Indian Eyes since 1492* (Boston, Houghton Mifflin, 1992), p. 73-4.
62 Massimo Livi Bacci, *Conquest: The Destruction of the American Indios* (Cambridge, Polity Press, 2008), p. 84.
63 Noble David Cook, *Demographic Collapse: Indian Peru, 1520-1620* (Nova York, Cambridge University Press, 1981).
64 Gilberto Osório de Andrade (org.), *Morão, Rosa e Pimenta: notícia dos três primeiros livros em vernáculo sobre a medicina no Brasil*. Introduções históricas, interpretações e notas de Eustáquio Duarte. Prefácio de Gilberto Freyre, v. 1 (Recife, Arquivo Público Estadual, 1956), p. 43.
65 William M. Denevan, *The Native Population of the Americas in 1492* (Madison, WI, University of Wisconsin Press, 1976), p. 230.
66 Os dados estatísticos de 2010 (IBGE) estimam a população indígena do Brasil em cerca de 817.963 pessoas. Desse total, 502.783 encontram-se na zona rural e 315.180 habitam os centros urbanos. Maioritariamente concentrada na região Norte do Brasil, o censo revela a existência de 305 etnias diferentes e 274 línguas indígenas. Dados disponíveis em: <https://indigenas.ibge.gov.br/>. Acesso em: 1º abr. 2020.
67 António Carlos de Castro Toledo, "História da varíola", *Revista de Medicina de Minas Gerais*, v. 15, n. 1, 2005, p. 58-65.
68 Sidney Chalhoub, *Cidade febril: cortiços e epidemias na Corte Imperial* (São Paulo, Companhia das Letras, 1996).
69 Carl O. Sauer, *Seventeenth Century North America* (Berkeley, Turtle Island Press, 1980).
70 Edward J. Davies, II, "The Americas, 1450-2000", em Jerry H. Bentley (org.), *Oxford Handbook of World History*, v. 1 (Oxford, Oxford University Press, 2012), p. 1-25.
71 Frank Fenner et al., *Smallpox and its Eradication*, cit.
72 Pierre-François-Xavier de Charlevoix, *Histoire et description générale de la nouvelle France, avec le journal historique d'un voyage par ordre du Roi, dans l'Amérique Septentrionale*, v. 2 (Paris, Rolin, 1744), p. 339.
73 Paul Kelton, *Cherokee Medicine, Colonial Germs: An Indigenous Nation's Fight against Smallpox, 1518-1824* (Norman, University of Oklahoma Press, 2015).

[74] Elizabeth A. Fenn, "Biological Warfare in Eighteenth-Century North America: Beyond Jeffery Amherst", *Journal of American History*, v. 86, n. 4, 2000, p. 1.552-80.

[75] Alguns dos meus amigos, índios como eu/ praticam/ o sacratíssimo encolher de ombros indígena/. "Calma, pá/ não estão a dar-nos cobertores/ infectados de varíola"/ Mas é que são os Trumps/. a sua perversa incompetência/ e delirante arrogância estão/ a atacar-nos/ com varíola-da-alma.

[76] Para Michael McConnell, é provável que essa epidemia de varíola tenha tido outras fontes de infecção, para além das mantas contaminadas; ver Michael N. McConnell, *A Country Between: The Upper Ohio Valley and Its Peoples, 1724-1774* (Lincoln, University of Nebraska Press, 1997), p. 195-6. A verdade é que a epidemia de varíola faria imensas baixas entre os grupos indígenas, facilitando a conquista inglesa dos territórios da América do Norte. Ver Ronald Wright, *Stolen Continents*, cit.; Paul Kelton, *Cherokee Medicine, Colonial Germs*, cit.

[77] O "método" é muito antigo, e não serviu só para eliminar "raças execráveis", mesmo sendo por vezes difícil de determinar se fora usado deliberadamente ou não. Tucídides fala da peste de Atenas durante a Guerra do Peloponeso (431-404 a.C.), provavelmente a primeira epidemia de varíola de que se tem registro. A peste foi devastadora para os atenienses, mas intimidou a tal ponto os espartanos que eles se coibiram de invadir Atenas; ver Elizabeth A. Fenn, "Biological Warfare in Eighteenth-Century North America: Beyond Jeffery Amherst", cit., p. 1.573.

[78] Adrienne Mayor, "The Nessus Shirt in the New World: Smallpox Blankets in History and Legend", *Journal of American Folklore*, v. 108, n. 427, 1995, p. 54-77.

[79] Noble David Cook, *Born to Die*, cit.

[80] Regina Horta Duarte, "Olhares estrangeiros: viajantes no vale do rio Mucuri", *Revista Brasileira de História* [online], v. 22, n. 44, 2002, p. 267-88.

[81] Os botocudos (ou xoclengues), do grupo linguístico macro-jê, estavam estruturados em grupos nômades com tradição guerreira, que habitavam a região da Mata Atlântica. Numerosos à época das primeiras incursões de colonos europeus, ocupavam uma extensa zona, que incluía os territórios da região do Sul da Bahia, do vale do rio Doce, incluindo o Norte do Espírito Santo e Minas Gerais. Hoje em dia há grupos remanescentes, sobretudo nas bacias dos rios Mucuri e Pardo.

[82] Manuela Carneiro da Cunha (org.), *Legislação indigenista no século XIX (1808-1889)* (São Paulo, Edusp/Comissão Pró-Índio de São Paulo, 1992), p. 57.

[83] Ibidem, p. 59-72.

[84] Fernanda Sposito, "Liberdade para os Índios no Império do Brasil. A revogação das guerras justas em 1831", *Almanack*, n. 1, 2011, p. 58, DOI: 10.1590/2236-463320110105.

[85] Auguste de Saint-Hilaire, *Viagem à Província de São Paulo* (Belo Horizonte/São Paulo, Itatiaia/ Ed. USP, 1976 [1851]).

[86] Manuela Carneiro da Cunha, *História dos índios no Brasil* (São Paulo, Companhia das Letras/ Secretaria Municipal da Cultura/Fapesp, 1992).

[87] Idem, *Legislação indigenista no século XIX (1808-1889)*, cit.

[88] Idem, *História dos índios no Brasil*, cit.

[89] Os puris são um dos mais diminutos grupos indígenas brasileiros. Pertencem ao tronco linguístico macro-jê, e inicialmente encontravam-se nos estados do Sudeste: Espírito Santo, Rio de Janeiro, Minas Gerais e São Paulo. Hoje estão fundamentalmente em Minas Gerais.

[90] Georg W. Freireyss, "Viagem ao Interior do Brasil", *Revista do Estado de S. Paulo*, n. 9, 1907, p. 195.

[91] Mércio Pereira Gomes, *Os índios e o Brasil: passado, presente e futuro* (São Paulo, Contexto, 2012).

[92] Timbira designa um conjunto de povos indígenas do Brasil falantes da língua timbira (tronco macro-jê), que habitam principalmente o Sul do Maranhão, Leste do Pará e Norte do Tocantins.

[93] Darcy Ribeiro, *Os índios e a civilização: a integração das populações indígenas no Brasil moderno* (Petrópolis, Vozes, 1976).

94 Luís Damasceno Ferreira, *História de Valença (Estado do Rio de Janeiro), 1803-1924* (Rio de Janeiro, Graphica Paulo Pongetti, 1925), p. 9.
95 Massimo Livi Bacci, *Conquest*, cit.
96 Sandra Elena Guevara Flores, *La construcción sociocultural del cocoliztli en la epidemia de 1545 a 1548 en la Nueva España*, cit.
97 Noble David Cook, *Born to Die*, cit.
98 Shelton Davis, *Vítimas do milagre: o desenvolvimento e os índios no Brasil* (Rio de Janeiro, Zahar, 1978).
99 Ibidem, p. 34.
100 David Arnold, "The Indian Ocean as a Disease Zone, 1500-1950", *South Asia*, v. XIV, n. 2, 1991, p. 1-21.
101 Fr. João dos Santos, *Etiópia Oriental e Vária História de Cousas Notáveis do Oriente* (Lisboa, Comissão Nacional para as Comemorações dos Descobrimentos Portugueses, 1999).
102 Todavia, só no século XIX, com a ocupação colonial efetiva de Moçambique, se irá conhecer melhor as doenças infecciosas que atacavam a população africana. Até então, a lista de doenças conhecidas referia-se essencialmente às que afetavam os europeus: febres palustres, disenterias, varíola, sarna, sífilis, etc. Ver Alexandre Norberto Correia Pinto de Almeida, *Do Clima e das Doenças da Província de Moçambique – comprehendendo diversas notícias sobre a Topographia, Meteorologia, Pathologia e Therapeutica; por diferentes médicos navaes e por outros que pertenceram ao quadro de saúde da mesma província* (Lisboa, Lallemant, 1883), p. 19 ss.
103 Boletim Oficial n. 47, de 24 de novembro de 1883.
104 Boletim Oficial n. 24, de 14 de junho de 1884.
105 Boletim Oficial n. 35, de 1º de setembro de 1883.
106 Boletim Oficial n. 23, de 9 de junho de 1883.
107 Boletim Oficial n. 47, de 24 de novembro de 1883.
108 Boletim Oficial n. 52, de 19 de dezembro de 1883.
109 Arthur Grandjean, *L'invasion des Zoulou dans le Sud-Est Africain: une page d'histoire inét neuchateloise de géographie* (Lausanne, Société Neuchateloise de Géographie, 1899), p. 77.
110 Henri-Alexandre Junod, etnógrafo e missionário suíço, esteve no Sul de Moçambique, como parte da Missão Suíça de Moçambique, entre 1889 e 1920.
111 Henri Junod, *Usos e costumes dos Bantu*, v. 2 (Maputo, Arquivo Histórico de Moçambique, 1996), p. 388.
112 George C. Kohn, *Encyclopedia of Plague and Pestilence*, cit., p. 221.
113 Richard Waller, "The Maasai and the British 1895-1905. The Origins of an Alliance", *Journal of African History*, v. 17, n. 4, 1976, p. 529-53.
114 George C. Kohn, *Encyclopedia of Plague and Pestilence*, cit., p. 221.
115 Marc H. Dawson, "Smallpox in Kenya, 1880-1920", *Social Science & Medicine*, v. 13, n. 4, 1979, p. 245-50, DOI: 10.1016/0160-7987(79)90022-X.
116 Disponível em: <https://www.who.int/emergencies/diseases/en/>. Acesso em: 1º abr. 2020.
117 Trata-se de um patógeno de altíssima virulência, com letalidade maior que 50%, contagiosidade rápida, dizimando vilas inteiras. Os surtos terminam autocontidos porque os infectados se prostram e muitos morrem antes de transmitir a doença aguda (comunicação pessoal de Naomar de Almeida-Filho em 26 de agosto 2020).
118 Farshid S. Garmaroudi, "The Last Great Uncontrolled Plague of Mankind", *Science Creative Quarterly*, 30 out. 2007. Disponível em: <https://www.scq.ubc.ca/the-last-great-uncontrolled--plaque-of-mankind/>. Acesso em: 2 abr. 2020.
119 Patrick R. Saunders-Hastings e Daniel Krewski, "Reviewing the History of Pandemic Influenza: Understanding Patterns of Emergence and Transmission", *Pathogens*, v. 5, n. 4, 2016, DOI:10.3390/pathogens5040066.

[120] Gerald F. Pyle, *The Diffusion of Influenza: Patterns and Paradigms* (New Jersey, Rowan & Littlefield, 1986).
[121] C. W. Potter, "A History of Influenza", *Journal of Applied Microbiology*, n. 91, 2001, p. 572-9; Patrick R. Saunders-Hastings e Daniel Krewski, "Reviewing the History of Pandemic Influenza: Understanding Patterns of Emergence and Transmission", cit.
[122] E. S. Thompson, *Influenza* (Londres, Pervical, 1890).
[123] Gerald F. Pyle, *The Diffusion of Influenza*, cit.
[124] Farshid S. Garmaroudi, "The Last Great Uncontrolled Plague of Mankind", cit.
[125] Alain-Jacques Valleron et al., "Transmissibility and Geographic Spread of the 1889 Influenza Pandemic", *Proceedings of the National Academy of Sciences*, v. 107, n. 19, 2010, p. 8.778-81, DOI: 10.1073/pnas.1000886107; Michaela E. Nickol e Jason Kindrachuk, "A Year of Terror and a Century of Reflection: Perspectives on the Great Influenza Pandemic of 1918-1919", *BMC Infectious Diseases*, v. 19, n. 117, 2019, DOI: 10.1186/s12879-019-3750-8.
[126] Mark Harrison, *How Commerce Has Spread Disease by Contagion* (New Haven, Yale University Press, 2013). Por exemplo, em face das repetidas epidemias que afligiam Portugal, institucionalizaram-se no início do século XIX cordões sanitários para proteger o país das doenças infecciosas (ex. peste, febre amarela, cólera) que assolavam as regiões com quem Portugal mantinha contato. É assim que surgem lazaretos, onde as pessoas ficavam de quarentena e, em paralelo, se desenvolvem os cordões sanitários como meio de defesa do território contra as epidemias.
[127] Alain-Jacques Valleron et al., "Transmissibility and Geographic Spread of the 1889 Influenza Pandemic", cit., p. 8.779.
[128] Farshid S. Garmaroudi, "The Last Great Uncontrolled Plague of Mankind", cit.
[129] Alain-Jacques Valleron et al., "Transmissibility and Geographic Spread of the 1889 Influenza Pandemic", cit.
[130] Supõe-se que se tratava do vírus H3N8 (cf. Michaela E. Nickol e Jason Kindrachuk, "A Year of Terror and a Century of Reflection: Perspectives on the Great Influenza Pandemic of 1918-1919", cit.), o qual reapareceu pelo menos mais três vezes, em anos sucessivos, até 1894. Ver F. B. Smith, "The Russian Influenza in the United Kingdom, 1889-1894", *Social History of Medicine*, v. 8, n. 1, 1995, p. 55-73, DOI: 10.1093/shm/8.1.55.
[131] Idem.
[132] Idem.
[133] Alexis Madrigal, "Pandemic Didn't Need Planes to Circle Globe in 4 Months", *Wired*, 26 abr. 2010. Disponível em: <https://www.wired.com/2010/04/1889-russian-flu-pandemic/>. Acesso em: 2 abr. 2020.
[134] A designação de gripe espanhola resulta do fato de a Espanha ter mantido a neutralidade durante a Primeira Guerra Mundial (1914-1918), o que significa que podia relatar a gravidade da pandemia, enquanto os países que estavam envolvidos na guerra procuravam suprimir os relatórios sobre o impacto da *influenza* nas suas populações para manter o moral e não parecer enfraquecidos aos olhos dos inimigos; ver Kenneth C. Davis, *More Deadly Than War: The Hidden History of the Spanish Flu and the First Worl War* (Nova York, Henry Holt & Co, 2018).
[135] Alfred W. Crosby, *America's Forgotten Pandemic: The Influenza of 1918* (Cambridge, Cambridge University Press, 1989).
[136] Donald R. Olson et al., "Epidemiological Evidence of an Early Wave of the 1918 Influenza Pandemic in New York City", *Proceedings of the National Academy of Sciences*, v. 102, n. 31, 2005, p. 11.059-63, DOI: 10.1073/pnas.0408290102.
[137] John M. Barry, *The Great Influenza: The Story of the Deadliest Pandemic in History* (Nova York, Penguin Books, 2004). Mais recentemente, alguns estudos sugerem que a pandemia possa ter começado na China, ainda em 1916, tendo sido disseminada por trabalhadores chineses, em trânsito para a Europa. Ver Mark O. Humphries, "Paths of Infection: The First World War

and the Origins of the 1918 Influenza Pandemic", *War History*, v. 21, n. 1, 2013, p. 58, DOI: 10.1177/0968344513504525.

[138] Farshid S. Garmaroudi, "The Last Great Uncontrolled Plague of Mankind", cit.

[139] Laurinda Abreu e José Vicente Serrão, "Revisitar a pneumónica de 1918-1919: introdução", *Ler História*, n. 73, 2018, p. 9-19, DOI: 10.4000/lerhistoria.3944. Cabe relatar que a estimativa do número total de mortes durante a Primeira Guerra Mundial é de 37 milhões.

[140] Donald R. Olson et al., "Epidemiological Evidence of an Early Wave of the 1918 Influenza Pandemic in New York City", cit.

[141] Dados mais recentes reveem essa estimativa para baixo, propondo um volume total de perdas humanas – para o período de 1918-1919 – de 17,4 milhões, o que mantém a dimensão catastrófica dessa pandemia. Ver Peter Spreeuwenberg, Madelon Kroneman e John Paget, "Reassessing the Global Mortality Burden of the 1918 Influenza Pandemic", *American Journal of Epidemiology*, v. 187, n. 12, 2018, p. 2.561-7, DOI: 10.1093/aje/kwy191.

[142] John M. Barry, *The Great Influenza*, cit. Paget et al. sugerem "uma média de 389 mil mortes respiratórias associadas à *influenza* globalmente, a cada ano", correspondendo a cerca de 2% do total de óbitos por ano por doenças respiratórias (nesse valor, cerca de 67% correspondem a pessoas com 65 anos ou mais); ver John Paget et al., "Global Mortality Associated with Seasonal Influenza Epidemics: New Burden Estimates and Predictors from the GLaMOR Project", *Journal of Global Health*, v. 9, n. 2, 2019, p. 5, DOI: 10.7189/jogh.09.020421.

[143] Niall P. A. S. Johnson e Juergen Mueller, "Updating the Accounts: Global Mortality of the 1918-1920 'Spanish' Influenza Pandemic", *Bulletin of the History of Medicine*, v. 76, n. 1, 2002, p. 105-7.

[144] Patrick R. Saunders-Hastings e Daniel Krewski, "Reviewing the History of Pandemic Influenza: Understanding Patterns of Emergence and Transmission", cit.

[145] As primeiras vacinas para o vírus *influenza* foram desenvolvidas em paralelo por vários pesquisadores no final da década de 1930 e início da década de 1940.

[146] O vírus que causa a infeção Covid-19 é distinto do que causa a *influenza* e, por isso, as doenças são diferentes. O vírus da Covid-19 é um coronavírus, e não um vírus da gripe como o que causou a gripe espanhola e outras pandemias de gripe aqui referidas.

[147] Gerald F. Pyle, *The Diffusion of Influenza*, cit.; Alfred W. Crosby, *America's Forgotten Pandemic*, cit.; Kenneth C. Davis, *More Deadly Than War*, cit.

[148] Ministry of Health – Great Britain, *Report on the Pandemic of Influenza 1918-1919*, v. 4: *Reports on Public Health and Medical Subjects* (Londres, His Majesty's Stationery Office, 1920).

[149] Refere-se à taxa de portadores de determinada doença em relação à população total estudada num contexto específico, espácio-temporalmente situado. Essa quantificação é importante para a avaliação do impacto da propagação de doenças e seu controle, eixos estruturantes dos serviços de saúde pública.

[150] Índice demográfico que reflete o número de mortes registradas, normalmente o total de mortes ao ano por mil pessoas.

[151] Dados disponíveis em: <http://www.cdc.gov/flu/about/viruses/types.htm>. Acesso em: 2 abr. 2020.

[152] Mark O. Humphries, "Paths of Infection: The First World War and the Origins of the 1918 Influenza Pandemic", cit.

[153] Sheldon Watts, *Epidemics and History: Disease, Power and Imperialism* (New Haven, CT, Yale University Press, 1997).

[154] Julio Machele, *"Xiponyola": The Spanish Influenza in Mozambique, 1918-1919* (Maputo, Universidade Eduardo Mondlane, s/d), mimeo.

[155] Favelas/bairros indígenas nas cidades de alta densidade urbana de origem colona.

[156] Simukai Chigudu, *The Political Life of an Epidemic: Cholera, Crisis and Citizenship in Zimbabwe* (Cambridge, Cambridge University Press, 2020).

[157] David P. Fidler, "The Globalization of Public Health: The First 100 Years of International Health Diplomacy", *Bulletin of the World Health Organization*, v. 79, n. 9, 2001, p. 842-9.

[158] K. F. Cheng e P. C. Leung, "What Happened in China during the 1918 Influenza Pandemic?", *History of Infectious Diseases*, v. 11, n. 4, 2007, p. 363, DOI: 10.1016/j.ijid.2006.07.009

[159] Veja-se, por exemplo, "This Is What Your Flight Used To Look Like (And It's Actually Crazy)". Disponível em: <https://www.huffpost.com/entry/air-travel-1950s_n_5461411?guccounter=-1&guce_referrer=aHR0cHM6Ly93d3cuZ29vZ2xlLmNvbS8&guce_referrer_sig=AQAAAB-1c0EGxrbpHe5-FlOUXYYjTil4KWpxXhxvKPKXfWMFzA9v5AxrdhdbAH_Os3XfohsdAD-DUjuyG9Ems7V2iIfoDb1pVT4jvjANwn4-pB-71yZhwF0G3lm0sdiav5wtWKO3cmfq7_cZ--RUYvh3OlhJwPR58rptP4tj0ck6K5nD5rs>. Acesso em: 3 abr. 2020.

[160] C. W. Potter, "A History of Influenza", cit., p. 577.

[161] F. L. Dunn, "Pandemic Influenza in 1957: Review of International Spread of New Asian Strain", *Journal of the American Medical Association*, v. 166, n. 10, 1958, p. 1.140-8, DOI: 10.1001/jama.1958.02990100028006.

[162] D. Henderson et al., "Public Health and Medical Responses to the 1957-58 Influenza Pandemic", *Biosecurity and Bioterrorism: Biodefense Strategy, Practice, and Science*, v. 7, n. 3, 2009, p. 265-73, DOI: 10.1089/bsp.2009.0729.

[163] Patrick R. Saunders-Hastings e Daniel Krewski, "Reviewing the History of Pandemic Influenza: Understanding Patterns of Emergence and Transmission", cit.

[164] Robert Roos, "Study puts Global 2009 H1N1 Infection Rate at 11% to 21%", *Center for Infectious Disease Research and Policy*, 8 ago. 2011. Disponível em: <http://www.cidrap.umn.edu/news-perspective/2011/08/study-puts-global-2009-h1n1-infection-rate-11-21>. Acesso em: 4 abr. 2020.

[165] Donald G. McNeil Jr., "Flu Outbreak Raises a Set of Questions", *New York Times,* 26 abr. 2009. Disponível em: <https://web.archive.org/web/20110215221659/http://www.nytimes.com/2009/04/27/health/27questions.html>. Acesso em: 4 abr. 2020.

[166] Shari Roan, "Masks May Help Prevent Flu, but Aren't Advised", *Chicago Tribune*, 27 set. 2009. Disponível em: <https://web.archive.org/web/20091001105331/http://www.chicagotribune.com/entertainment/chi-tc-health-flu-masks-0923sep27%2C0%2C7442578.story>. Acesso em: 4 abr. 2020.

[167] Matthew Biggerstaff et al., "Estimates of the Reproduction Number for Seasonal, Pandemic, and Zoonotic Influenza: A Systematic Review of the Literature", *BMC Infectious Diseases*, v. 14, n. 1, 2014, p. 480, DOI:10.1186/1471-2334-14-480.

[168] Vaclav Smil, *Global Catastrophes and Trends: The Next Fifty Years* (Cambridge, MA, MIT Press, 2011).

[169] Frank Macfarlane Burnet e David O. White, *Natural History of Infectious Disease* (4. ed., Cambridge, Cambridge University Press, 1972).

[170] Vaclav Smil, *Global Catastrophes and Trends*, cit.

[171] David S. Jones, "History in a Crisis - Lessons for Covid-19", *The New England Journal of Medicine*, 12 mar. 2020, DOI: 10.1056/NEJMp2004361.

[172] Frédérique Apffel-Marglin, "Smallpox in Two Systems of Knowledge", em Frédérique Apffel-Marglin e Stephen A. Marglin (orgs.), *Dominating Knowledge: Development, Culture and Resistance* (Oxford, Clarendon Press, 1990), p. 102-44. A variolação mantém-se uma opção válida, seja por questões de índole religiosa, seja pelas dimensões tecnoeconômicas e disponibilidade nas áreas rurais.

[173] Allan M. Brandt, *No Magic Bullet: A Social History of Venereal Disease in the United States since 1880* (Nova York, Oxford University Press, 1985).

[174] David Arnold, *Colonizing the Body*, cit.

[175] Londa Schiebinger, "Forum Introduction: The European Colonial Science Complex", *Isis*, v. 96, n. 1, 2005, p. 52-5.

176 Boaventura de Sousa Santos, Maria Paula Meneses e João Arriscado Nunes, "Para ampliar o cânone da ciência: a diversidade epistémica do mundo", em Boaventura de Sousa Santos (org.), *Semear outras soluções: os caminhos da biodiversidade e dos conhecimentos rivais* (Rio de Janeiro, Civilização Brasileira, 2005), p. 21-121.

177 Helen Tilley, *Africa as a Living Laboratory: Empire, Development, And The Problem of Scientific Knowledge, 1870-1950* (Chicago, University of Chicago Press, 2011); Simukai Chigudu, *The Political Life of an Epidemic*, cit.

178 Paul Farmer, *Infections and Inequalities: The Modern Plagues* (Berkeley, University of California Press, 2001).

179 Helen Tilley, "Medicine, Empires, and Ethics in Colonial Africa", *AMA Journal of Ethics*, v. 18, n. 7, 2016, p. 743-53, DOI: 10.1001/journalofethics.2016.18.7.mhst1-1607.

180 Frantz Fanon, *A Dying Colonialism* (Nova York, Grove Press, 1965).

181 Steven Feierman, "Struggles for Control: The Social Roots of Health and Healing in Modern Africa", *African Studies Review*, v. 28, n. 2/3, 1985, p. 73-147, DOI: 10.2307/524604.

182 Boaventura de Sousa Santos, *A cruel pedagogia do vírus*, cit.

183 Cyril Lionel R. James, *The Black Jacobins: Toussaint L'Ouverture and the San Domingo Revolution* (Londres, Secker & Warburg, 1938), p. 123; Caroline Orange, "Yellow Fever Was Just as Important as Toussaint L'Ouverture in the Haitian Revolution", *Medium*, 29 out. 2018. Disponível em: <https://medium.com/@caroline_67183/yellow-fever-was-just-as-important-as-toussaint-louverture-in-the-haitian-revolution-caf5b644a6d2>. Acesso em: 3 abr. 2020.

184 Sheldon Watts, *Epidemics and History*, cit., p. 122-39.

185 Paul Farmer, "Foreword", em Salmaan Keshavjee (org.), *Blind Spot: How Neoliberalism Infiltrated Global Health* (Oakland, University of California Press, 2014), p. xvi.

186 No mesmo sentido, ver Naomar de Almeida-Filho, "Pandemia exige união das ciências brasileiras", *El País* (edição brasileira), 17 jun. 2020. Disponível em: <https://brasil.elpais.com/opiniao/2020-06-17/pandemia-exige-uniao-das-ciencias-brasileiras.html>. Acesso em: 18 jun. 2020.

187 Boaventura de Sousa Santos, *O fim do império cognitivo*, cit.

188 Ailton Krenak, *Ideias para adiar o fim do mundo* (São Paulo, Companhia das Letras, 2019), p. 7-10.

Capítulo 3

1 Em vários textos tenho tratado as duas vertentes da globalização moderna. Por um lado, a globalização hegemônica, ou seja, a intensificação de interações transnacionais para além das relações entre Estados nacionais, as relações internacionais, ou as relações no interior dos impérios, tanto antigos como modernos; trata-se de interações que não são, em geral, protagonizadas pelos Estados, mas antes por agentes econômicos e sociais nos mais diversos domínios; quando protagonizadas pelos Estados, visam cercear a soberania do Estado na regulação social, sejam os tratados de livre-comércio, a integração regional, de que União Europeia (UE) é um bom exemplo, ou a criação de agências financeiras multilaterais, tais como o Banco Mundial e o FMI. Por outro lado, a globalização contra-hegemônica, baseada numa ética de solidariedade, refere-se às lutas e experiências de resistência dos grupos e comunidades vítimas da globalização hegemônica. Beneficiando, por vezes, pelas novas condições tecnológicas tornadas disponíveis pela globalização hegemônica (ex. internet, repertórios de narrativas potencialmente emancipatórias, como, por exemplo, os direitos humanos), a globalização contra-hegemônica tem-se organizado em movimentos e organizações sociais transnacionais. Ver Boaventura de Sousa Santos, *Toward a New Common Sense: Law, Science and Politics in the Paradigmatic Transition* (Nova York, Routledge, 1995), p. 250-337; Idem, "Oppositional Postmodernim and Globalizations", *Law and Social Inquiry*, v. 23, n. 1, 1998, p. 121-39; Idem, "Os processos da globalização", em *A globalização e as Ciências Sociais* (São Paulo, Cortez, 2002), p. 25-102.

2   Idem, *A difícil democracia: reinventar as esquerdas* (São Paulo, Boitempo, 2016); Idem, "A ilusória desglobalização", *Outras Palavras*, 2017. Disponível em: <https://outraspalavras.net/posts/boaventura-a-ilusoria-desglobalizacao/>. Acesso em: 21 abr. 2020.

3   "Taiwan is Exporting Its Coronavirus Successes to the World", *Foreign Policy*, 9 abr. 2020. Disponível em: <https://foreignpolicy.com/2020/04/09/taiwan-is-exporting-its-coronavirus-successes-to-the-world/>. Acesso em: 6 maio 2020. "What's Behind South Korea's COVID-19 Exceptionalism?", *The Atlantic*, 6 maio 2020. Disponível em: <https://www.theatlantic.com/ideas/archive/2020/05/whats-south-koreas-secret/611215/>. Acesso em: 8 maio 2020. "Combating COVID-19: Lessons from South Korea", *Brookings*, 13 abr. 2020. Disponível em: <https://www.brookings.edu/blog/techtank/2020/04/13/combating-covid-19-lessons-from-south-korea/>. Acesso em: 7 maio 2020. "The Secret to Vietnam's COVID-19 Response Success", *The Diplomat*, 18 abr. 2020. Disponível em: <https://thediplomat.com/2020/04/the-secret-to-vietnams-covid-19-response-success/>. Acesso em: 8 maio 2020. "China's Coronavirus Success Shows Up Poor Pandemic Preparedness in the Rest of the World", *South China Morning Post*, 9 abr. 2020. Disponível em: <https://www.scmp.com/print/comment/opinion/article/3078848/chinas-coronavirus-success-shows-poor-pandemic-preparedness-rest>. Acesso em: 7 maio 2020.

4   "Vietnam, Slovenia, and 3 Other Overlooked Coronavirus Success Stories", *Vox*, 5 maio 2020. Disponível em: <https://www.vox.com/2020/5/5/21247837/coronavirus-vietnam-slovenia-jordan-iceland-greece>. Acesso em: 6 maio 2020. "Greece Has an Elderly Population and a Fragile Economy. How Has It Escaped the Worst of the Coronavirus So Far?", *Time*, 21 abr. 2020. Disponível em: <https://time.com/5824836/greece-coronavirus/>. Acesso em: 9 maio 2020.

5   Sophie Cousins, "New Zealand Eliminates COVID-19", *The Lancet*, v. 395, 9 maio 2020, p. 1.474; DOI: 10.1016/S0140-6736(20)31097-7.

6   Num contexto em que vários países parecem ter ultrapassado o pico da pandemia, começou o apelo à liberdade do mercado em setores tão sensíveis como o da alimentação. Ver, por exemplo, o artigo em *The Economist*, que insiste no imperativo de um mercado de alimentos livre. Esse artigo debruça-se sobre a luta pelo controle da terra e de alimentos e sementes no mundo, num desafio à soberania alimentar dos povos. Um pouco por todo o mundo, parcerias público-privadas estão moldando agressivamente uma política alimentar destinada a ajudar as empresas a transformar a alimentação numa relação comercial. A soberania alimentar, pelo contrário, é sobre o direito de uma sociedade, uma comunidade, de decidir a respeito de suas escolhas em relação à alimentação e à agricultura, em vez de se sujeitar ao suprimento de alimentos por forças externas, como o mercado econômico global. "How to Feed the Planet. The Global Food Supply Chain is Passing a Severe Test", 9 maio 2020. Disponível em: <https://www.economist.com/leaders/2020/05/09/the-global-food-supply-chain-is-passing-a-severe-test>.

7   Sayak Valencia, *Capitalismo Gore* (Cidade do México, Paidós, 2016).

8   Ibidem, p. 25. Gore é o qualificativo de um gênero cinematográfico caracterizado pela visualização gráfica e perturbadora de violência, brutalidade, banho de sangue.

9   Achille Mbembe, *Necropolitics* (Durham, Duke University Press, 2019), p. 92.

10 Sobre a linha abissal, ver Boaventura de Sousa Santos, "Para além do Pensamento Abissal: das linhas globais a uma ecologia de saberes", *Revista Crítica de Ciências Sociais*, n. 78, 2007, p. 3-46; Idem, *O fim do império cognitivo: a afirmação das epistemologias do Sul* (Belo Horizonte, Autêntica Editora, 2019).

11 "Heads We Win, Tails You Lose: How America's Rich Have Turned Pandemic into Profit", *The Guardian*, 26 abr. 2020. Disponível em: <https://www.theguardian.com/world/2020/apr/26/heads-we-win-tails-you-lose-how-americas-rich-have-turned-pandemic-into profit?fbclid=IwAR0uJJBE2tAep09ETTHjNrW_esUFZkqrCGmxAw6s4_v_Bbd65L3sL-4d2PM>. Acesso em: 29 abr. 2020.

12 "Coronavirus Adds $24bn to Fortune of Amazon Boss Jeff Bezos", *The Independent*, 15 abr. 2020.

Disponível em: <https://www.independent.co.uk/news/world/americas/coronavirus-jeff-bezos--amazon-net-worth-online-shopping-a9465856.html>. Acesso em: 16 abr. 2020.

[13] "Amazon Posts $75bn First-quarter Revenues but Expects to Spend $4bn in Covid-19 Costs", *The Guardian*, 30 abr. 2020. Disponível em: <https://www.theguardian.com/technology/2020/apr/30/amazon-revenues-jeff-bezos-coronaviruspandemic>. Acesso em: 15 maio 2020.

[14] "U.S. Jobs Report Shows Clearest Data Yet on Economic Toll", *The New York Times*, 8 maio 2020. Disponível em: <https://www.nytimes.com/2020/05/08/business/stock-market-coronavirus-jobs--report.html>. Acesso em: 9 maio 2020.

[15] <https://www.bls.gov/news.release/empsit.nr0.htm> Acesso em: 17 jul. 2020.

[16] <https://www.dol.gov/ui/data.pdf> Acesso em: 17 jul. 2020.

[17] "Amazon Faces Unprecedented Challenges as Dozens of Warehouses Grapple with COVID-19 Outbreaks", *The Geekwire*, 2 abr. 2020. Disponível em: <https://www.geekwire.com/2020/amazon-faces-unprecedented-challenges-dozens-warehouses-grapple-covid-19-outbreaks/>. Acesso em: 29 abr. 2020.

[18] "Gaps in Amazon's Response as Virus Spreads to More Than 50 Warehouses", *The New York Times*, 5 abr. 2020. Disponível em: <https://www.nytimes.com/2020/04/05/technology/coronavirus-amazon-workers.html>. Acesso em: 29 abr. 2020.

[19] "Why Workers at Instacart, Whole Foods, and Amazon Are Walking off the Job in Protest", *Vox*, 30 mar. 2020. Disponível em: <https://www.vox.com/recode/2020/3/30/21200495/instacart-strike-coronavirus-covid-19-working-conditions-amazon-whole-foods-gig-economy>. Acesso em: 29 abr. 2020.

[20] "Why U.S. Meatpacking Workers Are Vulnerable to Coronavirus, and Why the Industry Won't Easily Change", *Green Bay Press Gazette*, 6 maio 2020. Disponível em: <https://eu.greenbaypressgazette.com/story/money/2020/05/06/covid-19-meat-industry-consumer-demand-large-scale--production-worker-safety/3048935001/>. Acesso em: 8 maio 2020.

[21] "Carga chinesa com 600 respiradores artificiais é retida nos EUA e não será enviada ao Brasil", *O Globo*, 3 abr. 2020. Disponível em: <https://oglobo.globo.com/sociedade/carga-chinesa-com--600-respiradores-artificiais-retida-nos-eua-nao-sera-enviada-ao-brasil-24349142>. Acesso em: 20 abr. 2020.

[22] Segundo reportagem "O braço de ferro entre o Serviço Nacional de Saúde e os hospitais privados", transmitida em 10 de abril de 2020 no Jornal da Noite da SIC. Disponível em: <https://sicnoticias.pt/especiais/coronavirus/2020-04-10-O-braco-de-ferro-entre-o-Servico-Nacional-de-Saude-e-os--hospitais-privados>. Acesso em: 17 jul. 2020.

[23] "Hospitais privados querem faturar ao Estado todas as despesas da Covid-19", *Esquerda Net*, 11 abr. 2020. Disponível em: <https://www.esquerda.net/artigo/hospitais-privados-querem-faturar--ao-estado-todas-despesas-do-covid-19/66999>. Acesso em: 11 abr. 2020.

[24] "Coronavirus and the Crisis of Capitalism", *New Frame*, 11 abr. 2020. Disponível em: <https://www.newframe.com/coronavirus-and-the-crisis-of-capitalism/>. Acesso em: 11 abr. 2020.

[25] Deve ter-se em conta que o preço varia consoante o tipo de teste. No começo da pandemia, os preços no mercado internacional eram aproximadamente os seguintes: um teste de RNA-PCR, com genotipagem, estava acima de mil dólares; um teste de antígenos inespecíficos, podia ser menos de dez dólares. O mais caro detecta a doença; o mais barato, avalia grosseiramente a cicatriz imunitária. Em agosto de 2020, os tipos de testes estão mais diversificados bem como os meios de coleta. O teste de presença do vírus ativo, por PCR, usando transcriptase reversa do RNA, tem desde a versão que detecta presença simples do tipo viral até à que decodifica e mapeia o subtipo e avalia a carga viral. Há os que dão resposta imediata e os que precisam de análise genômica e demora dias para se ter resposta. O primeiro nos EUA custa 150-200 dólares, o segundo vai a 600-1000 dólares, ou mais. Sobre as diferenças entre eles, ver "What Are the Differences between PCR, RT-PCR, qPCR, and RT-qPCR?", mar. 2020. Disponível em: <https://www.enzolifesciences.com/science-center/

technotes/2017/march/what-are-the-differences-between-pcr-rt-pcr-qpcr-and-rt-qpcr?/>. Acesso em: 26 ago. 2020. (Comunicação pessoal de Naomar de Almeida-Filho em 26 de agosto de 2020.)

26 Adia Benton, "Whose Security?", em Michiel Hofman e Sokhieng Au, *The Politics of Fear: Médecins sans Frontières and the West African Ebola Epidemic*, 2017, p. 27-8; DOI:10.1093/acprof:oso/9780190624477.003.0002 Published to Oxford Scholarship Online: February 2017.

27 Pouco antes de deixar a Casa Branca, a administração Obama produziu um relatório abrangente sobre as lições aprendidas pelo governo federal ao combater o Ebola, tendo mesmo, em 2017, modelado um exercício de resposta a uma pandemia semelhante para o novo governo de Trump.

28 O Memorando sobre "NSC Lessons Learned Study on Ebola", de 11 de julho de 2016. Disponível em: <https://int.nyt.com/data/documenthelper/6823-national-security-counci ebola/05b-d797500ea55be0724/optimized/full.pdf#page=1>. Acesso em: 25 mar. 2020.

29 "Corona Virus and the Failed American State", *The Challenger – Community News*, 25 mar. 2020. Disponível em: <https://thechallengernews.com/2020/03/corona-virus-and-the-failed-american-state-2/>. Acesso em: 22 maio 2020.

30 "U.S. Offered 'Large Sum' to German Company for Access to Coronavirus Vaccine Research, German Officials Say", *The New York Times*, 15 mar. 2020. Disponível em: <https://www.nytimes.com/2020/03/15/world/europe/cornonavirus-vaccine-us-germany.html>. Acesso em: 22 maio 2020.

31 "Coronavirus: Anger in Germany at Report Trump Seeking Exclusive Vaccine Deal", *The Guardian*, 16 mar. 2020. Disponível em: <https://www.theguardian.com/world/2020/mar/16/not-for-sale-anger-in-germany-at-report-trump-seeking-exclusive-coronavirus-vaccine-deal>. Acesso em: 22 maio 2020.

32 John V. Pickstone, "The Political Economy of Twentieth Century Medicine", em Roger Cooter e John V. Pickstone (orgs.), *Companion to Medicine in the Twentieth Century* (Amsterdã, Harwood Academic Publishers, 2000), p. 1-19; Daniel R. Headrick, "Sleeping Sickness Epidemics and Colonial Responses in East and Central Africa, 1900-1940", *PLoS Neglected Tropical Diseases*, v. 8, n. 4, 2014, p. 2772; DOI:10.1371/journal.pntd.0002772Editor:Philipp.

33 Ruth Rogaski, *Hygienic Modernity: Meanings of Health and Disease in Treaty Port China* (Berkeley, CA, University of California Press, 2004).

34 Ver a história da *Fiocruz* em: <https://portal.fiocruz.br/historia>. Acesso em: 4 jun. 2020.

35 Stuart Blume, "The Erosion of Public Sector Vaccine Production: the Case of the Netherlands", em Christine Holmberg e J. Hillis Miller (orgs.), *The Politics of Vaccination: A Global History* (Manchester, Manchester University Press, 2017), p.147-73; Britta Lundgren e Martin Holmberg, "Pandemic Flus and Vaccination Policies in Sweden", em Christine Holmberg e J. Hillis Miller (orgs.), *The Politics of Vaccination*, cit., p. 260-87.

36 Gerald Posner, *Pharma: Greed, Lies, and the Poisoning of America* (Nova York, Avid Reader Press, 2020). Entre os medicamentos que foram desenvolvidos parcialmente com financiamento público e passaram a ser grandes fontes de receitas para empresas privadas, contam-se a Zidovudina ou AZT (Azidotimidina), utilizado como antirretroviral no tratamento da Aids, e o controverso Kymriah, um medicamento de terapia genética utilizado no tratamento de dois tipos de leucemia e que a Novartis agora vende por 475 mil dólares. A falta de transparência e as diferenças de preços entre vários países, que sugerem a hipótese perversa de a fixação dos preços ser feita de acordo com cada mercado e a sua capacidade de pagar. Em Portugal, não temos acesso aos preços de fábrica dos medicamentos nem aos preços contratualizados. Desde 2016, o Conselho da União Europeia recomenda aos países que colaborem mais na área da saúde, por exemplo, na avaliação dos medicamentos e na respetiva negociação.

37 Jim O'Neill, "Securing New Drugs for Future Generations: the Pipeline of Antibiotics", *The Review On Antimicrobial Resistance*, maio 2015, p. 1. Disponível em: <https://amr-review.org/sites/default/files/SECURING%20NEW%20DRUGS%20FOR%20FUTURE%20GENERATIONS%20FINAL%20WEB_0.pdf>. Acesso em: 15 jun. 2020.

38 "Drugs Companies Should Be Paid More to Develop Antibiotics, Government Review Says", *The Telegraph*, 14 maio 2015. Disponível em: <https://www.telegraph.co.uk/news/health/news/11603957/Drugs-companies-should-be-paid-more-to-develop-antibiotics-Government-review-says.html>. Acesso em: 7 jun. 2020.

39 "Nationalised Drug Companies May Be Needed to 'Fix Antibiotics Market'", *The Guardian*, 27 mar. 2019. Disponível em: <https://www.theguardian.com/business/2019/mar/27/nationalised-drug-companies-may-be-needed-to-fix-antibiotics-market>. Acesso em: 7 jun. 2020.

40 Referência a bactérias, vírus ou outros organismos parasitários.

41 "WHO Berates 'Lack of Innovation' When it Comes to Antibiotic Pipeline", *Fierce Biotech*, 15 jan. 2020. Disponível em: <https://www.fiercebiotech.com/biotech/who-berates-lack-innovation-when-it-comes-to-antibiotic-pipeline>. Acesso em: 5 jun. 2020.

42 Tal como indica a página da OMC (Organização Mundial do Comércio), no caso das patentes, as licenças compulsórias (*compulsory licenses*) acontecem quando as autoridades licenciam empresas ou indivíduos, que não sejam o proprietário da patente, a usar os direitos da patente – para fabricar, usar, vender ou importar um produto sob patente (ou seja, um produto patenteado ou um produto fabricado por um processo patenteado) – sem a permissão do proprietário da patente. Permitido sob o Acordo TRIPS (propriedade intelectual) da OMC, desde que certos procedimentos e condições sejam cumpridos. Disponível em: <https://www.wto.org/english/thewto_e/glossary_e/compulsory_licensing_e.htm>. Acesso em: 5 jun. 2020.

43 "Bayer CEO Marijn Dekkers Explains: Nexavar Cancer Drug is 'for Western Patients Who Can Afford It'", *Knowledge Ecology International*, 23 jan. 2014. Disponível em: <https://web.archive.org/web/20140124111754/http://keionline.org/node/1910>. Acesso em: 22 mar. 2020.

44 "MSF Response to Bayer CEO Statement That Medicines Developed Only for Western Patients", *Medecins Sans Frontière*, 22 jan. 2014. Disponível em: <https://msfaccess.org/msf-response-bayer-ceo-statement-medicines-developed-only-western-patients>. Acesso em: 22 mar. 2020.

45 "MSF Calls for no Patents or Profiteering on COVID-19 Drugs and Vacines", *Medecins Sans Frontière*, 27 mar. 2020. Disponível em: <https://www.msf.org/no-profiteering-covid-19-drugs-and-vaccines-says-msf>. Acesso em: 10 jun. 2020.

46 "Chomsky On Coronavirus: Why Neoliberalism And Big Pharma Can't Respond", *WorldCrunch*, 29 mar. 2020. Disponível em: <https://worldcrunch.com/coronavirus/chomsky-on-coronavirus-why-neoliberalism-and-big-pharma-can39t-respond>. Acesso em: 19 jul. 2020.

47 Há quem diga que esta pandemia de coronavírus poderia ter sido minimizada. Em outubro de 2019, pouco antes do surto, foi realizada uma simulação em larga escala nos EUA de uma possível pandemia desse tipo. Esse exercício, intitulado Evento 201, foi organizado pelo Johns Hopkins Center for Health Security em parceria com o Fórum Econômico Mundial e a Fundação Bill & Melinda Gates. Ver: <https://www.centerforhealthsecurity.org/event201/191017-press-release.html>. Acesso em: 19 jul. 2020.

48 Carta disponível em: <https://schakowsky.house.gov/sites/schakowsky.house.gov/files/20200302_Congresswoman%20Schakowsky%20Letter%20to%20Secretary%20Azar-page-001%20%28002%29.jpg>. Acesso em: 10 jun. 2020.

49 Após anos de investigação, o dr. Peter Hotez do Center for Vaccine Development, no Texas Children's Hospital, e a sua equipa de cientistas desenvolveram uma vacina para proteger contra o Sars. O próximo passo eram os testes humanos. Isso ocorreu em 2016. Mais de uma década tinha se passado e a doença viral conhecida como síndrome respiratória aguda grave (Sars), um coronavírus anterior semelhante ao que agora varre o mundo, era já uma lembrança distante quando Hotez e sua equipe procuraram obter o financiamento. Ver "Scientists Were Close to a Coronavirus Vaccine Years Ago. Then the Money Dried Up", *NBC News*, 8 mar. 2020. Disponível em: <https://www.nbcnews.com/health/health-care/scientists-were-close-coronavirus-vaccine-years-ago-then-money-dried-n1150091?fbclid=IwAR0_nZjzT0CPBa-PftGZP6Jdoe6rkRV44pWqJnzmoY92NknaS-MOW05I4AxE>. Acesso em: 19 jul. 2020.

50 "The Race for a Coronavirus Vaccine Proves Big Pharma isn't Fit for Purpose", *Global Justice*, 18 mar. 2020. Disponível em: <https://www.globaljustice.org.uk/blog/2020/mar/18/race-coronavirus-vaccine-proves-big-pharma-isnt-fit-purpose>. Acesso em: 25 mar. 2020.

51 "The Public Health Legacy of the 1976 Swine Flu Outbreak", *Discover*, 30 set. 2013. Disponível em: <https://www.discovermagazine.com/health/the-public-health-legacy-of-the-1976-swine-flu-outbreak>. Acesso em: 25 mar. 2020.

52 "Big Pharma May Pose an Obstacle to Vaccine Development", *The New York Times*, 2 mar. 2020. Disponível em: <https://www.nytimes.com/2020/03/02/opinion/contributors/pharma-vaccines.html>. Acesso em: 25 mar. 2020.

53 A Coligação para a Inovação na Preparação contra Epidemias foi fundada em Davos, na Suíça, pelos governos da Noruega e Índia, Fundação Bill e Melinda Gates, pela organização britânica Wellcome Trust e pelo Fórum Econômico Mundial. Além das entidades fundadoras, a CEPI conta ainda com financiamento da Comissão Europeia e dos governos do Reino Unido, Alemanha, Japão, Canadá, Etiópia, Austrália, Bélgica, Dinamarca e Finlândia. A informação pode ser consultada em <https://cepi.net>.

54 Dimitrios Gouglas et al., "CEPI: Driving Progress Toward Epidemic Preparedness and Response", *Epidemiologic Reviews*, v. 41, n. 1, 2019, p. 28-33; https://doi.org/10.1093/epirev/mxz012.

55 Ver "CEPI's Original 'Equitable Access' Policy, 2017". Disponível em: <https://msfaccess.org/sites/default/files/2018-09/CEPIoriginalPolicy_2017.pdf>. Acesso em: 19 jul. 2020.

56 Ver "CEPI's revised 'Equitable Access' Policy for Consultation, 2018". Disponível em: <https://msfaccess.org/sites/default/files/2018-09/CEPIEquitableAccessPolicy_2018.pdf>. Acesso em: 19 jul. 2020.

57 "Open letter to CEPI Board Members: Revise CEPI's Access Policy". Disponível em: <https://msfaccess.org/open-letter-cepi-board-members-revise-cepis-access-policy>. Acesso em: 19 jul. 2020.

58 Cabe notar que, no dia 4 de fevereiro de 2020, foi publicado na revista *Nature* um artigo com o título "Remdesivir and Chloroquine Effectively Inhibit the Recently Emerged Novel Coronavirus (2019-nCoV) in Vitro". Disponível em: <https://www.nature.com/articles/s41422-020-0282-0>. Acesso em: 15 mar. 2020.

59 Nos EUA, a aplicação dessa lei está reservada para medicamentos que tratam doenças que atingem menos de 200 mil pessoas. No entanto, uma brecha legislativa permite que essa classificação seja atribuída a medicamentos que tratam doenças mais comuns, desde que esse estatuto seja atribuído antes de a doença chegar a esse limite. Nesse momento, existiriam cerca de 40 mil casos confirmados nos EUA.

60 "Coronavirus Treatment Developed by Gilead Sciences Granted 'Rare Disease' Status, Potentially Limiting Affordability", *The Intercept*, 24 mar. 2020. Disponível em: <https://theintercept.com/2020/03/23/gilead-sciences-coronavirus-treatment-orphan-drug-status/?comments=1>. Acesso em: 17 jul. 2020.

61 "MSF Calls for No Patents or Profiteering on Covid-19 Drugs and Vacines", *Medecins Sans Frontière*, 27 mar. 2020. Disponível em: <https://www.msf.org/no-profiteering-covid-19-drugs-and-vaccines-says-msf>. Acesso em: 10 jun. 2020

62 "Treatment Action Group Statement on the High Price of Cepheid's Xpert Test for COVID-19", *Treatment Action Group*, 27 mar. 2020. Disponível em: <https://www.treatmentactiongroup.org/statement/treatment-action-group-statement-on-the-high-price-of-cepheids-xpert-test-for-covid-19/>. Acesso em: 20 maio 2020.

63 Publicado pelo *Corporate Europe Observatory*, 25 maio 2020. Disponível em: <https://corporateeurope.org/en/in-the-name-of-innovation>. Acesso em: 27 maio 2020.

64 "'Is Curing Patients a Sustainable Business Model?' Goldman Sachs analysts ask", *Ars Technica*, abr. 2018. Disponível em: <https://arstechnica.com/tech-policy/2018/04/curing-disease-not-a-sustainable-business-model-goldman-sachs-analysts-say/>. Acesso em: 15 jun. 2020.

65 Neste momento de crise global, aumentam os apelos para que as farmacêuticas renunciem a quaisquer direitos de propriedade que possam ter, a fim de facilitar a disseminação de medicamentos e dispositivos úteis na luta contra a Covid-19. Um sinal de esperança veio da parte da empresa americana AbbVie, que anunciou em março de 2020 que deixaria de aplicar a sua patente ao Kaletra, um medicamento para a Aids cuja eficácia para o tratamento da Covid-19 está atualmente sendo testada em todo o mundo. Ver "AbbVie Gives Up Patent Rights to HIV Med Kaletra Amid Covid-19 Tests: Report", *Fierce Pharma*, 23 mar. 2020. Disponível em: <https://www.fiercepharma.com/pharma/abbvie-gives-up-patent-rights-to-hiv-med-kaletra-amid-covid-19-tests-report>. Acesso em: 17 jul. 2020.

66 Ver "Saúde e Poder: A Guerra das Vacinas", *ABRASCO*, 17 ago. 2020. Disponível em: <https://www.abrasco.org.br/site/noticias/saude-e-poder-a-guerra-das-vacinas-artigo-de-reinaldo-guimaraes/51196/>. E "Vacinas Anticovid: um olhar da Saúde Coletiva", *ABRASCO*, 28 jul. 2020. Disponível em: <https://www.abrasco.org.br/site/noticias/nota-sobre-as-vacinas-contra-o-sars-cov-2-artigo-de-reinaldo-guimaraes/49847/>. Acessos em: 26 ago. 2020.

67 "Cashing in on the Pandemic: How Lawyers Preparing to Sue States over COVID-10 Response Measures", *Corporate Europe Observatory* e *TNI*, 19 maio 2020. Disponível em: <https://longreads.tni.org/cashing-in-on-the-pandemic>. Acesso em: 19 jun. 2020.

68 Publicado pela *Global Arbitration Review*, 26 mar. 2020. Disponível em: <https://globalarbitrationreview.com/article/1222354/could-covid-19-emergency-measures-give-rise-to-investment-claims-first-reflections-from-italy>. Acesso em: 6 abr. 2020.

69 "COVID-19 Measures: Leveraging Investment Agreements to Protect Foreign Investments", *Ropes & Gray*, 28 abr. 2020. Disponível em: <https://www.ropesgray.com/en/newsroom/alerts/2020/04/COVID-19-Measures-Leveraging-Investment-Agreements-to-Protect-Foreign-Investments>. Acesso em: 19 jun. 2020.

70 "Reed Smith Quarterly 'International Arbitration Focus': Investor-State Arbitration", *Reedsmith Quaterly – 'International Arbitration Focus*, 5 maio 2020. Disponível em: <https://www.reedsmith.com/en/perspectives/2020/05/reed-smith-quarterly-international-arbitration-focus>. Acesso em: 19 jun. 2020.

71 "COVID-19: Will State Measures Give Rise to a New Set of Investment Claims?", *Hogan Lovells Publications,* abr. 2020. Disponível em: <https://www.hoganlovells.com/~/media/hogan-lovells/pdf/2020-pdfs/2020_04_02_covid19-and-investment-arbitration.pdf?la=en>. Acesso em: 19 jun. 2020.

72 "Investment Treaty Claims in Pandemic Times: Potential Claims and Defenses", *Kluwer Arbitration Blog*, 8 abr. 2020. Disponível em: <http://arbitrationblog.kluwerarbitration.com/2020/04/08/investment-treaty-claims-in-pandemic-times-potential-claims-and-defenses/?doing_wp_cron=1592757455.2829229831695556640625>. Acesso em: 19 jun. 2020.

73 "COVID-19 & International Investment Protection", *Shearman and Sterling Perspectives*, 14 abr. 2020. Disponível em: <https://www.shearman.com/perspectives/2020/04/covid-19-international-investment-protection>. Acesso em: 19 jun. 2020.

74 Ver nota 61.

75 Ver nota 57.

76 "Third-Party Funders' Business Is Booming During Pandemic – Law 360", *LexixNexis Company*, 8 abr. 2020. Disponível em: <https://www.law360.com/articles/1261213/third-party-funders-business-is-booming-during-pandemic>. Acesso em: 19 jun. 2020.

77 "Coronavirus: European Solidarity Sidelined as French Interests Take Priority", *The Irish Times*, 30 mar. 2020. Disponível em: <https://www.irishtimes.com/news/world/europe/coronavirus-european-solidarity-sidelined-as-french-interests-take-priority-1.4216184>. Acesso em: 19 jul. 2020.

78 "Ebola's Lost Blood: Row over Samples Flown out of Africa as 'Big Pharma' Set to Cash in", *The Telegraph*, 6 fev. 2019. Disponível em: <https://www.telegraph.co.uk/global-health/scien-

ce-and-disease/ebolas-lost-blood-row-samples-flown-africa-big-pharma-set-cash/>. Acesso em: 6 maio 2019.
79 "Colonialists Are Coming For Blood – Literally", *The Wired*, 3 mar. 2020. Disponível em: <https://www.wired.com/story/ebola-epidemic-blood-samples/>. Acesso em: 2 abr. 2020.
80 Pandemic Influenza Preparedness Framework.
81 Acordo subsidiário à Convenção sobre Diversidade Biológica, em vigor desde 1993.
82 Edward Hammond, "Ebola: Company Avoids Benefit-sharing Obligation by Using Sequences", *Third World Network*, 2019. Disponível em: <https://www.twn.my/title2/briefing_papers/No99.pdf>. Acesso em: 19 jul. 2020.
83 "To Declare War, Grant Letters of Marque and Reprisal, and Make Rules Concerning Captures on Land and Water". Disponível em: <https://www.usconstitution.net/xconst_A1Sec8.html>. Acesso em: 10 maio 2020.
84 Ver: <https://www.govtrack.us/congress/bills/107/hr3076/text>. Acesso em: 10 maio 2020.
85 Mehdi Kouar, "La sûreté est-elle privatisable?", *Outre-Terre*, v. 2, n. 25-26, 2010, p. 49-74; DOI: 10.3917/oute.025.0049.
86 "Coronavirus: US Accused of 'Piracy' Over Mask 'Confiscation'", *BBC News*, 4 abr. 2020. Disponível em: <https://www.bbc.com/news/world-52161995>. Acesso em: 20 maio 2020.
87 Achille Mbembe, "The Universal Right to Breathe", *Critical Inquiry*, 13 abr. 2020. Disponível em: <https://critinq.wordpress.com/2020/04/13/the-universal-right-to-breathe/>. Acesso em: 15 abr. 2020.

Capítulo 4
1 Eduardo Galeano, *Las venas abiertas de América Latina* (Bogotá, Siglo XXI Editores, 1971).
2 Ver: <https://www.amnesty.org.uk/press-releases/uk-among-highest-covid-19-health-worker-deaths-world>, *Amnesty International UK*, 13 jul. 2020. Acesso em: 14 jul. 2020.
3 "Six in 10 UK Health Workers Killed by Covid-19 are BAME", *The Guardian*, 25 maio 2020. Disponível em: <https://www.theguardian.com/world/2020/may/25/six-in-10-uk-health-workers-killed-by-covid-19-are-bame>. Acesso em: 22 jun. 2020.
4 Esse projeto tem como objetivo contar, verificar e memorizar todos os profissionais de saúde que morrem durante a pandemia. Ver: <https://khn.org/news/lost-on-the-frontline-health-care-worker-death-toll-covid19-coronavirus/>. Acesso em: 14 jul. 2020.
5 "Exclusive: Nearly 600 US Health Workers Died of Covid-19 – and the Toll is Rising", *The Guardian*, 6 jun. 2020. Disponível em: <https://www.theguardian.com/us-news/2020/jun/06/us-health-workers-dying-coronavirus-stats-data>. Acesso em: 22 jun. 2020.
6 Boaventura de Sousa Santos, *Epistemologies of the South: Justice against Epistemicide* (Abingdon, Routledge, 2014); Idem, *O fim do império cognitivo: a afirmação das epistemologias do Sul* (Belo Horizonte, Autêntica Editora, 2019).
7 "Os Desafios do Passado no Trabalho Doméstico do Século XXI: reflexões para o caso brasileiro a partir dos dados da PNAD Contínual", IPEA, nov. 2019. Disponível em: <https://www.ipea.gov.br/portal/index.php?option=com_content&view=article&id=35231&Itemid=444>.
8 "Número de empregados domésticos no país bate recorde", *Jornal de Brasília*, 30 jan. 2020. Disponível em: <https://jornaldebrasilia.com.br/economia/numero-de-empregados-domesticos-no-pais-bate-recorde/>. Acesso em: 30 jun. 2020.
9 "Covid-19 Crisis and the Informal Economy. Immediate Responses and Policy Challenges", *ILO*, maio 2020. Disponível em: <https://www.ilo.org/wcmsp5/groups/public/---ed_protect/---protrav/---travail/documents/briefingnote/wcms_743623.pdf>. Acesso em: 20 jun. 2020.
10 "More than 60 per cent of the World's Employed Population are in the Informal Economy", *ILO*, 30 abr. 2020. Disponível em: <https://www.ilo.org/global/about-the-ilo/newsroom/news/WCMS_627189/lang--en/index.htm>. Acesso em: 20 maio 2020.

11 "Nigeria Extends Coronavirus Lockdown in Key Cities for Two Weeks", *Aljazeera*, 13 abr. 2020. Disponível em: <https://www.aljazeera.com/news/2020/04/nigeria-extends-coronavirus-lockdown-key-cities-weeks-200413185335045.html>. Acesso em: 20 maio 2020.

12 "Women-headed Households and Covid-19", *Daily Maverick*, 16 abr. 2020. Disponível em: <https://www.dailymaverick.co.za/article/2020-04-16-women-headed-households-and-covid-19/?utm_source=homepagify>. Acesso em: 20 maio 2020.

13 "South Africa Needs to Focus Urgently on How Covid-19 Will Reshape its Labour Market", *The Conversation*, 20 jun. 2020. Disponível em: <https://theconversation.com/south-africa-needs-to-focus-urgently-on-how-covid-19-will-reshape-its-labour-market-141137>. Acesso em: 23 jun. 2020.

14 "National Database of Workers in Informal Sector in the Works", *The Economic Times*, 19 jan. 2020. Disponível em: <https://economictimes.indiatimes.com/news/economy/indicators/national-database-of-workers-in-informal-sector-in-the-works/articleshow/73394732.cms?from=mdr>. Acesso em: 18 jun. 2020.

15 "Coronavirus: India's Pandemic Lockdown Turns Into a Human Tragedy", *BBC*, 30 mar. 2020. Disponível em: <https://www.bbc.com/news/world-asia-india-52086274>. Acesso em: 1º jul. 2020.

16 "As India's Lockdown Ends, Exodus from Cities Risks Spreading Covid-19 Far and Wide", *Science Magazine*, 27 maio 2020. Disponível em: <https://www.sciencemag.org/news/2020/05/india-s-lockdown-ends-exodus-cities-risks-spreading-covid-19-far-and-wide>. Acesso em: 22 jun. 2020.

17 "Ministro Zevallos admite que hay un subregistro en casos confirmados de Covid-19", *Primicias*, 1º abr. 2020. Disponível em: <https://www.primicias.ec/noticias/sociedad/ministro-zevallos-hay-un-subregistro-el-60-de-poblacion-se-puede-contagiar/">. Acesso em: 12 jun. 2020.

18 "El comité de DD.HH. en Ecuador pide declarar la 'crisis humanitaria' en Guayaquil", *EFE*, 27 abr. 2020. Disponível em: <https://www.efe.com/efe/america/sociedad/el-comite-de-dd-hh-en-ecuador-pide-declarar-la-crisis-humanitaria-guayaquil/20000013-4232177>. Acesso em: 12 jun. 2020.

19 "Reporte de pobreza y desigualdad – Junio 2018". Disponível em: <https://www.ecuadorencifras.gob.ec/documentos/web-inec/POBREZA/2018/Junio-2018/Informe_pobreza_y_desigualdad-junio_2018.pdf>. Acesso em: 11 jun. 2020.

20 "Disparities in the Risk and Outcomes of Covid-19". Disponível em: <https://assets.publishing.service.gov.uk/government/uploads/system/uploads/attachment_data/file/892085/disparities_review.pdf>. Acesso em: 12 jun. 2020.

21 "Las marcas de ropa abandonan a los trabajadores asiáticos en plena pandemia", *Human Rights Watch*, 3 abr. 2020. Disponível em: <https://www.hrw.org/es/news/2020/04/03/las-marcas-de-ropa-abandonan-los-trabajadores-asiaticos-en-plena-pandemia>. Acesso em: 10 abr. 2020.

22 "Valuing Life Differently: Migrants and the Coronavirus Crisis", *Social Europe*, 1º maio 2020. Disponível em: <https://www.socialeurope.eu/valuing-life-differently-migrants-and-the-coronavirus-crisis>. Acesso em: 20 maio 2020.

23 "Germany Flies in Seasonal Workers with Strict Coronavirus Precautions", *Euronews*, 10 abr. 2020. Disponível em: <https://www.euronews.com/2020/04/10/germany-flies-in-seasonal-workers-with-strict-coronavirus-precautions?fbclid=IwAR3DlzAeb-ps3_IyQmr0mVttqzf8sT_qN982fEj4l-2tj6EWw7ndL4ULzp3w>. Acesso em: 30 abr. 2020.

24 A chamada "gig economy", ou "compartilhada", caracterizada pela oferta de serviços por meio de plataformas digitais, como o Uber por exemplo; trata-se de uma forma de trabalho baseada em pessoas que, em vez de trabalharem para um empregador fixo, têm empregos temporários ou fazem atividades de trabalho freelancer, pagas separadamente.

25 "Ministério Público do Trabalho produz a série 'Por trás do Aplicativo' que denuncia as condições de

trabalho dos trabalhadores por aplicativo no Brasil", *Remit Trabalho*, 19 jun. 2020. Disponível em: <https://www.eco.unicamp.br/remir/index.php/condicoes-de-trabalho/178-ministerio-publico-do-trabalho-produz-a-serie-por-tras-do-aplicativo-que-denuncia-as-condicoes-de-trabalho-dos-trabalhadores-por-aplicativo-no-brasil>. Acesso em: 20 jul. 2020.

26 "É greve: entregadores param hoje e fazem desafio à economia dos aplicativos", *Tilt*, 1º jul. 2020. Disponível em: <https://www.uol.com.br/tilt/noticias/redacao/2020/07/01/e-greve-entregadores-param-hoje-e-fazem-desafio-a-economia-dos-aplicativos.htm?cmpid=copiaecola>. Acesso em: 3 jul. 2020.

27 "Entregadores antifascistas: os trabalhadores de aplicativo se organizaram e prometem abalar as estruturas neoliberais", *Carta Maior*, 28 jun. 2020. Disponível em: <https://www.cartamaior.com.br/?/Editoria/Antifascismo/Entregadores-antifascistas-os-trabalhadores-de-aplicativo-se-organizaram-e-prometem-abalar-as-estruturas-neoliberais-/47/47959>. Acesso em: 13 jul. 2020.

28 "COVID-19 Guidance Note Protecting Residents of Informal Settlements", *UN Special Rapporteur on the right to adequate housing* (Leilani Farha), 28 mar. 2020. Disponível em: <https://unhabitat.org/sites/default/files/2020/04/guidance_note_-_informal_settlements_29march_2020_final3.pdf>. Acesso em: 14 jul. 2020.

29 Informação pessoal de um dos líderes, Ignácio Nacho Levy.

30 Disponível em: <https://painel.vozdascomunidades.com.br/>. Acesso em: 4 ago. 2020. Dados atualizados diariamente.

31 "O 'gado humano' que Bolsonaro leva ao matadouro", *El País*, 19 ago. 2020. Disponível em: <https://brasil.elpais.com/brasil/2020-08-19/o-gado-humano-que-bolsonaro-leva-ao-matadouro.html>. Acesso em: 28 ago. 2020.

32 "After Outrage over Homeless Sleeping in Parking Lot, Vegas Now Touts Tented Covid-19 Center", *The Guardian*, 16 abr. 2020. Disponível em: <https://www.theguardian.com/us-news/2020/apr/16/las-vegas-homeless-coronavirus-parking-lot-center>. Acesso em: 30 abr. 2020.

33 "More Than Just a Roof: Unpacking Homelessness", *HSRC*. Disponível em: <http://www.hsrc.ac.za/en/review/hsrc-review-march-2015/unpacking-homelessness>. Acesso em: 20 jun. 2020.

34 "Quantos são?", *Instituto Socioambiental (ISA)*. Disponível em: <https://pib.socioambiental.org/pt/Quantos_s%C3%A3o%3F>. Acesso em: 14 jul. 2020.

35 "A morte do futuro: covid-19 entre os povos originários", *El País*, 14 jun. 2020. Disponível em: <https://brasil.elpais.com/opiniao/2020-06-14/a-morte-do-futuro-covid-19-entre-os-povos-originarios.html>. Acesso em: 2 jul. 2020.

36 Informação disponível em: <http://emergenciaindigena.apib.info/dados_covid19/>. Acesso em: 14 jul. 2020.

37 "1,8 mil indígenas são infectados por Covid-19 em 78 povos no Brasil, diz organização", *G1*, 1º jun. 2020. Disponível em: <https://g1.globo.com/bemestar/coronavirus/noticia/2020/06/01/18-mil-indigenas-sao-infectados-por-covid-19-em-78-povos-no-brasil-diz-organizacao.ghtml>. Acesso em: 10 jun. 2020.

38 "RO registra primeira morte de indígena com Covid-19", *G1*, 25 maio 2020. Disponível em: <https://g1.globo.com/ro/rondonia/natureza/amazonia/noticia/2020/05/25/ro-registra-primeira-morte-de-indigena-com-covid-19.ghtml>. Acesso em: 30 maio 2020.

39 "Covid-19: morte de índios dispara com disseminação na Amazônia", *Reuters*, 4 jun. 2020. Disponível em: <https://noticias.r7.com/brasil/covid-19-morte-de-indios-dispara-com-disseminacao-na-amazonia-04062020>. Acesso em: 2 jul. 2020.

40 Informação disponível em: <https://www.ndoh.navajo-nsn.gov/COVID-19>. Acesso em: 14 jul. 2020.

41 "Navajo Nation Reinstates Lockdown as Covid-19 Cases Surge Near Reservation", *The Guardian*, 18 jun. 2020. Disponível em: <https://www.theguardian.com/us-news/2020/jun/18/navajo-nation-coronavirus-lockdown-arizona>. Acesso em: 2 jul. 2020.

42 "The Native American Housing Needs Study". Disponível em: <https://www.huduser.gov/portal/pdredge/pdr-edge-research-022117.html>. Acesso em: 14 jul. 2020.

43 "Navajo Nation: The People Battling America's Worst Coronavirus Outbreak", *BBC*, 16 jun. 2020. Disponível em: <https://www.bbc.com/news/world-us-canada-52941984>. Acesso em: 2 jul. 2020.

44 "Navajo Nation Reels Under Weight of Coronavirus – and History of Broken Promises", *The Guardian*, 8 maio 2020. Disponível em: <https://www.theguardian.com/world/2020/may/08/navajo-nation-coronavirus>. Acesso em: 14 jul. 2020.

45 "Diné Receive $600 Million in CV-19 Relief", *Navajo Times*, 7 maio 2020. Disponível em: <https://navajotimes.com/coronavirus-updates/dine-receive-600-million-in-cv-19-relief/>. Acesso em: 14 jul. 2020.

46 President Sharp, State of Indian Nations Address, National Congress of American Indians. Disponível em: <http://www.ncai.org/about-ncai/state-of-indian-nations/State_of_Indian_Nations_2020.pdf>. Acesso em: 14 jul. 2020.

47 George Perry Floyd Jr., um afro-americano, foi assassinado em Mineápolis em 25 de maio de 2020, estrangulado por um polícia branco que se ajoelhou no seu pescoço durante uma abordagem por supostamente usar uma nota falsificada de vinte dólares numa loja. A sua morte pelas mãos da polícia suscitou uma vaga de protestos em todo o mundo, com o movimento ativista antirracista Black Lives Matter apelando à reforma da polícia e à introdução de legislação para lidar com as desigualdades raciais nos EUA.

48 "The Color of Coronavirus: Covid-19 Deaths by Race and Ethnicity in the U.S.", APM Research Lab Staff, 22 jul. 2020. Disponível em: <https://www.apmresearchlab.org/covid/deaths-by-race#data>. Acesso em: 24 jul. 2020.

49 Cary P. Gross et al., *Racial and Ethnic Disparities in Population Level Covid-19 Mortality*, 2020; medRxiv preprint doi: https://doi.org/10.1101/2020.05.07.20094250.

50 S. Hill, *Inequality and African-American Health: How Racial Disparities Create Sickness* (Bristol, UK; Chicago, IL, USA, Bristol University Press, 2016; doi:10.2307/j.ctt1t890m1. "Racism, Inequality, and Health Care for African Americans", *The Century Foundation*. Disponível em: <https://tcf.org/content/report/racism-inequality-health-care-african-americans/?agreed=1>. Acesso em: 20 jul. 2020.

51 "Implicit Bias and Racial Disparities in Health Care", *ABA*. Disponível em: <https://www.americanbar.org/groups/crsj/publications/human_rights_magazine_home/the-state-of-healthcare-in-the-united-states/racial-disparities-in-health-care/>. Acesso em: 20 jul. 2020.

52 "Racial Inequalities in Covid-19 — The Impact on Black Communities", *Medical News Today*, 5 jun. 2020. Disponível em: <https://www.medicalnewstoday.com/articles/racial-inequalities-in-covid-19-the-impact-on-black-communities>. Acesso em: 20 jun. 2020.

53 "Video Shows Police Pushing Woman to the Ground and Handcuffing her in Front of her Young Child 'for not wearing mask properly'", *The Independent*, 14 maio 2020. Disponível em: <https://www.independent.co.uk/news/world/americas/new-york-police-subway-mask-brooklyn-video-a9514116.html>. Acesso em: 30 maio 2020.

54 "Why I don't Feel Safe Wearing a Face Mask", *BG*, 5 abr. 2020. Disponível em: <https://www.bostonglobe.com/2020/04/05/opinion/why-i-dont-feel-safe-wearing-face-mask/?p1=Article_Inline_Text_Link>. Acesso em: 30 abr. 2020.

55 Frank Edwards, Hedwig Lee e Michael Esposito, "Risk of Being Killed by Police Use of Force in the United States by Age, Race–Ethnicity, and Sex", *Proceedings of the National Academy of Sciences*, v. 116, n. 34, ago. 2019, p. 16.793-8; DOI: 10.1073/pnas.1821204116.

56 "For Black Men, Fear That Masks Will Invite Racial Profiling", *The New York Times*, 14 abr. 2020. Disponível em: <https://www.nytimes.com/2020/04/14/us/coronavirus-masks-racism-african-americans.html>. Acesso em: 30 abr. 2020.

57 Nilma Gomes, *A questão racial e o novo coronavírus no Brasil* (São Paulo, Friedrich-Ebert-Stiftung (FES) Brasil, 2020), p. 2.
58 "População negra e Covid-19: desigualdades sociais e raciais ainda mais expostas", *Abrasco*, 31 mar. 2020. Disponível em: <https://www.abrasco.org.br/site/noticias/sistemas-de-saude/populacao-negra-e-covid--19-desigualdades-sociais-e-raciais-ainda-mais-expostas/46338/>. Acesso em: 4 jul. 2020.
59 "Análise socioeconômica da taxa de letalidade da COVID-19 no Brasil", 27 maio 2020. Disponível em: <https://drive.google.com/file/d/1tSU7mV4OPnLRFMMY47JIXZgzkklvkydO/view>. Acesso em: 22 jul. 2020.
60 Ver também boletim epidemiológico especial (Ministério da Saúde), 18 maio 2020. Disponível em: <https://www.saude.gov.br/images/pdf/2020/May/21/2020-05-19---BEE16---Boletim-do-COE-13h.pdf>. Acesso em: 11 jun. 2020.
61 Nilma Gomes, *A questão racial e o novo coronavírus no Brasil*, cit., p. 4.
62 O território quilombola existe na região desde meados do século XVIII. É hoje formado por 150 povoados, com cerca de 12 mil habitantes. Estima-se que a expansão do Centro implicará o deslocamento de 2 mil quilombolas de 27 comunidades.
63 "Justiça suspende remoção das comunidades quilombolas que vivem na área da Base de Alcântara no Maranhão", em *Racismo Ambiental*, 13 maio 2020. Disponível em: <https://racismoambiental.net.br/2020/05/13/justica-suspende-remocao-das-comunidades-quilombolas-que-vivem-na-area-da-base-de-alcantara-no-maranhao/>. Acesso em: 5 jun. 2020.
64 "Ecuador and Inequality". Disponível em: <https://socialismoryourmoneyback.blogspot.com/2020/05/ecuador-and-inequality.html>. Acesso em: 12 jun. 2020.
65 Disponível em: <https://www.facebook.com/1856069421134435/posts/3604698062938220/>. Acesso em: 12 jun. 2020.
66 "Bloco repudia 'operação intimidatória' no bairro da Jamaica", *EsquerdaNet*, 3 jun. 2020. Disponível em: <https://www.esquerda.net/artigo/bloco-repudia-operacao-intimidatoria-no-bairro-da-jamaica/68350>. Acesso em: 4 jun. 2020.
67 "In a Paris Banlieue, Coronavirus Amplifies Years of Inequality", *The Guardian*, 25 abr. 2020. Disponível em: <https://www.theguardian.com/world/2020/apr/25/paris-banlieue-virus-amplifies-inequality-seine-saint-denis>. Acesso em: 22 jul. 2020.
68 "Europe: Covid-19 Lockdowns Expose Racial Bias and Discrimination Within Police", *Amnesty International*, 24 jun. 2020. Disponível em: <https://www.amnesty.org/en/latest/news/2020/06/europe-covid19-lockdowns-expose-racial-bias-and-discrimination-within-police/>. Acesso em: 26 jun. 2020.
69 "Roma in the Covid-19 Crisis", *Open Society Foundations*. Disponível em: <https://www.opensocietyfoundations.org/publications/roma-in-the-covid-19-crisis>. Acesso em: 30 maio 2020.
70 "Bulgaria's Roma Fear Coronavirus Lockdowns Leave them with no Means to Live", *Reuters*, 17 abr. 2020. Disponível em: <https://www.reuters.com/article/us-health-coronavirus-bulgaria-roma/bulgarias-roma-fear-coronavirus-lockdowns-leave-them-with-no-means-to-live-idUSKBN21Z362>. Acesso em: 30 abr. 2020.
71 "Slovak NGOs Call on Government to Stop Discriminating Against Romani People in the Context of Testing for Covid-19 and Closing Settlements", *Romea.cz*, 9 abr. 2020. Disponível em: <http://www.romea.cz/en/news/world/slovak-ngos-call-on-government-to-stop-discriminating-against-romani-people-in-the-context-of-testing-for-covid-19-and>. Acesso em: 30 abr. 2020.
72 "Europe's Marginalised Roma People Hit Hard by coronavirus", *The Guardian*, 11 maio 2020. Disponível em: <https://www.theguardian.com/world/2020/may/11/europes-marginalised-roma-people-hit-hard-by-coronavirus>. Acesso em: 3 jul. 2020.
73 "Coronavirus: NGOS Warn Against Roma Exclusion from EU Crisis Response", *ERRC*, 27 mar.

2020. Disponível em: <http://www.errc.org/news/coronavirus-ngos-warn-against-roma-exclusion-from-eu-crisis-response?fbclid=IwAR0qCkc-tg4mIbaQLA3TktYi73lUdYujZRz6JvI8N23M7e-9GXT6yqGc2u88>. Acesso em: 30 mar. 2020.

74 "Gaza 2020: Has the Palestinian Territory Reached the Point of no Return?", *MEE*, 9 dez. 2019. Disponível em: <https://www.middleeasteye.net/news/what-is-gaza-2020-un-report-uninhabitable-unliveable-blockade>. Acesso em: 30 abr. 2020.

75 "Polluted Water Leading Cause of Child Mortality in Gaza, Study Finds", *Haartez*, 16 out. 2018. Disponível em: <https://www.haaretz.com/middle-east-news/palestinians/.premium.MAGAZINE-polluted-water-a-leading-cause-of-gazan-child-mortality-says-rand-corp-study-1.6566812>. Acesso em: 30 mar. 2020.

76 "Coronavirus Disease 2019 (Covid-19) Situation Report 33: Occupied Palestinian Territory, Issued 25 June 2020, Information for Period: 5 March – 2 July 2020", *WHO Occupied Palestinian Territory*, 2 jul. 2020. Disponível em: <https://who18.createsend.com/campaigns/reports/viewCampaign.aspx?d=j&c=99FA4938D049E3A8&ID=DF50B972E3132AE02540EF23F-30FEDED&temp=False&tx=0&source=Report>. Acesso em: 3 jul. 2020.

77 "Three Lessons from Palestine to Overcome the Pandemic", *The Palestinian Information Center*. Disponível em: <https://english.palinfo.com/articles/2020/4/22/three-lessons-from-palestine-to-overcome-the-pandemic>. Acesso em: 24 jul. 2020.

78 "World Refugee Day: End Conflict that Drives 'Appalling' Displacement Numbers", *UN News*, 19 jun. 2020. Disponível em: <https://news.un.org/en/story/2020/06/1066592>. Acesso em: 22 jun. 2020.

79 "Evacuation of Squalid Greek Camps More Urgent than Ever Over Covid-19 Fears", *Médecins Sans Frontière*, 13 mar. 2020. Disponível em: <https://www.msf.org/urgent-evacuation-squalid-camps-greece-needed-over-covid-19-fears>. Acesso em: 13 maio 2020.

80 "MSF: Virus 'Government Excuse' to Extend Migrant Lockdown", em *InfoMigrants*, 23 jun. 2020. Disponível em: <https://www.infomigrants.net/en/post/25558/msf-virus-government-excuse-to-extend-migrant-lockdown>. Acesso em: 2 jul. 2020.

81 "Primeiro infectado num campo de refugiados palestinianos no Líbano", *Diário de Notícias*, 22 abr. 2020. Disponível em: <https://www.dnoticias.pt/2020/4/22/55849-primeiro-infectado-num-campo-de-refugiados-palestinianos-no-libano>. Acesso em: 5 maio 2020.

82 "For Refugee Camps, Covid-19 Is a Death Sentence", *Syrian Observatory for Human Rights,* 7 abr. 2020. Disponível em: <https://www.syriahr.com/en/159617/>. Acesso em: 20 jul. 2020.

83 "The US Will Admit Just 18,000 Refugees in the Next Year", *Vox*, 19 set. 2019. Disponível em: <https://www.vox.com/policy-and-politics/2019/9/26/20886038/trump-refugee-cap-executive-order>. Acesso em: 10 maio 2020.

84 A. M. Kraut, "Immigration, Ethnicity, and the Pandemic", *Public Health Reports (Washington, D.C.: 1974)*, v. 125, supl. 3, 2010, p. 123-33; https://doi.org/10.1177/00333549101250S315.

85 H. Markel, "'Knocking out the Cholera': Cholera, Class, and Quarantines in New York City, 1892", *Bulletin of the History of Medicine*, v. 69, n. 3, 1995, p. 420-57. Retrieved May 26, 2020, from www.jstor.org/stable/44451706.

86 "Swine Flu Prompts Anti-mexican Sentiment", *SPLC*, 9 ago. 2009. Disponível em: <https://www.splcenter.org/fighting-hate/intelligence-report/2009/swine-flu-prompts-anti-mexican-sentiment>. Acesso em: 30 maio 2020.

87 "Ebola, Race and Fear", *BBC*, 21 out. 2014. Disponível em: <https://www.bbc.com/news/blogs-echochambers-29714657>. Acesso em: 30 maio 2020.

88 "Coronavirus: British Chinese People Reveal Prejudice Amid Outbreak", *BBC*, 3 fev. 2020. Disponível em: <https://www.bbc.com/news/uk-51348593>. Acesso em: 30 mar. 2020.

89 Ver *Chinese Exclusion Act*. Disponível em: <https://aapf.org/chinese-exclusion-act>. Acesso em: 30 maio 2020.

90 "McDonald's Apologizes After a Restaurant in China Bans Black Customers", *CBS*, 14 abr. 2020. Disponível em: <https://www.cbsnews.com/news/mcdonalds-apologizes-restaurant-guangzhou-china-bans-black-customers/>. Acesso em: 30 maio 2020.

91 "After its Racism to Africans Goes Global, a Chinese Province is Taking Anti-discrimination Measures", *QuartzAfrica*, 5 maio 2020. Disponível em: <https://qz.com/africa/1851701/chinas-guangzhou-counters-racism-to-africans-with-new-rules/>. Acesso em: 30 maio 2020.

92 "Chinese Workers are Facing a Backlash Across Africa over the Guangzhou Racism Incidents", *QuartzAfrica*, 22 maio 2020. Disponível em: <https://qz.com/africa/1860045/china-faces-african-backlash-of-guangzou-racism-incidents/>. Acesso em: 30 maio 2020.

93 "Two Mozambicans were Beaten to Death in Malawi, Accused of being Covid-19 transmitters – Rádio Moçambique", *Club of Mozambique*, 7 abr. 2020. Disponível em: <https://clubofmozambique.com/news/two-mozambicans-were-beaten-to-death-in-malawi-accused-of-being-covid-19-transmitters-radio-mocambique-157137/>. Acesso em: 8 abr. 2020.

94 "Nador: évacuation musclée de plusieurs camps de migrants", *H24*, 18 maio 2020. Disponível em: <https://www.h24info.ma/maroc/nador-evacuation-musclee-de-plusieurs-camps-de-migrants/>. Acesso em: 20 jun. 2020.

95 "Covid-19 et migrations en Afrique: la réduction des mobilités, une riposte efficace?", *The Conversation*, 21 maio 2020. Disponível em: <https://theconversation.com/covid-19-et-migrations-en-afrique-la-reduction-des-mobilites-une-riposte-efficace-139283>. Acesso em: 5 jun. 2020.

96 "Tunisie: sans aide de l'Etat, les migrants subsahariens en mode survie", *RTBF*, 30 abr. 2020. Disponível em: <https://www.rtbf.be/info/monde/afrique/detail_tunisie-sans-aide-de-l-etat-les-migrants-subsahariens-en-mode-survie?id=10492859>. Acesso em: 2 maio 2020.

97 "Care Work and Care Jobs for the Future of Decent Work", International Labour Organization 2018. Disponível em: <https://www.ilo.org/brasilia/noticias/WCMS_633464/lang--pt/index.htm>. Acesso em: 30 maio 2020.

98 OXFAM, *Time to Care?* Oxford, OXFAM GB, 2020. Disponível em: <https://oxfamilibrary.openrepository.com/bitstream/handle/10546/620928/bp-time-to-care-inequality-200120-en.pdf>. Acesso em: 3 fev. 2020.

99 "Covid-19 Sends the Care Economy Deeper into Crisis Mode", *UN Women*, 22 abr. 2020. Disponível em: <https://data.unwomen.org/features/covid-19-sends-care-economy-deeper-crisis-mode>. Acesso em: 5 maio 2020.

100 "China's Divorce Spike is a Warning to Rest of Locked-Down World", *Bloomberg Businessweek*, 31 mar. 2020. Disponível em: <https://www.bloomberg.com/news/articles/2020-03-31/divorces-spike-in-china-after-coronavirus-quarantines>. Acesso em: 12 abr. 2020.

101 "Violência contra as mulheres e meninas é pandemia invisível, afirma diretora executiva da ONU Mulheres", *ONUMulheres*. Disponível em: <http://www.onumulheres.org.br/noticias/violencia-contra-as-mulheres-e-meninas-e-pandemia-invisivel-afirma-diretora-executiva-da-onu-mulheres/>. Acesso em: 30 abr. 2020.

102 "Confinement: les violences conjugales en forte hausse", *Le Figaro*, 26 mar. 2020. Disponível em: <https://www.lefigaro.fr/actualite-france/confinement-les-violences-conjugales-en-tres-forte-hausse-20200326>. Acesso em: 22 abr. 2020.

103 "Covid-19 and Domestic Violence in South Africa", *OxHRH*, 26 abr. 2020. Disponível em: <https://ohrh.law.ox.ac.uk/covid-19-and-domestic-violence-in-south-africa/>. Acesso em: 29 abr. 2020.

104 "Self-quarantine Amid Coronavirus Pandemic will Likely Lead to Increase in Domestic Violence, WHO Warns", *CBS News*, 3 abr. 2020. Disponível em: <https://www.cbsnews.com/news/coronavirus-self-quarantine-will-likely-lead-to-increase-in-domestic-violence-world-health-organization-warns/>. Acesso em: 10 abr. 2020.

105 "UN Chief Calls for Domestic Violence 'Ceasefire' Amid 'Horrifying Global Surge'", *UN News*,

6 abr. 2020. Disponível em: <https://news.un.org/en/story/2020/04/1061052>. Acesso em: 10 abr. 2020.

[106] "Every Third Woman In India Suffers Sexual, Physical Violence at Home", *News18*, 8 fev. 2018. Disponível em: <https://www.news18.com/news/india/the-elephant-in-the-room-every-third-woman-in-india-faces-domestic-violence-1654193.html>. Acesso em: 10 abr. 2020.

[107] "India Hit By Domestic-Violence Pandemic", *Article14*, 7 abr. 2020. Disponível em: <https://www.article-14.com/post/india-hit-by-global-domestic-violence-pandemic-in-lockdown>. Acesso em: 10 abr. 2020.

[108] "UK Lockdown: Calls to Domestic Abuse Helpline Jump by Half", *BBC News*, 27 abr. 2020. Disponível em: <https://www.bbc.com/news/uk-52433520>. Acesso em: 2 maio 2020.

[109] "Coronavirus: Domestic Abuse Website Visits up 10-fold, Charity Says", *BBC News*, 27 maio 2020. Disponível em: <https://www.bbc.com/news/uk-england-52755109>. Acesso em: 30 maio 2020.

[110] "Coronavirus Drives Surge in Australia Domestic Violence Cases", *TheStraitsTimes,* 29 mar. 2020. Disponível em: <https://www.straitstimes.com/asia/australianz/coronavirus-drives-surge-in-australia-domestic-violence-cases>. Acesso em: 5 abr. 2020.

[111] "China's Domestic Violence Epidemic", *Axios*, 7 mar. 2020. Disponível em: <https://www.axios.com/china-domestic-violence-coronavirus-quarantine-7b00c3ba-35bc-4d16-afdd-b76ecfb28882.html?fbclid=IwAR3pz0EJQI5GIdOlXCrMOr2lJDJUfK3leM81aJGj7-6_omeVewDmRVaa1O4>. Acesso em: 7 abr. 2020.

[112] "As Cities Around the World Go on Lockdown, Victims of Domestic Violence Look for a Way Out", *Time*, 18 mar. 2020. Disponível em: <https://time.com/5803887/coronavirus-domestic-violence-victims/>. Acesso em: 22 maio 2020.

[113] "Aumentan en 142% llamadas a Línea 155, por violencia intrafamiliar durante Aislamiento", 15 abr. 2020. Disponível em: <https://mlr.vicepresidencia.gov.co/Paginas/prensa/2020/Aumentan-en-142-llamadas-a-Linea-155-por-violencia-intrafamiliar-durante-Aislamiento.aspx>. Acesso em: 20 abr. 2020.

[114] "Desde el inicio de la cuarentena, se registraron 49 femicidios en el país", *La NUEVA Mañana*, 12 maio 2020. Disponível em: <https://lmdiario.com.ar/contenido/220746/desde-el-inicio-de-la-cuarentena-se-registraron-49-femicidios-en-el-pais>. Acesso em: 15 maio 2020.

[115] Ver "Violência doméstica durante a pandemia de Covid-19", 29 maio 2020. Disponível em: <http://forumseguranca.org.br/wp-content/uploads/2020/06/violencia-domestica-covid-19-e-d02-v5.pdf>. Acesso em: 30 maio 2020.

[116] "Covid-19. Pandemia agudizou situações de violência doméstica já existentes", *Público*, 16 jun. 2020. Disponível em: <https://www.publico.pt/2020/06/16/sociedade/noticia/covid19-pandemia-agudizou-situacoes-violencia-domestica-ja-existentes-1920817>. Acesso em: 25 jun. 2020.

[117] "Safer Sex and COVID-19", *NYC Health*. Disponível em: <https://www1.nyc.gov/assets/doh/downloads/pdf/imm/covid-sex-guidance.pdf>. Acesso em: 20 jul. 2020.

[118] Lucy Platt et al., "Sex Workers Must not be Forgotten in the Covid-19 Response", *The Lancet*, v. 396, n. 10.243, 4-10 jul. 2020, p. 9-11.

[119] "Prostitution Continues in Germany, Despite Covid-19", *France24*, 9 jun. 2020. Disponível em: <https://www.france24.com/en/europe/20200609-focus-prostitution-continues-in-germany-despite-covid-19>. Acesso em: 2 jul. 2020.

[120] "Belgium Lockdown Lifted for Sex Workers but Covid-19 Concerns Flourish", *EuroNews*, 16 jun. 2020. Disponível em: <https://www.euronews.com/2020/06/15/belgium-lockdown-lifted-for-sex-workers-but-covid-19-concerns-flourish>. Acesso em: 2 jul. 2020.

[121] "Greek Sex Workers Criticize Covid Safety Guidelines", em *Ekathimerini*, 17 jun. 2020. Disponível em: <https://www.ekathimerini.com/253779/article/ekathimerini/community/greek-sex-workers-criticize-covid-safety-guidelines>. Acesso em: 2 jul. 2020.

[122] "COVID-19 and the Human Rights of LGBTI people", *OHCHR*, 17 abr. 2020. Disponível em: <https://www.ohchr.org/Documents/Issues/LGBT/LGBTIpeople.pdf>. Acesso em: 2 jul. 2020.

[123] National Sample Survey Office (NSSO), "Employment and Unemployment Situation among Major Religious Groups in India", Working Papers, id:5451, 2013, eSocialSciences.

[124] "How Muslim Ghettos Came About in Delhi", *The Indian Express*, 3 mar. 2020. Disponível em: <https://indianexpress.com/article/india/muslim-ghettos-of-delhi-6297633/>. Acesso em: 17 abr. 2020.

[125] Em declarações à DW, a escritora e ativista social Arundhati Roy criticou o partido indiano Bharatiya Janata (BJP), dizendo que o partido está explorando a crise de saúde pública desencadeada pela pandemia para aumentar a repressão sobre os muçulmanos ao ponto do genocídio. Ver a entrevista completa em: <https://www.dw.com/en/religious-tension-in-india-aggravated-by-coronavirus/a-53195228>. Acesso em: 30 maio 2020.

[126] "'Do not Buy from Muslims': BJP Leader in India Calls for Boycott", *Aljazeera*, 29 abr. 2020. Disponível em: <https://www.aljazeera.com/news/2020/04/buy-muslims-bjp-leader-india-calls-boycott-200429034119722.html>. Acesso em: 30 abr. 2020.

[127] "Employment and Unemployment Situation among Major Religious Groups in India". Disponível em: <http://mospi.nic.in/sites/default/files/publication_reports/nss_report_568_19feb16.pdf>. Acesso em: 20 jul. 2020.

[128] "What Happened in Delhi Was a Pogrom", *The Atlantic*, 28 fev. 2020. Disponível em: <https://english.alaraby.co.uk/english/comment/2020/3/2/delhis-anti-muslim-pogrom-is-only-the-beginning>. Acesso em: 17 abr. 2020.

[129] "Coronavirus Funerals: Sri Lanka's Muslims Decry Forced Cremation", *BBC*, 5 jul. 2020. Disponível em: <https://www.bbc.com/news/world-asia-53295551>. Acesso em: 20 jul. 2020.

[130] "Terror in Sri Lanka", *CNN*. Disponível em: <https://edition.cnn.com/interactive/2019/04/world/sri-lanka-attacks/>. Acesso em: 22 abr. 2020.

[131] "Uyghurs and the China Coronavirus", *The Diplomat*, 5 fev. 2020. Disponível em: <https://thediplomat.com/2020/02/uyghurs-and-the-china-coronavirus/>. Acesso em: 3 mar. 2020.

[132] "15,000 Rohingya Under Quarantine as Coronavirus Cases Rise", *Aljazeera*, 26 maio 2020. Disponível em: <https://www.aljazeera.com/news/2020/05/15000-rohingya-quarantine-coronavirus-cases-rise-200526074046353.html>. Acesso em: 30 jun. 2020.

[133] Disponível em: <https://www.unhcr.org/protection/basic/3b73b0d63/states-parties-1951-convention-its-1967-protocol.html>. Acesso em: 25 jun. 2020.

[134] "How Sri Petaling tabligh became Southeast Asia's Covid-19 Hotspot", *New Strait Times*, 17 mar. 2020. Disponível em: <https://www.nst.com.my/news/nation/2020/03/575560/how-sri-petaling-tabligh-became-southeast-asias-covid-19-hotspot>. Acesso em: 20 abr. 2020.

[135] "Croatian Police Accused of Spray-painting Heads of Asylum Seekers", *The Guardian*, 12 maio 2020. Disponível em: <https://www.theguardian.com/global-development/2020/may/12/croatian-police-accused-of-shaving-and-spray-painting-heads-of-asylum-seekers>. Acesso em: 16 maio 2020.

[136] "Church That Defied Coronavirus Restrictions Is Burned to Ground", *The New York Times*, 22 maio 2020. Disponível em: <https://www.nytimes.com/2020/05/22/us/mississippi-church-arson-coronavirus.html>. Acesso em: 30 maio 2020.

[137] "'Plague on a Biblical Scale': Hasidic Families hit Hard by Virus", *The New York Times*, 21 abr. 2020. Disponível em: <https://www.nytimes.com/2020/04/21/nyregion/coronavirus-jews-hasidic-ny.html>. Acesso em: 30 maio 2020.

[138] World Health Organization (WHO), *WHO Global Report on Traditional and Complementary Medicine 2019* (Geneva, World Health Organization, 2019).

[139] Disponível em: <https://www.un.org/sites/un2.un.org/files/sg_policy_brief_on_persons_with_disabilities_final.pdf>. Acesso em: 20 jul. 2020.

[140] Manuel Castells, *A galáxia da internet: reflexões sobre a internet, os negócios e a sociedade* (Rio de Janeiro, Zahar Editor, 2003).

[141] Andy Hargreaves, *O ensino na sociedade do conhecimento: a educação na era da insegurança* (Porto, Porto Editora, 2003).
[142] As redes eletrônicas digitais, a fibra ótica, a banda larga, o *wireless* ou a própria *cloud computing* têm permitido melhorar o acesso, o processamento e a distribuição da informação e a coprodução de conhecimento, de que é exemplo a Wikipedia. No caso do coronavírus, permitiu a coprodução, em rede, de saberes sobre o comportamento do vírus, a partilha de informação sobre o seu genoma, etc.
[143] Reconhecendo o vínculo entre tecnologia e redução da pobreza, as Nações Unidas estabeleceram como uma das suas metas globais de desenvolvimento para 2030 "aumentar significativamente o acesso à tecnologia da informação e comunicação e lutar para fornecer o acesso universal e acessível à Internet".
[144] "Urgent: Shutdowns in Kashmir, Myanmar, and Bangladesh Leave Oppressed Groups Disconnected from the World", *Accessnow*. Disponível em: <https://www.accessnow.org/urgent-shutdowns-in-kashmir-myanmar-and-bangladesh-leave-oppressed-groups-disconnected-from-the-world/>. Acesso em: 14 abr. 2020.
[145] "Myanmar Blocks Hundreds of News Sites and Threatens Editor with Life in Jail", *The Guardian*, 1º abr. 2020. Disponível em: <https://www.theguardian.com/world/2020/mar/31/myanmar-editor-could-face-life-in-jail-for-interviewing-rebel>. Acesso em: 14 abr. 2020.
[146] "A Broken Promise to #KeepItOn: Guinea Cuts Internet Access and Blocks Social Media on Referendum Day". Disponível em: <https://www.accessnow.org/a-broken-promise-to-keepiton-guinea-cuts-internet-access-and-blocks-social-media-on-referendum-day/>. Acesso em: 14 abr. 2020.
[147] Informação sobre esse tema pode ser encontrada, por exemplo, em: <https://www.accessnow.org/>.
[148] "The Coronavirus Crisis Proves the Internet should be a Public Utility", *Quartz*, 26 mar. 2020. Disponível em: <https://qz.com/1826043/the-coronavirus-crisis-proves-internet-should-be-a-public-utility/>. Acesso em: 14 abr. 2020.
[149] "US Students are being Asked to Work Remotely. But 22% of Homes don't have Internet", *The Guardian*, 23 mar. 2020. Disponível em: <https://www.theguardian.com/commentisfree/2020/mar/23/us-students-are-being-asked-to-work-remotely-but-22-of-homes-dont-have-internet>. Acesso em: 14 abr. 2020.
[150] Eli M. Noam, *Media and Digital Management* (Nova York, Palgrave/MacMillan, 2019).
[151] Daniel Kardefelt-Winther et al., "Digital Connectivity During Covid-19: Access to Vital Information for Every Child", *UNICEF Research Brief*, n. 12, 2020.
[152] "Mozambique School Children Face 'Catastrophic' Fall-out from Covid-19: a UN Resident Coordinator's blog", *UN News*, 25 maio 2020. Disponível em: <https://news.un.org/en/story/2020/05/1064462>. Acesso em: 30 maio 2020.
[153] "60% dos estados monitoram acesso ao ensino remoto: resultados mostram 'apagão' do ensino público na pandemia", *ABRAFI*, 7 jul. 2020. Disponível em: <https://www.abrafi.org.br/index.php/site/noticiasnovo/ver/3446/educacao-superior>. Acesso em: 9 jul. 2020.
[154] Disponível em: <https://cetic.br/media/analises/tic_educacao_2019_coletiva_imprensa.pdf>. Acesso em: 21 jul. 2020.
[155] "Could Coronavirus Lockdown Help Close Latin America's Digital Divide?", *World Economic Forum*, 19 maio 2020. Disponível em: <https://www.weforum.org/agenda/2020/05/could-lockdowns-help-close-latin-americas-digital-divide/>. Acesso em: 2 jul. 2020.
[156] "A sul da quarentena", *Esquerda Net*, 11 abr. 2020. Disponível em: <https://www.esquerda.net/dossier/sul-da-quarentena/66994>. Acesso em: 16 jul. 2020.
[157] Rwamahe Rutakumwa et al., "Exploring the Care Relationship Between Grandparents/Older Carers and Children Infected with HIV in South-Western Uganda: Implications for Care for Both the Children and their Older Carers", *International Journal of Environmental Research and Public Health*, v. 12, n. 2, 2015, p. 2.120-34; DOI: 10.3390/ijerph120202120.

[158] "Older People would Rather Die than let Covid-19 Harm US Economy – Texas Oficial", *The Guardian*, 24 mar. 2020. Disponível em: <https://www.theguardian.com/world/2020/mar/24/older-people-would-rather-die-than-let-covid-19-lockdown-harm-us-economy-texas-official-dan-patrick>. Acesso em: 5 abr. 2020.

[159] Um estudo recente sobre as mortes em lares publicado em 21 de maio apresenta os dados estatísticos referentes a dezenove países, sete dos quais externos ao espaço europeu (Austrália, Canadá, Coreia do Sul, EUA, Hong Kong, Israel e Singapura). Ver: <https://ltccovid.org/wp-content/uploads/2020/05/Mortality-associated-with-COVID-21-May-6.pdf>. Acesso em: 2 jun. 2020.

[160] "Covid-19 has Taken a Staggering Toll on a Whole Generation in Northern Italy", *CNN*, 21 maio 2020. Disponível em: <https://edition.cnn.com/2020/05/21/europe/italy-nursing-homes-deaths-intl/index.html>. Acesso em: 22 maio 2020.

[161] "Milano, al Trivulzio assenteismo e approssimazione nei giorni del Covid", *La Repubblica*, 9 jul. 2020. Disponível em: <https://milano.repubblica.it/cronaca/2020/07/09/news/trivulzio_assenteismo_e_approssimazione_nei_giorni_del_covid-261394779/>. Acesso em: 23 jul. 2020.

[162] "Coronavirus, Iss: 'Dal 1° febbraio morti 6773 anziani nelle Rsa, il 40% per Covid-19'", *Corriere della Sera*, 20 abr. 2020. Disponível em: <https://www.corriere.it/cronache/20_aprile_19/coronavirus-strage-silenziosa-nonni-deceduti-rsa-a0580548-81b0-11ea-b7e0-dce1b61a80bf.shtml>. Acesso em: 23 maio 2020.

[163] "La Fiscalía investigará el hallazgo de cadáveres en residencias de ancianos", *El País*, 23 mar. 2020. Disponível em: <https://elpais.com/sociedad/2020-03-23/el-ejercito-halla-cadaveres-de-ancianos-en-residencias-de-mayores.html>. Acesso em: 25 mar. 2020.

[164] "Radiografía del coronavirus en residencias de ancianos: más de 19.600 muertos con COVID-19 o síntomas compatibles", *RTVE*, 23 jul. 2020. Disponível em: <https://www.rtve.es/noticias/20200723/radiografia-del-coronavirus-residencias-ancianos-espana/2011609.shtml>. Acesso em: 23 jul. 2020.

[165] "Coronavirus: Can Sweden do More to Protect the Somali Community?", *TRTWorld*, 12 jun. 2020. Disponível em: <https://www.trtworld.com/magazine/coronavirus-can-sweden-do-more-to-protect-the-somali-community-37227>. Acesso em: 16 jul. 2020.

[166] "Swedish Health Minister: I can Honestly Say I would not have Wanted a Lockdown", *The Local*, 27 maio 2020. Disponível em: <https://www.thelocal.se/20200527/coronavirus-swedish-health-minister-lena-hallengren-i-can-honestly-say-i-would-not-have-wanted-a-lockdown>. Acesso em: 30 maio 2020.

[167] "Carte blanche: 'La Belgique est désormais le deuxième pays le plus affecté par le coronavirus dans le monde'", *Le Soir*, 14 abr. 2020. Disponível em: <https://plus.lesoir.be/294338/article/2020-04-14/carte-blanche-la-belgique-est-desormais-le-deuxieme-pays-le-plus-affecte-par-le>. Acesso em: 30 maio 2020.

[168] Disponível em: <https://www.prisonstudies.org/sites/default/files/resources/downloads/wppl_12.pdf>. Acesso em: 30 maio 2020.

[169] "Prisons are 'In no Way Equipped' to Deal with Covid-19". Disponível em: <https://www.thelancet.com/action/showPdf?pii=S0140-6736%2820%2930984-3>. Acesso em: 30 maio 2020.

[170] Ver *World Prison Brief*. Disponível em: <https://www.prisonstudies.org/highest-to-lowest/occupancy-level?field_region_taxonomy_tid=All>. Acesso em: 22 jun. 2020.

[171] "'We're All on Death Row Now': Latin America's Prisons Reel from Covid-19", *The Guardian*, 16 maio 2020. Disponível em: <https://www.theguardian.com/world/2020/may/16/latin-america-prisons-covid-19-riots>. Acesso em: 20 maio 2020.

[172] "Cárcel La Modelo: un motín en una prisión de Colombia deja 23 muertos en medio de la tensión por el coronavirus", *BBC*, 22 mar. 2020. Disponível em: <https://www.bbc.com/mundo/noticias-america-latina-51998800>. Acesso em: 20 abr. 2020.

[173] "Le carceri ribollono. Proteste in mezza Italia, tre morti a Modena, due agenti sequestrati a

Pavia", HuffPost, 8 mar. 2020. Disponível em: <https://www.huffingtonpost.it/entry/coronavirus-scoppia-rivolta-in-carcere-a-modena-ieri-proteste-tra-i-detenuti-a-salerno_it_5e64fbe-4c5b6670e72f99277>. Acesso em: 20 abr. 2020.

[174] Disponível em: <https://www.ohchr.org/Documents/HRBodies/OPCAT/AdviceStatePartiesCoronavirusPandemic2020.pdf>. Acesso em: 30 maio 2020.

[175] Ver "Preparedness, Prevention and Control of Covid-19 in Prisons and Other Places of Detention". Disponível em: <http://www.euro.who.int/__data/assets/pdf_file/0019/434026/Preparedness-prevention-and-control-of-COVID-19-in-prisons.pdf?ua=1>. Acesso em: 20 abr. 2020.

[176] "Covid-19 Prisoner Releases Too Few, Too Slow", *Human Rights Watch*, 27 mar. 2020. Disponível em: <https://www.hrw.org/news/2020/05/27/covid-19-prisoner-releases-too-few-too-slow>. Acesso em: 20 abr. 2020.

[177] "Almost 2,000 Tags Bought for UK Covid-19 Prisoner Releases Remain Unused", *The Guardian*, 15 maio 2020. Disponível em: <https://www.theguardian.com/world/2020/may/15/only-55-of--2000-tags-bought-for-uk-covid-19-prisoner-release-used>. Acesso em: 20 maio 2020.

[178] "37 int'l NGOs Call for Release of Pretrial Detainees in Turkey Due to Coronavirus Pandemic", *Turkish Minute*, 20 abr. 2020. Disponível em: <https://www.turkishminute.com/2020/04/20/37-intl-ngos-call-for-release-of-pretrial-detainees-in-turkey-due-to-coronavirus-pandemic/>. Acesso em: 30 abr. 2020.

[179] "Maharashtra Panel Decides to Release 50% of Prisoners on Temporary Bail to Prevent Spread of Covid-19", *Hindustan Times*, 12 maio 2020. Disponível em: <https://www.hindustantimes.com/india-news/maharashtra-panel-decides-to-release-50-of-prisoners-on-temporary-bail-to-prevent--spread-of-covid-19/story-U2yob9EHSa5TJXai12tHEI.html>. Acesso em: 20 maio 2020.

[180] Disponível em: <http://wp.unil.ch/space/files/2020/06/Prisons-and-the-COVID-19_200617_FINAL.pdf>. Acesso em: 23 jul. 2020.

[181] A ministra da Justiça alertou para o fato de o próprio preso ter de autorizar a sua saída; quem se recusar a sair por não ter para onde ir será autorizado a ficar.

[182] Ver, respectivamente: "Egypt: No Pretense of Judicial Review for Hundreds", *Human Rights Watch*, 18 maio 2020. Disponível em: <https://www.hrw.org/news/2020/05/18/egypt-no-pretense-judicial-review-hundreds>. Acesso em: 20 maio 2020; "Bahrain: Free Imprisoned Rights Defenders and Opposition Activists", *Human Rights Watch*, 6 abr. 2020. Disponível em: <https://www.hrw.org/news/2020/04/06/bahrain-free-imprisoned-rights-defenders-and-opposition-activists>. Acesso em: 20 abr. 2020; "Twenty-Four Rights-Groups Call on Turkey to Release All Those Arbitrarily Detained, Now At Risk of Covid-19", *Human Rights Watch*, 17 abr. 2020. Disponível em: <https://www.hrw.org/news/2020/04/17/twenty-four-rights-groups-call-turkey-release-all-those-arbitrarily-detained-now>. Acesso em: 20 abr. 2020.

[183] Disponível em: <https://www.fhf.fr/content/download/152860/1262763/version/1/file/hcspx20200314_aprrlpelpecdcclprdfs.pdf>. Acesso em: 20 jul. 2020.

Capítulo 5

[1] Boaventura de Sousa Santos, *Toward a New Common Sense: Law, Science and Politics in the Paradigmatic Transition* (Nova York, Routledge, 1995). O tema do Estado moderno é tratado em maior detalhe no capítulo 2: Idem, *Toward a New Legal Common Sense. Law, Globalization, and Emancipation* (Londres, Butterworths, 2002).

[2] Idem, *Toward a New Common Sense*, cit.; Idem, *A crítica da razão indolente: contra o desperdício da experiência* (São Paulo, Cortez, 2000); Idem, *Toward a New Legal Common Sense: Law, Globalization, and Emancipation* (Londres, Butterworths, 2002); Idem, *A gramática do tempo: para uma nova cultura política* (São Paulo, Cortez, 2006). Sobre o regresso da comunidade, ver capítulo 7.

[3] Boaventura de Sousa Santos e Naomar de Almeida-Filho, *A universidade no século XXI: para uma universidade nova* (Coimbra, Edições Almedina, 2008); Boaventura de Sousa Santos, *Decolonising*

     the University: The Challenge of Deep Cognitive Justice (Newcastle upon Tyne, Cambridge Scholars Publishing, 2017).

4 Idem, *A difícil democracia: reinventar as esquerdas* (São Paulo, Boitempo, 2016); Idem, *Esquerdas do mundo, uni-vos!* (São Paulo, Boitempo, 2019).

5 William D. Cohan, *Money and Power: How Goldman Sachs Came to Rule the World* (Toronto, Doubleday, 2011).

6 O Vietnã, o estado de Kerala na Índia, o Senegal, a Libéria, entre muitos outros, tiveram de lidar recentemente com outras epidemias. Nesses casos, o Estado se beneficiou da experiência prévia para enfrentar a Covid-19. Veja-se, por exemplo, para o caso do Vietnã, "Vietnam's Response to Coronavirus Crisis Earns Praise from WHO", *7news*, 13 abr. 2020. Disponível em: <https://7news.com.au/lifestyle/health-wellbeing/vietnam-praised-for-no-coronavirus-deaths973119?fbclid=IwAR0LLonhrdHrdpzrW-du3v33u8XA9xefOjq4lBIsQJbKb1DzmDIVU-OH3Lkk>. Acesso em: 11 maio 2020. Para o caso da Libéria e do Senegal, "These Ebola Fighters Helped Halt an Epidemic. Now, They're Preparing to Battle Coronavirus", *Time*, 3 mar. 2020. Disponível em: <https://time.com/5794329/africa-ebola-epidemic-coronavirus-liberia-covid-19/>. Acesso em: 11 maio 2020. Para o caso do estado de Kerala, ver capítulo 7.

7 Se desta pandemia algum país sai reforçado, esse país é certamente a China, quer pelo modo como tem resolvido a pandemia, quer por ser o fornecedor global dos materiais que ajudaram a controlá-la. "The Facts about Global Trade in Face Masks, Ventilators and Test Kits", *The Interpreter*, 21 abr. 2020. Disponível em: <https://www.lowyinstitute.org/the-interpreter/facts-about-global-trade-face-masks-ventilators-and-test-kits>. Acesso em: 10 maio 2020.

8 Entre os principais exércitos privados, cabe destacar o G4S, a Prosegur, a Unity Resources, a Erinys, a Asia Security Group, a DynCorp, a Triple Canopy, a Aegis, a Defion International e a Academi. "A Look At The Largest Private Armies In The World", *BusinessInsider*, 3 jun. 2012. Disponível em: <https://www.businessinsider.com/worlds-most-powerful-mercenary-armies-2012-06>. Acesso em: 5 maio 2020.

9 Alan Greene, *Permanent States of Emergency and the Rule of Law: Constitutions in an Age of Crisis* (Oxford, Hart, 2018).

10 John Ferejohn e Pasquale Pasquino, "The Law of the Exception: A Typology of Emergency Powers", *International Journal of Constitutional Law*, v. 2, n. 2, 2004, p. 211-3; DOI: 10.1093/icon/2.2.210.

11 Carl Schmitt, *Die Diktatur: Von den Anfängen des modernen Souveränitätsgedankens bis zum proletarischen Klassenkampf* (Berlim, Duncker & Humblot, 1921).

12 Upendra Baxi, *The Indian Supreme Court and Politics* (Lucknow, Eastern Book Company, 1979).

13 Kim L. Scheppele, "Law in a Time of Emergency: States of Exception and the Temptations of 9/11", *Journal of Constitutional Law*, v. 6, n. 5, 2004, p. 1.001-83.

14 Giorgio Agamben, *Estado de exceção* (São Paulo, Boitempo, 2004).

15 O Artigo 16 da Constituição francesa de 1958 concentra grande parte dos poderes em Estado de emergência quase exclusivamente no presidente. Mesmo assim, em Estado de emergência há papéis oficiais para a Assembleia Nacional e para o Conselho Constitucional. Disponível em: <https://www.conseil-constitutionnel.fr/le-bloc-de-constitutionnalite/texte-integral-de-la-constitution-du-4-octobre-1958-en-vigueur>. Acesso em: 10 maio 2020.

16 "'Nous sommes en guerre': le verbatim du discours d'Emmanuel Macron", *Le Monde*, 16 mar. 2020. Disponível em: <https://www.lemonde.fr/politique/article/2020/03/16/nous-sommes-en--guerre-retrouvez-le-discours-de-macron-pour-lutter-contre-le-coronavirus_6033314_823448.html>. Acesso em: 3 maio 2020.

17 Carl Schmitt, *The Concept of the Political* (Chicago, University of Chicago Press, 1996 [1928]).

18 Neste capítulo refiro-me às concepções hegemônicas de distinção entre Estado democrático e Estado de exceção. Para os grupos sociais excluídos pelas linhas abissais (capítulo 4) o Estado moderno,

capitalista, colonialista e patriarcal sempre foi um Estado de exceção qualquer que tenha sido o seu regime.
19 Art. 37. *State of emergency* (https://www.gov.za/documents/constitution-republic-south-africa-1996).
20 Carl Schmitt, *Die Diktatur*, cit.
21 Walter Benjamin, "Theses on the Philosophy of History", em *Illuminations* (ed. and intro. Hannah Arendt; trad. Harry Zohn, Nova York, Schocken Books, 1969 [1940]), p. 253-64.
22 Pier Paolo Pasolini, *Empirismo herege* (Lisboa, Assírio e Alvim, 1982); Idem, *In Danger: A Pasolini Anthology* (San Francisco: City Lights Publishers, 2010).
23 Michel Foucault, *Histoire de la folie à l'âge classique* (Paris, Gallimard, 1972); Idem, *Surveiller et punir: Naissance de la prison* (Paris, Gallimard, 1975).
24 Giorgio Agamben, *Estado de exceção*, cit., p. 39.
25 Ibidem.
26 Disponível em: <https://www.quodlibet.it/giorgio-agamben-l-invenzione-di-un-epidemia>. Acesso em: 5 abr. 2020.
27 A taxa de mortalidade da Covid-19 em relação à gripe normal é de trinta para um.
28 "Giorgio Agamben: '*Chiarimenti*'", *Quodlibet*, 17 mar. 2020. Disponível em: <https://www.quodlibet.it/giorgio-agamben-chiarimenti>. Acesso em: 12 maio 2020.
29 Boaventura de Sousa Santos, *Pneumatóforo: escritos políticos 1981-2018* (Coimbra, Editora Almedina, 2018).
30 Veja-se, entre vários: Mark Beeson e Nick Bisley (orgs.), *Issues in 21st Century World Politics* (Nova York, Palgrave Maravall, 2010); José María Maravall, *Demands on Democracy* (Oxford, Oxford University Press, 2016); Boaventura de Sousa Santos e José Manuel Mendes (orgs.), *Demodiversidade: imaginar novas possibilidades democráticas* (Belo Horizonte, Autêntica Editora, 2018).
31 Veja-se, entre outros: Terry Lynn Karl, "The Hybrid Regimes of Central America", *Journal of Democracy*, v. 6, n. 3, 1995, p. 72-86; Matthijs Bogaards, "How to Classify Hybrid Regimes? Defective Democracy and Electoral Authoritarianism", *Democratization*, v. 16, n. 2, 2009, p. 399-423; DOI: 10.1080/13510340902777800.
32 Ahmad S. Moussalli, *Moderate and Radical Islamic Fundamentalism: The Quest for Modernity, Legitimacy, and the Islamic State* (Gainesville, University Press of Florida, 2001); John Clark, "Armed Arbiters: When Does the Military Step into the Electoral Arena?", em Andreas Schedler (org.), *Electoral Authoritarianism: The Dynamics of Unfree Competition* (Boulder, CO, Lynne Rienner, 2006), p. 129-48; Saulo Baptista, *Pentecostais e neopentecostais na política brasileira: um estudo sobre cultura política, Estado e atores coletivos religiosos no Brasil* (São Paulo, Annablume, 2009); "Religion and Right-Wing Politics: How Evangelicals Reshaped Elections, *The New York Times*, 28 out. 2019. Disponível em: <https://www.nytimes.com/2018/10/28/us/religion-politics-evangelicals.html>. Acesso em: 12 maio 2020; "Na Alemanha, um coquetel extremista e conspirador contra uma suposta nova ordem mundial", *El País Internacional*, 15 maio 2020. Disponível em: <https://brasil.elpais.com/internacional/2020-05-15/na-alemanha-um-coquetel-extremista-e-conspirador-contra-uma-suposta-nova-ordem-mundial.html>. Acesso em: 16 maio 2020.
33 Steven Levitsky e Daniel Ziblatt, *How Democracies Die* (Nova York, Crown, 2018).
34 Boaventura de Sousa Santos, *Esquerdas do mundo, uni-vos!*, cit.
35 O Artigo 15º da Convenção para a Proteção dos Direitos do Homem e das Liberdades Fundamentais estabelece que "em caso de guerra ou de outro perigo público que ameace a vida da nação", um Estado membro "pode tomar providências que derroguem as obrigações previstas na presente Convenção, na estrita medida em que o exigir a situação, e em que tais providências não estejam em contradição com as outras obrigações decorrentes do direito internacional" (Disponível em: <https://www.echr.coe.int/Documents/Guide_Art_15_ENG.pdf>. Acesso em: 3 maio 2020).

36. No contexto europeu, entre os países que declaram o Estado de emergência nos termos do Artigo 15 da CEDH encontram-se a Armênia, a Estônia, a Geórgia, a Letônia, a Moldávia e a Romênia.
37. Théo Fournier, "Crise du coronavirus et état d'urgence sanitaire en Italie", *JP Blog: le blog Jus Politicum*, 2020. Disponível em: <http://blog.juspoliticum.com/2020/04/06/crise-du-corona-virus-et-etat-durgence-sanitaire-en-italie-par-theo-fournier/>.
38. Ver: <https://www.gazzettaufficiale.it/eli/id/2020/02/23/20G00020/sg>. Acesso em: 23 fev. 2020.
39. Ver "Fighting COVID 19 – Legal Powers and Risks: Italy", *Verfassungsblof*, 23 mar. 2020. Disponível em: <https://verfassungsblog.de/fighting-covid-19-legal-powers-and-risks-italy/>. Acesso em: 26 mar. 2020.
40. Ver: <https://www.tribunalconstitucional.es/es/tribunal/normativa/Normativa/CEportugu%-C3%A9s.pdf>. Acesso em: 10 maio 2020 – e os artigos 4-12 da Lei Orgânica 4/1981.
41. "España frente al coronavirus: ¿Estado de alarma o estado de excepción?", *La Vanguardia*, 1º abr. 2020. Disponível em: <https://www.lavanguardia.com/politica/20200401/48249828592/espana-frente-al-coronavirus-estado-de-alarma-o-estado-de-excepcion.html>. Acesso em: 15 maio 2020.
42. "¿Es el estado de alarma en España un estado de excepción encubierto?", *The Conversation*, 2 abr. 2020. Disponível em: <https://theconversation.com/es-el-estado-de-alarma-en-espana-un-estado-de-excepcion-encubierto-135358>. Acesso em: 14 maio 2020.
43. Em 8 de junho foi prorrogado o Estado de emergência. Ver: <https://administracion.gob.es/pag_Home/atencionCiudadana/Estado-de-alarma-crisis-sanitaria.html#.Xt5loC_MxZo>. Acesso em: 8 jun. 2020.
44. "Covid-19. Espanha anuncia alívio do confinamento e menores passam a poder sair à rua acompanhados", *Expresso*, 21 abr. 2020. Disponível em: <https://expresso.pt/coronavirus/2020-04-21-Covid-19.-Espanha-anuncia-alivio-do-confinamento-e-menores-passam-a-poder-sair-a-rua-acompanhados>. Acesso em: 16 maio 2020.
45. Disponível em: <https://www.portugal.gov.pt/pt/gc22/comunicacao/documento?i=decreto-do--governo-que-regulamenta-o-estado-de-emergencia->. Acesso em: 10 maio 2020.
46. Despacho n.º 3863-B/2020, de 27 de março de 2020. Disponível em: <https://dre.pt/application/conteudo/130835082>. Acesso em: 20 abr. 2020.
47. "Carta del presidente Alberto Fernández a los argentinos". Disponível em: <https://www.casa-rosada.gob.ar/slider-principal/46782-carta-del-presidente-alberto-fernandez-a-los-argentinos>. Acesso em: 9 jun. 2020.
48. Ver em detalhe as medidas tomadas pelo governo argentino em "¿Qué medidas está tomando el gobierno?". Disponível em: <https://www.argentina.gob.ar/coronavirus/medidas-gobierno>. Acesso em: 9 jun. 2020.
49. Veja-se: Statement by President Cyril Ramaphosa on measures to combat Covid-19 epidemic, de 15 de Março de 2020. Disponível em: <http://www.thepresidency.gov.za/press-statements/statement-president-cyril-ramaphosa-measures-combat-covid-19-epidemic>. Acesso em: 14 maio 2020; "South Africa Declares Disaster as Coronavirus Cases Increase", *Bloomberg*, 15 mar. 2020. Disponível em: <https://www.bloomberg.com/news/articles/2020-03-15/south-africa-declares--national-state-of-disaster-on-coronavirus>. Acesso em: 10 maio 2020.
50. Veja-se: "UK extends coronavirus lockdown measures by at least three weeks", *CNBC*, 16 abr. 2020. Disponível em: <https://www.cnbc.com/2020/04/16/coronavirus-uk-lockdown-measures-extended-by-at-least-3-weeks.html>. Acesso em: 17 maio 2020.
51. Neil M. Ferguson et al., *Impact of Non-pharmaceutical Interventions (NPIs) to Reduce COVID-19 Mortality and Healthcare demand*, 16 mar. 2020. Disponível em: <https://www.imperial.ac.uk/media/imperial-college/medicine/sph/ide/gidafellowships/Imperial-College-COVID19-NPI-modelling-16-03-2020.pdf>. Acesso em: 27 mar. 2020; DOI: https://doi.org/10.25561/77482.
52. Carl Schmitt, *Die Diktatur*, cit.

53 Giorgio Agamben, *Estado de exceção*, cit.
54 Em 5 de agosto, o número de mortes nos EUA chegava a 160.401. Esta situação contrasta, por exemplo, com a da Coreia do Sul, que registrou o seu primeiro caso de Covid-19 no mesmo dia que os EUA, mas que, ao apostar em testagem maciça, no uso de medidas para rastrear os contatos e possíveis riscos de contaminação, etc., conseguiu conter a pandemia, tendo acabado por ter cerca de trezentas vítimas fatais.
55 Veja-se: "Where Did It Go Wrong for the UK on Coronavirus?", *CNN*, 1º maio 2020. Disponível em: <https://edition.cnn.com/2020/04/30/uk/britain-coronavirus-missteps-boris-johnson-analysis-gbr-intl/index.html>. Acesso em: 13 maio 2020; SAGE (2020); "We Got Unlucky on COVID-19. The Wrong Man Is in Charge During a Once-in-a-Lifetime Crisis", *Los Angeles Times*, 12 abr. 2020. Disponível em: <https://www.latimes.com/opinion/story/2020-04-12/we-got-unlucky-the-wrong-man-is-in-charge-during-a-once-in-a-lifetime-crisis>. Acesso em: 13 maio 2020; "Why America Can't Stop COVID-19", *Cognoscenti*, 13 maio 2020. Disponível em: <https://www.wbur.org/cognoscenti/2020/05/13/coronavirus-donald-trump-gop-steve-almond>. Acesso em: 14 maio 2020; "Bolsonaro reclama de ações 'excessivas' contra o coronavírus e diz que MP visa 'preservar' empregos", *O Globo*, 23 mar. 2020. Disponível em: <https://g1.globo.com/politica/noticia/2020/03/23/bolsonaro-reclama-de-acoes-excessivas-contra-o-coronavirus-e-diz-que-mp-tentara-preservar-empregos.ghtml>. Acesso em: 13 maio 2020.
56 "Top White House Official in Charge of Pandemic Response Exits Abruptly", *The Washington Post*, 10 maio 2018. Disponível em: <https://www.washingtonpost.com/news/to-your-health/wp/2018/05/10/top-white-house-official-in-charge-of-pandemic-response-exits-abruptly/>. Acesso em: 12 maio 2020.
57 Definir o vírus como "estrangeiro" não é um mero ato de retórica. A repetição da definição do vírus como "chinês" ficou clara quando um fotógrafo capturou o roteiro de discurso em que Trump riscou a palavra "Corona", substituindo-a por "chinês" (veja-se "Donald Trump's 'Chinese Virus': the Politics of Naming", *The Conversation*, 21 abr. 2020. Disponível em: <https://theconversation.com/donald-trumps-chinese-virus-the-politics-of-naming-136796>. Acesso em: 14 maio 2020). Membros da atual administração têm pressionado os serviços secretos norte-americanos para determinar as origens exatas do surto do coronavírus, insistindo numa teoria não comprovada de que a pandemia tem o seu epicentro num acidente de laboratório na China. Têm repetidamente acusado a China de colocar o mundo em risco pela sua falta de transparência. "Trump Officials Are Said to Press Spies to Link Virus and Wuhan Labs", *New York Times*, 30 abr. 2020. Disponível em: <https://www.nytimes.com/2020/04/30/us/politics/trump-administration-intelligence-coronavirus-china.html?campaign_id=2&emc=edit_th_200501&instance_id=18087&nl=todaysheadlines&regi_id=40955150&segment_id=26356&user_id=d5ecac3dcc980bf40f281aaafed7ed54>. Acesso em: 16 maio 2020.
58 Trump acusou a agência das Nações Unidas de administrar mal e encobrir a disseminação do vírus desde que este foi identificado na China. Em 29 de maio, Donald Trump anunciou a saída dos EUA da OMS, "Trump Announces End of US Relationship with World Health Organization", *CNN*, 29 maio 2020. Disponível em: <https://edition.cnn.com/2020/05/29/politics/donald-trump-world-health-organization/index.html>. Acesso em: 2 jun. 2020.
59 Veja-se: "Trump is Attacking Obama Because He's Trying to Distract from Coronavirus Failures and Unemployment", *Raw Story*, 17 maio 2020. Disponível em: <https://www.rawstory.com/2020/05/trump-is-attacking-obama-because-hes-trying-to-distract-from-coronavirus-failures-and-unemployment-ap-reporter/>. Acesso em: 17 maio 2020.
60 O populismo anticientífico de Bolsonaro revelou-se uma arma letal, com o número de mortes subindo vertiginosamente. "The Coronavirus-Denial Movement Now Has a Leader", *The Atlantic*, 27 mar. 2020. Disponível em: <https://www.theatlantic.com/politics/archive/2020/03/bolsonaro-coronavirus-denial-brazil-trump/608926/>. Acesso em: 13 abr. 2020; "Coronavírus:

Bolsonaro só acredita na 'ciência' quando o resultado lhe interessa", *The Intercept Brazil*, 31 mar. 2020. Disponível em: <https://theintercept.com/2020/03/31/coronavirus-bolsonaro-anti-ciencia/>. Acesso em: 15 maio 2020; "Covid-19 in Brazil: 'So what?', *The Lancet*, 395 (9 maio 2020). Disponível em: <https://www.thelancet.com/journals/lancet/article/PIIS0140-6736(20)31095-3/fulltext#articleInformation>. Acesso em: 2 jun. 2020.

61 A cloroquina é um medicamento de administração oral usado sobretudo no tratamento da malária. No contexto da Covid-19, a cloroquina (e uma de suas variantes, a hidroxicloroquina) tem estado no centro de um amplo debate sobre ciência e saúde pública. Esse medicamento foi usado no tratamento de pacientes de Covid-19 em estado grave, mostrando-se, porém, pouco eficaz. Anteriormente, a casca da folha da árvore de Cinchona (*Cinchona officinalis*), oriunda da região do atual Peru, era usada para produzir um extrato usado para combater a malária, tendo-se difundido pelo mundo a partir do século XVII. A droga quinina anti-malárica foi isolada desse extrato em 1820, e a cloroquina é um composto químico análogo, descoberto em 1934 por Hans Andersag, nos laboratórios da Bayer. Essa droga foi ignorada durante mais de uma década porque era considera muito tóxica para uso humano.

62 "Azerbaijan: Crackdown on Critics Amid Pandemic", *Human Rights Watch*, 16 abr. 2020. Disponível em: <https://www.hrw.org/news/2020/04/16/azerbaijan-crackdown-critics-amid-pandemic>. Acesso em: 15 maio 2020.

63 Expressões como "corona jihad" expressam o sentimento de islamofobia na Índia, um país onde o Partido Nacionalista Hindu Bharatiya Janata (BJP), no governo, tem estado na frente de uma série de ataques aos muçulmanos. Ver capítulo 4.

64 "What is happening in Portland and what does Trump hope to gain?", *The Guardian*, 26 jul. 2020. Disponível em: <https://www.theguardian.com/us-news/2020/jul/26/portland-oregon-protests-what-is-happening-trump-chicago-albuquerque?CMP=Share_iOSApp_Other>. Acesso em: 28 jul. 2020.

65 Ver capítulo 4 e também "Slovakia Lifts Coronavirus Quarantine from a Roma Settlement", *Reuters*, 25 abr. 2020. Disponível em: <https://www.reuters.com/article/us-health-coronavirus-slovakia-settlemen/slovakia-lifts-coronavirus-quarantine-from-a-roma-settlement-idUSKCN2270LS>. Acesso em: 17 maio 2020.

66 Os sérvios que regressaram ao país estavam obrigados a ficar por 28 dias em quarentena organizada pelo Estado em tendas, ex-campos de migrantes ou dormitórios de estudantes. Veja-se: "Serbia Pins Coronavirus Blame on Returning Serbs 'Concealing Infection'", *BalkanInsight*, 3 abr. 2020. Disponível em: <https://balkaninsight.com/2020/04/03/serbia-pins-coronavirus-blame-on-returning-serbs-concealing-infection/>. Acesso em: 15 maio 2020.

67 "Coronavirus: Rule of Law under Attack in Southeast Europe", *DW*, 24 mar. 2020. Disponível em: <https://www.dw.com/en/coronavirus-rule-of-law-under-attack-in-southeast-europe/a-52905150/>. Acesso em: 5 maio 2020.

68 Ver: "Italy's Last Unexpected Eurosceptic Friend: Edi Rama and his 'Lesson to Europe'", *ModernDiplomacy*, 1º abr. 2020. Disponível em: <https://moderndiplomacy.eu/2020/04/01/italys-last-unexpected-eurosceptic-friend-edi-rama-and-his-lesson-to-europe/>. Acesso em: 2 jun. 2020.

69 "The World Must not Let Viktor Orbán Get away with his Pandemic Power-Grab", *The Guardian*, 1º abr. 2020. Disponível em: <https://www.theguardian.com/commentisfree/2020/apr/01/viktor-orban-pandemic-power-grab-hungary>. Acesso em: 10 maio 2020.

70 "Secretary General Writes to Viktor Orbán regarding COVID-19 State of Emergency in Hungary", *Council of Europe*, 24 mar. 2020. Disponível em: <https://www.coe.int/en/web/portal/-/secretary-general-writes-to-victor-orban-regarding-covid-19-state-of-emergency-in-hungary>. Acesso em: 10 maio 2020.

71 "Hungary's Coronavirus Laws Prompt New Showdown with Brussels", *The Guardian*, 13 maio 2020. Disponível em: <https://www.theguardian.com/world/2020/may/13/hungary-viktor-orban-coronavirus-laws-prompt-new-showdown-with-brussels>. Acesso em: 17 maio 2020.

72 "Tear Gas, Beatings and Bleach: the Most Extreme Covid-19 Lockdown Controls around the World", *The Guardian*, 1º abr. 2020. Disponível em: <https://www.theguardian.com/global-development/2020/apr/01/extreme-coronavirus-lockdown-controls-raise-fears-for-worlds-poorest>. Acesso em: 5 abr. 2020.

73 Disponível em: <https://acts.ghanajustice.com/actsofparliament/imposition-of-restrictions-act--2020-act-1012/>. Acesso em: 15 maio 2020.

74 "What COVID-19 Reveals about Ghana's Justice System and What Needs to Change", *The Conversation*, 16 abr. 2020. Disponível em: <https://theconversation.com/what-covid-19-reveals-about-ghanas-justice-system-and-what-needs-to-change-134809>. Acesso em: 17 maio 2020.

75 "Uganda: Respect Rights in COVID-19 Response", *Human Rights Watch*, 2 abr. 2020. Disponível em: <https://www.hrw.org/news/2020/04/02/uganda-respect-rights-covid-19-response>. Acesso em: 6 maio 2020.

76 "Coronavírus força Netanyahu e Gantz a assinar acordo de coligação", *Público*, 20 abr. 2020. Disponível em: <https://www.publico.pt/2020/04/20/mundo/noticia/netanyahu-gantz-assinam--acordo-formar-governo-coligacao-1913083>. Acesso em: 10 maio 2020.

77 "Netanyahu's Coronavirus Coup: Israelis' Basic Rights Are Now on Life Support", *Haaretz*, 18 mar. 2020. Disponível em: <https://www.haaretz.com/israel-news/.premium-netanyahu-s-coronavirus-coup-israelis-basic-rights-now-on-life-support-1.8686543>. Acesso em: 10 maio 2020.

78 A anexação das terras palestinianas ocupadas em 1967 é ilegal sob o direito internacional. O regime de Israel procura agora expandir a sua soberania por meio da anexação de jure, que colocaria grande parte da Cisjordânia sob a legislação de Israel, deixando de fora apenas alguns pequenos bantustões palestinianos densamente povoados. Sempre que o regime de Israel viola o direito internacional e comete crimes de guerra, a resposta da comunidade internacional consiste normalmente em olhar para o lado, com um coro inaudível de protestos mais ou menos formais.

79 Dados disponíveis em: <https://coronavirus.jhu.edu/us-map>, atualizados diariamente.

80 "Faced with an Appalling US Coronavirus Death Toll, the Right Denies the Figures", *The Guardian*, 15 maio 2020. Disponível em: <https://www.theguardian.com/world/2020/may/15/coronavirus-death-toll-right-denies-figures>. Acesso em: 17 maio 2020.

81 "Turkish President Accuses Municipalities of Forming 'Parallel State'", *BalkanInsight*, 1º abr. 2020. Disponível em: <https://balkaninsight.com/2020/04/01/turkish-president-accuses-municipalities-of-forming-parallel-state/>. Acesso em: 5 maio 2020.

82 "Istanbul Mayor Criticises Coronavirus Coordination with Erdogan", *Middle East online*, 3 abr. 2020. Disponível em: <https://middle-east-online.com/en/istanbul-mayor-criticises-coronavirus--coordination-erdogan>. Acesso em: 10 maio 2020.

83 "Duterte's Response to the Coronavirus: 'Shoot Them Dead'", *Foreign Policy*, 16 abr. 2020. Disponível em: <https://foreignpolicy.com/2020/04/16/duterte-philippines-coronavirus-response-shoot-them-dead/>. Acesso em: 10 maio 2020.

84 "Duterte's Special Powers Bill Punishes Fake News by Jail Time, up to P1-M Fine", *Rappler*, 24 mar. 2020. Disponível em: <https://www.rappler.com/nation/255753-duterte-special-powers--bill-coronavirus-fines-fake-news>. Acesso em: 20 abr. 2020.

85 Monidipa Bose Dey, "Lessons from the Bubonic Plague of 1896", *Live History of India*, 24 mar. 2020. Disponível em: <https://www.livehistoryindia.com/history-daily/2020/03/24/lessons-from-the-bubonic-plague-of-1897?fbclid=IwAR3VjEQJMDASb79_UycmrAEDMaPc-928ZnFUC-3U8zKyeK3DnafF_JXFg9is>. Acesso em: 4 abr. 2020.

86 "'I Just Want to go Home': The Desperate Millions Hit by Modi's Brutal Lockdown", *The Guardian*, 4 abr. 2020. Disponível em: <https://www.theguardian.com/world/2020/apr/04/i-just-want-to-go--home-the-desperate-millions-hit-by-modis-brutal-lockdown>. Acesso em: 8 abr. 2020.

87 "The Pandemic Is a Portal", *Financial Times*, 3 abr. 2020. Disponível em: <https://www.ft.com/content/10d8f5e8-74eb-11ea-95fe-fcd274e920c>. Acesso em: 5 abr. 2020.

88 "Bleach Sprayed On Migrants In UP Over COVID-19, Kerala Uses Soap Water", *NDTV*, 30 mar. 2020. Disponível em: <https://www.ndtv.com/india-news/coronavirus-india-lockdown-disinfectant-sprayed-on-migrants-on-return-to-up-shows-shocking-video-2202916>. Acesso em: 19 abr. 2020.

89 "Bihar's Rural Poor at Greater Danger than the Rest of India; Rations, Cooked Food Need of the Hour", *First Post*, 4 abr. 2020. Disponível em: <https://www.firstpost.com/health/coronavirus-outbreak-bihars-rural-poor-at-greater-danger-than-rest-of-india-rations-cooked-food-need-of-the-hour-8228581.html>. Acesso em: 5 maio 2020.

90 Indepaz, *Informe especial. Registro de líderes y personas defensoras de DDHH asesinadas del 24/11/2016 al 15/07/2020*, 2020. Disponível em: <http://www.indepaz.org.co/wp-content/uploads/2020/07/Informe-Especial-Asesinato-lideres-sociales-Nov2016-Jul2020-Indepaz.pdf>. Acesso em: 31 jul. 2020.

91 Idem. Calcula-se que os alegados autores desses homicídios são: 63% desconhecidos/assassinos contratados; 17% narco-paramilitares; 11% dissidentes das FARC; 5% do ELN e 4% da Força Pública.

92 "Un mensaje de respaldo desde el Vaticano a monseñor Darío Monsalve", *El Espectador*, 14 jul. 2020. Disponível em: <https://www.elespectador.com/colombia2020/pais/un-mensaje-de-respaldo-desde-el-vaticano-a-monsenor-dario-monsalve/>. Acesso em: 15 jul. 2020.

93 "Organizaciones, movimientos y personas solicitamos al Tribunal Permanente de los Pueblos que sesione en Colombia este año", 1º abr. 2020. Disponível em: <https://coeuropa.org.co/organizaciones-movimientos-y-personas-solicitamos-al-tribunal-permanente-de-los-pueblos-que-sesione-en-colombia-este-ano/>. Acesso em: 7 ago. 2020.

94 Indepaz, *Informe especial. Registro de líderes y personas defensoras de DDHH asesinadas del 24/11/2016 al 15/07/2020*, cit.

95 Ver: Defensoría del Pueblo, ALERTA TEMPRANA No. 018-2020. Disponível em: <http://www.indepaz.org.co/wp-content/uploads/2020/05/AT-N%C2%B0-018-2020-NACIONAL.pdf>. Acesso em: 2 ago. 2020.

96 "Prison Riots in Colombia Over Virus Fears Leave at Least 23 Dead", *The New York Times*, 22 mar. 2020. Disponível em: <https://www.nytimes.com/2020/03/22/world/americas/colombia-prison-riot-dead.html>. Acesso em: 15 abr. 2020.

97 "10 horas de terror", *Semana*, 6 jul. 2020. Disponível em: <https://www.semana.com/nacion/articulo/en-exclusiva-masacre-carcel-la-modelo-pruebas-del-amotinamiento-carcelario/677853>. Acesso em: 2 ago. 2020.

98 "Engaños y bots, la cruzada digital en contra de la JEP", *El Espectador*, 7 jul. 2020. Disponível em: <https://www.elespectador.com/colombia2020/justicia/jep/hay-una-bodeguita-uribista-contra-la-jep/>. Acesso em: 2 ago. 2020.

99 "'El Control' a la Comisión de la Verdad", *Semana*, 6 ago. 2020. Disponível em: <https://www.semana.com/semana-tv/multimedia/le-hacemos-el-control-a-la-comision-de-la-verdad/687018>. Acesso em: 7 ago. 2020.

100 Apenas dois governadores não assinaram a carta do chefe de executivos estaduais, Romeu Zema, do estado de Minas Gerais, e o coronel Marcos Rocha, de Rondônia. Ver: "Zema destoa de 25 governadores e não endossa carta que cobra ação de Bolsonaro contra pandemia", *Folha de S.Paulo*, 28 mar. 2020. Disponível em: <https://www1.folha.uol.com.br/poder/2020/03/zema-destoa-de-25-governadores-e-nao-endossa-carta-que-pede-acao-de-bolsonaro-contra-coronavirus.shtml>. Acesso em: 2 jun. 2020.

101 "Bolsonaro: 'Governadores são verdadeiros exterminadores de empregos'", *O Popular*, 23 mar. 2020. Disponível em: <https://www.opopular.com.br/noticias/politica/bolsonaro-governadores-s%C3%A3o-verdaderios-exterminadores-de-empregos-1.2020388>. Acesso em: 17 maio 2020.

102 "Governo deixa de informar total de mortes e casos de Covid-19; Bolsonaro diz que é melhor

102 para o Brasil", *Folha de S.Paulo*, 6 jun. 2020. Disponível em: <https://www1.folha.uol.com.br/equilibrioesaude/2020/06/governo-deixa-de-informar-total-de-mortes-e-casos-de-covid-19-bolsonaro-diz-que-e-melhor-para-o-brasil.shtml>. Acesso em: 9 jun. 2020.

103 Dados disponíveis em: <https://covid.saude.gov.br/>, atualizados diariamente.

104 "A geografia macabra da Covid-19", *Folha de S.Paulo*, 3 ago. 2020. Disponível em: <https://piaui.folha.uol.com.br/geografia-macabra-da-covid-19/?utm_source=meio&utm_medium=email>. Acesso em: 4 ago. 2020.

105 "Bolsonaro aponta 'viés ideológico' na OMS e ameaça tirar Brasil da organização", *G1*, 5 jun. 2020. Disponível em: <https://g1.globo.com/politica/noticia/2020/06/05/bolsonaro-aponta-vies-ideologico-na-oms-e-ameaca-tirar-brasil-da-organizacao.ghtml>. Acesso em: 10 jul. 2020.

106 "Covid-19. Queixa contra Bolsonaro por genocídio e crimes contra a humanidade", *Público*, 27 jul. 2020. Disponível em: <https://www.publico.pt/2020/07/27/mundo/noticia/queixa-bolsonaro-genocidio-crimes-humanidade-1925978>. Acesso em: 27 jul. 2020.

107 "Há indícios significativos para que autoridades brasileiras, entre elas o presidente, sejam investigadas por genocídio", *El País*, 22 jul. 2020. Disponível em: <https://brasil.elpais.com/brasil/2020-07-22/ha-indicios-significativos-para-que-autoridades-brasileiras-entre-elas-o-presidente-sejam-investigadas-por-genocidio.html>. Acesso em: 3 ago. 2020.

108 Sobre a situação dos povos indígenas do vale do Javari, na tríplice fronteira Brasil-Peru-Colômbia, ver Boaventura Santos e Lino João, "Defesa dos indígenas contra a Covid-19", 31 jul. 2020. Disponível em: <https://diplomatique.org.br/defesa-dos-indigenas-contra-a-covid-19/>. Acesso em: 5 ago. 2020.

109 Supriya Garikipati e Uma Kambhampati, "Leading the Fight Against the Pandemic: Does Gender 'Really' Matter?", *SSRN*, 2020. Disponível em: <https://ssrn.com/abstract=3617953/http://dx.doi.org/10.2139/ssrn.3617953>.

110 Idem.

111 "Covid-19: 'New Zealand's response has been one of the strongest' – WHO", *RNZ*, 29 abr. 2020. Disponível em: <https://www.rnz.co.nz/news/national/415375/covid-19-new-zealand-s-response-has-been-one-of-the-strongest-who>. Acesso em: 20 jun. 2020.

112 Disponível em: <https://www.facebook.com/watch/live/?v=147109069954329>. Acesso em: 30 abr. 2020.

113 "Norway's PM Holds Coronavirus Press Conference For Kids". Disponível em: <https://www.regjeringen.no/en/aktuelt/statsministeren-holder-pressekonferanse-for-barn/id2693657/>. Acesso em: 9 jun. 2020.

114 "The Government's Second Press Conference for Children". Disponível em: <https://www.regjeringen.no/en/aktuelt/inviterer-til-ny-pressekonferanse-for-barn/id2697243/>. Acesso em: 9 jun. 2020.

115 A 6 de agosto, a Islândia apresentava 1.926 casos e apenas dez mortes. Disponível em: <https://coronavirus.jhu.edu/map.html>.

116 "Iceland's Prime Minister Katrín Jakobsdóttir's Key to Leading Through Coronavirus: 'Put Your Ego as a Politician Aside'", *Time*, 21 maio 2020. Disponível em: <https://time.com/5838375/katrin-jakobsdottir-time-100-talks-iceland/>. Acesso em: 9 jun. 2020.

117 "Coronavirus Has a Reproduction Rate of 0.8 in Finland, Tells Marin", *Helsinki Times,* 5 maio 2020. Disponível em: <https://www.helsinkitimes.fi/finland/finland-news/domestic/17626-coronavirus-has-a-reproduction-rate-of-0-8-in-finland-tells-marin.html>. Acesso em: 9 jun. 2020.

118 "Coronavirus: Taiwan Upbeat on 2020 Growth as Electronic Exports Jump, Island Stays Lockdown Free", *South China Morning Post*, 22 abr. 2020. Disponível em: <https://www.scmp.com/economy/china-economy/article/3081041/coronavirus-taiwan-upbeat-2020-growth-electronic-exports-jump>. Acesso em: 9 jun. 2020.

119 Vijay Prashad, "Why Cuban Doctors Deserve the Nobel Prize", *Peoples Dispatch,* 25 ago. 2020.

Disponível em: <https://peoplesdispatch.org/2020/08/25/why-cuban-doctors-deserve-the-nobel-peace-prize/>. Acesso em: 9 out. 2020.

120 Ver: <https://brigadasmedcuba.com/>. Acesso em: 29 jul. 2020.

Capítulo 6

1 Shailendra K. Saxena (org.), *Coronavirus Disease 2019 (COVID-19): Epidemiology, Pathogenesis, Diagnosis, and Therapeutics* (Singapura, Springer, 2020).

2 Boaventura de Sousa Santos, *Um discurso sobre as ciências* (São Paulo, Cortez, 2003); Idem, *A gramática do tempo: para uma nova cultura política* (São Paulo, Cortez, 2006); Idem, *Epistemologies of the South: Justice against Epistemicide* (Abingdon, Routledge, 2014); Idem, *O fim do império cognitivo: a afirmação das epistemologias do Sul* (Belo Horizonte, Autêntica Editora, 2019); Idem (org.), *Conhecimento prudente para uma vida decente: um discurso sobre as ciências revisitado* (Porto, Afrontamento, 2003).

3 Data da edição original em Portugal. Ver a edição brasileira: Boaventura de Sousa Santos, *Um discurso sobre as ciências*, cit.

4 Idem, *Epistemologies of the South*, cit.; Idem, *O fim do império cognitivo*, cit.; Idem (org.), *Conhecimento prudente para uma vida decente*, cit.

5 Kelly Janet et al., "Coproducing Aboriginal Patient Journey Mapping Tools for Improved Quality and Coordination of Care", *Australian Journal of Primary Health*, n. 23, 2016, p. 536-42.

6 Jan Walmsley, "Involving Users with Learning Difficulties in Health Improvement: Lessons from Inclusive Learning Disability Research", *Nursing Inquiry*, v. 11, n. 1, 2004, p. 54-64, DOI: 10.1111/j.1440-1800.2004.00197.x.; Juan Pablo Domecq et al., "Patient Engagement in Research: A Systematic Review", *BMC Health Services Research*, v. 14, n. 89, 2014, DOI: 10.1186/1472-6963-14-89; Anne Kerr et al., "The Sociology of Cancer: A Decade of Research", *Sociology of Health and Illness*, v. 40, n. 3, 2018, p. 552-76, DOI: 10.1111/1467-9566.12662.

7 Boaventura de Sousa Santos, *Epistemologies of the South*, cit.; Idem, *O fim do império cognitivo*, cit.

8 Idem; Idem.

9 Graham Lawton, "Science in Crisis", *New Scientist*, 9 maio 2020, p. 12-4.

10 Ver: "Opinion Poll: Majority of Brits Want Government Action against Online Disinformation", *Open Knowledge Foundation*, 7 maio 2020. Disponível em: <https://blog.okfn.org/2020/05/07/opinion-poll-majority-of-brits-want-government-action-against-online-disinformation/>. Acesso em: 4 jun. 2020.

11 "Indian Scientists' Response to CoViD-19". Disponível em: <https://indscicov.in/>. Acesso em: 4 jun. 2020.

12 "Experiences about Covid-19 Community Broadcasting in Bangladesh", *AMARC Europe*, 25 maio 2020. Disponível em: <https://amarceurope.eu/covid19-bangladesh-experiences-about-covid-19-community-broadcasting-in-bangladesh/?utm_source=rss&utm_medium=rss&utm_campaign=covid19-bangladesh-experiences-about-covid-19-community-broadcasting-in-bangladesh>. Acesso em: 5 jun. 2020.

13 Naomar de Almeida-Filho, "Fake news, quase-mentiras, meias-verdades, falácias e malícias", 2020. Disponível em: <https://www.facebook.com/naomaralmeida/posts/2706755779446277?__tn__=K-R>. Acesso em: 18 jun. 2020.

14 A perversidade das *fake news* tem-se agravado. Atualmente a tecnologia *Deepfake* permite que qualquer pessoa com um computador e conexão à internet crie fotos e vídeos com aparência realista de pessoas que dizem e fazem coisas que na verdade não disseram ou fizeram. Ver, por exemplo, "Deepfakes Are Going To Wreak Havoc On Society. We Are Not Prepared", *Forbes*, 25 maio 2020. Disponível em: <https://www.forbes.com/sites/robtoews/2020/05/25/deepfakes-are-going-to-wreak-havoc-on-society-we-are-not-prepared/>. Acesso em: 5 jun. 2020.

15. John Zarocostas, "How to Fight an Infodemic", *The Lancet*, v. 395, n. 10225, 2020, p. 676; DOI: 10.1016/S0140-6736(20)30461-X.
16. "'Verified' Initiative Aims to Flood Digital Space with Facts amid COVID-19 Crisis", *UN*, 28 maio 2020. Disponível em: <https://www.un.org/en/coronavirus/%E2%80%98verified%E2%80%-99-initiative-aims-flood-digital-space-facts-amid-covid-19-crisis>. Acesso em: 30 jun. 2020.
17. "Brasil não adere ao compromisso de 130 países de lutar contra *fake news*", *UOL*, 16 jun. 2020. Disponível em: <https://noticias.uol.com.br/colunas/jamil-chade/2020/06/16/brasil-nao-adere-ao-compromisso-de-130-paises-contra-fake-news-na-pandemia.htm?utm_source=twitter&utm_medium=social-media&utm_content=geral&utm_campaign=noticias&cmpid=copiaecola>. Acesso em: 17 jun. 2020.
18. Amaya M. Gillespie et al., "Social Mobilization and Community Engagement Central to the Ebola Response in West Africa: Lessons for Future Public Health Emergencies", *Global Health: Science and Practice*, v. 4, n. 4, 2016, p. 626-46, DOI: 10.9745/GHSP-D-16-00226; "Learning from the Past: UN Draws Lessons from Ebola, Other Crises to Fight COVID-19", *UN COVID-19 Response*, 13 maio 2020. Disponível em: <https://www.un.org/en/coronavirus/learning-past-un-draws-lessons-ebola-other-crises-fight-covid-19>. Acesso em: 4 jun. 2020.
19. Deborah Toppenberg-Pejcic et al., "Emergency Risk Communication: Lessons Learned from a Rapid Review of Recent Gray Literature on Ebola, Zika, and Yellow Fever", *Health Communication*, v. 34, n. 4, 2019, p. 437-55; DOI: 10.1080/10410236.2017.1405488.
20. Susan L. Erikson, "Global Health Business: The Production and Performativity of Statistics in Sierra Leone and Germany", *Medical Anthropology*, v. 31, n. 4, 2012, p. 367-84.
21. "How Pandemics Change History", *The New Yorker*, 3 mar. 2020. Disponível em: <https://www.newyorker.com/news/q-and-a/how-pandemics-change-history>. Acesso em: 24 mar. 2020.
22. A. J. McMichael et al., *Climate Change and Human Health: Risks and Responses* (Genebra, WHO, 2003).
23. Huaiyu Tian et al., "Avian Influenza H5N1 Viral and Bird Migration Networks in Asia", *Proceedings of National Academy of Sciences of the USA*, v. 112, 2015, p. 172-7.
24. Robert T. Watson et al. (orgs.), *A Special Report of IPCC Working Group II Published for the Intergovernmental Panel on Climate Change: Intergovernmental Panel on Climate Change* (Cambridge, Cambridge University Press, 1998).
25. Paul R. Epstein, "Climate Change and Emerging Infectious Diseases", *Microbes and Infection*, v. 3, n. 9, 2001, p. 747-54.
26. P. Zhou et al., "A Pneumonia Outbreak Associated with a New Coronavirus of Probable Bat Origin", *Nature*, v. 579, 2020, p. 270-3; DOI: 10.1038/s41586-020-2012-7.
27. Li Wendong et al., "Bats Are Natural Reservoirs of SARS-Like Coronaviruses", *Science*, 28, v. 310, Issue 5748, 2005, p. 676-9; DOI: 10.1126/science.1118391.
28. B. Hu et al., "Discovery of a Rich Gene Pool of Bat SARS-related Coronaviruses Provides New Insights into the Origin of SARS Coronavirus", *PLoS Pathogens*, v. 13, n. 11, 2017, e1006698.
29. Ver, entre outros, "Kashmir Fears Forests will Disappear through 'Timber Smuggling'", *The Guardian*, 14 jul. 2010. Disponível em: <https://www.theguardian.com/environment/2010/jul/14/kashmir-forests-illegal-logging-threat>. Acesso em: 16 jun. 2020; "Corruption Fueling Deforestation in Cambodia", *DW*, 5 mar. 2018. Disponível em: <https://www.dw.com/en/corruption-fueling-deforestation-in-cambodia/a-42674051>. Acesso em: 16 jun. 2020; "Contrabando de madeira floresce em Sofala 'à luz do dia'", *Carta de Moçambique*, 17 jun. 2020. Disponível em: <https://cartamz.com/index.php/sociedade/item/5404-contrabando-de-madeira-floresce-em-sofala-a-luz-do-dia>. Acesso em: 17 jun. 2020; "Illegal Logging", *WWF*, 2020. Disponível em: <https://wwf.panda.org/our_work/forests/deforestation_causes2/illegal_logging/>. Acesso em: 16 jun. 2020.
30. Intergovernmental Science-Policy Platform on Biodiversity and Ecosystem Services (IPBES),

que se traduz em português como a Plataforma Intergovernamental de Políticas Científicas em Serviços de Biodiversidade e Ecossistemas, uma organização intergovernamental criada com o objetivo de melhorar a interface entre a ciência e a política em questões de biodiversidade e serviços ecossistêmicos.

31 "COVID-19 Stimulus Measures Must Save Lives, Protect Livelihoods, and Safeguard Nature to Reduce the Risk of Future Pandemics", *IPBES*, 27 abr. 2020. Disponível em: <https://ipbes.net/covid19stimulus>. Acesso em: 30 abr. 2020.

32 O criador supremo para os Yanomami.

33 Davi Kopenawa e Bruce Albert, *A queda do céu: palavras de um xamã yanomami* (São Paulo, Companhia das Letras, 2015), p. 469.

34 FAO – Organização das Nações Unidas para Alimentação e Agricultura, *The State of the World's Forests 2020: Forests, Biodiversity and People* (Roma, FAO/UNEP, 2020), p. xvi; DOI: 10.4060/ca8642en.

35 "One Planet, One Health – Connected through Biodiversity", *Jivad – The Vandana Shiva Blog*, 18 mar. 2020. Disponível em: <https://www.navdanya.org/bija-refelections/2020/03/18/ecological-reflections-on-the-corona-virus/>. Acesso em: 15 jun. 2020.

36 Ver: Monitoramento do Desmatamento da Floresta Amazônica Brasileira por Satélite. Disponível em: <http://www.obt.inpe.br/OBT/assuntos/programas/amazonia/prodes>. Acesso em: 30 abr. 2020.

37 "14 Straight Months of Rising Amazon Deforestation in Brazil", *Mongabay Series*, 12 jun. 2020. Disponível em: <https://news.mongabay.com/2020/06/14-straight-months-of-rising-amazon-deforestation-in-brazil/?fbclid=IwAR3_1nQlSR6n0TX0_Pqh-MKTwY9OjeX0GEXz6QROvouP-6T6YCX_mZfj2ze8>. Acesso em: 17 jun. 2020.

38 "Amazon Destruction", *Mongabay Series*, 26 fev. 2020. Disponível em: <https://rainforests.mongabay.com/amazon/amazon_destruction.html>. Acesso em: 15 jun. 2020.

39 R. C. Estoque et al., "The Future of Southeast Asia's Forests", *Nat Commun* 10, n. 1.829, 2019. <https://doi.org/10.1038/s41467-019-09646-4>.

40 "Malária contaminou 228 milhões e matou 405 mil pessoas no ano passado", *ONU News*, 4 dez. 2019. Disponível em: <https://news.un.org/pt/story/2019/12/1696561>. Acesso em: 16 jun. 2020.

41 Hector Caraballo e Kevin King, "Emergency Department Management of Mosquito-Borne Illness: Malaria, Dengue, and West Nile Virus", *Emergency Medicine Practice*, v. 16, n. 5, 2014, p. 1-24.

42 Junko Yasuoka e Richard Levin, "Impact of Deforestation and Agricultural Development on Anopheline Ecology and Malaria Epidemiology", *American Journal of Tropical Medicine and Hygiene*, v. 76, n. 3, 2007, p. 450-60; Amy Y. Vittor et al., "Linking Deforestation to Malaria in the Amazon: Characterization of the Breeding Habitat of the Principal Malaria Vector, Anopheles Darling", *American Journal of Tropical Medicine and Hygiene*, v. 81, n. 1, 2009, p. 5-12; Kelly F. Austin, Megan O. Bellinger e Priyokti Rana, "Anthropogenic Forest Loss and Malaria Prevalence: A Comparative Examination of the Causes and Disease Consequences of Deforestation in Developing Nations", *AIMS Environmental Science*, v. 4, n. 2, 2017, p. 217-31, DOI:10.3934/environsci.2017.2.217.

43 Andrew MacDonald e Erin Mordecai, "Amazon Deforestation Drives Malaria Transmission, and Malaria Burden Reduces Forest Clearing", *Proceedings of the National Academy of Sciences*, v. 116, n. 44, 2019, p. 22.212-8; DOI: 10.1073/pnas.1905315116.

44 Pedro Tauil et al. "A malária no Brasil", *Cadernos de Saúde Pública*, v. 1, n. 1, 1985, p. 71-111. Disponível em: <https://doi.org/10.1590/S0102-311X1985000100009>.

45 Carlos Loiola, C. Mangabeira da Silva e Pedro Tauil, "Controle da malária no Brasil: 1965 a 2001", *Revista Panamericana de Salud Publica*, v. 11, n. 4, 2002, p. 235-44.

46 O principal risco para o surgimento de doenças está diretamente relacionado ao desenvolvimento

de ambientes naturais que são ocupados por populações humanas e sua atratividade para diferentes espécies de morcegos. Vários exemplos podem ser encontrados em outras famílias virais. O vírus Hendra foi detectado em 1994 após a morte de trinta cavalos e um homem em Hendra, na Austrália. A maneira mais provável de contaminação humana foram os aerossóis de cavalos doentes que foram inicialmente contaminados pela urina ou líquido amniótico de morcegos *Pteropus*. Ver: Aneta Afelt et al., "Distribution of Bat-borne Viruses and Environment Patterns", *Infection, Genetics and Evolution,* v. 58, 2018, p. 181-91. Disponível em: <https://doi.org/10.1016/j.meegid.2017.12.009>.

47 Foi o caso da Síndrome Respiratória do Oriente Médio (Mers) – que passou dos morcegos para os camelos e daí para os seres humanos.

48 Os cientistas estimam que haja pelo menos 3.204 CoVs circulando atualmente em morcegos. Ver: Aneta Afelt et al., "Distribution of Bat-borne Viruses and Environment Patterns", cit.

49 "Fiebre Hemorrágica Boliviana". Disponível em: <https://www.paho.org/hq/index.php?option=-com_content&view=article&id=8304:2013-fiebre-hemorragica- boliviana & Itemid = 39844 & lang = pt>. Acesso em: 30 abr. 2020.

50 Werner Slenczka e Hans Dieter Klenk, "Forty Years of Marburg Virus", *The Journal of Infectious Diseases*, v. 196, Issue Supplement_2, nov. 2007, p. S131–S135. Disponível em: <https://doi.org/10.1086/520551>.

51 "Ebola Virus Disease Distribution Map: Cases of Ebola Virus Disease in Africa Since 1976", *CDC*. Disponível em: <https://www.cdc.gov/vhf/ebola/history/distribution-map.html>. Acesso em: 30 abr. 2020.

52 "Origin of HIV & Aids", *AVERT*. Disponível em: <https://www.avert.org/professionals/history-hiv-aids/origin>. Acesso em: 30 abr. 2020.

53 "Tracking a Mystery Disease: The Detailed Story of Hantavirus Pulmonary Syndrome (HPS)", *CDC*. Disponível em: <https://www.cdc.gov/hantavirus/outbreaks/history.html>. Acesso em: 30 abr. 2020.

54 "Hendra virus infection", *WHO*. Disponível em: <https://www.who.int/health-topics/hendra-virus-disease#tab=tab>. Acesso em: 30 abr. 2020.

55 P. K. Chan, "Outbreak of Avian Influenza A (H5N1) Virus Infection in Hong Kong in 1997", *Clinical Infectious Diseases*, v. 34, Issue Supplement_2, 2002; DOI:10.1086/338820.

56 L. M. Looi e K. B. Chua, "Lessons from the Nipah Virus Outbreak in Malaysia", *Malays J Pathol*, v. 29, n. 2, 2007, p. 63-7.

57 "The Outbreak of West Nile Virus Infection in the New York City Area in 1999". Disponível em: <https://www.nejm.org/doi/full/10.1056/NEJM200106143442401>. Acesso em: 30 abr. 2020.

58 "SARS (Severe Acute Respiratory Syndrome)", *WHO*. Disponível em: <https://www.who.int/ith/diseases/sars/en/>. Acesso em: 30 abr. 2020.

59 "Middle East Respiratory Syndrome Coronavirus (MERS-CoV)", *WHO*. Disponível em: <https://www.who.int/emergencies/mers-cov/en/>. Acesso em: 30 jun. 2020.

60 "2014-2016 Ebola Outbreak in West Africa", *CDC*. Disponível em: <https://www.cdc.gov/vhf/ebola/history/2014-2016-outbreak/index.html>. Acesso em: 30 jun. 2020.

61 "Open Letter to WHO and UN Environment Programme", *Resource Africa*, 13 maio 2020. Disponível em: <http://resourceafrica.net/open-letter-to-who-and-un-environment-programme/>. Acesso em: 30 maio 2020.

62 "'We Did It to Ourselves': Scientist Says Intrusion into Nature Led to Pandemic", *The Guardian*, 25 abr. 2020. Disponível em: <https://www.theguardian.com/world/2020/apr/25/ourselves-scientist-says-human-intrusion-nature-pandemic-aoe>. Acesso em: 30 abr. 2020.

63 "O vírus não pode ser entendido como o vilão da história", *Estadão*, 13 maio 2020. Disponível em: <https://cultura.estadao.com.br/noticias/literatura,mia-couto-o-virus-nao-pode-ser-entendido-como-o-vilao-da-historia,70003300582?utm_source=estadao%3Afacebook&utm_medium=link&-

fbclid=IwAR3BQoOKGmMcnZDr7UdTex-62ylYh54vKZFFxXcsZCNifH_NVDjJUAG4DdA>. Acesso em: 20 maio 2020.

64 "Climate Refugees Account for More than a Half of All Migrants but Enjoy Little Protection", *EESC*, 17 abr. 2020. Disponível em: <https://www.eesc.europa.eu/pt/news-media/news/climate-refugees-account-more-half-all-migrants-enjoy-little-protection>. Acesso em: 30 abr. 2020.

65 Consulte-se a página em: <https://www.internal-displacement.org/>. Acesso em: 30 abr. 2020.

66 IDMC e NRC, *Global Report on Internal Displacement* (Genebra, IDMC, 2020), p. 1.

67 Disponível em: <https://sustainabledevelopment.un.org/content/documents/733FutureWeWant.pdf>. Acesso em: 30 jun. 2020.

68 "Integrar las Metas de Biodiversidad de Aichi en los Objetivos de Desarrollo Sostenible", *UICN*. Disponível em: <https://www.iucn.org/sites/dev/files/import/downloads/aichi_targets_brief_spanish.pdf>. Acesso em: 20 jun. 2020.

69 "Conheça os novos 17 Objetivos de Desenvolvimento Sustentável da ONU", *ONU*, 25 jun. 2020. Disponível em: <https://nacoesunidas.org/conheca-os-novos-17-objetivos-de-desenvolvimento-sustentavel-da-onu/>. Acesso em: 30 jun. 2020.

70 "Entenda a classificação da Lista Vermelha da IUCN", *O ECO*. Disponível em: <https://www.oeco.org.br/dicionario-ambiental/27904-entenda-a-classificacao-da-lista-vermelha-da-iucn/>. Acesso em: 30 abr. 2020.

71 "O Relatório Planeta Vivo", *WWF*. Disponível em: <https://www.natureza-portugal.org/o_que_fazemos/por_um_planeta_vivo/o_relatorio_planeta_vivo/>. Acesso em: 30 abr. 2020.

72 A biodiversidade terrestre, marinha, costeira e de águas subterrâneas é a base dos ecossistemas e dos serviços que estes providenciam para melhorar o bem-estar humano. No entanto, a biodiversidade e os serviços de ecossistemas estão em declínio a uma taxa cada vez mais preocupante, e para fazer frente a esse desafio será necessário adotar e implementar políticas em nível local, nacional e internacional. É indispensável informação científica, credível e independente, que considere as relações complexas entre biodiversidade, serviços de ecossistemas e o homem. São ainda necessários métodos eficazes que permitam interpretar adequadamente o conhecimento científico para a tomada de decisão informada. A comunidade científica terá de entender as necessidades reais dos decisores para providenciar informação relevante. Assim, o diálogo entre comunidade científica, governos e outras partes interessadas em biodiversidade e serviços de ecossistemas deve ser reforçado e incentivado. Para essa finalidade, a comunidade internacional criou uma plataforma intergovernamental – Intergovernmental Platform on Biodiversity and Ecosystem Services (IPBES), estabelecida em abril de 2012 e aberta a todos os membros das Nações Unidas. Os membros participantes comprometeram-se a desenvolver a plataforma IPBES para que esta seja líder na avaliação do estado atual da biodiversidade no planeta, os seus ecossistemas e os serviços essenciais que estes prestam à sociedade.

73 "Sonia Guajajara: reconectando as pessoas com o planeta", *Believe Earth*. Disponível em: <https://believe.earth/pt-br/sonia-guajajara-reconectando-pessoas-com-o-planeta/>. Acesso em: 9 jul. 2020.

74 "Edgar Morin: 'Nous devons vivre avec l'incertitude'", *Le Journal*, 6 abr. 2020. Disponível em: <https://lejournal.cnrs.fr/articles/edgar-morin-nous-devons-vivre-avec-lincertitude>. Acesso em: 6 jul. 2020.

75 "OMS suspende temporariamente ensaios com hidroxicloroquina, o medicamento que Trump tomou", *Diário de Notícias*, 26 maio 2020. Disponível em: <https://www.dn.pt/mundo/oms-suspende-temporariamente-ensaios-com-hidroxicloroquina-brasil-mantem-recomendacao-12237089.html>. Acesso em: 30 maio 2020.

76 "FDA Cautions Against Use of Hydroxychloroquine or Chloroquine for COVID-19 Outside of the Hospital Setting or a Clinical Trial Due to Risk of Heart Rhythm Problems", em *FDA*, 15 jun. 2020. Disponível em: <https://www.fda.gov/drugs/drug-safety-and-availability/fda-cautions-against-use-hydroxychloroquine-or-chloroquine-covid-19-outside-hospital-setting-or>. Acesso em: 17 jun. 2020.

77 "EUA proíbem hidroxicloroquina em doentes covid-19, mas Trump envia medicamento para o Brasil", *Jornal de Noticias*, 16 jun. 2020. Disponível em: <https://www.jn.pt/mundo/eua-proibem-hidroxicloroquina-em-doentes-covid-19-mas-trump-envia-medicamento-para-o-brasil-12314597.html>. Acesso em: 17 jun. 2020.

78 "WHO Declares Latin America the New COVID Epicenter", *Voice of America*, 1º jun. 2020. Disponível em: <https://www.voanews.com/covid-19-pandemic/who-declares-latin-america-new-covid-epicenter>. Acesso em: 15 jun. 2020.

79 "Three Big Studies Dim Hopes that Hydroxychloroquine Can Treat or Prevent COVID-19", *Science Magazine*, 9 jun. 2020. Disponível em: <https://www.sciencemag.org/news/2020/06/three-big-studies-dim-hopes-hydroxychloroquine-can-treat-or-prevent-covid-19>. Acesso em: 19 jun. 2020.

80 Disponível em: <https://www.thelancet.com/journals/lanres/article/PIIS2213-2600(20)30116-8/fulltext>. Acesso em: 27 abr. 2020.

81 Disponível em: <https://twitter.com/olivierveran/status/1238776545398923264>, de 14 mar. 2020. Acesso em: 4 abr. 2020.

82 Disponível em: <https://dgs-urgent.sante.gouv.fr/dgsurgent/inter/detailsMessageBuilder.do?id=30500&cmd=visualiserMessage>, de 14 mar. 2020. Acesso em: 4 abr. 2020.

83 "Avoid Ibuprofen for Coronavirus Symptoms, WHO Says", *France24*, 18 mar. 2020. Disponível em: <https://www.france24.com/en/20200318-avoid-ibuprofen-for-coronavirus-symptoms-who-says>. Acesso em: 4 abr. 2020.

84 "Un jeune homme de 28 ans meurt chez lui du coronavirus à Nice", *Nice-Matin*, 23 mar. 2020. Disponível em: <https://www.nicematin.com/sante/un-jeune-homme-de-28-ans-meurt-chez-lui-du-coronavirus-a-nice-485155>. Acesso em: 4 abr. 2020.

85 "Coronavirus and Ibuprofen: Separating Fact from Fiction", *BBC*, 17 mar. 2020. Disponível em: <https://www.bbc.com/news/51929628>. Acesso em: 4 abr. 2020.

86 "The Use of Non-Steroidal Anti-Inflammatory Drugs (NSAIDs) in Patients with COVID-19", *WHO*, 19 abr. 2020. Disponível em: <https://www.who.int/news-room/commentaries/detail/the-use-of-non-steroidal-anti-inflammatory-drugs-(nsaids)-in-patients-with-covid-19>. Acesso em: 24 abr. 2020.

87 Disponível em: <https://twitter.com/WHO/status/1240409217997189128>, de 18 mar. 2020. Acesso em: 20 abr. 2020.

88 "Investigadores anunciam primeiro medicamento eficaz contra a covid-19", *Jornal de Notícias*, 17 jun. 2020. Disponível em: <https://www.jn.pt/mundo/investigadores-anunciam-primeiro-medicamento-eficaz-contra-a-covid-19--12316812.html>. Acesso em: 17 jun. 2020.

89 "Low-Cost Dexamethasone Reduces Death by up to One Third in Hospitalised Patients with Severe Respiratory Complications of COVID-19". Disponível em: <https://www.recoverytrial.net/files/recovery_dexamethasone_statement_160620_v2final.pdf>. Acesso em: 17 jun. 2020.

90 "Coronavirus 'Will Be Remembered like the Blitz' Says Government Adviser and Academic", *INews*, 13 mar. 2020. Disponível em: <https://inews.co.uk/news/health/coronavirus-will-be-remembered-like-the-blitz-says-government-adviser-and-academic-2450136>. Acesso em: 20 mar. 2020.

91 Mas como justamente me adverte Almeida-Filho: "Há epidemiologistas e epidemiologistas. É que muitos pesquisadores atuam na área (bioestatísticos, cientistas de computação, etc.) ou produzem narrativas epidemiológicas (infectologistas, virologistas, etc.) como se fossem epidemiologistas. Mas, de fato, na formação plena do que chamamos 'epidemiologia moderna', há grande sofisticação heurística, o que nos permite um maior realismo preditivo" (comunicação pessoal em 28 de agosto de 2020).

92 V. Adams, *Metrics: What Counts in Global Health* (Durham, Duke University Press, 2016).

93 Disponível em: <https://www.ghsindex.org/wp-content/uploads/2019/10/2019-Global-Health-Security-Index.pdf>. Acesso em: 30 abr. 2020.

[94] Naomar de Almeida-Filho, "Pandemia exige união das ciências brasileiras", *El País* (edição brasileira), 17 jun. 2020. Disponível em: <https://brasil.elpais.com/opiniao/2020-06-17/pandemia-exige-uniao-das-ciencias-brasileiras.html>. Acesso em: 18 jun. 2020.

[95] J-P. Chretien, S. Riley e D. B. George, "Mathematical Modeling of the West Africa Ebola Epidemic", *eLife*, 2015, 4:e09186; DOI: 10.7554/eLife.09186.

[96] M. Meltzer et al., "Estimating the Future Number of Cases in the Ebola Epidemic — Liberia and Sierra Leone, 2014-2015", *Morbidity and Mortality Weekly Report*, 63 (suppl.), 2015.

[97] S. M. McDonald, *Ebola: A Big Data Disaster* (Delhi, 2016).

[98] "George Box: a Model Statistician", *Significance*. Disponível em: <https://rss.onlinelibrary.wiley.com/doi/pdf/10.1111/j.1740-9713.2010.00442.x>. Acesso em: 30 maio 2020.

[99] "Pandemic Influenza: Resources", *STEPS*, 9 out. 2020. Disponível em: <https://steps-centre.org/blog/pandemic-influenza-resources/>. Acesso em: 30 abr. 2020.

[100] I. Scoones et al., "Integrative Modelling for One Health: Pattern, Process and Participation", *Phil. Trans. R. Soc.*, 5 jun. 2017, B37220160164, http://doi.org/10.1098/rstb.2016.0164.

[101] "WHO Supports Scientifically-Proven Traditional Medicine", *WHO*, 4 maio 2020. Disponível em: <https://www.afro.who.int/news/who-supports-scientifically-proven-traditional-medicine>. Acesso em: 24 maio 2020.

[102] "Declaração de Alma-Ata", Conferência Internacional sobre Cuidados Primários de Saúde, realizada em Alma-Ata, em setembro de 1978. Disponível em: <http://cmdss2011.org/site/wp-content/uploads/2011/07/Declara%C3%A7%C3%A3o-Alma-Ata.pdf>. Acesso em: 15 jun. 2020.

[103] Veja-se, a título de exemplo: Charles M. Leslie e Allan Young (orgs.), *Paths to Asian Medical Knowledge* (Berkeley, University of Chicago Press, 1992); Helen Lambert, "Popular Therapeutics and Medical Preferences in Rural North India", *The Lancet*, v. 348, n. 9043, 1996, p. 1.706-9; Maria Paula Meneses, "'Quando não há problemas, estamos de boa saúde, sem azar nem nada': para uma concepção emancipatória da saúde e das medicinas", em Boaventura de Sousa Santos e Teresa Cruz e Silva (orgs.), *Moçambique e a reinvenção da emancipação social* (Maputo, CFJJ, 2004), p. 77-110; Sara Mathez-Stiefel, Ina Vandebroek e Stephen Rist, "Can Andean Medicine Coexist with Biomedical Healthcare? A Comparison of Two Rural Communities in Peru and Bolivia", *Journal of Ethnobiology Ethnomedicine*, v. 8, n. 26, 2012, DOI: 10.1186/1746-4269-8-26; Mosa Moshabela, Thembelihle Zuma e Bernhard Gaede, "Bridging the Gap Between Biomedical and Traditional Health Practitioners in South Africa", *South African Health Review*, 8, 2016, p. 83-92; Sofia Zank e Natalia Hanazaki, "The Coexistence of Traditional Medicine and Biomedicine: A Study with Local Health Experts in Two Brazilian Regions", *PloS one*, v. 12, n. 4, 2017, e0174731, DOI: 10.1371/journal.pone.0174731; Jean-Benoît Falisse, Serena Masino e Raymond Ngenzebuhoro, "Indigenous Medicine and Biomedical Health Care in Fragile Settings: Insights from Burundi", *Health Policy and Planning*, v. 33, n. 4, 2018, p. 483-93, DOI: 10.1093/heapol/czy002.

[104] Como destaca a página on-line da OMS, a medicina tradicional possui uma longa história, representando a soma total de conhecimentos, habilidades e práticas baseadas em teorias, crenças e experiências indígenas de diferentes culturas, explicáveis ou não, pela ciência moderna, e que são usadas para a manutenção da saúde e prevenção, diagnóstico, aprimoramento ou tratamento de doenças físicas e mentais. Os termos "medicina complementar" ou "medicina alternativa" referem-se a um amplo conjunto de práticas de cuidados de saúde que não fazem parte da tradição ou da medicina convencional de um dado país e não estão totalmente integradas no sistema de cuidados de saúde dominante. São termos que, em alguns contextos, são sinônimo de medicina tradicional. Informação disponível em: <https://www.who.int/health-topics/traditional-complementary-and-integrative-medicine#tab=tab_1>. Acesso em: 15 jun. 2020.

[105] World Health Organization (WHO), *WHO Global Report on Traditional and Complementary Medicine 2019* (Geneva, World Health Organization, 2019), p. 28.

[106] Ibidem, p. 10.
[107] Por exemplo, convém relatar que mesmo em episódios epidêmicos anteriores, como é o caso da varíola, estes foram controlados em vários contextos por meio de formas de "inoculação", processos desenvolvidos por praticantes de medicinas. Este foi o caso de Onesimus, um africano escravizado que tinha sido levado para Boston, para uma então colônia inglesa na América do Norte, e que conhecia bem a prática da "variolação", uma prática comum na Ásia e na África, mas ainda relativamente desconhecida nas colônias americanas. Veja-se, por exemplo, "How Onesimus, a Slave in Colonial Boston, Helped Stop a Smallpox Epidemic", *History*, 1º fev. 2019. Disponível em: <https://www.history.com/news/smallpox-vaccine-onesimus-slave-cotton-mather>. Acesso em: 20 mar. 2020.
[108] "Novel Coronavirus: Your Questions, Answered", *Medical News Today*, 17 jun. 2020. Disponível em: <https://www.medicalnewstoday.com/articles/novel-coronavirus-your-questions-answered>. Acesso em: 19 jun. 2020.
[109] Naomar de Almeida-Filho, "Pandemia exige união das ciências brasileiras", cit.
[110] Charbel N. El-Hani e Virgílio Machado, "COVID19: The Need of an Integrated and Critical View", *Ethnobiology and Conservation*, v. 9, n. 18, 2020. Disponível em: <https://covid19.researcher.life/article/covid-19-the-need-of-an-integrated-and-critical-view/f92427f2-a780-4433-bbc5-630262d9e56f>.
[111] Y. Li, "Traditional Chinese Herbal Medicine for Treating Novel Coronavirus (COVID-19) Pneumonia: Protocol for a Systematic Review and Meta-analysis", *Syst Rev*, v. 9, n. 75, 2020; <https://doi.org/10.1186/s13643-020-01343-4>
[112] Itai Madamombe, "Traditional Healers Boost Primary Health Care", *Africa Renewal*, jan. 2006, p. 10-1.
[113] "How Traditional Healers Became Allies in Ebola Response", *WHO - Democratic Republic of Congo*, 20 jun. 2020. Disponível em: <https://www.afro.who.int/news/how-traditional-healers-became-allies-ebola-response>. Acesso em: 21 jun. 2020.
[114] Maria Paula Meneses, "'Quando não há problemas, estamos de boa saúde, sem azar nem nada': para uma concepção emancipatória da saúde e das medicinas", cit.; Mosa Moshabela, Thembelihle Zuma e Bernhard Gaede, "Bridging the Gap Between Biomedical and Traditional Health Practitioners in South Africa", cit.
[115] "Mia Couto ao Expresso: 'Somos todos biologicamente mestiços. Os vírus moram dentro de nós'", *Jornal Expresso*, 31 maio 2020. Disponível em: <https://expresso.pt/coronavirus/2020-05-31-Mia-Couto-ao-Expresso-Somos-todos-biologicamente-mesticos.-Os-virus-moram-dentro-de-nos>. Acesso em: 5 jun. 2020.
[116] Ibidem.
[117] "Traditional Healers Say They are Being Sidelined", *New Frame*, 5 maio 2020. Disponível em: <https://www.newframe.com/government-allegedly-sidelines-traditional-healers/>. Acesso em: 14 maio 2020.
[118] "NSEM - Discussing: COVID-19 – The Role of Traditional Healers", 17 abr. 2020. Disponível em: <https://www.facebook.com/watch/live/?v=263043698190028&ref=watch_permalink>. Acesso em: 20 jun. 2020.
[119] Estudos iniciais na China mostraram o extrato alcoólico da *Artemisia annua* como o segundo medicamento fitoterápico mais potente usado para combater a epidemia de SARS-CoV de 2005. Ver: Shi-you Li et al., "Identification of Natural Compounds with Antiviral Activities against SARS-associated Coronavirus", *Antiviral Research*, v. 67, 2005, p. 18-23.
[120] "WHO Supports Scientifically-Proven Traditional Medicine", *WHO - Africa*, 4 maio 2020. Disponível em: <https://www.afro.who.int/news/who-supports-scientifically-proven-traditional-medicine>. Acesso em: 10 maio 2020.
[121] "Artemisia Annua to Be Tested Against Coronavírus", *Max Planck Gesellschaft*, 8 abr. 2020. Disponível em: <https://www.mpg.de/14663263/artemisia-annua-corona-virus>. Acesso em: 5 maio 2020.

[122] A OMS tem apoiado a realização de testes clínicos, do que resultou a emissão, por catorze países, de autorizações para a comercialização de 89 produtos de medicina tradicional, que cumpriram requisitos nacionais e internacionais. Todavia, qualquer um desses produtos tem de ser "testado" pela ciência moderna para ser confirmada a sua utilidade clínica. "Why Are Africa's Coronavirus Successes Being Overlooked?", *The Guardian*, 21 maio 2020. Disponível em: <https://www.theguardian.com/commentisfree/2020/may/21/africa-coronavirus-successes-innovation-europe-us>. Acesso em: 22 maio 2020.

[123] "Our Herbs Can Help with Covid-19, Say Traditional Healers", *Sunday Independent*, 11 maio 2020. Disponível em: <https://www.iol.co.za/sundayindependent/news/our-herbs-can-help-with-covid-19-say-traditional-healers-47793844>. Acesso em: 17 jun. 2020.

[124] Ibidem.

[125] George B. N. Ayittey, *Indigenous African Institutions* (Ardsley, NY, Transnational Publishers, 2006), p. 546.

[126] Francis Dube, *Colonialism, Cross-border Movements, and Epidemiology: A History of Public Health in the Manica Region of Central Mozambique and Eastern Zimbabwe and the African Response, 1890-1980* (PhD thesis, Iowa, University of Iowa, 2009). "The Top U.S. Coronavirus Hot Spots Are All Indian Lands", *The New York Times*, 30 maio 2020. Disponível em: <https://www.nytimes.com/2020/05/30/opinion/sunday/coronavirus-native-americans.html>. Acesso em: 2 jun. 2020.

[127] "The Indigenous Communities that Predicted Covid-19", *BBC*, 4 maio 2020. Disponível em: <http://www.bbc.com/travel/story/20200503-the-indigenous-communities-that-predicted-covid-19>. Acesso em: 30 maio 2020.

[128] Romero coordena a Aliança Mesoamericana de Pessoas e Florestas, uma das plataformas mais importantes na luta pelos direitos à terra para comunidades indígenas da América Central e do México; essa aliança representa mais de 50 mil pessoas que vivem nas terras mais densamente arborizadas da região (Ibidem).

[129] "'Proteger as florestas é vital para curar pandemias', afirmam líderes indígenas", *Global Voices*, 3 jun. 2020. Disponível em: <https://pt.globalvoices.org/2020/06/03/proteger-as-florestas-e-vital-para-curar-pandemias-afirmam-lideres-indigenas/>. Acesso em: 20 jun. 2020.

[130] Ailton Krenak, *O amanhã não está à venda* (São Paulo, Companhia das Letras, 2020).

[131] "Covid-19: no Acre, povo indígena Yawanawá proíbe acesso de estranhos às aldeias", *CONTILNET*, 21 abr. 2020. Disponível em: <https://contilnetnoticias.com.br/2020/04/no-acre-povo-indigena-yawanawa-proibe-acesso-de-estranhos-as-aldeias/?fbclid=IwAR3ghnpuuWbryp8eT9kisZnu-0DP4vsrLkY9iE09XhC-Z95t0lBuPn6WyaI>. Acesso em: 21 abr. 2020.

[132] Informação disponível em: <https://m.facebook.com/BeingIgorot/photos/a.257275588145806/697871927419501/?type=3&source=57&__tn__=EH-R>.

[133] "Karen People Revived their Ancient Ritual, "Kroh Yee" (village closure) to Fight against Covid-19", *Indigenous Media Network*, 19 mar. 2020. Disponível em: <https://imnvoices.com/karen-people-revived-their-ancient-ritual-kroh-yee-village-closure-to-fight-against-covid-19/>. Acesso em: 20 jun. 2020.

[134] "'Every Step You Take Is Prayer': As Coronavirus Spreads, Women Lead Virtual Dance for Healing", *MPR News*, 17 mar. 2020. Disponível em: <https://www.mprnews.org/story/2020/03/17/every-step-you-take-is-prayer-as-coronavirus-spreads-women-lead-virtual-dance-for-healing?utm_content=buffer81478&utm_medium=social&utm_source=twitter.com&utm_campaign=buffer>. Acesso em: 20 jun. 2020.

[135] Ana Luísa Teixeira Menezes e José Mendes Fonteles Filho (orgs.), *Plantas medicinais indígenas: usos-saberes-sentidos* (Fortaleza, Instituto de Pesquisa e Estratégia Econômica do Ceará – IPECE, 2011); OFRANEH, *Medicinal Ancestral Garífuna para combater el coronavírus* (Honduras, Red Nacional de Defensoras de Derechos Humanos en Honduras, 2020).

[136] "Tribo amazônica cria enciclopédia de medicina tradicional com 500 páginas", *Fiocruz*, 27 jul.

2016. Disponível em: <https://saudeamanha.fiocruz.br/tribo-amazonica-cria-enciclopedia-de--medicina-tradicional-com-500-paginas/#.XvFWoKZ7m4Q>. Acesso em: 20 jun. 2020.

[137] Ver nota 127.

[138] "Vitória da biodiversidade na guerra contra a biopirataria", *Colabora*, 8 nov. 2019. Disponível em: <https://projetocolabora.com.br/ods12/biopirataria/>. Acesso em: 20 jun. 2020.

[139] Este estudo abrangeu várias regiões do mundo, integrando florestas da América Latina, África e Ásia.

[140] Luciana Porter-Bolland et al., "Community Managed Forests and Forest Protected Areas: An Assessment of their Conservation Effectiveness Across the Tropics", *Forest Ecology and Management*, v. 268, 2012, p. 11; DOI: 10.1016/j.foreco.2011.05.034.

[141] Boaventura de Sousa Santos, *O fim do império cognitivo*, cit.

[142] As críticas de forças conservadoras e reacionárias à ciência têm vindo a subir de tom e abrangem uma multiplicidade de temas, sendo um deles o movimento anti-vacinação. Veja-se, entre outros: Azhar Hussain et al., "The Anti-vaccination Movement: A Regression in Modern Medicine", *Cureus*, v. 10, n. 7, e2919; DOI: 10.1016/j.foreco.2011.05.034.

[143] "Pela Pacificação da Nação em Meio à Pandemia", *Coalizão pelo Evangelho*, 4 maio 2020. Disponível em: <https://coalizaopeloevangelho.org/article/pela-pacificacao-da-nacao-em-meio-a-pandemia/>. Acesso em: 20 maio 2020.

[144] A relevância das ciências sociais para muitos aspectos da crise atual traduz-se num mandato claro na formulação das políticas públicas não só durante a crise sanitária, mas também no período que se lhe seguirá e para as crises sociais que o caracterizarão. Ver: "Editorial: Social Science in a Time of Social Distancing", *LSE*, 23 mar. 2020. Disponível em: <https://blogs.lse.ac.uk/impactofsocialsciences/2020/03/23/editorial-social-science-in-a-time-of-social-distancing/>. Acesso em: 24 abr. 2020.

[145] "Government Health Agency Official: Coronavirus 'Isn't Something the American Public Need to Worry about'", *The Hill*, 26 jan. 2020. Disponível em: <https://thehill.com/homenews/sunday-talk-shows/479939-government-health-agency-official-corona-virus-isnt-something-the>. Acesso em: 5 jun. 2020.

Capítulo 7

[1] Sobre a ajuda mútua durante a pandemia ver, entre outros: Marina Sitrin e Colectiva Sembrar (orgs.), *Pandemic Solidarity: Mutual Aid during the Covid-19 Crisis* (Londres, Pluto Press, 2020).

[2] Uma visão muito ampla das iniciativas comunitárias em diferentes continentes pode ser lida no número da Revista *Interface* (2020, v. 12, n. 1), inteiramente dedicada ao tema. Disponível em: <https://www.interfacejournal.net/>. Acesso em: 26 jul. 2020. Ver também: Geoffrey Pleyers, "The Pandemic is a Battlefield. Social Movements in the COVID-19 Lockdown", *Journal of Civil Society*, 2020, DOI: 10.1080/17448689.2020.1794398.

[3] "Bolivia's Solution to Surging Covid-19 Deaths: a Mobile Crematorium", *The Guardian*, 13 ago. 2020. Disponível em: <https://www.theguardian.com/world/2020/aug/13/bolivia-covid-19--coronavirus-deaths-mobile-crematorium?CMP=Share_iOSApp_Other>. Acesso em: 3 set. 2020.

[4] "Ankara's Economic Measures Bring Little Relief against Virus Crisis", *Al-Monitor*, 23 mar. 2020. Disponível em: <https://www.al-monitor.com/pulse/originals/2020/03/turkey-coronavirus-aid--package-bring-little-relief-economy.html#ixzz6LCSTTeSt>. Acesso em: 25 jun. 2020.

[5] A associação médica da Turquia argumenta que as taxas de infecção são ainda mais altas porque o país registra apenas aqueles que testaram positivo para a Covid-19 e optam por não incluir nos números oficiais as pessoas que recebem tratamentos com base nos sintomas clínicos. A associação também considera que existe incongruência entre o número de casos e o número de mortes e sugere que o número de mortes devido à Covid-19 esteja sub-registrado. Ver: "Turkey: Probes Over Doctors' Covid-19 Comments", *Human Rights Watch*, 10 jun. 2020. Disponível em: <https://

www.hrw.org/news/2020/06/10/turkey-probes-over-doctors-covid-19-comments>. Acesso em: 1º jul. 2020.

6   Marina Sitrin e Colectiva Sembrar (orgs.), *Pandemic Solidarity*, cit., p. 24-5.
7   "O governo de Erdoğan proibiu os esforços de captação de recursos para combater o coronavírus em municípios controlados pela oposição. Congelou as contas bancárias da cidade de Istambul e de cozinhas econômicas, fechou hospitais de campanha de coronavírus construídos às pressas e cortou a distribuição gratuita de pão – tudo em áreas controladas pela oposição." Ver: "Turkey and Coronavirus: Divided We Stand". Disponível em: <https://besacenter.org/perspectives-papers/turkey-coronavirus-divided/>. Acesso em: 25 jun. 2020.
8   *Informação à Assembleia da República pelo Presidente pelo Termo do Estado de Emergência*. Informação 138/20, de 30 de julho de 2020.
9   "Critério da declaração de recuperado da covid-19 será revisto", *Ministério da Saúde de Moçambique*. Disponível em: <http://www.misau.gov.mz/index.php/279-criterio-da-declaracao-de-recuperado-da-covid-19-sera-revisto>. Acesso em: 30 jul. 2020.
10 "Divulgação dos Dados Definitivos: IV RGPH 2017", Instituto Nacional de Estatística, de 29 de dezembro de 2017. Disponível em: <http://www.ine.gov.mz/iv-rgph-2017/maputo-cidade/quadro-1-populacao-recenseada-por-area-de-residencia-e-categoria-censitaria-segundo-sexo-e-idade-maputo-cidade-2017.xlsx/view>. Acesso em: 15 jul. 2020.
11 "Maputo City: Majority of Covid-19 Cases are in Kampfumo", *A Verdade*, 23 jul. 2020. Disponível em: <https://clubofmozambique.com/news/maputo-city-majority-of-covid-19-cases-are-in-kampfumo-a-verdade-166799/>. Acesso em: 28 jul. 2020.
12 A Aliança da Sociedade Civil C1-19 de Moçambique, que reúne quase setenta organizações intersetoriais, tem por objetivo colaborar com as políticas do governo no combate à pandemia. Cabe salientar o fato de a Aliança se propor a não deixar invisibilizar outra situação, talvez tão grave quanto a pandemia: a situação de guerra no Norte de Moçambique da qual já resultaram milhares de mortos e de populações deslocadas. Veja-se: "Por um Estado de Emergência com Justiça Social, Ambiental, Económica e de Género: propostas da sociedade civil Moçambicana, face à pandemia do Covid-19", 10 abr. 2020. Disponível em: <https://aliancac19.files.wordpress.com/2020/06/por-um-estado-de-emergc3aancia-com-justic3a7a.pdf>. Acesso em: 29 jun. 2020.
13 UN-Habitat, *Mozambique Urban Sector Profile: Maputo, Nacala and Manica* (Nairobi, UN-HABITAT, 2010), p. 16.
14 "Moçambique: Sociedade civil na rua contra a Covid-19", *DW*, 13 abr. 2020. Disponível em: <https://www.dw.com/pt-002/mo%C3%A7ambique-sociedade-civil-na-rua-contra-a-covid-19/a-53108115>. Acesso em: 2 jul. 2020.
15 "Brazil's Favelas, Neglected by the Government, Organize their Own Coronavirus Fight", *The Washington Post*, 11 jun. 2020. Disponível em: <https://www.washingtonpost.com/world/the_americas/coronavirus-brazil-favela-sao-paulo-rio-janeiro-bolsonaro/2020/06/09/8b03eee0-aa74-11ea-9063-e-69bd6520940_story.html?fbclid=IwAR2O7IOse2Wg5gDDmZPSpkorbX9MzPgoHTyC9vWI-Txam2htuwXEEXSO2RIc>. Acesso em: 29 jun. 2020.
16 "Para monitorar a real situação da pandemia da Covid-19 nas favelas do Rio de Janeiro, diante da subnotificação de casos e discrepância nos dados oficiais, organizações que atuam nesses territórios lançaram iniciativas para fazer o levantamento dentro das comunidades. Segundo o fundador do jornal *Voz das Comunidades* o monitoramento foi feito com dados colhidos nas clínicas da família e Unidades de Pronto Atendimento (UPAs) das regiões, dando mais precisão do local de moradia do paciente do que as informações da prefeitura." Ver: <https://painel.vozdascomunidades.com.br/>. Acesso em: 2 jul. 2020.
17 "Favelas cariocas recebem programa de sanitização até sábado", *Agência de Notícias das Favelas*, 14 maio 2020. Disponível em: <http://www.anf.org.br/favelas-cariocas-recebem-programa-de-sanitizacao-ate-sabado/>. Acesso em: 2 jul. 2020.

18 "Juventude, Favela e a Pandemia: Conheça Juliana Carmo", *Agência Redes Juventude*, 25 jun. 2020. Disponível em: <http://agenciarj.org/juventude-favela-e-a-pandemia-conheca-juliana-carmo/>. Acesso em: 3 jul. 2020.

19 Ver: <https://www.instagram.com/tv/B_S5ltIBOpc/?igshid=jxu8hc9eb3i>. Acesso em: 29 jun. 2020.

20 O Presidente da União de Moradores e Comerciantes de Paraisópolis, Gilson Rodrigues, é também o coordenador nacional do G-10 das Favelas, bloco que reúne empreendedores sociais das principais comunidades do Brasil: Rocinha (RJ), Rio das Pedras (RJ), Heliópolis (SP), Paraisópolis (SP), Cidade de Deus (AM), Baixadas da Condor (PA), Baixadas da Estrada Nova Jurunas (PA), Casa Amarela (PE), Coroadinho (MA) e Sol Nascente (DF).

21 Resumo das 10 principais iniciativas do Modelo Paraisópolis em: <https://www.youtube.com/watch?v=hh9Zryvc3K0&t=128s&fbclid=IwAR0Splg1DHeRzyI2E8kcNRDqQDghmPr9ExnJP9ArFl5XPjMGFK1lkyghVts>. Acesso em: 2 jul. 2020. Ver vídeo onde se dá conta das ações, conquistas e da difusão internacional: <https://www.facebook.com/GilsonRodriguesBR/videos/291697488687676/>. Acesso em: 2 jul. 2020.

22 "Favela cria seus próprios 'presidentes' para combater o coronavírus", *Ponte*, 8 maio 2020. Disponível em: <https://ponte.org/favela-cria-seus-proprios-presidentes-para-combater-o-coronavirus/>. Acesso em: 2 jul. 2020.

23 Comunicação pessoal, em 17 de julho de 2020.

24 "Movimentos lançam campanha 'Vamos precisar de todo mundo'", *MST*, 14 abr. 2020. Disponível em: <https://mst.org.br/2020/04/14/movimentos-lancam-campanha-vamos-precisar-de-todo-mundo/ https://pt.org.br/tag/frente-povo-sem-medo/>. Acesso em: 20 jul. 2020.

25 "MST doa 15 toneladas de alimentos na região Metropolitana de Porto Alegre", *MST*, 3 jul. 2020. Disponível em: <https://mst.org.br/2020/07/11/mst-doa-15-toneladas-de-alimentos-na-regiao-metropolitana-de-porto-alegre/>. Acesso em: 15 jul. 2020.

26 "MST doa 300 cestas básicas a indígenas Guarani Kaiowá de Dourados, Mato Grosso do Sul", *Brasil de Fato*, 30 maio 2020. Disponível em: <https://www.brasildefato.com.br/2020/05/30/mst-doa-300-cestas-basicas-a-indigenas-guarani-kaiowa-de-dourados-mato-grosso-do-sul>. Acesso em: 2 jul. 2020.

27 "Brigadas do MST levam solidariedade para fora do Brasil", *Abril*, 4 jun. 2020. Disponível em: <https://www.abrilabril.pt/internacional/brigadas-do-mst-levam-solidariedade-para-fora-do-brasil>. Acesso em: 15 jul. 2020.

28 <https://revistaperiferias.org/materia/a-garganta-poderosa/>. Acesso em: 6 jul. 2020.

29 Fidel Ruiz, comunicação pessoal em 20 de julho de 2020.

30 Disponível em: <http://lapoderosa.org.ar/2020/05/nos-mataron-a-ramona/>. Acesso em: 6 jul. 2020.

31 Disponível em: <https://www.facebook.com/gargantapodero/posts/2887969847938526>. Acesso em: 6 jul. 2020.

32 "Excombatientes de las FARC confeccionan mascarillas para luchar contra el coronavirus en Colombia", *Noticias ONU*. Disponível em: <https://news.un.org/es/story/2020/05/1473882>. Acesso em: 30 jun. 2020.

33 Para mais informação sobre o funcionamento destes projetos de reincorporação dos ex-combatentes de las FARC-EP, em *ETCR en cuarentena*. Disponível em: <https://plazacapital.co/webs/produccion5/tapabocas-etcr/index.html>. Acesso em: 30 jun. 2020.

34 "Excombatientes donan insumos de protección a personal médico en Sucre", *BLU Radio*. Disponível em: <https://www.bluradio.com/salud/excombatientes-donan-insumos-de-proteccion-personal-medico-crbe-252938-ie6569932>. Acesso em: 30 jun. 2020.

35 "Los Pueblos Indígenas Ante La Pandemia Del Covid-19. Segundo Informe Regional. Comunidades En Riesgo Y Buenas Prácticas", Plataforma Indígena Regional frente a COVID-19. Dispo-

nível em: <https://indigenascovid19.red/wp-content/uploads/2020/06/FILAC_FIAY_segundo-informe-PI_COVID19.pdf>. Acesso em: 30 jun. 2020.
36 Ibidem.
37 "Historias de la militancia: 'dando clases por radio'", *Amaicha del Valle, la radio le ganó a internet*, *Agremiación Tucumana de Educadores Provinciales*. Disponível em: <http://www.ateptucuman.com.ar/Noticia.aspx?nov=10920>. Acesso em: 5 jul. 2020.
38 "Quichua, una lengua que se resiste a la extinción y colabora para prevenir el coronavirus", *Telam*, 31 maio 2020. Disponível em: <https://www.telam.com.ar/notas/202005/470490-quichua-resistencia-lengua.html>. Acesso em: 5 jul. 2020.
39 Disponível em: <https://www.youtube.com/watch?v=x4OHOTYOeTU>. Acesso em: 5 jul. 2020.
40 Disponível em: <https://debatesindigenas.org/remedios-del-monte.pdf>. Acesso em: 5 jul. 2020.
41 "Remedios del Monte: Indígenas amazónicos de Bolivia lanzan un recetario de medicinas ancestrales". Disponível em: <https://debatesindigenas.org/notas/45-remedios-del-monte.html>. Acesso em: 5 jul. 2020.
42 Disponível em: <http://redemg.org.br/>. Acesso em: 5 jul. 2020.
43 Ver: <https://radioyande.com/default.php?pagina=a-radio.php>. Acesso em: 5 jul. 2020.
44 <https://www.facebook.com/ybyfestival/>. Acesso em: 5 jul. 2020.
45 "Guardias indígenas, los guerreros milenarios al frente de la pandemia", *El Tiempo*. Disponível em: <https://www.eltiempo.com/vida/medio-ambiente/coronavirus-guardias-indigenas-en-colombia-se-protegen-contra-covid-19-501590>. Acesso em: 30 jun. 2020.
46 Organización Nacional Indígena de Colombia. Disponível em: <https://www.onic.org.co/>. Acesso em: 5 jul. 2020.
47 "Descripción de Capacitación y realización de desinfectantes a base de plantas medicinales", 8 jun. 2020. Disponível em: <https://co.ivoox.com/es/capacitacion-realizacion-desinfectantes-a-base-de-audios-mp3_rf_51329671_1.html>. Acesso em: 30 jun. 2020.
48 A minga é uma tradição de trabalho comunitário/coletivo voluntário para fins de utilidade social e projetos de infraestrutura comunitária.
49 "La Minga de la comida CRIC- Ejemplo de solidaridad". Disponível em: <https://www.cric-colombia.org/portal/la-minga-de-la-comida-cric-ejemplo-de-solidaridad/>. Acesso em: 2 jul. 2020.
50 <https://www.facebook.com/watch/?v=616147332611213>. Acesso em: 2 jul. 2020.
51 "#SomosSemilla #SoberaníaAlimentaria". Disponível em: <http://concejodebogota.gov.co/somos-semilla-soberaniaalimentaria/cbogota/2020-06-15/105729.php>. Acesso em: 2 jul. 2020.
52 "Trueque de Medicina Tradicional en Totoró", *Consejo Regional Indígena del Cauca - CRIC*. Disponível em: <https://www.cric-colombia.org/portal/trueque-de-medicina-tradicional-en-totoro/>. Acesso em: 30 jun. 2020.
53 Um bairro que alberga famílias com escassos recursos, tanto indígenas como camponesas.
54 La Minga de la comida CRIC- Ejemplo de solidaridad. Consejo Regional Indígena del Cauca - CRIC. Disponível em: <https://www.cric-colombia.org/portal/la-minga-de-la-comida-cric-ejemplo-de-solidaridad/>. Acesso em: 30 jun. 2020.
55 "En Amazonas recurren a la medicina tradicional para protegerse del covid-19", *Contagio Radio*, 26 de maio 2020. Disponível em: <https://www.contagioradio.com/en-amazonas-recurren-a-la-medicina-tradicional-para-protegerse-del-covid-19/>. Acesso em: 28 jun. 2020. Em Hidalgo, no vale de Mezquital, mulheres indígenas, membros do Conselho Supremo de Hñañhu, realizaram rituais de purificação e proteção para os médicos e enfermeiros do hospital Taxadhó, no município de Ixmiquilpan, para lhes transmitir o conhecimento ancestral da medicina indígena tradicional, com a aplicação de ervas, sais, chás, unguentos, inalações, fomentações e banhos de água para apoiar a comunidade diante da pandemia e fortalecer a serenidade, a calma e o reconhecimento do pessoal de saúde.

56 Ver: <https://www.fenamad.com.pe/>. Acesso em: 30 jun. 2020.
57 Ver: <http://www.orpio.org.pe/>. Acesso em: 30 jun. 2020.
58 "Protocolo De Seguridad En Nuestras Comunidades Nativas". Disponível em: <https://www.forestpeoples.org/sites/default/files/documents/PROTOCOLO%20CODEPISAM.pdf>. Acesso em: 5 jul. 2020.
59 Ver: <http://codepisam.org.pe/>. Acesso em: 30 jun. 2020.
60 Ver: <http://www.aidesep.org.pe/>. Acesso em: 30 jul. 2020.
61 Ver: <https://www.servindi.org/etiqueta/cantagallo>. Acesso em: 5 jul. 2020.
62 Ver: <https://mamasdelrio.org/en/>. Acesso em: 5 jul. 2020.
63 Ver: <https://aprendoencasa.pe/#/>. Acesso em: 5 jul. 2020.
64 "100% de estudiantes de Corani tienen acceso al programa 'Aprendo en Casa' del Minedu", *Pachamama*, 19 maio 2020. Disponível em: <https://www.pachamamaradio.org/regional/105-carabaya/9315-100-de-estudiantes-de-corani-tienen-acceso-al-programa-aprendo-en-casa-del-minedu>. Acesso em: 4 jul. 2020.
65 Sobre o conceito de Estado heterogêneo, ver: Boaventura de Sousa Santos, "O Estado heterogêneo e o pluralismo jurídico", em Boaventura de Sousa Santos e João Trindade (orgs.), *Conflito e transformação social: uma paisagem das justiças em Moçambique*, v. 1 (Porto, Afrontamento, 2003), p. 47-95.
66 "Covid-19, Public Health System and Local Governance in Kerala", *Economic & Political Weekly*, 23 maio 2020. Disponível em: <https://www.epw.in/journal/2020/21/perspectives/covid-19-public-health-system-and-local-governance.html>. Acesso em: 25 maio 2020.
67 Disponível em: <https://www.socialapphub.com/app/gok-direct-kerala>. Acesso em: 5 jul. 2020.
68 "Kerala: Worrisome Clusters", *Frontline*, 14 ago. 2020. Disponível em: <https://frontline.thehindu.com/the-nation/worrisome-clusters/article32172851.ece>. Acesso em: 15 ago. 2020.
69 "Como Niterói se tornou exemplo na preparação contra a covid-19", *DW*, 6 abr. 2020. Disponível em: <https://www.dw.com/pt-br/como-niter%C3%B3i-se-tornou-exemplo-na-prepara%C3%A7%C3%A3o-contra-a-covid-19/a-53042311>. Acesso em: 30 abr. 2020.
70 "Niterói se antecipa ao coronavírus e planeja testar mais que EUA e Coreia do Sul", *El Pais*, 7 maio 2020. Disponível em: <https://brasil.elpais.com/brasil/2020-05-07/niteroi-se-antecipa-ao-coronavirus-e-planeja-testar-mais-que-eua-e-coreia-do-sul.html>. Acesso em: 6 jul. 2020.
71 Ver nota anterior.
72 Disponível em: <https://www.facebook.com/PrefeituraMunicipaldeNiteroi/videos/624962838427409>. Acesso em: 7 ago. 2020.
73 "Rojava: Statelessness in a Time of Pandemic", OpenDemocracy, em *Open Democracy*. Disponível em: <https://www.opendemocracy.net/en/north-africa-west-asia/rojava-statelessness-time-pandemic/>. Acesso em: 25 jun. 2020.
74 Esse sistema de governo é inspirado no paradigma do Confederalismo Democrático do líder do Partido dos Trabalhadores do Curdistão (PKK), Ver: Abdullah Öcalan, *Democratic Confederalism* (Londres, Transmedia Publishing, 2011).
75 Desde que as forças sírias entraram na região como parte do acordo com o SDF (Syrian Democratic Forces) para travar a ofensiva turca, o registo das ONGs em Damasco tornou-se um requisito.
76 "Las comunas de Rojava: un modelo de autogestión social", *Rojava Azadi*. Disponível em: <https://rojavaazadimadrid.org/etiqueta/aanes/>. Acesso em: 25 jun. 2020.
77 "Rojava Urgently Needs COVID-19 Aid", *Green Left*, 28 abr. 2020. Disponível em: <https://www.greenleft.org.au/content/salih-muslim-rojava-urgently-needs-covid-19-aid?fbclid=IwAR2htqq3oY3VtxKyN3Ru2MPUn6Rr4mDRPKj_NnUM102qe8t9a_2c9D3-oAA>. Acesso em: 25 jun. 2020.

Capítulo 8

1. Segundo Naomar de Almeida-Filho, as pandemias dependerão da combinação de baixa letalidade, virulência moderada, longa latência e alta infectividade do Sars-CoV-2 (o oposto disso é o que faz improvável que o Ébola se torne pandêmico). As mutações mais viáveis do vírus do ponto de vista do evolucionismo neodarwiniano são aquelas que integram o patógeno ao seu hospedeiro, tornando-o menos patogênico, não as que destroem o hospedeiro (comunicação pessoal de 29 de agosto de 2020).
2. Achille Mbembe, "Necropolitics", *Public Culture*, v. 15, n. 1, 2003, p. 11-40.
3. Sayak Valencia, *Capitalismo Gore* (Cidade do México, Paidós, 2016).
4. Boaventura de Sousa Santos, *O fim do império cognitivo: a afirmação das epistemologias do Sul* (Belo Horizonte, Autêntica Editora, 2019).
5. UNDP, *COVID-19 and Human Development: Assessing the Crisis, Envisioning the Recovery* (Nova York, UNDP, 2020).
6. De acordo com o relatório do UNDP já referido, com o encerramento das escolas, as estimativas de meninos e meninas em idade escolar sem acesso à internet durante a pandemia é de 60%, por isso, sem acesso a qualquer tipo de educação, levando a desescolarização global a níveis desconhecidos desde os anos 1980.
7. A Colômbia é um dos casos mais conhecidos, a que se acrescentam a Índia, o Paquistão, o Brasil, o México, Mali e Moçambique, entre muitos outros.
8. Shoshana Zuboff, *The Age of Surveillance Capitalism* (Nova York, Public Affairs, 2019), p. 8.
9. Do romance de Giuseppe Tomasi di Lampedusa, *Il Gattopardo* (Milão, Feltrinelli, [1958] 2002), p. 50.
10. "Virus Lays Bare the Frailty of the Social Contract", *Financial Times*. Disponível em: <https://www.ft.com/content/7eff769a-74dd-11ea-95fe-fcd274e920ca>. Acesso em: 6 ago. 2020.
11. Kwame Nkrumah, *Neo-colonialism: The Last Stage of Imperialism* (Nova York, International, 1965).
12. Ver, entre outros: Thomas J. Craughwell, *How the Barbarian Invasions Shaped the Modern World: The Vikings, Vandals, Huns, Mongols, Goths, and Tartars who Razed the Old World and Formed the New* (Beverly, CN, Fair Wind Tress, 2008); Michael Frassetto, *Encyclopedia of Barbarian Europe: Society in Transformation* (Santa Barbara, ABC-CLIO, 2003); Andrew Bell-Fialkoff (org.), *The Role of Migration in the History of the Eurasian Steppe: Sedentary Civilization vs. "Barbarian" and Nomad* (Nova York, Palgrave Macmillan, 2000).
13. Ver, por exemplo, James W. Ermatinger, *The Decline and Fall of the Roman Empire* (Westwood, CN, Greenwood Press, 2004); Bryan Ward-Perkins, *The Fall of Rome and the End of Civilization* (Oxford, Oxford University Press, 2005).
14. Robert Nisbet considera que a ideia de progresso é uma das principais referências da civilização ocidental ao longo dos últimos três milênios. Este autor define cinco "premissas cruciais" da ideia de progresso, todas elas reféns da preconcepção da superioridade do progresso que querem justificar: valor do passado; nobreza da civilização ocidental; valor do crescimento econômico/tecnológico; fé na razão e conhecimento científico/acadêmico obtido através da razão; importância intrínseca e valor da vida na terra. Cf. Robert Nisbet, *History of the Idea of Progress* (Nova York, Basic Books, 1980), p. 4.
15. Noutras civilizações, encontram-se outras formas de definir movimentos e hierarquias epocais.
16. Karl Marx e Friedrich Engels, *Manifesto Comunista* (São Paulo, Boitempo, 2010 [1848]), p. 44.
17. Rosa Luxemburg, *The Crisis in the German Social-Democracy* (The "Junius" Pamphlet) (Nova York, Socialist Publication Society, 1919), p. 3.
18. No caso de Pasolini, seriam parte desse futuro os valores do campesinato do passado, uma reconstrução impossível como o próprio Pasolini reconhecia.
19. Walter Benjamin, "Theses on the Philosophy of History", em *Illuminations* (ed. and intro. Hannah Arendt; trad. Harry Zohn, Nova York, Schocken Books, 1969 [1940]), p. 256-7.
20. Pier Paolo Pasolini, *Scritti corsari* (Milão, Garzanti, 2013), p. 46.

21 Ibidem, p. 50.
22 Entre o final da Segunda Guerra Mundial e meados da década de 1960, período em que surgiu na França um pequeno grupo político intitulado Socialismo ou Barbárie, estruturado ao redor de Cornelius Castoriadis e de Claude Lefort. Teve pouca duração e acabou por renunciar ao próprio marxismo como teoria social revolucionária. Tiveram, no entanto, um papel importante na crítica ao burocratismo do Partido Comunista Francês e militaram nos círculos operários e estudantis, junto com artistas, com formas de democracia direta, preparatórias do Maio de 68.
23 Ver, por exemplo, Leo Strauss, "Progress or Return? The Contemporary Crisis in Western Civilization", *Modern Judaism*, v. 1, n. 1, 1981, p. 17-45.
24 Ibidem, p. 29.
25 Idem, *The City and Man* (Chicago, University of Chicago Press, 1964). Vale ter em conta que essas e muitas outras reflexões sobre o progresso estão baseadas em dois pilares importantes do pensamento moderno ocidental – a escrita e as bibliotecas coloniais; ver: Valentin Y. Mudimbe, *The Invention of Africa: Gnosis, Philosophy, and the Order of Knowledge* (Bloomington, Indiana University Press, 1988). A escrita, e a sua preservação em arquivos, é um mecanismo de poder que permite o controle da informação e da memória. Ao privilegiar a escrita e os arquivos coloniais, muitas das histórias e experiências de vida e luta de imensas sociedades do mundo transformaram-se em sociedades sem história (Eric Wolf, *Europe and the People Without History* (Berkeley, University of California Press, 1982)), emergindo, na expressão de Hegel (W. F. Hegel, *The Philosophy of History* (trans. J. Sibree, Nova York, Dover Books, 1956 [1899])), dos povos sem história, "fora da história" da civilização. Porém, as tradições orais frequentemente espelham a resistência, as esperanças e os sonhos dos povos colonizados. Ver, também, Nēpia Mahuika, *Rethinking Oral History and Tradition* (Oxford, Oxford University Press, 2019).
26 Walter Benjamin, "Theses on the Philosophy of History", cit., p. 255.
27 Boaventura de Sousa Santos, "Para uma sociologia das ausências e uma sociologia das emergências", *Revista Crítica de Ciências Sociais*, n. 63, 2002, p. 254.
28 Shiv Visvanathan, *For a New Epistemology of the South*, 2012. Disponível em: <https://eprints.soas.ac.uk/17278/1/2012/630/630_shiv_visvanathan.htm>. Acesso em: 20 abr. 2013.
29 Boaventura de Sousa Santos, *Epistemologies of the South: Justice against Epistemicide* (Abingdon, Routledge, 2014).
30 Epicurus, *Epicurus's Morals: Collected and Faithfully Englished* (Londres, Peter Davies, 1926).
31 OXFAM, *Time to Care?* Oxford, OXFAM GB, 2020, p. 2. Disponível em: <https://oxfamilibrary.openrepository.com/bitstream/handle/10546/620928/bp-time-to-care-inequality-200120-en.pdf>. Acesso em: 3 fev. 2020.
32 "US Billionaire Wealth Surges $434 Billion as Unemployment Filers Top 38 Million", *IPS documents*, 21 maio 2020. Disponível em: <https://ips-dc.org/us-billionaire-wealth-surges--434-billion-as-unemployment-filers-top-38-million/>. Acesso em: 24 maio 2020; "Jeff Bezos as World's First Trillionaire Sparks Heated Debate", *USA Today*, 14 maio 2002. Disponível em: <https://eu.usatoday.com/story/tech/2020/05/14/jeff-bezos-worlds-first-trillionaire-sparks-heated-debate/5189161002/>. Acesso em: 16 maio 2020.
33 Boaventura de Sousa Santos, *Epistemologies of the South*, cit.

Capítulo 9
1 O sentimento e o ideário de vida plena em harmonia com a natureza que preside às filosofias dos povos indígenas das Américas. Como formulações e variações em diferentes línguas: em quéchua *suma kawsay*, em aimará *suma qamaña*, em castelhano *buen vivir* e em português *bem viver*; ver: Ivonne Farah e Luciano Vasapollo (orgs.), *Vivir bien: ¿paradigma no capitalista?* (La Paz, Plural, Cides-Umsa, Fundación Xavier Albó, 2011); Alberto Acosta, *O bem viver: uma oportunidade para imaginar outros mundos* (São Paulo, Autonomia Literária, Elefante, 2016).

² Conceitos gandhianos de emancipação e de soberania profundas, de autossuficiência e de autodeterminação a partir de conhecimentos próprios e de práticas locais; ver: Mahatma Gandhi, *Selected Writings of Mahatma Gandhi* (Boston, Beacon Press, 1951).

³ A noção de *ubuntu* está baseada no reconhecimento do respeito e da solidariedade entre as pessoas e destas com a natureza e os espíritos dos antepassados. Enquanto processo, o *ubuntu* expressa o ser-se sendo, a humanidade para com os outros, onde a alteridade tem um sentido amplo; ver: Mogobe B. Ramose, *African Philosophy through Ubuntu* (Harare, Mond Books, 1999).

⁴ Boaventura de Sousa Santos, *Epistemologies of the South: Justice against Epistemicide* (Abingdon, Routledge, 2014); Idem, *O fim do império cognitivo: a afirmação das epistemologias do Sul* (Belo Horizonte, Autêntica Editora, 2019).

⁵ Analisei esses fenômenos em vários textos nas últimas três décadas: Boaventura de Sousa Santos, *Toward a New Common Sense: Law, Science and Politics in the Paradigmatic Transition* (Nova York, Routledge, 1995); Idem, *Sociología Jurídica Crítica: para un nuevo sentido común en el derecho* (Madri, Editorial Trotta, 2009); Idem, *Se Deus fosse um ativista dos direitos humanos* (São Paulo, Cortez, 2013). Ver também: Boaventura de Sousa Santos e Bruno Sena Martins (orgs.), *O pluriverso dos direitos humanos: a diversidade das lutas pela dignidade* (Belo Horizonte, Autêntica Editora, 2019) e Boaventura de Sousa Santos, Cecília MacDowell Santos e Bruno Sena Martins (orgs.), *Quem precisa dos direitos humanos? Precariedades, diferenças, interculturalidades* (Coimbra, Almedina, 2019).

⁶ Boaventura de Sousa Santos, *O fim do império cognitivo*, cit., p. 373-4.

⁷ Idem, "A crítica da governação neoliberal: O Fórum Social Mundial como política e legalidade cosmopolita subalterna1", *Revista Crítica de Ciências Sociais*, n. 72, 2005, p. 7-44.

⁸ Em vários contextos do Sul global foram sendo produzidas cartas "complementares" à Carta de 1948, procurando adequar a mensagem da Carta da ONU às realidades regionais. São exemplo a Carta Africana dos Direitos Humanos e dos Povos (1981), a Declaração Universal Islâmica de Direitos Humanos (1981); a Declaração de Direitos Humanos do Cairo (1990), a Declaração dos Direitos dos Povos Indígenas (2007), entre outras.

⁹ As rodas de conversa são uma inovação do grande pedagogo Paulo Freire: Paulo Freire, *Pedagogia do oprimido* (Rio de Janeiro, Paz e Terra, 1983), p. 64.

¹⁰ Veja-se o caso de George Floyd, asfixiado por um policial em Mineápolis, em maio de 2020, que trato em maior detalhe no capítulo 5.

¹¹ Referência irônica à teoria conservadora e pseudocientífica de que a origem e a vida do universo não são explicáveis por causas naturais (como a seleção natural) mas por um "desígnio inteligente", que é a prova da existência de Deus.

¹² Sobre o conceito de ruínas-semente, ver: Boaventura de Sousa Santos, *O fim do império cognitivo*, cit., p. 55-6.

¹³ O Sul global é o conjunto de países que estiveram sujeitos ao colonialismo histórico dos países do Norte global e que continuam a estar sujeitos a formas de neocolonialismo e de exploração imperialista.

¹⁴ Estou tomando como referência a narrativa dominante dos direitos humanos, desenvolvida a partir da Europa. As ruínas-semente visam contextualizar ou provincializar essa narrativa e pô-la em diálogo com narrativas de dignidade e de defesa da vida decorrentes de outras referências geográficas e epistemológicas.

¹⁵ Boaventura de Sousa Santos, *Toward a New Common Sense*, cit.; Idem, *Se Deus fosse um ativista dos direitos humanos*, cit.

¹⁶ Por exemplo, as chamadas revoluções democráticas que sacudiram a Tunísia e o Egito (2010-2011) foram iniciadas em nome da liberdade de expressão e da democracia, com os povos da Tunísia e do Egito reivindicando o direito à dignidade e liberdade, por meio dos direitos humanos. As limitações dessas revoluções tornaram-se evidentes nos anos seguintes. Mais recentemente, processos

revolucionários semelhantes marcaram o Sudão (2018-2019) e o Chile (2019). Pelo menos neste último caso, ainda em curso e apenas interrompido pela pandemia, está a ser feito um esforço para superar as limitações das revoluções anteriores.

17 "Para que serve a utopia? – Eduardo Galeano", *Revista Prosa, Verso e Arte*. Disponível em: <https://www.revistaprosaversoearte.com/para-que-serve-a-utopia-eduardo-galeano/>. Acesso em: 20 jun. 2020.

18 Erik Olin Wright falava de utopias reais; ver: Erik Olin Wright, *Envisioning Real Utopias* (Londres, Verso, 2010). "A minha variante (utopias realistas) não é animada por nenhum desejo de inovação diletante. É que além de serem reais, no sentido de existirem de fato, as novíssimas utopias estão conscientes do momento da transição paradigmática em que se inserem. As expectativas não são desmesuradas para que as frustrações não sejam paralisantes." Ver: Boaventura de Sousa Santos, "The Alternative to Utopia is Myopia", *Politics and Society* (2020c).

19 Sobre a minha visão crítica à ideia de Europa como sinônimo de eurocentrismo, ver: Boaventura de Sousa Santos, "A filosofia à venda, a douta ignorância e a aposta de Pascal", *Revista Crítica de Ciências Sociais*, n. 80, 2008, p. 11-43; Idem, "Para uma nova visão da Europa: aprender com o Sul", em Boaventura de Sousa Santos e José Manuel Mendes (orgs.), *Demodiversidade: imaginar novas possibilidades democráticas* (Belo Horizonte, Autêntica Editora, 2018), p. 51-72.

20 O universalismo é aqui visto como um discurso do poder. O poder de converter uma proposta epistêmica e política situada (a Europa) em referência universal. Esse universalismo está baseado numa leitura linear da história, que insiste em reconhecer o progresso irreversível da humanidade, cujo desfecho será sempre marcado pelas referências políticas e epistêmicas do Atlântico Norte. Esse dispositivo epistemológico e político não faz sequer justiça à diversidade interna da Europa; ver: Boaventura de Sousa Santos, "A filosofia à venda, a douta ignorância e a aposta de Pascal", cit.

21 Idem, *O fim do império cognitivo*, cit.; Boaventura de Sousa e Bruno Sena Martins (orgs.), *O pluriverso dos direitos humanos*, cit. Ver acima as notas 1, 2 e 3.

22 Paulo Freire e Antonio Faundez, *Por uma pedagogia da pergunta* (Rio de Janeiro, Paz e Terra, 1985).

23 Chandra Muzaffar, "The Significance of Human Duties and Responsibilities", *Counter Currents*, 12 dez. 2018. Disponível em: <https://countercurrents.org/2018/12/the-significance-of-human-duties-and-responsibilities/>. Acesso em: 29 maio 2020.

24 A primazia dos direitos sobre deveres, como marca da modernidade eurocêntrica, é objeto de análise de vários acadêmicos. Veja-se, por exemplo: Norberto Bobbio, "Il primato dei diritti sui doveri", em Michelangelo Bovero (org.), *Teoria generale della politica* (Turim, Giulio Einaudi, 2009), p. 431-40. A questão central é a de saber como se alcança um equilíbrio entre direitos e deveres.

25 O Texto da Declaração, também conhecida como Declaração de Valência, está disponível em: <https://web.archive.org/web/20100403111620/http://www.cic.gva.es/images/stories/declaracion_de_valencia.pdf>. Acesso em: 30 maio 2020. A comissão encarregada de elaborar essa Declaração foi coordenada por Richard Goldstone, da África do Sul, e integrava vários premiados com Nobel – Joseph Rotblat, Wole Soyinka e Dario Fo –, cientistas, artistas e filósofos oriundos de várias regiões do mundo, incluindo Federico Zaragoza, Richard Falk, Ruud Lubbers, Lord Frank Judd, Sergey Kapitsa, Jakob von Uexküll, Fernando Savater, etc. (informação disponível em: <https://en.wikipedia.org/wiki/Declaration_of_Human_Duties_and_Responsibilities>; acesso em: 22 maio 2020).

26 A partir de 2014, a Fundação Saramago, A World Future Society e a Universidad Nacional Autónoma de México iniciaram os trabalhos para a elaboração de uma nova carta de deveres do ser humano. Até agora foram elaborados dois projetos dessa nova carta.

27 Boaventura de Sousa Santos, *Más allá del pensamiento abisal: descolonización de la justicia, derecho propio e interlegalidad para una paz democrática* (Bogotá, CAPAZ, 2020).

28 Sobre o conceito de localismo globalizado e de globalismo localizado, ver: Boaventura de Sousa

Santos, "Os processos da globalização", em *A globalização e as ciências sociais* (São Paulo, Cortez, 2002), p. 25-102.

29 Veja-se, entre outros: Mogobe B. Ramose, *African Philosophy through Ubuntu* (Harare, Mond Books, 1999); Michael Onyebuchi Eze, "I am Because You Are", *The UNESCO Courier*, October-December, 2011, p. 11-3; Ailton Krenak, *Ideias para adiar o fim do mundo* (São Paulo, Companhia das Letras, 2019); Rabindranath Tagore, *Creative Unity* (Nova Delhi, Rupa, [1922] 2002); Davi Kopenawa e Bruce Albert, *A queda do céu: palavras de um xamã yanomami* (São Paulo, Companhia das Letras, 2015).

30 Veja-se a *Constitución de la Republica del Ecuador*, de 2008, disponível em: <https://www.oas.org/juridico/pdfs/mesicic4_ecu_const.pdf>, acesso em: 29 maio 2020. Quanto à Nova Zelândia, veja-se a Lei de 2017, *Te Awa Tupua (Whanganui River Claims Settlement)*, disponível em: <http://legislation.govt.nz/act/public/2017/0007/latest/DLM6830851.html?src=qs>, acesso em: 29 maio 2020. Veja-se, igualmente: Liz Charpleix, "The Whanganui River as Te Awa Tupua: Place-based Law in a Legally Pluralistic Society", *Geography Journal*, v. 184, n. 1, 2018, p. 19-30; Katie O'Bryan, *Indigenous Rights and Water Resource Management: Not Just Another Stakeholder* (Oxon/Nova York, Routledge, 2019). Outros exemplos de Direitos da Natureza, decididos ou propostos em nível nacional ou subnacional, podem ser encontrados na página das Nações Unidas – *Harmonia com a Natureza*, disponível em: <http://www.harmonywithnatureun.org/rightsOfNature>, acesso em: 29 maio 2020.

31 "Declaração Universal dos Direitos da Mãe Terra". Disponível em: <http://revolucoes.org.br/v1/sites/default/files/matdidatico/Declara%C3%A7%C3%A3o%20Universal%20dos%20Direitos%20da%20M%C3%A3e%20Terra.pdf>. Acesso em: 29 maio 2020.

32 Sobre este tema, veja-se também: Ricardo Petrella, *Le Bien commun – Eloge de la Solidarité* (Bruxelas, Labor, 1996); François Houtart, *Dos bens comuns ao "Bem Comum da Humanidade"* (Bruxelas, Fundação Rosa Luxemburgo, 2011).

33 No que diz respeito a Espinosa, recomendo a edição de Pedro Lomba da *Ética demostrada según el orden geométrico* (2020) e a extraordinária obra de Marilena Chaui, *A nervura do real: imanência e liberdade em Espinosa* (São Paulo, Companhia das Letras, 1999). No que respeita a Elinor Ostrom, ver entre muitas outras obras: Elinor Ostrom et al., "The Future of the Commons - Beyond Market Failure and Government Regulation", Institute of Economic Affairs Monographs, 2012, Indiana University, Bloomington School of Public & Environmental Affairs Research Paper No. 2012-12-02, Available at SSRN: https://ssrn.com/abstract=2267381 or http://dx.doi.org/10.2139/ssrn.2267381; e Elinor Ostrom, *Governing the Commons: The Evolution of Institutions for Collective Action* (Cambridge, Cambridge University Press, 2015).

34 Ver nota 29. O Acordo de Marraquexe (2013) para facilitar o acesso a obras publicadas para pessoas cegas ou com deficiência visual, realizado no âmbito da Organização Mundial da Propriedade Intelectual da ONU, é exemplo de uma mudança importante na legislação internacional sobre a educação. Enquanto instrumento vinculativo, esse acordo pretende garantir que os padrões de proteção de direitos autorais não interfiram nos direitos fundamentais de pessoas com deficiência, em ter acesso a textos impressos. Por outro lado, é dever das instituições nacionais e internacionais, assim como das lideranças comunitárias, criar as condições que garantam uma progressiva ecologia de saberes, em várias escalas. "Marrakesh Treaty to Facilitate Access to Published Works for Persons Who Are Blind, Visually Impaired or Otherwise Print Disabled". Disponível em: <https://www.wipo.int/export/sites/www/treaties/en/documents/pdf/marrakesh.pdf>. Acesso em: 30 maio 2020.

35 Veja-se a "Declaration of the Forum for Food Sovereignty, Nyéléni 2007". Disponível em: <https://nyeleni.org/spip.php?article290>. Acesso em: 29 maio 2020.

36 Nesse domínio são referência fundamental os estudos de Naomar de Almeida-Filho. Ver, por último: Naomar de Almeida-Filho (2020c). "Qualidade-equidade em saúde: novos desafios em

um estado de mal-estar social", *Interface - Comunicação, Saúde, Educação*, v. 24, 2020, e200171. Epub June 08, 2020.https://doi.org/10.1590/interface.200171.

37 Sobre o conceito de oratura, ver: Boaventura de Sousa Santos, *O fim do império cognitivo*, cit., p. 91-4.

Capítulo 10

1 Maurice Godelier, "Transition", em Gérard Bensussan e Georges Labica (orgs.), *Dictionnaire critique du marxisme* (Paris, PUF, 1999), p. 1.165.
2 Boaventura de Sousa Santos, *Introdução a uma ciência pós-moderna* (Porto, Afrontamento, 1989); Idem, *A crítica da razão indolente: contra o desperdício da experiência* (São Paulo, Cortez, 2000); Idem, *Um discurso sobre as ciências* (São Paulo, Cortez, 2003).
3 No pensamento crítico o conceito de metabolismo social foi muito desenvolvido por István Mészáros; ver: István Mészáros, *Socialism or Barbarism?* (Nova York, Monthly Review Press, 2001); Idem, *Para além do capital* (São Paulo, Boitempo, 2002).
4 Sobre o conceito de transição paradigmática, na tradição criada por Thomas Kuhn (*The Structure of Scientific Revolutions* (Chicago, University of Chicago Press, 1962)), ver: Boaventura de Sousa Santos, *Toward a New Common Sense: Law, Science and Politics in the Paradigmatic Transition* (Nova York, Routledge, 1995), p. 92-4.
5 Andreas Huyssen, "Nostalgia for Ruins", *Grey Room*, n. 23, 2006, p. 7.
6 Ibidem, p. 13.
7 Jeffrey C. Alexander, *The Dark Side of Modernity* (Nova York, Wiley & Sons, 2013).
8 Dilar Dirk et al., *To Dare Imagining: Rojava Revolution* (Nova York, Autonomedia, 2016).
9 Achille Mbembe, "Necropolitics", *Public Culture*, v. 15, n. 1, 2003, p. 11-40.
10 Sobre os conceitos de monoculturas e de ecologias, ver: Boaventura de Sousa Santos, *A gramática do tempo: para uma nova cultura política* (São Paulo, Cortez, 2006); Idem, *Epistemologies of the South: Justice against Epistemicide* (Abingdon, Routledge, 2014); Idem, *O fim do império cognitivo: a afirmação das epistemologias do Sul* (Belo Horizonte, Autêntica Editora, 2019).
11 Rudyard Kipling, "The White Man's Burden", *McClure's Magazine*, v. 12, fev. 1899.
12 Boaventura de Sousa Santos, "Os processos da globalização", em *A globalização e as Ciências Sociais* (São Paulo, Cortez, 2002), p. 25-102.
13 Idem, *A gramática do tempo*, cit.
14 Eduardo Galeano, *Las venas abiertas de América Latina* (Bogotá, Siglo XXI Editores, 1971).
15 Boaventura de Sousa Santos, *Toward a New Common Sense: Law, Science and Politics in the Paradigmatic Transition* (Nova York, Routledge, 1995), p. 25; Idem, *A crítica da razão indolente*, cit.
16 Comunicação pessoal (30 de agosto de 2020). Ver, ainda: Naomar Almeida-Filho, "Hacia una etnoepidemiología (Esbozo de un nuevo paradigma epidemiológico", *Revista de la Escuela de Salud Pública*, v. 3, n. 1, 1992, p. 33-40; Idem, "Ethno-epidemiology and mental health: insights from Latin America", *Salud Colectiva*, v. 16, e2786. DOI: 10.18294/sc.2020.2786 (no prelo).
17 Agradeço a Naomar de Almeida-Filho por ter me chamado a atenção para o fato de o terraplanismo e o negacionismo antivacina serem movimentos mais presentes no Hemisfério Norte, notadamente nos EUA, e nas classes altas nos países periféricos. No Brasil, as famílias pobres vacinam mais que as ricas; nos EUA, seis vezes mais pessoas descreem da eficácia de vacinas e da prevenção do que na América Latina. Ver: Andrea Caprara, *Antropologia das doenças transmissíveis: interpretações do contágio e diferenças culturais* (Fortaleza, Editora da Universidade Estadual do Ceará, 2018).
18 Reinhart Koselleck, *Futures Past: On the Sematics of Historical Time* (Cambridge, MA, MIT Press, 1985).
19 Giacomo Marramao, *Poder e secularização: as categorias do tempo* (São Paulo, Editora da Universidade Estadual Paulista, 1995).
20 Aristóteles, *The Politics* (trad. T. A. Sinclair, Londres, Penguin Books, 1993).

21. Maria Mies e Vandana Shiva, *Ecofeminism* (Halifax, NS, Fernwood Publications, 1993).
22. Thomas Hobbes, *Leviathan* (edited by CB Macpherson, Middlesex, Pelican Classics, [1651] 1976).
23. Boaventura de Sousa Santos, *Toward a New Common Sens*, cit., p. 456-73; Idem, "Os processos da globalização", cit.

Capítulo 11

1. Propostas convergentes têm sido feitas por movimentos sociais, organizações da sociedade civil, intelectuais públicos de diferentes países.
2. Veja-se "The Great Pacific Garbage Patch". Disponível em: <https://theoceancleanup.com/great-pacific-garbage-patch/>. Acesso em: 9 ago. 2020.
3. "Intense Flooding in Bangladesh", *Earth Observatory*. Disponível em: <https://earthobservatory.nasa.gov/images/147057/intense-flooding-in-bangladesh>. Acesso em: 10 ago. 2020.
4. Frank Biermann e Ingrid Boas, "Preparing for a Warmer World: Towards a Global Governance System to Protect Climate Refugees", *Global Environmental Politics*, v. 10, n. 1, 2010, p. 60-88; Chi Xu et al., "Future of the Human Climate Niche", *Proceedings of the National Academy of Sciences*, v. 117, n. 21, 2020, p. 11.350-5; DOI: 10.1073/pnas.1910114117.
5. A Cepal, Comissão Econômica para a América Latina e Caribe, organização da ONU, defende a criação do rendimento universal à luz do impacto devastador da pandemia nas classes populares do subcontinente. Veja-se "El desafío social en tempos del COVID-19". Disponível em: <https://repositorio.cepal.org/bitstream/handle/11362/45527/5/S2000325_es.pdf>. Acesso em: 22 jul. 2020.
6. Ver, por exemplo, "Facing the Crisis: the Role of Tax in Dealing with COVID-19", 16 jun. 2020, disponível em: <https://www.imf.org/en/News/Articles/2020/06/16/vc-facing-the-crisis-the-role-of-tax-in-dealing-with-covid-19>, e "International Monetary Fund Proposes Progressive Taxation to Deal with Inequality", 19 jul. 2020, disponível em: <https://atalayar.com/en/content/international-monetary-fund-proposes-progressive-taxation-deal-inequality>, ambos acessados em: 10 ago. 2020.
7. Colin Hunter, "Sustainable Tourism and the Touristic Ecological Footprint", *Environment, Development and Sustainability*, v. 4, 2002, p. 7-20.
8. Mabrouka M'Barek et al. (orgs.), *Cities Of Dignity: Urban Transformations around the World* (Brussels, Rosa-Luxemburg-Stiftung, 2020).
9. "Covid-19 Impact on Education". Disponível em: <https://en.unesco.org/covid19/education-response> Acesso em: 10 ago. 2020.
10. Boaventura de Sousa Santos, *A gramática do tempo: para uma nova cultura política* (São Paulo, Cortez, 2006).
11. Em grande parte do mundo, a circulação de informação sobre a pandemia ocorreu por meio do uso das línguas nacionais, usadas pela maioria da população. Um dos indícios mais claros de que no Brasil se cometeu um crime de extermínio contra os povos indígenas durante a pandemia foi o veto governamental à tradução para línguas indígenas da informação sobre a gravidade da pandemia e as medidas de proteção.
12. Chela Sandoval e Guisela Latorre, "Chicana/o Artivism: Judy Baca's Digital Work with Youth of Color", em Anna Everett (org.), *Learning Race and Ethnicity: Youth and Digital Media* (Cambridge, MA, The MIT Press, 2008), p. 81-2; M. K. Asante, Jr., *It's Bigger Than Hip Hop* (Nova York, St. Martin's Press, 2009).
13. Boaventura de Sousa Santos, "Toward an Aesthetics of the Epistemologies of the South", em Boaventura de Sousa Santos e Maria Paula Meneses (orgs.), *Knowledges Born in the Struggle Constructing the Epistemologies of the Global South* (Nova York, Routledge, 2020), p. 117-25.

14   Ruth Finnegan, "Not by Words Alone: Reclothing the Oral", em David R. Olson e Michael Cole (orgs.), *Technology, Literacy, and the Evolution of Society: Implications of the Work of Jack Goody* (Mahwah, Erlbaum, 2006), p. 270.

15   Pio Zirimu, "An Approach to Black Aesthetics", em Pio Zirimu e Andrew Gurr (orgs.), *Black Aesthetics: Papers from a Colloquium Held at the University of Nairobi, June, 1971* (Nairobi, East African Literature Bureau, 1973), p. 58-68.

16   De acordo com a Unesco, atualmente 96% das aproximadamente 6.700 línguas do mundo são faladas por apenas 3% da população mundial. Embora os povos indígenas representem menos de 6% da população global, mais de 4 mil das línguas do mundo são por eles utilizadas e mantidas. Veja-se: <https://www.un.org/development/desa/indigenouspeoples/wp-content/uploads/sites/19/2018/04/Indigenous-Languages.pdf>. Acesso em: 10 ago. 2020.

17   Ricardo Petrella faz propostas inovadoras nesse sentido e revela a dimensão da corrente de opinião internacional sobre o caráter das vacinas como bem comum, universalmente acessível. Ver "Para una vacuna COVID-19 Como bien común, público, libre y global". Disponível em: <https://wsimag.com/es/economia-y-politica/62828-para-una-vacuna-covid-19>. Acesso em: 22 jul. 2020.

18   Veja-se "The World Needs a 'People's Vaccine' for Coronavirus, not a Big-Pharma Monopoly", *The Guardian*, 23 jul. 2020. Disponível em: <https://www.theguardian.com/commentisfree/2020/jul/23/world-needs-coronavirus-vaccine-big-pharma-monopoly-astrazeneca-patent-pandemic>. Acesso em: 30 jul. 2020.

19   Alberto Acosta e John Cajas-Guijarro formulam um conjunto inovador de propostas em "Del coronavirus a la gran transformación Repensando la institucionalidad económica global". En *Posnormales: Pensamiento contemporáneo en tiempos de pandemia*. Disponível em: <https://bit.ly/PosnormalesASPO>. Acesso em: 22 jul. 2020.

20   Sobre o modo como a OMS tem valorizado as "medicinas tradicionais e complementares", ver *WHO Global Report on Traditional and Complementary Medicine*, 2019. Genebra, World Health Organization.

21   "Coronavirus: Tedros Ghebreyesus of WHO Faces Firestorm of Criticism", 10 jun. 2020. Disponível em: <https://www.theafricareport.com/29554/coronavirus-tedros-ghebreyesus-of-who-faces-firestorm-of-criticism/amp/>. Acesso em: 8 ago. 2020. Uma análise mais ampla está presente em Global Health 50/50 (2020).

22   "'Crime against Humanity': Trump Condemned for WHO Funding Freeze", *The Guardian*, 15 abr. 2020. Disponível em: <https://www.theguardian.com/world/2020/apr/15/against-humanity-trump-condemned-for-who-funding-freeze>. Acesso em: 5 ago. 2020.

23   Em 1949 a União Soviética retirou-se da organização sob o pretexto de ela ser controlada pelos EUA.

24   Para o caso específico da África, ver "Open Letter to WHO and UN Environment Programme", *Resource Africa*. Disponível em: <http://resourceafrica.net/open-letter-to-who-and-un-environment-programme>. Acesso em: 8 ago. 2020. Sobre a inadequação das políticas da OMS para África, ver: E. Z. Sambala et al., "Pandemic Influenza Preparedness in the WHO African Region: Are We Ready yet?", *BMC Infectious Diseases*, v. 18, n. 567, 2018.

25   Depois das críticas de Trump, foi anunciado em 9 de julho de 2020 que a OMS nomeara a ex-primeira ministra da Nova Zelândia, Helen Clark, e a ex-presidente da Libéria, Ellen Sirleaf, como consultoras encarregadas de nomear os membros de uma comissão independente que investigue a atuação da OMS durante a pandemia. Veja-se "WHO Launches Review of Covid-19 Pandemic Response after Trump Criticism", *Bloomberg*, 9 jul. 2020. Disponível em: <https://www.bloomberg.com/amp/news/articles/2020-07-09/who-launches-review-of-covid-19-pandemic-response-amid-criticism>. Acesso em: 8 ago. 2020.

26 Muitas outras organizações internacionais precisam ser repensadas. Por exemplo, a Organização Mundial da Propriedade Intelectual deve ser reformada para deixar de ter como objetivo central "a proteção da propriedade intelectual em todo o mundo mediante a cooperação entre os Estados", e passar a regular a abolição das patentes em todas as áreas do conhecimento em que esteja em causa a defesa da vida.
27 Baltasar Garzón, *No a la Impunidad: jurisdicción universal, la última esperanza de las víctimas* (Barcelona, Penguin Random House, 2019).
28 Boaventura de Sousa Santos, *Toward a New Common Sense: Law, Science and Politics in the Paradigmatic Transition* (Nova York, Routledge, 1995); Idem, "Os processos da globalização", em *A globalização e as Ciências Sociais* (São Paulo, Cortez, 2002), p. 25-102.
29 Para uma melhor compreensão do caráter político e dos objetivos do Fórum Social Mundial, ver a Carta de Princípios em: <http://www.forumsocialmundial.org.br>.
30 Franz Hinkelammert, *Crítica de la Razón Utópica* (Bilbao, Desclée de Brouwer, 2002).
31 Ibidem, p. 278.
32 Muitos o fizeram. Ver, entre outros: W. F. Fisher e T. Ponniah (orgs.), *Another World is Possible: Popular Alternatives to Globalization at the World Social Forum* (Londres, Zed Books, 2003); Boaventura de Sousa Santos, *Fórum Social Mundial: Manual de Uso* (São Paulo, Cortez, 2005); Idem, *The Rise of the Global Left: The World Social Forum and Beyond* (Londres, Zed Books, 2006); Peter Waterman, *World Social Forum: Challenging Empires* (Montreal, Black Rose Books, 2008); Jackie Smith et al. (orgs.), *Handbook on World Social Forum Activism* (Boulder, CO, Paradigm Publishers, 2012); Jai Sen (org.), *The Movements of Movements: Part 1: What Makes Us Move?* (Oakland, PM Press/OpenWord, 2017); Idem, *The Movements of Movements. Part 2: Rethinking Our Dance* (Oakland, PM Press/OpenWord, 2018). Ver também a revista *Globalizations* (v.17, issue 2, 2020) com um amplo conjunto de artigos dedicados ao Fórum Social Mundial, disponível em: <https://www.tandfonline.com/toc/rglo20/17/2>, acesso em: 13 ago. 2020.
33 Já em 2005, alguns participantes, entre os quais eu próprio, assinaram o *Manifesto de Porto Alegre*, propondo mudanças; ver: Boaventura de Sousa Santos, *The Rise of the Global Left*, cit., p. 120-6 e 205-7.
34 A grande maioria dos ativistas do FSM que em 2005 assinaram o *Manifesto de Porto Alegre*, entre os quais eu próprio, dirigiu em 2020 um novo apelo ao CI FSM para que iniciasse um debate com o intuito de se discutir e a levar a cabo as transformações exigidas pelo tempo presente. Ver *Mensagem ao Fórum Social Mundial: segundo manifesto de Porto Alegre – de espaço aberto a espaço de acção*. Disponível em: <https://alicenews.ces.uc.pt/?id=30790>. Acesso em: 13 ago. 2020.

SIGLAS

AANES – Administração Autônoma da Síria do Norte e do Leste
AIDESEP – Associação Interétnica para o Desenvolvimento da Floresta Peruana
ANAI – Associação Nacional Indigenista
Apib – Articulação de Povos Indígenas do Brasil
BBI – Bio-Based Industries Joint Undertaking
BJP – Bharatiya Janata [Partido do Povo Indiano]
BM – Banco Mundial
BNI – Instituto Bernhard Nocht
CDC – Centros de Controle de Doenças
CDCP – Centro de Controle e Prevenção de Doenças
Cepal – Comissão Econômica para a América Latina e Caribe
Cepi – Coalition for Epidemic Preparedness Innovations
CGEN – Conselho de Gestão do Patrimônio Genético
Codepisam – Coordenação de Desenvolvimento e Defesa dos Povos Indígenas da Região de San Martín
CRIC – Consejo Regional Indígena del Cauca
CUT – Central Única de Trabalhadores
Diresa – Direção Regional de Saúde
DSEI – Distrito Sanitário Especial Indígena
ERRC – European Roma Rights Center [Centro Europeu dos Direitos dos Ciganos]
EU – União Europeia
FAO – Food and Agriculture Organization of the United Nations [Organização das Nações Unidas para a Alimentação e a Agricultura]
FCTV – Fondation Camerounaise de la Terre Vivante

FDA – Food and Drug Administration
Fenamad – Federação Nativa do Rio Madre de Dios e Afluentes
FMI – Fundo Monetário Internacional
Frelimo – Frente de Libertação de Moçambique
Funai – Fundação Nacional do Índio
HRW – Human Rights Watch
IBGE – Instituto Brasileiro de Geografia e Estatística
IDH – Índice de Desenvolvimento Humano
IMI – Innovative Medicines Initiative Joint Undertaking
IPBES – Intergovernmental Platform on Biodiversity and Ecosystem Services
IPBES – Intergovernmental Science-Policy Platform on Biodiversity and Ecosystem Services [Plataforma Intergovernamental de Políticas Científicas em Serviços de Biodiversidade e Ecossistemas]
IPCC – Painel Intergovernamental sobre Mudanças Climáticas
ISDS – Investor State Dispute Settlement
IUCN – União Internacional para Conservação da Natureza
LDF – Left Democratic Front [Frente Democrática de Esquerda]
LGBTI – Pessoas Lésbicas, Gays, Bissexuais, Trans e Intersexo
MAM – Movimento dos Atingidos por Barragens
Misau – Ministério da Saúde de Moçambique
MMM – Marcha Mundial das Mulheres
MPA – Movimento dos Pequenos Agricultores
MST – Movimentos dos Trabalhadores Rurais Sem Terra
MTST – Movimento Trabalhadores Sem Teto
Mupoíba – Movimento Unido dos Povos Indígenas da Bahia
Nasa – National Aeronautics and Space Administration
Nois – Núcleo de Operações e Inteligência em Saúde
NSSO – National Sample Survey Office
ODSs – Objetivos de Desenvolvimento Sustentável das Nações Unidas
OIT – Organização Internacional do Trabalho
OMS – Organização Mundial de Saúde
Onic – Organização Nacional Indígena da Colômbia
Orpio – Organização Regional dos Povos Indígenas do Oriente
PME – Pequenas e Médias Empresas
PSOE – Partido Socialista Obrero Español, com a UP – Unidas Podemos
Sars – Severe Acute Respiratory Syndrome
SEF – Serviço de Estrangeiros e Fronteiras
Sispi – Sistema de Saúde Intercultural Indígena

SNS – Serviço Nacional de Saúde
SPI – Serviço de Proteção aos Índios
TIM – Território Indígena Multiétnico
UDF – Frente Democrática Unida (United Democratic Front) – Índia
UTSOPI – União Belga de Profissionais do Sexo
WTO – World Trade Organization [Organização Mundial do Comércio]

BIBLIOGRAFIA

ABREU, Laurinda. A luta contra as invasões epidêmicas em Portugal: políticas e agentes, séculos XVI-XIX. *Ler História*, n. 73, 2018. p. 93-120, DOI: 10.4000/lerhistoria.4118.

ABREU, Laurinda; SERRÃO, José Vicente. Revisitar a pneumónica de 1918-1919: introdução. *Ler História*, n. 73, 2018. p. 9-19, DOI: 10.4000/lerhistoria.3944.

ACOSTA, Alberto. *O bem viver*: uma oportunidade para imaginar outros mundos. São Paulo, Autonomia Literária/Elefante, 2016.

ADAMS, V. *Metrics*: What Counts in Global Health. Durham, Duke University Press, 2016.

AFELT, Aneta; FRUTOS, R.; DEVAUX, C. Bats, Coronaviruses, and Deforestation: Toward the Emergence of Novel Infectious Diseases? *Front. Microbiol,* v. 9, n. 702, 2018. DOI: 10.3389/fmicb.2018.00702.

AFELT, Aneta et al. Distribution of Bat-borne Viruses and Environment Patterns. *Infection, Genetics and Evolution*, v. 58, 2018. p. 181-91, https://doi.org/10.1016/j.meegid.2017.12.009.

AGAMBEN, Giorgio. *Estado de exceção*. São Paulo, Boitempo, 2004.

_____. *Reflexões sobre a peste*: ensaios em tempos de pandemia. São Paulo, Boitempo, 2020.

ALEXANDER, Jeffrey C. *The Dark Side of Modernity*. Nova York, Wiley & Sons, 2013.

ALMEIDA, Alexandre Norberto Correia Pinto de. *Do Clima e das Doenças da Província de Moçambique*: comprehendendo diversas notícias sobre a Topographia, Meteorologia, Pathologia e Therapeutica; por diferentes médicos navaes e por outros que pertenceram ao quadro de saúde da mesma província. Lisboa, Lallemant, 1883.

ALMEIDA-FILHO, Naomar de. Hacia una etnoepidemiología (Esbozo de un nuevo paradigma epidemiológico). *Revista de la Escuela de Salud Pública*, v. 3, n. 1, 1992. p. 33-40.

_____. Pandemia exige união das ciências brasileiras. *El País* (edição brasileira), 17 jun. 2020a. Disponível em: <https://brasil.elpais.com/opiniao/2020-06-17/pandemia-exige-uniao-das-ciencias-brasileiras.html>. Acesso em: 18 jun. 2020.

_____. Fake news, quase-mentiras, meias-verdades, falácias e malícias, 5 abr. 2020b. Disponível em: <https://www.facebook.com/naomaralmeida/posts/2706755779446277?__tn__=K-R>. Acesso em: 18 jun. 2020.

_____. Qualidade-equidade em saúde: novos desafios em um estado de mal-estar social. *Interface - Comunicação, Saúde, Educação*, v. 24, 2020c, e200171. Epub June 08, 2020. https://doi.org/10.1590/interface.200171.

_____. Ethno-Epidemiology and Mental Health: Insights from Latin America. *Salud Colectiva*, v. 16, e2786. DOI: 10.18294/sc.2020.2786. (no prelo)

ANDRADE, Gilberto Osório de (org.). *Morão, Rosa e Pimenta*: notícias dos três primeiros livros em vernáculo sobre a medicina no Brasil. Introduções históricas, interpretações e notas de Eustáquio Duarte. Prefácio de Gilberto Freyre. Recife, Arquivo Público Estadual, 1956. 3 v.

APFFEL-MARGLIN, Frédérique. Smallpox in Two Systems of Knowledge. In: APFFEL-MARGLIN, Frédérique; MARGLIN, Stephen A. (orgs.). *Dominating Knowledge*: Development, Culture and Resistance. Oxford, Clarendon Press, 1990. p. 102-44.

ARISTÓTELES. *The Politics*. Trad. T. A. Sinclair. Londres, Penguin Books, 1993.

ARNOLD, David. Touching the Body: Perspectives on the Indian Plague, 1896-1900. In: GUHA, Ranajit (org.). *Subaltern Studies V*. Delhi, Oxford University Press, 1987. p. 55-90.

_____. The Indian Ocean as a Disease Zone, 1500-1950. *South Asia*, v. XIV, n. 2, 1991. p. 1-21.

_____. *Colonizing the Body*: State Medicine and Epidemic Disease in Nineteen Century India. Berkeley, University of California Press, 1993.

ASANTE, M. K., Jr. *It's Bigger Than Hip Hop*. Nova York, St. Martin's Press, 2009.

AUSTIN, Kelly F.; BELLINGER, Megan O.; RANA, Priyokti. Anthropogenic Forest Loss and Malaria Prevalence: A Comparative Examination of the Causes and Disease Consequences of Deforestation in Developing Nations. *AIMS Environmental Science*, v. 4, n. 2, 2017. p. 217-31, DOI:10.3934/environsci.2017.2.217.

AYITTEY, George B. N. *Indigenous African Institutions*. Ardsley, NY, Transnational Publishers, 2006.

BAPTISTA, Saulo. *Pentecostais e neopentecostais na política brasileira*: um estudo sobre cultura política, Estado e atores coletivos religiosos no Brasil. São Paulo, Annablume, 2009.

BARRY, John M. *The Great Influenza*: The Story of the Deadliest Pandemic in History. Nova York, Penguin Books, 2004.

BAXI, Upendra. *The Indian Supreme Court and Politics*. Lucknow, Eastern Book Company, 1979.

BEESON, Mark; BISLEY, Nick (orgs.). *Issues in 21st Century World Politics*. Nova York, Palgrave Maravall, 2010.

BELL-FIALKOFF, Andrew (org.). *The Role of Migration in the History of the Eurasian Steppe*: Sedentary Civilization vs. "Barbarian" and Nomad. Nova York, Palgrave Macmillan, 2000.

BENEDICT, Carol. *Bubonic Plague in Eighteenth-Century China*. Stanford, CA, Stanford University Press, 1996.

BENEDICTOW, Ole. *The Black Death 1346-1353*: The Complete History. Woodbridge, Boydell Press, 2004.

BENJAMIN, Walter. Theses on the Philosophy of History. In: _____. *Illuminations*. Ed. and intro. Hannah Arendt; trans. Harry Zohn. Nova York, Schocken Books, 1969 [1940]. p. 253-64.

BENTON, Adia. Whose Security?. In: HOFMAN, Michiel; AU, Sokhieng. *The Politics of Fear*: Médecins sans Frontières and the West African Ebola Epidemic. 2017. DOI:10.1093/acprof:oso/9780190624477.003.0002 Published to Oxford Scholarship Online: February 2017.

BERBOUCHE, Alain. *Pirates, flibustiers & corsaires, de René Duguay-Troüin à Robert Surcouf*: Le droit et les réalités de la guerre de Course. Saint-Malo, Pascal Galodé, 2010.

BIERMANN, Frank; BOAS, Ingrid. Preparing for a Warmer World: Towards a Global Governance System to Protect Climate Refugees. *Global Environmental Politics*, v. 10, n. 1, 2010. p. 60-88.

BIGGERSTAFF, Matthew et al. Estimates of the Reproduction Number for Seasonal, Pandemic, and Zoonotic Influenza: A Systematic Review of the Literature. *BMC Infectious Diseases*, v. 14, n. 1, 2014. p. 480, DOI:10.1186/1471-2334-14-480.

BLUME, Stuart. The Erosion of Public Sector Vaccine Production: the Case of the Netherlands. In: HOLMBERG, Christine; MILLER, J. Hillis (orgs.). *The Politics of Vaccination*: A Global History. Manchester, Manchester University Press, 2017. p. 147-73.

BOBBIO, Norberto. Il primato dei diritti sui doveri. In: BOVERO, Michelangelo (org.). *Teoria generale della politica*. Turim, Giulio Einaudi, 2009.

BOGAARDS, Matthijs. How to Classify Hybrid Regimes? Defective Democracy and Electoral Authoritarianism. *Democratization*, v. 16, n. 2, 2009. p. 399-423, DOI: 10.1080/13510340902777800.

BRANDT, Allan M. *No Magic Bullet*: A Social History of Venereal Disease in the United States since 1880. Nova York, Oxford University Press, 1985.

BURNET, Frank Macfarlane; WHITE, David O. *Natural History of Infectious Disease*. 4. ed. Cambridge, Cambridge University Press, 1972.

CAMPBELL, Judy. *Invisible Invaders*: Smallpox and Other Diseases in Aboriginal Australia, 1780-1880. Melbourne, Melbourne University Press, 2002.

CAPRARA, Andrea. *Antropologia das doenças transmissíveis*: interpretações do contágio e diferenças culturais. Fortaleza, Editora da Universidade Estadual do Ceará, 2018.

CARABALLO, Hector; KING, Kevin. Emergency Department Management of Mosquito-Borne Illness: Malaria, Dengue, and West Nile Virus. *Emergency Medicine Practice*, v. 16, n. 5, 2014. p. 1-24.

CASTELLS, Manuel. *A galáxia da internet*: reflexões sobre a internet, os negócios e a sociedade. Rio de Janeiro, Zahar Editor, 2003.

CHALHOUB, Sidney. *Cidade febril*: cortiços e epidemias na Corte Imperial. São Paulo, Companhia das Letras, 1996.

CHAN, P. K. Outbreak of Avian Influenza A (H5N1) Virus Infection in Hong Kong in 1997. *Clinical Infectious Diseases*, v. 34, 2002. DOI:10.1086/338820.

CHARLEVOIX, Pierre-François-Xavier de. *Histoire et description générale de la nouvelle France, avec le journal historique d'un voyage par ordre du Roi, dans l'Amérique Septentrionale*. Paris, Rolin, 1744. v. 2.

CHARPLEIX, Liz. The Whanganui River as Te Awa Tupua: Place-based Law in a Legally Pluralistic Society. *Geography Journal*, v. 184, n. 1, 2018. p. 19-30.

CHAUÍ, Marilena. *A nervura do real*: imanência e liberdade em Espinosa. São Paulo, Companhia das Letras, 1999.

CHENG, K. F.; LEUNG, P. C. What Happened in China during the 1918 Influenza Pandemic?. *History of Infectious Diseases*, v. 11, n. 4, 2007. p. 360-4, DOI: 10.1016/j.ijid.2006.07.009.

CHIGUDU, Simukai. *The Political Life of an Epidemic*: Cholera, Crisis and Citizenship in Zimbabwe. Cambridge, Cambridge University Press, 2020.

CHOUIN, Gérard. Reflections on Plague in African History (14th-19th c.). *Afriques* [on-line], n. 9, 2018. Disponível em: <http://journals.openedition.org/afriques/2228>. Acesso em: 5 abr. 2020.

CHRETIEN, J-P.; RILEY, S.; GEORGE, D. B. Mathematical Modeling of the West Africa Ebola Epidemic. *eLife*, 2015, 4:e09186, DOI: 10.7554/eLife.09186.

CIPOLLA, Carlo M. *Fighting the Plague in Seventeenth-Century Italy*. Madison, University of Wisconsin Press, 1981.

CLARK, John. Armed Arbiters: When Does the Military Step into the Electoral Arena?. In: SCHEDLER, Andreas (org.). *Electoral Authoritarianism*: The Dynamics of Unfree Competition. Boulder, CO, Lynne Rienner, 2006. p. 129-48.

COHAN, William D. *Money and Power*: How Goldman Sachs Came to Rule the World. Toronto, Doubleday, 2011.

COHN, Samuel K., Jr. *Epidemics*: Hate and Compassion from the Plague of Athens to AIDS. Oxford, Oxford University Press, 2018.

COOK, Noble David. *Demographic Collapse*: Indian Peru, 1520-1620. Nova York, Cambridge University Press, 1981.

_____. *Born to Die*: Disease and New World Conquest. Nova York, Cambridge University Press, 1998.

COOK, Noble David; LOVELL, David G. (orgs.). *Secret Judgements of God*: Old World Disease in Colonial Spanish America. Norman, University of Oklahoma Press, 1992.

COUSINS, Sophie. New Zealand Eliminates COVID-19. *The Lancet*, v. 395, 9 maio 2020. p. 1.474, DOI: 10.1016/S0140-6736(20)31097-7.

CRAUGHWELL, Thomas J. *How the Barbarian Invasions Shaped the Modern World*: The Vikings, Vandals, Huns, Mongols, Goths, and Tartars who Razed the Old World and Formed the New. Beverly, CN, Fair Wind Tress, 2008.

CROSBY, Alfred W. *America's Forgotten Pandemic*: The Influenza of 1918. Cambridge, Cambridge University Press, 1989.

CUNHA, Manuela Carneiro da (org.). *Legislação indigenista no século XIX (1808-1889)*. São Paulo, Edusp/Comissão Pró-Índio de São Paulo, 1992a.

CUNHA, Manuela Carneiro da. *História dos índios no Brasil*. São Paulo, Companhia das Letras/Secretaria Municipal da Cultura/Fapesp, 1992b.

D'ARDOIS, Germán Somolinos. Hallazgo del manuscrito sobre el cocoliztli, original del Dr. Francisco Hernández. In: FLORESCANO, Enrique; MALVIDO, Elsa (orgs.). *Ensayos sobre la historia de las epidemias en México*. México, Instituto Mexicano del Seguro Social, 1980. v. 1, p. 374-6.

DA VINCI, Leonardo. *The Notebooks of Leonardo Da Vinci*. Organizados por Jean Paul Richter. Nova York, Dover Publications, 2016.

DAS, Shinjini. *Homoeopathic Families, Hindu Nation and the Legislating State*: Making of a Vernacular Science, Bengal 1866-1941. PhD thesis, Londres, University College London, 2011.

DAS, Veena. *Life and Words*: Violence and the Descent into the Ordinary. Berkeley, University of California Press, 2007.

DAVIES II, Edward J. The Americas, 1450-2000. In: BENTLEY, Jerry H. (org.). *Oxford Handbook of World History*. Oxford, Oxford University Press, 2012. v. 1, p. 1-25.

DAVIS, Kenneth C. *More Deadly Than War*: The Hidden History of the Spanish Flu and the First Worl War. Nova York, Henry Holt & Co, 2018.

DAVIS, Robert C. *Christian Slaves, Muslim Masters*: White Slavery in the Mediterranean, the Barbary Coast and Italy, 1500-1800. Londres, Palgrave Macmillan, 2003.

DAVIS, Shelton. *Vítimas do milagre*: o desenvolvimento e os índios no Brasil. Rio de Janeiro, Zahar, 1978.

DAWSON, Marc H. Smallpox in Kenya, 1880-1920. *Social Science & Medicine*, v. 13, n. 4, 1979. p. 245-50, DOI: 10.1016/0160-7987(79)90022-X.

DENEVAN, William M. *The Native Population of the Americas in 1492*. Madison, WI, University of Wisconsin Press, 1976.

DERAT, Marie-Laura. Du lexique aux talismans: occurrences de la peste dans la Corne de l'Afrique du XIIIe au XVe siècle. *Afriques* [on-line], n. 9, 2018. Disponível em: <http://journals.openedition.org/afriques/2090>. Acesso em: 6 abr. 2020.

DEY, Monidipa Bose. Lessons from the Bubonic Plague of 1896. *Live History of India*, 24 mar. 2020. Disponível em: <https://www.livehistoryindia.com/history-daily/2020/03/24/lessons-from-the-bubonic-plague-of-1897?fbclid=IwAR3VjEQJMDASb79_UycmrAED-MaPc928ZnFUC-3U8zKyeK3DnafF_JXFg9is>. Acesso em: 4 abr. 2020.

DÍAZ DE LEÓN, José Francisco. Epidemias y Conquista en la Nueva España: una aproximación a las enfermedades del siglo XVI (1521-1550). *Horizonte Histórico*, v. 5, n. 10, 2014. p. 18-26.

DIRK, Dilar et al. *To Dare Imagining*: Rojava Revolution. Nova York, Autonomedia, 2016.

DOMECQ, Juan Pablo et al. Patient Engagement in Research: A Systematic Review. *BMC Health Services Research*, v. 14, n. 89, 2014. DOI: 10.1186/1472-6963-14-89.

DUARTE, Regina Horta. Olhares estrangeiros: viajantes no vale do rio Mucuri. *Revista Brasileira de História* [on-line], v. 22, n. 44, 2002. p. 267-88.

DUBE, Francis. *Colonialism, Cross-border Movements, and Epidemiology*: A History of Public Health in the Manica Region of Central Mozambique and Eastern Zimbabwe and the African Response, 1890-1980. PhD thesis, Iowa, University of Iowa, 2009.

DUNN, F. L. Pandemic Influenza in 1957: Review of International Spread of New Asian Strain. *Journal of the American Medical Association*, v. 166, n. 10, 1958. p. 1.140-8, DOI: 10.1001/jama.1958.02990100028006.

DUTT, Ashok K.; AKHTAR, Rais; MCVEIGH, Melinda. Surat Plague of 1994 Re-examined. *Southeast Asian Journal of Tropical Medicine and Public Health*, v. 37, n. 4, 2006. p. 755-60.

ECHENBERG, Myron. *Plague Ports*: The Global Urban Impact of Bubonic Plague, 1894-1901. Nova York, New York University Press, 2007.

EDWARDS, Frank; LEE, Hedwig; ESPOSITO, Michael. Risk of Being Killed by Police Use of Force in the United States by Age, Race–Ethnicity, and Sex. *Proceedings of the National Academy of Sciences*, v. 116, n. 34, ago. 2019. p. 16.793-8, DOI: 10.1073/pnas.1821204116.

EL-HANI, Charbel N.; MACHADO, Virgílio. COVID19: The Need of an Integrated and Critical View. *Ethnobiology and Conservation*, v. 9, n. 18, 2020. Disponível em: <https://covid19.researcher.life/article/covid-19-the-need-of-an-integrated-and-critical-view/f92427f2-a780-4433-bbc5-630262d9e56f>.

EPICURUS. *Epicurus's Morals*: Collected and Faithfully Englished. Londres, Peter Davies, 1926.

EPSTEIN, Paul. Climate Change and Emerging Infectious Diseases. *Microbes and Infection*, v. 3, n. 9, 2001. p. 747-54.

ERIKSON, Susan L. Global Health Business: The Production and Performativity of Statistics in Sierra Leone and Germany. *Medical Anthropology*, v. 31, n. 4, 2012. p. 367-84.

ERMATINGER, James W. *The Decline and Fall of the Roman Empire*. Westwood, CN, Greenwood Press, 2004.

EZE, Michael Onyebuchi. I am Because You Are. *The UNESCO Courier*, October-December, 2011.

FALISSE, Jean-Benoît; MASINO, Serena; NGENZEBUHORO, Raymond. Indigenous Medicine and Biomedical Health Care in Fragile Settings: Insights from Burundi. *Health Policy and Planning*, v. 33, n. 4, 2018. p. 483-93, DOI: 10.1093/heapol/czy002.

FANON, Frantz. *A Dying Colonialism*. Nova York, Grove Press, 1965.

FAO - Organização das Nações Unidas para Alimentação e Agricultura. *The State of the World's Forests 2020*: Forests, Biodiversity and People. Roma, FAO/UNEP, 2020. DOI: 10.4060/ca8642en.

FARAH, Ivonne; VASAPOLLO, Luciano (orgs.). *Vivir bien*: ¿paradigma no capitalista? La Paz, Plural, Cides-Umsa, Fundación Xavier Albó, 2011.

FARMER, Paul. *Infections and Inequalities*: The Modern Plagues. Berkeley, University of California Press, 2001.

_____. Foreword. In: KESHAVJEE, Salmaan (org.). *Blind Spot*: How Neoliberalism Infiltrated Global Health. Oakland, University of California Press, 2014. p. xv-xxviii.

FEIERMAN, Steven. Struggles for Control: The Social Roots of Health and Healing in Modern Africa. *African Studies Review*, v. 28 n. 2/3, 1985. p. 73-147, DOI: 10.2307/524604.

FENN, Elizabeth A. Biological Warfare in Eighteenth-Century North America: Beyond Jeffery Amherst. *Journal of American History*, v. 86, n. 4, 2000. p. 1.552-80.

FENNER, Frank et al. *Smallpox and its Eradication*. Geneva, WHO, 1988.

FEREJOHN, John; PASQUINO, Pasquale. The Law of the Exception: A Typology of Emergency Powers. *International Journal of Constitutional Law*, v. 2, n. 2, 2004. p. 210-39, DOI: 10.1093/icon/2.2.210.

FERGUSON, Neil M. et al. *Impact of Non-pharmaceutical Interventions (NPIs) to Reduce COVID-19 Mortality and Healthcare Demand*, 16 mar. 2020. Disponível em: <https://www.imperial.ac.uk/media/imperial-college/medicine/sph/ide/gidafellowships/Imperial--College-COVID19-NPI-modelling-16-03-2020.pdf>. Acesso em: 27 mar. 2020. DOI: https://doi.org/10.25561/77482.

FERREIRA, Luís Damasceno. *História de Valença (Estado do Rio de Janeiro), 1803-1924*. Rio de Janeiro, Graphica Paulo Pongetti, 1925.

FIDLER, David P. The Globalization of Public Health: The First 100 Years of International Health Diplomacy. *Bulletin of the World Health Organization*, v. 79, n. 9, 2001. p. 842-9.

FINNEGAN, Ruth. Not by Words Alone: Reclothing the Oral. In: OLSON, David R.; COLE, Michael (orgs.). *Technology, Literacy, and the Evolution of Society*: Implications of the Work of Jack Goody. Mahwah, Erlbaum, 2006. p. 265-87.

FISHER, W. F.; PONNIAH, T. (orgs.). *Another World is Possible*: Popular Alternatives to Globalization at the World Social Forum. Londres, Zed Books, 2003.

FLORES, Sandra Elena Guevara. *La construcción sociocultural del cocoliztli en la epidemia de 1545 a 1548 en la Nueva España*. Tese de doutorado, Barcelona, Universitat Autònoma de Barcelona, 2017.

FOUCAULT, Michel. *Histoire de la folie à l'âge classique*. Paris, Gallimard, 1972.

_____. *Surveiller et punir. Naissance de la prison*. Paris, Gallimard, 1975.

FOURNIER, Théo (2020). Crise du coronavirus et état d'urgence sanitaire en Italie, *Blog Jus Politicum*, 2020. Disponível em: < http://blog.juspoliticum.com/2020/04/06/crise-du--coronavirus-et-etat-durgence-sanitaire-en-italie-par-theo-fournier/>.

FRASSETTO, Michael. *Encyclopedia of Barbarian Europe*: Society in Transformation. Santa Barbara, ABC-CLIO, 2003.

FREIRE, Paulo. *Pedagogia do oprimido*. Rio de Janeiro, Paz e Terra, 1983.

FREIRE, Paulo; FAUNDEZ, Antonio. *Por uma pedagogia da pergunta*. Rio de Janeiro, Paz e Terra, 1985.

FREIREYSS, Georg W. Viagem ao Interior do Brasil. *Revista do Estado de S. Paulo*, n. 9, 1907. p. 158-228.

GALEANO, Eduardo. *Las venas abiertas de América Latina*. Bogotá, Siglo XXI Editores, 1971.

GANDHI, Mahatma. *Selected Writings of Mahatma Gandhi*. Boston, Beacon Press, 1951.

GARIKIPATI, Supriya; KAMBHAMPATI, Uma. Leading the Fight Against the Pandemic: Does Gender 'Really' Matter?. *SSRN*, 2020. Disponível em: <https://ssrn.com/abstract=3617953/http://dx.doi.org/10.2139/ssrn.3617953>.

GARMAROUDI, Farshid S. The Last Great Uncontrolled Plague of Mankind. *Science Creative Quarterly*, 30 out. 2007. Disponível em: <https://www.scq.ubc.ca/the-last-great-uncontrolled-plaque-of-mankind/>. Acesso em: 2 abr. 2020.

GARZÓN, Baltasar. *No a la Impunidad*: jurisdicción universal, la última esperanza de las víctimas. Barcelona, Penguin Random House, 2019.

GILLESPIE, Amaya M. et al. Social Mobilization and Community Engagement Central to the Ebola Response in West Africa: Lessons for Future Public Health Emergencies. *Global Health: Science and Practice*, v. 4, n. 4, 2016. p. 626-46, DOI: 10.9745/GHSP-D-16-00226.

GLOBAL ALERT AND RESPONSE (GAR). *Recommended Use of Antivirals*. Geneva, World Health Organization (WHO), 2010.

GLOBAL HEALTH 50/50. *The Global Health 50/50 Report 2020*: Power, Privilege and Priorities. Londres, UK, 2020.

GODELIER, Maurice. Transition. In: BENSUSSAN, Gérard; LABICA, Georges (orgs.). *Dictionnaire critique du marxisme*. Paris, PUF, 1999. p. 1.165-70.

GODLEE, Fiona. Conflicts of Interest and Pandemic Flu. *British Medical Journal*, 340, 2010. DOI: https://doi.org/10.1136/bmj.c2947.

GOMES, Mércio Pereira. *Os índios e o Brasil*: passado, presente e futuro. São Paulo, Contexto, 2012.

GOMES, Nilma. *A questão racial e o novo coronavírus no Brasil*. São Paulo, Friedrich-Ebert--Stiftung (FES) Brasil, 2020.

GOUGLAS, Dimitrios et al. CEPI: Driving Progress Toward Epidemic Preparedness and Response. *Epidemiologic Reviews*, v. 41, n. 1, 2019. p. 28-33, https://doi.org/10.1093/epirev/mxz012.

GRANDJEAN, Arthur. *L'invasion des Zoulou dans le Sud-Est Africain*: une page d' histoire inété neuchateloise de géographie. Lausanne, Société Neuchateloise de Géographie, 1899.

GREEN, Monica H. Putting Africa on the Black Death Map: Narratives from Genetics and History. *Afriques* [on-line], n. 9, 2018. Disponível em: <http://journals.openedition.org/afriques/2125>. Acesso em: 5 abr. 2020.

GREENE, Alan. *Permanent States of Emergency and the Rule of Law*: Constitutions in an Age of Crisis. Oxford, Hart, 2018.

GREGG, Charles. *Plague*: An Ancient Disease in the Twentieth Century. Albuquerque, University of New Mexico Press, 1985.

GRIJALBA, Juan de. *Crónica de la Orden de N.P.S. Agustín en las provincias de la Nueva España en cuatro edades desde el año 1533 hasta el de 1592.* México, Imprenta Victoria, 1926.

GROSS, Cary P. et al. *Racial and Ethnic Disparities in Population Level Covid-19 Mortality*, 2020. medRxiv preprint doi: https://doi.org/10.1101/2020.05.07.20094250.

HAMMOND, Edward. Ebola: Company Avoids Benefit-sharing Obligation by Using Sequences. *Third World Network*, 2019. Disponível em: <https://www.twn.my/title2/briefing_papers/No99.pdf>. Acesso em: 19 jul. 2020.

HARDING, Vanessa. *The Dead and the Living in Paris and London, 1500-1670*. Cambridge, Cambridge University Press, 2002.

HARGREAVES, Andy. *O ensino na sociedade do conhecimento*: a educação na era da insegurança. Porto, Porto Editora, 2003.

HARRISON, Mark. *How Commerce Has Spread Disease by Contagion*. New Haven, Yale University Press, 2013.

HASS, Amira. *Drinking the Sea at Gaza*: Days and Nights in a Land under Siege. Nova York, Owl Books, 2000.

HAYS, J. N. *Epidemics and Pandemics*: Their Impacts on Human History. Santa Barbara, ABC-CLIO, 2005.

HEADRICK, Daniel R. Sleeping Sickness Epidemics and Colonial Responses in East and Central Africa, 1900-1940. *PLoS Neglected Tropical Diseases*, v. 8, n. 4, 2014, e2772, DOI:10.1371/journal.pntd.0002772Editor:Philipp.

HEGEL, W. F. *The Philosophy of History*. Trans. J. Sibree. Nova York, Dover Books, 1956 [1899].

HENDERSON, D. et al. Public Health and Medical Responses to the 1957-58 Influenza Pandemic. *Biosecurity and Bioterrorism: Biodefense Strategy, Practice, and Science*, v. 7, n. 3, 2009. p. 265-73, DOI: 10.1089/bsp.2009.0729.

HILL, S. *Inequality and African-American Health*: How Racial Disparities Create Sickness. Bristol, UK; Chicago, IL, USA, Bristol University Press, 2016. DOI:10.2307/j.ctt1t890m1.

HINKELAMMERT, Franz. *Crítica de la Razón Utópica*. Bilbao, Desclée de Brouwer, 2002.

HOBBES, Thomas. *Leviathan*. Edited by CB Macpherson. Middlesex, Pelican Classics, [1651] 1976.

HOBSBAWM, Eric. *The Age of Extremes*: The Short Twentieth Century, 1914-1991. Nova York, Pantheon Books, 1994.

HOPKINS, Donald R. *The Greatest Killer*: Smallpox in History. Chicago, University of Chicago Press, 2002.

HOUTART, François. *Dos bens comuns ao "Bem Comum da Humanidade"*. Bruxelas, Fundação Rosa Luxemburgo, 2011.

HU, B. et al. Discovery of a Rich Gene Pool of Bat SARS-related Coronaviruses Provides New Insights into the Origin of SARS Coronavirus. *PLoS Pathogens*, v. 13, n. 11, 2017.

HUMPHRIES, Mark O. Paths of Infection: The First World War and the Origins of the 1918 Influenza Pandemic. *War History*, v. 21, n. 1, 2013. p. 55-81, DOI: 10.1177/0968344513504525.

HUNTER, Colin. Sustainable Tourism and the Touristic Ecological Footprint. *Environment, Development and Sustainability*, v. 4, 2002. p. 7-20.

HUSSAIN, Azhar et al. The Anti-vaccination Movement: A Regression in Modern Medicine. *Cureus*, v. 10, n. 7, 2018, e2919, DOI: 10.7759/cureus.2919.

HUYSSEN, Andreas. Nostalgia for Ruins. *Grey Room*, n. 23, 2006. p. 6-21.

IDMC e NRC. *Global Report on Internal Displacement*. Genebra, IDMC, 2020.

INDEPAZ. *Informe especial. Registro de líderes y personas defensoras de DDHH asesinadas del 24/11/2016 al 15/07/2020*, 2020. Disponível em: <http://www.indepaz.org.co/wp-content/uploads/2020/07/Informe-Especial-Asesinato-lideres-sociales-Nov2016-Jul2020-Indepaz.pdf>. Acesso em: 31 jul. 2020.

ISLAM, Md Saiful et al. COVID-19–Related Infodemic and Its Impact on Public Health: A Global Social Media Analysis. *The American Journal of Tropical Medicine and Hygiene*, v. 103, 2020. DOI: https://doi.org/10.4269/ajtmh.20-0812.

ISSAWI, Charles Philip. *Fertile Crescent, 1800-1914*: A Documentary Economic History. Oxford, Oxford University Press, 1988.

JAMES, Cyril Lionel R. *The Black Jacobins*: Toussaint L'Ouverture and the San Domingo Revolution. Londres, Secker & Warburg, 1938.

JOHNSON, Niall P. A. S.; MUELLER, Juergen. Updating the Accounts: Global Mortality of the 1918-1920 "Spanish" Influenza Pandemic. *Bulletin of the History of Medicine*, v. 76, n. 1, 2002. p. 105-15.

JONES, David S. History in a Crisis - Lessons for Covid-19. *The New England Journal of Medicine*, 12 mar. 2020. DOI: 10.1056/NEJMp2004361.

JUNOD, Henri. *Usos e costumes dos Bantu*. Maputo, Arquivo Histórico de Moçambique, 1996. v. 2.

KARDEFELT-WINTHER, Daniel et al. Digital Connectivity during COVID-19: Access to Vital Information for Every Child. *UNICEF Research Brief*, n. 12, 2020.

KARL, Terry Lynn. The Hybrid Regimes of Central America. *Journal of Democracy*, v. 6, n. 3, 1995. p. 72-86.

KELTON, Paul. *Cherokee Medicine, Colonial Germs*: An Indigenous Nation's Fight against Smallpox, 1518-1824. Norman, University of Oklahoma Press, 2015.

KERR, Anne et al. The Sociology of Cancer: A Decade of Research. *Sociology of Health and Illness*, v. 40, n. 3, 2018. p. 552-76, DOI: 10.1111/1467-9566.12662.

KHALDUN, Ibn. *The Muqaddimah*: An Introduction to History. Trad. Franz Rosenthal. Nova York, Princeton, 1958. 3 v.

KIPLING, Rudyard. The White Man's Burden. *McClure's Magazine*, v. 12, fev. 1899.

KOCH, Alexandre et al. Earth System Impacts of the European Arrival and Great Dying in the Americas After 1492. *Quaternary Science Reviews*, v. 207, 2019. p. 13-36, DOI: 10.1016/j.quascirev.2018.12.004.

KOHN, George C. *Encyclopedia of Plague and Pestilence*: From Ancient Times to the Present. Nova York, Facts On File, 2008.

KOPENAWA, Davi; ALBERT, Bruce. *A queda do céu*: palavras de um xamã yanomami. São Paulo, Companhia das Letras, 2015.

KOSELLECK, Reinhart. *Futures Past*: On the Sematics of Historical Time. Cambridge, MA, MIT Press, 1985.

KOUAR, Mehdi. La sûreté est-elle privatisable?. *Outre-Terre*, v. 2, n. 25-26, 2020. p. 49-74, DOI: 10.3917/oute.025.0049.

KRAUT, A. M. Immigration, Ethnicity, and the Pandemic. *Public Health Reports* (Washington, D.C.: 1974), v. 125, supl. 3, 2010. p. 123-33. https://doi.org/10.1177/00333549101250S315.

KRENAK, Ailton. *Ideias para adiar o fim do mundo*. São Paulo, Companhia das Letras, 2019.

_____. *O amanhã não está à venda*. São Paulo, Companhia das Letras, 2020.

KUHN, Thomas. *The Structure of Scientific Revolutions*. Chicago, University of Chicago Press, 1962.

LAMBERT, Helen. Popular Therapeutics and Medical Preferences in Rural North India. *The Lancet*, v. 348, n. 9.043, 1996. p. 1.706-9.

LAWTON, Graham. Science in Crisis. *New Scientist*, 9 maio 2020. p. 12-4.

LESLIE, Charles M.; YOUNG, Allan (orgs.). *Paths to Asian Medical Knowledge*. Berkeley, University of Chicago Press, 1992.

LEVITSKY, Steven; ZIBLATT, Daniel. *How Democracies Die*. Nova York, Crown, 2018.

LI, Shi-you et al. Identification of Natural Compounds with Antiviral Activities against SARS--associated Coronavirus. *Antiviral Research*, v. 67, 2005. p. 18-23.

LI, Y. et al. Traditional Chinese Herbal Medicine for Treating Novel Coronavirus (COVID-19) Pneumonia: Protocol for a Systematic Review and Meta-analysis. *Syst Rev*, v. 9, n. 75, 2020. https://doi.org/10.1186/s13643-020-01343-4

LIVI BACCI, Massimo. *Conquest*: The Destruction of the American Indios. Cambridge, Polity Press, 2008.

LOIOLA, Carlos; MANGABEIRA DA SILVA, C.; TAUIL, Pedro. Controle da malária no Brasil: 1965 a 2001. *Revista Panamericana de Salud Publica*, v. 11, n. 4, 2002. p. 235-44.

LOOI, L. M.; CHUA, K. B. Lessons from the Nipah Virus Outbreak in Malaysia. *Malays J Pathol*, v. 29, n. 2, 2007. p. 63-7.

LOVELL, W. George; COOK, Noble David (orgs.). *Epidemias y despoblación indígena en Hispanoamérica Colonial*. Quito, Ediciones Abya-Yala, 2000.

LUNDGREN, Britta; HOLMBERG, Martin. Pandemic Flus and Vaccination Policies in Sweden. In: HOLMBERG, Christine; MILLER, J. Hillis (orgs.). *The Politics of Vaccination*: A Global History. Manchester, Manchester University Press, 2017. p. 260-87.

LUXEMBURG, Rosa. *The Crisis in the German Social-Democracy* (The "Junius" Pamphlet). Nova York, Socialist Publication Society, 1919.

M'BAREK, Mabrouka et al. (orgs.). *Cities of Dignity*: Urban Transformations around the World. Brussels, Rosa-Luxemburg-Stiftung, 2020.

MACDONALD, Andrew; MORDECAI, Erin. Amazon Deforestation Drives Malaria Transmission, and Malaria Burden Reduces Forest Clearing. *Proceedings of the National Academy of Sciences*, v. 116, n. 44, 2019. p. 22.212-8, DOI: 10.1073/pnas.1905315116.

MACHELE, Julio. *"Xiponyola"*: The Spanish Influenza in Mozambique, 1918-1919. Maputo, Universidade Eduardo Mondlane, s/d. mimeo.

MADAMOMBE, Itai. Traditional Healers Boost Primary Health Care. *Africa Renewal*, jan. 2006. p. 10-1.

MADRIGAL, Alexis. Pandemic Didn't Need Planes to Circle Globe in 4 Months. *Wired*, 26 abr. 2010. Disponível em: <https://www.wired.com/2010/04/1889-russian-flu-pandemic/>. Acesso em: 2 abr. 2020.

MAHUIKA, Nēpia. *Rethinking Oral History and Tradition*. Oxford, Oxford University Press, 2019.

MARAVALL, José María. *Demands on Democracy*. Oxford, Oxford University Press, 2016.

MARKEL, H. "Knocking out the Cholera": Cholera, Class, and Quarantines in New York City, 1892. *Bulletin of the History of Medicine*, v. 69, n. 3, 1995. p. 420-57. Retrieved May 26, 2020, from www.jstor.org/stable/44451706.

MARRAMAO, Giacomo. *Poder e secularização*: as categorias do tempo. São Paulo, Editora da Universidade Estadual Paulista, 1995.

MARX, Karl; ENGELS, Friedrich. *Manifesto Comunista*. São Paulo, Boitempo, 2010 [1848].

MATHEZ-STIEFEL, Sara; VANDEBROEK, Ina; RIST, Stephen. Can Andean Medicine Coexist with Biomedical Healthcare? A Comparison of Two Rural Communities in Peru and Bolivia. *Journal of Ethnobiology Ethnomedicine*, v. 8, n. 26, 2012. DOI: 10.1186/1746-4269-8-26.

MATTHEWS, James K. World War I and the Rise of African Nationalism: Nigerian Veterans as Catalysts of Change. *Journal of Modern African Studies*, v. 20, n. 3, 1982. p. 493-502, DOI:10.1017/S0022278X00056949.

MAYOR, Adrienne. The Nessus Shirt in the New World: Smallpox Blankets in History and Legend. *Journal of American Folklore*, v. 108, n. 427, 1995. p. 54-77.

MBEMBE, Achille. Necropolitics. *Public Culture*, v. 15, n. 1, 2003. p. 11-40.

_____. *Necropolitics*. Durham, Duke University Press, 2019.

_____. The Universal Right to Breathe. *Critical Inquiry*, 13 abr. 2020. Disponível em: <https://critinq.wordpress.com/2020/04/13/the-universal-right-to-breathe/>. Acesso em: 15 abr. 2020.

MCCAA, Robert. Spanish and Nahuatl Views on Smallpox and Demographic Catastrophe in Mexico. *The Journal of Interdisciplinary History*, v. 25, n. 3, 1995. p. 397-431.

MCCONNELL, Michael N. *A Country Between*: The Upper Ohio Valley and Its Peoples, 1724-1774. Lincoln, University of Nebraska Press, 1997.

MCDONALD, S. M. *Ebola*: A Big Data Disaster. Delhi, 2016.

MCMICHAEL, A. J. et al. *Climate Change and Human Health*: Risks and Responses. Genebra, WHO, 2003.

MCNEIL JR., Donald G. Flu Outbreak Raises a Set of Questions. *New York Times*, 26 abr. 2009. Disponível em: <https://web.archive.org/web/20110215221659/http://www.nytimes.com/2009/04/27/health/27questions.html>. Acesso em: 4 abr. 2020.

MELTZER, M. et al. Estimating the Future Number of Cases in the Ebola Epidemic — Liberia and Sierra Leone, 2014-2015. *Morbidity and Mortality Weekly Report*, n. 63, 2015.

MENDIETA, Fray Gerónimo de. *Historia eclesiástica Indiana*. Mexico, Antigua libreria, 1870.

MENESES, Maria Paula. "Quando não há problemas, estamos de boa saúde, sem azar nem nada": para uma concepção emancipatória da saúde e das medicinas. In: SANTOS, Boaventura de Sousa; CRUZ, Teresa (orgs.). *Moçambique e a reinvenção da emancipação social*. Maputo, CFJJ, 2004. p. 77-110.

_____. COVID-19: as estatísticas que invisibilizam. *Alicenews*, 12 maio 2020. Disponível em: <https://alicenews.ces.uc.pt/index.php?lang=1&id=29495>. Acesso em: 15 maio 2020.

MENEZES, Ana Luísa Teixeira; FONTELES FILHO, José Mendes (orgs.). *Plantas medicinais indígenas*: usos-saberes-sentidos. Fortaleza, Instituto de Pesquisa e Estratégia Econômica do Ceará – IPECE, 2011.

MÉSZÁROS, István. *Socialism or Barbarism?* Nova York, Monthly Review Press, 2001.

_____. *Para além do capital*. São Paulo, Boitempo, 2002.

MIES, Maria; SHIVA, Vandana. *Ecofeminism*. Halifax, NS, Fernwood Publications, 1993.

MILNER, George R.; CHAPLIN, George. Eastern North American Population at ca. ad 1500. *American Antiquity*, v. 75, n. 4, 2010. p. 707-26.

MINISTÉRIO DA SAÚDE – Grã-Bretanha. *Report on the Pandemic of Influenza 1918-1919*. Londres, His Majesty's Stationery Office, 1920. v. 4: *Reports on Public Health and Medical Subjects*.

MOSHABELA, Mosa; ZUMA, Thembelihle; GAEDE, Bernhard. Bridging the Gap Between Biomedical and Traditional Health Practitioners in South Africa. *South African Health Review*, n. 8, 2016. p. 83-92.

MOUSSALLI, Ahmad S. *Moderate and Radical Islamic Fundamentalism*: The Quest for Modernity, Legitimacy, and the Islamic State. Gainesville, University Press of Florida, 2001.

MUDIMBE, Valentin Y. *The Invention of Africa*: Gnosis, Philosophy, and the Order of Knowledge. Bloomington, Indiana University Press, 1988.

MUZAFFAR, Chandra. The Significance of Human Duties and Responsibilities. *Counter Currents*, 12 dez. 2018. Disponível em: <https://countercurrents.org/2018/12/the-significance-of-human-duties-and-responsibilities/>. Acesso em: 29 maio 2020.

NATIONAL SAMPLE SURVEY OFFICE NSSO. Employment and Unemployment Situation among Major Religious Groups in India. Working Papers id:5451, 2013, eSocialSciences.

NICKOL, Michaela E.; KINDRACHUK, Jason. A Year of Terror and a Century of Reflection: Perspectives on the Great Influenza Pandemic of 1918-1919. *BMC Infectious Diseases*, v. 19, n. 117, 2019. DOI: 10.1186/s12879-019-3750-8.

NIRENBERG, David. *Communities of Violence*: Persecution of Minorities in the Middle Ages. Princeton, Princeton University Press, 2015.

NISBET, Robert. *History of the Idea of Progress*. Nova York, Basic Books, 1980.

NKRUMAH, Kwame. *Neo-colonialism*: The Last Stage of Imperialism. Nova York, International, 1965.

NOAM, Eli M. *Media and Digital Management*. Nova York, Palgrave/MacMillan, 2019.

NOYMER, Andrew. Population Decline in Post-Conquest America: The Role of Disease. *Population and Development Review*, v. 37, n. 1, 2011. p. 178-83.

NUNN, Nathan; QIAN, Nancy. The Columbian Exchange: A History of Disease, Food, and Ideas. *Journal of Economic Perspectives*, v. 24, n. 2, 2010. p. 163-88.

O'BRYAN, Katie. *Indigenous Rights and Water Resource Management*: Not Just Another Stakeholder. Oxon/Nova York, Routledge, 2019.

O'NEILL, Jim. Securing New Drugs for Future Generations: the Pipeline of Antibiotics. *The Review on Antimicrobial Resistance*, maio 2015. Disponível em: <https://amr-review.org/sites/default/files/SECURING%20NEW%20DRUGS%20FOR%20FUTURE%20GENERATIONS%20FINAL%20WEB_0.pdf>. Acesso em: 15 jun. 2020.

ÖCALAN, Abdullah. *Democratic Confederalism*. Londres, Transmedia Publishing, 2011.

OFRANEH. *Medicinal Ancestral Garífuna para combater el coronavírus*. Honduras, Red Nacional de Defensoras de Derechos Humanos en Honduras, 2020.

OHADIKE, D. The Influenza Pandemic of 1918-19 and the Spread of Cassava Cultivation on the Lower Niger: A Study in Historical Linkages. *Journal of African History*, v. 22, n. 3, 1981. p. 379-98.

OLSON, Donald R. et al. Epidemiological Evidence of an Early Wave of the 1918 Influenza Pandemic in New York City. *Proceedings of the National Academy of Sciences*, v. 102, n. 31, 2005. p. 11.059-63, DOI: 10.1073/pnas.0408290102.

ORANGE, Caroline. Yellow Fever Was Just As Important as Toussaint L'Ouverture in the Haitian Revolution. *Medium*, 29 out. 2018. Disponível em: <https://medium.com/@caroline_67183/yellow-fever-was-just-as-important-as-toussaint-louverture-in-the-haitian-revolution-caf5b644a6d2>. Acesso em: 3 abr. 2020.

OSTROM, Elinor et al. The Future of the Commons - Beyond Market Failure and Government Regulation. Institute of Economic Affairs Monographs, 2012, Indiana University, Bloomington School of Public & Environmental Affairs Research Paper No. 2012-12-02, Available at SSRN: https://ssrn.com/abstract=2267381 or http://dx.doi.org/10.2139/ssrn.2267381.

OSTROM, Elinor. *Governing the Commons*: The Evolution of Institutions for Collective Action. Cambridge, Cambridge University Press, 2015.

OXFAM. *Time to Care?* Oxford, OXFAM GB, 2020. Disponível em: <https://oxfamilibrary.openrepository.com/bitstream/handle/10546/620928/bp-time-to-care-inequality--200120-en.pdf>. Acesso em: 3 fev. 2020.

PAGET, John et al. Global Mortality Associated with Seasonal Influenza Epidemics: New Burden Estimates and Predictors from the GLaMOR Project. *Journal of Global Health*, v. 9, n. 2, 2019. p. 1-12, DOI: 10.7189/jogh.09.020421.

PARDO TOMAS, José. Pluralismo médico y medicina de la conversión: Fray Agustín Farfán y los agustinos en Nueva España, 1533-1610. *Hispania*, v. LXXIV, n. 248, 2014. p. 749-76.

PASOLINI, Pier Paolo. *Empirismo herege*. Lisboa, Assírio e Alvim, 1982.

_____. *In Danger*: A Pasolini Anthology. Editado por Jack Hirschman. San Francisco, City Lights Publishers, 2010.

_____. *Scritti corsari*. Milão, Garzanti, 2013.

PETRELLA, Ricardo. *Le Bien commun – Eloge de la Solidarité*. Bruxelas, Labor, 1996.

PICKSTONE, John V. The Political Economy of Twentieth Century Medicine. In: COOTER, Roger; PICKSTONE, John V. (orgs.). *Companion to Medicine in the Twentieth Century*. Amsterdã, Harwood Academic Publishers, 2000. p. 1-19.

PLATT, Lucy et al. Sex Workers Must not be Forgotten in the COVID-19 Response. *The Lancet*, v. 396, n. 10.243, 4-10 jul. 2020. p. 9-11.

PLEYERS, Geoffrey. The Pandemic is a Battlefield. Social Movements in the COVID-19 Lockdown. *Journal of Civil Society*, 2020. DOI: 10.1080/17448689.2020.1794398.

PORTER-BOLLAND, Luciana et al. Community Managed Forests and Forest Protected Areas: An Assessment of their Conservation Effectiveness Across the Tropics. *Forest Ecology and Management*, v. 268, 2012. p. 6-17, DOI: 10.1016/j.foreco.2011.05.034.

POSNER, Gerald. *Pharma*: Greed, Lies, and the Poisoning of America. Nova York, Avid Reader Press, 2020.

POTTER, C.W. A History of Influenza. *Journal of Applied Microbiology*, n. 91, 2001. p. 572-9.

PRASAD, Srirupa. *Cultural Politics of Hygiene in India, 1890-1940*: Contagions of Feeling. Londres, Palgrave, 2015.

PRYOR, E. G. The Great Plague of Hong-Kong. *Journal of the Hong Kong Branch of the Royal Asiatic Society*, n. 15, 1975. p. 61-70.

PYLE, Gerald F. *The Diffusion of Influenza*: Patterns and Paradigms. New Jersey, Rowan & Littlefield, 1986.

RAMOSE, Mogobe B. *African Philosophy through Ubuntu*. Harare, Mond Books, 1999.

RIBEIRO, Darcy. *Os índios e a civilização*: a integração das populações indígenas no Brasil moderno. Petrópolis, Vozes, 1976.

ROAN, Shari. Masks May Help Prevent Flu, but Aren't Advised. *Chicago Tribune*, 27 set. 2009. Disponível em: <https://web.archive.org/web/20091001105331/http://www.chicagotribune.com/entertainment/chi-tc-health-flu-masks-0923sep27%2C0%2C7442578.story>. Acesso em: 4 abr. 2020.

ROGASKI, Ruth. *Hygienic Modernity*: Meanings of Health and Disease in Treaty Port China. Berkeley, CA, University of California Press, 2004.

ROOS, Robert. Study Puts Global 2009 H1N1 Infection Rate at 11% to 21%. *Center for Infectious Disease Research and Policy*, 8 ago. 2011. Disponível em: <http://www.cidrap.umn.edu/news-perspective/2011/08/study-puts-global-2009-h1n1-infection-rate-11-21>. Acesso em: 4 abr. 2020.

ROSEN, William. *Justinian's Flea*: Plague, Empire, and the Birth of Europe. Nova York, Penguin, 2007.

ROSER, Max. The Spanish Flu (1918-20): The Global Impact of the Largest Influenza Pandemic in History, 4 mar. 2020. Disponível em: <https://ourworldindata.org/spanish-flu-largest-influenza-pandemic-in-history#note-12>. Acesso em: 2 abr. 2020.

RUTAKUMWA, Rwamahe et al. Exploring the Care Relationship Between Grandparents/Older Carers and Children Infected with HIV in South-Western Uganda: Implications for Care for Both the Children and their Older Carers. *International Journal of Environmental Research and Public Health*, v. 12, n. 2, 2015. p. 2.120-34, DOI: 10.3390/ijerph120202120.

SÁ, Lúcia. *Rain Forest Literatures*: Amazonian Texts and Latin American Culture. Minneapolis, University of Minnesota Press, 2004.

SAGE. *COVID-19*: What Are the Options for the UK? Recommendations for Government Based on an Open and Transparent Examination of the Scientific Evidence. Londres, The Independent Scientific Advisory Group for Emergencies (SAGE), 2020.

SAINT-HILAIRE, Auguste de. *Viagem à Província de São Paulo*. Belo Horizonte/São Paulo, Itatiaia/Ed. USP, 1976.

SAMBALA, E. Z. et al. Pandemic Influenza Preparedness in the WHO African Region: Are We Ready yet? *BMC Infectious Diseases*, v. 18, n. 567, 2018.

SANDERS, William T.; PARSONS, Jeffrey R.; SANTLEY, Robert S. *The Basin of Mexico*: The Ecological Processes in the Evolution of a Civilization. Nova York, Academic Press, 1979.

SANDOVAL, Chela; LATORRE, Guisela. Chicana/o Artivism: Judy Baca's Digital Work with Youth of Color. In: EVERETT, Anna (org.). *Learning Race and Ethnicity*: Youth and Digital Media. Cambridge, MA, The MIT Press, 2008. p. 81-108.

SANTOS, Boaventura de Sousa. *Introdução a uma ciência pós-moderna*. Porto, Afrontamento, 1989.

_____. *Toward a New Common Sense*: Law, Science and Politics in the Paradigmatic Transition. Nova York, Routledge, 1995.

_____. The Fall of the Angelus Novus: Beyond the Modern Game of Roots and Options. *Current Sociology*, v. 46, n. 2, 1998a. p. 81-118, DOI: 10.1177/0011392198046002007.

_____. Oppositional Postmodernim and Globalizations. *Law and Social Inquiry*, v. 23, n. 1, 1998b. p. 121-39.

_____. *A crítica da razão indolente*: contra o desperdício da experiência. São Paulo, Cortez, 2000.

_____. Os processos da globalização. In: _____ (org.). *A globalização e as Ciências Sociais*. São Paulo, Cortez, 2002a. p. 25-102.

_____. *Toward a New Legal Common Sense. Law, Globalization, and Emancipation*. Londres, Butterworths, 2002b.

_____. Para uma sociologia das ausências e uma sociologia das emergências. *Revista Crítica de Ciências Sociais*, n. 63, 2002c. p. 237-80.

_____. *Um discurso sobre as ciências*. São Paulo, Cortez, 2003a.

_____. O Estado heterogéneo e o pluralismo jurídico. In: SANTOS, Boaventura de Sousa; TRINDADE, João (orgs.). *Conflito e transformação social*: uma paisagem das justiças em Moçambique. Porto, Afrontamento, 2003b. v. 1, p. 47-95.

_____. A crítica da governação neoliberal: O Fórum Social Mundial como política e legalidade cosmopolita subalterna1. *Revista Crítica de Ciências Sociais*, n. 72, 2005a. p. 7-44.

_____. *Fórum Social Mundial*: Manual de Uso. São Paulo, Cortez, 2005b.

_____. *A gramática do tempo*: para uma nova cultura política. São Paulo, Cortez, 2006a.

_____. *The Rise of the Global Left*: The World Social Forum and Beyond. Londres, Zed Books, 2006b.

_____. Para além do Pensamento Abissal: das linhas globais a uma ecologia de saberes. *Revista Crítica de Ciências Sociais*, n. 78, 2007. p. 3-46.

_____. A filosofia à venda, a douta ignorância e a aposta de Pascal. *Revista Crítica de Ciências Sociais*, n. 80, 2008. p. 11-43.

_____. *Sociología Jurídica Crítica*: para un nuevo sentido común en el derecho. Madri, Editorial Trotta, 2009.

_____. *Se Deus fosse um ativista dos direitos humanos*. São Paulo, Cortez, 2013.

_____. *Epistemologies of the South*: Justice against Epistemicide. Abingdon, Routledge, 2014.

_____. *A difícil democracia*: reinventar as esquerdas. São Paulo, Boitempo, 2016.

_____. A ilusória desglobalização. *Outras Palavras*, 2017a. Disponível em: <https://outraspalavras.net/posts/boaventura-a-ilusoria-desglobalizacao/>. Acesso em: 21 abr. 2020.

_____. *Decolonising the University*: The Challenge of Deep Cognitive Justice. Newcastle upon Tyne, Cambridge Scholars Publishing, 2017b.

_____. *Pneumatóforo*: escritos políticos 1981-2018. Coimbra, Editora Almedina, 2018a.

_____. Para uma nova visão da Europa: aprender com o Sul. In: SANTOS, Boaventura de Sousa; MENDES, José Manuel (orgs.). *Demodiversidade*: imaginar novas possibilidades democráticas. Belo Horizonte, Autêntica Editora, 2018b. p. 51-72.

_____. *O fim do império cognitivo*: a afirmação das epistemologias do Sul. Belo Horizonte, Autêntica Editora, 2019a.

_____. *Esquerdas do mundo, uni-vos!* São Paulo, Boitempo, 2019b.

_____. *A cruel pedagogia do vírus*. São Paulo, Boitempo, 2020a.

_____. *Más allá del pensamiento abisal*: descolonización de la justicia, derecho propio e interlegalidad para una paz democrática. Bogotá, CAPAZ, 2020b.

_____. Toward an Aesthetics of the Epistemologies of the South. In: SANTOS, Boaventura de Sousa; MENESES, Maria Paula (orgs.). *Knowledges Born in the Struggle Constructing the Epistemologies of the Global South*. Nova York, Routledge, 2020d. p. 117-25.

_____. The Alternative to Utopia is Myopia. *Politics and Society*. Doi. org/10.1177/0032329220962644, 2020c.

_____ (org.). *Conhecimento prudente para uma vida decente*: um discurso sobre as ciências revisitado. Porto, Afrontamento, 2003.

_____ (org.). *Conhecimento prudente para uma vida decente*: um discurso sobre as ciências revisitado. São Paulo, Cortez, 2004.

SANTOS, Boaventura de Sousa; MENDES, José Manuel (orgs.). *Demodiversidade*: imaginar novas possibilidades democráticas. Belo Horizonte, Autêntica Editora, 2018.

SANTOS, Boaventura de Sousa; ALMEIDA-FILHO, Naomar de. *A universidade no século XXI*: para uma universidade nova. Coimbra, Edições Almedina, 2008.

SANTOS, Boaventura de Sousa; MARTINS, Bruno Sena (orgs.). *O pluriverso dos direitos humanos*: a diversidade das lutas pela dignidade. Belo Horizonte, Autêntica Editora, 2019.

SANTOS, Boaventura de Sousa; MENESES, Maria Paula; NUNES, João Arriscado. Para ampliar o cânone da ciência: a diversidade epistémica do mundo. In: SANTOS, Boaventura de Sousa (org.). *Semear outras soluções*: os caminhos da biodiversidade e dos conhecimentos rivais. Rio de Janeiro, Civilização Brasileira, 2005. p. 21-121.

SANTOS, Boaventura de Sousa; SANTOS, Cecília MacDowell; MARTINS, Bruno Sena (orgs.). *Quem precisa dos direitos humanos? Precariedades, diferenças, interculturalidades*. Coimbra, Almedina, 2019.

SANTOS, Fr. João dos. *Etiópia Oriental e Vária História de Cousas Notáveis do Oriente*. Lisboa, Comissão Nacional para as Comemorações dos Descobrimentos Portugueses, 1999.

SAUER, Carl O. *Seventeenth Century North America*. Berkeley, Turtle Island Press, 1980.

SAUNDERS-HASTINGS, Patrick R.; KREWSKI, Daniel. Reviewing the History of Pandemic Influenza: Understanding Patterns of Emergence and Transmission. *Pathogens*, v. 5, n. 4, 2016. DOI:10.3390/pathogens5040066.

SAXENA, Shailendra K. (org.). *Coronavirus Disease 2019 (COVID-19)*: Epidemiology, Pathogenesis, Diagnosis, and Therapeutics. Singapore, Springer, 2020.

SCHEPPELE, Kim L. Law in a Time of Emergency: States of Exception and the Temptations of 9/11. *Journal of Constitutional Law*, v. 6, n. 5, 2004. p. 1.001-83.

SCHIEBINGER, Londa. Forum Introduction: The European Colonial Science Complex. *Isis*, v. 96, n. 1, 2005. p. 52-5.

SCHMITT, Carl. *Die Diktatur*: Von den Anfängen des modernen Souveränitätsgedankens bis zum proletarischen Klassenkampf. Berlim, Duncker & Humblot, 1921.

_____. *The Concept of the Political*. Chicago, University of Chicago Press, 1996 [1928].

SCOONES, I. et al. Integrative Modelling for One Health: Pattern, Process and Participation. *Phil. Trans. R. Soc.*, 5 jun. 2017. B37220160164, http://doi.org/10.1098/rstb.2016.0164.

SEHDEV, Paul S. The Origin of the Quarantine. *Clinical Infectious Diseases*, n. 35, 2002. p. 1.071-2.

SEN, Jai (org.). *The Movements of Movements*: Part 1: What Makes Us Move? Oakland, PM Press/OpenWord, 2017.

_____. *The Movements of Movements*: Part 2: Rethinking Our Dance. Oakland, PM Press/OpenWord, 2018.

SITRIN, Marina; COLECTIVA SEMBRAR (orgs.). *Pandemic Solidarity*: Mutual Aid during the Covid-19 Crisis. Londres, Pluto Press, 2020.

SLENCZKA, Werner; KLENK, Hans Dieter. Forty Years of Marburg Virus. *The Journal of Infectious Diseases*, v. 196, nov. 2007. p. S131-S135, https://doi.org/10.1086/520551.

SMIL, Vaclav. *Global Catastrophes and Trends*: The Next Fifty Years. Cambridge, MA, MIT Press, 2011.

SMITH, F. B. The Russian Influenza in the United Kingdom, 1889-1894. *Social History of Medicine*, v. 8, n. 1, 1995. p. 55-73, DOI: 10.1093/shm/8.1.55.

SMITH, Jackie et al. (orgs.). *Handbook on World Social Forum Activism*. Boulder, CO, Paradigm Publishers, 2012.

SPINOZA, Baruj. *Ética demostrada según el orden geométrico*. Edição de Pedro Lomba. Madri, Editorial Trotta, 2020.

SPOSITO, Fernanda. Liberdade para os Índios no Império do Brasil. A revogação das guerras justas em 1831. *Almanack*, n. 1, 2011. p. 52-65, DOI: 10.1590/2236-463320110105.

SPREEUWENBERG, Peter; KRONEMAN, Madelon; PAGET, John. Reassessing the Global Mortality Burden of the 1918 Influenza Pandemic. *American Journal of Epidemiology*, v. 187, n. 12, 2018. p. 2.561-7, DOI: 10.1093/aje/kwy191.

STRAUSS, Leo. *The City and Man*. Chicago, University of Chicago Press, 1964.

_____. Progress or Return? The Contemporary Crisis in Western Civilization. *Modern Judaism*, v. 1, n. 1, 1981. p. 17-45.

TAGORE, Rabindranath. *Creative Unity*. New Delhi, Rupa, [1922] 2002.

TAUIL, Pedro et al. A malária no Brasil. *Cadernos de Saúde Pública*, v. 1, n. 1, 1985. p. 71-111, https://doi.org/10.1590/S0102-311X1985000100009.

THOMPSON, E. S. *Influenza*. Londres, Pervical, 1890.

TIAN, Huaiyu et al. Avian Influenza H5N1 Viral and Bird Migration Networks in Asia. *Proceedings of National Academy of Sciences of the USA*, v. 112, 2015. p. 172-7.

TILLEY, Helen. *Africa as a Living Laboratory*: Empire, Development, And The Problem of Scientific Knowledge, 1870-1950. Chicago, University of Chicago Press, 2011.

_____. Medicine, Empires, and Ethics in Colonial Africa. *AMA Journal of Ethics*, v. 18, n. 7, 2016. p. 743-53, DOI: 10.1001/journalofethics.2016.18.7.mhst1-1607.

TOLEDO, António Carlos de Castro. História da varíola. *Revista de Medicina de Minas Gerais*, v. 15, n. 1, 2005. p. 58-65.

TOMASI DI LAMPEDUSA, Giuseppe. *Il Gattopardo.* Milão, Feltrinelli, [1958] 2002.

TOMIC, Zlata Blazina; BLAŽINA, Vesna. *Expelling the Plague*: The Health Office and the Implementation of Quarantine in Dubrovnik, 1377-1533. Montreal, McGill-Queen's University Press, 2015.

TOPPENBERG-PEJCIC, Deborah et al. Emergency Risk Communication: Lessons Learned from a Rapid Review of Recent Gray Literature on Ebola, Zika, and Yellow Fever. *Health Communication*, v. 34, n. 4, 2019, p. 437-55, DOI: 10.1080/10410236.2017.1405488.

UNDP. *COVID-19 and Human Development*: Assessing the Crisis, Envisioning the Recovery. Nova York, UNDP, 2020.

UN-HABITAT. *Mozambique Urban Sector Profile*: Maputo, Nacala and Manica. Nairobi, UN-HABITAT, 2010.

VÅGENE, Åshild J. et al. *Salmonella Enterica* Genomes from Victims of a Major Sixteenth--century Epidemic in Mexico. *Nature Ecology & Evolution,* v. 2, 2018. p. 520-8, DOI: 10.1038/s41559-017-0446-6.

VALENCIA, Sayak. *Capitalismo Gore.* Cidade do México, Paidós, 2016.

VALLERON, Alain-Jacques et al. Transmissibility and Geographic Spread of the 1889 Influenza Pandemic. *Proceedings of the National Academy of Sciences*, v. 107, n. 19, 2010. p. 8.778-81, DOI: 10.1073/pnas.1000886107.

VISVANATHAN, Shiv. *For a New Epistemology of the South*, 2012. Disponível em: <https://eprints.soas.ac.uk/17278/1/2012/630/630_shiv_visvanathan.htm>. Acesso em: 20 abr. 2013.

VITTOR, Amy Y. et al. Linking Deforestation to Malaria in the Amazon: Characterization of the Breeding Habitat of the Principal Malaria Vector, Anopheles Darling. *American Journal of Tropical Medicine and Hygiene*, v. 81, n. 1, 2009. p. 5-12.

WALLER, Richard. The Maasai and the British 1895-1905. The Origins of an Alliance. *Journal of African History,* v. 17, n. 4, 1976. p. 529-53.

WALMSLEY, Jan. Involving Users with Learning Difficulties in Health Improvement: Lessons from Inclusive Learning Disability Research. *Nursing Inquiry*, v. 11, n. 1, 2004. p. 54-64, DOI: 10.1111/j.1440-1800.2004.00197.x.

WARD-PERKINS, Bryan. *The Fall of Rome and the End of Civilization*. Oxford, Oxford University Press, 2005.

WATERMAN, Peter. *World Social Forum*: Challenging Empires. Montreal, Black Rose Books, 2008.

WATSON, Robert T. et al. (org.). *A Special Report of IPCC Working Group II Published for the Intergovernmental Panel on Climate Change*: Intergovernmental Panel on Climate Change. Cambridge, Cambridge University Press, 1998.

WATTS, Sheldon. *Epidemics and History*: Disease, Power and Imperialism. New Haven, CT, Yale University Press, 1997.

WENDONG, Li et al. Bats Are Natural Reservoirs of SARS-Like Coronaviruses. *Science*, v. 310, n. 5.748, 28 out. 2005. p. 676-9, DOI: 10.1126/science.1118391.

WHEELIS, Mark. Biological Warfare at the 1346 Siege of Caffa. *Emerging Infectious Diseases*, v. 8, n. 9, 2002. p. 971-5, DOI: 10.3201/eid0809.010536.

_____. A Short History of Biological Warfare and Weapons. In: CHEVRIER, Marie Isabelle et al. (orgs.), *The Implementation of Legally Binding Measures to Strengthen the Biological and Toxin Weapons Convention*. NATO Science Series II: Mathematics, Physics and Chemistry. Springer, Dordrecht, 2004. v. 150, p.15-31.

WOLF, Eric. *Europe and the People Without History*. Berkeley, University of California Press, 1982.

WORLD HEALTH ORGANIZATION (WHO). *WHO Global Report on Traditional and Complementary Medicine 2019*. Geneva, World Health Organization, 2019.

WORLD TRADE ORGANIZATION (WTO). *Trends in International Trade*. Geneva, World Trade Organization, 2013.

WRIGHT, Erik Olin. *Envisioning Real Utopias*. Londres, Verso, 2010.

WRIGHT, Ronald. *Stolen Continents*: The Americas through Indian Eyes since 1492. Boston, Houghton Mifflin, 1992.

XU, Chi et al. Future of the Human Climate Niche. *Proceedings of the National Academy of Sciences*, v. 117, n. 21, 2020. p. 11.350-5, DOI: 10.1073/pnas.1910114117.

YASUOKA, Junko; LEVINS, Richard. Impact of Deforestation and Agricultural Development on Anopheline Ecology and Malaria Epidemiology. *American Journal of Tropical Medicine and Hygiene*, v. 76, n. 3, 2007. p. 450-60.

ZANK, Sofia; HANAZAKI, Natalia. The Coexistence of Traditional Medicine and Biomedicine: A Study with Local Health Experts in Two Brazilian Regions. *PloS one*, v. 12, n. 4, 2017, e0174731, DOI: 10.1371/journal.pone.0174731.

ZAROCOSTAS, John. How to Fight an Infodemic. *The Lancet*, v. 395, n. 10.225, 2020. p. 676, DOI: 10.1016/S0140-6736(20)30461-X.

ZHOU, P. et al. A Pneumonia Outbreak Associated with a New Coronavirus of Probable Bat Origin. *Nature*, v. 579, 2020. p. 270-3, DOI: 10.1038/s41586-020-2012-7.

ZIRIMO, Pio. An Approach to Black Aesthetics. In: ZIRIMU, Pio; GURR, Andrew (orgs.). *Black Aesthetics*: Papers from a Colloquium Held at the University of Nairobi, June, 1971. Nairobi, East African Literature Bureau, 1973. p. 58-68.

ZUBOFF, Shoshana. *The Age of Surveillance Capitalism*. Nova York, Public Affairs, 2019.

SOBRE O AUTOR

Boaventura de Sousa Santos é doutor em sociologia do direito pela Universidade de Yale (1973), professor catedrático jubilado da Faculdade de Economia da Universidade de Coimbra e *Distinguished Legal Scholar* da Universidade de Wisconsin-Madison. Foi professor visitante de várias universidades. É atualmente professor visitante da Universidade de Wits, África do Sul. É diretor emérito do Centro de Estudos Sociais da Universidade de Coimbra.

Dirigiu projeto de investigação "Alice – Espelhos estranhos, lições imprevistas: definindo para a Europa um novo modo de partilhar as experiências o mundo", financiado pelo Conselho Europeu de Investigação (ERC), um dos mais prestigiados e competitivos financiamentos internacionais para a investigação científica de excelência em espaço europeu.

Autor reconhecido e premiado em diversas partes do mundo, tem escrito e publicado extensivamente nas áreas de sociologia do direito, sociologia política, epistemologia e estudos pós-coloniais, sobre movimentos sociais, globalização, democracia participativa, reforma do Estado e direitos humanos, além de fazer trabalho de campo em Portugal, no Brasil, na Colômbia, em Moçambique, em Angola, em Cabo Verde, na Bolívia e no Equador. Seus textos encontram-se traduzidos em espanhol, inglês, italiano, francês, alemão, romeno e chinês.

De sua vasta obra, destacamos: *Um discurso sobre as ciências* (1988), *Pela mão de Alice: o social e o político na pós-modernidade* (1994), *Reinventar a democracia* (1998), *A Crítica da Razão Indolente* (2000) Prêmio Jabuti de 2001, *Democracia e participação: o caso do orçamento participativo de Porto Alegre* (2002), *A Gramática do Tempo* (2006), *Se Deus fosse um ativista dos direitos humanos* (2013), *A cor do tempo quando foge: uma história do presente – crônicas 1986-2013* (2014), *O direito dos oprimidos* (2014), *A difícil democracia* (2016), *Esquerdas do mundo, uni-vos!* (2018), *Na oficina do sociólogo artesão* (2018), *O fim do império cognitivo* (2019).

É também poeta. A escrita de poesia foi sempre acompanhando o labor do acadêmico e intelectual público, tendo estreado com *Antologia de poesia universitária* (1962). Publicou em seguida *O rosto quotidiano* (1966), *Têmpera* (1980), *Madison e outros lugares* (1989), *Viagem ao centro da pele* (1995), *Escrita INKZ – anti-manifesto para uma arte incapaz* (2004), *Janela presa no andaime* (2009); *Rap global* (2010), *Falta de ar em plena estação* (2012), *Pomada em pó: poemas epigramáticos* (2013) e *139 epigramas para sentimentalizar pedras* (2015). *Crónica de Acabária* (2017), *Manifesto antipteridofitas* (2017); *Escrita INKZ – Anti-manifesto para uma arte incapaz* (2019, 2ª edição); *Rap global* (2019, 2ª edição).

OUTRAS PUBLICAÇÕES DA BOITEMPO

Karl Marx: uma biografia
José Paulo Netto
Apresentação de **João Antonio de Paula**
Orelha de **Dênis de Moraes**
Quarta capa de **Marly Vianna**

Antonio Gramsci, o homem filósofo
Gianni Fresu
Tradução de **Rita Matos Coitinho**
Prefácio de **Marcos Del Roio**
Posfácio de **Stefano G. Azzarà**
Orelha de **Luciana Aliaga**

Capitalismo em debate
Nancy Fraser e Rahel Jaeggi
Edição de **Brian Milstein**
Tradução de **Nathalie Bressiani**
Orelha de **Pedro Paulo Zahluth Bastos**

Gênero, neoconservadorismo e democracia
Flávia Biroli, Maria das Dores Campos Machado e Juan Vaggione
Orelha de **Sonia Corrêa**
Quarta capa de **Maria José Rosado-Nunes**

Ressentimento
Maria Rita Kehl
Orelha de **Maria Homem**

Os sentidos do mundo
David Harvey
Tradução de **Artur Renzo**
Prefácio de **John Davey**
Orelha de **Raquel Rolnik**

Universidade pública e democracia
João Carlos Salles
Prefácio de **Fernando Cássio**
Orelha de **Vladimir Safatle**

ARSENAL LÊNIN
Conselho editorial: Antonio Carlos Mazzeo, Antonio Rago, Ivana Jinkings, Marly Vianna, Milton Pinheiro e Slavoj Žižek

O que fazer?
Vladímir Ilitch Lênin
Tradução de **Edições Avante!**
Revisão da tradução de **Paula Vaz de Almeida**
Prefácio de **Valério Arcary**
Orelha de **Virgínia Fontes**

BIBLIOTECA LUKÁCS
Coordenação de José Paulo Netto

Essenciais são os livros não escritos: últimas entrevistas (1966-1971)
György Lukács
Organização, tradução, notas e apresentação de **Ronaldo Vielmi Fortes**
Revisão técnica e apresentação de **Alexandre Aranha Arbia**
Orelha de **Anderson Deo**

ESCRITOS GRAMSCIANOS
Conselho editorial: Alvaro Bianchi, Daniela Mussi, Gianni Fresu, Guido Liguori, Marcos del Roio e Virgínia Fontes

Odeio os indiferentes: escritos de 1917
Antonio Gramsci
Seleção, tradução e aparato crítico de **Daniela Mussi e Alvaro Bianchi**
Orelha de **Guido Liguori**

ESTADO DE SÍTIO
Coordenação de Paulo Arantes

A escola não é uma empresa
Christian Laval
Tradução de **Mariana Echalar**
Orelha de **Afrânio Catani**

MARX-ENGELS
Conselho editorial: Jorge Grespan, Leda Paulani e Jesus Ranieri

Dialética da natureza
Friedrich Engels
Tradução e notas de **Nélio Schneider**
Apresentação de **Ricardo Musse**
Orelha de **Laura Luedy**

MARXISMO E LITERATURA
Coordenação de Michael Löwy

A estrela da manhã
Michael Löwy
Tradução de **Eliana Aguiar**
Apresentação de **Leandro Konder**
Orelha de **Alex Januário**
Apêndice de **Sergio Lima**

MUNDO DO TRABALHO
Coordenação de Ricardo Antunes

Uberização, trabalho digital e Indústria 4.0
RICARDO ANTUNES (ORG.)
Textos de **Arnaldo Mazzei Nogueira, Cílson César Fagiani, Clarissa Ribeiro Schinestsck, Claudia Mazzei Nogueira, Fabiane Santana Previtali, Geraldo Augusto Pinto, Isabel Roque, Iuri Tonelo, Jamie Woodcock, Luci Praun, Ludmila Costhek Abílio, Marco Gonsales, Mark Graham, Mohammad Amir Anwar, Patrícia Rocha Lemos, Rafael Grohmann, Ricardo Antunes, Ricardo Festi, Sávio Cavalcante, Thiago Trindade de Aguiar** e **Vitor Filgueiras**

PANDEMIA CAPITAL

Pandemia: covid-19 e a reinvenção do comunismo
SLAVOJ ŽIŽEK
Tradução de **Artur Renzo**
Prefácio de **Christian Ingo Lenz Dunker**

TINTA VERMELHA

Educação contra a barbárie
FERNANDO CÁSSIO (ORG.)
Com textos de **Alessandro Mariano, Alexandre Linares, Ana Paula Corti, Aniely Silva, bell hooks, Bianca Correa, Bianca Santana, Carolina Catini, Catarina de Almeida Santos, Daniel Cara, Denise Botelho, Eudes Baima, Isabel Frade, José Marcelino de Rezende Pinto, Maria Carlotto, Marina Avelar, Matheus Pichonelli, Pedro Pontual, Rede Brasileira de História Pública, Rede Escola Pública e Universidade, Rodrigo Ratier, Rogério Junqueira, Rudá Ricci, Sérgio Haddad, Silvio Carneiro, Sonia Guajajara, Vera Jacob Chaves**
Apresentação de **Fernando Cássio**
Prólogo de **Fernando Haddad**
Quarta capa de **Mario Sergio Cortella**

CLÁSSICOS BOITEMPO

Estrela vermelha
ALEKSANDR BOGDÁNOV
Tradução e prefácio de **Paula Vaz de Almeida e Ekaterina Vólkova Américo**
Orelha de **Pedro Ramos de Toledo**

LITERATURA

Água por todos os lados
LEONARDO PADURA
Seleção e edição dos textos de **Lucía López Coll**
Tradução de **Monica Stahel**
Orelha de **Carlos Marcelo**
Quarta capa de **Wagner Moura**

BARRICADA
Conselho editorial: Gilberto Maringoni e Luiz Gê

Marx: uma biografia em quadrinhos
ANNE SIMON E CORINNE MAIER
Tradução de **Mariana Echalar**
Letras de **Lilian Mitsunaga**

BOITATÁ

Leotolda
OLGA DE DIOS
Tradução de **Monica Stahel**

Charge de Laerte publicada na *Folha de S.Paulo* no dia 30 de julho de 2019.

Finalizado em dezembro de 2020, quando o planeta soma mais de 77 milhões de infectados e mais de 1,7 milhão de vítimas da doença infecciosa Covid-19, classificada pela Organização Mundial de Saúde como causadora de uma pandemia e pelo presidente Jair Bolsonaro como uma "gripezinha", este livro foi composto em Adobe Garamond Pro, corpo 10,5/14,6, e impresso em papel Avena 70 g/m² na gráfica Lis, para a Boitempo, com tiragem de 4 mil exemplares.